KB085693

에듀윌과 함께 시작하면,
당신도 합격할 수 있습니다!

대학 진학 후 진로를 고민하다 1년 만에
서울시 행정직 9급, 7급에 모두 합격한 대학생

용기를 내 계리직공무원에 도전해
4개월 만에 합격한 40대 주부

직장생활과 병행하며 7개월간 공부해
국가공무원 세무직에 당당히 합격한 51세 직장인까지

누구나 합격할 수 있습니다.
시작하겠다는 '다짐' 하나면 충분합니다.

마지막 페이지를 덮으면,

에듀윌과 함께
공무원 합격이 시작됩니다.

eduwill

누적판매량 258만 부 돌파!
65개월 베스트셀러 1위 공무원 교재

7·9급공무원 교재

기본서
(국어/영어/한국사)

기본서
(행정학/행정법총론)

단원별 기출&예상 문제집
(국어/영어/한국사)

단원별 기출&예상 문제집
(행정학/행정법총론)

9급공무원 교재

기출문제집
(국어/영어/한국사)

기출문제집
(행정학/행정법총론/사회복지학개론)

기출PACK
공통과목(국어+영어+한국사)

실전동형 모의고사
(국어/영어/한국사)

7급공무원 교재

민경채 PSAT 기출문제집

7급 PSAT 기출문제집

국어 집중 교재

매일 기출한자(빈출순)

국어 문법 단권화 요약노트

영어 집중 교재

빈출 VOCA

매일 3문 독해(4주 완성)

빈출 문법(4주 완성)

한국사 집중 교재

한국사 흐름노트

계리직공무원 교재

기본서
(우편일반/예금일반/보험일반)

기본서
(컴퓨터일반·기초영어)

단원별 기출&예상 문제집
(우편일반/예금일반/보험일반)

단원별 기출&예상 문제집
(컴퓨터일반·기초영어)

군무원 교재

기출문제집
(국어/행정법/행정학)

파이널 적중 모의고사
(국어+행정법+행정학)

* 에듀윌 공무원 교재 누적판매량 합산 기준(2012년 5월 14일~2024년 4월 30일)
* YES24 수험서 자격증 공무원 베스트셀러 1위 (2017년 3월, 2018년 4월~6월, 8월, 2019년 4월, 6월~12월, 2020년 1월~12월, 2021년 1월~12월, 2022년 1월~12월, 2023년 1월~12월, 2024년 1월~4월 월별 베스트, 매월 1위 교재는 다름)

더 많은
공무원 교재

1초 합격예측
모바일 성적분석표

1초 안에 '클릭' 한 번으로 성적을 확인하실 수 있습니다!

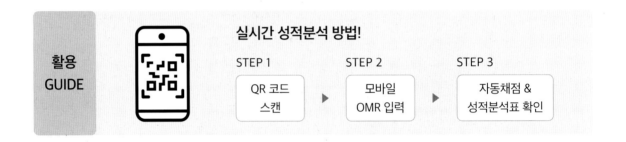

활용 GUIDE

실시간 성적분석 방법!

STEP 1
QR 코드 스캔

STEP 2
모바일 OMR 입력

STEP 3
자동채점 & 성적분석표 확인

STEP 1

QR 코드 스캔

- 교재의 QR 코드를 모바일로 스캔 후 에듀윌 회원 로그인
- QR 코드 하단의 바로가기 주소로도 접속 가능

STEP 2

모바일 OMR 입력

- 회차 확인 후 '응시하기' 클릭
- 모바일 OMR에 답안 입력
- 문제풀이 시간까지 측정 가능

STEP 3

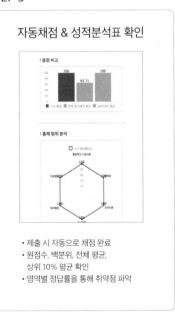

자동채점 & 성적분석표 확인

- 제출 시 자동으로 채점 완료
- 원점수, 백분위, 전체 평균, 상위 10% 평균 확인
- 영역별 정답률을 통해 취약점 파악

※ 본 서비스는 에듀윌 공무원 교재(연도별, 회차별 문항이 수록된 교재)를 구입하는 분에게 제공됨.

공무원,
에듀윌을 선택해야 하는 이유

합격자 수 수직 상승
2,100%

명품 강의 만족도
99%

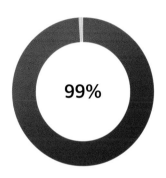

99%

공무원

베스트셀러 1위
65개월(5년 5개월)

5년 연속 공무원 교육
1위

* 2017/2022 에듀윌 공무원 과정 최종 환급자 수 기준   * 9급공무원 대표 교수진 2022년 7월 ~ 2023년 10월 강의 만족도 평균 (배영표, 성정혜, 한유진, 김용철, 윤세훈)
* YES24 수험서 자격증 공무원 베스트셀러 1위 (2017년 3월, 2018년 4월~6월, 8월, 2019년 4월, 6월~12월, 2020년 1월~12월, 2021년 1월~12월, 2022년 1월~12월,
2023년 1월~12월, 2024년 1월~4월 월별 베스트, 매월 1위 교재는 다름)
* 2023, 2022, 2021 대한민국 브랜드만족도 7·9급공무원 교육 1위 (한경비즈니스) / 2020, 2019 한국브랜드만족지수 7·9급공무원 교육 1위 (주간동아, G밸리뉴스)

eduwill

1위 에듀윌만의
체계적인 합격 커리큘럼

원하는 시간과 장소에서, 1:1 관리까지 한번에
온라인 강의

① 독한 교수진의 1:1 학습관리
② 과목별 테마특강, 기출문제 해설강의 무료 제공
③ 초보 수험생 필수 기초강의와 합격필독서 무료 제공

쉽고 빠른 합격의 첫걸음 합격필독서 무료 신청

최고의 학습 환경과 빈틈 없는 학습 관리
직영 학원

① 현장 강의와 온라인 강의를 한번에
② 확실한 합격관리 시스템, 아케르
③ 완벽 몰입이 가능한 프리미엄 학습 공간

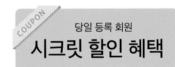

COUPON 당일 등록 회원
시크릿 할인 혜택

합격전략 설명회 신청 시 당일 등록 수강 할인권 제공

친구 추천 이벤트

"친구 추천하고 한 달 만에
920만원 받았어요"

친구 1명 추천할 때마다 현금 10만원 제공
추천 참여 횟수 무제한 반복 가능

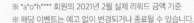

※ *a*o*h**** 회원의 2021년 2월 실제 리워드 금액 기준
※ 해당 이벤트는 예고 없이 변경되거나 종료될 수 있습니다.

친구 추천 이벤트
바로가기

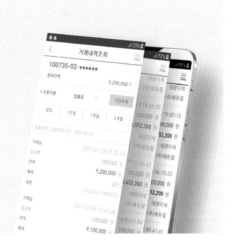

회독플래너

실패율 Zero! 따라만 해도 5회독 가능!

구분	PART	CHAPTER	1회독	2회독	3회독	4회독	5회독
선사 ~ 근세	우리 역사의 기원과 형성	한국사의 바른 이해	1	1~2	1	1	1
		선사 시대의 우리 역사	2~3				
		국가의 형성	4~5	3	2		
	고대의 우리 역사	고대의 정치	6~10	4~8	3~6	2	
		고대의 경제	11	9	7	3	
		고대의 사회	12	10			
		고대의 문화	13~15	11~12	8		
	중세의 우리 역사	중세의 정치	16~20	13~17	9~11	4	2
		중세의 경제	21	18	12	5	
		중세의 사회	22	19			
		중세의 문화	23~25	20~22	13~14		
	근세의 우리 역사	근세의 정치	26~29	23~26	15~16	6	3
		근세의 경제	30	27	17		
		근세의 사회	31			7	
		근세의 문화	32~33	28~29	18		
근대 태동기 ~ 현대	근대 태동기의 우리 역사	근대 태동기의 정치	34~38	30~32	19~20	8~9	4
		근대 태동기의 경제	39~40	33	21	10	
		근대 태동기의 사회	41	34			
		근대 태동기의 문화	42~43	35	22	11	
	근대사(개항기)	흥선 대원군의 개혁 정치와 문호의 개방	44	36	23	12	5
		근대 국가 수립 운동	45~47	37~38	24~25	13	
		일제의 침략과 국권 수호 운동	48	39	26	14	
		개항 이후의 경제 · 사회 · 문화	49	40			
	일제 강점기	일제의 식민 통치와 항일 민족 운동	50~54	41~44	27~29	15~16	6
		일제 강점기 경제의 변화	55	45	30	17	
		일제 강점기 사회 운동					
		민족 문화 수호 운동	56	46	31		
	현대 사회의 발전	대한민국 정부 수립과 6 · 25 전쟁	57~58	47~48	32~33	18	7
		민주주의의 시련과 발전	59	49	34	19	
		북한의 역사와 통일을 위한 노력	60	50	35	20	
		현대의 경제 · 사회 · 문화 발전					
			60일 완성	50일 완성	35일 완성	20일 완성	7일 완성

승자는 시간을 관리하며 살고, 패자는 시간에 쫓기며 산다.
— J. 하비스 —

구분	PART	CHAPTER	1회독	2회독	3회독	4회독	5회독
선사 ~ 근세	우리 역사의 기원과 형성	한국사의 바른 이해					
		선사 시대의 우리 역사					
		국가의 형성					
	고대의 우리 역사	고대의 정치					
		고대의 경제					
		고대의 사회					
		고대의 문화					
	중세의 우리 역사	중세의 정치					
		중세의 경제					
		중세의 사회					
		중세의 문화					
	근세의 우리 역사	근세의 정치					
		근세의 경제					
		근세의 사회					
		근세의 문화					
근대 태동기 ~ 현대	근대 태동기의 우리 역사	근대 태동기의 정치					
		근대 태동기의 경제					
		근대 태동기의 사회					
		근대 태동기의 문화					
	근대사(개항기)	흥선 대원군의 개혁 정치와 문호의 개방					
		근대 국가 수립 운동					
		일제의 침략과 국권 수호 운동					
		개항 이후의 경제 · 사회 · 문화					
	일제 강점기	일제의 식민 통치와 항일 민족 운동					
		일제 강점기 경제의 변화					
		일제 강점기 사회 운동					
		민족 문화 수호 운동					
	현대 사회의 발전	대한민국 정부 수립과 6 · 25 전쟁					
		민주주의의 시련과 발전					
		북한의 역사와 통일을 위한 노력					
		현대의 경제 · 사회 · 문화 발전					

승자는 시간을 관리하며 살고, 패자는 시간에 쫓기며 산다.
— J. 하비스 —

__일 완성 __일 완성 __일 완성 __일 완성 __일 완성

에듀윌이
너를
지지할게

ENERGY

시작하는 방법은
말을 멈추고
즉시 행동하는 것이다.

– 월트 디즈니(Walt Disney)

설문조사에 참여하고 스타벅스 아메리카노를 받아가세요!

에듀윌 7·9급공무원 기본서를 선택한 이유는 무엇인가요?

소중한 의견을 주신 여러분들에게 더욱더 완성도 있는 교재로 보답하겠습니다.

참여 방법	QR코드 스캔 ▶ 설문조사 참여(1분만 투자하세요!)
이벤트 기간	2024년 5월 30일~2025년 4월 30일
추첨 방법	매월 1명 추첨 후 당첨자 개별 연락
경품	스타벅스 아메리카노(tall size)

2025

에듀윌 9급공무원 기본서

한국사 선사~근세

머리말

역사를 잊은 민족에게 미래는 없다!

여러분들은 '공무원 합격'이라는 목표를 갖고 있습니다.
저자 역시 그 목표가 이루어질 수 있도록 항상 노력하겠습니다.

안녕하세요, 에듀윌 공무원 한국사 강사 신형철입니다.

'역사를 잊은 민족에게 미래는 없다.'라는 문구는 한 나라의 국민 혹은 민족이 어떻게 역사를 인식해야 하는가, 혹은 올바른 역사 교육이란 무엇인가를 고민하게 하는 문장입니다.

최근 한국사는 공무원 시험은 물론이고, 교원임용시험 및 수능에서도 필수 과목으로 채택되었습니다. 이러한 경향은 올바른 역사 인식이 우리 국민에게 얼마나 중요한가를 공감할 수 있는 시대적 흐름이라고 생각합니다.

공무원 수험생들은 한국사를 단순한 암기 과목인 동시에 신경을 덜 쓰더라도 고득점을 획득할 수 있는 과목 정도로 생각하기도 합니다. 그러나 엄청난 분량의 이론서, 방대한 보충 자료, 넘치는 기출 문제 등은 가벼운 마음으로 시작한 공부를 부담스럽게 만듭니다.

수험생 여러분들이 '역사학자'일 필요는 없습니다. 한국사 과목은 공무원이 되기 위한 디딤돌 과정입니다. 따라서 국어나 영어 과목처럼 너무 많은 시간을 투자할 필요는 없으나 최소 6개월 이상은 집중해서 학습해야 합니다.

짧은 시간에 여러분들이 고득점을 획득할 수 있도록 하는 것은 전적으로 강사의 몫입니다. 공무원 시험을 준비하는 수험생들이 최소한의 노력으로 최대의 효과를 거둘 수 있도록 많은 고민을 통해 교재를 집필하였습니다.

1. 최근 5개년 출제비중 & 출제개념 & 학습목표

각 파트 첫 부분에 최근 5개년 출제비중과 출제개념을 수록하여 학습의 강약을 조절할 수 있도록 하였고, 키워드와 학습목표를 한눈에 파악할 수 있도록 하였습니다.

2. [단권화 MEMO] 보충설명

핵심적인 내용이나 학습방향을 잘 잡아야 하는 이론의 경우 보조단에 *과 ■표시를 이용하여 코멘트 및 보충개념을 기재하였습니다.

3. 바로 확인문제

이론 중간에 [바로 확인문제]를 수록하여 문제를 통해 이론을 적용시킬 수 있도록 하였습니다.

4. 풍부한 사료 · 심화 자료

공무원 시험에는 사료와 다양한 자료를 활용한 문제가 자주 출제됩니다. 따라서 기출되었던 사료는 물론이고, 출제가 예상되는 사료나 심화 자료를 풍부하게 수록하였으며 사진 및 도표를 컬러로 표현하였습니다.

5. 보조 자료 부록 파트

각 권의 이론 뒤에 부록을 수록하였습니다. 최근 기출된 유네스코 지정 문화유산을 비롯하여 역대 왕계표, 꼭 알아야 하는 근현대 인물 20인 등 권별로 참고할 수 있는 보조 자료를 수록하였습니다.

6. 개념 적용문제

이론을 학습한 후 문제를 풀고 복습할 수 있도록 권마다 최근 기출문제 및 예상문제를 풍부하게 수록하였습니다.

힘이 들 때에도 포기하지 말고, 본인을 믿으며 묵묵히 나아갔으면 좋겠습니다.
여러분을 응원하겠습니다.

2024년 5월
한국사 강사 신형철

기출분석의 모든 것

구분	PART	CHAPTER	2024 국9	2023 국9	2023 지/서9	2022 국9	2022 지/서9	2021 국9	2021 지/서9	2020 국9	2020 지/서9	합계
선사 ~ 근세	우리 역사의 기원과 형성	한국사의 바른 이해										0
		선사 시대의 우리 역사		1	1			1		1		4
		국가의 형성				1			1		1	3
	고대의 우리 역사	고대의 정치	2	3	1	2	4	2	2	3	3	22
		고대의 경제										0
		고대의 사회										0
		고대의 문화	1		1	2		1	2			7
	중세의 우리 역사	중세의 정치	1	2	1	1	3	1	4	1	3	17
		중세의 경제	1			1						2
		중세의 사회							1	1		2
		중세의 문화	2	1	2	2	1		1	1		10
	근세의 우리 역사	근세의 정치	1	1	2	2		1	1		1	9
		근세의 경제										0
		근세의 사회						1	1	1		3
		근세의 문화	1	1	1		2			1	2	9
근대 태동기 ~ 현대	근대 태동기의 우리 역사	근대 태동기의 정치	1	1	2	1	1	1	1	2	1	11
		근대 태동기의 경제		1				1				2
		근대 태동기의 사회								1		1
		근대 태동기의 문화				1	1		1	1	1	5
	근대사(개항기)	흥선 대원군의 개혁 정치와 문호의 개방		2		1		1	2	2	1	9
		근대 국가 수립 운동	2	1	2	1	1				1	8
		일제의 침략과 국권 수호 운동	1			2	1		1			5
		개항 이후의 경제·사회·문화	1	1	2	1		2				7
	일제 강점기	일제의 식민 통치와 항일 민족 운동	2	2	1	1	1	1	2	1		11
		일제 강점기 경제의 변화						1	1			2
		일제 강점기 사회 운동	1		1						1	3
		민족 문화 수호 운동	2	1	1					2	2	8
	현대 사회의 발전	대한민국 정부 수립과 6·25 전쟁	1	1	2	1	1	2	1	1	1	11
		민주주의의 시련과 발전		1			2	1	1		1	6
		북한의 역사와 통일을 위한 노력										0
		현대의 경제·사회·문화 발전							1		1	3
		합계	20	20	20	20	20	20	20	20	20	180

최근 5개년 출제 개념

2024~2020 9급
국가직, 지방직/서울시
기준

구분	PART	CHAPTER	출제 개념
선사 ~ 근세	우리 역사의 기원과 형성	한국사의 바른 이해	사실로서의 역사, 기록으로서의 역사, 사료 비판
		선사 시대의 우리 역사	구석기·신석기·청동기·초기 철기 시대의 유물과 유적지
		국가의 형성	단군 조선(부왕, 준왕), 위만 조선(위만, 우거왕), 부여, 고구려, 옥저, 동예, 삼한, 제천 행사, 서옥제, 가족 공동 무덤, 민며느리제, 책화, 천군, 소도
	고대의 우리 역사	고대의 정치	태조왕, 고국천왕(진대법), 고국원왕의 전사, 소수림왕, 광개토 대왕, 장수왕, 광개토 대왕릉비, 충주(중원) 고구려비, 고이왕, 근초고왕, 무령왕, 성왕, 지증왕, 법흥왕, 진흥왕, 김유신, 문무왕, 신문왕, 경덕왕, 신라 하대, 무왕, 문왕, 선왕, 5경 15부 62주
		고대의 경제	민정 문서(신라 촌락 문서), 녹읍, 식읍, 관료전, 정전, 장보고
		고대의 사회	화랑도, 진골 귀족의 생활 모습, 골품 제도, 화백 회의, 제가 회의, 정사암 회의, 호족과 6두품, 원종과 애노의 난
		고대의 문화	원효, 의상, 교종, 선종, 풍수지리 사상, 고분, 벽화, 승탑과 탑비, 고대 국가의 탑(정림사지 5층 석탑, 미륵사지 석탑, 황룡사 9층 목탑, 분황사 탑), 삼국의 불상
	중세의 우리 역사	중세의 정치	후삼국의 통일 과정, 태조, 광종, 성종, 최승로, 도병마사(도평의사사), 대간, 음서, 묘청(서경 천도 운동), 무신정변, 최충헌, 최우, 삼별초, 서희, 강조, 대외 항쟁(거란, 여진, 몽골, 홍건적, 왜구), 충선왕, 공민왕의 개혁 정책, 위화도 회군
		중세의 경제	전시과 제도, 공음전, 한인전, 구분전, 외역전, 『농상집요』, 주전도감, 은병(활구), 관영 상점, 벽란도
		중세의 사회	광학보, 중류, 향리, 호족, 문벌 귀족, 권문세족, 신진 사대부, 여성의 지위, 향·소·부곡민의 사회적 지위
		중세의 문화	관학 진흥 정책, 9재 학당, 사학 12도, 의천, 지눌, 혜심, 천태종, 조계종, 수선사 결사, 요세, 『삼국사기』, 『동명왕편』, 『삼국유사』, 『제왕운기』, 『직지심체요절』, 대장경, 속장경, 주심포 양식, 연등회, 팔관회, 고려의 불상과 탑
	근세의 우리 역사	근세의 정치	태조, 태종, 세종, 세조, 성종, 『경국대전』, 삼사, 과거제, 훈구, 사림, 조광조, 사화, 붕당의 형성과 전개, 동인, 서인, 임진왜란
		근세의 경제	과전법, 직전법, 관수 관급제, 공법(전분 6등법과 연분 9등법), 방납의 폐단, 『농사직설』
		근세의 사회	양천제, 족보(성화보), 서얼, 중인, 공노비와 사노비, 서원과 향약, 한성(서울)의 역사
		근세의 문화	성리학, 이황과 이이, 『성학십도』, 『성학집요』, 『고려사』, 『동국통감』, 『조선왕조실록』, 성균관, 향교, 『조선왕조의궤』, 『혼일강리역대국도지도』, 경복궁, 창덕궁, 창경궁
근대 태동기 ~ 현대	근대 태동기의 우리 역사	근대 태동기의 정치	광해군, 정묘호란, 병자호란, 훈련도감, 속오군, 환국, 완론 탕평, 준론 탕평, 영조, 정조, 초계문신제, 세도 정치, 간도와 독도
		근대 태동기의 경제	영정법, 대동법, 균역법, 결작, 이앙법, 광작, 화폐의 전국적 유통, 신해통공, 선대제 수공업, 만상, 송상, 경강상인, 내상, 전황
		근대 태동기의 사회	양자제의 보편화, 친영 제도, 신분제의 동요, 향전, 신유박해, 황사영의 백서 사건, 동학
		근대 태동기의 문화	호락 논쟁, 『동사강목』(안정복), 『발해고』(유득공), 『동사』(이종휘), 정약용, 이익, 유형원, 중농주의 실학, 유수원, 박지원, 박제가, 홍대용, 중상주의 실학, 서민 문화, 풍속화, 법주사 팔상전, 화엄사 각황전, 금산사 미륵전, 수원 화성
	근대사(개항기)	흥선 대원군의 개혁 정치와 문호의 개방	흥선 대원군의 개혁 정치, 병인양요, 신미양요, 강화도 조약, 조미 수호 통상 조약
		근대 국가 수립 운동	임오군란, 제물포 조약, 조청 상민 수륙 무역 장정, 갑신정변, 톈진 조약, 거문도 사건, 동학 농민 운동, 갑오개혁, 『홍범 14조』, 을미사변, 을미개혁, 독립 협회, 대한 제국, 광무개혁, 지계
		일제의 침략과 국권 수호 운동	러일 전쟁, 한일 의정서, 제1차 한일 협약, 을사늑약, 한일 신협약, 을미의병, 을사의병, 정미의병, 서울 진공 작전, 안중근, 보안회, 대한 자강회, 신민회
		개항 이후의 경제·사회· 문화	방곡령, 상권 수호 운동, 농광 회사, 국채 보상 운동, 대한 천일 은행, 화폐 정리 사업, 근대 시설, 원산 학사, 육영 공원, 『교육 입국 조서』, 『독사신론』, 주시경과 지석영, 〈한성순보〉, 〈제국신문〉, 〈황성신문〉, 〈대한매일신보〉, 〈만세보〉, 「유교구신론」
	일제 강점기	일제의 식민 통치와 항일 민족 운동	일제의 식민 정책(조선 태형령, 치안 유지법, 국가 총동원법), 독립 의군부, 대한 광복회, 1910년대 국외 항일 운동, 3·1 운동, 대한민국 임시 정부, 의열단과 한인 애국단, 봉오동 전투, 청산리 대첩, 간도 참변, 자유시 참변, 3부 통합, 한국 독립군, 조선 혁명군, 조선 의용대, 한국광복군, 민족 혁명당
		일제 강점기 경제의 변화	토지 조사 사업, 회사령, 산미 증식 계획, 농촌 진흥 운동, 징용·징병·공출·배급, 물산 장려 운동
		일제 강점기 사회 운동	정우회, 신간회, 근우회, 암태도 소작 쟁의, 원산 총파업, 형평 운동
		민족 문화 수호 운동	제1차 조선 교육령, 조선어 연구회, 조선어 학회, 박은식, 신채호, 정인보, 문일평, 안재홍, 사회 경제 사학, 백남운, 실증주의 사학, 진단 학회, 민립대학 설립 운동, 신경향파 문학, 나운규의 「아리랑」, 일제 강점기 의·식·주의 변화
	현대 사회의 발전	대한민국 정부 수립과 6·25 전쟁	카이로 회담, 조선 건국 준비 위원회, 모스크바 3국 외상 회의, 신탁 통치, 미소 공동 위원회, 정읍 발언(이승만), 좌우 합작 위원회, 좌우 합작 7원칙, 남북 협상, 5·10 총선거, 대한민국 정부 수립, 반민법, 반민 특위, 6·25 전쟁
		민주주의의 시련과 발전	발췌 개헌, 사사오입 개헌, 제3대 대통령·제4대 부통령 선거(1956), 진보당 사건, 4·19 혁명, 장면 내각, 5·16 군사 정변, 6·3 시위(1964), 『브라운 각서』, 유신 헌법, 통일 주체 국민 회의, 긴급 조치, 10·26 사태, 5·18 민주화 운동, 4·13 호헌 조치, 6월 민주 항쟁(1987), 6·29 선언과 대통령 직선제, 노태우 정부, 김영삼 정부, 김대중 정부, 노무현 정부, 이명박 정부, 박근혜 정부, 문재인 정부
		북한의 역사와 통일을 위한 노력	북한 정권 수립 과정, 7·4 남북 공동 성명, 남북한 이산가족 고향 방문, 남북한 동시 유엔 가입(1991), 남북 기본 합의서, 한반도 비핵화 선언, 6·15 남북 공동 선언, 10·4 남북 공동 선언, 4·27 판문점 선언
		현대의 경제·사회·문화 발전	농지 개혁법, 원조 경제와 삼백 산업, 경제 개발 계획, 박정희 정부의 공업화 정책, 3저 호황, 금융 실명제, OECD 가입, IMF 구제 금융 사태, 금 모으기 운동

이 책의 구성

영역별 구성

선사~근세 / 근대 태동기~현대

이론 학습

1. [선사~근세]편은 역사 이론, 선사 시대, 초기 국가(고조선, 부여, 고구려, 옥저, 동예, 삼한), 고대 국가(삼국~남북국), 중세 국가(고려 시대), 근세(조선 전기)의 정치ㆍ경제ㆍ사회ㆍ문화를 다루고 있다.
2. [근대 태동기~현대]편은 근대 태동기(조선 후기), 근대사(개항기), 일제 강점기, 현대사 내용을 충실한 기출 문제 분석을 바탕으로 하여 수록하였다.
3. 특히 근대사(개항기)~현대사에서는 '사건의 선후 관계를 나열'하는 문제가 자주 출제되기 때문에 각 파트를 본격적으로 학습하기 전에 중요 사건을 정리한 연표(연표로 보는 핵심정리)를 수록하여 시대적 흐름을 직관적으로 빠르게 파악할 수 있도록 하였다.

바로 확인문제 및 풍부한 자료 수록

중요한 이론 밑에는 '바로 확인문제'를 수록하여 문제 적응력을 높일 수 있게 하였고, 풍부한 '사료', '심화' 자료와 사진 및 지도를 수록하여 공부하는 데 도움이 되도록 배치하였다.

부록

1. [선사~근세]편 부록에는 한국의 유네스코 지정 유산, 역대 왕계표를 수록하여 역사 지식의 외연을 넓힐 수 있도록 하였다.
2. [근대 태동기~현대]편 부록에는 꼭 알아야 할, 근현대 인물 20인을 수록하여 근현대사에서 자주 언급되는 인물을 정리하였다. 이를 통해 학습과 관련된 내용뿐 아니라 해당 인물의 생애, 업적 등을 스토리 형식으로 쉽게 파악할 수 있을 것이다.

개념 적용문제

개념 적용문제에는 기본서의 순서와 동일하게 단원별 핵심 문제와 최신기출 문제를 풍부하게 수록하였으니 이론 학습 후 실제 연습 차원에서 공부하면 좋을 것이다.

기출분석 > 개념 > 바로 확인문제 > 개념 적용문제

스탠드형 우리 역사 흐름표

[스탠드형 우리 역사 흐름표]는 공무원 시험을 처음 준비하는 초시생들이 한국사의 흐름을 정확하고 빠르게 파악하는 데 유용한 자료이다. 파트별로 꼭 알아두어야 하는 중요 사건만을 흐름대로 제시하였기 때문에, 각 시대별 키워드를 파악하는 데도 효과적이다.
책상에 세워 두고 습관적으로 사건의 흐름을 파악할 수 있도록 하자.

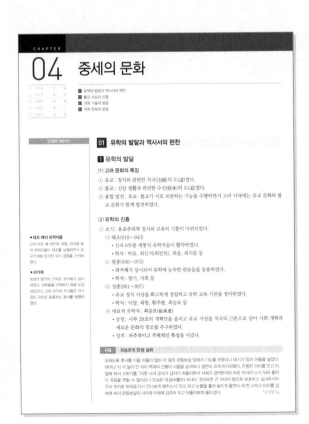

탄탄한 기출분석

최근 5개년 9급 기출을 분석하여 영역별 출제 문항 수와 출제개념을 분석하였다. 본격적인 개념학습 전에 영역별 출제비중과 개념을 먼저 파악하면 학습의 나침반으로 활용할 수 있을 것이다.

▶ 최근 5개년 출제 문항 수: 최근 5개년 동안 국가직, 지방직/서울시 9급 시험에서 영역별로 몇 문항이 출제되었는지 분석하였다.

▶ 최근 5개년 출제 개념: 최근 5개년 동안 국가직, 지방직/서울시 9급 시험에서 영역별로 어떤 개념이 출제되었는지 분석하였다.

기출분석 기반의 개념

학습효과를 높일 수 있도록 개념을 체계적으로 배열하였고, 베이직한 내용은 본문에, 더 알아두어야 할 내용은 【단권화 MEMO】에 수록하였다. 또한 기출문제를 기반으로 하여 뽑아낸 관련 [사료]와 [심화]를 함께 수록하였으니 이론과 함께 확인하면 더 깊은 이해가 가능할 것이다.

▶ Daily 회독체크표: 챕터마다 회독체크와 공부한 날을 기입할 수 있다.

▶ [사료], [심화]: 기출을 기반으로 한 이론 관련 사료나 심화 내용을 담았다.

이 책의 구성

단계별 문제풀이

바로 확인문제

개념학습 후 2회독 효과!

이론과 관련된 문제를 바로 풀어볼 수 있도록 배치하여, 앞서 학습한 개념을 확실히 익힐 수 있도록 하였다.

개념 적용문제

챕터별 공무원 기출 & 예상문제 풀이로 문제 적용력 향상!

챕터별 최신 공무원 기출문제와 예상문제를 수록하여 개념이 어떻게 출제되는지, 유형은 어떠한지 파악할 수 있도록 하였다.

회독플래너 &
풍부한 학습자료
PDF &
2024년 최신기출
무료특강

회독플래너

회독 실패율 ZERO!

실패율 없이 회독을 할 수 있도록 5회독플래너를 제공한다. 앞면에는 회독의 방향성을 잡을 수 있도록 가이드라인을 제시하였고, 뒷면에는 직접 공부한 날짜를 매일 기록하여 누적된 회독 횟수를 확인할 수 있도록 하였다.

▶ [앞] 회독플래너
▶ [뒤] 직접 체크하는 회독플래너

풍부한 학습자료 PDF

빈틈없는 완벽 마무리!

개념 학습 OX 문제, 주제별 학습자료, 핵심테마 50선 핸드북을 PDF로 제공하여 실전 감각을 높이고 역사 지식의 외연을 넓힐 수 있도록 구성하였다.

※ 다운로드 방법: 에듀윌 도서몰(book.eduwill.net) 접속 → 도서자료실 → 부가 학습자료에서 다운로드 또는 좌측 QR코드를 통해 바로 접속

2024년 최신기출 무료특강

최신기출 전격 해부!

2024년 최신기출 해설특강으로 출제경향을 꼼꼼히 살피고 약점을 파악할 수 있도록 구성하였다.

※ 지방직/서울시 9급 시험 해설특강은 해당 시험일로부터 30일 이내에 업로드될 예정입니다.

※ 접속 방법: 에듀윌 도서몰(book.eduwill.net) 접속 → 동영상강의실에서 수강 또는 좌측 QR코드를 통해 바로 접속

이 책의 차례

PART

I

우리 역사의
기원과 형성

5개년 챕터별 출제비중 & 출제개념

CHAPTER 01 한국사의 바른 이해	0%	사실로서의 역사, 기록으로서의 역사, 사료 비판
CHAPTER 02 선사 시대의 우리 역사	57%	구석기·신석기·청동기·초기 철기 시대의 유물과 유적지
CHAPTER 03 국가의 형성	43%	단군 조선(부왕, 준왕), 위만 조선(위만, 우거왕), 부여, 고구려, 옥저, 동예, 삼한, 제천 행사, 서옥제, 가족 공동 무덤, 민며느리제, 책화, 천군, 소도

한눈에 보는 흐름 연표

【약 70만 년 전】구석기 시대 시작　　　　　【기원전 8,000년경】신석기 시대 시작

기원전
100만
년 전

【기원전 2333】고조선 건국(『동국통감』의 기록)

기원

【기원전 18】백제 건국(『삼국사기』의 기록)

4%

※최근 5개년(국, 지/서)
출제비중

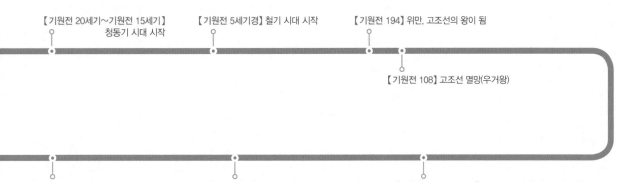

【기원전 20세기~기원전 15세기】
청동기 시대 시작

【기원전 5세기경】철기 시대 시작

【기원전 194】위만, 고조선의 왕이 됨

【기원전 108】고조선 멸망(우거왕)

【기원전 37】고구려 건국(『삼국사기』의 기록)

【기원전 57】신라 건국(『삼국사기』의 기록)

【기원전 2세기~1세기】부여, 고구려, 옥저, 동예, 삼한의 등장

01 한국사의 바른 이해

단권화 MEMO

＊역사
사실로서의 역사와 기록으로서의 역사의 특징을 구분하자.

■ 역사의 어원
역사(歷史)에서 역(歷)이란 세월·세대·왕조 등이 하나하나 순서를 따라 계속되어 가는 것으로서 '과거에 있었던 사실'이나 '인간이 과거에 행한 것'을 의미한다. 사(史)란 활쓰기에 있어서 옆에서 적중한 수를 계산·기록하는 사람을 가리키는 말로서 '기록을 관장하는 사람' 또는 '기록한다'는 의미로 쓰였다.
한편, 영어에서 역사를 뜻하는 단어 'history'의 어원으로는 그리스어의 'historia'와 독일어의 'Geschichte'를 들 수 있다. 그리스어 'historia'는 '탐구' 또는 '탐구를 통하여 획득한 지식'을 의미하며, 독일어 'Geschichte'는 '과거에 일어난 일'을 뜻한다.

■ 역사의 의미

사실로서의 역사	기록으로서의 역사
과거 사실을 객관적으로 보존	과거 역사를 주관적으로 기록
랑케(L. V. Ranke): "있는 그대로 기술한다.", "역사가는 자신을 숨기고 사실로 하여금 말하게 하여야 한다."	• 카(E. H. Carr): "역사란 현재와 과거의 끊임없는 대화이다." • 신채호: "역사는 아(我)와 비아(非我)의 투쟁이다." • 박은식: "나라는 형(形)이요, 역사는 신(神)이다."

|정답해설| 진흥왕이 한강 유역을 확보하여 '삼국 통일의 기반을 마련하였다'는 것은 주관적 가치 판단이 반영된 서술이다.

|정답| ③

01 역사의 의미

역사＊라는 말은 매우 다양한 뜻으로 사용되고 있지만 일반적으로 '과거에 있었던 사실'과 '조사되어 기록된 과거'라는 두 가지 뜻을 지니고 있다. 즉, 역사는 '사실로서의 역사(history as past)'와 '기록으로서의 역사(history as historiography)'라는 두 측면이 있다. 전자가 객관적 의미의 역사라면, 후자는 주관적 의미의 역사라 할 수 있다.

(1) 사실로서의 역사

① 사실로서의 역사는 시간적으로 현재에 이르기까지 일어난 모든 객관적 과거 사건을 뜻한다.
② 사실로서의 역사란 바닷가의 모래알과 같이 수많은 과거 사건들의 집합체로 볼 수 있다.

(2) 기록으로서의 역사

① 기록으로서의 역사는 과거의 사실을 토대로 역사가가 이를 조사·연구하여 주관적으로 재구성한 것이다. 이 과정에서는 필연적으로 역사가의 가치관과 같은 주관적 요소가 개입하게 되므로, 이 경우 '역사'라는 말은 기록된 자료 또는 역사서와 같은 의미로 작용한다.
② 기록으로서의 역사는 과거의 모든 사실을 대상으로 하는 것이 아니라 역사가들이 특별히 의미가 있다고 선정한 사실에 한정되어 있으며, 이를 연구할 때는 과학적 인식을 토대로 학문적 검증을 거쳐야 한다.
③ 우리가 역사를 배운다는 것은 역사가들이 선정하여 연구한 기록으로서의 역사를 배운다는 뜻이다.

바로 확인문제

● **밑줄 친 부분과 관련된 서술로 가장 옳지 않은 것은?**

> 기록의 역사란 과거의 사실을 토대로 역사가가 이를 조사하고 연구하여 주관적으로 재구성한 것이다. 이 과정에서 필연적으로 역사가의 가치관과 같은 주관적인 요소가 개입하게 된다. 그러나 비록 주관적 요소가 개입되더라도 역사가는 주관인 해석을 가능한 배제하여 사실로 하여금 과거를 말하게 하여야 한다.

① 구석기인들은 동굴이나 막집에서 살았다.
② 백제의 성왕은 웅진에서 사비로 천도하였다.
③ 진흥왕은 한강 유역을 확보하여 삼국 통일의 기반을 마련하였다.
④ 나당 연합군의 공격으로 660년에 사비성이 함락되었다.

02 역사 학습의 목적

(1) 의미

① 역사를 배운다는 것은 역사 그 자체를 배운다는 의미와 역사를 통하여 배운다는 의미가 동시에 담겨 있다. 전자가 과거 사실에 대한 지식을 늘리는 것을 의미한다면, 후자는 역사적 인물이나 사실들을 통하여 현재의 내가 살아가는 데 필요한 능력과 교훈을 얻을 수 있다는 것을 의미한다.

② '역사는 지식의 보고(寶庫)'라는 말이 있다. 이는 역사가 정치·경제·사회·문화·종교 등 여러 방면에 걸친 지식이 포함되어 있는, 과거 인간 생활에 대한 지식의 총체라는 것을 의미한다. 역사를 배움으로써 우리는 인간 생활에 관한 지식의 보고에 다가갈 수 있다.

(2) 의의

우리는 역사 속의 인물과 사건을 통해서도 많은 것을 배울 수 있다.

① 우리들은 역사를 배움으로써 과거의 사실을 토대로 현재를 바르게 이해할 수 있다. 지나온 과거를 제대로 알지 못하면 지금 서 있는 자신의 참모습을 찾을 수 없다. 이러한 의미에서 역사는 개인과 민족의 정체성을 확립하는 데 매우 유용하다.

② 우리들은 역사를 통하여 삶의 지혜를 습득할 수 있다. 현재란 과거의 연속이며 과거 없는 현재는 있을 수 없듯이, 역사를 배움으로써 현재 우리가 당면한 여러 문제를 올바르게 파악하고 대처할 수 있다. 나아가 우리는 역사를 통하여 미래에 대한 전망을 예측할 수 있다.

③ 우리들은 역사를 배움으로써 역사적 사고력과 비판력을 기를 수 있다. 역사 학습은 역사적 사실의 외면에 대한 파악에서 시작하여 역사적 사실의 내면의 이해로 발전해 간다. 이러한 과정을 통하여 역사적 사건의 보이지 않는 원인과 의도, 목적을 추론하는 역사적 사고력이 길러진다. 또한 비판이란 잘잘못을 가려 정당한 평가를 내리는 것을 의미하는데, 역사는 이 같은 비판력을 기르는 데 가장 적합한 학문이다.

(3) 역사의 외면과 내면

① 역사의 외면: 역사적 현장에 있었다면 관찰할 수 있는 객관적 사실을 말한다.
② 역사의 내면: 사건 현장에서 관찰할 수 없는 사건 배경이나 사건을 주도한 사람의 의도 등을 말한다.

(4) 사료의 가치 이해*

역사 연구 방법론은 일반적으로 사료학과 사료 비판으로 나눌 수 있다.

① 사료학: 사료의 수집과 정리 및 분류를 그 내용으로 한다.
② 사료 비판: 사료의 진위를 구별하는 것으로, 외적 비판과 내적 비판으로 나눌 수 있다.
   ㉠ 외적 비판: 사료 그 자체에 관하여 그것의 진위 여부, 원 사료에 대한 타인의 첨가 여부, 필사(筆寫)인 경우 필사 과정에서의 오류, 혹은 사료가 만들어졌을 단계에서 작자·장소·연대 및 전거(典據) 등에 관하여 사료의 가치를 음미하는 것이다.
   ㉡ 내적 비판: 사료의 내용이 신뢰할 만한 것인가를 분석하고, 사료의 성격을 밝히는 작업으로서 이는 사료 자체가 반드시 역사적 진실이라고는 할 수 없기 때문에 연구자가 행하는 작업이다. 즉, 내적 비판은 사료의 기술(記述)을 분석하고 기술 개개의 점에 관하여 신뢰할 수 있는 이유의 유무를 조사하는 것이다.

단권화 MEMO

■ 동양의 역사 연구
동양에서는 역사학이 정책의 입안을 위한 이론적 근거와 참고 자료를 마련하기 위하여 연구되었다. 특히 역사학의 제1차적인 목적을 귀감에서 찾는다. 대부분의 역사책에 거울 감(鑑) 자를 쓰는 이유. 우리나라에서는 서거정의 『동국통감』, 중국에서는 사마광의 『자치통감』, 주희의 『통감강목』, 원추의 『통감기사본말』 등이 대표적인 예이다.
실제로 중국의 역사를 보면 주나라의 봉건적 지방 분권 체제가 춘추 전국 시대라는 혼란기를 초래하였다는 것을 귀감으로 삼아 진의 시황제는 중앙 집권적인 군현제를 실시하였고, 송 태조는 당의 멸망 원인이 절도사의 난립에 있었음을 귀감으로 삼아 철저한 문치주의를 표방하였다.

*사료의 가치 이해
사료의 활용은 사료 비판이 전제되어야 한다.

|정답해설| 사료는 객관적 사실만을 담고 있지 않다. 사료를 역사 연구에 활용하기 위해서는 사료 비판이 선행되어야 한다. 따라서 사료를 있는 그대로 '사실로서의 역사'로만 판단해서는 안 된다.

|정답| ①

● 다음 글을 근거로 할 때, 사료를 탐구하는 자세로 옳지 <u>않은</u> 것은?

16. 국가직 9급

> 역사라는 말은 사람에 따라 다양한 뜻으로 사용되고 있지만, 일반적으로 '과거에 있었던 사실'과 '조사되어 기록된 과거'라는 두 가지 뜻을 지니고 있다. 즉, 역사는 '사실로서의 역사'와 '기록으로서의 역사'라는 두 측면이 있다. 전자가 객관적 의미의 역사라면, 후자는 주관적 의미의 역사라 할 수 있다. 우리가 역사를 배운다고 할 때, 이것은 역사가들이 선정하여 연구한 '기록으로서의 역사'를 배우는 것이다.

① 사료는 '과거에 있었던 사실'이므로 그대로 '사실로서의 역사'라고 판단한다.
② 사료를 이해하기 위해 그 사료가 기록된 당시의 전반적인 시대 상황을 살펴본다.
③ 사료 또한 사람에 의해 '기록된 과거'이므로, 기록한 역사가의 가치관을 분석한다.
④ 동일한 사건 또는 같은 시대를 다루고 있는 여러 다른 사료와 비교·검토해 본다.

03 한국사의 보편성과 특수성

■ 한국사의 보편성과 특수성
민족이란 일정한 특징을 지닌 하나의 집합체이다. 어느 민족이든 민족으로서의 기본적인 공통성을 지니고 있다. 모든 민족은 선후와 정도의 차이는 있겠지만, 대부분 비슷한 역사적 경험을 쌓아 오늘에 이른 것이다. 이러한 공통점을 지니고 있는 것은 민족에 작용하는 힘이나 압력, 이를 극복하기 위하여 요구되는 노력이 공통성을 지니고 있기 때문이다.
그런데 비록 모든 민족이 공통점을 지니고 있다 하더라도 실제의 역사는 각 민족에 따라서 다양하게 전개되었다. 즉, 모든 민족이나 국가의 역사에 하나의 일관된 법칙이 적용되는 것은 아니라는 점이다. 따라서 한국사 연구는 우리 민족의 역사적 사실에 대한 깊은 연구를 바탕으로 각 민족이 공통적으로 지니고 있는, 일반화할 수 있는 법칙을 추론할 수 있어야 한다.

(1) 세계사적 보편성

① 인간은 동물이나 식물과 다른 인간 고유의 생활 모습을 지니고 있으며, 자유·평등·박애·평화·행복 등 공통적인 이상을 추구하고 있다.
② 이러한 인간 고유의 생활 모습과 이상은 국가와 민족을 초월한 전 세계 인류의 공통점으로, 이를 세계사적 보편성이라 부른다.

(2) 민족의 특수성

① 인간은 자신이 터를 잡고 살아가는 지역의 자연환경에 따라 고유한 언어·풍속·종교·예술, 그리고 사회 제도 등을 다양하게 창출하게 되는데, 이를 그 민족의 특수성이라 한다.
② 교통과 통신이 아직 발달하지 못하였던 근대 이전 시대에는 민족적·지역적 특수성이 매우 두드러졌다. 이에 세계를 몇 개의 문화권으로 나누어 그 특수성을 이해하기도 하고, 하나의 문화권 안에서도 다시 민족 문화나 지방 문화의 특수성을 추출하기도 한다.

(3) 역사의 올바른 이해

모든 민족의 역사에는 이러한 보편성과 특수성이 함께 존재한다. 따라서 역사를 바르게 이해한다는 것은 세계사적 보편성과 지역적 특수성을 균형 있게 파악하였다는 의미이다.

* 우리 민족의 특수성
우리 민족의 특수성으로는 어떤 내용이 있는지 파악해 두어야 한다.

(4) 우리 민족의 보편성과 특수성*

우리 민족은 외부 세계와 접촉이 빈번하였던 만주와 한반도에 자리 잡고 역사적 삶을 영위해 왔다. 그 후 활동 무대가 한반도로 좁아지기는 하였지만, 국토의 자연환경을 효과적으로 활용하여 다양한 민족·국가들과 문물을 교류하면서 내재적인 변화와 발전을 이룩하였다.

① 보편성: 우리 민족은 세계의 모든 민족이 그랬던 것처럼 자유와 평등, 민주와 평화 등 전 인류의 공통된 가치를 추구해 왔다. 여기서 자연스럽게 우리 역사의 보편성을 찾을 수 있다.

② 특수성: 우리 민족은 반만 년 이상의 유구한 역사를 이어 오고 있다. 이 과정에서 국가에 대한 충성, 부모에 대한 효도가 중시되고 두레·계·향도와 같은 공동체 조직이 발달하는 등 우리 민족의 특수성을 엿볼 수 있다.

(5) 한국사의 이해

한국사의 이해는 우리 민족의 역사적 삶의 특수성을 이해하고 그 가치를 깨우치는 것이어야 한다. 우리 역사와 문화의 특수성에 대한 이해는 한국사를 바르게 인식하는 데 기초가 될 뿐만 아니라 우리가 민족적 자존심을 잃지 않고 세계 문화에 공헌하는 데에도 필요하다.

바로 확인문제

● **한국사의 올바른 이해에 대한 설명으로 적절하지 않은 것은?**　　　14. 사복직 9급

① 조선이 일본의 식민지로 전락하였던 것은 분권적인 봉건 제도가 없었기 때문이었다.
② 한국사는 한국인의 주체적인 역사이며, 사회 구성원들의 총체적인 삶의 역사이다.
③ 한국사의 보편성과 특수성의 문제는 세계사 안에서 한국사를 올바르게 보는 관점을 제시한다.
④ 다양한 기준에 의거해 시대 구분을 하더라도 한국사의 발전 양상에 주목할 필요가 있다.

04　민족 문화의 이해

(1) 우리 문화의 특징

우리 조상들은 유구한 역사를 거치면서 슬기를 발휘하고 노력을 기울여 문화를 발전시켜 왔다. 우리 문화는 다른 어느 민족의 그것과도 구별되는 특수성을 지니고 있으면서도 보편적 가치를 추구해 왔다.

① 선사: 선사 시대에는 아시아의 북방 문화와 연계되는 문화를 이룩하였다.
② 고대: 중국 문화와 깊은 연관을 맺으면서 독자적인 고대 문화로 발전하였다.
③ 고려: 고려 시대에는 불교를 정신적 이념으로 채택하였다.
④ 조선: 조선 시대에는 유교적 가치를 중요시하는 문화 활동을 하였다.

(2) 한국 사상의 개성

특히, 불교와 유교는 외래 사상을 그대로 들여오지 않고 이를 한국화·토착화시켜서 한국 사상으로서의 개성을 확립하였다.

① 우리 조상들은 불교와 유교를 소화하여 우리 것으로 만들었다. 튼튼한 전통 문화의 기반 위에서 선진적 외래 문화를 주체적으로 수용하는 것이 민족 문화 발전의 열쇠라는 관점에서 볼 때 우리의 민족 문화는 무한한 발전 가능성을 안고 있다.
② 우리는 이러한 민족 문화에 대한 자부심과 긍지를 가지고 민족 문화를 보존함과 아울러 이를 더욱 발전시켜 나가려는 자세를 가져야 한다.

(3) 세계화 시대의 역사의식

흔히 현대를 세계화 시대라고 한다. 이는 정보 통신 기술과 교통의 발달로 세계가 점점 긴밀해지고 교류 또한 활발해지고 있기 때문이다.

|정답해설| 일제 강점기 식민 사학자들의 정체성론에 해당한다. 정체성론이란 조선의 역사 발전은 늦게 진행되어 (일본과 비교해서) 고대 국가 수준에 머물러 있었기 때문에 조선에 중세 시대는 없다는 것이다(중세 부재론). 이에 백남운 등 일제 강점기 사회 경제 사학자들은 한국사도 세계사적 발전 법칙에 따라 중세를 거쳐 근대로 나아가고 있었다고 주장하면서 정체성론을 비판하였다.

|정답| ①

■ **한국 불교·유교의 특수성**
한국 불교는 현세 구복적이고 호국적인 성향이 남달리 강하다. 한국 유교는 삼강오륜의 덕목 중에서 충·효·의가 특히 강조되었는데, 이는 우리 조상이 가족 질서에 대한 헌신과 국가 수호, 그리고 사회 정의 실현에 대한 특별한 애정을 지니고 있었음을 잘 보여 준다. 조선 시대 유학자들이 비타협적이고 배타적 경향이 큰 이유도 이 때문이다. 이는 중국의 유학이 인(仁)을 중심 개념으로 설정하고 사회적 관용을 존중하는 것과 대비된다.

① 개방적 민족주의: 세계화 시대의 역사의식은 안으로는 민족 주체성을 견지하되, 밖으로는 외부 세계의 변화에 적극적으로 대응하는 개방적 민족주의에 기초하여야 한다. 내 것만이 최고라는 배타적 민족주의도, 내 것을 버리고 무조건 외래의 문화만을 추종하는 것도 모두 세계화 시대에는 버려야 할 닫힌 사고이다.

② 인류 공동의 가치: 아울러 세계화 시대의 시대적 요청은 인류 사회의 평화와 복리 증진 등 인류 공동의 가치를 추구하려는 진취적 역사 정신이라는 점을 잊어서는 안 된다.

심화 민족주의(民族主義)

❶ 민족주의는 일반적으로 민족의 생활·전통·문화를 보존하여 국민 국가를 형성하고, 국가의 성립 후에는 독립성·통일성을 유지·발전시킬 것을 추구하는 사상이나 움직임을 일컫는다. 역사적으로는 자기 민족을 다른 민족이나 국가와 구별하고 통일·독립·발전을 지향하는 사상 혹은 운동이며, 정치적으로는 민족을 사회 공동체의 기본 단위로 보고 자유 의지에 의하여 국가적 소속을 결정하려는 입장이라고 할 수 있다.

❷ 19세기 후반 민족주의는 공격적·팽창적 민족주의와 방어적·저항적 민족주의로 나누어지게 된다. 강대국들은 공격적·팽창적 민족주의를 통하여 약소국을 침략하여 식민지로 삼으려 하였고, 이에 대하여 약소국들은 스스로를 보존하고 국민 국가를 형성하기 위하여 강대국의 공격과 침략에 맞서 투쟁하였다.

---

02 선사 시대의 우리 역사

□ 1 회 독   월   일
□ 2 회 독   월   일
□ 3 회 독   월   일
□ 4 회 독   월   일
□ 5 회 독   월   일

01 선사 시대의 세계

1 인류의 기원

(1) 인류의 출현

① 우리가 살고 있는 지구상에 인류가 처음으로 출현한 시기는 지금부터 약 300~350만 년 전으로 알려져 있다. 최초의 인류는 아프리카에서 화석이 발견된 오스트랄로피테쿠스였다.

② 이후 인류는 지혜가 발달하면서 불을 사용하는 법을 알게 되어 음식을 익혀 먹었고, 빙하기에도 추위를 견딜 수 있게 되었다. 또한 사냥과 채집을 통하여 식량을 조달하였고, 시체를 매장하는 풍습을 지니게 되었다.

(2) 구석기 시대의 인류

구석기 시대 후기인 약 4만 년 전부터 진정한 의미의 현생 인류인 호모 사피엔스 사피엔스가 출현하였다. 이들은 두뇌 용량을 비롯한 체질상의 특징이 오늘날의 인류와 거의 같으며, 현생 인류에 속하는 여러 인종의 직계 조상으로 추정하고 있다. 이렇게 인류가 진화할 수 있었던 것은 생각하는 능력을 가지고 주변의 자연환경에 적응하면서 문화를 창조해 나갔기 때문이다.

2 신석기 문화와 청동기 문명의 탄생

(1) 신석기 시대의 시작

① 환경의 변화: 기원전 약 1만 년경에 빙하기가 끝나고 후빙기가 시작되면서, 인류의 생활은 환경의 변화에 적응하여 또다시 바뀌었다. 이에 구석기 시대가 지나고, 과도기인 중석기 시대를 거쳐 신석기 시대가 전개되었다.

▲ 신석기 시대 석기류와 토기류
러시아 아무르강 하구 수추섬에서 발굴되었다. 우리나라에서는 함북 웅기군 서포항 유적(3기 문화층)에서 이와 비슷한 유물이 발굴되었다.

단권화 MEMO

■ **인류의 진화**

• 인류 진화의 요인: 인류 진화의 요인 중 가장 중요한 것은 직립 보행이었다. 인류는 직립 보행으로 자유로워진 두 손을 이용하여 도구를 사용할 수 있게 되었고, 두뇌 용량이 커져 지능이 발달하게 되었다. 또한 언어를 사용하여 의사소통을 하고 문화를 발달시킬 수 있었다.

• 원시 인류의 진화

오스트랄로피테쿠스	남방의 원숭이
호모 하빌리스	손재주 좋은 사람(능인)
호모 에렉투스	• 곧선 사람(원인) • 구석기 전기(자바인·베이징인, 불의 사용, 채집 생활)
호모 사피엔스	• 슬기 사람(고인) • 구석기 중기(네안데르탈인, 석기를 제작·사용, 매장의 풍습)
호모 사피엔스 사피엔스	• 슬기 슬기 사람(신인) • 구석기 후기(현생 인류, 크로마뇽인)

■ **오스트랄로피테쿠스**

두뇌의 용량이 현생 인류의 3분의 1 정도였으나 직립 보행을 하여 두 손으로 간단하고 조잡한 도구를 만들어 사용할 수 있었다. 인류는 처음에는 나무로 된 도구를 사용하다가 곧이어 돌로 도구를 만들어 사용하였다.

■ 선사 시대의 연구

1833년 프랑스 학자 투르날(Tournal)은 기록이나 고문서가 나오기 이전으로 거슬러 올라가는 인류 역사의 일부 시대를 지칭하기 위하여 '선사(prehistory)'라는 단어를 만들어 냈다. 이에 비하여 역사 시대는 문자에 의한 기록이 나타난 이후를 지칭한다. 최초의 문자 기록이 대략 5,000년 전에 이루어졌다는 점을 감안하면 선사 시대는 인류의 출현부터 약 5,000년 전까지의 장구한 시기를 연구 대상으로 삼는다.

선사 시대를 연구한다는 것은 유적에서 출토되는 몇 가지의 유물로부터 선사 시대를 재구성하는 것으로서, 마치 범죄 현장에 남아 있는 극히 단편적이고 미미한 실마리들로부터 범죄 상황을 추리해 내는 탐정의 역할과 같다.

■ 선사 시대와 역사 시대 구분

일반적으로 선사 시대와 역사 시대를 구분하는 기준은 문자의 사용 여부이다. 선사 시대는 문자를 사용하지 못했던 구석기 시대와 신석기 시대를 말하며, 역사 시대는 문자를 만들어 쓰기 시작한 청동기 시대 이후를 말한다. 우리나라는 철기 시대부터 문자를 사용한 것으로 추정하고 있다.

＊우리나라의 선사 시대

각 시대별 주요 유적과 유물을 구분하여 기억해야 한다.

■ 알타이 어족

터키에서 중앙아시아와 몽골을 거쳐, 한국과 일본에 이르는 지역에 분포하는 어족(語族)으로서, 몽골어·터키어·한국어·일본어·만주어·핀란드어·헝가리어·퉁구스어 등을 포함한다.

② **특징** : 신석기 문화는 농경과 목축의 시작, 간석기와 토기의 사용, 정착 생활과 촌락 공동체의 형성 등을 특징으로 한다.

③ **신석기 혁명** : 구석기 시대 사람들이 식량 채집 생활만 한 것과는 달리, 신석기 시대 사람들은 농경과 목축을 시작하여 식량을 생산하는 경제 활동을 전개함으로써 인류의 생활 양식이 크게 변하였다. 이를 **신석기 혁명**이라 한다.

(2) 선사 문명의 형성

신석기 혁명에 의한 획기적인 변화는 중동 지방을 비롯하여 아시아 여러 지역에서 기원전 8,000년경에 시작된 것으로 추정되며, 이후 세계 각 지역으로 퍼져 나갔다.

① **4대 문명** : 기원전 3,000년경을 전후하여 메소포타미아의 티그리스강과 유프라테스강, 이집트의 나일강, 인도의 인더스강, 중국의 황허강 유역에서 문명이 형성되었다.

② **문화의 발달** : 이들 큰 강 유역에서는 관개 농업의 발달, 청동기의 사용, 도시의 출현, 문자의 사용, 국가의 형성 등이 이루어져 문화가 크게 발달하였다.

(3) 역사 시대의 전개

이러한 변화들은 모두 청동기 시대에 일어났다. 이로써 인류는 선사 시대를 지나 역사 시대로 접어들게 되었다.

02 우리나라의 선사 시대＊

1 우리 민족의 기원

(1) 생활 영역

우리 조상들은 대체로 중국 요령(랴오닝)성, 길림(지린)성을 포함하는 만주 지역과 한반도를 중심으로 한 동북아시아에 넓게 분포하여 살고 있었다.

(2) 우리 민족의 형성

① **민족의 기틀** : 우리나라에 사람이 살기 시작한 것은 구석기 시대부터이며, 신석기 시대에서 청동기 시대를 거치면서 민족의 기틀을 마련하였다.

② **경과** : 어느 나라 역사에 있어서나 모든 종족은 인근에 사는 종족과 교류하면서 문화를 발전시키고 민족을 형성해 왔다. 동아시아에서는 선사 시대에 여러 민족이 문화를 일으켰는데, 그중에서도 우리 민족은 독특한 문화를 이루고 있었다.

③ **민족의 계통** : 우리 민족은 인종상으로는 황인종에 속하고, 언어학상으로는 **알타이 어족**과 가까운 관계에 있다. 또한 오래전부터 하나의 민족 단위를 형성하고, 농경 생활을 바탕으로 독자적인 문화를 이룩하였다.

▲ 선사 시대의 문화권

심화 우리 민족에 대한 호칭

중국 고전에 의하면 우리 민족을 예(濊), 맥(貊), 예맥(濊貊), 동이(東夷), 한(韓) 등으로 호칭하였다.
- 맥(貊)이 기록된 중국 문헌: 『시경』, 『논어』, 『중용』, 『맹자』 등
- 예맥(濊貊)이 기록된 중국 문헌: 『사기』 흉노전, 『삼국지』 위서 동이전 등
- 동이(東夷)가 기록된 중국 문헌: 『논어』, 『예기』, 『산해경』, 『사기』 등
- 동이(東夷)에 관한 최초의 우리 문헌: 김부식의 『삼국사기』

바로 확인문제

● 우리나라의 선사 시대에 대한 설명으로 옳은 것은?

① 구석기 시대에서 신석기 시대를 거치면서 민족의 기틀이 이루어졌다.
② 우리 민족은 언어학상으로 인도–유럽 어족과 가까운 관계에 있다.
③ 우리 조상들은 대체로 만주 지역과 한반도를 중심으로 분포하였다.
④ 우리 민족의 영역에 사람이 살기 시작한 것은 신석기 시대부터이다.

| 오답해설 |
① 우리 민족의 기틀은 신석기 시대에서 청동기 시대를 거치면서 형성되었다.
② 우리 민족은 언어학적으로 알타이 어족, 인종학적으로 황인종에 속한다.
④ 한반도와 그 주변 지역에 사람이 살기 시작한 것은 구석기 시대지만 구석기인들은 우리 민족과 직접적 혈연 관계는 없다.

| 정답 | ③

2 구석기 시대의 유물과 유적

(1) 구석기 시대의 구분

우리나라와 그 주변 지역에 구석기 시대 사람들이 살기 시작한 것은 약 70만 년 전부터이다. 구석기 시대는 석기를 다듬는 수법에 따라 전기·중기·후기의 세 시기로 나누어진다.

① 전기: 전기에는 큰 석기 한 개를 여러 가지 용도로 썼다.
② 중기: 중기에는 큰 몸돌에서 떼어 낸 돌조각인 격지돌을 잔손질하여 석기를 만들었다. 따라서 크기는 작아지고 점차 한 개의 석기가 하나의 쓰임새를 가지게 되었다.
③ 후기: 후기에는 쐐기 같은 것을 대고 형태가 같은 여러 개의 돌날격지를 만드는 수준까지 발달하였다.

● 구석기 유적

▲ 구석기 시대의 유적지

(2) 구석기 시대의 유적지

우리나라 구석기 시대의 대표적인 유적지로는 평남 상원 검은모루 동굴, 경기도 연천 전곡리, 충남 공주 석장리 등이 있다. 이들 유적에서는 석기와 함께 사람과 동물의 뼈 화석, 동물 뼈로 만든 도구 등이 출토되어 구석기 시대의 생활상이 밝혀지게 되었다.

■ 르발루아 기법

르발루아 기법은 구석기 중기 문화를 대표하는 석기 제작 기술이다. 명칭은 19세기에 발견된 구석기 중기 유적인 파리 근교의 르발루아 페레 유적에서 기원하였다.

구석기 시대의 유적지

시대	출토 지역	유물 및 특징
전기 구석기 시대 (70만~10만 년 전)	단양 도담리 금굴 유적(충북)	우리나라에서 발견된 구석기 유적 중 가장 오래됨(약 70만 년 전)
	상원 검은모루 동굴(평남)	포유 동물 화석, 주먹도끼, 긁개 발견
	연천 전곡리(경기)	• 1978년 미군 병사가 한탄강 주변에서 발견함 • 아시아 최초로 **아슐리안형 주먹도끼**가 대량으로 출토됨 → 기존의 주류 학설이었던 '모비우스 학설' 반박
	공주 석장리(충남)	• 전기·중기·후기 구석기 시대를 포괄하는 문화층 형성 • **1964년부터 발굴(남한 최초 발견)**
중기 구석기 시대 (10만~4만 년 전)	제천 점말 동굴(충북)	• 전기~후기에 이르는 10여 문화층 • 사람의 얼굴이 새겨진 털코뿔이뼈 출토
	웅기 굴포리(함북)	• 1963년부터 발굴 • 찌르개, 매머드 화석 발견
	양구 상무룡리(강원)	• 중기~후기 구석기의 유적지 • 후기 구석기의 유적지에서 백두산 계통의 흑요석 출토
	덕천 승리산 동굴(평남)	인골 화석 발견(한반도 최초)
	단양 상시리 바위 그늘(충북)	25세 정도의 남자의 뼈 출토(남한에서 최초로 발굴된 인골 화석)
후기 구석기 시대 (4만~1만 년 전)	종성 동관진(함북)	**1933년 한반도 최초로 발견된 구석기 시대 유적지**
	제주 빌레못 동굴	동물 화석, 집터 발견
	단양 수양개(충북)	• 석기 제작지 출토 • 동물(고래, 물고기 형상) 석상 출토
	평양 만달리 동굴	20~30세가량의 남자 유골(아래턱뼈) 발견
	청원 두루봉 동굴(충북)	흥수굴에서 어린아이의 뼈 화석 발견(흥수아이) → 장례 의식 확인
	제천 창내(충북)	막집 유적 발견

■ 모비우스 학설
미국의 고고학자 '모비우스'에 의한 학설로서, 인도를 기준으로 서쪽(유럽, 아프리카, 서아시아)은 아슐리안 문화권, 동쪽(동아시아, 아메리카)은 찍개 문화권으로 분류한다는 내용이다. 연천 전곡리에서 아슐리안형 주먹도끼가 출토되면서 이 학설을 반박할 수 있게 되었다.

■ 사람의 화석이 발견된 구석기 유적
청원 두루봉 동굴 유적, 평양 만달리 동굴 유적, 덕천 승리산 동굴 유적(한반도 최초로 인골 화석 발견), 단양 상시리 바위 그늘 유적(남한 최초로 인골 화석 발견)

▲ 흥수아이

| 정답해설 | 지문은 '경기도 연천 전곡리'에서 발견된 '구석기 시대' 유물인 아슐리안형 주먹도끼에 대한 설명이다. 구석기 시대에는 막집 등에 살면서 식량을 찾아 이동하는 생활을 하였다.

| 오답해설 |
①③ 청동기 시대, ② 신석기 시대에 대한 설명이다.

| 정답 | ④

바로 확인문제

● 밑줄 친 '이 유적지'에서 살았던 사람들의 생활상으로 옳은 것은?

> 이 유적지는 한탄강 유역의 현무암 대지에 자리 잡고 있다. 1978년 겨울, 주한 미군 병사의 신고로 처음 유적의 존재가 알려진 이후 11차에 걸친 발굴이 이루어졌으며, 주먹도끼와 가로날 도끼 등 아슐리안형 석기가 발견되어 세계 고고학계의 이목을 집중시킨 바 있다.

① 고인돌과 선돌 등의 거석 기념물을 세웠다.
② 농경이 시작되었고, 정착 생활이 이루어졌다.
③ 잉여 생산물을 둘러싸고 부족 사이에 전쟁이 벌어졌다.
④ 막집 등에 살면서 식량을 찾아 이동하는 생활을 하였다.

3 구석기 시대의 생활

(1) 경제 생활

① 원시 채집 경제: 구석기 시대 사람들은 동물의 뼈나 뿔로 만든 도구와 뗀석기를 가지고 사냥과 채집을 하면서 생활하였다.

② 도구의 사용: 처음에는 찍개 같은 도구를 여러 가지 용도로 사용하였으나 점차 뗀석기를 제작하는 기술이 발달함에 따라 용도가 뚜렷한 작은 석기들을 만들게 되었다.

▲ 주먹도끼(경기 광주 곤지암읍 삼리)

③ 도구의 용도: 주먹도끼·찍개·찌르개·팔매돌 등은 사냥 도구이고, 긁개·밀개 등은 대표적인 조리 도구이다. 한편 경기도 연천 전곡리 유적 등에서 출토된 가로날 도끼는 주먹도끼와 함께 구석기 시대 전기의 대표적인 석기로, '도끼'라는 명칭에도 불구하고 실제 용도는 자르는 도구일 가능성이 높다.

④ 슴베찌르개: 구석기 시대 후기에 사용된 이음 도구로서, 창의 역할을 하였다.

▲ 슴베찌르개(경기 광주 곤지암읍 삼리)

(2) 사회 생활

① 주거지(집터)
　　㉠ 주거지의 종류·형태: 구석기 시대 사람들은 동굴이나 바위 그늘에서 살거나 강가에 막집을 짓고 살았다. 이를 보여 주는 구석기 시대 유적으로는 상원의 검은모루·제천 창내·공주 석장리 등이 있다.
　　㉡ 흔적: 구석기 시대 후기의 막집 자리에는 기둥 자리, 담 자리 및 불 땐 자리가 남아 있다.
　　㉢ 규모: 집터의 규모는 작은 것은 3~4명, 큰 것은 10명이 살 수 있을 정도의 크기였다.

② 무리 생활
　　㉠ 이동 생활: 구석기 시대에는 무리를 이루어 큰 사냥감을 찾아다니며 생활하였다.
　　㉡ 평등 생활: 무리 가운데 경험이 많고 지혜로운 사람이 지도자가 되었으나, 권력을 갖지는 못하였으며 모든 사람이 평등한 공동체 생활을 하였다.

(3) 예술 활동

구석기 시대 사람들은 구석기 시대 후기에 이르러 석회암이나 동물의 뼈 또는 뿔 등을 이용하여 조각품을 만들었다.

① 유적지: 공주 석장리와 단양 수양개에서 고래와 물고기 등을 새긴 조각이 발견되었는데, 이를 통하여 구석기인들의 소박한 솜씨를 엿볼 수 있다.

② 의미: 이러한 유물에는 사냥감의 번성을 비는 구석기 시대 사람들의 주술적 의미가 깃든 것으로 보인다.

4 중석기 시대

중석기 시대는 구석기 시대에서 신석기 시대로 넘어가는 과도기이다. 구석기 시대에서 신석기 시대로 넘어가는 전환기에 빙하기가 지나고 다시 기후가 따뜻해졌다. 이런 새로운 자연환경에 대응하기 위하여 이 시기 사람들은 적합한 생활 방법을 찾으려고 노력하였다.

■ 주먹도끼

짐승을 사냥하고 가죽을 벗기며, 땅을 파서 풀이나 나무뿌리를 캐는 등 여러 용도에 사용하는 만능 석기였다.

■ 중석기 시대

유럽에서는 구석기 시대에서 신석기 시대로 넘어가는 과도기적인 단계를 중석기 시대로 부르고 있다. 그러나 우리나라에서 중석기 시대를 설정하는 것은 아직 문제로 남아 있다. 북한에서는 웅기 부포리와 평양 만달리 유적을 중석기 시대 것으로 보고 있으며, 우리나라에서는 통영 상노대도 조개더미의 최하층, 거창 임불리와 홍천 하화계리 유적 등을 중석기 시대의 유적으로 보는 학자도 있다.

(1) 활

큰 짐승 대신에 토끼·여우·새 등의 작고 빠른 짐승을 잡기 위해 활을 사용하였다.

(2) 잔석기

① 이 시기의 석기들은 더욱 작게 만들어진 잔석기로, 한 개 내지 여러 개의 석기를 나무나 뼈에 꽂아 쓰는 이음 도구도 만들었다. 이음 도구로는 톱이나 활·창·작살 등이 만들어졌다.

② 기후가 따뜻해지면서 동식물이 번성하게 되어 사람들은 식물의 채취와 고기잡이를 많이 하였다.

바로 확인문제

● 밑줄 친 '주먹도끼'가 사용된 시대에 대한 설명으로 옳은 것은?   23. 지방직 9급

> 이 유적은 경기도 연천군 한탄강 언저리에 넓게 위치하고 있다. 이곳에서 아슐리안 계통의 <u>주먹도끼</u>가 다량으로 출토되어 더욱 많은 관심이 집중되었다. 이곳에서 발견된 <u>주먹도끼</u>는 그 존재 유무로 유럽과 동아시아 문화가 나뉘어진다고 한 모비우스의 학설을 무너뜨리는 결정적 증거가 되었다.

① 동굴이나 바위 그늘, 강가의 막집 등에서 살았다.

② 내부에 화덕이 있는 움집이 일반적인 주거 형태였다.

③ 토기를 만들어 음식을 조리하거나 식량을 저장하였다.

④ 구릉에 마을을 형성하고 그 주변에 도랑을 파고 목책을 둘렀다.

---

5 신석기 시대의 유물과 유적

(1) 신석기 시대의 시작

우리나라의 신석기 시대는 기원전 8,000년경부터 시작되었다.

(2) 간석기

① 신석기 시대 사람들은 돌을 갈아서 여러 가지 형태와 용도를 가진 간석기를 만들어 사용하였다.

② 신석기 시대 사람들은 부러지거나 무뎌진 도구를 다시 갈아 손쉽게 쓸 수 있게 되었으며, 단단한 돌뿐만 아니라 무른 석질의 돌도 이용하였다.

▲ 농경 굴지구(전북 진안 정천면 모정리)
땅을 파고 일구는 도구이다.

(3) 토기(土器)

진흙으로 그릇을 빚어 불에 구워서 만든 토기를 사용하여 음식물을 조리하거나 저장할 수 있게 되었고, 이에 따라 생활이 더욱 나아졌다.

① 종류: 우리나라 신석기 시대의 대표적인 토기는 빗살무늬 토기이며, 이보다 앞선 시기의 토기도 발견되고 있다. 무늬가 없는 것, 토기 몸체에 덧띠를 붙인 것, 눌러 찍은 무늬가 있는 것으로 각각 이른 민무늬 토기·덧무늬 토기·눌러찍기무늬 토기(압인문 토기)라고 부른다.

| 정답해설 | 밑줄 친 (아슐리안 계통의) 주먹도끼는 구석기 시대 유적지인 경기도 연천군 전곡리 유적에서 발견되었다. 구석기 시대 사람들은 동굴이나 바위 그늘, 강가의 막집에서 살았다.

| 오답해설 |
② 움집은 신석기 시대부터 사용된 주거 형태이다.
③ 신석기 시대 농경이 시작되면서, 수확물을 저장할 토기가 만들어졌다.
④ 청동기 시대에는 구릉에 마을을 형성하고, 다른 부족의 침략을 막기 위해 도랑(환호)을 파고 목책을 둘렀다.

| 정답 | ①

■ **신석기 시대 자연환경의 변화**

기원전 8,000년경, 후빙기에 들어서면서 한반도의 자연환경은 크게 변화하기 시작하여 해수면이 높아지고 동식물이 바뀌어 갔다. 기원전 5,500년경부터 3,000년경까지는 기후가 따뜻하여 소나무 숲에 상록 활엽수, 낙엽 활엽수가 첨가되어 현재와 비슷한 삼림 형태를 이루게 되었다. 이 무렵의 한반도는 대략 지금과 비슷한 형태를 하고 있었으나, 서해안은 해수면이 현재보다 7m쯤 낮아 주민들이 현재의 해안선보다 바다 쪽으로 더 나가 생활할 수 있었다.

■ **갈돌과 갈판**

도토리 등 나무 열매나 곡물 껍질을 벗기거나 갈아서 가루를 만들 때 사용하였다.

㉠ 이른 민무늬 토기(원시 무문 토기, 기원전 8,000~기원전 6,000): 제주 한경 고산리에서 출토된 한반도 최초의 토기로서, 무늬가 없고 작다.

㉡ 덧무늬 토기(기원전 6,000~기원전 5,000): 양양 오산리 유적에서 출토된 덧무늬 토기가 대표적이며, 토기의 몸체에 덧띠가 붙여져 있고 밑이 둥글게 되어 있다.

㉢ 빗살무늬 토기(기원전 4,000~기원전 3,000)
- 북방 계통(시베리아, 몽골)의 영향을 받은 신석기 시대의 대표적인 토기이다.
- 도토리나 달걀 모양의 뾰족한 밑, 또는 둥근 밑 모양을 하고 있으며 크기도 다양하다.
- 유적지는 부산 동삼동·서울 암사동·김해 수가리·평양 남경리 등 전국적으로 분포되어 있으며, 대부분 바닷가나 강가에 자리 잡고 있다.

▲ 덧무늬 토기(강원 고성 문암리)
토기를 제작하여 사용한 사실을 통하여 식량의 저장과 정착 생활을 추정할 수 있다.

▲ 빗살무늬 토기(서울 강동 암사동)

② 유적지: 위의 토기들은 제주도 한경 고산리, 강원 고성 문암리, 강원 양양 오산리, 부산 동삼동 조개더미 등에서 발견되었다.

바로 확인문제

● 다음에 제시된 유물이 처음 사용된 시대의 사실로 옳은 것은? 16. 소방직(복원)

① 조·피·수수 등을 재배하는 농경이 시작되었다.
② 사유 재산 제도가 출현하고 계급이 발생하였다.
③ 탁자식과 바둑판식 형태의 고인돌이 축조되었다.
④ 철제 무기와 철제 연모를 사용함에 따라 그동안 사용해 오던 청동기는 의식용 도구로 변하였다.

● 다음 토기가 사용된 시기의 생활상으로 옳지 <u>않은</u> 것은? 19. 국가직 7급

> 이 토기는 그릇의 표면에 점토 띠를 덧붙여 각종 문양 효과를 내었으며, 바닥은 평저 또는 원저로 이루어져 있다. 대표적인 예로 부산 동삼동, 울주 신암리, 양양 오산리 유적 등에서 출토된 것이 있다.

① 움집에서 주거 생활을 하였다.
② 검은 간 토기를 함께 사용하였다.
③ 가락바퀴를 이용해 옷을 만들었다.
④ 농경이 시작되어 조와 기장 등을 경작하였다.

신석기 시대 유적지로, 토제 인면상(흙으로 빚어 구운 사람의 얼굴상)과 덧무늬 토기 등이 출토되었다.

|정답해설| 제시된 유물 중 왼쪽은 빗살무늬 토기, 오른쪽은 가락바퀴로 모두 신석기 시대 유물이다. 신석기 시대에는 조·피·수수 등을 재배하는 농경이 시작되었다.

|오답해설|
②③은 청동기, ④는 철기 시대에 대한 설명이다.

|정답| ①

|정답해설| 제시된 자료는 신석기 시대에 제작된 덧무늬 토기에 대한 설명이다. 검은 간 토기는 초기 철기 시대의 토기이다.

|오답해설|
①③④ 신석기 시대 사람들은 반지하형 움집에서 주거 생활을 하였고, 가락바퀴와 뼈바늘을 이용해 옷이나 그물을 제작하였다(원시적 수공업). 또한 농경이 시작되어 조, 피, 수수, 기장 등 잡곡을 재배하였다.

|정답| ②

■ 신석기 시대 사람들의 생활

신석기 시대 사람들은 씨족별로 대략 20~30명씩 무리를 이루어 사냥과 고기잡이, 채집 등을 행하며 공동체적인 삶을 영위하였다. 사냥과 고기잡이에서는 도구와 기술이 뒤떨어졌기 때문에 공동 노동을 하였고, 채집 생활도 함께 행하는 것이 일반적이었다.

■ 전기 신석기 시대의 유적지

• 시기 : 전기 신석기 시대 (5,000~6,000년 전)
• 유적지 : 경남 창녕군 부곡면 비봉리 일대
• 출토 : 2004년
• 유물

구덩이	다량의 도토리를 저장한 16개의 구덩이 발굴
두개골	돌칼로 자른 뼈로, 사슴 뼈와 개 뼈 등 발견
망태기	질긴 풀을 이용해 만든. 국내에서 발굴된 것 중 가장 오래된 물건으로 직경 15cm, 깊이 10cm 정도만 남아 있으며 날줄 두 가닥으로 씨줄을 꼬아 만든 '꼬아뜨기' 기법을 사용함
갈판과 갈돌	도토리를 가는 데 사용된 물건으로서, 도토리를 갈아 물에 개서 만든 음식물도 불에 탄 채 발굴됨
기타	멧돼지 뼈·호두·솔방울 등이 출토됨

■ 가락바퀴(충북 청주 산성동)

실을 뽑는 데 사용된 도구이다.

■ 신석기 시대의 집터(강원 양양 지경리)

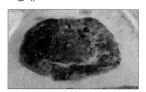

신석기 시대 사람들이 살았던 움집 자리로 동그란 모양의 바닥 중앙에 화덕 자리가 있다.

6 신석기 시대의 생활

(1) 경제 생활

① 농경의 시작 : 신석기 시대부터 농경 생활이 시작되었다.
　㉠ 유적지 : 황해도 봉산 지탑리와 평양의 남경 유적에서는 탄화된 좁쌀이 발견되어 신석기 시대에 잡곡류를 경작하였음을 알 수 있다.
　㉡ 농기구 : 이 시기에 사용한 주요 농기구로는 돌괭이·돌삽·돌보습·돌낫 등이 있다. 그리고 현재 남아 있지는 않지만, 중국이나 일본의 경우처럼 나무로 만든 농기구를 사용하였을 가능성도 있다.
　㉢ 형태 : 집 근처의 조그만 텃밭을 이용하거나 강가의 퇴적지를 소규모로 경작하였던 것으로 보인다.
② 사냥 : 농경 기술이 발달하면서 사냥과 고기잡이가 경제 생활에서 차지하는 비중은 점차 줄어들었지만, 여전히 식량을 얻는 중요한 수단이었다. 주로 활이나 창으로 사슴류와 멧돼지 등을 사냥하였다.
③ 고기잡이 : 고기잡이에는 여러 가지 크기의 그물과 작살, 돌이나 뼈로 만든 낚시 등을 이용하였다. 또한 굴·홍합 등 많은 조개류를 먹었는데, 때로는 깊은 곳에 사는 조개류를 따서 장식으로 이용하였다.
④ 원시 수공업 생산 : 농경 도구나 토기의 제작 이외에 원시적인 수공업 생산이 이루어졌다. 가락바퀴나 뼈바늘이 출토되는 것으로 보아 옷이나 그물을 만들었음을 알 수 있다.
⑤ 일본과의 교류 : 우리나라 남해안 일대의 신석기 시대 유적지에서 흑요석이 발견되는데, 이를 통해 이 일대에서 일본과 원거리 교류나 교역이 있었음을 알 수 있다.

▲ 신석기 시대의 유적지

(2) 사회 생활

① 주거지(집터) : 도구가 발달하고 농경이 시작되자 주거 생활도 개선되었다.
　㉠ 집터는 대개 움집 자리로 바닥은 원형이나 모서리가 둥근 네모꼴이다.
　㉡ 움집의 중앙에는 불씨를 보관하거나 취사와 난방을 위한 화덕이 위치하였다.
　㉢ 햇빛을 많이 받는 남쪽으로 출입문을 내었으며, 화덕이나 출입문 옆에는 저장 구덩이를 만들어 식량이나 도구를 저장하였다.
　㉣ 집터의 규모는 4~5명 정도의 한 가족이 살기에 알맞은 크기였다.
　㉤ 강원도 양양군 지경리 유적의 움집에서 동그란 모양의 바닥 중앙에 화덕 자리가 발견되었다.
② 부족 사회
　㉠ 신석기 시대에는 부족 사회를 이루고 있었다.
　㉡ 부족은 혈연을 바탕으로 한 씨족을 기본 구성단위로 하였다.
　㉢ 이들 씨족은 점차 다른 씨족과의 혼인을 통하여 부족을 이루었다.

② 부족 사회도 구석기 시대의 무리 사회와 같이 아직 지배와 피지배의 관계가 형성되지 않았고, 연장자나 경험이 많은 자가 자기 부족을 이끌어 나가는 평등 사회였다.

(3) 원시 신앙

농경과 정착 생활을 하게 되면서 인간은 자연의 섭리를 생각하게 되었다.

① 애니미즘: 농사에 큰 영향을 미치는 자연 현상이나 자연물에 정령이 있다고 믿는 정령 신앙으로 풍요를 기원하는 의미가 담겨 있다. 그중 태양과 물에 대한 숭배가 으뜸이었다.

② 영혼·조상 숭배: 사람이 죽어도 영혼은 없어지지 않는다고 생각하여 영혼 숭배와 조상 숭배가 나타났다.

③ 샤머니즘: 무격신앙(巫覡信仰)으로서, 영혼이나 하늘을 인간과 연결시켜 주는 존재인 무당(巫堂)과 그 주술을 믿었다.

④ 토테미즘: 자기 부족의 기원을 특정 동식물과 연결시켜 숭배하였다.

(4) 예술품

① 이 시대의 예술품으로는 주로 흙으로 빚어 구운 얼굴 모습이나 동물의 모양을 새긴 조각품, 조개껍데기 가면, 조가비 또는 짐승의 뼈나 이빨로 만든 치레걸이 등이 있었다.

② 함경북도 청진의 농포동 유적지에서 여성을 형상화한 흙으로 만든 조각품이 출토되었다.

■ **토테미즘**
단군왕검(곰), 박혁거세(말), 김알지(닭), 석탈해(까치), 김수로왕(거북이) 등

▲ 조개껍데기 가면(인천 옹진 소야도)

바로 확인문제

● **신석기 시대의 사회 모습에 대한 설명으로 가장 적절하지 않은 것은?**　　15. 경찰직 2차

① 농경 생활이 시작되었고, 돌괭이, 돌삽, 돌보습, 돌낫 등의 농기구를 사용하였다.

② 집터는 대개 움집 자리로, 바닥은 원형이나 모서리가 둥근 사각형이다.

③ 이 시대의 대표적인 토기는 민무늬 토기이다.

④ 영혼이나 하늘을 인간과 연결시켜 주는 존재인 무당과 그 주술을 믿는 샤머니즘도 있었다.

|정답해설| 민무늬 토기는 청동기 시대의 대표적인 토기인다. 한편 신석기 시대의 대표적인 토기는 빗살무늬 토기이다.

|정답| ③

○ **구석기 시대와 신석기 시대의 문화 비교**

구분	구석기 시대	신석기 시대
유물	• 뗀석기: 주먹도끼, 찍개 → 슴베찌르개 • 골각기(뼈로 만든 도구)	• 간석기: 일반 농기구 사용 • 토기: 이른 민무늬 토기·덧무늬 토기·눌러찍기무늬 토기 → 빗살무늬 토기
유적	전국적으로 분포	해안(바닷가)과 강가
주거 형태	동굴·강가의 막집, 바위 그늘	원형 및 방형의 움집
경제 생활	사냥과 채집·어로	농경의 시작, 사냥과 채집·어로의 존속, 원시 수공업 생산
사회 생활	무리·이동 생활, 평등한 공동체	정착 생활, 부족 사회, 평등 사회
예술 활동	사냥의 대상인 동물의 번성을 비는 주술적 성격	조개껍데기 가면(부산 동삼동 유적지, 인천 옹진 소야도에서 출토)
종교 생활	주술	애니미즘, 영혼 및 조상 숭배, 샤머니즘, 토테미즘 등

|정답해설| 서울 암사동에서 출토된 빗살무늬 토기는 밑이 뾰족한 원추형 토기이다.

|정답| ④

|정답해설| 제시된 내용은 신석기 시대의 움집에 대한 설명이다. 신석기 시대에는 농경이 시작되어 조, 피, 수수, 기장과 같은 잡곡을 경작하였다.

|오답해설|
② 독무덤은 초기 철기 시대의 무덤 형태이다.
③ 뗀석기는 구석기 시대 석기이다.
④ 청동기 시대에는 강력한 족장(부족장)이 출현하여 국가를 건국하였고, 선민사상을 주장하면서 지배의 정당성을 부여하였다.

|정답| ①

|정답해설| 밑줄 친 '이 토기'는 신석기 시대의 대표적 토기인 빗살무늬 토기이다. 신석기 시대에는 농경과 정착 생활이 이루어졌다(신석기 혁명).

|오답해설|
②③④는 모두 청동기 시대에 대한 설명이다. 청동기 시대에는 빈부의 격차가 나타나고 계급이 발생하였다. 또한 군장을 중심으로 한 국가가 출현하였으며, 무덤으로는 고인돌이나 돌널무덤이 만들어졌다.

|정답| ①

|정답해설| 밑줄 친 '이 시대'는 신석기 시대이다. 흑요석은 '검은색으로 빛나는 돌'이라는 뜻으로 화산에서 흘러나온 용암이 지표면에서 급속히 굳어 만들어진 암석이다. 따라서 화산 지역인 백두산 주변이나 일본 규슈 등지에 분포한다. 우리나라 남해안 일대의 신석기 시대 유적지에서 흑요석이 발견되는데, 이것은 '신석기 시대'에 이 일대에서 일본과 원거리 교류나 교역이 있었음을 알 수 있게 해 준다.

|오답해설|
①②④는 청동기 시대에 관한 설명이다.

|정답| ③

● **우리나라 선사 시대에 대한 설명으로 옳지 않은 것은?** 15. 국가직 7급

① 덕천 승리산 동굴에서 화석 인골이 발견되었다.
② 부산 동삼동 패총에서 조와 기장이 수습되었다.
③ 연천 전곡리 유적에서 유럽 아슐리안 계통의 주먹도끼가 출토되었다.
④ 서울 암사동에서 출토된 빗살무늬 토기는 바닥이 납작한 평저(平底)를 특징으로 한다.

● **다음 제시된 시기의 사실로 옳은 것은?** 15. 소방직(복원)

> 집터는 대개 움집 자리로 바닥은 원형이나 모서리가 둥근 사각형이다. 움집의 중앙에는 불씨를 보관하거나 취사와 난방을 위한 화덕이 위치하였다. 햇빛을 많이 받는 남쪽으로 출입문을 내었으며, 화덕이나 출입문 옆에는 저장 구덩을 만들어 식량이나 도구를 저장하였다. 집터의 규모는 4 ~ 5명 정도의 한 가족이 살기에 알맞은 크기였다.

① 원시적인 농경 사회가 시작되었다.
② 무덤 양식으로는 독무덤 양식이 등장하였다.
③ 뗀석기를 도구로 사용하였다.
④ 족장이 출현하여 스스로 선민사상을 주장하였다.

● **밑줄 친 '이 토기'가 주로 사용되었던 시대에 대한 설명으로 옳은 것은?** 16. 지방직 9급

> 이 토기는 팽이처럼 밑이 뾰족하거나 둥글고, 표면에 빗살처럼 생긴 무늬가 새겨져 있다. 곡식을 담는 데 많이 이용된 이 토기는 전국 각지에서 출토되고 있는데, 대표적 유적지는 서울 암사동, 봉산 지탑리 등이다.

① 농경과 정착 생활이 이루어졌다.
② 고인돌이나 돌널무덤을 만들었다.
③ 빈부의 격차가 나타나고 계급이 발생하였다.
④ 군장이 부족의 풍요와 안녕을 기원하는 제사를 지냈다.

● **밑줄 친 '이 시대'의 사회 모습으로 옳은 것은?** 15. 국가직 9급

> 이 시대의 황해도 봉산 지탑리와 평양 남경 유적에서 탄화된 좁쌀이 발견되는 것으로 보아 잡곡류 경작이 이루어졌음을 알 수 있다. 농경의 발달로 수렵과 어로가 경제 생활에서 차지하는 비중이 줄어들기 시작하였지만, 여전히 식량을 얻는 중요한 수단이었다. 한편 가락바퀴나 뼈바늘을 이용하여 옷이나 그물을 만드는 등 원시적인 수공업 생산이 이루어지기 시작하였다.

① 생산물의 분배 과정에서 사유 재산 제도가 등장하였다.
② 마을 주변에 방어 및 의례 목적으로 환호(도랑)를 두르기도 하였다.
③ 흑요석의 출토 사례로 보아 원거리 교류나 교역이 있었음을 알 수 있다.
④ 집자리는 주거용 외에 창고, 작업장, 집회소, 공공 의식 장소 등도 확인되었다.

03 국가의 형성

01 청동기·철기 문화

단권화 MEMO

1 청동기의 보급

(1) 보급 시기

① 청동기의 본격화 : 신석기 시대 말인 기원전 2,000년경에 중국의 요령(랴오닝), 러시아의 아무르강과 연해주 지역에서 들어온 덧띠새김무늬 토기 문화가 앞선 빗살무늬 토기 문화와 약 500년간 공존하다가 청동기 시대로 넘어간다. 이때가 기원전 2,000년경에서 기원전 1,500년경에 해당하며, 한반도의 청동기 시대가 본격화되었다.

② 고인돌의 등장 : 당시 지배층이 가진 정치권력과 경제력을 반영한다.

(2) 사회적 변화

청동기 시대에는 생산 경제가 그전보다 발달하였다. 청동기 제작과 관련된 전문 장인이 출현하였으며, 사유 재산 제도와 계급이 나타났다. 이에 따라 사회 전반에 걸쳐 큰 변화가 일어나게 되었다.

▲ 청동기 시대의 유적지

■ 덧띠새김무늬 토기

신석기 시대 말기부터 나타나는 새로운 양식의 토기로, 청동기 시대의 가장 이른 시기를 대표한다. 신석기 시대의 덧무늬 토기나 철기 시대의 덧띠 토기(점토대 토기)와는 다른 새로운 양식의 토기이다.

(3) 유적

① 청동기 시대의 유적은 중국의 요령성·길림성 지방을 포함하는 만주 지역과 한반도에 걸쳐 널리 분포되어 있다.

② 대표적 유적지로 남한 지역에는 **경기도 여주 흔암리**, 경기 파주 덕은리, **충남 부여 송국리**, 충북 제천 황석리, 전남 순천 대곡리 등이 있으며, 북한 지역에는 함북 회령 오동리, 함북 나진 초도, 평북 강계 공귀리, **평북 의주 미송리** 등이 있다.

(4) 유물

이 시기의 전형적인 유물은 집터를 비롯하여 고인돌·돌널무덤·돌무지무덤 등 청동기 시대의 무덤에서 나오고 있다.

① 석기: 반달 돌칼·바퀴날 도끼·홈자귀 등
② 청동기: 비파형 동검·거친무늬 거울 등
③ 토기: 덧띠새김무늬 토기·민무늬 토기·미송리식 토기·붉은 간 토기 등이 있다.

ㄱ 민무늬 토기: 청동기 시대의 대표적인 토기로서, 지역에 따라 모양이 약간씩 다르다. 밑바닥이 편평한 원통 모양의 화분형과 밑바닥이 좁은 팽이형이 기본적인 모양이며, 빛깔은 적갈색이다.

■ 비파형 동검

청동기 시대의 대표적 동검인 비파형 동검은 만주로부터 한반도 전역에 이르는 넓은 지역에서 출토되고 있다. 비파형 동검의 분포는 미송리식 토기 등과 함께 이 지역이 청동기 시대에 같은 문화권에 속하였음을 보여 준다.

ㄴ 미송리식 토기: 평북 의주 미송리 동굴에서 처음 발굴되었다. 밑이 납작한 항아리 양쪽 옆으로 손잡이가 하나씩 달리고 목이 넓게 올라가서 다시 안으로 오므라들고, 표면에 집선(集線)무늬가 있는 것이 특징이다. 주로 청천강 이북, 요령성과 길림성 일대에 분포한다. 고인돌·거친무늬 거울·비파형 동검과 함께 고조선의 특징적인 유물이다.

▲ 미송리식 토기

ㄷ 붉은 간 토기(홍도): 고인돌과 집자리에서 발견되었다.

바로 확인문제

● **선사 시대의 생활상과 문화에 대한 설명으로 가장 적절하지 <u>않은</u> 것은?**　　16. 경찰직 1차

① 슴베찌르개는 주로 구석기 시대 후기에 사용하였는데, 이것은 창의 기능을 하였다.
② 황해도 봉산 지탑리와 평양 남경의 유적에서는 탄화된 좁쌀이 발견되는 것으로 보아 신석기 시대에 잡곡류를 경작하였음을 알 수 있다.
③ 신석기 시대의 집터는 대개 움집 자리로, 바닥은 원형이나 모서리가 둥근 사각형이며, 움집의 중앙에 화덕이 위치하였다.
④ 청동기 시대의 토기로는 미송리식 토기, 이른 민무늬 토기, 덧무늬 토기가 대표적이다.

|정답해설| 미송리식 토기는 청동기 시대의 토기가 맞지만 이른 민무늬 토기, 덧무늬 토기는 신석기 시대의 토기에 해당한다.

|정답| ④

● **〈보기〉의 밑줄 친 '이 시대'와 가장 관련이 <u>없는</u> 것은?**　　22. 6월 서울시(자체 출제) 9급

> ┤ 보기 ├
>
> 이 시대에는 농경이 더욱 발달하여 조, 기장, 수수 등 다양한 잡곡이 재배되었다. 한반도 남부 지역에는 벼농사도 보급되었다. 한편 돼지와 같은 가축을 우리에 가두고 기르는 일도 흔해졌다. 사람들은 농경이 이루어지는 강가나 완만한 구릉에 마을을 이루어 살았다. 농경의 발달로 생산력이 늘어나자 인구가 늘어나고 빈부 차이와 계급이 발생하였다. 또한 식량을 둘러싼 집단 간의 싸움이 자주 일어나면서 마을에는 방어 시설이 만들어지기도 하였다.

① 고인돌　　　　　　　　② 반달 돌칼
③ 민무늬 토기　　　　　 ④ 슴베찌르개

|정답해설| 밑줄 친 '이 시대'는 청동기 시대이다. 청동기 시대에는 고인돌, 반달 돌칼, 민무늬 토기가 제작되었다. 슴베찌르개(이음도구, 창의 역할)는 구석기 시대 후기의 유물이다.

|정답| ④

2 철기의 사용

(1) 보급 시기

우리나라에서는 기원전 5세기경부터 철기 시대로 접어들었다.

(2) 영향

① 농기구의 변화: 철제 농기구의 사용으로 농업이 발달하여 경제 기반을 확대하였다.

② 철기의 보편적 사용: 철제 무기와 철제 연모를 쓰게 됨에 따라 그때까지 사용해 오던 청동기는 의식용(儀式用) 도구로 변하였다.

(3) 중국과의 교류

① 화폐: 철기와 함께 출토되는 중국 화폐인 명도전·반량전·오수전을 통하여 중국과 활발하게 교류하였음을 알 수 있다.

▲ 명도전
중국 춘추 전국 시대에 연나라와
제나라에서 사용한 청동 화폐이다.

▲ 반량전
중국 진에서 사용한 청동 화폐로서,
'半兩(반량)'이라는 글자가 새겨져 있
다. 사천 늑도 유적지에서 발견하였다.

② 한자 사용: 경남 창원 다호리 유적에서 나온 붓은 당시에 이미 한자를 쓰고 있었음을 말해준다.

(4) 유물

철기 시대에 청동기 문화는 더욱 발달하여 한반도 안에서 독자적인 발전을 이룩하였다.

① 동검(銅劍): 청동기 시대의 비파형 동검은 한국식 동검인 세형 동검으로 변화·발전하였다.

▲ 비파형 동검(경북 상주·충남 부여)　　▲ 세형 동검(충남 부여 연화리)

② 청동 거울: 거친무늬 거울은 잔무늬 거울로 그 형태가 변하여 갔다.

③ 거푸집[용범(鎔范)]: 청동기 시대 후기부터 청동 제품을 제작하였던 틀인 거푸집도 전국의 여러 유적에서 발견되고 있다. 이는 한반도에 독자적인 청동기 문화가 존재하였음을 알려 주는 것이다.

④ 토기(土器): 토기는 민무늬 토기 이외에도 입술 단면에 원형·타원형·삼각형의 덧띠를 붙인 덧띠 토기, 검은 간 토기 등이 사용되었다.

▲ 청동 도끼 거푸집(전남 영암)

단권화 MEMO

| 정답해설 | 위만 정권이 성립된 이후 고조선과 중국 간의 교역이 활발해졌다. 평북 위원과 강계 지방에서 연(燕)의 명도전, 전한(前漢)의 오수전 등 화폐가 발견되었으며 김해 패총에서는 신(新)의 왕망전, 사천에서는 진(秦)의 반량전 등이 출토되었다.

| 정답 | ①

| 정답해설 | 창원 다호리 유적에서 붓이 출토되어 당시 우리 민속의 문자 사용이 확인되었다.

| 정답 | ②

| 정답해설 | 고인돌의 축조는 청동기 시대에 해당한다.

| 정답 | ①

바로 확인문제

● 다음과 같은 상황을 뒷받침할 수 있는 유물로 알맞은 것은?　　　07. 법원직 9급

> 고조선은 중국과의 빈번한 교역을 통해 경제적으로 성장할 수 있었다.

① 명도전　　　② 호우명 그릇　　　③ 칠지도　　　④ 임신서기석

● 붓이 출토되어 문자를 사용한 사실이 있음을 알려 주는 유적지는?　　　12. 국가직 7급

① 여주 흔암리　　　② 창원 다호리　　　③ 부여 송국리　　　④ 순천 대곡리

● 우리나라 초기 철기 시대의 상황으로 가장 옳지 <u>않은</u> 것은?　　　14. 경찰 간부

① 지배층의 무덤으로 고인돌이 축조되기 시작하였다.
② 청동기 문화도 더욱 발달하여 잔무늬 거울 등이 제작되었다.
③ 민무늬 토기 외에 덧띠 토기, 검은 간 토기 등이 사용되었다.
④ 중국으로부터 철기와 함께 명도전, 반량전 등이 유입되었다.

3 청동기·철기 시대의 생활

(1) 생산 경제의 발달

청동기·철기 시대에는 이전부터 주요한 생산 도구로 사용하였던 간석기가 매우 다양해지고 기능도 개선되어 생산 경제가 좀 더 발달하였다.

① 농기구: 이 시기의 사람들은 돌도끼나 홈자귀·괭이, 그리고 나무로 만든 농기구로 땅을 개간하여 곡식을 심고, 반달 돌칼로 이삭을 잘라 추수하는 등 농경을 더욱 발전시켰다.

▲ 반달 돌칼

② 농업: 조·보리·콩·수수 등 밭농사가 중심이었지만, 일부 저습지에서는 벼농사를 지었다.
③ 목축업의 성행: 사냥이나 고기잡이도 여전히 이루어졌지만 농경의 발달로 점차 그 비중이 줄어들었고, 돼지·소·말 등 가축의 사육은 이전보다 늘어났다.

(2) 주거 생활

① 위치: 집터 유적은 한반도 전역에서 발견된다.
　㉠ 대체로 앞쪽에는 시냇물이 흐르고 뒤쪽에는 북서풍을 막아 주는 나지막한 야산이 있는 곳에 우물을 중심으로 자리 잡고 있다(배산임수 지형).
　㉡ 이것은 우리나라의 전통적인 취락 여건으로서, 오늘날 농촌의 자연 취락과 비슷한 모습을 띠고 있다.
② 형태: 집터의 형태는 대체로 직사각형이며 움집은 점차 지상 가옥으로 바뀌어 갔다.
　㉠ 움집 중앙에 있던 화덕은 한쪽 벽으로 옮겨지고, 저장 구덩이도 따로 설치하거나 한쪽 벽면을 밖으로 돌출시켜 만들었다.
　㉡ 창고와 같은 독립된 저장 시설을 집 밖에 따로 만들기도 하였고, 움집을 세우는 데에 주춧돌을 이용하기도 하였다.

■ 신석기 시대와 청동기 시대의 움집 비교

시대 구분	신석기 시대	청동기 시대
집자리 형태	원형·모가 둥근 사각형의 (반)지하형	직사각형·지상 가옥화
위치	하천·강가의 단일 유적지	내륙 지방의 집단 취락, 배산임수
화덕 위치	중앙	한쪽 벽
저장 구덩이	화덕 옆, 출입문 옆	따로 설치, 밖으로 돌출
작업대	없음	있음
크기	4~5명	4~8명

③ 집단적 취락 형태: 집터는 넓은 지역에 많은 수가 밀집되어 취락 형태를 이루고 있다. 이것은 농경의 발달과 인구의 증가로 정착 생활의 규모가 점차 확대되었음을 보여 준다. 또한 마을 주변에 방어 및 의례 목적으로 환호(도랑)를 두르기도 하였다.

④ 규모의 다양성: 같은 지역의 집터라 하더라도 그 넓이가 다양한 것으로 보아 주거용 외에 창고, 공동 작업장, 공공 의례의 장소 등도 만들었음을 알 수 있다.

⑤ 사회 조직의 다양성: 주거 생활을 통하여 사회 조직이 점차 발달하였고 복잡해졌다는 것을 추정할 수 있다. 보통의 집터는 부부를 중심으로 하는 4~8명 정도의 가족이 살 수 있는 크기이며, 이는 한 가족용으로 만들어졌다.

(3) 사회의 분화

① 분업의 등장: 이러한 환경에서 여성은 주로 집안에서의 일을 담당하고, 남성은 농경·전쟁과 같은 바깥에서의 일을 담당하였다.

② 계급의 분화: 생산의 증가에 따라 잉여 생산물이 생기게 되자 힘이 강한 자가 이것을 개인적으로 소유하게 되었다.

(4) 무덤

① 청동기 시대에는 고인돌과 돌널무덤 등이 만들어졌고, 철기 시대에는 널무덤과 독무덤 등이 만들어졌다. 그중에서 계급 사회의 발생을 보여 주는 대표적인 무덤이 고인돌이다.

② 고인돌
　㉠ 형태: 고인돌의 전형적인 형태는 보통 북방식에서 볼 수 있듯이 2~4개의 판석 형태의 굄돌을 세워 돌방을 만들고 그 위에 거대하고 편평한 덮개돌을 얹은 형태이다.
　㉡ 종류: 형태에 따라 북방식(탁자식), 남방식(바둑판식), 개석식으로 구분한다.
　㉢ 분포: 고인돌은 우리나라 전역에 걸쳐 분포되어 있다.
　㉣ 의의: 무게가 수십 톤 이상인 덮개돌을 채석하여 운반하고 무덤에 설치하기까지는 많은 인력이 필요하다. 따라서 고인돌은 당시 지배층의 정치권력과 경제력을 잘 반영해 주고 있다.

▲ 북방식 고인돌(강화 부근리)

▲ 남방식 고인돌(전북 고창)

▲ 고인돌의 하부 구조(전남 보성)

(5) 선민사상(選民思想)

정치권력이나 경제력에서 우세한 부족들은 스스로 하늘의 자손이라고 믿는 선민사상을 가지고, 주변의 약한 부족을 통합하거나 정복하고 공납을 요구하였다.

단권화 MEMO

▲ 청동기 시대의 집터
　(대구 수성 상동)

▲ 철기 시대 전기의 집터
　(복원. 제주 삼양동)

■ **지배와 피지배 관계**
생산물의 분배와 사유화로 인해 사람들 사이에 갈등이 생겨나고, 빈부의 격차와 계급의 분화가 촉진되었다. 계급의 분화는 죽은 뒤에까지도 영향을 끼쳐 무덤의 크기와 껴묻거리(부장품)의 내용에 반영되었다.

■ **거석 문화와 고인돌**
고인돌과 선돌(입석)은 거석을 이용한 구조물로서, 거석 문화의 상징이다. 크게 보았을 때 이집트나 마야의 피라미드, 중동 지방의 각종 석조물, 프랑스 서북부 대서양 연안 지역의 거석렬(巨石列)과 영국의 스톤헨지 등이 모두 이러한 거석 문화의 산물이다.
우리나라에는 세계에서 가장 많은 고인돌이 분포되어 있는데, 유네스코 세계 유산 위원회는 2000년 12월에 고창·화순·강화의 고인돌 유적지를 세계 문화유산으로 지정하였다.

(6) 군장(君長)의 등장

① 정복 활동: 청동이나 철로 된 금속제 무기의 사용으로 인해 정복 활동이 활발해졌고, 이를 계기로 지배자와 피지배자의 분화가 촉진되었다.

② 계급 사회: 평등 사회는 계급 사회로 바뀌어 갔고 권력과 경제력을 가진 지배자가 나타났는데, 이를 족장(族長)이라고 하였다. 족장은 청동기 문화가 일찍부터 발달한 북부 지역에서 먼저 등장하였다.

4 청동기·철기 시대의 예술

(1) 특징

① 예술과 종교의 일치: 사회와 경제의 발달에 따라 예술 활동도 활발해졌다. 이 시기의 예술은 종교나 정치적 요구와 밀착되어 있었는데, 이는 당시 제사장이나 족장들이 사용하였던 칼·거울·방패 등의 청동 제품이나 토(土) 제품, 바위그림 등에 반영되어 있다.

② 생활 모습: 청동으로 만든 도구 모양이나 장식에 당시 사람들의 미의식과 생활 모습이 표현되어 있다. 지배층의 무덤에서 출토된 청동으로 만든 의식용 도구에는 말·호랑이·사슴·사람 손 모양 등을 사실적으로 조각하거나 기하학 무늬를 정교하게 새겨 놓았다.

③ 주술적 의식: 이러한 도구들은 주술적 의미를 가진 것으로서, 어떤 의식을 행하는 데 사용된 것으로 보인다. 흙으로 빚은 짐승이나 사람 모양의 토우(土偶) 역시 장식으로서의 용도 외에도 풍요로운 생산을 기원하는 주술적 의미를 가지고 있었다.

(2) 바위그림[岩刻畵]

바위 면에 새긴 바위그림은 당시 사람들의 활기찬 생활 모습을 보여 준다.

① 울주 대곡리 반구대 암각화: 거북, 사슴, 호랑이, 새 등의 동물과 작살이 꽂힌 고래, 그물에 걸린 동물, 우리 안의 동물 등이 새겨져 있다. 이것은 사냥과 고기잡이의 성공과 풍성한 수확을 염원하고 있는 것으로 추측된다.

② 고령 장기리 암각화(고령 알터 바위그림): 동심원, 십자형, 삼각형, 방패형 등의 기하학 무늬가 새겨져 있다. 동심원은 태양을 상징하는 것으로서, 이 바위그림 유적은 다른 지역의 청동기 시대 농업 사회에서 보이는 태양 숭배와 같이 풍요로운 생산을 비는 제사 터와 같은 의미를 가진다.

③ 울주 천전리 암각화: 선사 시대 마름모꼴 무늬, 굽은 무늬, 둥근 무늬, 십자 무늬, 삼각 무늬 등 기하학적 무늬와 동물상이 새겨진 부분이 위쪽에 있다. 한편 아래쪽에는 삼국 및 통일 신라 시대 선각화(線刻畵)와 명문(銘文)이 새겨져 있다.

▲ 울주 대곡리 반구대 암각화 탁본(울산 울주 대곡리)

▲ 고령 장기리 암각화

● 한반도 선사 시대에 대한 설명으로 옳지 <u>않은</u> 것은?　　　　　17. 지방직 9급

① 구석기 시대 전기에는 주먹도끼와 슴베찌르개 등이 사용되었다.

② 신석기 시대 집터는 대부분 움집으로 바닥은 원형이나 모서리가 둥근 사각형이다.

③ 신석기 시대 사람들은 조개류를 많이 먹었으며, 때로는 장식으로 이용하기도 하였다.

④ 청동기 시대의 전형적인 유물로는 비파형 동검·붉은 간 토기·반달 돌칼·홈자귀 등이 있다.

| 정답해설 | 주먹도끼는 구석기 시대 전기의 유물이지만, 슴베찌르개는 구석기 시대 후기의 유물이다.

| 정답 | ①

● 다음은 각 유물과 그것이 사용되던 시기의 사회 모습에 대한 설명이다. 옳은 것만을 모두 고르면?

18. 지방직(사복직 포함) 9급

> ㄱ. 슴베찌르개 – 벼농사를 짓기 시작하였고 나무로 만든 농기구를 사용하였다.
> ㄴ. 붉은 간 토기 – 거친무늬 거울을 사용하여 제사를 지내거나 의식을 거행하였다.
> ㄷ. 반달 돌칼 – 농사를 짓기 시작했지만 아직 지배와 피지배 관계는 발생하지 않았다.
> ㄹ. 눌러찍기무늬 토기 – 가락바퀴와 뼈바늘을 이용하여 옷이나 그물을 만들어 사용하였다.

① ㄱ, ㄴ　　　　② ㄱ, ㄷ　　　　③ ㄴ, ㄹ　　　　④ ㄷ, ㄹ

| 정답해설 |
ㄴ. 붉은 간 토기는 청동기 시대의 토기이다. 청동기 시대에는 거친무늬 거울을 사용하여 제사를 지내거나 의식을 거행하였다.
ㄹ. 눌러찍기무늬(압인문) 토기는 신석기 시대의 토기이다. 당시에는 가락바퀴와 뼈바늘을 이용하여 옷이나 그물을 만들어 사용하였다(원시적 수공업).

| 오답해설 |
ㄱ. 슴베찌르개는 구석기 시대 후기에 사용된 이음 도구이다. 한편 벼농사가 본격적으로 시작된 때는 청동기 시대이며, 신석기 시대부터 나무로 만든 농기구를 사용하였다.
ㄷ. 반달 돌칼은 청동기 시대 대표적인 석기 농기구이다. 청동기 시대에는 계급(지배와 피지배 관계)이 발생하였다.

| 정답 | ③

○ 선사 시대의 정치·경제·사회·문화 비교

구분	정치적 성격	경제적 성격	사회적 성격	문화적 성격
구석기 시대 (약 70만 년 전)	정치 발생 ×	사냥과 채집의 자연 경제	무리, 이동 생활, 평등 사회	뗀석기, 골각기(뼈 도구), 막집
신석기 시대 (기원전 8,000년경)	정치 발생 ×	농경의 시작 (조, 피, 수수 등 잡곡류 경작)	부족 사회, 족외혼, 평등 사회	간석기, 토기(빗살무늬 토기), 가락바퀴, 뼈바늘, 원시 신앙, 움집
청동기 시대 (기원전 20세기~기원전 15세기)	국가의 발생 – 군장 등장	일부 지역에서 벼농사 본격화	사유 재산, 계급 발생 – 고인돌, 선민사상, 성 역할의 분리	청동기(비파형 동검, 거친무늬 거울), 간석기(반달 돌칼, 바퀴날 도끼, 홈자귀), 토기(미송리식 토기), 배산임수, 움집의 지상 가옥화
철기 시대 (기원전 5세기)	연맹 왕국 성립	철제 농기구, 명도전·반량전·오수전(중국과 교역)	부족 연맹 사회, 제정 분리(소도)	검은 간 토기, 붓(창원 다호리 유적, 한자), 널무덤, 독무덤, 철기 사용, 청동기 문화의 독자적 발전(세형 동검, 거푸집, 잔무늬 거울)

1 단군 조선과 위만 조선

(1) 고조선의 특징

① 요령성을 중심으로 성장하여 한반도 (대동강 유역)까지 발전하였다(요동 중심설).

② 그 외 고조선 중심지 이설(異說)로는 대동강 중심설, 중심지 이동설이 있다.

③ 비파형 동검, 미송리식 토기, 고인돌, 거친무늬 거울 등은 고조선의 세력 범위를 알려 주는 유물이다.

④ 단군 신화 수록 문헌
　㉠ 고려: 『삼국유사』(일연), 『제왕운기』 (이승휴)
　㉡ 조선: 『세종실록지리지』, 『응제시주』(권람 – 세조), 『동국여지승람』 (노사신 등 – 성종)

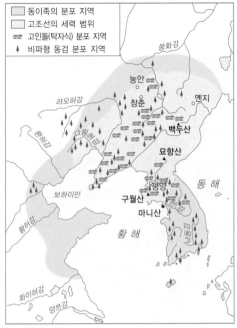

▲ 고조선의 세력 범위

＊고조선

단군 조선과 위만 조선의 주요 사건을 순서대로 기억해 두어야 한다.

■ 고조선 관련 중국 사료

· 「관자」: 조선이란 명칭이 처음 나온다. 기원전 7세기 이전에 고조선이 성립한 사실을 기록하였다. 이는 요령성에서 출토된 비파형 동검이 기원전 9세기경에 출현한 사실을 뒷받침한다.

· 「위략(魏略)」: 기원전 4세기 이전부터 조선에서 왕을 칭하기 시작하였으며 조선후(朝鮮侯)가 스스로 왕이라고 일컫고 군사를 동원하여, 중국의 연(燕)을 공격하려다가, 고조선의 대부(大夫)인 예(禮)의 만류로 그만두었다는 기록이 나온다.

· 「산해경」: 조선의 위치가 열양(열수의 북이라는 뜻)의 동쪽이라는 기록이 있다.

■ 우리 문헌의 고조선 역사 서술

「동국통감」, 「표제음주동국사략」(유희령 – 중종), 「신증동국여지승람」, 「동국역대총목」(18세기 홍만종, 단군 정통론), 「동사강목」(안정복) 등에 실려 있다.

사료 | 고조선과 관련된 기록(대외 교역)

환공(桓公, 재위 기원전 685~기원전 643)이 관자(管子)에게 물었다. "내가 듣기로 해내(海内)에 7가지 옥폐(玉幣)가 있다고 하는데, 들어 볼 수 있겠는가?" 관자가 대답하였다. "음산(陰山)의 연민(礝碈)이 하나요, 연(燕)나라 자산(紫山)의 백금(白金)이 하나요, 발조선(發朝鮮)의 문피(文皮 – 호랑이나 표범의 가죽)가 하나요, 여수(汝水)와 한수(漢水) 우구(右衢)에서 나는 황금(黃金)이 하나요, 강양(江陽)의 진주가 하나요, 진(秦)나라 명산(明山)의 증청(曾靑 – 구리 광석의 일종)이 하나요, 우씨(禺氏) 변산(邊山)의 옥(玉)이 하나입니다." 「관자」

사료 | 단군 신화에 비친 당시 사회 모습 해석

고기(古記)에 이런 말이 있다. ㉠ 옛날 환인의 아들 환웅이 천부인 3개와 3,000명의 무리를 이끌고 신단수 밑에 내려왔는데, 이곳을 신시라 하였다. 그는 ㉡ 풍백, 우사, 운사로 하여금 ㉢ 인간의 3600여 가지의 일을 주관하게 하였는데, 그중에서도 곡식, 생명, 질병, 형벌, 선악 등 다섯 가지 일이 가장 중요한 것이었다. 이로써 ㉣ 인간 세상을 교화시키고 인간을 널리 이롭게 하였다. 이때 ㉤ 곰과 호랑이가 사람이 되기를 원하므로 환웅은 쑥과 마늘을 주고 이것을 먹으면서 100일간 햇빛을 보지 않는다면 사람이 될 것이라고 하였다. 곰은 금기를 지켜 21일 만에 여자로 태어났고 환웅과 혼인하여 아들을 낳았다. 이가 곧 ㉥ 단군왕검이다. 「삼국유사」

㉠ 선민사상(이주민인 환웅 부족) – 계급 발생, ㉡ 농경 사회, ㉢ 계급 사회, ㉣ 홍익인간의 이념,
㉤ 토테미즘, ㉥ 제정일치

■ 『삼국유사』에 수록된 단군 신화

『삼국유사』에 수록된 단군 신화에는 "與高同時(여고동시)", 즉 고(高, 요순 시대의 요 임금)가 재위하던 시기와 같다는 내용이 기록되어 있다.

⑤ 고조선은 연맹 왕국으로 발전하면서, 기원전 4세기~기원전 3세기경에는 중국 전국 시대의 연(燕)과 대적할 정도로 성장하였다.

⑥ 연(燕)의 장군 '진개'의 침입으로 서쪽 국경 2,000여 리를 빼앗겼다('만번한'을 국경으로 삼음).

사료 　고조선과 연(燕)의 대립(기원전 4세기~기원전 3세기)

옛날 기자의 후예인 조선후(朝鮮侯)는 주나라가 쇠약해지자 연(燕)이 스스로 높여 왕이 되어 동쪽 땅을 침략하려는 것으로 보고, 역시 스스로 왕을 칭하면서 병사를 일으켜 연을 치고 주나라 왕실을 받들려 했다. 그러나 이러한 계획은 그 대부(大夫)인 예(禮)가 간하여 중지되었다. 이에 예(禮)를 사신으로 보내어 연을 설득하니 연이 계획을 중지하여 공격하지 않았다. 그 뒤 자손들이 교만하고 사나워졌으므로 연은 장군 진개를 보내 조선의 서방(西方)을 공격하여 땅 2,000여 리를 빼앗고 만번한에 이르러 경계를 삼으니 조선이 드디어 약해지고 말았다.

『삼국지』 위서 동이전

---

⑦ 기원전 3세기경부터 부왕, 준왕과 같은 강력한 왕이 등장하여 왕위를 세습하였으며, 그 밑에 상(相), 대부(大夫), 장군(將軍), 대신, 박사 등의 관직이 설치되었다.

바로 확인문제

● 다음 중 단군 조선의 역사를 다룬 책으로 옳은 것은?
17. 서울시 9급

① 『삼국사기』
② 『표제음주동국사략』
③ 『연려실기술』
④ 『고려사절요』

(2) 위만의 집권

① 위만 조선의 성립 과정

　㉠ 1차 유이민의 이동: 중국이 전국 시대(기원전 403~기원전 221) 이후로 혼란에 휩싸이게 되자 유이민들이 대거 고조선으로 넘어오게 되었는데, 고조선은 그들을 받아들여 서쪽 지역에 안배하여 살게 하였다.

　㉡ 2차 유이민의 이동(위만의 입국): 진(秦)·한(漢) 교체기(기원전 3세기경)에 연의 왕 노관(盧綰)이 한(漢)에 반역하여 흉노로 망명할 때 위만도 무리 1,000여 명을 이끌고 고조선으로 들어왔다.

　㉢ 위만은 준왕에게 고조선의 서쪽 변경에 거주할 것을 허락받은 뒤에 신임을 받아 서쪽 변경을 수비하는 임무를 맡게 되었다.

　㉣ 서쪽 변경에 거주하는 이주민 세력을 통솔하게 된 위만은 세력을 키워 수도인 왕검성에 쳐들어가 준왕을 몰아내고 왕이 되었다(기원전 194). 이때 준왕은 남쪽 진국(辰國)으로 가서 한왕(韓王)이라 칭하였다고 한다.

　㉤ 위만 조선이 성립된 이후, 철기 문화가 본격적으로 수용되면서 경제적·군사적 발전이 확대되었다.

| 정답해설 | 『표제음주동국사략』은 조선 중종 때 유희령이 『동국통감』을 요약하여 정리한 책으로서, 단군 조선부터 고려 시대까지의 내용을 담고 있다.

| 오답해설 |
① 『삼국사기』에는 단군 조선의 역사가 수록되지 않았다.
③ 『연려실기술』은 조선 시대의 정치, 문화를 정리한 역사서이다.
④ 문종 때 완성된 『고려사절요』와 『고려사』는 고려 시대의 역사를 정리한 역사서이다.

| 정답 | ②

■ 위만

위만은 고조선으로 들어올 때 상투를 틀고 조선인의 옷을 입고 있었다고 한다. 그리고 왕이 된 뒤에도 나라 이름을 그대로 조선이라 하였고, 그의 정권 하에서 토착민 출신으로 높은 지위에 오른 자가 많았다. 이와 같은 내용으로 위만의 고조선은 단군의 고조선을 계승한 것이라고 볼 수 있다.

② 우거왕 : 정복 사업과 중계 무역의 이익 독점 → 한의 침입으로 멸망(기원전 108)

　⊙ 위만 조선은 왕권을 강화하고 관료 조직을 정비하였다. 위만의 손자인 우거왕 대에 역계경이 진국(辰國)으로 망명할 때 2천여 호를 이끌고 왔다든가, 한 무제의 침입 때 투항한 조선상 노인(路人), 상(相) 한음(韓陰), 니계상(尼谿相) 삼(參)과 장군 왕겹(王唊), 그리고 끝까지 저항한 대신 성기(成己)의 예로 보아, 발달된 정치 조직이 있었던 것으로 파악할 수 있다.

　⊙ 위만 조선은 예(濊)나 남방의 진(辰)이 중국 한과 직접 교역하는 것을 막고, 중계 무역을 독점하러 하였고, 흉노와 교류하면서 한(漢)을 견제하였다.

　⊙ 당시 위만 조선에 예속되었던 예맥의 군장 '남려'가 우거왕과의 관계를 끊고, 그가 지배하던 28만여 명의 인구와 함께 한나라로 투항하자, 한 무제는 만주 요동 지방에 창해군을 설치하였다(기원전 128).

　⊙ 한(漢)의 침입

　　• 한(漢)은 섭하(涉何)를 파견하여 위만 조선을 회유하려 하였으나, 우거왕이 이를 수용하지 않았다. 당시 섭하는 조선의 장수를 살해하고 본국으로 달아났는데, 이후 섭하가 고조선과 가까운 요동군(遼東郡)의 동부도위(東部都尉)로 부임하자 조선은 그를 기습하여 살해하였다. 이 사건은 한나라의 군대가 고조선에 출병하게 되는 원인으로 작용하였다.

　　• 한 무제(武帝)가 직접 대규모의 무력 침략을 감행하였으나, 고조선은 1차 접전(패수)에서 대승을 거두었다(기원전 109). 이후 약 1년간에 걸쳐 한(漢)의 군대에 완강하게 대항하였다.

　　• 흉노 토벌 문제에 대한 건의가 받아들여지지 않자, 조선상 역계경이 2천여 호를 이끌고 진국(辰國)으로 망명해 버렸으며, 주화파(조선상 노인, 상 한음, 니계상 삼, 장군 왕겹)들의 항복과 우거왕의 피살로 마침내 왕검성이 함락되었다(기원전 108).

사료　고조선 유이민의 남하

❶ 조선후(朝鮮侯) 준이 분수를 모르고 왕을 칭하다가 연에서 망명한 위만의 공격을 받아 나라를 빼앗기자, 그 측근 신하와 궁인들을 거느리고 한(韓) 땅에 들어가 스스로 한왕(韓王)이라고 불렀다.

❷ 일찍이 우거가 아직 격파되기 전에 조선상(朝鮮相) 역계경이 우거에게 간언하였으나, 받아들여지지 않자 진국(辰國)으로 갔다. 그때 백성 중 그를 따라가 산 사람이 2천여 호나 되었다.

『삼국지』 위서 동이전

사료　고조선의 멸망

조선상(朝鮮相) 노인(路人), 상(相) 한음(韓陰), 니계상(尼谿相) 삼(參), 장군(將軍) 왕겹(王唊)이 함께 모의하여 말하였다. "처음 누선에게 항복하려 했으나, 누선은 지금 잡혀 있고 좌장군 단독으로 장졸(將卒)을 합하여 전투가 더욱 맹렬하여 맞서서 싸우기 두려운데도, 왕은 항복하려 하지 않는다."라며, 한음, 왕겹, 노인은 도망하여 한나라에 항복하였다. 노인은 도중에서 죽었다. 원봉(元封) 3년(기원전 108) 여름, 니계상 삼이 사람을 시켜 조선 왕 우거를 죽이고 항복하였으나, 왕검성은 함락되지 않았다. 죽은 우거의 대신(大臣) 성기(成己)가 또 반대하여 다시 군사들을 공격하였다. 좌장군은 우거의 아들 장항(長降)과 (조선)상 노인의 아들 최(最)로 하여금 그 백성을 달래고 성기를 죽이도록 하였다. 이로써 드디어 조선을 평정하고 사군(四郡)을 설치하였다.

『사기』 조선열전

③ 한 4군 설치와 소멸

　　㉠ 한(漢)은 고조선의 영역에 **낙랑**(현재 대동강 유역), **진번**(위만에게 멸망한 부족 국가인 옛 진번 지역 – 현재 황해도 일대), **임둔**(위만에게 멸망한 부족 국가인 옛 임둔 지방 – 현재 함경남도, 강원도 일부), **현도**(압록강 중류 지방)의 4군을 설치하였다.

　　㉡ 군 밑에 현을 두고 한인(漢人)의 태수와 현령을 파견하여 토착민을 억압하는 통치를 하였다.

　　㉢ 한 4군 소멸 과정

　　　　• 임둔·진번 폐지 : 진번은 낙랑에, 임둔은 현도에 편입하고(기원전 82), 이어 낙랑군은 진번 땅에 남부도위(南部都尉), 임둔 땅에 동부도위(東部都尉)를 각각 두었다가(기원전 75) 폐지하고(30) 그 지역에서 옥저와 동예가 성립하였다.

　　　　• 현도군의 이동 : 토착 세력의 강한 반항으로 현도군이 만주 흥경으로 옮기게 되고 그 자리에서 고구려가 성장하였다.

　　　　• 대방군의 설치 : 한반도 남쪽에 진(辰)이 흥기하여 많은 조선인이 남하하자 요동 지방의 공손강(公孫康)은 지배 체제를 강화하기 위해 진번의 옛 땅에 대방군을 설치하였다(204).

　　　　• 낙랑군·대방군 소멸 : 고구려 미천왕의 공격으로 낙랑군(313)과 대방군(314)이 소멸되었다.

　　㉣ 점제현 신사비 : 낙랑 시대 유물인 '점제현 신사비'는 한반도에 현존하는 최고(最古)의 비석이며, 산신에게 풍년과 백성의 평안을 비는 내용이 담겨 있다.

심화　기자 조선

• **개념** : 기자 동래설은 은나라 말 기자가 동래(東來)하여 조선의 왕이 되었다는 설이다. 이에 삼국에서 한말에 이르기까지 기자는 도덕적 군주로 역사적 평가를 받아 왔다.

• **기록 사료** : 먼저 중국 측 사서로 사마천의 『사기』, 『송미자세가』, 반고의 『한서 지리지』, 복생의 『상서대전』 등이 있고, 우리 측 사서로는 일연의 『삼국유사』, 이승휴의 『제왕운기』, 이이의 『기자실기』, 윤두수의 『기자지』, 오운의 『동사찬요』, 유계의 『여사제강』, 홍여하의 『휘찬여사』 및 『동국통감제강』 등이 있다.

• **시대별 기자에 대한 인식** : 삼국 시대 이래 단군과 더불어 신으로 숭상되었고, 고려 시대에는 숙종 때 평양에 기자 사당을 지어 '교화의 임금'으로 제사를 지냈다. 특히 『제왕운기』에서는 단군 조선 – 기자 조선 – 위만 조선으로 이어지는 삼조선설이 처음 제기되었다. 조선 시대에는 15세기 『동국통감』에서도 삼조선설이 채택되었고, 16~17세기 사림 유학자들은 이를 적극적으로 계승하였다. 일제 시대의 식민 사학은 기자 조선을 수용하여 식민 사관의 근거로 이용하였다. 그러나 한말·일제 시대 민족 사학은 기자 조선을 부정하였으며, 현재 우리 역사학계도 기자 조선의 존재를 부정하는 입장이다.

단권화 MEMO

■ **낙랑의 유물**

와당 (瓦當)	낙랑예관(樂浪禮官)·낙랑부귀(樂浪富貴) 등의 문자가 새겨져 있음
봉니 (封泥)	문서·편지 등을 봉할 때 사용하는 흙덩이로 낙랑태수장(樂浪太守章)·대윤장(大尹章)의 문자가 쓰여 있음
박산로 (博山爐)	구리로 제작된 화로로 봉황(鳳凰)을 새김
동경 (銅鏡)	낙랑의 대표적 유물로 용호(龍虎)의 무늬와 문자가 새겨져 있음
채화칠협 (彩畫漆篋)	채화총(彩畫塚)에서 나온 바구니로 충효의열(忠孝義烈)의 그림이 있음
전화 (錢貨)	오수전(五銖錢)·화천(貨泉) 등의 화폐가 있음

2 고조선의 사회 모습

고조선의 사회상을 알려 주는 것으로 8조의 법이 있었는데, 그중 3개 조목만 전해진다. 한 군현 설치 이후, 풍속이 점차 각박해지면서 법 조항이 60여 조로 증가하였다.

사료 8조법

(고조선에서는) 백성들에게 금하는 법 8조를 만들었다. 그것은 대개 ㉠ 사람을 죽인 자는 즉시 죽이고, ㉡ 남에게 상처를 입힌 자는 곡식으로 갚는다. ㉢ 도둑질을 한 자는 노비로 삼는다. 용서받고자 하는 자는 한 사람마다 50만 전을 내야 한다. 비록 용서를 받아 보통 백성이 되어도 풍속에 역시 그들은 부끄러움을 씻지 못하여 결혼을 하고자 하여도 짝을 구할 수 없었다. 이러해서 백성들은 도둑질을 하지 않아 대문을 닫고 사는 일이 없었다. ㉣ 여자들은 모두 정조를 지키고 신용이 있어 음란하고 편벽된 짓을 하지 않았다.
농민들은 대나무 그릇에 음식을 먹고, 도시에서는 관리나 장사꾼들을 본받아서 술잔 같은 그릇에 음식을 먹는다.

『한서 지리지』

㉠ 생명과 노동력 중시, ㉡ 사유 재산 제도의 형성, ㉢ 형벌, 노비 – 계급 사회, ㉣ 남성 중심 사회

바로 확인문제

● ㉠ 나라에 대한 설명으로 옳은 것은?

18. 국가직 7급

> 주나라가 쇠약해지자 연나라가 스스로 왕을 칭하고 동쪽으로 침략하려 하였다. ㉠ 의 후(侯) 역시 스스로 왕을 칭하고 군사를 일으켜 연나라를 공격하려 하였는데, 대부인 예(禮)가 간하여 중지하였다.

① 8조의 법을 제정하였는데 세 조항만 전해진다.
② 박·석·김씨가 왕위를 교대로 계승하였다.
③ 매년 10월 무천이라는 제천 행사를 열었다.
④ 전연의 공격을 받아 심한 타격을 받았다.

● (가)와 (나) 시기 고조선에 대한 〈보기〉의 설명으로 옳은 것만을 고른 것은?

16. 국가직 9급

	(가)	(나)	
↑	↑	↑	
기원전 2333년 단군의 등장	기원전 194년 위만의 집권	기원전 108년 왕검성 함락	

┌ 보기 ┐
ㄱ. (가) – 왕 아래 대부, 박사 등의 직책이 있었다.
ㄴ. (가) – 고조선 지역에 한(漢)의 창해군이 설치되었다.
ㄷ. (나) – 철기 문화를 본격적으로 수용하며, 중계 무역의 이득을 취하였다.
ㄹ. (나) – 비파형 동검과 고인돌의 분포를 통하여 통치 지역을 알 수 있다.

① ㄱ, ㄷ   ② ㄱ, ㄹ   ③ ㄴ, ㄷ   ④ ㄴ, ㄹ

|정답해설| 제시된 내용의 ㉠ 나라는 고조선이다. 반고의 『한서 지리지』에 의하면 고조선에는 8조의 법이 있었으나, 현재는 세 조항만 전해진다.

|오답해설|
② 신라에서는 박·석·김씨가 왕위를 교대로 세습하다가, 내물 마립간 시기부터 김씨가 왕위를 독점 세습하였다.
③ 동예에서는 매년 10월에 무천이라는 제천 행사를 열었다.
④ 고구려 고국원왕 때 전연(前燕)의 침략을 받아 수도가 함락되었다. 이때 미천왕릉이 파헤쳐져 시신을 탈취당했고, 고국원왕의 어머니가 포로로 잡혀갔다.

|정답| ①

|정답해설| (가) 단군 조선 시대, (나) 위만 조선 시대이다.
ㄱ. 단군 조선은 기원전 3세기부터 부왕, 준왕과 같은 강력한 왕이 등장하였고, 상·대부·장군·대신·박사 등의 관직도 두었다.
ㄷ. 위만 조선 성립 이후 철기 문화가 본격적으로 수용되었고, 우거왕은 지리적 이점을 이용하여 중계 무역으로 이득을 취하였다.

|오답해설|
ㄴ. 위만 조선 시기에 한 무제는 만주 요동 지방에 창해군을 설치하였다 (기원전 128).
ㄹ. 위만 조선은 철기 시대에 해당하며, 비파형 동검과 고인돌은 청동기 시대의 유물이므로 이것으로 당시의 통치 지역을 파악할 수는 없다.

|정답| ①

03 여러 나라의 성장*

1 부여

(1) 성립

부여는 만주 길림(지린)시 일대 송화(쑹화)강 유역의 평야 지대를 중심으로 성장하였다.

(2) 발전

① 부여는 이미 1세기 초에 왕호를 사용하였고, 중국과 외교 관계를 맺는 등 발전된 국가의 모습을 보였다.
② 3세기 말 선비족의 침략을 받아 국력이 크게 쇠퇴하였고, 결국은 **고구려에 항복하여 편입**되었다(494, 문자왕).

(3) 정치

① 왕 아래에 가축의 이름을 딴 마가(馬加)·우가(牛加)·저가(猪加)·구가(狗加)라는 대가들이 있었다. 대가들은 각각 대사자, 사자 등의 관리를 두었다.
② 사출도: 가(加)는 저마다 행정 구획인 사**출도(四出道)**를 다스리고 있어서, 왕이 직접 통치하는 중앙과 합쳐 5부를 이루었다.
③ 가(加)의 권한: 가(加)들은 왕을 추대하기도 하였고, 수해나 한해를 입어 오곡이 잘 익지 않으면 그 책임을 왕에게 묻기도 하였다.
④ 궁궐, 성책, 감옥, 창고 등의 시설이 있었다.

▲ 여러 나라의 성장

(4) 경제

① 반농반목(半農半牧)의 농경과 목축이 주산업이었다.
② 특산물로는 말·주옥·모피 등이 유명하였다.

(5) 법률(출전: 『삼국지』 위서 동이전)

① 살인자는 사형에 처하고 그 가족은 노비로 삼는다.
② 도둑질한 자는 그 물건 값의 12배로 배상한다(1책 12법).
③ 간음한 자는 사형에 처한다.
④ 투기가 심한 부인은 사형에 처하고 그 시체를 남쪽 산 위에 버려서 썩게 한다. 단, 여자 집에서 시체를 찾아가려면 소와 말을 바쳐야 한다.

단권화 MEMO

＊여러 나라의 성장
해당 주제 중 특히 초기 국가의 제천 행사와 풍습을 『삼국지』 위서 동이전 사료 내용과 연결하여 기억해 두어야 한다.

■ 여러 나라의 변천
위만 조선이 있었던 기원전 2세기경 남쪽에는 진(辰)이 있었으며, 여기에서 마한·변한·진한의 삼한이 형성된 것으로 보인다. 이후 기원전 1세기경에는 고구려·백제·신라의 삼국과 더불어 부여·동예·옥저 등이 공존하고 있었다. 부여 및 마한의 목지국은 왕을 칭할 정도로 연맹 왕국 단계에 이르렀다. 이후 동예·옥저·삼한의 소국들은 연맹 왕국 단계에 이르지 못하고 고구려·백제·신라·가야로 통합되었다. 이 시대를 고고학에서는 철기 시대 후기(기원 전후부터 서기 300년까지)라고도 한다.

■ 부여의 계급
부여의 사회 계급은 귀족인 가(加)가 있고, 그 밑에 호민(豪民)으로 불리는 지배층이 있으며, 그 아래에 민(民)과 하호(下戸)로 불리는 계층이 있었다. 그리고 맨 아래에는 전쟁 포로, 채무자 혹은 살인자의 가족으로 구성된 노비가 있었는데, 노비는 호민층 이상이 소유했다. 전쟁이 일어나면 호민과 민이 무장하여 싸웠으며, **하호는 전투에 참여하지 못하고 식량을 공급하는 일을** 맡았다고 한다.

(6) 풍속

① 제천 행사: 영고(迎鼓)라는 제천 행사가 있었다. 이것은 수렵 사회의 전통을 보여 주는 것으로 12월에 열렸다. 이때에는 하늘에 제사를 지내고 노래와 춤을 즐기며, 죄수를 풀어주기도 하였다.

② 우제점법(牛蹄占法): 전쟁이 일어났을 때에는 제천 의식을 행하고, 소를 죽여 그 굽으로 길흉을 점치기도 하였다.

③ 장례: 국왕의 장례에는 옥갑(玉匣)을 사용하였고, 많은 사람들을 순장(殉葬)하는 풍습이 있었다. 또한 여름철에는 얼음을 사용하여 장사를 지냈다.

④ 혼인: 형이 죽으면 아우가 형수를 아내로 맞아들이는 형사취수제(兄死娶嫂制)가 있었다.

⑤ 백성들은 흰옷을 좋아하였으며, 중국의 은력(殷曆)을 사용하였다.

⑥ 생활 모습: 목책(木柵)을 둥글게 쌓아서 성(城)을 만들며, 궁실(宮室), 창고(倉庫), 뇌옥(牢獄, 감옥)이 있었다. 또한 성책을 모두 둥글게 만들어서 마치 뇌옥과 같았다는 기록이 있다.

(7) 역사적 의의

부여는 연맹 왕국의 단계에서 멸망하였지만 역사적 의미는 매우 크다. 그 이유는 고구려나 백제의 건국 세력이 부여의 한 계통임을 자처하였고, 또 이들의 건국 신화도 같은 원형을 바탕으로 하고 있기 때문이다.

사료 　부여의 풍습

❶ 흰옷을 즐겨 입어, 흰 베로 만든 큰 소매 달린 도포와 바지를 입고 가죽신을 신는다.

❷ 구릉과 넓은 못이 많아서 동이 지역 가운데서 가장 넓고 평탄한 곳이다. 토질은 오곡을 가꾸기에는 알맞지만 과일은 생산되지 않았다. 사람들 체격이 매우 크고 성품이 강직 용맹하며, 근엄하고 후덕하여 다른 나라를 노략질하지 않았다. …… 형이 죽으면 형수를 아내로 삼는 것은 흉노의 풍속과 같았다.

❸ 형벌이 엄하고 각박하여 사람을 죽인 사람은 사형에 처하고, 그 집안사람은 노비로 삼는다. 도둑질을 하면 물건 값의 12배를 변상하게 하였다. 남녀 간에 음란한 짓을 한 사람이나 질투하는 부인은 모두 죽였다. 투기하는 것을 더욱 미워하여, 투기하는 사람을 죽이고 나서 그 시체를 나라의 남산 위에 버려서 썩게 한다.

『삼국지』 위서 동이전

사료 　부여의 산업과 특산물

❶ 부여의 토지는 오곡(五穀)이 자라기에는 적당하지만, 오과(五果)는 생산되지 않는다.

❷ 그 나라 사람들은 가축을 잘 기른다. 명마(名馬)와 적옥(赤玉), 담비와 원숭이(가죽) 및 아름다운 구슬이 산출되는데, 구슬 가운데 큰 것은 대추(酸棗)만 하다.

『삼국지』 위서 동이전

사료 　부여의 예왕지인

그 나라의 노인들은 자기네들이 옛날에 다른 곳에서 망명한 사람들이라고 말한다. 지금 부여의 창고에는 옥(玉)으로 만든 벽(璧)·규(珪)·찬(瓚) 등 여러 대를 전해 오는 물건이 있어서 대대로 보물로 여기는데, 노인들은 '선대(先代)의 왕께서 하사하신 것이다.'라고 하였다. 그 도장에 '예왕지인(濊王之印)'이란 글귀가 있고, 나라 가운데에 예성(濊城)이란 이름의 옛 성이 있으니, 아마도 본래 예맥(濊貊)의 땅이었는데, 부여가 그 가운데에서 왕(王)이 되었으므로, 자기들 스스로 '망명해 온 사람'이라고 말하는 이유가 여기에 있는 듯하다.

『삼국지』 위서 동이전

● 〈보기〉에 해당하는 고대 국가에 대한 설명으로 가장 옳은 것은?　　　19. 2월 서울시(사복직 포함) 9급

┌─ 보기 ┐

• 은정월(殷正月)에 제천 행사를 행하면서 국중 대회를 열었다.
• 전쟁이 일어났을 때는 소를 죽여 그 굽으로 길흉을 점쳤다.
• 형이 죽으면 형수를 부인으로 맞아들였다.
• 남의 물건을 훔쳤을 때는 물건 값의 12배를 배상하게 하였다.
• 지방 행정 구획으로 사출도가 있었다.

① 소와 말을 순장하였고 큰 새의 깃털을 장례에 사용하였다.
② 제천 행사는 '동맹'이었으며 국동대혈에서의 제사가 있었다.
③ 천군이 신성 지역인 소도에서 농경의례 등을 올렸다.
④ 재해가 발생하면 왕은 교체 혹은 죽음을 당하기도 하였다.

|정답해설| 〈보기〉의 국가는 부여이다. 부여에서는 재해가 발생하여 농사가 잘되지 않으면 왕은 교체 혹은 죽음을 당하기도 하였다.

|오답해설|
① 삼한에서는 소와 말을 순장(殉葬)하는 풍속이 있었으며, 진한과 변한에서는 큰 새의 깃털을 장례에 사용하여 죽은 자가 승천(昇天)하는 것으로 믿었다고 한다.
② 고구려에서는 동맹(10월)이라는 제천 행사가 있었으며, 국동대혈에서의 제사 의식이 있었다.
③ 삼한에서는 천군이 신성 지역인 소도에서 농경과 종교에 대한 의례를 지냈다.

|정답| ④

● 다음 (　　)의 국가에 대한 설명으로 옳은 것은?　　　21. 계리직 9급

지금 (　　)의 창고에는 옥으로 된 벽(璧)·규(珪)·찬(瓚) 등 여러 대에 걸쳐 내려온 물건이 있어 대대로 보물로 여기는데, 원로들이 말하길 선대(先代) 왕이 하사받은 것이라 한다. 그 인문(印文)은 '예왕지인(濊王之印)'이다.　　　『삼국지』 위서 동이전

① 추수가 끝나는 10월에 동맹이라는 제천 행사를 열었다.
② 단궁, 과하마, 반어피 등의 특산물이 생산되었고 10월에 무천이라는 제천 행사를 하였다.
③ 해마다 씨를 뿌리고 난 5월과 추수를 마친 10월에는 계절제를 열어 하늘에 제사를 지냈다.
④ 사출도를 두었으며 12월에 영고라는 제천 행사를 개최하였다.

|정답해설| 제시된 사료는 『삼국지』 위서 동이전 중 부여의 내용이다. 부여에는 가(加)들의 독자적 행정 구역인 사출도가 있었으며, 매년 12월에 제천 행사인 영고를 개최하였다.

|오답해설|
① 고구려에서는 매년 10월에 동맹이라는 제천 행사를 열었다.
② 동예에서는 단궁, 과하마, 반어피 등의 특산물이 생산되었고, 10월에 무천이라는 제천 행사가 열렸다.
③ 삼한에서는 해마다 씨를 뿌린 후 5월과 추수를 마친 10월에 계절제를 열어 하늘에 제사를 지냈다.

|정답| ④

2 고구려

(1) 성립

『삼국사기』의 기록에 따르면 고구려는 부여에서 남쪽으로 내려온 주몽이 건국하였다. 주몽은 부여의 지배 계급 내의 분열·대립 과정에서 박해를 피해 남하하여 독자적으로 고구려를 세웠다(기원전 37).

사료 　고구려의 건국 이야기

시조 동명성왕은 성이 고씨이며 이름은 주몽이다. …… 부여의 금와왕(金蛙王)이 태백산 남쪽에서 한 여자를 만나게 되어 물은즉, 하백의 딸 유화라 하는지라 …… 금와왕이 이상히 여겨 그녀를 방에 가두어 두었는데 햇빛이 따라와 비추었다. 그녀는 몸을 피하였으나 햇빛이 따라와 기어이 그녀를 비추었다. 이로 인하여 그녀는 잉태하게 되었고 마침내 알 하나를 낳았다. …… 한 사내아이가 껍데기를 깨고 나왔다. 기골과 모양이 뛰어나고 기이했다. 일곱 살에 의연함이 더하였고, 스스로 활을 만들어 쏘는데 백발백중이었다. 부여의 속어에 활 잘 쏘는 것을 주몽이라 하니 이로써 이름을 삼았다. ……
주몽의 어머니가 비밀을 알고 아들에게, "장차 이 나라 사람들이 너를 죽이고자 하니 너의 재간으로 어디 간들 못 살겠느냐. 지체하다가 욕을 당하지 말고 멀리 도망하여 큰일을 이루어야 한다."라고 타일렀다. 주몽은 그를 따르는 세 사람과 함께 도망하여 강가에 이르렀다. 그러나 다리가 없어 강을 건널 수 없었고, 추격병이 뒤따라오고 있었다. 주몽이 강물에 고하여, "나는 천제의 아들이고 하백의 외손이다. 오늘 도망하여 여기까지 왔으나 추격병이 쫓아오고 있다. 어떻게 하면 좋겠는가."라고 외치자 물고기와 자라가 떠올라 다리를 만들어 주니 주몽이 강을 건널 수 있었다. …… 졸본천으로 갔다. 그곳 땅이 기름지고 아름다우며 산천이 험하였다. 마침내 이곳에 도읍하기로 하였다. …… 나라 이름을 고구려라 하고 고를 그의 성씨로 삼았다.　　　『삼국사기』

▲ 졸본성(오녀산성)

(2) 발전

① 초기 : 고구려는 압록강의 지류인 동가강 유역의 졸본(환인) 지방에 자리 잡았다. 이 지역은 대부분 큰 산과 깊은 계곡으로 된 산악 지대였기 때문에 농토가 부족하여 힘써 일을 하여도 양식(糧食)이 부족하였다.

② 발전 : 고구려는 건국 초기부터 주변의 소국들을 정복하고 평야 지대로 진출하고자 하였다. 그리하여 압록강가의 국내성[집안(지안)]으로 옮겨 5부족 연맹을 토대로 발전하였다.

③ 진출 : 그 후 활발한 정복 전쟁으로 한의 군현을 공략하여 요동(遼東) 지방으로 진출하였을 뿐만 아니라 동쪽으로는 부전고원을 넘어 옥저를 정복하여 공물을 받았다.

(3) 정치

왕 아래 상가·고추가 등의 대가들이 있었으며, 이들은 각기 사자·조의·선인 등 관리를 거느리고 있었다.

(4) 경제

① 주요 산업 : 농업을 주로 하였으나, 산악 지대라서 생산은 보잘것없었다.

② 형태 : 주변 국가를 약탈하여 부족한 생산력을 보충하였고, 집집마다 부경(桴京)이라는 창고를 가지고 있었다.

③ 하호(下戶) : 생산을 담당할 뿐만 아니라 멀리서 어염(魚鹽)을 날라다 좌식자를 먹여 살렸다.

■ **좌식자(坐食者)**

상호(上戶)인, 일하지 않는 자를 말한다.

(5) 법률

① 처결 : 뇌옥(牢獄, 감옥)은 따로 두지 않고 중대한 범죄자가 있으면 제가 회의를 통하여 사형에 처하고, 그 가족을 노비로 삼았다.

② 절도죄 : 12배를 물게 하였다.

③ 기타 : 전쟁에 패(敗)한 자는 사형에 처하였다.

(6) 풍속

① 혼인 : 고구려에는 서옥제(壻屋制)와 형사취수제(兄死娶嫂制)라는 혼인 풍속이 있었다.

② 투기 : 여자가 투기를 하면 사형에 처하였다. 고구려 12대 왕인 중천왕의 총애를 받던 관나부인은 왕비를 모함하려다 도리어 죽음을 당하였다.

■ **서옥제(壻屋制)**

혼인을 정한 뒤 신부 집의 뒤꼍에 조그만 집을 짓고 거기서 자식을 낳고 장성하면 아내를 데리고 신랑 집으로 돌아가는 제도이다.

■ **형사취수제(兄死娶嫂制)**

고국천왕 사후 왕비인 우씨와 왕의 동생인 산상왕과의 결합은 고구려 형사취수제의 실례를 보여 준다.

③ 제천 행사

㉠ 건국 시조인 주몽과 그 어머니 유화(柳花) 부인을 조상신으로 섬겨 제사를 지냈다.

㉡ 『후한서』에는 "고구려는 10월에 제천 의식을 지내는데 밤에 남녀가 노래한다. 거처의 좌우에 큰 집을 짓고 귀신, 영성(靈星, 농사를 주관하는 별), 사직에 제사를 지낸다. 이를 동맹(東盟)이라고 부른다."는 기록이 있다.

㉢ **국동대혈** : 『삼국지』 위서 동이전에는 "그 나라 동쪽에 큰 동굴이 있어 수혈(隧穴)이라고 부른다. 10월의 나라 안 큰 모임 때 수신(隧神)을 맞이해 나라 동쪽의 물가에서 제사를 지내는데, 신의 자리에 나무 수신을 둔다."라는 기록이 있다. 수신은 고구려 시조(주몽)의 어머니인 유화 부인으로 추정된다.

▲ 국동대혈(중국 길림성 집안)

④ 장례
  ㉠ 금·은의 패물로써 후하게 장례를 치렀다(후장제).
  ㉡ 돌무지무덤(적석총)을 만들었고, 그 앞에 소나무와 잣나무를 심었다.
⑤ 복식(服飾)의 구분
  ㉠ 엄격한 계급 사회이므로 각 계급에 따라 복식을 달리하였다.
  ㉡ 대가(大加)들은 책(幘)이나 깃(羽)이 달린 소골(蘇骨)·절풍(折風)을 썼다. 귀족들은 허리에 숫돌[礪]과 칼을 차고 다녔다.

단권화 MEMO

사료 고구려의 풍속

❶ 고구려에는 큰 산과 깊은 골짜기가 많고 평원과 연못이 없어서 계곡을 따라 살며 골짜기 물을 식수로 마셨다. 좋은 밭이 없어서 힘들여 일구어도 배를 채우기는 부족하였다. 사람들의 성품은 흉악하고 급해서 노략질하기를 좋아하였다. …… 나라 안의 대가들은 밭을 일구지 않았으며 앉아서 먹는 자가 만여 명이나 되었다.

❷ 그 나라에는 왕이 있고, 벼슬로는 상가, 대로, 패자, 고추가, 주부, 우태, 승, 사자, 조의, 선인이 있으며, 신분이 높고 낮음에 따라 각각 등급을 두었다. …… 왕의 종족으로서 대가인 사람은 모두 고추가라고 불렀고, 모든 대가들도 스스로 사자, 조의, 선인을 두었는데, 명단은 반드시 왕에게 보고해야 한다.

❸ 감옥이 없고 범죄자가 있으면 제가들이 모여 회의를 하여 사형에 처하고, 처자는 몰수하여 노비로 삼는다. 그 풍속은 혼인할 때 구두로 미리 정하고, 여자의 집 몸채 뒤편에 작은 별채를 짓는데, 그 집을 서옥이라 부른다. …… 아들을 낳아서 장성하면 남편은 아내를 데리고 자기 집으로 돌아간다.

『삼국지』 위서 동이전

바로 확인문제

● 다음 풍습이 있었던 국가에 대한 사실로 옳은 것은?   21. 경찰직 1차

> 혼인할 때 말로 미리 정하고, 여자의 집에서 자기들이 살고 있는 큰 집 뒤에 조그만 집을 짓는다. …… 자식을 낳아서 장성하면 부인은 남편의 집으로 돌아간다.

① 큰 새의 깃털을 사용하여 장사를 지냈다.
② 관리가 뇌물을 받으면 3배를 추징하였다.
③ 대가들은 스스로 사자, 조의, 선인을 두었다.
④ 다른 마을을 함부로 침범하면 소, 말 등으로 배상하였다.

● (가) 국가에 대한 설명으로 가장 옳은 것은?   22. 법원직 9급

> [(가)]에서는 본래 소노부에서 왕이 나왔으나 점점 미약해져서 지금은 계루부에서 왕위를 차지하고 있다. 절노부는 대대로 왕실과 혼인을 하였으므로 그 대인은 고추가(古鄒加)의 칭호를 더하였다. 모든 대가(大加)들은 스스로 사자·조의·선인을 두었는데, 그 명단을 모두 왕에게 보고하여야 한다. …… 감옥은 없고 범죄자가 있으면 제가들이 모여서 평의하여 사형에 처하고 처자는 몰수하여 노비로 삼는다.
> 『삼국지』 위서 동이전

① 혼인 풍속으로 서옥제가 있었다.
② 신성 지역인 소도가 존재하였다.
③ 영고라고 하는 제천 행사를 개최하였다.
④ 읍락의 경계를 중시하여 책화라는 풍습이 있었다.

|정답해설| 제시된 사료는 『삼국지』 위서 동이전에 기록된 고구려의 서옥제에 관한 내용이다. 고구려에서는 상가, 고추가 등의 대가들이 사자, 조의, 선인 등의 관리를 거느렸다.

|오답해설|
① 진한과 변한에서는 장사 지낼 때 큰 새의 깃털을 함께 묻어서 죽은 사람의 영혼이 하늘로 오르기를 기원하였다.
② 백제에서는 관리가 뇌물을 받거나 국가의 재물을 횡령했을 때는 3배를 배상하게 하고 종신토록 금고형에 처했다.
④ 동예에서는 산천을 중시하여 산과 내마다 구분이 있어 함부로 들어가지 않았다. 만약 다른 부족의 영역을 침범하면 노비, 소, 말로 배상하는 책화의 풍습이 있었다.

|정답| ③

|정답해설| 제시된 사료의 "소노부(전 왕족)", "계루부(태조왕 이후의 왕족)", "절노부(왕비족)" 등을 통해 (가)가 고구려임을 알 수 있다. 고구려에는 혼인 풍속으로 서옥제가 있었다.

|오답해설|
② 삼한에서는 신성 지역인 소도가 있었다.
③ 부여에서는 12월(음력 정월)에 제천 행사인 영고를 개최하였다.
④ 동예에서는 읍락의 경계를 중시하여 책화의 풍습이 있었다.

|정답| ①

3 옥저와 동예

(1) 성립

함경도 및 강원도 북부의 동해안에 위치한 옥저와 동예는 변방에 치우쳐 있어 선진 문화의 수용이 늦었으며, 일찍부터 고구려의 압력을 받아 크게 성장하지 못하였다.

(2) 정치

각 읍락에는 후(侯), 읍군(邑君), 삼로(三老)라는 군장이 있어서 자기 부족을 다스렸으나, 이들은 큰 정치 세력을 형성하지 못하였다.

(3) 옥저(沃沮)

① 경제 : 어물과 소금 등 해산물이 풍부하였고 토지가 비옥하여 농사가 잘되었다(오곡이 풍부). 또한 고구려에 소금, 어물 등을 공납으로 바쳤다.

② 풍속

    ㉠ 혼인 : 고구려와 한 갈래였으나, 풍속이 달랐으며 민며느리제(매매혼)가 있었다.

    ㉡ 장례 : 가족이 죽으면 시체를 가매장하였다가 나중에 그 뼈를 추려서 가족 공동의 무덤인 커다란 목곽에 안치하였다(골장제 – 두벌묻기). 또한 목곽 입구에는 죽은 자의 양식으로 쌀을 담은 항아리(옹기솥)를 매달아 놓기도 하였다.

    ㉢ 고구려 복속 이후 사회 모습 : 고구려의 대가(大加)로 하여금 조세를 책임지도록 하였고, 맥포(貊布)·어염(魚鹽) 및 해중 식물 등을 천 리 길을 지어 날랐다. 또한, 미녀를 고구려에 보내 고구려 사람들의 종이나 첩으로 삼았는데 그들은 노복(奴僕, 노예)과 같은 대우를 받았다.

> **사료**　옥저의 풍속
>
> 이 나라는 대군왕이 없으며, 읍락에는 각각 대를 잇는 장수(長帥)가 있다. …… 이 나라의 토질은 비옥하며, 산을 등지고 바다를 향해 있어 오곡이 잘 자라며 농사짓기에 적합하다. 사람들의 성질은 질박하고, 정직하며 굳세고 용감하다. 소나 말이 적고, 창을 잘 다루며 보전(步戰)을 잘한다. 음식, 주거, 의복, 예절은 고구려와 흡사하다. ……
> 옥저는 큰 나라 사이에서 시달리고 괴롭힘을 당하다가 마침내 고구려에게 복속되었다. 고구려는 그 나라 사람 가운데 대인을 뽑아 사자로 삼아 토착 지배층과 함께 통치하게 하였다. 그들은 장사를 지낼 적에 큰 나무 곽을 만드는데, 길이가 10여 장(杖)이나 되며, 한쪽 머리를 열어 놓아 문을 만든다. 사람이 죽으면 시체는 모두 가매장을 하되, 겨우 형체가 보일 만큼 묻었다가 가죽과 살이 다 썩은 다음에 뼈만 추려 곽 속에 안치한다. 온 집안 식구를 모두 하나의 곽 속에 넣어두는데, 죽은 사람의 숫자대로 살아있을 때와 같은 모습으로 나무에 모양을 새긴다. 또 솥에 쌀을 담아 문 곁에 엮어 매단다. ……
> 그 나라의 혼인 풍속은 여자 나이 10살이 되기 전에 혼인을 약속한다. 신랑 집에서는 여자를 맞이하여 성장하면 길러 아내로 삼는다. 여자가 어른이 되면 친정으로 되돌려 보낸다. 친정에서는 돈을 요구하는데, 신랑 집에서 돈을 지불한 뒤 신랑 집으로 되돌아온다.
> 『삼국지』 위서 동이전

(4) 동예(東濊)

① 경제

    ㉠ 토지가 비옥하고 해산물이 풍부하여 농경·어로 등 경제생활이 윤택하였다.

    ㉡ 특히 명주와 삼베를 짜는 등 방직 기술이 발달하였다.

    ㉢ 특산물로는 단궁(短弓)이라는 활과 과하마(果下馬)·반어피(班魚皮) 등이 유명하였다.

■ 민며느리제
장래에 혼인할 것을 약속하면, 여자가 어렸을 때 남자 집에 가서 성장한 후 남자가 예물을 치르고 혼인을 하는 풍습이다.

■ 과하마
말을 타고 과일나무 아래를 지날 수 있다는 데서 유래한 것으로서, 키가 작은 말을 뜻한다.

② 풍속

○ 의식 : 매년 10월에 무천(舞天)이라는 제천 행사를 열었다.

○ 혼인 : 족외혼(族外婚)이 엄격하였다.

○ 책화(責禍) : 각 부족의 영역을 함부로 침범하지 못하게 하였다. 만약 다른 부족의 생활권을 침범하면 노비와 소·말로 변상하게 하였다.

○ 꺼리는 것이 많아 가족 중 한 사람이 질병으로 죽으면 살던 집을 버리고 새로운 곳으로 이주하였다.

 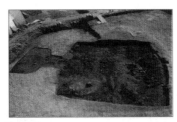

▲ '철(凸)'자형과 '여(呂)'자형 집터(강원 강릉 병산동, 강원 횡성 둔내)
최근 강원도 동해시와 강릉시를 중심으로 '철(凸)'자 모양과 '여(呂)'자 모양의 집터가 계속 발굴되어 동예의 문화가 고고학적으로 밝혀지고 있다.

사료 동예의 풍속

❶ 동예는 대군장이 없고 한 대 이후로 **후, 읍군, 삼로** 등의 관직이 있어서 하호를 통치하였다. 풍속은 산천을 중요시하여 산과 내마다 구분이 있어 함부로 들어가지 않는다. 부락을 함부로 침범하면 노비, 소, 말로 배상하게 하는데 이를 **책화**라고 한다.

❷ **동성(同姓)**끼리는 결혼하지 않는다. 꺼리는 것이 많아서 병을 앓거나 사람이 죽으면 옛집을 버리고 곧 새 집을 지어 산다. 삼베가 산출되며, 누에를 쳐서 옷감을 만든다.

『삼국지』 위서 동이전

바로 확인문제

● **(가)와 (나)의 나라에 대한 설명으로 가장 적절한 것은?**   18. 경찰직 1차

> (가) 고구려 개마대산 동쪽에 있는데 개마대산은 큰 바닷가에 맞닿아 있다. …… 그 나라 풍속에 여자 나이 10살이 되기 전에 혼인을 약속한다. 신랑 집에서 맞이하여 장성하도록 길러 아내를 삼는다. 성인이 되면 다시 친정으로 돌아가게 한다. 여자의 친정에서는 돈을 요구하는데, 돈을 지불한 후 다시 신랑 집으로 돌아온다.
> (나) 남쪽으로는 진한과 북쪽으로는 고구려·옥저와 맞닿아 있고 동쪽으로는 큰 바다에 닿았다. …… 해마다 10월이면 하늘에 제사를 지내는데 밤낮으로 술 마시며 노래 부르고 춤추니, 이를 '무천'이라고 한다.

① (가) 신부의 집 뒤에 서옥을 짓고 훗날 자녀가 태어나 성장하면 아내와 함께 신랑 집으로 돌아가는 풍습이 있었다.

② (가) 중대한 범죄자가 있으면 제가 회의를 통해 사형시키고 그 가족은 노비로 삼았다.

③ (나) 족장들은 저마다 따로 행정 구획인 사출도를 다스렸다.

④ (나) 씨족끼리는 혼인하지 않는 족외혼 풍습과 다른 읍락의 경계를 침범하면 소, 말, 노비로 보상하는 책화라는 풍습이 있었다.

|정답해설| (가) 옥저, (나) 동예에 대한 사료이다. 동예에서는 같은 씨족끼리는 혼인하지 않는 족외혼이 엄격하게 이루어졌으며, 책화(다른 읍락의 경계를 침범하면 소, 말, 노비로 보상하는 것)의 풍습이 있었다.

|오답해설|
① 고구려에서는 신부의 집 뒤에 서옥을 짓고 훗날 자녀가 태어나 성장하면 아내와 함께 신랑 집으로 돌아가는 풍습이 있었다. 이것을 서옥제라고 한다.
② 고구려에서는 중대한 범죄자가 있으면 제가 회의를 통해 사형시키고 그 가족은 노비로 삼았다.
③ 부여의 부족장들(마가, 우가, 구가, 저가)은 저마다 별도의 행정 구획인 사출도를 다스렸다.

|정답| ④

|정답해설| (가) 옥저의 민며느리제,
(나) 부여의 제천 행사인 영고에 관한
사료이다. 부여에는 가(加)들이 다스
리는 독자적 행정 구역인 사출도가 있
었다.
|오답해설|
① 무천은 동예의 제천 행사이다.
② 고구려 태조왕(53~146)부터 계루
부가 왕위를 독점하였다.
④ 삼한 중 변한에서는 철이 많이 생
산되어 낙랑과 왜에 수출하였다.
|정답| ③

|정답해설| 제시된 자료에서 '무천',
'책화'라는 단어를 통해 동예에 대한
사료임을 알 수 있다. 동예에서는 후·
읍군·삼로 등의 군장이 하호를 통치
하였다.
|오답해설|
② 삼한에서는 국읍마다 천신에 대한
제사를 지내는 천군이 있었다.
③ 옥저에서는 사람이 죽으면 가매장
한 후 뼈만 추려 목곽에 안치하였
다(골장제, 가족 공동묘제).
④ 진한(辰韓)과 변한(弁韓)에서는 아
이가 출생하면 돌로 머리를 눌러
납작하게 하는 풍습이 있었다. 이
것을 편두라고 한다.
|정답| ①

● (가), (나) 국가에 대한 설명으로 옳은 것은?   19. 지방직 9급

> (가) 그 나라의 혼인 풍속에 여자의 나이가 열 살이 되면 서로 혼인을 약속하고, 신랑 집에서는 (그 여자를) 맞이하여 장성하도록 길러 아내로 삼는다. (여자가) 성인이 되면 다시 친정으로 돌아가게 한다. 여자의 친정에서는 돈을 요구하는데, (신랑 집에서) 돈을 지불한 후 다시 신랑 집으로 돌아온다.
>
> (나) 은력(殷曆) 정월에 하늘에 제사를 지내며 나라에서 대회를 열어 연일 마시고 먹고 노래하고 춤추는데, 영고(迎鼓)라고 한다. 이때 형옥(刑獄)을 중단하여 죄수를 풀어 주었다.

① (가) - 무천이라는 제천 행사가 있었다.
② (가) - 계루부 집단이 권력을 장악하였다.
③ (나) - 사출도라는 구역이 있었다.
④ (나) - 철이 많이 생산되어 낙랑과 왜에 수출하였다.

● 다음 자료에 나타난 나라에 대한 설명으로 옳은 것은?   17. 국가직(사복직 포함) 9급

> 해마다 10월이면 하늘에 제사를 지내는데, 밤낮으로 술을 마시고 노래 부르며 춤을 추니 이를 무천이라 한다. 또 호랑이를 신(神)으로 여겨 제사 지낸다. 읍락을 함부로 침범하면 노비와 소, 말로 변상하는데, 이를 책화라 한다.

① 후·읍군·삼로 등이 하호를 통치하였다.
② 국읍마다 천신에 대한 제사를 주관하는 천군이 있었다.
③ 사람이 죽으면 가매장한 다음 뼈만 추려 목곽에 안치하였다.
④ 아이가 출생하면 돌로 머리를 눌러 납작하게 하는 풍습이 있었다.

4 삼한(三韓)

(1) 연원

① 진(辰)의 성장: 고조선 남쪽 지역에는 일찍부터 진이 성장하고 있었다. 진은 기원전 2세기경 고조선의 방해로 중국과의 교통이 저지되기도 하였다.

② 연맹체의 성립: 진에는 고조선 사회의 변동에 따라 대거 남하해 오는 유이민에 의하여 새로운 문화가 보급되었고, 이는 토착 문화와 융합되면서 사회가 더욱 발전하였다. 그리하여 마한·변한·진한의 연맹체들이 나타났다.

(2) 위치 및 발전

① 변한·진한: 변한은 김해·마산 지역을 중심으로 후에 가야의 모체가 되었다. 진한은 대구·경주 지역을 중심으로 발전하여 후에 신라의 발생지가 되었다. 변한과 진한은 각기 12개국으로 이루어졌고 모두 4만~5만 호였는데, 그중에서 큰 나라는 4천~5천 호, 작은 나라는 6백~7백 호였다.

② 마한: 천안·익산·나주 지역을 중심으로 하여 경기·충청·전라도 지방에서 발전하였다. 마한은 54개의 소국으로 이루어졌고 모두 10여만 호였는데, 그중에서 큰 나라는 1만여 호, 작은 나라는 수천 호였다. 후에 백제의 모체가 되었다.

▲ 마한의 무덤(전남 나주 용호리)
중앙에 널무덤이 있고 주변에는 해자 모양의 고랑이 있어 주구묘라고 불린다.

▲ 마한의 토실(충남 공주 장선리)
『삼국지』 위서 동이전에 나오는 마한의 집 형태로 최근에 발견되었다.

(3) 정치

① 연맹장 : 삼한 중에서 마한의 세력이 가장 컸으며, 마한을 이루고 있는 소국의 하나인 목지국(目支國)의 지배자가 마한왕 또는 진왕으로 추대되어 삼한 전체의 주도 세력이 되었다.
② 군장 : 삼한의 지배자 중 세력이 큰 것은 신지·견지 등으로, 작은 것은 부례·읍차 등으로 불렸다.

(4) 제정의 분리

① 천군 : 삼한에는 정치적 지배자 외에 제사장인 천군(天君)이 있었다.
② 소도(蘇塗) : 신성 지역이었으며, 이곳에서 천군은 농경과 종교에 대한 의례를 주관하였다.
③ 성격 : 천군이 주관하는 소도는 군장의 세력이 미치지 못하는 곳으로서, 죄인이라도 도망을 하여 이곳에 숨으면 잡아가지 못하였다. 이러한 제사장의 존재를 통하여 고대 신앙의 변화와 제정의 분리를 엿볼 수 있다.

> **사료**　제정이 분리된 삼한
>
> 귀신을 몹시 믿기 때문에 고을마다 한 사람을 뽑아 세워서 천신에게 제사 지내는 것을 주관하게 하였는데, 이 사람을 천군이라 불렀다. 또 이들 여러 나라에는 각각 별읍이 있었는데, 이를 소도라 하였다. 큰 나무를 세우고 거기에 방울과 북을 매달아 놓고 귀신을 섬겼는데, 사방에서 도망해 온 사람들은 모두 여기에 모여 돌아가지 않았다.
>
> 『삼국지』 위서 동이전

(5) 풍속

① 생산 및 주거 : 소국(小國)의 일반 사람들은 읍락에 살면서 농업과 수공업의 생산을 담당하였으며, 초가지붕의 반움집이나 귀틀집에서 살았다.
② 두레 : 공동체적인 전통을 보여 주는 두레 조직을 통하여 여러 가지 공동 작업을 하였다.
③ 제천 행사 : 삼한에서는 해마다 씨를 뿌리고 난 뒤인 5월에 '계절제'와 가을 곡식을 거두어들이는 10월에 '계절제'를 열어 하늘에 제사를 지냈다. 이러한 제천 행사 때에는 온 나라 사람들이 모두 모여서 날마다 음식과 술을 마련하여 노래를 부르고 춤을 추며 즐겼다.
④ 편두(編頭) : 진한과 변한에서는 아이가 출생하면 돌로 머리를 눌러 납작하게 하는 풍습이 있었다.
⑤ 문신 : 왜와 가까운 진한 및 변한에서는 문신의 풍습이 있었다.
⑥ 장례 : 삼한에서는 소와 말을 순장(殉葬)하는 풍속이 있었으며, 진한과 변한에서는 큰 새의 깃털을 장례에 사용하였다. 이를 통해 죽은 자가 승천(昇天)하는 것으로 믿었다고 한다.

■ 마한 목지국
마한 목지국은 처음에 성환·직산·천안 지역을 중심으로 발달하였으나, 백제의 성장과 지배 영역의 확대에 따라 남쪽으로 옮겨 익산 지역을 거쳐 마지막에 나주 부근(오늘날 대안리, 덕산리, 신촌리, 복암리)에 자리 잡았을 것으로 추정된다. 왕을 칭하던 국가 단계의 목지국이 언제 멸했는지는 알 수 없으나, 근초고왕이 마한을 병합하는 4세기 후반까지는 존속하였고, 그 이후에는 백제의 정치 세력하에 있는 토착 세력으로 자리 잡았을 것으로 보인다.

■ 소도
신구 문화의 충돌을 완충하고, 사회의 여러 갈등을 완화하는 역할을 수행하는 신성 불가침의 장소로 제정 분리(祭政分離)를 의미한다.

■ 귀틀집
큰 통나무를 '정(井)'자 모양으로 귀를 맞추어 층층이 얹고 틈을 흙으로 발라 지은 집이다.

> **사료** 삼한의 풍속과 경제
>
> 삼한에서는 5월에 파종하고 난 후 귀신에게 제사를 지내는데, 이때 많은 사람이 모여 노래하고 춤추고 술을 마시며 밤낮을 쉬지 않고 놀았다. 10월에 농사일이 끝난 후에도 그와 같이 제사를 지내고 즐겼다. 토지가 비옥하여 오곡과 벼를 재배하기에 좋았으며, 누에를 칠 줄 알아 비단과 베를 만들었다. 나라에 철이 나는데, 한과 예와 왜가 모두 여기서 가져갔다. 시장에서 물건을 사고파는 데에도 철을 사용하여 중국에서 돈을 사용함과 같았다.
>
> 『삼국지』 위서 동이전

> **사료** 편두와 문신의 풍습
>
> 아이가 태어나면 곧 돌로 그 머리를 눌러서 납작하게 만들려고 하므로, 지금 진한(辰韓) 사람 머리는 모두 납작하다. 왜(倭)와 가까운 지역이므로 남녀가 문신(文身)을 하기도 한다.
>
> 『삼국지』 위서 동이전

(6) 경제

① 농경의 발달

  ㉠ 삼한 사회는 철기 문화를 바탕으로 하는 농경 사회였다.

  ㉡ 철제 농기구의 사용으로 농경이 발달하였고 벼농사를 지었다.

  ㉢ 밭갈이에 처음으로 가축의 힘을 이용하기도 하였다.

  ㉣ 저수지의 축조: 벽골제(김제), 의림지(제천), 수산제(밀양), 공검지(상주), 대제지(의성)

> **사료** 삼한의 농경
>
> ❶ 마한(馬韓)은 서쪽에 위치해 있다. 그 백성은 토착 생활을 하였고, 곡식을 심었으며, 누에를 치고 뽕나무를 가꿀 줄 알았으며, 면포(綿布)를 생산하였다.
>
> ❷ 변진(弁辰, 변한)은 토지가 비옥하여 오곡(五穀)과 벼를 심기에 적합하였다. 누에를 치고 뽕나무를 가꿀 줄 알아 비단과 베를 제작하였다. 소와 말을 탈 줄 알았다.
>
> 『삼국지』 위서 동이전

② 철(鐵) 생산

  ㉠ 변한(弁韓)에서는 철이 많이 생산되어 낙랑·왜 등에 수출하였다.

  ㉡ 철은 교역에서 화폐처럼 사용되기도 하였다.

  ㉢ 마산의 성산동 야철지가 유명하고, 김해 패총에서는 왕망전(王莽錢)이 출토되었다.

(7) 사회의 변동

철기 시대 후기의 문화 발전은 삼한 사회의 변동을 가져왔다.

① 지금의 한강 유역에서는 백제국이 성장하면서 마한 지역을 통합해 갔다.

② 낙동강 유역에서는 구야국이, 그 동쪽에서는 사로국이 성장하여 중앙 집권 국가의 기반을 마련하면서 각각 가야 연맹체와 신라의 기틀을 다져 나갔다.

여러 나라의 성립과 발전

구분	위치	정치	경제	풍속	제천 행사	정치적 변동
부여	만주 송화강 유역의 평야 지대	마가·우가·저가·구가 → 사출도 지배	• 농경, 목축 (반농반목) • 특산물(말, 주옥, 모피)	• 순장 • 1책 12법 • 우제점법	12월 영고	고구려에 복속
고구려	졸본 → 국내성	5부족 연맹체, 제가 회의	산악 지대, 토지 척박 → 약탈 경제	• 서옥제 • 1책 12법	10월 동맹	중앙 집권 국가로 성장
옥저	함경도 함흥평야	왕이 없어 군장이 다스림 (후, 읍군, 삼로)	어물, 소금이 풍부	• 민며느리제 • 가족 공동묘		고구려에 복속
동예	강원도 북부		단궁, 과하마, 반어피	책화	10월 무천	
삼한	한강 남쪽	제정 분리, 목지국의 영도	• 농경 발달 • 변한: 철생산	두레(공동 노동)	5월, 10월 계절제	• 마한 → 백제 • 변한 → 가야 • 진한 → 신라

바로 확인문제

● (가), (나)의 나라에 대한 설명으로 옳은 것만을 〈보기〉에서 모두 고르면? 14. 지방직 9급

> (가) 살인자는 사형에 처하고 그 가족은 노비로 삼았다. 도둑질을 하면 12배로 변상케 했다. 남녀 간에 음란한 짓을 하거나 부인이 투기하면 모두 죽였다. 투기하는 것을 더욱 미워하여, 죽이고 나서 시체를 산 위에 버려서 썩게 했다. 친정에서 시체를 가져가려면 소와 말을 바쳐야 했다.
> (나) 귀신을 믿기 때문에 국읍에 각각 한 사람씩 세워 천신에 대한 제사를 주관하게 했다. 이를 천군이라 했다. 여러 국(國)에는 각각 소도라고 하는 별읍이 있었다. 큰 나무를 세우고 방울과 북을 매달아 놓고 귀신을 섬겼다. 다른 지역에서 거기로 도망쳐 온 사람은 누구든 돌려보내지 않았다.
>
> 「삼국지」

| 보기 |

ㄱ. (가) – 왕 아래에는 상가, 고추가 등의 대가가 있었다.
ㄴ. (가) – 농사가 흉년이 들면 국왕을 바꾸거나 죽이기도 하였다.
ㄷ. (나) – 제천 행사는 5월과 10월의 계절제로 구성되어 있었다.
ㄹ. (나) – 동이(東夷) 지역에서 가장 넓고 평탄한 곳이라 기록되어 있었다.

① ㄱ, ㄴ   ② ㄱ, ㄹ   ③ ㄴ, ㄷ   ④ ㄷ, ㄹ

| 정답해설 | (가) 부여, (나) 삼한에 대한 사료이다.
ㄴ. 부여에서는 흉년이 들면 국왕에게 책임을 물어 국왕을 바꾸거나 죽이기도 하였다.
ㄷ. 삼한에서는 5월과 10월에 제천 행사를 거행하였다.

| 오답해설 |
ㄱ. 고구려, ㄹ. 부여에 대한 설명이다.

| 정답 | ③

PART
II

고대의 우리 역사

5개년 챕터별 출제비중 & 출제개념

CHAPTER 01 고대의 정치	76%	태조왕, 고국천왕(진대법), 고국원왕의 전사, 소수림왕, 광개토 대왕, 장수왕, 광개토 대왕릉비, 충주(중원) 고구려비, 고이왕, 근초고왕, 무령왕, 성왕, 지증왕, 법흥왕, 진흥왕, 김유신, 문무왕, 신문왕, 경덕왕, 신라 하대, 무왕, 문왕, 선왕, 5경 15부 62주
CHAPTER 02 고대의 경제	0%	민정 문서(신라 촌락 문서), 녹읍, 식읍, 관료전, 정전, 장보고
CHAPTER 03 고대의 사회	0%	화랑도, 진골 귀족의 생활 모습, 골품 제도, 화백 회의, 제가 회의, 정사암 회의, 호족과 6두품, 원종과 애노의 난
CHAPTER 04 고대의 문화	24%	원효, 의상, 교종, 선종, 풍수지리 사상, 고분, 벽화, 승탑과 탑비, 고대 국가의 탑(정림사지 5층 석탑, 미륵사지 석탑, 황룡사 9층 목탑, 분황사 탑), 삼국의 불상

한눈에 보는 흐름 연표

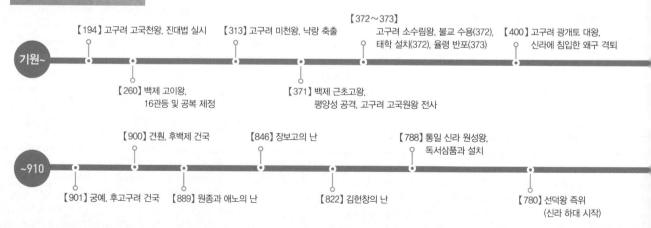

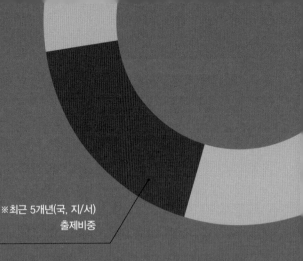

※최근 5개년(국, 지/서)
출제비중

16%

학습목표

CHAPTER 01 고대의 정치	❶ 고구려, 백제, 신라 주요 왕들의 업적을 시기별로 알아 둔다. ❷ 삼국 간의 항쟁을 거쳐 통일을 이루는 과정을 파악한다. ❸ 통일 후 신라는 중대와 하대로 구분하여 시대의 특징을 파악한다. ❹ 발해의 주요 왕들의 업적을 구분한다.
CHAPTER 02 고대의 경제	❶ 녹읍, 식읍, 관료전 등 토지 제도의 특징을 이해한다. ❷ 민정 문서의 내용과 의미를 기억하고, 장보고의 활동을 파악한다.
CHAPTER 03 고대의 사회	❶ 제가 회의, 정사암 회의, 화백 회의 등 삼국의 귀족 회의를 구분한다. ❷ 골품제와 화랑도의 특징을 알아 둔다.
CHAPTER 04 고대의 문화	❶ 교종, 선종, 원효, 의상 등 고대 국가의 불교적 특징을 파악한다. ❷ 도교, 풍수지리설, 고분, 벽화, 탑, 불상 등 고대의 문화유산을 파악한다.

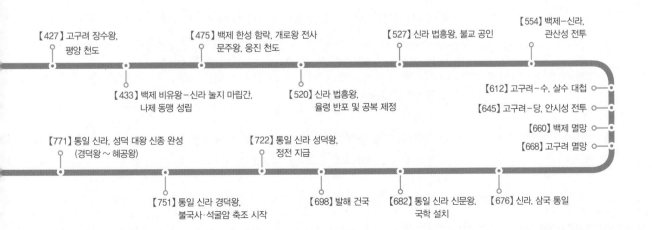

【427】고구려 장수왕,
　　　평양 천도

【475】백제 한성 함락, 개로왕 전사
　　　문주왕, 웅진 천도

【527】신라 법흥왕, 불교 공인

【554】백제-신라,
　　　관산성 전투

【433】백제 비유왕-신라 눌지 마립간,
　　　나제 동맹 성립

【520】신라 법흥왕,
　　　율령 반포 및 공복 제정

【612】고구려-수, 살수 대첩

【645】고구려-당, 안시성 전투

【660】백제 멸망

【668】고구려 멸망

【771】통일 신라, 성덕 대왕 신종 완성
　　　(경덕왕 ~ 혜공왕)

【722】통일 신라 성덕왕,
　　　정전 지급

【751】통일 신라 경덕왕,
　　　불국사·석굴암 축조 시작

【698】발해 건국

【682】통일 신라 신문왕,
　　　국학 설치

【676】신라, 삼국 통일

01 고대의 정치

단권화 MEMO

01 고대 국가의 성격

(1) 동양의 고대

① 중국: 동아시아 문화권의 중심을 이룬 중국은 동아시아 사회 발전에 커다란 영향을 미쳤다.

　㉠ 춘추 전국 시대·진(秦): 중국에서는 주나라가 쇠퇴하면서 춘추 전국 시대의 혼란기를 겪었다. 진은 이러한 혼란을 극복하고 중국 최초의 통일 국가를 수립하였고, 중앙 집권적 통치 체제를 확립하였다(기원전 221).

　㉡ 한(漢): 진의 뒤를 이은 한(건국: 기원전 202)은 영토를 크게 확장하고 서역과 교역을 확대하였다. 특히 유학을 국가 이념으로 채택하여 유교주의적 중국 문화의 기틀을 확립하였다.

　㉢ 삼국 시대·진(晉)·5호 16국 시대·남북조 시대: 3세기 초 후한이 멸망한 이후 중국은 다시 분열되어 삼국 시대(220~280)·진·5호 16국 시대(4세기 초)·남북조 시대(439~589)로 이어졌다. 이때 창장강 이남 지방의 개발이 본격화되었고, 문벌 귀족이 사회의 지배 세력이 되었으며, 불교가 융성하는 등 귀족 문화가 발달하였다.

　㉣ 수(隋)·당(唐): 6세기 말 수가 중국을 통일(589)하였으나, 무리한 고구려 원정 끝에 멸망하고, 당(618~907)이 건국되었다. 당에서 발달한 한자·유교·불교·율령 체제 등은 우리나라, 일본, 베트남에 전파되면서 동아시아 문화권을 형성하였다.

② 인도: 마우리아 왕조 → 쿠샨 왕조 → 굽타 왕조

③ 오리엔트 지방: 아시리아 → 페르시아의 통일 제국 → 헬레니즘 시대

④ 일본: 야마토 정권(4~7세기) → 다이카 개신(645) → 나라 시대(710) → 헤이안 시대(794, 교토로 천도)

(2) 서양의 고대

① 그리스: 아테네와 스파르타 등의 폴리스 발달 → 헬레니즘 시대

② 로마: 도시 국가로 출발 → 포에니 전쟁의 승리로 세계 제국으로 발전 → 게르만 민족의 대이동(4~6세기), 동로마 제국과 서로마 제국으로의 분열(395)

(3) 우리나라의 고대 국가 성립

① 성립 과정

　㉠ 군장 국가·연맹 왕국: 철기 문화의 보급과 이에 따른 생산력의 증대를 토대로 성장한 여러 소국들이 군장 국가와 연맹 왕국을 이루었다.

ⓒ 고대 국가 형성: 왕은 자기 집단 내부의 지배력을 강화하는 동시에 다른 집단에 대한 지배력을 키워 나갔다. 이 과정에서 주변 지역을 활발히 정복하여 영토를 확대하였고, 정복 과정에서 성장한 경제력과 군사력을 바탕으로 왕권을 강화하여 고대 국가를 형성하였다.

② 성립 시기

　ⓐ 고대 국가로의 발전 과정은 선진 문화의 수용이나 지리적 위치에 따라 차이를 보인다.

　ⓑ 고대 국가 성립 시기에 대해 『삼국사기』에서는 신라·고구려·백제의 순서로 건국되었다고 기록되어 있지만, 고구려·백제·신라의 순서로 중앙 집권적인 고대 국가 체제가 정비되었으며, 가야는 삼국의 각축 속에서 중앙 집권을 이루지 못한 채 연맹이 해체되어 신라와 백제에 흡수되었다.

(4) 우리나라 고대 국가의 특징

① 왕위 세습을 통한 왕권 강화: 처음에는 형제 상속이 이루어지다가 점차 부자 세습화되었다.

② 관료 체제 정비: 왕권에 복속된 부족장들이 중앙 귀족이 되면서 그 신분을 보장받기 위한 관료 체제가 정비되었다.

③ 신분제 마련: 관등 제도와 골품제와 같은 엄격한 신분제를 마련하였다.

④ 행정 제도의 정비: 각 지역의 부족적 분할을 행정적 조직으로 재편하였다. 즉, 군장 세력 관할하에 있던 지방에 중앙 관리를 파견하였다. 이들은 행정·사법·군사권을 모두 가지고 있었으며, 그중 군사적 성격이 강하였다.

⑤ 율령 반포: 왕·귀족의 지배 체제 유지를 위해 율령을 제정하였다.

⑥ 영토 확장: 강력한 왕권을 바탕으로 정복 전쟁을 전개하였다. 피정복지의 백성은 노비로 만들었다가 다시 양인으로 삼되 차등을 두기도 하였다.

⑦ 불교 수용: 사상적 통합을 위해 원시 신앙 단계를 넘어선 고등 종교인 불교를 수용하였다. 왕실이 불교 수용에 적극적이었던 것에 반해, 귀족은 반대하다가 이후 적극적으로 수용하였다.

■ 중앙 집권 국가의 성립과 발전

• 고대 국가의 사회는 왕을 정점으로 지배 계급과 피지배 계급으로 구성되었다. 지배 계급은 관료·신관·무사들로 이루어졌으며, 피지배 계급은 농민·상인·수공업자 등 평민과 노예로 이루어졌다. 동양에서 생산을 주로 담당하는 계층은 평민들이었고, 노예는 가내 노예가 대부분으로 주민의 10% 이내인 경우가 많았다. 반면 그리스의 도시 국가들과 로마 제국에서는 생산을 노예 노동에 의존하는 노예제가 발달하였다.

• 우리나라의 국가 발전 단계에 관한 이론에 있어 중요한 계기는 군장 사회설의 수용이었다. 이 이론에 따르면 고대 국가의 출현에 이르는 인류 사회의 발전 과정은 '군집(bands) → 부족(tribes) → 군장 사회(chiefdom) → 초기 국가(primitive state)'의 단계를 거친 것으로 파악되었다. 이러한 군장 사회설은 '군장 사회 → 연맹 왕국 → 고대 국가'의 발전 단계론으로 재정리되어 한국사 서술에 적용하고 있다.

02 고대 국가의 성립과 발전

1 고구려의 성립과 발전

(1) 성립과 발전

① 성립: 부여 유이민과 압록강 유역의 토착 세력이 연합하여 성립하였다.

② 발전: 졸본 지방 소국들을 통합하면서 성장하였고, 2대 유리왕 시기에 국내성으로 도읍을 옮기며 발전의 토대를 마련하였다.

③ 중앙 집권 국가로의 체제 정비: 6대 태조왕(53~146) 때부터 시작하였다.

사료 　유리왕의 「황조가」

펄펄 나는 저 꾀꼬리 / 암수 서로 정답구나
외로울사 이 내 몸은 / 뉘와 함께 돌아가랴　　　　　　　　　　　『삼국사기』

태조왕, 고국천왕, 미천왕, 소수림왕,
광개토 대왕, 장수왕의 업적은 특히
잘 알아두어야 한다.

■ **절노부**

절노부는 태조왕 이후에 왕위를 독점
했던 계루부(桂婁部)와 전(前) 왕족인
소노부(消奴部)와 함께 고구려의 중심
세력이었다. 『삼국사기』에서는 절노부
를 '연나부(椽那部)' · '제나부(提那部)'
로 표기하고 있으며, 북부(北部) · 후부
(後部) · 흑부(黑部)로도 불렸다. 『삼국
지』 위서 동이전에는 절노부가 계루부
의 왕족과 혼인하는 왕비족이며, 그로
인해 절노부의 대가는 소노부의 대가
와 함께 '고추가(古鄒加)'라는 칭호를
가질 수 있었다고 기록되어 있다.

■ **진대법(賑貸法)**

매년 3월부터 7월까지 나라에서 종자
및 곡물을 대여하고 10월에 추수를 하
면 국가에 상환하도록 한 제도이다.

(2) 주요 왕들의 업적*

① 건국 초기: 동명왕(1대) · 유리왕(2대) · 대무신왕(3대) · 민중왕(4대) · 모본왕(5대)

■ **2세기**

② 태조왕(6대, 53~146)

　㉠ (동)옥저 복속: (동)옥저를 복속(56)하는 등 본격적인 영토 확장을 시작하였다.

　㉡ 계루부 독점: 5부족 중 **계루부에서 왕위를 독점** 세습하게 되었다.

③ 고국천왕(9대, 179~197)

　㉠ 행정적 5부: 부족적 전통을 지녀온 5부에서, 수도와 그 주변 지역의 행정 단위를 의미하는 5부로 개편하였다.

　㉡ 부자 상속: 왕위 계승을 형제 상속에서 부자 상속으로 바꾸었으며, 절노부 출신의 여인을 왕비로 간택하였다.

　㉢ 진대법 실시: 국상 을파소의 건의를 받아들여 진대법을 실시하였다(194).

■ **3세기**

④ 동천왕(11대, 227~248)

　㉠ 공손(公孫)씨 세력과 대립: 즉위 초에는 요동 지방의 공손씨 세력과 대립하여 한때 (공손씨에게 배반당한) 오(吳)와 연결을 시도하였다.

　㉡ 위(魏)와의 관계: 공손씨의 배후에 위치한 위나라가 화친을 희망해 오자(234) 오나라 사신의 목을 베고(236) 위의 연호 개정을 축하하는 사신을 파견하는(237) 등 위와의 관계를 강화하였다.

　㉢ 위와 연합하여 공손씨 세력을 멸망시켰다(238). 그러나 공손씨 멸망 후 위와 국경을 접하게 됨에 따라, 위와도 긴장 관계로 바뀌었다.

　㉣ 동천왕은 한반도와 중국을 연결하는 교통 요지인 서안평을 습격(242)하였으나 실패하였고, 위나라 장군 관구검의 침략을 받아 환도성이 함락(246)되는 시련을 겪었다.

　㉤ 이때 동천왕이 옥저 지역으로 도망가는 등 위기가 계속되었으나, 유유(紐由) · 밀우(密友) 등의 항쟁으로 이를 극복하였다.

■ **4세기**

⑤ 미천왕(15대, 300~331)

　㉠ 서안평 점령(311): 5호 16국 시대의 혼란을 틈타 압록강 하류 지역인 서안평을 점령하였다.

　㉡ 낙랑군(313) · 대방군(314) 축출: 고조선의 고토를 회복하였으며, 압록강 중류 지방을 벗어나 남쪽으로 진출할 수 있는 발판을 마련하였다.

⑥ 고국원왕(16대, 331~371)

　㉠ 전연의 침입: 342년 선비족 전연(모용황)의 침입으로 수도가 함락되었다. 이때 미천왕릉이 파헤쳐져 시신을 탈취당했고, 고국원왕의 어머니와 왕비가 포로로 잡혀갔다.

　㉡ 백제의 침입: 백제 근초고왕에게 공격받아 평양성에서 전사하였다(371).

⑦ 소수림왕(17대, 371~384) : 중앙 집권적 고대 국가의 완성

    ㉠ 불교 수용(372) : 전진(前秦)과 국교를 수립하고, 순도에 의해 불상과 불경이 전래됨으로써 고대 국가의 사상적 통일에 기여하였다.

    ㉡ 태학 설립(372) : **태학을 설립**하여 유학의 보급과 문화 향상에 기여하였다.

    ㉢ 율령 반포(373) : **율령을 반포**하여 국가의 조직과 체제를 정비하였다.

⑧ 광개토 대왕(19대, 391~412)

    ㉠ 영토 확장

       • 광개토 대왕릉비를 통해 당시의 활발한 정복 사업을 알 수 있는데, 북으로는 요동과 만주 지방을 확보하고, 남으로는 한강 이북까지 진출하였다.

       • 재위 기간 공략한 64개의 성과 1,400여 개의 촌락을 포함하는 대제국을 건설하여 동북아시아의 패자로 성장하였다.

    ㉡ 신라의 요청으로 왜군 격퇴

       • 신라 내물 마립간의 요청을 받아 보병과 기병 5만 명을 보내 왜군을 격퇴하고, 백제와 가야의 연합 세력을 격파하여 낙동강 하류까지 진출하였다.

       • 그 결과 고구려의 세력이 한반도 남부 지방에까지 영향력을 미치게 되었으며, 금관가야의 세력이 쇠약해지는 원인이 되었다.

    ㉢ 연호 사용

       • 우리나라 최초의 연호인 '영락'을 사용하였다.

       • '연호의 사용'은 대국 의식의 표현으로서, 중국과 대등함을 나타내는 동시에 왕권의 강화를 의미하는 것으로 볼 수 있다.

▲ 광개토 대왕릉비

■ **연호(年號)**

동아시아에서 황제(또는 왕)가 즉위한 해에 붙이던 칭호이다. 원래는 육십갑자(간지)를 사용하여 연도를 표시하였으나, 60년이 지나면 다시 같은 간지가 나오기 때문에 이를 구분하기 위하여 사용한 것이다.

○ 광개토 대왕의 영토 확장 순서

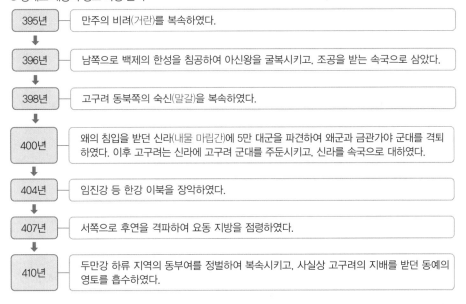

395년	만주의 비려(거란)를 복속하였다.
396년	남쪽으로 백제의 한성을 침공하여 아신왕을 굴복시키고, 조공을 받는 속국으로 삼았다.
398년	고구려 동북쪽의 숙신(말갈)을 복속하였다.
400년	왜의 침입을 받던 신라(내물 마립간)에 5만 대군을 파견하여 왜군과 금관가야 군대를 격퇴하였다. 이후 고구려는 신라에 고구려 군대를 주둔시키고, 신라를 속국으로 대하였다.
404년	임진강 등 한강 이북을 장악하였다.
407년	서쪽으로 후연을 격파하여 요동 지방을 점령하였다.
410년	두만강 하류 지역의 동부여를 정벌하여 복속시키고, 사실상 고구려의 지배를 받던 동예의 영토를 흡수하였다.

심화   광개토 대왕릉비(일명 호태왕비)

❶ 내용 : 중국 길림성 집안(지린성 지안)에 위치해 있으며, 장수왕 2년(414)에 건립하였다. 총 4면에 글씨가 있으며, 판독 글자는 1,775자이다. 내용은 총 3부로 구성되어 있는데, 제1부(서론)에는 고구려 개국 설화 등 건국 과정과 비 건립 경위가 기술되어 있으며, 제2부에는 광개토 대왕의 정복 활동이 연대순으로 기술되어 있다. 여기에서 신라를 도와 왜구를 격퇴한 사실을 비롯하여 후연(선비족)·비려(거란)·숙신(말갈)

격파 및 백제 격파(임진강 – 한강 이북까지 진출) 등 64성 및 1,400여 개의 촌락을 공략한 내용이 기술되어 있다. 제3부에는 광개토 대왕릉을 지키는 수묘연호(守墓烟戶) 300여 호의 명단과 배치 상황, 묘지 관리 지침이 적혀 있다.

❷ **발견 및 논란**: 광개토 대왕릉비는 『용비어천가』 등에서 거론되었으나 고구려 유적으로 인식되지 않았고, 『지봉유설』에서는 금나라 시조비로 오인되기도 하였다. 이후 1875년경 청의 농부에 의해 발견되어 광개토 대왕릉비로 확인되었다. 한편 비에 기록된 '倭以辛卯年來渡海破百殘□□新羅以爲臣民(왜이신묘년래도해파백잔□□신라이위신민)' 기사는 일부 일본 학자들에 의해서 임나일본부설의 근거로 제시되고 있다. 또한 비의 내용 중 광개토 대왕의 즉위 연도(비는 391년, 『삼국사기』는 392년)와 군사적 공적이 『삼국사기』의 내용과 다른 부분이 많기 때문에 학계의 주목을 끌고 있다.

사료 　광개토 대왕릉비

❶ **백제 공격과 아신왕의 항복**

　백잔(百殘)과 신라(新羅)는 예로부터 속민(屬民)으로 (고구려에) 조공(朝貢)하였다. …… 백잔이 의(義)에 복종하지 않고 감히 나와 여러 차례 전투하였다. 왕이 크게 노하여 아리수(阿利水)를 건너니, 창끝을 보내 성을 압박한 것과 같았다. …… 백잔의 군주가 곤경에 직면해 남녀 1천 인과 세포(細布) 1,000필을 바치며 왕에게 꿇어앉아 스스로 맹세하기를 지금 이후부터 영원히 노객(奴客)이 되겠다고 하였다. 태왕께서는 은혜로 어리석은 허물을 용서하고, (항복한) 이후의 정성을 받았다. 이에 58성 700촌을 획득하고 백제 군주의 아우 및 대신 10인을 데리고 군사를 돌려 도성으로 돌아왔다(396).

❷ **신라에 침입한 왜군 격퇴**

　(영락) 9년 기해에 백제가 서약을 어기고 왜와 화통하므로, 왕은 평양으로 순수해 내려갔다. 신라가 사신을 보내 왕에게 말하기를, "왜인이 그 국경에 가득 차 성을 부수었으니, 노객은 백성된 자로서 왕에게 귀의하여 분부를 청한다."고 하였다. …… 10년 경자에 보병과 기병 5만을 보내, 신라를 구원하게 하였다. …… 관군이 이르자 왜적이 물러가므로, 뒤를 급히 추격하여 임나 가라의 종발성에 이르렀다. 성이 곧 귀순하여 복종하므로, 순라병을 두어 지키게 하였다. 신라의 농성을 공략하니 왜구는 위축되어 궤멸되었다.

❸ **동부여 정벌**

　20년(410) 경술(庚戌) 동부여(東夫餘)는 예로부터 추모왕(鄒牟王)의 속민(屬民)이었는데, 중간에 배반하여 조공을 하지 않았다. 왕이 친히 군대를 이끌고 가서 토벌하였다.

바로 확인문제

● **(나) 시기에 발생한 사건으로 옳은 것은?** 　　　　　　　　19. 지방직 9급

> (가) 백제 왕이 병력 3만 명을 거느리고 평양성을 공격해 왔다. 왕이 출병하여 막다가 날아오는 화살에 맞아 서거하였다.

↓

> (나)

↓

> (다) 왕이 보병과 기병 5만 명을 보내 신라를 구원하게 하였다. (고구려군이) 남거성을 통해 신라성에 이르렀는데 그곳에 왜가 가득하였다. 관군이 도착하자 왜적이 퇴각하였다.

① 태학을 설립하고 율령을 반포하였다.
② 평양으로 도읍을 옮기고 한성을 함락하였다.
③ 관구검이 이끄는 위나라 군대의 침략을 받았다.
④ 왕이 직접 말갈 병사를 거느리고 요서 지방을 공격하였다.

| 정답해설 | (가) 백제 근초고왕이 평양성을 공격하는 과정에서 고구려 고국원왕이 전사하였다(371). (다) 고구려 광개토 대왕은 신라에 침입한 왜군을 격퇴하였다(400). (나) 소수림왕 때 태학을 설립하고(372), 율령을 반포하였다(373).

| 오답해설 |

② 5세기 장수왕 때 평양으로 도읍을 옮기고(427), 백제의 수도였던 한성을 함락시켰다(475).

③ 3세기 동천왕 때 관구검이 이끄는 위나라 군대의 침략을 받았다(246).

④ 영양왕은 직접 말갈 병사를 거느리고 수의 요서 지방을 선제공격하였다(598).

| 정답 | ①

● 밑줄 친 ㉠의 결과에 해당하는 사실로 옳은 것은? 18. 국가직 9급

> (영락) 6년 병신(丙申)에 왕이 직접 수군을 이끌고 백제를 토벌하였다. (백제 왕이) 우리 왕에게 항복하면서 "지금 이후로는 영원히 노객(奴客)이 되겠습니다."라고 맹세하였다. …… ㉠ <u>10년 경자(庚子)에 왕이 보병과 기병 5만 명을 보내어 신라를 구원하게 하였다.</u>

① 고구려가 신라 내정 간섭을 강화하였다.
② 백제가 고구려의 평양성을 공격하였다.
③ 신라가 관산성 전투에서 백제 성왕을 살해하였다.
④ 금관가야가 가야 지역의 중심 세력으로 대두하였다.

● 밑줄 친 '이 비'에 대한 설명으로 옳지 <u>않은</u> 것은? 15. 경찰 간부

> 2014년은 <u>이 비</u>가 건립된 지 1,600년이 되는 해이다. 비는 부왕의 훈적을 후세에 보이기 위해 세운 것이다. 특히 비의 내용 가운데 신묘년 기록은 왜와 관련된 것으로 한일 관계사에 있어서 오래 전부터 주목을 끌기도 하였다.

① 국내에 남아 있는 유일한 고구려 비석이다.
② 고구려의 건국 신화에 대한 내용을 담고 있다.
③ 주변 여러 나라를 정복한 내용을 서술하고 있다.
④ 왕릉을 지키고 관리하는 수묘인의 호구 수를 기록하고 있다.

■ 5세기

⑨ 장수왕(20대, 413~491)

　㉠ 외교 정책 : 북중국을 통일한 북위와 우호 관계를 강화하는 한편, 남중국의 한족(漢族) 국가인 동진(東晉)·송(宋)·제(齊) 등에도 계속하여 사신을 파견하였다(남북 세력의 대립을 이용한 외교 정책 추구).

　㉡ 평양 천도 : 왕권 강화와 남하 정책을 통한 서해안 진출의 교두보를 확보하기 위해 국내성에서 평양으로 천도하였다(427).

　㉢ 남하 정책 : 고구려의 남하 정책은 나제 동맹 체결(433)의 계기가 되었다.

　㉣ 영토의 확장
　　• 내몽골의 유목 국가인 지두우(地豆于)를 유연과 분할 점령하여 흥안령 일대의 초원 지대를 장악하였다.
　　• 백제의 수도인 한성을 함락하고, 한강 전 지역을 포함하여 죽령 일대로부터 남양만을 연결하는 지역까지 그 세력을 넓혔다(충주 고구려비).

▲ 고구려의 전성기(5세기)

단권화 MEMO

| 정답해설 | 제시된 사료 중 '영락'은 광개토 대왕 때의 연호이며, ㉠은 광개토 대왕의 고구려 군대가 신라에 침입한 왜군을 격퇴한 내용(400)이다. 이 사건 이후 고구려의 신라에 대한 정치적 간섭이 강화되었다.

| 오답해설 |
② 백제 근초고왕이 평양성을 공격하여 고구려 고국원왕이 전사하였다(371).
③ 신라 진흥왕은 관산성 전투에서 백제 성왕을 살해하였다(554).
④ 고구려군이 신라에 침입한 왜군을 격퇴하는 과정에서 왜의 연합군인 가야도 공격을 받아, 금관가야 중심의 전기 가야 연맹이 해체되었다.

| 정답 | ①

| 정답해설 | 제시된 내용의 '이 비'는 장수왕 2년(414)에 제작된 광개토 대왕릉비이다. 광개토 대왕릉비는 현재 중국 길림성 집안현에 있으며, 고구려의 건국 신화 및 광개토 대왕의 정복 활동이 기술되어 있다. 또한 마지막 부분에는 왕릉을 지키고 관리하는 수묘인의 호구 수를 기록하고 있다. 국내에 남아 있는 유일한 고구려 비석은 충주 고구려비(충청북도 충주)이다.

| 정답 | ①

■ 충주(중원) 고구려비

1979년 단국대 정영호 교수팀에 의해 발견된 충주 고구려비는 장수왕의 남하 정책 결과 남양만에서 죽령에 이르는 지역을 점령한 이후 세운 척경비이다. 비에는 400여 자가 기록되어 있으며, 고구려의 왕을 대왕 혹은 조왕(祖王)으로 부르고 신라를 동이(東夷)로 지칭하며 점령지인 신라의 왕과 신하에게 의복을 하사하는 등 고구려 우월주의적 입장에서 내용이 기술되어 있다.

사료 장수왕과 도림

백제 개로왕은 장기와 바둑을 좋아하였는데, 도림이 고하기를 "제가 젊어서부터 바둑을 배워 꽤 묘한 수를 알게 되었으니 왕께 알려드리기를 원합니다."라고 하였다. …… 개로왕이 (도림의 말을 듣고) 나라 사람을 징발하여 흙을 쪄서 성(城)을 쌓고 그 안에는 궁실, 누각, 정자를 지으니 모두가 웅장하고 화려하였다. 이로 말미암아 창고가 비고 백성이 곤궁하니, 나라의 위태로움이 알을 쌓아 놓은 것보다 더 심하게 되었다. 그제야 도림이 도망을 쳐 와서 그 실정을 고하니 장수왕이 기뻐하여 백제를 치려고 장수에게 군사를 나누어 주었다.

『삼국사기』

사료 충주(중원) 고구려비

신라 매금(寐錦)이 세세(世世)토록 형제같이 지내기를 원하여 서로 수천(守天)하려고 동으로 왔다. …… 여러 사람에게 의복을 주는 교(敎)를 내렸다. 동이(東夷) 매금이 늦게 돌아와 매금 토내(土內)의 제중인(諸衆人)에게 절교사(節敎賜-이두 표기로서 명령한다는 의미)를 내렸다. …… 12월 23일 갑인에 동이 매금의 상하가 우벌성(于伐城)에 와서 교(敎)를 내렸다. 전부 대사자 다우환노와 주부 귀도(貴道)가 국경 근처에서 300명을 모았다. 신라토내당주 하부(下部) 발위사자(拔位使者) 보노(補奴)와 개로(盖盧)가 공히 신라 영토 내의 주민을 모아서 움직였다.

심화 북연과 고구려

고구려는 후연에서 내부 반란으로 새롭게 고운이 등장하여 북연(北燕)을 세우게 됨에 따라 북연과 우호 관계를 맺게 되었다. 고운은 고구려인 고화(高和)의 손자로서 모용보의 양자가 되었다가 이때 즉위하였다. 광개토 대왕은 사신을 보내 동족의 우의를 표하였고, 고운이 이에 답례하는 등 양국 간에 우호적 관계가 성립되었다(407). 그러나 고운이 2년 만에 피살되었고 이어 북연에서는 풍씨가 집권하게 되었다(409).

북연은 서쪽에서 서서히 압박해 오는 북위(北魏)에 의해 계속 위축되어 갔고 마침내 고구려 장수왕 24년(436)에 이르러서는 북연 왕 풍홍(馮弘)이 고구려로 망명하였다. 당시 고구려는 풍홍의 망명 의사를 확인하고 군대를 파견하였다. 북위와의 대치 끝에, 먼저 북연의 수도인 화룡성(和龍城)에 들어간 고구려군은 풍홍을 고구려로 호송해 왔다. 이때 북위군은 고구려군의 위세에 눌려 정면으로 대응·공격하지 못하였다.

한편 풍홍은 망명한 뒤에도 북연의 황궁에 있을 때처럼 교만하게 행동했으며, 고구려의 영토 안에서 독자적인 세력을 유지하려 했다. 그러자 장수왕은 태자인 풍왕인을 볼모로 압송하고, 시위들을 해산시켜 풍홍의 세력을 약화시키려 했다. 이에 불만을 품은 풍홍은 438년 송나라로 사신을 보내 투항하겠다는 뜻을 전했고, 송나라의 문제(文帝) 유의륭(劉義隆)은 7천의 군대를 보내 풍홍을 맞이했다. 장수왕은 풍홍에게 떠나지 말 것을 권고했으나, 풍홍이 듣지 않자 그를 죽였다.

⑩ 문자(명)왕(21대, 491~519): **부여를 복속하여**(494) 고구려 최대 영토를 확보하였다.

■ **7세기**

⑪ 영양왕(26대, 590~618)

 ㉠ 온달: 북주(北周)와의 전투에서 공을 세웠으며, 신라에 빼앗긴 한강 유역의 영토를 회복하기 위해 출정하였다가 아단성(阿旦城)에서 전사하였다(영양왕 1년, 590). 아단성은 현재 서울 광진구 아차산(峨嵯山)에 있는 아차산성(阿且山城)으로 추정된다.

 ㉡ 수와의 대립: 남북조 시대를 수나라가 통일하고(589), 신라 진평왕이 수나라와 외교 관계를 체결하자 고구려와 수나라는 대립하였다.

 ㉢ 수를 선제공격: 영양왕은 말갈병을 동원하여 수나라의 요서 지방을 선제공격하였다(598).

 ㉣ 수의 침입: 수나라는 4차례의 대규모 공격을 감행하였으나 결국 실패하였다(**살수 대첩**, 612).

⑫ 영류왕(27대, 618~642)

　ㄱ 당의 압박: 수나라가 멸망한 이후 이연의 당나라가 중국을 통일하였고(618), 당 태종(이세민)이 고구려를 압박하였다.

　ㄴ 천리장성 건립 시작(631~647): 당의 침입을 대비하여 부여성에서 비사성에 이르는 천리장성을 쌓기 시작하였다(보장왕 때 완성).

사료　연개소문의 정변(642)

여러 대인(大人)과 왕은 몰래 (개소문을) 죽이고자 논의하였는데 일이 새어 나갔다. 개소문은 부병(部兵)을 모두 모아 놓고 마치 군대를 사열할 것처럼 꾸몄다. 그리고 성 남쪽에다 술과 안주를 성대히 차려 두고, 여러 대신(大臣)을 불러 함께 (사열식을) 보자고 하였다. 손님들이 이르자 모두 살해하니 모두 100여 명이었다. (그리고) 말을 달려 궁궐로 들어가 왕을 시해하고, (왕의 시신을) 잘라 여러 토막으로 내고 도랑에 버렸다. (개소문은) 왕의 동생의 아들 장(臧)을 왕으로 세우고 스스로 막리지(莫離支)가 되었다.
『삼국사기』

⑬ 보장왕(28대, 642~668)

　ㄱ 당의 침입: 당 태종은 영류왕을 죽인 연개소문의 정변을 구실로 침범하였다(645). 당 태종은 30만 대군을 이끌고 요하를 건너 여러 성을 점령한 후 안시성을 60여 일이나 공격하였으나 실패하였다(양만춘, 안시성 전투).

　ㄴ 고구려의 멸망: 연개소문 사망(665) 이후 권력 투쟁이 시작되었고, 나당 연합군이 평양성을 공격하여 고구려가 멸망하였다(668).

바로 확인문제

● 〈보기〉의 사건이 있었던 시기의 사실로 가장 옳은 것은?　21. 서울시(자체 출제) 9급

┤ 보기 ├

가을 9월에 고구려 왕 거련(巨璉)이 군사 3만 명을 이끌고 왕도(王都) 한성을 포위하였다. 왕은 성문을 닫고 나가 싸우지 않았다. …… 왕은 곤궁하여 어찌할 바를 모르다가, 기병 수십을 거느리고 성문을 나가 서쪽으로 도망쳤다. 고구려인이 쫓아가 그를 살해하였다.
『삼국사기』

① 성왕이 신라군에게 살해되었다.

② 신라가 건원이라는 연호를 사용하였다.

③ 을지문덕이 살수에서 수의 군대를 물리쳤다.

④ 고구려가 중국의 남북조와 동시에 교류하였다.

● 고구려와 중국의 관계를 사건이 발생한 순으로 바르게 나열한 것은?　18. 지방직 7급

ㄱ. 유주자사 관구검이 쳐들어와 환도성을 함락하자 왕은 옥저 쪽으로 도망하였다.

ㄴ. 고구려가 요동의 서안평을 공격해 차지하고, 낙랑군을 한반도에서 몰아내었다.

ㄷ. 모용황이 고구려를 침략하여 궁실을 불사르고 5만여 명을 포로로 붙잡아 갔다.

ㄹ. 고구려가 후연을 공격하여 요동으로 진출하고, 동북쪽으로는 숙신을 복속시켰다.

① ㄱ - ㄴ - ㄷ - ㄹ

② ㄱ - ㄷ - ㄴ - ㄹ

③ ㄴ - ㄷ - ㄹ - ㄱ

④ ㄴ - ㄹ - ㄷ - ㄱ

|정답해설| 제시문은 고구려 장수왕(고구려 왕 거련)이 백제의 수도인 한성을 함락시키고 개로왕을 살해한 내용이다(475). 장수왕은 중국의 남북조와 동시에 교류하였다.

|오답해설|
① 백제 성왕이 신라군에게 살해되었다(관산성 전투, 554).
② 신라 법흥왕 때 '건원'이라는 연호를 사용하였다(536).
③ 고구려 영양왕 때 을지문덕이 살수에서 수의 군대를 물리쳤다(612).

|정답| ④

|정답해설| 제시된 사건의 순서는 ㄱ. 3세기 동천왕 → ㄴ. 4세기 초 미천왕 → ㄷ. 4세기 중반 고국원왕 → ㄹ. 4세기 말~5세기 초 광개토 대왕이다.

|정답| ①

2 백제의 성립과 발전

(1) 성립과 발전

① 성립: 백제는 한강 유역의 토착 세력과 고구려 계통의 유이민 세력의 결합으로 성립 (기원전 18)되었으며, 우수한 철기 문화를 보유한 유이민 집단이 지배층을 형성하였다.

② 발전: 이후 한강 유역으로 세력을 확장하려던 한(漢) 군현을 막아 내면서 성장하였다.

> **사료** 백제의 건국 신화
>
> 백제의 시조는 온조왕이다. 아버지는 주몽이다. 주몽은 북부여에서 난을 피하여 졸본 부여로 왔다. 졸본 부여의 왕이 주몽의 비범함을 알고 세 딸 가운데 둘째 딸을 주어서 아내로 삼았다. 얼마 뒤에 부여 왕이 세상을 떠나자 주몽이 왕위를 이었다. 주몽은 두 아들을 낳았는데, 첫 아들은 비류라 하고 둘째는 온조라 하였다. 주몽이 부여에 있을 때 낳은 유리가 찾아와서 태자로 책봉되었다. 비류와 온조는 태자가 자기들을 받아들이지 않을 것이라 두려워하였다. 마침내 자신을 따르는 신하들과 함께 남쪽으로 내려갔다. …… 온조는 하남 위례성에 도읍을 정하였다. 온조는 열 명의 신하와 함께 나라를 세우고 나라 이름을 십제라 하였다. 이때가 기원전 18년이었다. …… 비류의 신하가 모두 위례에 합류하고 즐거이 온조를 따르게 되자 나라 이름을 백제라 고쳤다. 국왕의 핏줄이 고구려와 같이 부여에서 나온 것이라 하여 부여를 성씨로 삼았다. 『삼국사기』

> **심화** 백제가 고구려·부여 계통임을 확인할 수 있는 근거
>
> • 온조왕의 백제 건국 설화
> • 고구려 초기의 돌무지무덤과 비슷한 서울 석촌동 고분 양식
> • 5부제 행정 제도가 유사하고, 백제에서도 시조를 동명왕으로 생각함
> • 백제 왕족의 성씨: 부여씨
> • 5세기 개로왕이 북위에 보낸 국서 내용 중 "고구려와 더불어 근원이 부여에서 나왔으므로 ……"라고 언급
> • 백제 성왕 때 나라 이름을 남부여로 개칭

(2) 주요 왕들의 업적＊

■ 3세기

① 고이왕(8대, 234~286): 고대 국가의 기반 확립

  ㉠ 형제 상속: 형제 상속으로 왕위를 계승하였다.

  ㉡ 영토 확장: 중국의 한 군현(낙랑·대방군)을 공격하였고, 한강 유역을 완전히 장악하였다.

  ㉢ 관제 정비(260): 6좌평과 16관품을 설치하고 관리의 복색을 제정하였다.

  ㉣ 법령 제정(262): 도둑질한 자는 귀양을 보냄과 동시에 2배를 배상하고, 관리가 뇌물을 받거나 횡령 시에는 3배 배상하고 종신토록 금고형에 처하였다.

  ㉤ 대외 관계: 서진에 사신을 여러 차례 파견하였다.

  ㉥ 백제 시조로 추대: 『주서(周書)』나 『당서(唐書)』에서 백제의 시조로 표현된 '구이[仇台]'는 고이왕을 지칭한다.

> **사료** 고이왕의 관제 정비
>
> 내신좌평을 두어 왕명 출납을, 내두좌평은 물자와 창고를, 내법좌평은 예법과 의식을, 위사좌평은 숙위 병사를, 조정좌평은 형벌과 송사를, 병관좌평은 지방의 군사에 관한 일을 각각 맡게 한다. …… 왕이 영(令)을 내려 6품 이상은 자줏빛 옷을 입고 은꽃으로 장식하고, 11품 이상은 붉은 옷을, 16품 이상은 푸른 옷을 입게 하였다. 『삼국사기』

■ **4세기**

② 근초고왕(13대, 346~375) : 고대 국가 완성

   ㉠ 왕권 강화 : 부자 상속에 의한 왕위 계승을 확정하고, 진(眞)씨를 왕비족으로 고정하였다.

   ㉡ 역사서 편찬 : 고흥이 『서기』를 편찬하였다(375).

   ㉢ 영토 확장

     • 낙동강 유역에 진출하여 가야의 여러 나라에 대해서 지배권을 확립하였다.

     • 마한의 남은 영역을 정복하여 영토가 전라도 남해안에 이르렀다.

     • 고구려의 평양성을 공격하여 고국원왕을 전사케 하였다(371).

     • 오늘날의 경기도·충청도·전라도와 낙동강 중류 지역·강원도·황해도의 일부를 포함하는 넓은 영토를 차지하여 백제 최대의 영토를 확보하였다.

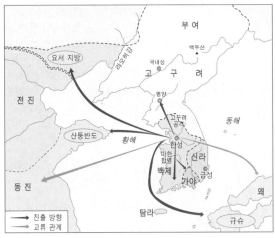

▲ 백제의 전성기(4세기)

   ㉣ 대외 활동의 전개 : 정복 활동을 통해 축적된 군사력과 경제력을 바탕으로 수군을 증강시켜 중국 요서 지방으로 진출하였고, 이어 산둥반도와 일본의 규슈 지방까지 진출하여 고대 상업 세력권을 형성하였다.

   ㉤ 외교 관계

     • 중국 : 남중국의 동진(東晉)과 외교 관계를 수립하였다.

     • 왜 : 아직기는 일본에 건너가 왜의 태자(토도치랑자)에게 한자를 가르쳤다. 또한 왜왕에게 칠지도(七支刀)를 하사하였다.

사료   **백제의 해외 진출**

❶ 백제국은 본래 고려(고구려)와 함께 요동의 동쪽 1,000여 리에 있었다. 그 후 고려가 요동을 차지하니 백제는 요서를 차지하였다. 백제가 통치한 곳을 진평군(진평현)이라 한다.   『송서』

❷ 그 나라(백제)는 본래 고구려와 함께 요동의 동쪽에 있었다. 진(晉) 대에 고구려가 이미 요동을 차지하니 백제 역시 요서·진평 두 군의 땅을 차지하여 스스로 백제군을 두었다.   『양서』

③ 침류왕(15대, 384~385) : **동진의 마라난타에 의해 불교가 전래(384)**되어 고대 국가의 사상적 기반을 마련하였다.

■ **칠지도(七支刀)**

현재 일본의 이소노카미 신궁[石上神宮]에 보관되어 있는 칼이다. 근초고왕 때 왜왕에게 보낸 것으로 당시 양국의 친교 관계를 확인할 수 있는 유물이다. 한편 일본에서는 『일본서기』에 '372년 백제의 사신이 신공 황후에게 칠지도를 바쳤다는 기록'의 실물로 주장하며, 임나일본부설의 근거로 이용하였다. 칠지도의 명문 내용은 다음과 같다.

(전면) 태화 4년 5월 16일 병오일의 한낮에 백번이나 단련한 철로 된 칠지도를 만들었다. 이 칼은 모든 병해를 물리칠 수 있고 후왕(侯王)에게 주기에 알맞다. □□□□가 만든 것이다.

(후면) 선세(先世) 이래 아직까지 이런 칼이 없었는데, 백제 왕세자가 뜻하지 않게 성음(聖音)이 생긴 까닭에 왜왕을 위하여 정교하게 만들었으니 후세에 전하여 보이도록 할 것이다.

■ 5세기

④ 비유왕(20대, 427~455)

   ⊙ 나제 동맹 체결 : 고구려의 남하 정책에 대항하여 신라 눌지 마립간과 나제 동맹을 체결(433)하였다.

   ⓒ 송과 교류 : 남조의 송(宋)과도 교류하였다.

⑤ 개로왕(21대, 455~475) : 고구려 장수왕의 압박을 받자 북조의 북위에 국서를 보내 도움을 요청했으나 실패하였다. 이후 한성이 함락당하고, 개로왕은 처형되었다.

사료	개로왕이 북위에 보낸 국서

연흥(延興) 2년(472, 개로왕 18년)에 [백제(百濟)] 왕 여경(餘慶)이 처음으로 사신을 보내 표를 올려 다음과 같이 말하였다. …… 또한 다음과 같이 말하였다. "신은 **고구려(高句麗)와 함께 부여(夫餘)에서 나왔으므로 선대(先代)에는 우의를 매우 돈독히 하였습니다[臣與高句麗源出夫餘]**. 그런데 그들의 선조인 쇠(釗, 고국원왕)가 이웃 간의 우호를 가볍게 깨뜨리고 몸소 군사를 거느리고 신의 국경을 짓밟았습니다. 그리하여 신의 선조 수(須, 근구수왕)가 군사를 정돈하고 번개처럼 달려가서 기회를 타 돌풍처럼 공격하여, 화살과 돌이 오고 간 지 잠깐 만에 쇠(釗)의 머리를 베어 높이 매달으니, 그 이후부터는 감히 남쪽을 엿보지 못하였습니다. …… 만일 천자의 인자와 간절한 긍휼이 멀리라도 미치지 않는 곳이 없다면 급히 장수 한 사람을 보내어 신의 나라를 구원하여 주십시오. 마땅히 저의 딸을 보내어 후궁에서 청소를 하게 하고, 아울러 자제들을 보내어 마구간에서 말을 먹이게 하겠으며, 한 치의 땅이나 한 사람의 필부라도 감히 저의 것이라 생각하지 않겠습니다."

「삼국사기」

⑥ 문주왕(22대, 475~477) : 한성(위례성)이 함락된 이후 웅진(공주)으로 천도하였다.

⑦ 동성왕(24대, 479~501)

   ⊙ 신라와의 동맹 강화 : 신라 왕족인 이벌찬 비지(比智)의 딸과 혼인하는 결혼 동맹(신라 소지 마립간과 493년 체결)을 통해 나제 동맹을 공고히 하고, 신라와 연합하여 고구려에 대항하였다.

   ⓒ 왕권 강화 도모 : 종래의 외척을 배제하였으며, 웅진 지역의 토착 세력(연씨·백씨·사씨)을 등용하여 왕권 강화를 추진하였다.

   ⓒ 수도의 방어망 정비 : 궁성을 중수하고 나성을 축조하여 수도의 면모를 갖추고, 주변에 산성을 축조하였다.

   ⓔ 외교 관계 : 탐라를 정벌하려 하였으나, 탐라가 사신을 보내 사죄하였다. 한편 남조 국가인 제(齊)와 통교하였다.

■ 6세기

⑧ 무령왕(25대, 501~523)

   ⊙ 중앙 집권력 강화 : 고구려와 말갈 연합군의 침입을 격퇴하고, 지방 세력 통제를 위해 22담로에 왕자와 왕족을 파견하여 지방 장관으로 봉(封)하였다.

   ⓒ 남조의 양과 교류 : 남조 국가인 양(梁)과 국교를 강화하고, 양으로부터 영동대장군의 관작을 받았다.

   ⓒ 가야 지역으로 진출 : 섬진강 유역을 확보하여, 현재의 경남 서쪽 해안 지역까지 진출하였다(512).

사료 **남조의 양(梁)과 무령왕**

무령왕 21년(521) 겨울 11월. 사신을 양(梁)나라에 보내 조공하였다. 이보다 앞서 고구려에 격파당하여 쇠약해진 지가 여러 해였다. 이때 이르러 표를 올려, "여러 차례 고구려를 깨뜨려 비로소 우호를 통하였으며 다시 강한 나라가 되었다."라고 일컬었다. 12월에 양나라 고조(高祖)가 조서(詔書)를 보내 왕을 책봉하여 다음과 같이 말하였다. "행(行) 도독(都督) 백제제군사(百濟諸軍事) 진동대장군(鎭東大將軍) 백제 왕 여융(餘隆)은 해외에서 번병(藩屛)을 지키며 멀리 와서 조공을 바치니 그의 정성이 지극하여 짐은 이를 가상히 여긴다. 마땅히 옛 법에 따라 이 영광스러운 책명을 보내는 바, 사지절(使持節) 도독(都督) 백제제군사(百濟諸軍事) 영동대장군(寧東大將軍)으로 봉함이 가하다."

『삼국사기』

⑨ 성왕(26대, 523~554)

　　㉠ 백제의 중흥 : 사비(부여)로 천도하고 '남부여'로 국호를 바꾸었으며(538), 내부적으로 경제 발전을 도모하고, 겸익을 등용하여 불교를 진흥하였다.

　　㉡ 대외 관계 : 중국 남조(양)와 교류하였고, 노리사치계를 통해 왜에 불교를 전해 주었다(552).

　　㉢ 중앙 관제 정비 : 22부의 중앙 관서를 확대 정비하였다.

　　㉣ 행정 제도 개편 : 수도의 5부, 지방의 5방제가 갖추어졌다.

　　㉤ 한강 하류의 일시적 차지 : 신라와 합동하여 한강 하류 지역을 탈환하였으나(551), 신라 진흥왕의 배신으로 다시 상실하였다(나제 동맹의 결렬). 이후 신라를 공격하다가 관산성(지금의 옥천) 전투에서 성왕이 전사하면서 백제 중흥은 좌절되었다(554).

■ 관산성 전투(554)

백제 성왕은 신라 진흥왕과 함께 551년에 고구려에 빼앗겼던 한강 하류의 6개 군을 탈환하는 데 성공하였다. 그러나 신라 진흥왕이 배신하여 이 지역을 점령하자, 양국 간의 동맹 관계는 깨졌고, 성왕은 신라를 공격하였으나 관산성 전투에서 김무력(金武力)에게 패사하였다.

심화 **백제와 신라의 관계 변천**

433년	백제 비유왕과 신라 눌지 마립간 사이에 나제 동맹이 체결되었다.
455년	장수왕이 백제를 침범하자 신라 눌지 마립간이 구원병을 파견하였다.
493년	백제 동성왕이 신라 소지 마립간 때 이(벌)찬 비지의 딸과 혼인하였다(결혼 동맹).
553년	신라 진흥왕이 백제가 차지했던 한강 하류를 점령하여 나제 동맹이 결렬되었다.
554년	백제 성왕이 신라를 공격하다 관산성 전투에서 전사하였다.

■ 7세기

⑩ 무왕(30대, 600~641) : 대(大) 백제의 건설을 추진하기 위하여 왕흥사(부여)와 미륵사(익산)를 건립하였으며, 익산으로의 천도를 추진하였으나 실패하였다.

⑪ 의자왕(31대, 641~660)

　　㉠ 어려서부터 효성과 우애로 '해동증자'라는 칭송을 들었다.

　　㉡ 외교 정책의 수정 : 의자왕은 기존의 당과 고구려 사이의 양면 외교 정책을 버리고, 반당 친고구려 정책을 분명히 하였으며, 신라에 대해 적대 노선을 추진하였다.

　　㉢ 신라의 대야성 함락(642) : 의자왕은 신라를 공격하여 대야성(현재의 합천)을 함락시키는 등 40여 성을 빼앗았다.

　　㉣ 백제 멸망(660) : 만년에 사치와 향락에 빠져 성충·흥수 등 충신의 간언을 멀리하고 국정을 돌보지 않다가, 나당 연합군의 침략으로 멸망하였다.

단권화 MEMO

| 정답해설 | 4세기 백제 전성기를 이끌었던 근초고왕(346~375)은 황해도 지역으로 진출하면서 고구려와 대립하였고, 평양성에서 고국원왕을 전사시켰다(371).

| 정답 | ②

| 정답해설 | 제시된 사료는 (가) 성왕이 관산성 전투(554)에서 전사했음을 보여 주고 있다. 백제 성왕은 사비(부여)로 천도하고, 국호를 남부여로 바꾸었다(538).

| 오답해설 |
① 나제 동맹(433)은 백제의 비유왕과 신라의 눌지 마립간 사이에서 체결되었다.
② 백제 무령왕은 지방의 22담로에 왕자와 왕족을 파견하였다.
③ 신라 진흥왕은 화랑도를 국가적 조직으로 개편하였다.

| 정답 | ④

바로 확인문제

● **백제 근초고왕의 업적에 대한 다음의 설명 중 옳지 않은 것은?**   14. 서울시 9급

① 남쪽으로는 마한을 멸하여 전라남도 해안까지 확보하였다.

② 북쪽으로는 고구려의 평양성까지 쳐들어가 고국천왕을 전사시켰다.

③ 중국의 동진, 일본과 무역 활동을 전개하였다.

④ 왕위의 부자 상속을 확립하였다.

⑤ 박사 고흥으로 하여금 백제의 역사서인 『書記(서기)』를 편찬하게 하였다.

● **(가) 왕 재위 시기 업적으로 가장 옳은 것은?**   20. 법원직 9급

> ___(가)___ 왕이 관산성을 공격하였다. 각간 우덕과 이찬 탐지 등이 맞서 싸웠으나 전세가 불리하였다. 신주의 김무력이 주의 군사를 이끌고 나가서 교전하였는데, 비장인 삼년산군(충북 보은)의 고간 도도가 급히 쳐서 ___(가)___ 왕을 죽였다.
>
> 『삼국사기』, 신라본기

① 나제 동맹을 체결하였다.

② 22담로에 왕족을 파견하였다.

③ 화랑도를 국가적 조직으로 개편하였다.

④ 국호를 남부여로 바꾸었다.

3 신라의 성립과 발전

(1) 성립

① 신라는 지리적 폐쇄성 등으로 삼국 중 가장 늦게 체제를 정비하였다.

② 사로국은 1세기 후반 이후, 사로 6촌을 기반으로 6부족 연맹체로 발전하였다.

③ 파사 이사금(5대, 80~112) 때는 실직국(강원도 삼척에 위치)과 압독국(경북 경산에 위치)을 정복(102)하면서 영토를 확장하였다.

④ 내해 이사금(10대, 196~230) 때는 포상 8국(浦上八國)의 공격을 받은 가야를 구원하였다(209).

사료   신라의 건국 신화

시조는 성이 박씨이고 이름은 혁거세이다. 전한 효선제 오봉 원년(기원전 57년) 갑자년 4월 병진 날에 즉위하고 거서간이라 불리었다. 그때 나이 13세였으며, 나라 이름을 서라벌이라고 했다. 일찍이 조선 유민이 이곳에 와서 산골짜기에 나누어 살며 6촌을 이루고 있었다. 첫째는 알천 양산촌 ……. 이것이 진한 6부였다. 어느 날 고허촌장 소벌공이 양산(남산) 아래를 바라보았다. 나정(蘿井) 곁 숲에 말이 무릎을 꿇고서 울고 있었다. 달려가 보니 말은 간데없고 큰 알만 있었다. 알을 깨어 보니 어린아이가 나와 거두어 길렀다. 10여 세가 되자 모습이 당당하고 퍽 성숙하였다. 여섯 마을 사람들은 이상하게 태어난 아이라고 하여 임금으로 모시었다. 진한 사람들은 바가지를 박이라 하였다. 큰 알이 박과 같았기 때문에 박을 성씨로 삼았다. 거서간은 진한 말로 왕이란 뜻이다. 『삼국사기』

포상 8국(浦上八國)은 가야 시대 낙동강 하류 및 지금의 경상남도 남해안 일대에 있던 8개의 소국이다. 8국의 이름은 모두 기록되어 있지는 않지만, 『삼국사기』에는 골포국(骨浦國), 칠포국(柒浦國), 고사포국(古史浦國), 『삼국유사』에는 사물국(史勿國), 보라국(保羅國) 등이 확인된다.

209년(내해 이사금 14년)에 포상 8국이 가라(加羅, 가야)를 침략하려고 하자, 가라의 왕자가 신라에 구원을 청하였다. 이에 신라의 태자 우로(于老)와 이벌찬(伊伐飡) 이음(利音)이 6부(六部)의 군대를 이끌고 포상 8국의 난을 진압하였다.

(2) 주요 왕들의 업적*

■ 4세기

① 내물 마립간(17대, 356~402)

　㉠ 김씨 왕위 세습 : 김씨의 독점적 왕위 세습을 확립하였다.

　㉡ 마립간 왕호 사용 : 왕호를 이사금에서 마립간으로 바꾸었다.

　㉢ 전진에 사신 파견 : 내물 마립간 27년(382)에 고구려의 주선으로 전진(前秦)에 사신 위두(衛頭)를 파견하였다.

　㉣ 왜군 축출 : 광개토 대왕의 도움으로 왜군을 축출하였고, 이후 신라는 고구려의 정치적 간섭을 받게 되었다. 이와 같은 양국 간의 관계를 확인할 수 있는 유물이 호우명 그릇이다.

신라에서는 왕의 칭호가 거서간·차차웅·이사금·마립간·왕 등으로 여러 차례 바뀌었는데, 이런 변화는 신라의 발전 과정을 나타낸 것으로 보인다.

왕호	시기	내용	
거서간	1. 박혁거세	군장, 불구내	정치적 군장과 제사장의 기능이 분리되면서 거서간과 차차웅이 분리되었다.
차차웅	2. 남해	제사장	
이사금	3. 유리~16. 흘해	연장자의 의미로 박·석·김 3부족이 연맹하여 교대로 선출하였다.	
마립간	17. 내물~21. 소지	대군장의 정치적 의미를 가진 호칭으로 김씨가 왕위 세습을 독점하면서 왕권의 강화를 표시한 것이다.	
왕	22. 지증	왕(王)의 칭호를 처음 사용하였다.	
	23. 법흥~28. 진덕	불교식 왕명을 사용한 시기이다(법·진·선).	
	29. 무열~56. 경순	중국식 시호를 사용한 시기이다.	

■ 5세기

② 실성 마립간(18대, 402~417) : 왜와의 화친을 위해 내물 마립간의 아들인 미사흔(未斯欣)을 볼모로 보내고(402), 내물 마립간의 둘째 아들인 복호(卜好)를 고구려에 볼모로 보냈다(412).

③ 눌지 마립간(19대, 417~458)

　㉠ 나제 동맹 체결 : 장수왕의 남하 정책을 저지하기 위해 백제의 비유왕과 나제 동맹을 체결하였다(433).

　㉡ 왕위 부자 상속 확립 : 왕위 계승이 형제 상속에서 부자 상속으로 바뀌었다.

　㉢ 불교의 전래 : 고구려의 승려 묵호자가 불교를 전해 주었다.

＊신라 주요 왕들의 업적

내물 마립간, 지증왕, 법흥왕, 진흥왕의 업적은 빈출 주제이다.

■ 호우명 그릇

신라의 고분인 호우총에서 '乙卯年國岡上廣開土地好太王(을묘년국강상광개토지호태왕)'이라는 명문이 새겨져 있는 호우가 출토되었다. 이를 통해 고구려와 신라 간의 교섭이 활발하였다는 것과 내물 마립간 이후에 고구려 군이 신라의 영토에 주둔하였다는 사실을 입증함과 동시에 고구려가 신라에 대해 군사적·정치적 영향력을 행사하였음을 알 수 있다.

■ 내물 마립간 시기의 외교 정책

4세기 후반 내물 마립간 때 신라는 주변 국가들의 간섭에서 벗어나지 못하고 있었다. 이에 신라는 외교 관계를 통해 이를 해결하고자 하였다.

먼저 382년에는 고구려를 통해 북중국 전진에 위두를 파견하여 우의를 맺었고, 이어 즉위한 광개토 대왕과 친선 관계를 유지하기 위해 노력하였다. 392년에는 이찬 대서지의 아들 실성을 고구려에 볼모로 보냈으며, 왜를 격퇴하기 위해 고구려에 군사를 요청하였다. 이에 고구려는 군대를 보내 신라에 침입한 왜를 연이어 격퇴하였다. 실성은 401년 귀국하여 이듬해 내물 마립간이 죽자 즉위하였다.

④ 소지 마립간(21대, 479~500)
- ㉠ 우역제 실시: 경주 중심으로 사방에 역로를 개설하여 지방 통제를 강화하였다(487).
- ㉡ 시장 개설: 도읍에 시장을 개설하여 물화를 유통하게 하였다.
- ㉢ 신궁 설치: 신라의 시조(박혁거세)가 처음 태어난 장소인 **나을(奈乙)**에 신궁을 설치하였다(487).
- ㉣ 백제와 결혼 동맹 체결: 백제의 동성왕과 결혼 동맹을 체결하여 고구려의 침략에 대비하였다(493).

■ **6세기**

⑤ 지증왕(22대, 500~514)
- ㉠ 농업 생산력 증가: 우경이 시작(사료상 502)되었고, 순장을 금지하여 노동력을 확보하였다.
- ㉡ 한화 정책(漢化政策)
  - 북위에 사신을 파견하여 중국의 제도를 채택하면서 국호를 '신라'로 정하고 '왕(王)'의 호칭을 사용하였다(503).
  - 지방 제도를 군현제로 개편하여 최초로 실직주(삼척)를 설치하였고, 이사부를 군주로 임명하였다.
- ㉢ 상복법(喪服法) 제정(504): 상복(喪服)에 관한 제도인 상복법을 제정하였다.
- ㉣ 동시전(東市典) 설치(509): 동시(東市)의 불법적 상행위를 감독하기 위해 동시전을 설치하였다.
- ㉤ 영토 확장: 이사부를 통해 우산국을 복속시켰다(512).
- ㉥ 소경 설치: 신라 최초의 소경인 아시촌소경을 설치하였다(514).
- ㉦ 왕비족을 박씨로 결정하여 왕권을 강화하고자 하였다.

'신라(新羅)'의 의미
왕의 덕업이 날로 새로워져서 사방을 망라한다는 뜻으로서, 신라가 지방 지배 세력을 확실하게 장악하였음을 알 수 있다.

사료 지증왕 – 신라의 국호 및 존호 제정

여러 신하들이 아뢰기를 "시조께서 나라를 세우신 이래 국호(國號)를 정하지 않아 사라(斯羅)라고도 하고 혹은 사로(斯盧) 또는 신라(新羅)라고도 칭하였습니다. 신들의 생각으로는 신(新)은 '덕업이 날로 새로워진다.'는 뜻이고 나(羅)는 '사방을 망라한다.'는 뜻이므로, 이를 국호로 삼는 것이 마땅하다고 여겨집니다. …… 이제 뭇 신하들이 한마음으로 삼가 신라국왕이라는 칭호를 올립니다."라고 하니, 왕이 이에 따랐다. 『삼국사기』

사료 포항(영일) 냉수리 신라비

사라(斯羅) 훼(喙)(부)의 사부지왕(斯夫智王, 실성 마립간으로 추정)·내지왕(乃智王, 눌지 마립간으로 추정), 이 두 왕이 (판결하여) 교(敎)를 내리셨다. 진이마촌(珍而麻村)에 사는 절거리(節居利)의 그것을 증명한 것이었는데, 그로 하여금 재물을 얻게 한다는 교(敎)이셨다.

사료 지증왕 – 우산국 복속

우산국은 명주의 동쪽 바다에 있는 섬으로, 울릉도라고도 한다. 땅은 사방 백 리인데, 지세가 험한 것을 믿고 복종하지 않았다. 이찬 이사부가 하슬라주 군주가 되어, '우산국 사람은 어리석고도 사나워서 힘으로 다루기는 어렵고 계책으로 복종시킬 수 있다.'고 생각하였다. 이에 나무 사자[木偶師子]를 많이 만들어 전선에 나누어 싣고 그 나라 해안에 다다랐다. …… 그 나라 사람들이 두려워 즉시 항복하였다. 『삼국사기』

● **다음 사건이 발생한 왕의 재위 기간에 있었던 사실로 옳은 것은?**　　　　18. 지방직 7급

> 우산국은 명주의 동쪽 바다에 있는 섬으로, 울릉도라고도 한다. 땅은 사방 백 리인데, 지세가 험한 것을 믿고 복종하지 않았다. 이찬 이사부가 하슬라주 군주가 되어, '우산국 사람은 어리석고도 사나워서 힘으로 다루기는 어렵고 계책으로 복종시킬 수 있다.'고 생각하였다. 이에 나무 사자[木偶師子]를 많이 만들어 전선에 나누어 싣고 그 나라 해안에 다다랐다. …… 그 나라 사람들이 두려워 즉시 항복하였다.

① 상대등 제도를 시행하였다.　　　　② 아시촌에 소경을 설치하였다.

③ 고구려 승려 혜량을 승통으로 삼았다.　④ 사방에 우역(郵驛)을 처음으로 두었다.

⑥ **법흥왕(23대, 514~540)**

　㉠ **왕권 강화와 율령 반포**

　　• 중앙 부서로서 병부를 설치하고 군사권을 장악하였으며, 남부 지방을 순행하고 사벌주에 군주를 설치하는 등 대내적으로 체제를 정비하였다.

　　• 율령을 반포하고 백관의 공복을 제정(520)하였으며, 17관등과 골품 제도를 정비하였다.

　㉡ **불교 공인(527)**: **이차돈의 순교와 원표의 활약으로 귀족들의 반대에도 불교를 국교로 공인**하였고, 이후 불교식 왕명을 사용하기 시작했다(법흥왕~진덕 여왕). 이로써 왕권을 중심으로 하는 중앙 집권적 고대 국가 형성의 이념적 기초를 만들었다.

　㉢ **상대등 설치(531)**: 귀족 회의의 주재자인 **상대등을 설치**하여 귀족들의 이익을 대변하였는데, 이는 신라가 왕권 중심의 귀족 국가 체제를 갖추었음을 의미한다.

　㉣ **영토 확장과 중국과의 교류**: 김해의 금관가야를 병합(532)하여 **낙동강 유역까지 영토**를 확장하였으며, 백제를 통해 남조의 양과 교류하였다.

　㉤ **연호 사용**: '**건원**'이라는 연호를 사용(536)하여 신라가 중국과 대등한 국가임을 과시하였다.

사료　법흥왕의 업적

❶ 4년(517) 여름 4월 처음으로 병부(兵部)를 설치하였다.

❷ 7년(520) 봄 정월 율령(律令)을 반포하고 처음으로 모든 관리의 공복(公服)을 만들어 붉은색과 자주색으로 위계를 정하였다.

❸ 9년(522) 봄 3월 가야국(加耶國) 왕이 사신을 보내 혼인을 청하였으므로, 왕이 이찬(伊湌) 비조부(比助夫)의 누이를 그에게 보냈다.

❹ 11년(524) 가을 9월 왕이 나아가 남쪽 변경의 개척지를 순행하였는데 가야국 왕이 찾아와 만났다.

❺ 18년(531) 봄 3월 담당 관청(有司)에 명하여 제방을 수리하게 하였다. 여름 4월에 이찬 철부(哲夫)를 상대등(上大等)으로 삼아 나라의 일을 총괄하게 하였다. 상대등의 관직은 이때 처음 생겼으니, 지금(고려)의 재상(宰相)과 같다.

❻ 19년(532) 금관국(金官國)의 왕 김구해(金仇亥)가 왕비와 세 아들, 즉 큰아들은 노종(奴宗)이라 하고, 둘째 아들은 무덕(武德)이라 하고, 막내아들은 무력(武力)이라 하였는데, (이들과) 함께 나라의 재산(國帑)과 보물을 가지고 와 항복하였다. 왕이 예로써 그들을 대우하고 높은 관등을 주었으며 본국을 식읍(食邑)으로 심도록 하였다. 아들 무력은 벼슬이 각간(角干)에 이르렀다.

❼ 23년(536) 처음으로 연호를 칭하여 건원(建元) 원년이라 하였다.

『삼국사기』

|정답해설| 제시된 사료는 지증왕 때 이사부가 우산국을 정복한 내용이다. 아시촌소경은 지증왕 15년(514)에 설치된 신라 최초의 소경이며, 지금의 경상남도 함안 일대로 추정된다.

|오답해설|
① 상대등은 법흥왕 18년(531)에 처음 설치되었다.
③ 진흥왕은 고구려 승려 혜량을 승통으로 삼아 불교 교단을 정비하였다.
④ 소지 마립간 9년(487)에 우역을 처음으로 설치하였다.

|정답| ②

■ **울진 봉평 신라비**

신라는 동해안의 북쪽 방면으로 세력을 확장하는 과정에서 현재의 경상북도 울진 지역을 차지하였다. 이후 법흥왕 11년(524) 울진 지역의 토착 세력들이 반란을 일으키자 경주와 삼척 지역의 군대로 이를 진압하였다. 이때 관련자들에게 장 60대, 100대를 치고 얼룩소를 잡아 하늘에 제사를 지냈다는 내용이 비문에 적혀 있다.

|정답해설| 금관가야의 멸망(532), 건원이라는 연호 사용은 법흥왕 때의 역사적 사실이다.

ㄷ. 법흥왕 22년(535) '성법흥대왕'이라는 왕호를 칭하면서 '국왕의 초월적 위상'을 과시하였다.

ㄹ. 울진 봉평리 신라비는 법흥왕 11년(524)에 세워진 비석이며, 신라 6부의 명칭과 당시 율령이 반포되었음을 확인할 수 있다.

|오답해설|

ㄱ. 지증왕, ㄴ. 진흥왕, ㅁ. 선덕 여왕에 대한 서술이다.

|정답| ③

■ **단양 적성비**

진흥왕의 정복 활동을 잘 알 수 있는 금석문 중의 하나로서, 신라가 한강 상류 지역에 진출한 것과 복속민에 대한 회유책, 그리고 관직명과 율령의 정비 등이 기록되어 있다.

■ **북한산 순수비**

진흥왕이 한강 유역을 차지한 후 세웠다.

바로 확인문제

● 〈보기〉의 밑줄 친 '왕' 대에 이루어진 내용을 옳게 고른 것은?   19. 2월 서울시(사복직 포함) 9급

┤ 보기 ├

재위 19년에는 금관국주인 김구해가 비와 세 아들을 데리고 와 항복하자 왕은 예로써 대접하고 상등(上等)의 벼슬을 주었으며, 23년에는 처음으로 연호를 칭하여 건원(建元) 원년이라 하였다.

ㄱ. 국호를 사로국에서 '신라'로, 왕호를 마립간에서 '왕'으로 고쳤다.
ㄴ. 왕은 연호를 고쳐 '개국(開國)'이라 하였으며 『국사』를 편찬토록 하였다.
ㄷ. 왕호를 '성법흥대왕'이라 쓰기도 하였다.
ㄹ. '신라육부'가 새겨진 울진 봉평 신라비가 세워졌다.
ㅁ. 연호를 '인평(仁平)'으로 고쳤으며 분황사와 영묘사를 창건하였다.

① ㄱ, ㄴ   ② ㄴ, ㄷ   ③ ㄷ, ㄹ   ④ ㄹ, ㅁ

⑦ 진흥왕(24대, 540~576)

  ㉠ 정복 사업: 한강 유역으로 진출하였다(진흥왕 12년, 551).

  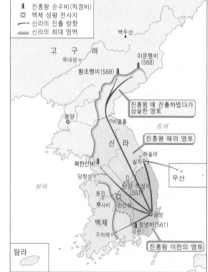

  ▲ 신라의 전성기(6세기)

    • 백제 성왕과 공동으로 고구려가 차지하고 있던 적성 지방을 점령하고, 한강 상류 지역의 인적·물적 자원을 확보하였다(단양 적성비, 551).

    • 백제를 기습하여 한강 하류를 점령하고 신주(新州)를 설치하여 김무력을 군주로 삼았다(553). 관산성 전투(554)에서 백제에 승리한 후, 북한산 순수비를 세웠다(555 혹은 568).

    • 신라는 당항성을 중심으로 중국과 직접 교류를 하게 되어 경제 기반을 강화하고, 전략적 거점을 확보하여 삼국 통일의 기반을 마련하였다. 이로써 신라는 삼국 간 항쟁에서 주도권을 장악하게 되었다.

    • 대가야를 정벌하는 과정에서 창녕비를 세우고(561), 이사부는 대가야를 멸망케하였다(562). 이로써 가야 연맹은 소멸하였다.

    • 북쪽으로는 고구려를 공격하여 함흥평야까지 진출하였다(황초령비·마운령비, 568).

사료 진흥왕의 영토 확장

❶ 12년(551) 왕이 거칠부와 대각찬(大角) 구진(仇珍), 각찬 비태(比台), 잡찬 탐지(耽知), 잡찬 비서(非西), 파진찬 노부(奴夫), 파진찬 서력부(西力夫), 대아찬 비차부(比次夫), 아찬 미진부(未珍夫) 등 여덟 장군에게 명하여 백제와 더불어 고구려를 침공하게 하였다. 백제 사람들이 먼저 평양(平壤)을 격파하고 거칠부 등은 승리의 기세를 타서 죽령 바깥, 고현(高峴) 이내의 10군을 취하였다.

❷ 14년(553) …… 가을 7월 백제의 동북쪽 변방을 빼앗아 신주(新州)를 설치하고 아찬(阿飡) 무력(武力)을 군주(軍主)로 삼았다.

❸ 15년(554) …… 백제 왕인 명농(明禯)이 가량(加良)과 함께 관산성(管山城)을 공격하였다. 군주(軍主)인

각간(角干) 우덕(于德)과 이찬 탐지(耽知) 등이 역습하여 싸웠으나 전세가 불리하였다. 신주군주(新州軍主)인 김무력(金武力)이 주(州)의 군사를 이끌고 나아가 교전을 벌였고, 비장(裨將)인 삼년산군(三年山郡)의 고간(高干) 도도(都刀)가 재빠르게 공격하여 백제 왕을 죽였다. 이에 여러 군사가 승기를 타면서 크게 이겼는데, 좌평(佐平) 4명과 군사 2만 9,600명을 죽였고 말은 되돌아 간 것이 없었다.　　　　　『삼국사기』

사료　단양 적성비와 북한산 순수비

❶ 단양 적성비

이때에 적성 출신의 야이차에게 교(敎)하시기를 …… 옳은 일을 하는 데 힘을 쓰다가 죽게 되었으므로 이 까닭으로 이후 그의 처인 삼(三) …… 에게는 이(利)를 허하였다. …… 별도로 교하기를 이후로부터 나라 가운데에 야이차와 같이 옳은 일을 하여 힘을 쓰고 다른 사람으로 하여금 일하게 한다면 만약 그가 아들을 낳건 딸을 낳건 나이가 적건 포상하리라.

❷ 북한산 순수비

태왕이 크게 인민을 얻어 …… 이리하여 관경을 순수하면서 민심을 수습하고 노고를 위로하고자 한다. 만일 충성과 신의와 정성이 있고 …… 상(賞)을 더하고 …… 한성(漢城)을 지나는 길에 올라 …… 도인(道人)이 석굴에 살고 있는 것을 보고 …… 돌을 새겨 사(辭)를 기록한다.

ⓒ 확장된 영토 관리 : 소백산맥 외곽에 국원소경을 설치하였다. 또한 신주(경기 광주)·비사벌주(창녕)·비열홀주(안변) 등을 설치하였다.

심화　소경

- 최초의 소경은 514년(지증왕 15년)에 설치된 아시촌소경(阿尸村小京)이다(진흥왕 때 폐지된 것으로 보임). 이후 순차적으로 소경을 설치했는데, 통일 이후에는 5소경제로 편제하였다.
- 557년(진흥왕 18년) 충청북도 충주시에 국원소경을 두었다. 국원소경은 경덕왕(742~765) 대에 중원경으로 이름이 바뀌었다.
- 639년(선덕 여왕 8년)에 하슬라주를 북소경으로 삼았으나, 658년(태종 무열왕 5년)에 폐지하였다. 이후 678년(문무왕 18년) 강원도 원주시에 북원소경을 설치하였는데, 경덕왕 대에 북원경으로 바꾸어 불렀다.
- 685년(신문왕 5년) 전라북도 남원시에 고구려 유민들을 이주시키고 남원소경을 설치하였다.
- 충청북도 청주시에 있었던 서원소경이나 경상남도 김해시에 있었던 금관소경은 정확한 설치 연대가 밝혀지지 않았지만, 삼국 통일을 달성한 직후 설치했을 가능성이 높다.

ⓒ 관제 정비 : 국가 최고 정무 기관으로서 재정과 기밀을 담당하는 품주를 설치하였다.
ⓔ 역사서 편찬 : 거칠부가 역사서인 『국사』를 편찬하였다(545).

사료　진흥왕 - 『국사』 편찬

이찬 이사부가 왕에게 "국사라는 것은 임금과 신하들의 선악을 기록하여, 좋고 나쁜 것을 만대 후손들에게 보여 주는 것입니다. 이를 책으로 편찬해 놓지 않는다면 후손들이 무엇을 보고 알겠습니까?"라고 아뢰었다. 왕이 깊이 동감하고 대아찬 거칠부 등에게 명하여 선비들을 널리 모아, 그들로 하여금 역사를 편찬하게 하였다.　　　　　『삼국사기』

ⓜ 연호 사용 : '개국', '대창(태창)', '홍제'라는 연호를 사용하였다.
ⓑ 화랑도의 제도화 : 씨족 사회의 청소년 집단(원화)을 국가적 조직인 화랑도로 개편하였다.
ⓢ 숭불 정책
- 불교의 진종 사상(眞種思想)을 도입하여 왕권 강화에 이용하였다.
- 황룡사·흥륜사 등의 사찰을 건립하고, 불교의 교단을 국통(승통)·주통·군통으로 정비하여 사상적 통합을 도모하였으며, 고구려 승려인 혜량을 국통으로 임명하였다.

단권화 MEMO

■ 품주

진흥왕 때 설치된 품주는 진덕 여왕 때 정무를 담당하는 집사부와 재정을 담당하는 창부로 분리되었다.

■ 불교의 진종 사상

불교를 통한 왕권 강화를 위하여 국왕을 부처와 동일시하고, 진흥왕을 전륜성왕(轉輪聖王)으로 숭배하는 사상이다. 이는 진평왕 때 성골 성립의 근거가 되었다.

진흥왕은 동륜과 금륜 두 아들이 있었는데, 장남 동륜이 죽자 그의 아들 백정이 있었음에도 거칠부의 지지로 차남 금륜이 진지왕으로 즉위하였다. 그러나 즉위 4년 만에 폐위되고 백정이 진평왕으로 즉위하였다. 진평왕은 즉위의 정당성과 정통성을 재규정하기 위하여 자신의 가계를 성골이라 명명하고 다른 귀족과의 차별화를 시도하였다.

● 밑줄 친 '왕'의 재위 기간에 있었던 사실로 옳은 것은?　　　　　　　　20. 지방직 9급

> 이찬 이사부가 왕에게 "국사라는 것은 임금과 신하들의 선악을 기록하여, 좋고 나쁜 것을 만대 후손들에게 보여 주는 것입니다. 이를 책으로 편찬해 놓지 않는다면 후손들이 무엇을 보고 알겠습니까?"라고 아뢰었다. 왕이 깊이 동감하고 대아찬 거칠부 등에게 명하여 선비들을 널리 모아, 그들로 하여금 역사를 편찬하게 하였다.
>
> 『삼국사기』

① 정전 지급　　　② 국학 설치　　　③ 첨성대 건립　　　④ 북한산 순수비 건립

|정답해설| 제시된 사료는 역사서 『국사』를 편찬(545)한 내용으로 밑줄 친 '왕'은 진흥왕이다. 진흥왕 때 한강 유역을 장악한 후 북한산 순수비를 건립하였다(555 혹은 568).

|오답해설|
① 성덕왕 21년에 정전이 지급되었다(722).
② 신문왕 2년에 국학이 설치되었다(682).
③ 선덕 여왕 때 천문 관측 시설인 첨성대가 건립되었다.

|정답| ④

● 〈보기〉의 밑줄 친 '왕'의 재위 기간에 일어난 일이 아닌 것은?　　　　　　22. 서울시(자체 출제) 9급

> ┤ 보기 ├
>
> 재위 12년 신미년에 왕이 거칠부 및 대각찬 구진, 각찬 비태, 잡찬 탐지, 잡찬 비서, 진찬 노부, 파진찬 서력부, 대아찬 비차부, 아찬 미진부 등 여덟 장군에게 명하여 백제와 더불어 고구려를 공격하도록 하였다. 백제인들이 먼저 평양을 공격하여 깨뜨리자, 거칠부 등은 승기를 타서 죽령 바깥, 고현 이내의 10군을 빼앗았다.
>
> 『삼국사기』

① 대가야를 정벌하여 가야 연맹을 소멸시켰다.
② 인재를 양성하기 위하여 화랑도를 국가적 조직으로 개편하였다.
③ 자장의 건의를 받아들여 황룡사 9층 목탑을 건립하였다.
④ 신라의 역사를 정리하여 국사를 편찬하였다.

|정답해설| 제시된 사료는 진흥왕 12년(551)에 신라가 백제와 연합하여 고구려를 공격한 내용이다. 선덕 여왕 때 자장의 건의로 황룡사 9층 목탑이 건립되었다.

|오답해설|
① 진흥왕은 대가야를 정벌하여 가야 연맹을 소멸시켰다(562).
② 진흥왕 때 화랑도가 국가적 조직으로 개편되었다.
④ 진흥왕 때 거칠부가 『국사』를 편찬하였다(545).

|정답| ③

⑧ 진평왕(26대, 579~632)
　㉠ 연호 사용: '건복'이라는 연호를 사용하였다.
　㉡ 관제 정비: 중앙 관서로 위화부·예부·조부·승부·영객부를 설치하였다.
　㉢ 숭불 정책: 불교를 장려하여 법명을 백정이라 하고, 왕비도 마야 부인이라 칭하였다.
　㉣ 수·당과 외교: 고구려의 압박을 타개하기 위해 수와 친교하였고(원광의 걸사표), 수가 멸망한 이후에는 당과도 외교 관계를 맺었다.
　㉤ 세속 5계: 원광은 세속 5계를 통해 국가 사회의 지도 윤리를 제시하였다.
　㉥ 주요 금석문: 남산 신성비

■ 원광의 걸사표
진평왕은 고구려의 잦은 침략을 물리치기 위해 수나라에 도움을 요청하고자 원광 법사에게 걸사표를 짓도록 하였다. 그 결과 612년 수 양제가 고구려를 공격하였다.

| 사료 | 왕즉불 사상 |

진평왕이 왕위에 올랐다. 이름은 백정(白淨, 석가모니의 아버지)이고 진흥왕의 태자 동륜의 아들이다. 왕비는 김씨 마야 부인(摩耶夫人, 석가모니의 어머니)이다. 왕은 태어날 때부터 기이한 용모였고, 신체가 장대하고 뜻이 깊고 굳세었으며, 지혜가 밝아서 사리에 통달하였다.
『삼국사기』

■ 남산 신성비

경주 남산에 새로 성을 쌓고 이를 기념하여 비석을 세웠다. 이를 통해 지방 통치 체제가 조직적이고 촌주를 통한 노동력 동원 체제가 정연했음을 확인할 수 있다.

| 사료 | 진평왕의 업적 |

❶ 3년(581) 봄 정월에 처음으로 위화부(位和府)를 설치하였다. 이는 지금(고려)의 이부(吏部)와 같다.
❷ 6년(584) 3월에 조부(調府)에 영(令) 1명을 두어 공부(貢賦)를 관장하도록 하였고, 승부(乘府)에 영(令) 1명을 두어 수레[車乘]에 대한 일을 관장하도록 하였다.
❸ 8년(586) 봄 정월에 예부(禮部)에 영(令) 2명을 두었다.
❹ 13년(591) 봄 2월에 영객부(領客府)에 영(令) 2명을 두었다.
『삼국사기』

(진평왕) 30년(608) 왕이 고구려가 영토를 자주 침범함을 불쾌히 여겨, 수나라에 군사를 청하여 고구려를 치려고 원광에게 걸사표(乞師表)를 지으라 하였다. 원광이 가로되, "자기가 살려고 남을 멸하는 것은 승려의 도리가 아니나, 제가 대왕의 땅에 살며 대왕의 곡식을 먹고 있으니 어찌 감히 명령에 따르지 않겠습니까?"라고 하였다. …… 33년(611)에 왕이 수나라에 사신을 보내어 표문을 바치고 출병을 청하니, 수나라 양제가 이를 받아들이고 군사를 일으켰다.
『삼국사기』

■ 7세기
⑨ 선덕 여왕(27대, 632~647): '인평(仁平)'이라는 연호를 사용하고 스스로 불경의 성녀 이름을 따 '덕만(德曼)'이라 하였다.
　㉠ 친당 외교: 고구려와 백제에 대항하기 위해 적극적인 친당 외교를 추진하였으나, 642년 백제로부터 대규모 침략을 받아 대야성이 함락되었고, 고구려의 공격으로 당항성이 위기에 처하였다.
　㉡ 숭불 정책: 자장의 건의로 황룡사 9층탑을 건축하고, 백좌 강회에서 호국경인 인왕경을 설파하였다.
　㉢ 주요 건축물: 벽돌탑을 모방한 분황사 석탑(모전 석탑)을 건립하고, 첨성대를 축조하였다. 또한 635년에는 성신(星神)을 제사하기 위하여 영묘사를 세웠다.
　㉣ 귀족 세력의 억압: 비담·염종 등의 반란이 발생하였다(김유신, 김춘추에 의해 진덕 여왕 즉위 직후 진압됨).
⑩ 진덕 여왕(28대, 647~654, 성골계 마지막 왕)
　㉠ 통치 체제 정비: 품주를 개편하여 기밀 사무를 관장하는 집사부, 재정을 관장하는 창부로 분리하고, 집사부의 장관을 중시라 하여 국정을 총괄케 하였다. (좌)이방부를 설치하여 형률에 관한 사무를 관장하게 하였다.
　㉡ 친당 외교: 김춘추를 당에 파견하여 나당 연합을 결성하였다(648). 이후 독자적인 연호를 폐지하고 당 고종의 연호를 사용하였다.
　㉢ 당 고종을 칭송하는 「오언태평송(五言太平頌)」을 지어 당에 보냈다.

집사부는 진덕 여왕 5년(651) 진흥왕 때의 품주(稟主)를 개편하여 설치한 기구로, 왕명에 따라 행정을 분장하는 여러 관부를 거느리며 기밀 사무를 맡아보았다. 따라서 그 장관인 중시(경덕왕 6년에 시중으로 개칭)는 국왕의 집사장 역할을 담당하게 되어 왕권의 전제화에 기여하였다. 흥덕왕 4년(829) 집사성(執事省)으로 개칭되었으며, 관원 조직은 집사부 때와 같이 신라 말까지 계속되었다.

(진덕 여왕 2년) 당 태종이 김춘추에게 (나에게) 할 말이 있는가 하기에 김춘추가 말하였다. "신의 나라는 바다 모퉁이에 치우쳐 있으면서도 천자의 조정을 섬긴 지 여러 해가 되었습니다. 그런데 백제는 강하고 교활하여 여러 번 침략을 해왔는데, 더구나 왕년에는 대대적으로 군사를 거느리고 깊이 쳐들어와 수십 성을 함락했습니다. …… 만약 폐하께서 당나라 군사를 빌려주어 흉악한 것을 잘라 없애지 않는다면 우리나라 인민은 모두 포로가 될 것이며, 산 넘고 바다 건너 행하는 조회도 다시는 바랄 수 없을 것입니다."라고 하였다. 태종이 매우 옳다고 여겨서 군사 출동을 허락하였다.
『삼국사기』

김춘추가 당나라에 들어가 군사 20만을 요청해 얻고 돌아와서 김유신을 보며 말하기를, "죽고 사는 것이 하늘의 뜻에 달렸는데, 살아 돌아와 다시 공과 만나게 되니 얼마나 다행한 일입니까?"라고 하였다. 이에 김유신이 대답하기를, "저는 나라의 위엄과 신령함에 의지하여 두 차례 백제와 크게 싸워 20성을 빼앗고 3만여 명을 죽이거나 사로잡았습니다. 그리고 품석 부부의 유골이 고향으로 되돌아왔으니 천행입니다."라고 하였다.
『삼국사기』

명칭		위치	건립 시기	내용
포항 중성리 신라비		경북 포항	지증왕(501)	• 2009년 발견되어 2015년 국보로 지정됨 • 현존하는 최고(最古)의 신라비
포항(영일) 냉수리 신라비		경북 포항	지증왕(503)	신라를 사라(斯羅)로 표기, 갈문왕 명칭 확인, '절거리'라는 인물의 재산 소유와 사후 재산권 분쟁 기록
울진 봉평리 신라비		경북 울진	법흥왕(524)	영토 확장, 율령 반포 입증, 신라 관등과 관련된 기록
영천 청제비		경북 영천	법흥왕(536)	제방 축조 시 부역 동원 내용의 기록(공역비)
단양 적성비		충북 단양	진흥왕(551)	한강 상류 진출
순수비	북한산비	서울(북한산)	진흥왕(555 혹은 568)	한강 하류 확보(김정희 고증)
	창녕비	경남 창녕	진흥왕(561)	대가야 정복 과정에서 창녕을 장악한 기록
	황초령비	함남 장진	진흥왕(568)	함경도 지역 진출
	마운령비	함남 이원	진흥왕(568)	
남산 신성비		경북 경주	진평왕(591)	신성 축조 시 부역 동원 사실과 촌주의 명칭 기록

바로 확인문제

● 밑줄 친 '왕'의 활동으로 가장 옳은 것은?   20. 법원직 9급

> 대야성의 패전에서 도독 품석의 아내도 죽었는데, 그녀는 춘추의 딸이었다. …… 왕에게 나아가 아뢰기를, "신이 고구려에 가서 군사를 청해 원수를 갚고 싶습니다."라고 하니 왕이 허락했다.
>
> 『삼국사기』

① 단양 적성비를 세웠다.
② 황룡사 9층 목탑을 건립하였다.
③ 고구려 부흥 운동을 지원하였다.
④ 이차돈의 순교를 계기로 불교를 공인하였다.

|정답해설| 의자왕의 대야성 공격으로 대야성 성주 김품석과 부인 고타소(김춘추의 딸)가 죽임을 당했다(642). 당시 김춘추는 선덕 여왕에게 고구려와의 군사 동맹을 요청하였다. 따라서 밑줄 친 '왕'은 선덕 여왕이다. 선덕 여왕 때 자장의 건의로 황룡사 9층 목탑을 건립하였다.

|오답해설|
① 진흥왕 때 한강 상류 지역을 장악하고, 단양 적성비를 건립하였다(551).
③ 문무왕은 당과의 전쟁을 위해 고구려 부흥 운동을 지원하였다.
④ 법흥왕은 이차돈의 순교를 계기로 불교를 공인하였다(527).

|정답| ②

＊가야의 성립과 발전
전기 가야 연맹과 후기 가야 연맹의 내용을 구분하여 알아두어야 한다.

4 가야의 성립과 발전＊

(1) 성립과 발전

① 성립: 낙동강 하류의 변한 지역에서는 우수한 철기 문화와 벼농사의 발달로 여러 정치 집단들이 성장하였다.

② 전기 가야 연맹
  ㉠ 금관가야(김해)·대가야(고령)·아라가야(함안)·성산가야(성주)·고령가야(진주)·소가야(고성)가 성장하였으나, 2~3세기경에는 금관가야가 주축이 되었다.
  ㉡ 금관가야는 김수로에 의해 건국되었는데(42), 그 세력 범위는 낙동강 유역 일대에 걸쳤다.

▲ 가야의 발전

③ 고구려의 공격 : 4세기 말에서 5세기 초에는 신라를 후원하는 **고구려군의 공격**을 받고 거의 몰락하여 **가야의 중심 세력이 해체**되고, 가야 지역은 낙동강 서쪽 연안으로 축소되었다.

④ 후기 가야 연맹 : 5세기 이후에는 현재의 고령 지방을 거점으로 성장하였던 **대가야**가 중심이 되어 연맹체를 형성하였다. 이후 현재의 전라북도 지역인 남원, 장수 등까지 세력을 확대하였다.

단권화 MEMO

> **사료** 금관가야의 건국 시조, (김)수로왕 신화
>
> 천지가 개벽한 뒤로 이곳에는 아직 나라가 없고 또한 왕과 신하도 없었다. 단지 아홉 추장이 각기 백성을 거느리고 농사를 지으며 살았다. …… 아홉 추장과 사람들이 노래하고 춤추면서 하늘을 보니 얼마 뒤 자주색 줄이 하늘로부터 내려와서 땅에 닿았다. 줄 끝을 찾아보니 붉은 보자기에 금빛 상자가 싸여 있었다. 상자를 열어 보니 황금색 알 여섯 개가 있었다. …… 열 사흘째 날 아침에 다시 모여 상자를 열어 보니 여섯 알이 어린아이가 되어 있었다. 용모가 뛰어나고 바로 앉았다. 아이들이 나날이 자라 10여 일이 지나니 키가 9척이나 되었다. 얼굴은 한 고조, 눈썹은 당의 요임금, 눈동자는 우의 순임금과 같았다. 그달 보름에 맏이를 왕위에 추대하였는데, 그가 곧 가락국 또는 가야국의 왕이다.　　　　「삼국유사」

> **사료** 대가야의 건국 신화
>
> 시조는 이진아시왕이다. 그로부터 도설지왕까지 대략 16대 520년이다. 최치원이 지은 「석이정전」을 살펴보면, 가야산신 정견모주가 천신 이비가지에게 감응되어 대가야 왕 뇌질주일과 금관국왕 뇌질청예 두 사람을 낳았는데, 뇌질주일은 곧 이진아시왕의 별칭이고 뇌질청예는 수로왕의 별칭이라고 한다.　「신증동국여지승람」

(2) 국제 관계

① 5세기 초 : 고구려의 침략으로 금관가야 중심의 전기 가야 연맹이 해체되었다.

② 5세기 후반 : 가야는 중국 남조에 사신을 보내 국제 무대에 등장하려고 하였다.

③ 6세기
　㉠ 대가야의 이뇌왕(異腦王)이 신라 법흥왕에게 결혼 동맹을 요청하여, 비지배의 딸(또는 비조부의 누이)을 왕비로 맞아들였다(522).
　㉡ 금관가야가 신라 법흥왕 시기에 항복(532)하였고, 진흥왕 시기 대가야도 병합(562)되면서 가야 연맹은 완전히 해체되었다.

> **사료** 대가야의 멸망
>
> 대가야가 무반하였다. 진흥왕은 이사부로 하여금 그들을 토벌케 하고, 사다함으로 히여금 이사부를 돕게 하였다. …… 이사부가 군사를 인솔하고 그곳에 도착하니, 그들이 일시에 모두 항복하였다. 공로를 평가하는데 사다함이 으뜸이었기에 왕이 좋은 밭과 포로 2백 명을 상으로 주었다.　　　　「삼국사기」

(3) 정치와 경제

① 정치 : 가야는 지역적으로 백제와 신라의 중간에 위치하여 양국의 압력을 받으면서 불안한 정치 상황이 지속되었기 때문에 삼국과 같은 중앙 집권 국가로 발전하지 못하였다.

② 경제
　㉠ 농경 발달 : 기후가 따뜻하여 농경이 발달하였다.
　㉡ 질 좋은 철 생산 : 철의 생산이 활발하였으며, 한 군현(낙랑)이나 일본과도 교역하였다.

■ **가야의 철 생산**
덩이쇠를 화폐처럼 사용하였다.

(4) 문화적 특징과 주변국으로의 영향

① 주요 문화 유적

    ㉠ 고분 형태: 덧널무덤이나 구덩식 돌곽무덤 등을 축조하였다.

    ㉡ 주요 유적지: 김해 대성동 유적(금관가야 시대 유적), 고령 지산동 고분(대가야 시대 유적) 등에서는 당시 사용하였던 갑옷 등이 출토되었다.

    ㉢ 함안(아라가야)의 도항리 고분: 금동관·환두대도·금동제 마구류·갑옷·말 갑옷·철촉 등의 유물이 다수 출토되었고, 특히 순장의 풍속이 나타났다.

② 주변국으로의 영향

    ㉠ 일본: 가야 토기는 일본에 전해져 스에키 토기에 직접적인 영향을 주었다.

    ㉡ 신라: 금관가야의 왕족인 김유신의 조상은 신라 진골에 편입되었고, 대가야의 우륵은 가야금을 전하였다.

심화   가야의 발전과 멸망

전기 가야 연맹	성립	2세기 후반 변한 지역에서 등장한 정치 집단이 3세기경 통합한 뒤 금관가야(김해)를 중심으로 성립
	특징	농경 문화 발달, 철 생산 풍부, 해상 교통으로 낙랑과 왜의 규슈 지방을 연결하는 중계 무역 발달
	쇠퇴	신라를 구원하는 고구려군의 공격으로 금관가야 약화(400)
후기 가야 연맹	성립	5세기 후반 대가야(고령)를 중심으로 성립
	발전	6세기 초 백제 · 신라와 대등한 세력 다툼, 신라와 결혼 동맹 체결
	멸망	금관가야 멸망(신라 법흥왕), 대가야 멸망(신라 진흥왕)

바로 확인문제

● (가) 나라에 대한 설명으로 옳은 것은?
21. 지방직 9급

> 북쪽 구지에서 이상한 소리로 부르는 것이 있었다. …… 구간(九干)들은 이 말을 따라 모두 기뻐하면서 노래하고 춤을 추었다. 자줏빛 줄이 하늘에서 드리워져서 땅에 닿았다. 그 줄이 내려온 곳을 따라가 붉은 보자기에 싸인 금으로 만든 상자를 발견하고 열어보니, 해처럼 둥근 황금알 여섯 개가 있었다. 알 여섯이 모두 변하여 어린아이가 되었다. …… 가장 큰 알에서 태어난 수로(首露)가 왕위에 올라   (가) 를/을 세웠다.
> 「삼국유사」

① 해상 교역을 통해 우수한 철을 수출하였다.

② 박, 석, 김씨가 교대로 왕위를 계승하였다.

③ 경당을 설치하여 학문과 무예를 가르쳤다.

④ 정사암 회의를 통해 재상을 선발하였다.

● 밑줄 친 '가라(가야)국'에 대한 설명으로 옳은 것은?
17. 지방직 7급

> 진흥왕이 이찬 이사부에게 명하여 가라(가야라고도 한다)국을 공격하도록 하였다. 이때 사다함은 나이 15, 6세였음에도 종군하기를 청하였다. 왕이 나이가 아직 어리다 하여 허락하지 않았으나, 여러 번 진심으로 청하고 뜻이 확고하였으므로 드디어 귀당 비장으로 삼았다. …… 그 나라 사람들이 뜻밖에 군사가 쳐들어오는 것을 보고 놀라 막지 못하였으므로 대군이 승세를 타고 마침내 그 나라를 멸망시켰다.
> 「삼국사기」

|정답해설| 수로(首露, 김수로왕)는 (가) 금관가야의 시조이다. 금관가야는 현재의 김해 지방을 중심으로 해상 교역을 통해 우수한 철을 수출하면서 발전하였다.

|오답해설|

② 신라 이사금 시대에는 박, 석, 김씨가 교대로 왕위를 계승하였다.

③ 고구려에서는 지방에 경당을 설치하여 학문과 무예를 가르쳤다.

④ 백제에서는 정사암 회의를 통해 재상을 선발하였다.

|정답| ①

|정답해설| 진흥왕 때 멸망한 가야는 대가야이다. 대가야의 우륵은 신라에 가야금을 전해 주었다.

|오답해설|
①③④ 금관가야에 대한 설명이다.

|정답| ②

① 시조는 수로왕이며 구지봉 전설이 있다.
② 나라가 망할 즈음 우륵이 가야금을 가지고 신라로 들어갔다.
③ 낙동강 하류에 도읍하고 해상 교역을 중계하였다.
④ 국주(國主) 김구해가 항복하자 신라 왕이 본국을 식읍으로 주었다.

03 삼국의 통치 제도

(1) 중앙 관제

① 고구려

ㄱ. 정비 과정: 4세기경 각 부의 관료 조직을 흡수하고, 대대로 이하 10여 관등을 두었다. 이후 중앙 집권화의 진전에 따라 14개 관등으로 정비하였다.

ㄴ. 관등 조직의 특징: '형', '사자'의 명칭을 중심으로 관등이 분화되어 있는 것이 특징이다.

ㄷ. 고구려의 관등 조직

관등	『삼국지』	『주서(周書)』	당(唐) – 『한원(翰苑)』
1	상가	대대로	대대로
2	대로	태대형	태대형
3	패자	대형	울절(주부)
4	고추가	소형	태대사자
5	주부	의후사	조의두대형
6	우태	오졸	대사자
7	승	태대사자	대형
8	사자	대사자	발위사자
9	조의	소사자	상위사자
10	선인	욕사	소형
11		예속	제형
12		선인	과절
13		욕살	부절
14			선인

ㄹ. 귀족 회의체 운영
  • 귀족 회의체(제가 회의)의 수장인 대대로는 3년마다 한 번씩 선출하였다. 제5위 '조의두대형' 이상이 제가 회의에 참여할 수 있었고, 장군이 될 수 있었다.
  • 후기에는 막리지(대막리지 – 연개소문)가 최고의 관직으로 정치·군사권을 장악하였다.

ㅁ. 군사 동원과 전문 군관: 각 족장이나 성주들이 자기의 병력을 거느리고 있었으나, 국가에서 동원할 때는 대모달·말객 등의 군관으로 하여금 지휘하게 하였다.

② 백제

㉠ 정비 과정

- 삼국 중 가장 먼저 정비된 정치 조직을 갖추었다. 고이왕 때 이미 6좌평 제도와 16관등 조직을 정비하였다.
- 사비 천도 이후에는 내관 12부·외관 10부의 총 22부를 중앙 관서로 설치하였다.

㉡ 관등 조직의 특징: 16관등은 '솔', '덕', '무명' 계열로 구분하여 자색·비색·청색의 공복으로 구별하였다.

㉢ 백제의 6좌평 16관등

내신좌평(수상)	내두좌평	내법좌평	위사좌평	조정좌평	병관좌평
왕명 출납	재정	의례	숙위(왕실과 수도 방어)	법률·형옥	지방군 총괄

1	2	3	4	5	6	7	8	9	10	11	12	13	14	15	16
좌평	달솔	은솔	덕솔	한솔	나솔	장덕	시덕	고덕	계덕	대덕	문독	무독	좌군	진무	극우
자색						비색					청색				
솔 계열						덕 계열					무명(武名) 계열				

㉣ 귀족 회의체 운영: 6좌평 중 내신좌평은 정사암 회의 수장 역할을 겸하였으며, 상좌평으로 불렸다.

③ 신라

㉠ 정비 과정: 법흥왕 시기 17관등제를 정비하였고, 상대등을 설치하였다.

㉡ 관등 제도의 특징

- 관등제는 골품 제도와 밀접한 관계가 있었으며, 각 골품이 올라갈 수 있는 상한선이 있었다.
- 진골은 1관등인 이벌찬까지 승진할 수 있었지만, 6두품은 6관등 아찬, 5두품은 10관등 대나마, 4두품은 12관등 대사까지밖에 올라가지 못하였다.

㉢ 신라의 17관등

관등	관등명	관등	관등명	관등	관등명
1	이벌찬	7	일길찬	13	사지
2	이찬	8	사찬	14	길사
3	잡찬	9	급벌찬	15	대오
4	파진찬	10	대나마	16	소오
5	대아찬	11	나마	17	조위
6	아찬	12	대사		

㉣ 귀족 회의체: 귀족 회의체인 화백 회의의 수장은 상대등이었다.

사료 고대 국가의 귀족 회의체

❶ 고구려(제가 회의)

감옥이 없고, 범죄자가 있으면 제가들이 모여서 논의하여 사형에 처하고 처자는 몰수하여 노비로 삼는다.

『삼국지』

❷ 백제(정사암 회의)

호암사에 정사암이란 바위가 있다. 국가에서 재상을 뽑을 때 후보자 3~4명의 이름을 써서 상자에 넣어 바위 위에 두었다. 얼마 뒤에 열어 보아 이름 위에 도장이 찍혀 있는 자를 재상으로 삼았다. 이 때문에 정사암이란 이름이 생기게 되었다.

『삼국유사』

❸ 신라(화백 회의)

큰일이 있을 때에는 반드시 중의를 따른다. 이를 화백이라 부른다. 한 사람이라도 반대하면 통과하지 못하였다.

『신당서』

심화 귀족 · 최고 합의 기구의 변천

삼국 시대	발해	고려 전기	고려 후기	조선 전기	조선 후기
제가 회의(고구려) 정사암 회의(백제) 화백 회의(신라)	정당성	중서문하성	도평의사사	의정부	비변사

(2) 삼국의 행정 제도와 한계점

① 삼국의 지방 행정 조직

ⓐ 고구려 : 수도는 5부로 구성되었으며, 지방은 5부(長 : 욕살) 아래 성(長 : 처려근지, 도사)과 말단의 촌으로 구성하였다. 특수 행정 구역으로는 3경[평양성, 국내성, 한성(황해도 재령)]이 있었으며, 대모달 · 말객이라는 전문 군관들이 존재하였다.

사료 대대로, 욕살, 도사

고려(고구려)는 부여의 별종에서 나왔다. …… 그 관직에 높은 것은 대대로(大對盧)라 하여 1품에 비유되며 국사를 모두 맡는다. 3년을 임기로 하되 직무를 잘하면 연한에 구애되지 않는다. 대대로를 교체하는 날에 혹 서로 승복하지 않으면 모두 군사를 거느리고 싸워 이긴 자가 대대로가 된다. 그때 왕은 다만 궁문을 닫아걸고 스스로를 지킬 뿐 제어하지 못한다. 다음은 태대형(太大兄)이라 하며 정2품에 비유된다. 대로 이하의 관직은 모두 12급이 있다. 외방에는 주현(州縣)의 60여 성이 있어 큰 성에는 욕살(褥薩) 1명을 두는데 도독(都督)에 비유된다. 여러 성에는 도사(道使)를 두는데 자사(刺史)에 비유된다.

『구당서』

ⓑ 백제 : 수도는 5부로 편제하였으며, 지방은 5방(長 : 방령)이 있고, 그 아래 군(長 : 군장)이 있었다. 특수 행정 구역으로 22담로를 설치하였다.

ⓒ 신라 : 수도는 6부로 구성하였으며, 지방은 5주(長 : 군주), 그 아래 군(長 : 당주)을 설치하였다. 말단에는 촌이 있었고, 그 지역은 촌주가 관할하였다. 특수 행정 구역으로는 소경을 설치하고, 책임자로 '사신'을 파견하였다.

② 지방 통치 제도의 한계점

ⓐ 삼국의 지방 통치는 중국의 군현 제도와 유사했으나, 실제적으로 지방관 수가 많지 않아서 주요 거점만을 지배하는 데 그쳤다.

ⓑ 나머지 지역은 지방 세력의 자치를 허용하여 간접적으로 주민을 지배하였다.

③ 삼국의 지방 군사 조직

ⓐ 삼국의 지방 행정 조직은 그대로 군사 조직이기도 하여 각 지방관은 곧 군대의 지휘관이었다. 따라서 국가의 주민 통치는 본질적으로 군사적 지배의 성격을 띠고 있었다.

■ 백제의 5부
상 · 중 · 하 · 전 · 후로 총 5부이다. 각 부에는 각각 500명의 군사를 배치하였다.

■ 신라의 6부
급량부 · 사량부 · 본피부 · 모량부 · 한기부 · 습비부로 총 6부이다.

■ 촌(村)
지방의 말단 행정 단위로 지방관이 파견되지 않고 토착 세력을 촌주로 삼았다. 촌주는 지방관을 보좌하면서 촌락 내의 행정과 군사 실무의 처리에 중요한 역할을 담당하였다.

ⓒ 백제의 방령(달솔을 임명)은 각각 700~1,200명의 군사를 거느렸고, 신라의 군주는 주 단위로 설치한 부대인 정(당주가 통솔)을 거느렸다. 신라는 정 외에도 서당·사자대[수도 금성(金城)을 지키던 군대]·위병(수도 방위) 등의 부대가 있었다.

심화 각 국가의 중앙 관제(6전 조직 중심)

백제	통일 신라	발해	고려	조선	주요 업무
내신좌평	위화부	충부	이부	이조	문관 인사·왕실 사무·훈봉·고과
내두좌평	조부·창부	인부	호부	호조	호구·조세·어염·광산·조운
내법좌평	예부	의부	예부	예조	제사·의식·학교·과거·외교
위사·병관좌평	병부	지부	병부	병조	무관 인사·국방·우역·봉수 등
조정좌평	좌·우이방부	예부	형부	형조	법률·소송·노비 등
	예작부·공장부	신부	공부	공조	토목·산림·영선·도량형·파발

심화 삼국의 도성

❶ 고구려

오녀산성은 초기 도읍지였던 졸본성으로 추정되며, 유리왕 시기 국내성(현재 길림성 집안현의 '통구성'으로 추정)으로 천도한 이후(서기 3년) 국내성 방어를 위해 '환도성(산성자산성)'을 축조하였다. 한편 장수왕의 평양 천도(427) 이후 『삼국사기』에는 "양원왕 8년(552)에 장안성을 축조하였고, 평원왕 28년(586)에 장안성으로 천도하였는데, 장안성은 평양성이라고도 한다."고 기록되어 있다. 즉, 장수왕의 평양 천도 이후 축조된 '안학궁과 대성산성'은 전기 평양성, '장안성'은 후기 평양성으로 구분한다. 한편 평양성은 **북성, 중성, 내성, 외성**으로 구성되어 있다.

❷ 백제

부여·고구려 계통의 온조가 남쪽으로 이동한 후 위례성(일반적으로 한성으로 통칭)을 근거지로 건국하였다. 한편 장수왕의 침입으로 한성이 함락된 후(475), 웅진으로 천도하였고, 웅진을 방어하기 위해 공산성을 쌓았다. 이후 성왕이 웅진에서 사비로 도읍을 옮긴 후(538) 부소산성을 축조하였는데, 당시에는 사비성이라 불렀다. 또한 사비성 외곽에 나성을 축조하여 외침을 방비하였다.

❸ 신라

금성(현재의 경주)을 방어하기 위해 북쪽에는 북형산성, 남쪽에는 남산성, 동쪽에는 명활산성, 서쪽에는 선도산성을 축조하였다.

바로 확인문제

● **삼국 시대의 정치 제도에 대한 설명으로 옳은 것만을 모두 고르면?** 18. 지방직(사복직 포함) 9급

> ㄱ. 삼국의 관등제와 관직 제도 운영은 신분제에 의하여 제약을 받았다.
> ㄴ. 고구려는 대성(大城)에는 처려근지, 그다음 규모의 성에는 욕살을 파견하였다.
> ㄷ. 백제는 도성에 5부, 지방에 방(方)−군(郡) 행정 제도를 시행하였다.
> ㄹ. 신라는 10정 군단을 바탕으로 영역을 확장하고 삼국 통일을 이룩하였다.

① ㄱ, ㄴ   ② ㄱ, ㄷ   ③ ㄴ, ㄹ   ④ ㄷ, ㄹ

|정답해설|
ㄱ. 삼국의 관등제와 관직 제도의 운영은 신분제에 의해 제약받았다. 대표적 사례로 골품제가 있다.
ㄷ. 백제는 수도를 5부로 편제하였고, 지방은 5방(長: 방령)이 있고, 그 아래 군(長: 군장)이 있었다. 또한, 특수 행정 구역으로 22담로를 설치하였다.

|오답해설|
ㄴ. 고구려의 수도는 5부로 구성되었으며, 지방은 5부(長: 욕살) 아래 성(처려근지, 도사)과 말단의 촌으로 구성되었다.
ㄹ. 10정은 신라의 삼국 통일 이후 정비된 지방 군대이다.

|정답| ②

04 신라의 삼국 통일

(1) 고구려와 수·당과의 전쟁

① 6세기 후반 동아시아 정세 변화
  ㉠ 수의 중국 통일(589): 양견에 의하여 수(隋)나라가 건국되고, 남북조로 분열되었던 중국이 수에 의하여 통일되었다.
  ㉡ 십(十)자형 외교: 압력을 받은 고구려는 돌궐·백제·왜와 연합하여 남북 세력을 구축하였으며, 수는 이에 대항하여 신라와 동서 세력을 이루었다.

② 여수 전쟁
  ㉠ 발발: 고구려의 요서 지방 선제공격으로 발발하였다.
  ㉡ 수 문제(文帝)의 침략(1차, 598): 30만 대군을 동원하였으나 실패하였다.
  ㉢ 수 양제(煬帝)의 113만 대군 침략(2차): 수의 군대는 고구려의 을지문덕에게 살수에서 대패하였다(살수 대첩, 612).

> **사료** 을지문덕의 「여수장우중문시」
>
> 신묘한 계책은 천문을 꿰뚫어 볼 만하고
> 오묘한 전술은 땅의 이치를 모조리 알도다.
> 전쟁에 이겨서 공이 이미 높아졌으니
> 만족을 알거든 그만 돌아가시구려.
>
> 『삼국사기』

  ㉣ 수의 멸망(618): 수나라는 침략 전쟁으로 인한 국력 소모, 강남에서 화북까지의 무리한 대운하 건설로 인해 곧 멸망하고 이연에 의해 당이 건국되었다.

③ 여당 전쟁
  ㉠ 배경: 당 태종 이후 당이 팽창 정책을 계속하자 고구려는 **천리장성**(부여성~비사성)을 축조하였다. 또한 연개소문은 대막리지가 되어 정치·군사권을 장악하고 신라와 당에 강경하게 대응하였다.
  ㉡ 제1차 여당 전쟁: 보장왕 4년(645) 이세적을 선봉으로 당의 육군은 개모성을, 정명진이 이끄는 수군은 비사성을 각각 침략하였다. 그 후 안시성을 포위하여 공격하였으나 양만춘의 항전으로 퇴각하였다.
  ㉢ 제2·3차 여당 전쟁: 당은 보장왕 6년(647), 7년(648)에 다시 침입하였으나, 고구려군의 저항으로 모두 실패하였다. 직접 침공에 실패한 당은 나당 연합을 통해 재기를 모색하였다.

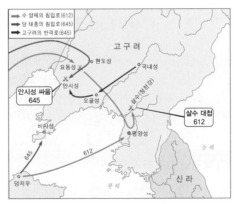

▲ 고구려와 수·당과의 전쟁

■ **천리장성**
고구려가 당의 침략을 대비하기 위해 북쪽의 부여성(현재의 농안)부터 남쪽의 비사성(현재의 대련)까지 축조한 장성이다(631~647, 영류왕~보장왕). 한편 연개소문은 천리장성 공사를 감독하면서 요동의 군사력을 장악한 후, 정변을 일으켜 영류왕을 제거하고 보장왕을 옹립하였다.

❶ 동북 공정

중국의 동북 공정이란 '동북변강역사여현상계열연구공정'의 줄인 말로 동북 변경의 역사와 현황에 대한 체계적인 연구 프로젝트를 말한다. 중국 사회 과학원에서 조직하고, 동북 3성(랴오닝성, 지린성, 헤이룽장성)의 성 위원회가 참여하여 지원하고 있다. 이 작업을 통해 중국은 고구려의 역사를 중국의 역사로 편입하려 하고 있다.

❷ 중국과의 역사 갈등

2002년부터 중국에서 추진하고 있는 '동북 공정'으로 우리나라와 중국 사이에 심각한 역사 갈등이 나타나고 있다. 중국이 동북 공정을 추진하는 실질적인 목적은 중국의 전략 지역인 동북 지역, 특히 고구려·발해 등 한반도와 관련된 역사를 중국의 역사로 만들어 한반도가 통일되었을 때 일어날 가능성이 있는 영토 분쟁을 미연에 방지하려는 것이다. 연구의 접근 방향은 중국은 한족(漢族)을 중심으로 55개의 소수 민족이 만든 국가이며, 현재의 중국 국경 안에 이루어진 모든 역사는 중국의 역사이므로, 고구려와 발해의 역사는 한국의 역사가 아니라 중국의 역사라는 논리이다. 즉, 고조선·고구려·발해 등은 고대 중국의 동북 지방에 속한 지방 정권이며, 특히 고구려와 수·당과의 전쟁은 내전이라고 주장한다. 우리나라에서는 동북 공정에 대하여 고구려 연구 재단(현재 동북아 역사 재단)을 설립하여 이론적 대응을 고심하고 있다.

● **고구려의 대중국 투쟁에 대한 설명으로 가장 옳은 것은?**   19. 2월 서울시(사복직 포함) 9급

① 고구려는 요서 지역을 선제공격함으로써 수나라를 견제하였다.
② 수 양제의 침략에 대비하기 위해 천리장성을 축조하였다.
③ 을지문덕은 당 태종의 2차 침입을 살수 대첩으로 막아 냈다.
④ 양만춘은 수나라의 별동대를 안시성에서 격퇴하였다.

● **〈보기〉의 ㉠에 들어갈 인물에 대한 설명으로 가장 옳은 것은?**   19. 10월 서울시 7급

> ┤ 보기 ├
>
> 이때 (㉠)이/가 군사를 출동시켜 사면에서 들이치니 수 병사들은 살수를 건너지도 못하고 허물어졌다. 처음 수의 군대가 쳐들어올 때는 무릇 30만 5천 명이었는데, 요동성으로 돌아갈 때는 겨우 2천 7백 명뿐이었다.

① 그는 스스로 최고 관직인 대막리지에 올라 권력을 장악하였다.
② 그는 요하 하류에 있는 안시성에서 공방전 끝에 승리하였다.
③ 그가 적장 우중문에게 보낸 5언시가 전해진다.
④ 그는 5천의 결사대를 조직해 황산벌에서 싸웠으나 패하였다.

---

(2) 백제와 고구려의 멸망

① 나당 연합(648)
    ㉠ 신라의 입장 : 신라는 백제 의자왕의 공격으로 대야성을 비롯한 40여 성이 함락되는 등 고립이 계속되어 돌파구가 필요하였다.
    ㉡ 당의 입장 : 고구려 침략에 실패한 당은 신라를 이용하여 한반도를 장악하려 하였다.
    ㉢ 동맹 체결 : 진덕 여왕 때 김춘추가 당에 건너가 당과 동맹을 체결하였다(648).
② 백제 멸망(660) : 신라는 황산벌 전투(현재의 충남 논산)에서 계백의 결사대를 무찌르고, 소정방의 당군과 함께 백제를 멸망시켰다.

| 정답해설 | 고구려의 영양왕은 598년 요서 지역을 선제공격하여 수나라를 견제하였다.

| 오답해설 |
② 고구려는 당의 침략을 막기 위해 천리장성을 축조하였다(631~647).
③ 을지문덕은 수나라 군대를 살수에서 격퇴하였다(살수 대첩, 612).
④ 양만춘은 당 태종의 군대를 안시성에서 격퇴하였다(645).

| 정답 | ①

| 정답해설 | 제시된 '수 병사', '살수' 등을 통해 살수 대첩과 관련된 사료임을 알 수 있다. 따라서 ㉠은 을지문덕이다. 을지문덕이 적장(수의 장군) 우중문에게 보낸 5언시가 현재 전해진다.

| 오답해설 |
① 연개소문, ② 양만춘, ④ 백제의 계백에 대한 설명이다.

| 정답 | ③

③ 고구려 멸망(668) : 연개소문 사후에 지배층의 내분이 계속된 고구려는 나당 연합군에 의해 멸망하였다.

단권화 MEMO

> **사료** 신라의 고구려와의 연합 실패
>
> 춘추(春秋)가 나아가 말하되, "백제가 탐욕이 심하여 우리의 지경(地境)을 침범하므로 우리 임금이 대국(大國)의 병마(兵馬)를 얻어 그 치욕을 씻으려 하여 신으로 하여금 폐하를 찾아뵙도록 하였나이다."라고 하였다. 고구려 왕이 이르되, "죽령(竹嶺)은 본시 우리의 땅이니 만일 죽령 서북의 땅을 돌려주면 원병(援兵)을 보내겠다."라고 하니, 춘추가 대답하기를 "신은 임금의 명을 받들어 군사를 청함이어늘 …… 죽을지언정 다른 것은 알지 못합니다."라고 하였다. 왕이 이 말에 노하여 춘추를 별관(別館)에 가두었다.   『삼국사기』

> **사료** 나당 연합군의 갈등
>
> 이날 소정방이 부총관 김인문 등과 함께 기벌포에 도착하여 백제 군사와 마주쳤다. …… 소정방이 신라군이 늦게 왔다는 이유로 군문에서 신라 독군 김문영의 목을 베고자 하니, 김유신이 군사들 앞에 나아가 "황산 전투를 보지도 않고 늦게 온 것을 이유로 우리를 죄주려 하는구나. 죄도 없이 치욕을 당할 수는 없으니, 결단코 먼저 당나라 군사와 결전을 한 후에 백제를 쳐야겠다."라고 말하였다.   『삼국사기』

(3) 백제와 고구려의 부흥 운동

① 백제 부흥 운동(660~663)

  ㉠ 왕족인 복신과 승려 도침이 일본에 있던 왕족 풍을 맞이하여 **주류성(한산)**에서 부흥 운동을 일으켰다. 흑치상지(黑齒常之)가 웅거한 **임존성** 등 200여 성이 호응하여 당군과 신라군에 대항하였다.

  ㉡ 백제 부흥 운동은 지도층의 내분으로 실패하였고, 왜의 수군이 백제 부흥군을 지원하기 위하여 백강 입구까지 왔으나 패퇴하였다(663).

  ㉢ 지수신의 항쟁 : 백제 부흥 운동을 주도하던 흑치상지 등은 당에 항복하였으나, 임존성에서 저항하던 지수신은 끝까지 항복하지 않았다. 그러나 당에 투항한 흑치상지 등이 임존성을 공격해 오자 더 이상 버티지 못하고 663년 고구려로 달아났으며, 임존성도 함락되고 말았다.

> **사료** 백강 전투
>
> (나당 연합군이) 백강으로 가서 육군과 모여서 동시에 주류성으로 가다가 백강 어귀에서 왜국 군사를 만나 네 번 싸워서 다 이기고 그들의 배 4백 척을 불대우니 연기와 불꽃이 하늘을 찌르고 바닷물이 붉어졌다.   『삼국사기』

■ **김춘추와 '토끼의 간' 이야기**
김춘추는 백제 의자왕의 공격으로 대야성이 함락되어 그의 딸과 사위가 죽게 되자(642) 고구려와 동맹하여 백제를 공격하고자 고구려에 갔다. 그러나 죽령 이북의 옛 고구려 땅을 내놓으라는 고구려의 압력을 받았고, 연개소문에 의해 감금당하였다. 김춘추는 고구려의 대신 선도해를 매수하였고, 선도해는 용궁에 붙잡혀 가 용왕에게 간을 내놓아야 할 위기에 꾀를 내어 목숨을 건진 토끼 이야기를 해주었다. 이에 김춘추는 고구려 왕에게 다음과 같은 글을 올렸다. "조령과 죽령은 본래 고구려의 땅입니다. 신이 귀국하면 우리 왕에게 청하여 돌려 드리겠습니다." 결국 김춘추는 '토끼의 간' 이야기로 기지를 발휘하여 살아올 수 있었다.

■ **김인문**
김춘추의 둘째 아들(문무왕의 동생)인 김인문(金仁問)은 당에서 숙위 활동을 하였고, 당의 부(副)대총관으로 백제 원정에 종군하였다.

② 고구려 부흥 운동(670~674)
　㉠ 검모잠이 왕족인 안승을 추대하여 한성
　　(현재 황해도 재령군 인근)에서 고구려
　　부흥 운동을 전개하였다(670). 한편 오
　　골성을 중심으로 고연무가 부흥 운동에
　　참여하였다.
　㉡ 신라는 안승을 회유하여 금마저(익산)에
　　머물게 하고 보덕(국) 왕으로 삼아 고구
　　려 유민을 통하여 당의 세력을 축출하고
　　자 하였다.

▲ 백제와 고구려의 부흥 운동

(4) 나당 전쟁과 신라의 삼국 통일

① 당의 한반도 직접 지배 야욕
　㉠ 백제와 고구려를 멸망시킨 후, 당은 백
　　제의 옛 땅에 웅진 도독부(660)를 두어
　　유인원을 도독에 임명하고, 신라의 본토
　　에는 계림 도독부(663)를 두어 신라 왕
　　을 계림주 대도독으로 임명하였다.
　㉡ 평양에는 안동 도호부(668)를 설치하여
　　설인귀를 도호에 임명하는 등 한반도 전
　　체에 대한 지배권을 확보하려 하였다.

② 나당 전쟁
　㉠ 신라는 백제·고구려 유민들과 연합하
　　여 당과 전면전으로 대결하였다.
　㉡ 매소성 전투(당 장수 - 이근행)와 기벌
　　포 전투(당 장수 - 설인귀)에서 신라가
　　승리한 이후 신라의 지배권이 인정되어
　　대동강과 원산만을 잇는 선의 남쪽을 점
　　유하였다(676).

▲ 나당 전쟁의 전개

사료　나당 전쟁

이때 당의 유병(遊兵)으로 여러 장수와 병졸 중에서 진(鎭)을 치고 주둔하며 장차 우리나라(신라)를 습격하려
고 도모하려는 자가 있었다. 문무왕이 이를 알고 군사를 일으켰다. 다음 해(669)에 당(唐) 고종(高宗)이 김인
문 등을 불러 꾸짖으며 "너희가 우리 군대를 청하여 고구려를 멸망시켰는데, 그 군대를 해치는 것은 어째서
인가?"라고 하였다. 그리고 곧 (김인문 등을) 옥사(獄舍)에 가두고 군사 50만을 훈련시켜 설방(薛邦)을 장수
로 삼아 신라를 정벌하고자 하였다. 이때 의상 법사가 서쪽으로 유학하고자 당나라에 들어가 있었는데, 찾아
와 김인문을 만나 보니, 김인문이 (옥사에 갇힌) 사정을 그에게 알려 주었다. 의상은 이에 동쪽(신라)으로 돌
아와 문무왕에게 보고하였다. 문무왕이 이를 매우 걱정하며 여러 신료를 모아 방어의 계책을 물어 보았다.

『삼국유사』

(5) 삼국 통일의 의의와 한계

① 의의
　　㉠ 당나라 세력을 무력으로 축출하여 자주적 성격을 확인할 수 있다.
　　㉡ 민족 문화 발전의 토대를 마련하였다.
② 한계
　　㉠ 민족 간 내부 전쟁에서 외세를 이용하였다.
　　㉡ 신라는 통일 이후 대동강에서 원산만 이남까지를 경계로 한 남쪽 땅을 차지하는 데 그쳐 고구려의 북쪽 영토를 잃었다.

○ 삼국 통일 과정

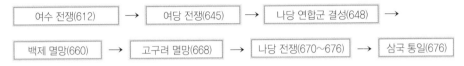

심화　신라의 삼국 통일

❶ 6세기 중엽 신라는 고구려로부터 빼앗은 한강 하류 지역을 독차지함으로써 120여 년간 지속되어 온 나제 동맹을 결렬시켰다. 이로 인하여 고구려와 백제로부터 협공을 받아 어려움을 겪었지만 황해의 항로를 이용하여 중국의 수·당과 동맹을 맺었다.

❷ 신라의 통일 전쟁 과정
　• 첫째 단계는 나당 연합군과 백제·고구려의 전쟁이었다. 660년 신라와 당의 연합군이 백제를 공격하여 멸망시키고, 이듬해부터 고구려를 공격하기 시작하였다. 고구려는 초기에 이를 방어하였으나 내분으로 인하여 결국 668년에 멸망하고 말았다.
　• 둘째 단계는 신라와 당의 전쟁이었다. 일찍이 신라는 당과 군사 동맹을 맺으면서 적어도 평양 이남의 땅을 자신이 차지한다는 밀약을 맺었으나, 당이 삼국 전체를 수중에 넣으려는 의도를 보이자 양국 사이에 전쟁이 벌어지게 되었다. 이 과정에서 신라는 백제·고구려의 유민을 포섭하여 함께 당의 군대를 물리침으로써 마침내 대동강과 원산만을 잇는 선의 남쪽을 차지하여 불완전하게나마 삼국 통일을 이룩하였다.

바로 확인문제

● 밑줄 친 '그'에 대한 설명으로 옳은 것은?　　　22. 지방직 9급

> 이날 소정방이 부총관 김인문 등과 함께 기벌포에 도착하여 백제 군사와 마주쳤다. …… 소정방이 신라군이 늦게 왔다는 이유로 군문에서 신라 독군 김문영의 목을 베고자 하니, 그가 군사들 앞에 나아가 "황산 전투를 보지도 않고 늦게 온 것을 이유로 우리를 죄주려 하는구나. 죄도 없이 치욕을 당할 수는 없으니, 결단코 먼저 당나라 군사와 결전을 한 후에 백제를 쳐야겠다."라고 말하였다.

① 살수에서 수의 군대를 물리쳤다.
② 김춘추의 신라 왕위 계승을 지원하였다.
③ 청해진을 설치하고 해상 무역을 전개하였다.
④ 대가야를 정벌하여 낙동강 유역을 확보하였다.

단권화 MEMO

|정답해설| 당과 신라는 백제 정벌 때 기벌포에서 합류하기로 하였으나, 황산벌 전투에서 계백이 이끄는 결사대의 강력한 저항으로 신라군이 고전하여 약속 날짜를 지키지 못하였다. 제시된 자료는 당시 신라의 김유신과 당의 소정방 사이의 갈등을 보여 주고 있으며, 밑줄 친 '그'는 김유신이다. 김유신은 김춘추(후에 태종 무열왕)의 왕위 계승을 지원하였다.

|오답해설|
① 을지문덕은 살수에서 수의 군대를 물리쳤다(살수 대첩, 612).
③ 장보고는 청해진을 설치하고(828) 해상 무역을 전개하였다.
④ 진흥왕 때 이사부, 사다함 등이 대가야를 정벌하였다(562).

|정답| ②

단권화 MEMO

|정답해설| 백제와 고구려의 멸망 이후 당은 백제의 옛 땅에 웅진 도독부를, 고구려의 옛 땅에 안동 도호부를, 경주에 계림 도독부를 두어 한반도를 직접 지배하려 하였다. 이에 신라는 고구려 부흥 운동군을 후원(안승을 보덕왕 왕으로 봉함)하는 한편, 백제 땅에 대한 지배권을 장악하였다. 이어 **매소성과 기벌포에서 당군을 섬멸하면서 문무왕 16년(676)에 삼국을 통일하였다.**

|오답해설|
① 고구려 부흥 유동과 관련 있다.
② 신라 진흥왕과 백제 성왕과의 전투이다.
③ 고구려가 안시성에서 당 태종의 공격을 저지한 싸움이다.

|정답| ④

|정답해설| 제시된 사료는 나당 전쟁 중 대표적 전투인 매소성 전투(675)이다. 매소성 전투·기벌포 전투 이후 신라는 당을 물리치고 통일을 이루었다.
ㄴ. 신문왕 때 김흠돌이 반란을 일으켰다(681).
ㄷ. 신문왕 때 유학 교육 기관인 국학을 설치하였다(682).

|오답해설|
ㄱ. 백제 멸망 이후 웅진 도독부가 설치되었다(660).
ㄹ. 백제 멸망 이후 복신·도침 등은 부여풍과 함께 백제 부흥 운동을 일으켰다(660~663).

|정답| ③

＊통일 신라의 성립과 발전
통일 이후 신라를 중대와 하대로 구분하여 시기별 특징을 이해하여야 한다.

● 신라의 통일 과정을 다음과 같이 두 단계로 구분할 때, 두 번째 단계에 해당하는 (가)와 관련된 역사적 사실로 옳은 것은?

> 신라의 통일 전쟁은 두 단계로 진행되었다. 첫 번째 단계는 나당 연합군과 백제, 고구려와의 전쟁이었다. 660년 신라와 당의 연합군이 백제를 공격하여 멸망시키고, 이듬해부터 고구려를 공격하기 시작하였다. 고구려는 초기에는 이를 방어하였으나 내분으로 인하여 결국 668년에 멸망하고 말았다. 두 번째 단계는 ____(가)____이다. 이 과정에서 신라는 백제, 고구려의 유민을 포섭하여 싸워 승리함으로써 마침내 대동강과 원산만을 잇는 선의 남쪽을 차지하여 불완전하나마 삼국의 통일을 이룩하였다.

① 검모잠과 고연무의 활약　　　　　② 관산성 전투

③ 안시성 싸움　　　　　　　　　　④ 매소성·기벌포 싸움

● 다음 전투 이후에 일어난 사건으로 옳은 것만을 모두 고르면?　　　23. 국가직 9급

> 이근행이 군사 20만 명의 대군을 이끌고 매소성(買肖城)에 머물렀다. 우리 군사가 공격하여 달아나게 하고 전마 30,380필을 얻었는데, 남겨놓은 병장기도 그 정도 되었다.　　「삼국사기」

> ㄱ. 웅진 도독부가 설치되었다.
> ㄴ. 김흠돌이 반란을 일으켰다.
> ㄷ. 교육 기관인 국학이 설립되었다.
> ㄹ. 복신과 도침이 부여풍과 함께 백제 부흥 운동을 일으켰다.

① ㄱ, ㄴ　　　　② ㄱ, ㄹ　　　　③ ㄴ, ㄷ　　　　④ ㄷ, ㄹ

05　통일 신라(신라 후기, 후기 신라)의 성립과 발전＊

(1) 신라의 시대 구분

① 『삼국사기』의 구분: 왕의 혈통에 따라 상대·중대·하대로 구분하였다.

상대	중대	하대
성골	진골 – 무열계 직계	내물계
박혁거세~진덕 여왕	무열왕~혜공왕	선덕왕~경순왕

② 『삼국유사』의 구분: 왕호의 성격에 따라 상고·중고·하고로 구분하였다.

상고	중고	하고
신라 고유 왕호 사용	불교식 왕호	중국식 시호
박혁거세~지증왕	법흥왕~진덕 여왕	무열왕~경순왕

(2) 통일 신라의 발전

통일 이후 신라는 강화된 경제력과 군사력을 토대로 왕권을 전제화하였다. 태종 무열왕(김춘추)은 최초의 진골 출신으로 통일 전쟁을 치르는 과정에서 왕권을 강화하였다. 아울러

이때부터 태종 무열왕의 직계 자손이 왕위를 세습하였고, 왕명을 받들고 기밀 사무를 관장하는 집사부의 장관인 시중의 권한을 강화하고 상대등 세력을 억제하였다.

■ 시중

이전에는 중시라고 하였으나, 경덕왕 때부터 시중으로 바꾸었다.

단권화 MEMO

① 태종 무열왕(654~661)
  ㉠ 신귀족 집단 형성: 금관가야계(김유신)와의 결합으로 진골 출신으로는 최초로 왕위를 계승하였다.
  ㉡ 왕권 전제화: 감찰 기관인 사정부를 설치하는 한편 갈문왕 제도가 사실상 폐지되었다.
  ㉢ 백제 멸망(660): 신라는 당과 연합하여 **백제를 멸망**시켰다.

② 문무왕(661~681)
  ㉠ 백제 부흥 운동을 진압하였다(663).
  ㉡ 신라는 당과 연합하여 고구려를 멸망시켰다(668).
  ㉢ 삼국 통일(676): 나당 전쟁으로 당나라를 격파하여 안동 도호부를 요동으로 축출하였다.
  ㉣ 우이방부(형부)를 설치하고 일본과 수교하였다.
  ㉤ 상수리 제도 시행: 지방 세력 통제를 목적으로 시행한 일종의 인질 제도이다.

사료 상수리 제도

왕(문무왕)의 서제(庶弟)인 차득공(車得公)이 민정을 시찰하기 위해 거사(居士)의 모습을 하고 여러 지방을 거쳐 무진주(武珍州, 지금의 광주광역시)에 이르니, 주리(州吏) 안길(安吉)이 낯선 사람이라 생각하고 극진히 대접하였다. …… 다음 날 아침 거사가 떠나면서, 자신의 이름은 단오(端午)이며 집은 황룡(皇龍)과 황성(皇聖) 두 절 사이에 있으니 서울에 올라오면 찾아 달라고 하였다. …… 나라의 제도에 매년 각 주의 관리 한 사람을 불러서 서울의 여러 부서를 지키도록 하였는데, 안길이 상수(上守)할 차례가 되어 서울에 올라와 단오 거사를 찾아가 후한 대접을 받았다.   「삼국유사」

③ 신문왕(681~692)
  ㉠ 전제 왕권 확립: 김흠돌의 난과 연루된 진골 귀족들을 숙청하면서 왕권을 전제화하였다. 또한 금마저(현재의 익산)의 보덕국을 폐지하였고, 달구벌(현재의 대구)로 천도하여 중앙 집권을 강화하고자 하였다(천도는 실행되지 못함).
  ㉡ 중앙 관제 완비: 예작부와 공장부를 설치하여 중앙 14부를 완성하였다.
  ㉢ 지방 행정·군사 제도 정비: 전국을 9주 5소경으로 조직하고, 중앙군은 9서당, 지방군은 10정으로 정비하였다.
  ㉣ 귀족 세력 약화: 관료전을 지급하고 **녹읍을 폐지**하였다.
  ㉤ 국학 설치: 유교적 정치 이념에 입각하여 관료들의 자질을 높이기 위해 **국학**을 설치하였다.
  ㉥ 6두품 대두: 6두품은 왕권과 결탁하여 왕의 학문적·종교적·정치적 조언자의 역할을 하였다.

사료 신문왕의 즉위 교서

공이 있는 자를 상 주는 것은 옛 성인의 좋은 규정이요, 죄 있는 자를 벌주는 것은 선왕의 아름다운 법이다. …… 적의 괴수인 흠돌·흥원·진공 등은 그 벼슬이 재능으로 높아진 것이 아니라 실상 왕의 은덕으로 올라간 것이지만, …… 악당들이 서로 도와 날짜와 기한을 정해 반역을 행하려 하였다.   「삼국사기」

대왕암(大王巖, 문무왕의 해중릉) 근처에 세워졌던 사찰이며 신문왕 때 완성되었다(신문왕 2년, 682). 감은사 터에는 3층 석탑 2기가 있다.

사료 감은사와 대왕암

문무왕이 왜병을 진압하고자 감은사를 처음 창건하려 했으나, 끝내지 못하고 죽어 바다의 용이 되었다. 뒤이어 즉위한 신문왕이 공사를 마무리하였다. 금당 돌계단 아래에 동쪽을 향하여 구멍을 하나 뚫어 두었으니, 용이 절에 들어와서 돌아다니게 하려고 마련한 것이다. 유언에 따라 유골을 간직해 둔 곳은 대왕암(大王巖)이라고 불렀다.

『삼국유사』

심화 만파식적 고사 – 신문왕 시기 왕실의 번영과 평화를 상징

『삼국유사』에 의하면 신라 31대 신문왕이 아버지 문무왕을 위하여 동해변에 감은사를 지어 추모하였는데, 죽어서 해룡이 된 문무왕과 천신이 된 김유신이 합심하여 용을 시켜 동해의 한 섬에 대나무를 보냈다. 이 대나무는 낮이면 갈라져 둘이 되고, 밤이면 합하여 하나가 되는지라, 왕은 이 기이한 소식을 듣고 현장에 거동하였다.

이때 나타난 용에게 왕이 대나무의 이치를 물으니, 용은 "비유하건대 한 손으로는 아느 소리도 낼 수 없지민 두 손이 마주치면 능히 소리가 나는지라. 이때도 역시 합한 후에야 소리가 나는 것이요. …… 또한 대왕은 이 성음(聲音)의 이치로 천하의 보배가 될 것이다. ……"라고 예언하고 사라졌다.

왕은 곧 이 대나무를 베어서 피리를 만들어 부니, 나라의 모든 걱정·근심이 해결되었다고 한다. 그리하여 이 피리를 국보로 삼았는데, 효소왕 때 분실하였다가 우연한 기적으로 다시 찾게 된 후 이름을 만만파파식적(萬萬波波息笛)이라 고쳤다고 한다.

④ 성덕왕(702~737)

ㄱ 정전 지급: 백성들에게 정전을 지급하여 토지 및 농민 지배력을 강화하였다.

ㄴ 장성 축조 및 당과 수교: 발해를 견제하기 위해 장성(현재 강릉 지방 북쪽)을 축조하였고, 당과의 공식 수교가 이루어졌다.

ㄷ 「백관잠(百官箴)」 제정: 성덕왕 10년(711) 백관(모든 관리)을 훈계하기 위하여 지었으나, 현재 전하지는 않는다.

사료 성덕왕의 업적

❶ 성덕왕 10년(711) 11월에 왕이 「백관잠(百官箴)」을 지어 여러 신하에게 보여 주었다.

❷ 성덕왕 12년(713) 봄 2월에 전사서(典祀署, 국가의 제사를 담당하던 관청)를 설치하였다.

❸ 성덕왕 13년(714) 2월에 상문사(詳文司)를 통문박사(通文博士)로 고치고 표문(表文) 쓰는 일을 담당하게 하였다.

❹ 성덕왕 16년(717) 봄 2월에 의박사(醫博士)와 산박사(筭博士)를 각각 1인씩 두었다. …… 가을 9월에 당(唐)나라에 갔던 대감(大監) 수충(守忠)이 돌아와 문선왕(文宣王)과 10철(哲) 및 72제자(弟子)의 초상화를 바치자, 곧 태학(太學)에 안치하였다.

❺ 성덕왕 17년(718) 여름 6월에 …… 처음으로 누각(漏刻, 물시계의 일종)을 만들었다.

『삼국사기』

⑤ 경덕왕(742~765)

ㄱ 집사부의 장관인 중시를 시중으로 고쳐 불렀다.

ㄴ 지방 명칭과 관부의 명칭 변경: 757년에 지방 9개 주의 명칭을 비롯한 군현의 명칭을, 759년에는 중앙 관부의 관직명을 모두 중국식으로 바꾸었다.

ㄷ 국학 정비: 국학을 태학감으로 개칭하여 박사·조교를 두었다(혜공왕 때 다시 국학으로 개칭).

ㄹ 불국사·석굴암 축조: 김대성의 발원으로 불국사와 석굴암이 축조되기 시작하였다.

ㅁ 녹읍 부활: 경덕왕 16년(757)에 녹읍이 다시 부활하였다.

사료 집사부와 시중

집사성의 원래 이름은 품주이다. 진덕 여왕 5년(651)에 집사부로 고쳤고, 중시는 1명으로 집사부를 통솔하였다. 경덕왕 6년(747)에 중시의 이름을 시중으로 고쳐 삼았다.

『삼국사기』

사료 경덕왕 시기의 향가

「안민가」

충담사

임금은 아버지요 신하는 사랑하실 어머니시라.
백성을 어리석은 아이라 여기시니, 백성이 그 사랑을 알리라.
꾸물거리며 사는 물생들에게, 이를 먹여 다스리네.
이 땅을 버리고 어디로 가랴, 나라 안이 유지됨을 알리다.
아아! 임금답게 신하답게 백성답게 할지면, 나라 안이 태평하리라.

『삼국유사』

⑥ 혜공왕(765~780)

  ㉠ 768년 각간 대공(大恭)의 난이 도화선이 되어 96각간의 난이 일어났다.

  ㉡ 혜공왕의 피살: 이찬 김지정의 난 때 혜공왕이 살해되고, 내물 마립간의 후손인 상대등 김양상이 선덕왕으로 즉위하였다(780).

바로 확인문제

● **같은 왕 대에 발생한 일이 아닌 것은?**   19. 10월 서울시 7급

① 왕의 장인인 김흠돌이 반란을 일으켜 그 일당을 처벌하였다.

② 유교 경전에 대한 이해 수준에 따라 세 등급으로 나누어 관리를 채용하였다.

③ 유학 교육을 위하여 국학을 설립하였다.

④ 지방 제도를 개편하여 전국을 9개의 주(州)로 나누고 5개의 소경(小京)을 두는 체제로 정비하였다.

● **〈보기〉의 밑줄 친 '왕'에 대한 설명으로 가장 옳은 것은?**   20. 서울시(자체 출제) 9급

┌─ 보기 ├─

왕이 행차에서 돌아와 그 대나무로 피리를 만들어 월성의 천존고(天尊庫)에 간직하였다. 이 피리를 불면 적병이 물러가고 병이 나으며, 가뭄에는 비가 오고 장마에는 날씨가 개며, 바람이 잦아지고 물결이 평온해졌다. 이를 만파식적으로 부르고 나라의 보물이라 칭하였다.

『삼국유사』

① 녹읍을 부활시켰다.

② 9주 5소경을 설치하였다.

③ 정전을 지급하였다.

④ 고구려 부흥 운동을 지원하였다.

|정답해설| 독서삼품과(유교 경전에 대한 이해 수준에 따라 세 등급으로 나누어 관리를 채용)는 원성왕 때 설치되었다(원성왕 4년, 788).

|오답해설|
① 김흠돌의 난, ③ 국학의 설립, ④ 9주 5소경 체제 정비는 모두 신문왕 시기의 사실이다.

|정답| ②

|정답해설| 제시된 사료는 만파식적(萬波息笛)의 고사로, 신문왕 때 신라의 안정된 모습을 반영하고 있다. 신문왕은 지방 제도로 9주 5소경을 설치하였다.

|오답해설|
① 경덕왕 16년에 녹읍이 부활하였다(757).
③ 성덕왕 21년에 정전이 지급되었다(722).
④ 문무왕 때 안승을 보덕국 왕에 임명(674)하는 등 고구려 부흥 운동을 지원하였다.

|정답| ②

|정답해설| 신문왕은 문무 관리에게 관료전을 지급하고(687) 녹읍을 폐지(689)하였으며, 유학 교육을 위해 국학을 설치하였다(682).

|오답해설|
① 독서삼품과는 원성왕 시기인 788년에 실시되었다.
③ 경덕왕 때에 국학을 태학감으로 고치고 박사와 조교를 두어 유학 경전을 교육하였다.
④ 성덕왕 시기에 당에서 공자, 10철(十哲), 72제자의 화상(畫像, 초상화)을 들어와 국학에 안치하였다.

|정답| ②

■ 신라 하대
신라 하대는 37대 선덕왕(780~785)으로부터 56대 경순왕(927~935) 때까지를 말하는데, 155년 동안 20명의 왕이 교체될 정도로 정치적 혼란기였다.

● 〈보기〉의 정책이 실시된 왕 대에 대한 설명으로 가장 옳은 것은? 22. 2월 서울시(자체 출제) 9급

┤ 보기 ├

재위 9년 봄 정월에 교를 내려 내외 관료의 녹읍을 폐지하고, 1년 단위로 조(租)를 차등 있게 하사하는 것을 항식(恒式)으로 삼았다.

① 독서삼품과를 실시하였다.
② 유교 교육을 강화하기 위해 국학을 설치하였다.
③ 국학을 태학감으로 고치고 박사와 조교 등을 두었다.
④ 국학에 공자와 10철 등의 화상을 안치하여 유교 교육을 강화하였다.

(3) 신라 하대 사회의 동요

① 진골 귀족 세력의 강화
  ㉠ 집사부 시중의 세력은 약화되고 귀족을 대표하는 상대등 세력이 강화되었다.
  ㉡ 원성왕 시기에 능력 중심의 관리 임용 제도인 '독서삼품과'가 실시되었으나(788), 진골 귀족의 반대로 제도로서 정착되지는 못했다.

사료 독서삼품과

봄에 처음으로 독서삼품(讀書三品)을 정하여 벼슬을 하게 하였다. 『춘추좌씨전』, 『예기』, 『문선』을 읽어서 그 뜻을 능통하게 알고, 겸하여 『논어』와 『효경』에 밝은 자를 상품(上品)으로 하고, 『곡례』, 『논어』, 『효경』을 읽은 자를 중품(中品)으로 하고, 『곡례』와 『효경』을 읽은 자를 하품(下品)으로 하였다. 만일 오경, 삼사, 제자백가서에 다 능통한 자는 등급을 밟지 않고 이를 등용하였으며, 전에는 단지 활 쏘는 것으로 인물을 선발하던 것을 이때에 와서 고쳤다.
『삼국사기』

② 대표적 왕위 쟁탈전: 헌덕왕(809~826) 시기의 김헌창의 난(822)이 대표적이다.

심화 김헌창의 난

웅천주(현재의 공주) 도독인 김헌창은 무열왕계 후손인 아버지 김주원이 귀족들의 반대로 원성왕에게 왕위를 빼앗기자, 이에 불만을 품고 웅주에서 국호를 장안, 연호를 경운이라 하여 반란을 일으켰다. 이후 아들 김범문이 헌덕왕 17년(825)에 재차 봉기하였으나 실패하였다.

③ 호족의 성장
  ㉠ 토착 촌주·몰락한 진골·지방의 군진 세력·해상 세력 등이 자립하였다.
  ㉡ 스스로를 성주나 장군으로 불렀다.

④ 6두품: 도당 유학생 출신의 6두품은 유교 정치 이념을 제시하였으나, 수용되지 않자 반신라적 경향으로 돌아섰고, 지방 호족과 연결되었다.

⑤ 농민 봉기: 사벌주(상주) 지방의 원종과 애노의 난이 대표적이다.

사료 통일 신라 말의 정세

❶ 골품제의 모순
  • 최치원이 서쪽으로 당에 가서 벼슬을 하다가 고국에 돌아왔는데, 전후에 난세를 만나서 처지가 곤란하였으며 걸핏하면 모함을 받아 죄에 걸리겠으므로 스스로 때를 만나지 못한 것을 한탄하고 다시 벼슬할 뜻을 두지 않았다. 그는 세속과 관계를 끊고 자유로운 몸이 되어 숲속과 강이나 바닷가에 정자를 짓고 소나무와 대나무를 심으며 책을 벗하여 자연을 노래하였다.
『삼국사기』

- 설계두는 신라의 귀족 자손이다. 일찍이 친구 네 사람과 술을 마시며 각기 그 뜻을 말할 때 "신라는 사람을 쓰는 데 골품을 따져서 그 족속이 아니면 비록 뛰어난 재주와 큰 공이 있어도 한도를 넘지 못한다. 나는 멀리 중국에 가서 출중한 지략을 발휘하고 비상한 공을 세워 영화를 누리며, 높은 관직에 어울리는 칼을 차고 천자 곁에 출입하기를 원한다."라고 하였다. 그는 621년 몰래 배를 타고 당으로 갔다.

『삼국사기』

❷ **통일 신라 말의 혼란**

- 진성 여왕 3년(889) 나라 안의 여러 주·군에서 공부(貢賦)를 바치지 않으니, 창고가 비고 나라의 쓰임이 궁핍해졌다. 왕이 사신을 보내어 독촉하였지만, 이로 말미암아 곳곳에서 도적이 벌떼같이 일어났다. 이에 원종·애노 등이 사벌주(상주)에 의거하여 반란을 일으키니, 왕이 나마 벼슬의 영기에게 명하여 잡게 하였다. 영기가 적진을 쳐다보고는 두려워하여 나아가지 못하였다.

『삼국사기』

- 진성 여왕 10년(896)에 도적이 경주의 서남쪽에 나타났는데 이들은 붉은 바지를 입고 있었다. 이때 사람들이 이들을 '적고적'이라고 불렀다. 그들은 주현을 약탈했으며, 경주 서부의 모량리에서 민가를 약탈하였다.

『삼국사기』

- 당나라 19대 황제(소종, 888~904)가 중흥을 이룰 때, 전쟁과 흉년 두 가지 재앙이 서쪽(당)에서 멈추어 동쪽(신라)으로 왔다. 어디고 이보다 더 나쁜 것이 없었고 굶어 죽고 싸우다 죽은 시체가 들판에 즐비하였다.

해인사 묘길상탑기

바로 확인문제

● **밑줄 친 '반란'에 대한 설명으로 옳은 것만을 모두 고르면?**　　　24. 국가직 9급

> 웅천주 도독 헌창이 <u>반란</u>을 일으켜, 무진주·완산주·청주·사벌주 네 주의 도독과 국원경·서원경·금관경의 사신 및 여러 군현의 수령들을 위협하여 자신의 아래에 예속시키려 하였다.

> ㄱ. 천민이 중심이 된 신분 해방 운동 성격을 가졌다.
> ㄴ. 반란 세력은 국호를 '장안', 연호를 '경운'이라 하였다.
> ㄷ. 주동자의 아버지가 왕이 되지 못한 것에 대한 불만으로 일어났다.
> ㄹ. 무열왕 직계가 단절되고 내물왕계가 다시 왕위를 차지하는 결과를 가져왔다.

① ㄱ, ㄴ　　　　　　　　② ㄱ, ㄹ
③ ㄴ, ㄷ　　　　　　　　④ ㄷ, ㄹ

|정답해설| 웅천주 도독 김헌창은 ㄷ. 무열왕계 후손인 아버지 김주원이 원성왕에게 밀려 왕위에 오르지 못한 것에 불만을 품고, 822년(헌덕왕 14년) 반란을 일으켰다. ㄴ. 그는 국호를 장안(長安), 연호를 경운(慶雲)이라 하고, 무진주(현재의 광주)·완산주(현재의 전주)·청주(현재의 진주)·사벌주(현재의 상주)의 4개 지역 도독과 국원경(현재의 충주)·서원경(현재의 청주)·금관경(현재의 김해) 등의 관리들과 군·현의 수령들이 항복하여, 한때 충청·전라·경상 등지의 여러 지역이 이에 호응하였다.

|오답해설|
ㄱ. 천민이 중심이 된 신분 해방적 성격을 가진 대표적 반란은 고려 시대 만적의 난(1198)이다.
ㄹ. 김지정의 난으로 혜공왕이 피살되면서 무열왕의 직계가 단절되고, 내물왕계가 다시 왕위를 차지하는 결과(선덕왕의 즉위, 780)를 가져왔다.

|정답| ③

● **다음과 같은 사회적 상황이 나타난 시기의 역사적 사실로 가장 적절하지 <u>않은</u> 것은?**　13. 경찰직 1차

> 왕은 아첨하는 소인들을 항상 옆에 두고 남몰래 희롱하며 정사를 돌보지 않으므로 기강이 문란해졌고 또한 기근이 심하여 백성들은 사방으로 유리하고 도적이 벌떼처럼 일어나서 국내가 어지럽게 되자, 견훤은 몰래 딴 마음을 먹고 많은 사람을 불러 모아 가지고 서남쪽 주현의 적도들을 토벌하니, 가는 곳마다 모든 사람들이 그에게 호응하여 한 달 사이에 5천 명의 무리가 모여들었다.

① 귀족과 호족의 대토지 소유가 확대되면서 농민들은 토지를 잃고 노비가 되거나 초적(草賊)이 되었다.
② 6두품 세력은 골품제를 비판하며 새로운 정치 이념으로 성리학을 제시하였다.
③ 후삼국의 정립으로 신라의 지배권은 왕경 부근의 경상도 일대로 축소되었다.
④ 중앙 정부의 지방에 대한 통제력이 약화되면서 지방에서는 군사력과 경제력을 갖춘 호족 세력이 성장하였다.

|정답해설| '견훤'이라는 인물을 통해 이 사료에서 제시하는 시대가 신라 하대에 해당하는 것을 알 수 있다.
신라 하대의 6두품은 유학적 이념을 가지고 개혁안을 제시하기도 하였으나(대표적: 최치원의 시무 10여 조), 이때의 유학은 성리학이 아니다. 성리학은 남송 시대 주희가 정리한 학문으로 우리나라에는 고려 말 충렬왕 때 안향에 의해 최초로 도입되어 신진 사대부들이 수용하였다.

|정답| ②

06 발해의 성립과 발전*

(1) 발해의 건국과 발전

① 고왕(대조영, 1대, 698~719)

○ 발해의 5경
○ 신라의 5소경

▲ 발해의 영역

  ㉠ 건국: 대조영은 천문령에서 당의 군대를 물리친 후, 동모산(현재의 중국 지린성 둔화)에서 진국(振國)을 건국하고(698) 연호를 천통(天統)이라고 하였다.

  ㉡ 진국은 고구려 유민들을 끌어들이고 주변 지역으로 세력을 확대하였다.

  ㉢ 외교: 고왕은 당의 위협으로부터 벗어나기 위해 돌궐과 외교 관계를 맺었다.

  ㉣ 구성: 지배 계급은 소수의 고구려인이었으며, 피지배 계급은 다수의 말갈족으로 구성되었다. 다만 일부 말갈족은 발해 건국 과정에 참여하여 지배 계급으로 편입되었다.

  ㉤ 발해 군왕: 당으로부터 발해 군왕으로 봉해졌다(713). 이후 국호를 '발해'라 하였다.

사료 발해의 건국과 남북국 시대

❶ 발해의 건국

발해 말갈의 대조영은 본래 고구려의 별종이다. 고구려가 망하자 대조영은 그 무리를 이끌고 영주로 이사하였다. …… 대조영은 용맹하고 병사 다루기를 잘하였으므로 말갈의 무리와 고구려의 남은 무리가 점차 그에게 들어갔다.

『구당서』

❷ 남북국 시대

부여씨가 멸망하고 고씨가 망하게 되니 김씨가 그 남쪽 땅을 가지고 대씨가 그 북쪽 땅을 소유하여 발해라고 하였다. 이것을 남북국이라 한다. 그러니 마땅히 남북국사가 있어야 할 것이다. 그런데 고려가 이것을 편수하지 않은 것은 잘못이다. 대개 대씨라는 이는 어떤 사람인가. 바로 고구려 사람이다. 그가 소유하였던 땅은 어떤 땅인가. 바로 고구려 땅이다. …… 마침내 발해사를 편수하지 않아서 토문 이북과 압록 이서의 땅으로 하여금 누구의 땅인지 알지 못하게 하였으니, 여진인을 꾸짖고자 하나 할 말이 없고, 거란을 꾸짖고자 하나 그 말이 없었다. 고려가 드디어 약국이 된 것은 발해를 차지하지 못하였기 때문이다. 한탄스러움을 이길 수 있겠는가.

유득공, 『발해고』

심화 발해와 고구려의 관계

대조영과 그 후손들의 고구려 지향성은 일본과의 외교 과정에서 매우 뚜렷하게 드러난다. 『속일본기』의 기록에 따르면 759년 발해의 문왕이 일본에 사신을 보내면서 스스로를 '고려 국왕 대흠무'라고 불렀으며, 일본에서도 발해의 왕을 '고려 국왕'으로 불렀다. 뿐만 아니라 발해를 가리켜 자주 '고려'라고 불렀으며, '발해의 사신'을 '고려의 사신'으로 표현한 사례가 일본 측 기록에 많이 있다.

■ 발해
고려 말 이승휴의 『제왕운기』에서 발해 역사를 민족사에 포함시키려는 태도를 보이고 있으며, 그 후 18세기의 실학자들과 20세기의 민족 사학자들에 의해 본격적으로 우리 역사로 연구되기 시작하였다. 특히 유득공은 『발해고』에서 처음으로 발해를 한국사의 체계에 넣어 통일 신라와 발해를 '남북국 시대'로 인식해야 한다는 논리를 제시하였다. 18세기 실학자들의 연구로는 유득공의 『발해고』를 비롯하여 이종휘의 『동사』, 정약용의 『아방강역고』, 한치윤의 『해동역사』, 서상우의 『발해강역고』, 홍석주의 『동사세가』 등이 있다. 한말·일제 강점기 때의 연구에는 신채호의 『조선상고사』, 장지연의 『백두산정계비고』 등이 있다.

■ 남북국 시대
통일 신라와 발해가 병존한 시기를 말한다. '남북국'이란 용어가 최초로 쓰인 것은 조선 후기 유득공의 『발해고』이다.

② 무왕(대무예, 2대, 719~737)
  ㉠ 연호의 사용과 영토 확장 : '인안'이라는 연호를 사용하였고, 북만주 일대를 장악하였다.
  ㉡ 외교 : 돌궐, 일본(무왕 때 국교 체결, 727)과 우호 관계를 형성하여 당과 신라를 견제하였다.
  ㉢ 당과 대립 : 흑수부 말갈 문제로 당과 대립하다가 산둥반도 등주를 선제공격(장문휴, 732)하였다. 이듬해에는 당과 신라의 연합 공격을 격퇴하였다.

사료   발해 무왕의 국서 – 일본과의 국교 체결

발해 왕이 아룁니다. 산하(山河)가 다른 곳이고, 국토가 같지 않지만 어렴풋이 풍교 도덕(風敎道德)을 듣고 우러르는 마음이 더할 뿐입니다. 공손히 생각하건대 대왕은 천제(天帝)의 명을 받아 일본의 기틀을 연 이후 대대로 명군(明君)의 자리를 이어 자손이 번성하였습니다. 발해 왕은 황송스럽게도 대국(大國)을 맡아 외람되게 여러 번(藩)을 함부로 총괄하며, 고려의 옛 땅을 회복하고 부여의 습속(習俗)을 가지고 있습니다. 그러나 다만 너무 멀어 길이 막히고 끊어졌습니다. 어진 이와 가까이 하며 우호를 맺고 옛날의 예에 맞추어 사신을 보내어 이웃을 찾는 것이 오늘에야 비롯하게 되었습니다.   「속일본기」

③ 문왕(대흠무, 3대, 737~793)
  ㉠ 외교 : 당과 친선 관계를 유지하며, 당의 제도를 수용하였다. 또한 당에 사신과 유학생을 파견하였고, '신라도'를 개설하였다.
  ㉡ 왕권 강화 : 당으로부터 발해 국왕으로 격상(762)되었으며, '대흥', '보력'이라는 독자적 연호를 사용하였다. 또한 문왕을 '황상'이라 하였으며, 일본에 보낸 국서에서는 '천손'이라고 칭하였다.
  ㉢ 체제 정비 : 3성 6부(중앙 조직)를 조직하였고, 국립 대학인 주자감을 설치하였다.
  ㉣ 상경 천도 : 당에서 안녹산과 사사명의 난(안사의 난, 755~763)이 일어나자, 중경에서 상경으로 천도하였다. 상경의 도시 구조 및 주작대로는 당의 영향을 받았다.

사료   정효 공주(문왕의 넷째 딸) 묘지석에서 보이는 황상(皇上) 칭호

공주는 대흥(大興) 56년(792) 여름 6월 9일에 사망하였는데, 당시 나이는 36세였다. 이에 시호를 정효 공주라고 하였다. …… 황상(皇上)은 조회마저 금하고, 비통해 하시며 침식을 잊고 노래와 춤추는 것도 금지시켰다.

사료   문왕의 국서에 대한 일본의 반응

지금 보내온 국서(國書)를 살펴보니 부왕(父王)의 도를 갑자기 바꾸어 날짜 아래에 관품(官品)을 쓰지 않았고, 글 끝에 천손(天孫)이라는 참람된 칭호를 쓰니 법도에 어긋납니다. 왕의 본래의 뜻이 어찌 이러하겠습니까. …… 지금 대씨는 일없이 고의로 망령되이 사위와 장인을 칭하였으니 법례를 잃은 것입니다.   「속일본기」

④ 선왕(대인수, 10대, 818~830)
  ㉠ 해동성국 : 대부분의 말갈족을 복속시키고, 요동 지역으로 진출하였다. 그 결과 북으로는 흑룡(헤이룽)강, 동으로는 연해주, 서로는 개원, 남으로는 영흥에 이르는 광대한 영토를 확보하였다. 이에 중국에서는 발해를 **해동성국**으로 칭하였다.
  ㉡ 체제 정비 : 5경 15부 62주의 지방 조직을 완성하고, '건흥'이라는 연호를 사용하였다.

사료   발해의 영역

땅은 영주(營州)의 동쪽 2천 리에 있으며, 남으로는 신라와 서로 접한다. 월희말갈에서 동북으로 흑수말갈에 이르는데, 사방 2천 리, 호는 십여 만, 병사는 수만 명이다.

■ **해동성국**
바다 동쪽의 융성한 나라라는 뜻으로서, 9세기 선왕 때 전성기를 맞이한 발해를 중국에서 높여 부른 말이다.

(2) 발해의 멸망과 부흥 운동

① 멸망(926) : 대인선(15대, 906~926) 때 거란(요)의 야율아보기의 공격으로 상경(홀한성)이 함락되면서 멸망하였다.

② 발해 부흥 운동

    ㉠ 거란의 야율아보기는 발해 멸망 이후 동단국을 세우고 자신의 맏아들이 그곳을 다스리게 하였다.

    ㉡ 정안국(열만화, 938~986), 흥요국(대연림, 1029~1030) 등을 건국하였으나, 요(거란)에 의해 멸망하였다.

(3) 발해의 대외 관계

① 당과의 관계

    ㉠ 적대 관계(무왕, 8세기 초반)

        • 원인 : 발해의 세력이 강해지자 흑수부 말갈이 발해와의 화친 관계를 깨고 당나라에 보호 관계를 요청하였다. 이에 당이 흑수부 말갈에 도독부를 설치하여 발해를 견제하였으며, 신라도 북방의 경계를 강화하였다.

        • 내용 : 이에 반발한 무왕은 장문휴로 하여금 수군을 이끌고 당의 산둥 지방을 공격(732)하는 한편, 요서 지방에서는 당군과 격돌하였다.

        • 결과 : 발해는 당과 신라의 공격(733)을 양면으로 받았지만, 이를 격퇴하면서 국가적 발전을 이룩하였다.

    ㉡ 친선 관계(문왕, 8세기 후반) : 발해는 문왕 때 당과 화친을 맺고 사신을 자주 파견하였으며, 발해의 많은 유학생들이 당의 빈공과에 합격하기도 하였다. 그 결과 당의 발달된 문물을 수입하였고, 무역도 빈번히 이루어졌다.

② 일본·돌궐과의 관계 : 발해는 당과 신라의 협공을 견제함과 동시에 국가적 고립을 탈피하기 위해서 일본과 빈번히 교류하였고, 당을 견제하기 위해서 돌궐과 우호적인 관계를 유지하였다.

③ 신라와의 관계

    ㉠ 동족 의식 존재(교류 관계)

        • 발해는 건국 초에 신라에 사신을 파견하였고, 신라는 대조영에게 5관등 대아찬의 품계를 주었다.

        • 발해가 국내외적으로 어려움에 처하였을 때(거란 침입) 신라에 도움을 청하기도 하였다.

        • 발해와 신라의 사신이 왕래하던 교통로로 '신라도'가 있었다. 이를 통해 신라는 8세기 말 원성왕 6년(790)에 백어를, 9세기 초 헌덕왕 4년(812)에는 숭정을 발해에 사신으로 파견하여 교류하였다.

    ㉡ 대립 의식(불편한 관계)

        • 발해와 신라 간의 대립 의식은 당을 사이에 두고 문화적인 우월 경쟁과 대당 의존 외교로 나타난 것이지만, 당의 견제 정책에 의하여 이와 같은 상황은 더욱 조장되었다.

        • 당에 간 발해와 신라의 사신이 서로 상석에 앉기를 다투거나(쟁장 사건), 빈공과의 합격자 서열을 문제 삼기도 하였다(등제 서열 사건).

> **사료**   발해와 신라의 대립 – 쟁장 사건
>
> 신이 본국 숙위원(宿衛院) 장보(狀報)를 보니, 지난 건녕(乾寧) 4년(효공왕 1년, 897) 7월 중에 발해 하정사(賀正使)인 왕자 대봉예(大封裔)가 장(狀)을 올려, 발해가 신라 위에 있도록 허락해 주기를 청하였습니다.

■ 쟁장 사건(효공왕, 897)

당에 간 발해의 사신이 신라의 사신보다 상석에 앉을 것을 요청하였다가 거절당한 사건이다.

■ 등제 서열 사건(효공왕, 906)

신라의 최언위가 발해의 오광찬보다 빈공과 등제 석차가 앞서자 당에 사신으로 온 오소도(오광찬의 아버지)가 아들의 석차를 올려 달라고 요청하였다가 거절당한 사건이다.

삼가 이에 대한 칙지(勅旨)를 받들건대, "국명(國名)의 선후는 본래 강약에 의해서 따져 칭하는 것이 아니다. 조제(朝制)의 등위(等威)를 어찌 성쇠(盛衰)로 고칠 수가 있겠는가. 마땅히 구례(舊例)대로 할 것이니 이에 선시(宣示)를 따르도록 하라."는 것이었습니다.

최치원, 「사불허북국거상표」

사료 발해와 신라의 외교 관계

❶ 대립 관계

무왕 14년(732), 왕은 장군 장문휴를 보내 당의 등주를 공격하게 하였다. 이에 당 현종은 태복 원외랑 김사란을 신라에 보내 군사를 출동하여 발해의 남경을 공격하게 하였다. 신라는 군사를 내어 발해의 남쪽 국경선 부근으로 진격하였다. 이에 발해가 군사를 등주에서 철수하였다.

『신당서』

❷ 친선 관계

- 원성왕 6년(790) 3월에 일길찬 백어를 북국에 사신으로 보냈다.
- 헌덕왕 4년(812) 9월에 급찬 숭정을 북국에 사신으로 보냈다.

『삼국사기』

---

(4) 발해의 교역로

『신당서(新唐書)』 발해전은 상경을 중심으로, 각 방면에 이르는 교통로를 설명하고 있다.

① 영주도·조공도: 영주도는 당나라의 장안으로 직통하는 육상 교통망이었는데, 거란·돌궐 및 안사의 난으로 여러 차례 차단됨으로써 점차 서경 압록부의 조공도(압록도라고 불림)를 이용하게 되었다.

② 거란도: 부여부를 거쳐 거란과 교역했던 교역로였다.

③ 일본도: 동경 용원부를 거쳐 일본과 교역했던 교역로였다.

④ 신라도: 남경 남해부를 거쳐 신라의 경주까지 연결된 교역로였다.

바로 확인문제

● (가) 왕에 대한 설명으로 옳은 것은? 22. 국가직 9급

> 당 현종 개원 7년에 대조영이 죽으니, 그 나라에서 사사로이 시호를 올려 고왕(高王)이라 하였다. 아들 ____(가)____ 이/가 뒤이어 왕위에 올라 영토를 크게 개척하니, 동북의 모든 오랑캐가 겁을 먹고 그를 섬겼으며, 또 연호를 인안(仁安)으로 고쳤다.
> 『신당서』

① 수도를 상경성으로 옮겼다.

② '해동성국'이라고 불릴 만큼 전성기를 이루었다.

③ 장문휴를 시켜 당의 등주(산동성)를 공격하였다.

④ 고구려 유민과 말갈족을 이끌고 동모산에 도읍을 정하였다.

● 〈보기〉의 왕에 대한 설명으로 가장 옳은 것은? 18. 서울시 기술직 9급

> ─ 보기 ─
> 왕은 당이 내분으로 어지러워진 틈을 타서 영토를 넓히고, 수도를 중경에서 상경으로, 다시 동경으로 옮겼다. 또한 대흥, 보력 등 독자적인 연호를 사용하였다.

① 산동 지방에 수군을 보내 당을 공격하였다.

② 당으로부터 해동성국이라 불렸다.

③ 전륜성왕을 자처하고 황상이라는 칭호를 사용하였다.

④ 동모산에 나라를 세웠다.

단권화 MEMO

|정답해설| '대조영(고왕)의 아들', '연호를 인안(仁安)으로 고쳤다.'는 내용을 통해 (가)가 발해 무왕임을 알 수 있다. 무왕은 장문휴를 시켜 당의 등주를 선제공격하였다.

|오답해설|
① 문왕은 중경에서 상경으로 천도하였다. 성왕(793~794)은 동경에서 상경으로 천도하였다.
② 선왕 때 발해는 '해동성국'이라고 불릴 만큼 전성기를 이루었다.
④ 고왕(대조영)은 고구려 유민과 말갈족을 이끌고 동모산에서 진국을 건국하였다(698).

|정답| ③

|정답해설| 수도를 중경에서 상경으로, 다시 동경으로 옮기고 대흥, 보력 등 독자적 연호를 사용한 왕은 발해 문왕이다. 문왕은 전륜성왕(불교적 성왕)을 자처하고, 황상(皇上)의 칭호를 사용하였다.

|오답해설|
① 무왕은 산동 지방에 장문휴의 수군을 보내 당을 공격하였다.
② 선왕 이후 발해는 당으로부터 '해동성국'으로 불렸다.
④ 고왕은 동모산에 진(振, 이후 발해로 개칭)을 건국하였다.

|정답| ③

|정답해설| (가) 발해 무왕, (나) 발해 선왕에 해당한다.

ㄴ. 무왕은 장문휴의 수군으로 하여금 당나라 산둥 지방을 공격하게 하였다.

ㄷ. 선왕 때 '건흥'이라는 연호를 사용하였으며, 5경 15부 62주의 지방 행정 제도를 정비하였다.

|오답해설|

ㄱ. ㄹ. 문왕과 관련된다.

|정답| ③

● (가), (나) 국왕의 재위 시기에 있었던 사실로 옳은 것만을 〈보기〉에서 모두 고르면? 14. 지방직 9급

> (가) 대조영의 뒤를 이어 즉위하였다. 영토 확장에 힘을 기울여 동북방의 여러 세력을 복속하고 북만주 일대를 장악하였다.
> (나) 대부분의 말갈족을 복속시키고, 요동 지역으로 진출하였다. 이후 전성기를 맞은 발해를 중국에서는 해동성국(海東盛國)이라고 불렀다.

┤ 보기 ├

ㄱ. (가) – 수도를 중경에서 상경으로 옮겼다.

ㄴ. (가) – 장문휴가 수군을 이끌고 당(唐)의 산둥[山東] 지방을 공격하였다.

ㄷ. (나) – '건흥' 연호를 사용하고, 지방 행정 조직을 정비하였다.

ㄹ. (나) – 당시 국왕을 '대왕'이라 표현한 정혜 공주의 묘비가 만들어졌다.

① ㄱ, ㄴ 　　② ㄱ, ㄹ 　　③ ㄴ, ㄷ 　　④ ㄷ, ㄹ

07 남북국의 정치 구조

(1) 통일 신라의 통치 체제

① 중앙 관제

명칭	장관	설치 연대	6부와의 비교	임무
병부	령(令)	법흥왕 3년(516)	병부	군사
사정부	령	무열왕 6년(659)		감찰·규찰
위화부	령	진평왕 3년(581)	이부	관리의 인사
조부	령	진평왕 6년(584)	호부	공납과 부역 사무
승부	령	진평왕 6년(584)		육상 교통
예부	령	진평왕 8년(586)	예부	의례
영객부	령	진평왕 13년(591)	예부	외국 사신의 접대
집사부(성)	중시(시중)	진덕 여왕 5년(651)		국가 기밀 사무
창부	령	진덕 여왕 5년(651)	호부	재정·회계
좌이방부	령	진덕 여왕 5년(651)	형부	형벌·법률
우이방부	령	문무왕 7년(667)	형부	형벌·법률
선부	령	문무왕 18년(678)		해상 교통
공장부	감(監)	신문왕 2년(682)	공부	수공업자 관리, 사묘(祠廟)의 공사
예작부	령	신문왕 6년(686)	공부	토목·건축

② 지방 관제: 9주 5소경
　㉠ 9주: 9주에는 총관(이후 도독)을 파견하
　　였고 군은 태수, 현은 현령, 촌은 촌주가
　　담당하였다.
　㉡ 5소경: 수도인 경주의 편재성을 극복하
　　고, 지방 세력 통제를 목적으로 하였다.
　　책임자는 사신이었다.
　㉢ 외사정(지방관 감찰, 문무왕, 673), 상수
　　리 제도(인질 제도)가 있었다.
　㉣ 특수 행정 구역: 향·부곡이 있었다.
③ 군제의 정비: 9서당 10정
　㉠ 중앙군: 9서당을 두었다.
　㉡ 지방군: 10정을 두었다. 9주에 1개의 정
　　을 설치하고, 국경 지역인 한주에는 1개
　　의 정을 더 두었다.

▲ 신라의 9주 5소경

단권화 MEMO

■ 신라의 5소경
금관경(김해)·서원경(청주)·남원경(남
원)·북원경(원주)·중원경(충주)이다.

■ 상수리 제도
문무왕 때 정비된 상수리 제도는 지방
세력의 통제를 목적으로 시행된 일종
의 인질 제도이다.

9서당(誓幢)		10정(停)		
명칭(옷깃 색)	구성인	명칭	소속 주현	현 지명
녹금(綠衿)서당	신라인	음리화(音里火)정	상주 청효현	경북 상주
자금(紫衿)서당		삼량화(參良火)정	양주 현효현	경북 달성
비금(緋衿)서당		고량부리(古良夫里)정	웅주 청정현	충남 청양
황금(黃衿)서당	고구려인	거사물(居斯勿)정	전주 청웅현	전북 임실
백금(白衿)서당	백제인	소삼(召參)정	강주 현무현	경남 함안
청금(靑衿)서당		미다부리(未多夫里)정	무주 현웅현	전남 나주
적금(赤衿)서당	보덕국인	남천(南川)정	한주 황무현	경기 이천
벽금(碧衿)서당		골내근(骨乃斤)정	한주 황효현	경기 여주
흑금(黑衿)서당	말갈인	벌력천(伐力川)정	삭주 녹효현	강원 홍천
		이화혜(伊火兮)정	명주 연무현	경북 청송

심화 통일 신라의 민족 융합책

❶ 백제와 고구려 유민 회유
백제와 고구려 유민들을 적극적으로 회유하고 백제와 고구려인들을 그 지위에 따라 신라 관등을 배정하
여 신라의 지배층 집단으로 편입하였다.

❷ 9주 5소경
옛 삼국의 위치를 고려하여 9주 5소경 체제를 정비하였다.

❸ 9서당
9서당에 백제인·고구려인·보덕국인·말갈인까지 포함하였다.

(2) 발해의 통치 체제

① 중앙 관제의 특징

  ㉠ 3성 6부제: 형식은 당의 3성 6부제를 골격으로 하였으나, 삼국 시대 귀족 회의의 전통을 계승하여 정당성을 중심으로 운영하였다. 정당성의 수장은 '대내상', 발해 왕은 '가독부'라고 불렸다.

▲ 발해의 중앙 관제

  ㉡ 정치적 독자성: 6부 명칭과 집행 체계가 이원적으로 이루어진다는 점에서 정치적 독자성을 확인할 수 있다.

  ㉢ 중앙 기구는 3성(省)·6부(部)·1대(臺)·7시(寺)·1원(院)·1감(監)·1국(局)으로 구성하였다.

② 중앙 기구

  ㉠ 정당성: 최고 귀족들이 합좌하여 국가의 중대사를 합의·의결하는 기구였으며 집행 기구인 6부를 통괄하였다.

  ㉡ 6부: 장관은 경(卿)이었으며, 좌사정(좌윤)이 충부(인사 담당), 인부(재정 담당), 의부(의례·제사·교육 담당)를 담당하였으며, 우사정(우윤)은 지부(국방 담당), 예부(사법·형옥·치안 담당), 신부(토목·건축 담당)를 담당하였다.

  ㉢ 선조성: 신하들의 여론을 국왕에게 알리고, 왕의 조칙(詔勅: 왕이 신하에게 내리는 명령)을 논박하는 일을 담당했으며, 장관은 좌상(左相)이었다.

  ㉣ 중대성: 국왕의 명령을 하달하는 일을 담당했으며, 장관은 우상(右相)이었다.

  ㉤ 중정대: 관리 감찰을 담당하였다.

  ㉥ 문적원: 도서 출판 및 서적 관리를 담당하였다.

  ㉦ 주자감: 최고 교육 기관이었다.

  ㉧ 7시: 전중시(殿中寺, 국왕의 의복, 음식 등 궁정 생활 담당)·종속시(宗屬寺, 왕족에 대한 사무 담당)·태상시(太常寺, 예악 및 궁중 제사 담당)·사빈시(司賓寺, 외국 사절 접대 담당)·대농시(大農寺, 전국의 창고, 국가 소유 토지 담당)·사장시(司藏寺, 재화 보관 및 무역 업무 담당)·사선시[司膳寺, 궁중의 주례(酒禮) 담당]가 있었다.

  ㉨ 항백국: 왕실 후궁에 대한 호위, 일상생활의 시중 등을 담당하였다.

③ 지방 지배 조직

  ㉠ 말갈인 촌락: 촌장이 지배권을 인정받고 수령으로 불렸다.

ⓒ 5경 15부 62주: 5경은 15부 중에서 중앙과 사방의 요충지에 두었으며, 15부에는 도독, 62주에는 자사를 임명하였다.

④ 중앙군: 10위 조직

　㉠ 편제: 군제를 10위로 조직하고, 각 위마다 대장군과 장군을 두어 통솔하게 하였으며 왕궁과 수도의 경비를 맡겼다.

　㉡ 구성: 『신당서』 발해전에 의하면 좌·우 맹분위, 좌·우 웅위, 좌·우 비위, 남좌위, 남우위, 북좌위·북우위의 10위가 있었다 하는데, 그 전체의 모습을 살피기에는 한계가 있다.

바로 확인문제

● ㉠, ㉡의 국가에서 실시한 제도로 옳게 짝지은 것은?　　21. 경찰직 1차

> 신이 숙위원(宿衛院)의 보고를 보았더니, 왕자 대봉예가 글을 올려 (㉠)를 (㉡)보다 윗자리에 앉게 해 달라고 주청하였던 사실을 알게 되었습니다.

　　　　　　　　㉠　　　　　　　　㉡
① 3성 6부　　　　　　사심관 제도
② 5경 15부 62주　　　상수리 제도
③ 9주 5소경　　　　　빈공과
④ 9서당 10정　　　　　주자감

● 밑줄 친 '이 나라'에 대한 설명으로 옳은 것은?　　22. 지방직 9급

> • 이 나라에서 귀하게 여기는 것에는 태백산의 토끼, 남해부의 다시마, 책성부의 된장, 부여부의 사슴, 막힐부의 돼지, 솔빈부의 말, 현주의 베, 옥주의 면, 용주의 명주, 위성의 철, 노성의 쌀 등이 있다.
>
> 　　　　　　　　　　　　　　　　　　　　　　　　　　『신당서』
>
> • 이 나라의 땅은 영주(營州)의 동쪽 2천 리에 있으며, 남으로는 신라와 서로 접한다. 월희말갈에서 동북으로 흑수말갈에 이르는데, 사방 2천 리, 호는 십여 만, 병사는 수만 명이다.
>
> 　　　　　　　　　　　　　　　　　　　　　　　　　　『구당서』

① 중앙에 6좌평의 관제를 마련하였다.
② 9서당 10정의 군사 조직을 갖추었다.
③ 지방을 5경 15부 62주로 편성하였다.
④ 제가 회의에서 국가의 중대사를 결정하였다.

| 정답해설 | 897년 하정사로 당나라에 간 ㉠ 발해 사신 대봉예가 ㉡ 신라의 사신보다 상석에 앉을 것을 요청했다가 거절당했는데, 이것을 쟁장 사건이라고 한다. 발해는 5경 15부 62주의 지방 행정 조직을 갖추고 있었다. 한편 신라에는 지방 세력을 통제하기 위한 인질 제도인 상수리 제도가 있었다.

| 정답 | ②

| 정답해설 | 첫 번째 사료의 "솔빈부의 말", 두 번째 사료의 "남으로는 신라와 서로 접한다."를 통해 밑줄 친 '이 나라'가 발해임을 알 수 있다. 발해 선왕 때 지방을 5경 15부 62주로 편성하였다.

| 오답해설 |
① 백제 고이왕 때 중앙에 6좌평 제도가 마련되었다.
② 통일 신라 신문왕 대에 중앙군인 9서당과 지방군인 10정이 편성되었다.
④ 고구려에서는 제가 회의를 통해 국가의 중대사를 결정하였다.

| 정답 | ③

02 고대의 경제

단권화 MEMO

01 삼국의 경제 생활

1 삼국의 경제 정책

(1) 정복 전쟁과 경제

① 피정복지의 수취 : 삼국은 고대 국가로 성장하는 과정에서 주변의 소국과 전쟁을 벌여, 정복한 지역에는 그 지역의 지배자를 내세워 토산물을 공물로 수취하였다.

② 식읍(食邑)의 하사 : 삼국은 전쟁 포로를 귀족이나 병사에게 노비로 나누어 주기도 하고, 군공을 세운 사람에게 일정 지역의 토지와 농민을 식읍으로 주었다.

③ 피정복민의 지배 방식 개선 : 삼국 사이의 경쟁이 치열하게 전개되면서 각국은 피정복민을 노비처럼 지배하던 방식을 개선하려 하였다.

　㉠ 배경 : 피정복민을 무리하게 전쟁에 동원하거나 가혹하게 물자를 수취하면 이들이 다른 나라로 도망하는 일이 자주 발생하였기 때문이다.

　㉡ 피정복민의 부담 : 지배 정책의 변화로 삼국은 정복 지역에 대한 차별을 점차 줄여 갔지만, 피정복민들은 일반 백성에 비하여 여전히 신분적 차별을 받고 더 많은 경제적 부담을 졌다.

(2) 농민에 대한 수취 제도

① 과도한 수취(收取)

　㉠ 농민에 대한 과도한 수취는 농민 경제의 발전을 억누르고 농민을 토지로부터 이탈시켜 사회 체제가 동요하는 계기가 되었다.

　㉡ 삼국은 전쟁에 필요한 물자를 농민에게 거두고 그들을 군사로 동원하였다.

② 합리적인 과세

　㉠ 과세의 단위 : 재산의 정도에 따라 호(戶)를 나누어 곡물과 포를 거두었으며, 그 지역의 특산물도 거두었다.

　㉡ 노동력의 동원 : 왕궁·성·저수지 등을 만들기 위하여 국가에서 노동력이 필요하면 15세 이상의 남자를 동원하였다.

> **사료**　삼국의 수취 제도
>
> ❶ **백제** : 한수(漢水) 동북의 모든 부락의 15세 이상이 되는 장정을 선발하여 위례성을 수리하였다.
>
> 『삼국사기』, 백제본기
>
> ❷ **고구려** : 인두세는 베 5필에 곡식 5섬이다. 조(租)는 상호는 1섬, 그 다음은 7말, 하호는 5두이다.
>
> 『수서』, 고구려전

(3) 농민 경제의 안정 정책

농민 경제의 안정을 위하여 농업 생산력 향상 시책과 구휼 정책을 시행하였다.

① 농업 생산력 향상 시책

　㉠ 철제 농기구를 일반 농민에게 보급하였다.

　㉡ 소를 이용한 우경(牛耕)을 장려하였다.

　㉢ 황무지를 개간하도록 권장하여 경작지를 확대하였다.

　㉣ 저수지를 만들거나 수리하여 가뭄에 대비하였다.

② 구휼 정책의 시행

　㉠ 내용 : 홍수와 가뭄 등으로 흉년이 들면 백성에게 곡식을 나누어 주거나 빌려주었다.

　㉡ 시행 : 고구려 고국천왕 때 진대법을 시행하였다.

사료　삼국의 구휼 정책

❶ 7월, 서리가 내려 곡물이 상하니 백성이 굶주리므로 창고를 열어 백성에게 곡식을 나누어 주었다. 겨울 10월에 왕이 질양에서 사냥하실 때 길가에서 어떤 사람이 앉아 우는 것을 보고 어째서 우느냐고 물었다. 대답하되, "신은 가난하여 품팔이로 어머니를 봉양하였는데, 올해는 흉년이 들어 품팔이를 할 수 없어 한 되, 한 말의 양식도 얻어 쓸 수 없어 웁니다."고 하였다. 왕이 말하기를, "아, 내가 백성의 부모가 되어 백성을 이러한 극한 지경에 이르게 하니 나의 죄다." 하고 의복과 먹을 것을 주어 살아가게 했다. …… 또 소속 관리에게 명하여 매년 봄 3월부터 가을 7월까지 관청의 곡식을 내어 백성의 식구가 많고 적음에 따라 등급을 정하여 꾸어주고 겨울 10월에 갚게 하는 상설 규정을 만드니 내외가 크게 기뻐하였다.

『삼국사기』, 고구려본기

❷ 사자를 보내 백성의 병과 고통을 묻고 홀아비·과부·고아 등 스스로 살아갈 수 없는 자에게 한 사람당 3섬의 곡식을 내려 주었다. 『삼국사기』, 백제본기

❸ 황산을 순행하여 늙은이와 가난하여 살아갈 수 없는 자를 구제하였다. 『삼국사기』, 신라본기

바로 확인문제

● 다음 글에서 (　　) 안에 들어갈 내용을 〈보기〉에서 고른 것은? 　15. 기상직 7급

> 삼국은 서로 치열한 경쟁을 하면서 군사력과 재정을 확보하기 위하여 농업 생산력을 발전시키는 데 많은 관심을 기울였다. 수취 제도의 정비, (　　　), (　　　) 등 여러 정책을 실시하자, 농업 생산이 증대되어 농민 생활도 점차 향상되어 갔다.

| 보기 |
| ㄱ. 우경(牛耕) 장려　　　　　　ㄴ. 수공업 우대 |
| ㄷ. 철제 농기구의 보급　　　　　ㄹ. 정전(丁田)의 지급 |

① ㄱ, ㄷ　　　　　② ㄱ, ㄹ　　　　　③ ㄴ, ㄷ　　　　　④ ㄴ, ㄹ

(4) 수공업

① 노비들 중 기술이 뛰어난 자에게 국가가 필요로 하는 무기, 장신구 등을 생산하게 하였다.

② 관청 설치 : 점차 국가 체제가 정비되면서 무기·비단 등 수공업 제품을 생산하는 관청을 두고 여기에 수공업자를 배정하여 필요한 물품을 생산하였다.

단권화 MEMO

■ 우경(牛耕)

『삼국사기』에 지증왕 때 우경을 실시하였다는 기록이 있다. 이를 통해 신라 정부가 우경을 본격적으로 보급하는 정책을 실시하였음을 알 수 있다.

■ 영천 청제비

법흥왕 때 농민 약 7,000명을 동원하여 저수지를 축조하였다는 내용이 기록되어 있다.

|정답해설| 삼국은 군사력 확충과 국가 재정 확대를 위해, 농업 생산력을 발전시키는 데 큰 관심을 가졌다.

ㄱ, ㄷ. 이를 위해 우경을 장려하고, 철제 농기구를 보급하는 등 여러 정책을 시행하였다.

|오답해설|

ㄴ. 전근대 사회에서는 중농 정책을 추진하였고, 상업과 수공업은 국가에 의해 통제되었다.

ㄹ. 신라의 삼국 통일 이후인 8세기 초 성덕왕 때 정전을 지급하였다.

|정답| ①

(5) 상업

① 시장 설치 : 국가와 지배 계급의 필요에 따라 시장을 설치하였으나, 농업 생산력의 수준이 낮아 수도에만 시장이 형성되었다.

② 신라의 상업 : 5세기 말 경주에 시장을 열어 물품을 매매하게 하였고, 6세기 초(지증왕 시기) 시장을 감독하는 관청인 동시전(東市典)을 설치하였다.

사료   시장의 감독

동시전(東市典)은 509년(지증왕 10년)에 설치하였다. 감(監)은 2명이었는데, 관등(官等)이 나마(奈麻)에서 대나마(大奈麻)까지인 자로 임용하였다. 대사(大舍)는 2명이었는데, 경덕왕이 주사(主事)로 고쳤으나 후에 다시 대사로 일컬었으며, 관등은 사지(舍知)에서 나마까지인 자로 임용하였다. 서생(書生)은 2명이었는데, 경덕왕이 사직(司直)으로 고쳤으나 후에 다시 서생으로 칭하였다. 관등은 조부(調府)의 사(史)와 같았다. 사는 4명이었다.

「삼국사기」

---

(6) 대외 무역

① 공무역(公貿易)의 형태 : 삼국의 무역은 대개 왕실과 귀족의 필요에 의하여 공무역의 형태로 이루어졌으며, 이를 통해 문물을 교류하였다.

② 교역의 발달 : 삼국의 국제 무역은 4세기 이후 크게 발달하였다.

▲ 삼국의 경제 활동

㉠ 고구려 : 남북조 및 유목민인 북방 민족과 무역을 하였다.

㉡ 백제 : 남중국 및 왜와 무역을 활발하게 전개하였다.

㉢ 신라 : 한강 유역을 획득하기 이전에는 고구려와 백제를 통하여 중국과 무역을 하였으나, 한강 유역으로 진출한 이후에는 당항성(黨項城)을 통하여 직접 교역하였다.

③ 교역품

㉠ 수출품 : 마직물, 금·은 세공품, 주옥, 인삼, 모피류 등

㉡ 수입품 : 비단·장식품·서적·약재·도자기 등 주로 귀족 생활과 관련이 있었다.

● 다음은 삼국의 주요 대외 교역 물품을 표시한 지도이다. ㉠~㉣에 들어갈 내용으로 옳은 것은?

17. 지방직 7급

① ㉠: 도자기, 비단, 서적
② ㉡: 인삼, 직물류
③ ㉢: 금, 은, 모피류
④ ㉣: 곡물, 비단

| 정답해설 | 곡물과 비단은 신라에서 왜로 수출된 품목이다.

| 오답해설 |
① 도자기, 비단, 서적은 삼국이 중국으로부터 수입한 물품이다.
② 인삼, 직물류는 백제의 수출품이다.
③ 금, 은, 모피류는 고구려의 수출품이다.

| 정답 | ④

2 귀족의 경제 생활

(1) 귀족의 경제 기반

① 토지 및 노비
　㉠ 국가에서 하사: 국가에서 준 녹읍·식읍·노비를 가지고 있었다. 또한 귀족은 전쟁에 참여하면서 토지와 노비 등을 더 많이 가질 수 있었다.
　　• 녹읍(祿邑): 국가에서 관료 귀족에게 지급한 일정 지역의 토지로서, 조세를 수취할 뿐만 아니라 그 토지에 딸린 노동력을 징발할 수 있었다.
　　• 식읍(食邑): 국가에서 왕족·공신 등에게 준 토지와 가호로서, 조세를 수취하고 노동력을 징발할 권리를 부여하였다.
　㉡ 귀족은 국가에서 하사한 토지와 노비 외에도 본래 스스로 소유한 토지와 노비를 가지고 있었다.
　㉢ 귀족들은 이 토지와 노비를 통하여 곡물이나 베 등 생활에 필요한 물품을 얻었다.
② 생산 조건
　㉠ 귀족은 토지·농기구·소 등 생산 조건에 있어서 농민보다 유리하였다.
　㉡ 귀족은 비옥한 토지를 가지고 있었고 일반 농민들은 가지기 어려운 철제 농기구와 소[牛]도 많이 소유하고 있었다.

▲ 고구려 귀족 생활
(중국 길림성 집안 각저총)

▲ 고구려 귀족 저택의 주방
(황해 안악 3호분)

|정답해설| 식읍은 공신 등에게 지급된 토지로서, 수조권. 농민 노동력 징발. 공물 수취권 등 광범위한 권리를 인정하였다.

|오답해설|
② 고려 시대 구분전에 대한 설명이다.
③ 식읍에 대한 설명이다.
④ 성덕왕 시기에 정전이 지급되면서 국가의 토지 및 농민 지배력이 강화되었다.

|정답| ①

(2) 수취 및 고리대

① 귀족은 노비와 그들의 지배하에 있는 농민을 동원하여 자기 소유의 토지를 경작시키고, 그 수확물의 대부분을 가져갔다.
② 고리대를 이용하여 농민의 토지를 빼앗거나 농민을 노비로 만들어 재산을 늘려 갔다.

(3) 귀족의 생활

① 고구려 고분 벽화에서 볼 수 있듯이 귀족들은 기와집·창고·마구간·우물·주방 등을 갖추고 높은 담을 쌓은 집에서 살면서 풍족하고 화려한 생활을 하였다.
② 이들은 중국에서 수입된 비단으로 옷을 만들어 입고 보석과 금·은으로 치장하였다.

(4) 농민 수탈의 약화

왕권이 강화되고 국가 체제가 안정되면서 귀족들의 과도한 수취는 점차 억제되었다.

바로 확인문제

● 밑줄 친 ㉠～㉣에 대한 설명으로 옳은 것은?   12. 지방직 9급

> • 문무왕 8년(668) 김유신에게 태대각간의 관등을 내리고 ㉠ 식읍 500호를 주었다.
> • 신문왕 7년(687) 문무 관리들에게 ㉡ 관료전을 차등 있게 주었다.
> • 신문왕 9년(689) 내외 관료의 ㉢ 녹읍을 혁파하고 매년 조를 주었다.
> • 성덕왕 21년(722) 처음으로 백성에게 ㉣ 정전을 지급하였다.

① ㉠ – 조세를 수취하고 노동력을 징발할 권리를 부여하였다.
② ㉡ – 하급 관료와 군인의 유가족에게 지급하였다.
③ ㉢ – 전쟁에서 큰 공을 세운 사람에게 공로의 대가로 지급하였다.
④ ㉣ – 왕권이 약화되는 배경이 되었다.

3 농민의 경제 생활

(1) 농민들의 처지

① 경작 형태: 농민들은 자기 소유의 토지를 경작하거나 부유한 자의 토지를 빌려 경작하였다.
② 척박한 토지 소유: 대체로 척박한 토지가 많았고, 퇴비를 만드는 기술이 발전하지 못하여 대부분의 토지는 연속하여 농사짓지 못하고 1년 또는 수년 동안 묵혀 두어야 했다.
③ 농기구
  ㉠ 초기: 농기구는 돌이나 나무로 만든 것과 일부분이 철로 보완된 것을 사용하였다.
  ㉡ 후기: 4세기에서 5세기를 지나면서 철제 농기구가 점차 보급되었다. 6세기에 이르러서는 철제 농기구를 널리 사용하였고, 우경(牛耕)도 확대하였다.

(2) 국가의 과도한 수취

① 원칙: 국가는 농업을 장려하여 농민 생활의 안정을 꾀하였다.
② 경과: 지나친 수취는 농민의 생활을 어렵게 하였다.

③ 공납과 요역 : 농민들은 생활이 어려울 정도로 과도하게 국가와 귀족에게 곡물·삼베·과실 등을 내야 했고, 성이나 저수지를 쌓는 일, 삼밭을 경작하고 뽕나무를 기르는 일 등에 동원 되었다.

④ 군역의 동원

　㉠ 삼국 간의 전쟁이 치열해지기 전에는 귀족을 비롯한 중앙의 지배층이 군사력의 중심이 었기 때문에, 지방 농민들은 전쟁 물자의 조달을 담당하거나 잡역부로 동원되었다.

　㉡ 삼국 사이의 대립이 치열해지면서 지방 농민까지 전쟁에 군사로 동원되었고 전쟁 물자 의 조달 부담도 더욱 증가하였다.

사료 ｜ 신라의 역(役)

자비 마립간 11년(468) 가을 9월에 하슬라(何瑟羅) 사람 (가운데) 15세 이상인 자를 징발하여 니하(泥河)에 성을 쌓았다[니하(泥河)는 니천(泥川)이라고도 한다]. 　　　　『삼국사기』

---

(3) 농민의 생활 개선 노력

① 농민들은 이러한 수취 체제하에서도 생활을 향상시키고자 스스로 농사 기술을 개발하고 계곡 옆이나 산비탈 등을 경작지로 바꾸어 갔다.

② 이러한 노력으로 점차 농업 생산력은 향상되었지만, 자연재해를 당하거나 고리대를 갚지 못하는 등의 경제적 부담을 견딜 수 없게 되면서 노비나 유랑민·도적이 되기도 하였다.

사료 ｜ 고구려의 귀족과 평민

❶ 그 나라는 3만 호인데 …… 그중에 대가들은 경작하지 않고 먹는 자가 1만 명이나 되며, 하호는 먼 곳에 서 쌀·낟알·물고기·소금 등을 저서 날라다 대가(大家)에 공급하였다. 　　　　『삼국지』 위서 동이전

❷ 대가(大家)들은 경작을 하지 않고 하호(下戶)들은 부세를 바치며 노비와 같다. 　　　　『위략』

❸ 온달은 고구려 평원왕 때의 사람이다. 얼굴 모습은 우스꽝스러웠으나 속마음은 아주 맑았다. 집이 매우 가난하여 구걸(求乞)한 음식으로 어머니를 봉양(奉養)했다. 당시 사람들은 그를 '어리석은 온달'이라고 불 렀다. …… 공주가 장성하자 왕은 상부의 고 씨에게 시집보내려 하였다. 공주는 "대왕께서는 항상 '너는 필시 온달의 아내가 되리라.'고 말씀하시더니 지금은 어찌 예전의 말씀을 고치십니까? ……" …… 공주 가 궁궐에서 가지고 나온 팔찌를 팔아 집과 논밭·노비·우마(牛馬)·기물(器物)을 사니 쓸 물건이 다 갖추 어졌다. 　　　　『삼국사기』 온달전

바로 확인문제

● 다음 자료에 대한 해석으로 가장 적절한 것은? 　　　　15. 국가직 9급

> • 신라 지증왕 3년의 순장 금지 사료(史料)
> • 신라 무덤에서 출토한 순장 대용(代用) 흙 인형

① 전쟁 노비의 소멸로 순장할 대상이 없어졌다.

② 농업 생산력의 상승에 따라 노동력을 중시하였다.

③ 죽음에 대한 의식(儀式)에 도교 사상이 반영되었다.

④ 왕실은 귀족층의 사치와 허례허식을 막기 위해 노력하였다.

단권화 MEMO

|정답해설| 철제 농기구가 점차 보급 되고 우경이 확대되자, 농업 생산력이 비약적으로 발전하였다. 이에 6세기 초 신라의 지증왕은 순장을 금지하여 노동력을 확보하고자 하였다.

|정답| ②

02 남북국 시대의 경제적 변화*

1 통일 신라의 경제 정책

(1) 경제 정책의 변화

삼국을 통일하면서 이전보다 넓은 토지와 많은 농민을 지배할 수 있게 된 신라는 피정복민과의 갈등을 해소하고 사회를 안정시키기 위하여 삼국의 경쟁 시기와는 다른 경제적 조치를 취하였다.

① 조세(租稅): 생산량의 10분의 1 정도를 수취하여 통일 이전보다 완화하였다.
② 공물(貢物): 촌락 단위로 그 지역의 특산물을 거두었다.
③ 역(役): 군역과 요역으로 이루어졌으며 16~60세의 남자를 대상으로 하였다.

(2) 민정 문서(신라 장적, 신라 촌락 문서)

① 발견: 일본 동대사(東大寺, 도다이사) 정창원(正倉院, 쇼소인 – 일본 왕실의 유물 창고)에서 1933년 『화엄경론질(華嚴經論帙)』의 파손 부분을 수리하던 중에 발견하였다.
② 내용: 서원경 주변의 4개 촌락(사해점촌·살하지촌 등)을 대상으로 작성되었다. 기록된 4개 촌락은 호구 43개에 총인구는 노비를 포함하여 442명(남 194명, 여 248명)이며, 소 53마리, 말 61마리, 뽕나무, 잣나무, 호두나무 등의 수가 기록되어 있다.
③ 작성 목적: 국가의 부역과 조세 기준을 마련하기 위해 작성하였다.
④ 작성자: 촌주가 매년 변동 사항을 조사한 후 3년마다 작성하였으며, 인구·가호·노비의 수와 3년 동안의 사망·출생·이동 등의 변동 내용을 기록하였다.
⑤ 인구·호의 구분: 인구는 남녀 모두를 대상으로 연령별 6등급으로 구분하여 기록하였다. 호(가구)는 사람의 많고 적음에 따라 상상호(上上戶)에서 하하호(下下戶)까지 9등급으로 파악하였다.
⑥ 토지의 종류
　㉠ 연수유전(답): 농민들이 호별로 경작하는 토지(성덕왕 때 주어진 정전으로 추정)
　㉡ 관모답: 관청 경비 조달을 위해 설치한 토지
　㉢ 내시령답: 내시령이라는 관료에게 할당된 관료전
　㉣ 촌주위답: 촌주에게 할당된 토지
　㉤ 마전(麻田): 의생활을 위한 공동 경작지

사료　민정 문서

이 고을의 사해점촌은 마을의 둘레가 5,725보이다. 호수는 모두 11호이다. 마을 사람들은 모두 147명이다. 정 29명(남자 종 1명 포함), 조자 7명, 추자 12명, 소자 10명이다. 지난 3년간에 태어난 소자 5명, 제공 1명이다. 여자는 정녀 42명(여자 종 5명 포함), 조여자 9명, 소여자 8명, 3년간 태어난 소여자 8명(노비 1명 포함), 제모 2명, 노모 1명 등이다. 3년간 다른 마을에서 이사 온 사람은 둘인데 추자 1명, 소자 1명이다.
말은 모두 25마리인데, 전부터 있던 것이 22마리, 3년간 늘어난 말이 3마리이다. 소는 22마리로, 전부터 있던 17마리, 3년간에 늘어난 것이 5마리이다.
논은 102결 정도인데, 관모답 4결, 내시령답 4결, 촌민이 받은 것이 94결이며, 그 가운데 19결은 촌주가 받았다. 밭은 62결로 모두 농민의 토지이다. 마전(삼베를 재배하는 밭)은 1결 정도이다. 뽕나무는 914그루가 있었고, 90그루를 새로 심었다. 잣나무는 86그루가 있었고, 34그루를 심었다. 호두나무는 74그루가 있었고 38그루를 심었다.

심화 **민정 문서에서의 인구**

인구는 남녀 각기 6등급으로 나누었다. 남자는 정(丁)·조자(助子)·추자(追子)·소자(小子)·제공(除公)·노공(老公). 여자는 정녀(丁女)·조녀자(助女子)·추녀자(追女子)·소녀자(小女子)·제모(除母)·노모(老母)의 연령층으로 구분하였다.

이들 가운데 가장 중요한 연령층은 국가에 부역의 의무를 지고 있는 정이었다. 정의 연령 하한은 16세였고, 상한은 57세였을 것으로 추정된다. 조자(조녀자)는 13세에서 15세, 추자(추녀자)는 10세에서 12세, 소자(소녀자)는 9세 이하, 제공(제모)은 58세에서 59세, 노공(노모)은 60세 이상으로 짐작되고 있다.

(3) 토지 제도의 변화

① 관료전 지급(신문왕 7년, 687): 문무 관리들에게 관등의 높낮이에 따라 차등을 두어 관료전을 지급하였다.

② 녹읍을 폐지(신문왕 9년, 689): 식읍을 제한하고 녹읍을 폐지하였다.

③ 정전 지급(성덕왕 21년, 722): 왕토 사상에 의거하여 백성에게 정전을 지급하였다.

④ 구휼 강화: 아울러 이전부터 시행해 오던 구휼 정책을 더욱 강화하였다.

⑤ 목적: 귀족에 대한 국왕의 권한을 강화하고 농민 경제를 안정시키려는 것이었다.

사료 **통일 신라의 토지 제도 변천**

❶ 신문왕 7년(687) 5월에 문무 관료전을 지급하되 차등을 두었다.

❷ 신문왕 9년(689) 1월에 내외관의 녹읍을 혁파하고 매년 조(租)를 내리되 차등이 있게 하여 이로써 영원한 법식을 삼았다.

❸ 성덕왕 21년(722) 8월에 처음으로 백성에게 정전을 지급하였다.

❹ 경덕왕 16년(757) 3월에 여러 내외관의 월봉을 없애고 다시 녹읍을 나누어 주었다.

❺ 소성왕 원년(799) 3월에 청주 거노현으로 국학생의 녹읍을 삼았다.

「삼국사기」

바로 확인문제

● **다음과 같은 문서가 작성되었던 시대에 대한 설명으로 옳지 않은 것은?**   16. 지방직 9급

> 토지는 논, 밭, 촌주위답, 내시령답 등 토지의 종류와 면적을 기록하고, 사람들은 인구, 가호, 노비의 수와 3년 동안의 사망, 이동 등 변동 내용을 기록하였다. 그 밖에 소와 말의 수, 뽕나무, 잣나무, 호두나무의 수까지 기록하였다.

① 관료에게는 관료전을, 백성에게는 정전을 지급하였다.

② 인구는 남녀 모두 연령에 따라 6등급으로 나누어 파악하였다.

③ 전국을 9주로 나누고, 주 아래에는 군이나 현을 두어 지방관을 파견하였다.

④ 국가에 봉사하는 대가로 관료에게 토지를 나누어 주는 전시과 제도를 운영하였다.

|정답해설| 제시된 자료는 통일 신라 시대에 세금 수취를 위해 작성된 민정 문서이다. 전시과 제도는 고려 시대의 토지 제도이다.

|오답해설|
① 신문왕은 관료전을 지급하고, 녹읍을 폐지하였다. 또한 성덕왕은 백성들에게 정전을 지급하였다.
② 민정 문서에서 인구는 남녀 모두를 대상으로 연령에 따라 6등급으로 구분하였다.
③ 통일 신라 시대에는 지방 행정 구역을 9주 5소경으로 정비하였고, 주 아래에는 군이나 현을 두어 지방관(군 - 태수, 현 - 현령)을 파견하였다.

|정답| ④

|정답해설| 신문왕 시기에 '이것'이 폐지되고, 경덕왕 시기에 '이것'이 부활되었다고 언급된 점에서 '이것'이 녹읍임을 알 수 있다. 녹읍은 그 지역의 수조권뿐만 아니라, 노역(勞役) 동원 및 공물 수취권까지 포함하는 광범위한 권한을 행사할 수 있었다.

|정답| ②

● 통일 신라 시대 귀족 경제의 변화를 말해 주고 있는 밑줄 친 '이것'에 대한 설명으로 옳은 것은?

14. 국가직 9급

> 전제 왕권이 강화되면서 신문왕 9년(689)에 이것을 폐지하였다. 이를 대신하여 조(租)의 수취만을 허락하는 관료전이 주어졌고, 한편 일정한 양의 곡식이 세조(歲租)로서 또한 주어졌다. 그러나 경덕왕 16년(757)에 이르러 다시 이것이 부활되는 변화 과정을 겪었다.

① 이것이 폐지되자 전국의 모든 국토는 '왕토(王土)'라는 사상이 새롭게 나오게 되었다.

② 수급자가 토지로부터 조(租)를 받을 뿐 아니라, 그 지역의 주민을 노역(勞役)에 동원할 수 있었다.

③ 삼국 통일 이후 국가에 큰 공을 세운 6두품 신분의 사람들에게 특별히 지급하였다.

④ 촌락에 거주하는 양인 농민인 백정이 공동으로 경작하였다.

2 통일 신라의 경제 활동

(1) 상업

통일 후 신라의 경제력은 비약적으로 성장하여, 농업 생산력의 성장을 토대로 경주의 인구가 증가하고 상품 생산이 증가하였다.

① 중앙: 이전에 설치된 동시(東市)만으로는 상품 수요를 감당할 수 없어, 효소왕 때(695) 서시(西市)와 남시(南市)를 설치하였다.

② 지방: 주(州)나 소경(小京)과 같은 지방의 중심지 혹은 교통의 요지에도 시장이 생겨 물물교환(物物交換)의 형태로 각자 필요한 물건을 좀 더 편리하게 구입할 수 있었다.

사료 서시전과 남시전

서시전(西市典)은 효소왕 4년(695)에 설치하였다. 감(監)은 2명이었다. 대사(大舍)는 2명이었는데, 경덕왕이 주사(主事)로 고쳤으나 후에 다시 대사로 칭하였다. 서생(書生)은 2명이었는데, 경덕왕이 사직(司直)으로 고쳤으나 후에 다시 서생으로 칭하였다. 사(史)는 4명이었다.

남시전(南市典)은 역시 효소왕 4년에 설치하였다. 감은 2명이었다. 대사는 2명이었는데, 경덕왕이 주사로 고쳤으나 후에 다시 대사로 칭하였다. 서생은 2명이었는데, 경덕왕이 사직으로 고쳤으나 후에 다시 서생으로 칭하였다. 사는 4명이었다.

『삼국사기』

(2) 대외 무역

① 당(唐)과의 무역: 통일 후 당과의 관계가 긴밀해지면서 무역이 번성하였고, 공무역뿐만 아니라 사무역도 발달하였다.

ㄱ 대당 무역품

수출품	베, 해표피, 인삼, 금·은 세공품 등	수입품	비단, 서적, 귀족들의 사치품 등

ㄴ 대당 무역로

남로	전남 영암 → 상하이 방면	북로	경기도 남양만 → 산둥반도

ⓒ 신라인의 대당 활동: 신라인이 자주 당에 드나들면서 무역 확대로 산둥반도와 창장강 하류 일대에 신라인들의 거주지인 신라방이 생기게 되었고, 신라소·신라관·신라원이 세워졌다.

신라방·신라촌	신라인의 집단 거류지	신라소	신라인의 자치 행정 기관
신라관	신라인의 유숙소	신라원	해상 안전을 기원하는 사원 (대표적−장보고가 설치한 법화원)

심화 통일 신라의 대당 수출

682년(신문왕 2년)에 수공업을 관장하는 공장부를 설치하고 비단을 관장하는 채전(彩典)을 두기도 하였다. 양잠으로 얻은 비단으로 어아주(魚牙紬), 조하주(朝霞紬), 능라(綾羅) 등의 고급 비단을 생산하여 왕실과 귀족의 옷감으로 사용했을 뿐만 아니라, 당나라에도 수출하였다.

② 일본과의 무역
　㉠ 초기: 신라의 삼국 통일로 인해 일본은 신라를 경계하게 되었고, 신라도 일본에 있는 고구려·백제계 사람들의 동향을 우려하여 경계를 엄하게 함으로써, 일본과의 경제적 교류는 이전처럼 자유롭지 못하게 되었다.
　㉡ 후기: 8세기에 이르러 정치가 안정되면서 두 나라의 교류는 다시 활발해졌다.
③ 이슬람과의 무역
　㉠ 국제 무역이 발달하면서 이슬람 상인이 울산까지 와서 무역하였다.
　㉡ 이때 당(唐)의 산물뿐만 아니라 서역(西域)의 상품들도 수입하였다.
④ 해상 세력의 등장
　㉠ 8세기 이후 동아시아의 무역 활동이 활발해지자 **장보고**는 지금의 완도에 **청해진**을 설치하고 해적을 소탕하여 남해와 황해의 해상 무역권을 장악하였고, 당·일본과의 교통을 지배하였다.
　㉡ 그 밖의 지역(강주·송악 등)에서도 해상 세력이 큰 정치 세력으로까지 성장하였다.

사료 장보고와 청해진

❶ 장보고는 신라로 돌아와 흥덕왕을 찾아와 만나서 말하기를 "중국에서는 널리 우리나라 사람들을 노비로 삼으니 청해진을 만들어 적으로 하여금 사람들을 약탈하지 못하도록 하기를 원하나이다."라고 하였다. 청해는 신라의 요충으로 지금의 완도를 말하는데, 대왕은 그 말을 따라 장보고에게 군사 만 명을 거느리고 해상을 방비하게 하니 그 후로는 해상으로 나간 사람들이 잡혀가는 일이 없었다.　　　　　『삼국사기』

❷ 이 엔닌은 대사의 어진 덕을 입었기에 삼가 우러러 뵙지 않을 수 없습니다. 저는 이미 뜻한 바를 이루기 위해 당나라에 머물러 왔습니다. 부족한 이 사람은 다행히도 대사께서 발원하신 적산원(赤山院)에 머물 수 있었던 것에 대해 감경(感慶)한 마음을 달리 비교해 말씀드리기가 어렵습니다.　　　　『입당구법순례행기』

사료 장보고의 난

문성왕(文聖王) 8년(846) 봄에 청해진(淸海鎭)의 궁복(弓福)이, 왕이 자기의 딸을 맞아들이지 않는 것을 원망하여 청해진을 근거지로 하여 반란을 일으켰다. 조정에서는 장차 그를 토벌하자니 뜻하지 않을 우환이 있을까 두렵고, 그냥 방치해 두자니 그 죄를 용서할 수 없었으므로 근심하고 염려하여 어떻게 해야 할 바를 알지 못하였다.
(그때) 무주(武州) 사람 염장(閻長)은 용감하고 굳세기로 동시에 소문이 나 있었는데, (그가) 와서 아뢰기를 "조정에서 다행히 저의 말을 들어준다면 저는 한 명의 병졸도 수고롭게 하지 않고 맨주먹을 가지고 궁복의 목을 베어 바치겠습니다."라고 하였다. 왕이 그의 말을 따랐다.

단권화 MEMO

■ 법화원
838년 일본에서 당으로 건너간 승려 엔닌[圓仁]의 『입당구법순례행기』에도 장보고와 법화원(적산원, 적산법화원)이 소개되어 있다.

염장은 거짓으로 나라를 배반한 것처럼 꾸며 청해진에 투항했는데, 궁복은 장사(壯士)를 아꼈으므로 의심하지 않고 불러들여 귀한 손님으로 삼고 그와 함께 술을 마시면서 매우 즐거워하였다. (궁복이) 술에 취하자 (염장이) 궁복의 칼을 빼앗아 목을 벤 후 그 무리를 불러 달래니 엎드려 감히 움직이지 못하였다. 문성왕 13년 (851) 2월에 청해진을 파하고 그곳 백성들을 벽골군으로 옮겼다.

『삼국사기』

심화 장보고

- **해상 활동**: 당에서 귀국. 흥덕왕 3년(828)에 완도에 청해진(淸海鎭)을 설치하고 해적 소탕뿐만 아니라, 일본의 대당 무역의 중개까지 맡아 활발한 경제적·외교적 활동을 하였다.
- **무역 활동**: 장보고는 당에 견당매물사(遣唐買物使)를 파견하고, 일본에 회역사(廻易使)를 파견하였으며, 그가 파견한 무역선을 교관선(交關船)이라 불렀다. 일본 승려 엔닌[圓仁]의 일기(日記)에 의하면 장보고의 무역이 어느 정도였던가를 짐작할 수 있다.
- **정계 진출**: 김우징을 지원하여 신무왕으로 옹립하였다. 이후 문성왕(신무왕의 아들) 때 딸을 왕비로 보내려다가 실패하자 반란을 일으켰으나(846), 염장에게 살해당했다.

3 귀족의 경제 생활

(1) 왕실 경제

① 풍족한 경제 기반: 통일이 되면서 왕실과 귀족은 이전보다 풍족한 경제 기반을 확보하였다. 왕실은 삼국의 경쟁 과정에서 새로 획득한 땅을 자신의 소유로 만들고 국가의 수입 중 일부를 왕실의 수입으로 삼았다.

② 관수품의 공급: 국가는 왕실과 귀족들이 사용할 금·은 세공품·비단류·그릇·가구·철물 등을 만들기 위한 관청을 정비하여 이에 속한 장인과 노비에게 물품을 만들어 공급하게 하였다.

바로 확인문제

● 통일 신라의 경제 상황에 대한 설명으로 옳지 <u>않은</u> 것은?

19. 지방직 9급

① 시비법과 이앙법 등의 발달로 농민층에서 광작이 성행하였다.
② 촌락의 토지 결수, 인구 수, 소와 말의 수 등을 파악하였다.
③ 어아주, 조하주 등 고급 비단을 생산하여 당나라에 보냈다.
④ 왕경에 서시전과 남시전이 설치되었다.

(2) 귀족 경제

① 귀족들의 경제 기반

ⓐ 통일 전: 귀족들은 식읍과 녹읍을 가지고 그 지역의 농민들을 지배하여 조세와 공물을 거두었고 노동력을 동원하였다.

ⓑ 통일 후: 통일 후에는 문무 관료에게 토지를 나누어 주었고, 귀족의 반발을 누르면서 녹읍을 폐지하는 대신에 해마다 곡식을 나누어 주었다. 이렇듯 귀족은 경제적 특권을 제약받았지만, 국가에서 준 토지와 곡물 이외에도 물려받은 토지·노비·목장·섬 등을 가지고 있었다.

|정답해설| 조선 후기에는 시비법과 이앙법의 발달로 농민층에서 광작(1인당 경작 면적을 증가시키는 현상)이 성행하였다.

|오답해설|
② 통일 신라 시대에 작성되었던 민정 문서를 통해 촌락의 토지 결수, 인구 수, 소와 말의 수 등이 파악되었음을 알 수 있다.
③ 성덕왕 22년(723) 어아주, 조하주 등 고급 비단을 생산하여 당에 보낸 사실이 『삼국사기』에 수록되어 있다.
④ 효소왕 4년(695) 시장의 업무를 관장하기 위하여 서시전과 남시전이 설치되었다.

|정답| ①

사료　귀족의 경제

재상가에는 녹(祿)이 끊이지 않았다. 노동(奴僮)이 3,000명이고 비슷한 수의 갑옷과 무기·소·말·돼지가 있었다. 바다 가운데 섬에서 길러 필요할 때 활로 쏘아서 잡아먹었다. 곡식을 꾸어서 갚지 못하면 노비로 삼았다.

『신당서』

② 귀족들의 사치

　㉠ 당시의 귀족들은 당이나 아라비아에서 수입한 비단·양탄자·유리 그릇·귀금속 등 사치품을 사용하였으며, 당의 유행을 따라 옷을 입을 정도였다.

　㉡ 귀족들은 경주 근처에 호화스러운 별장을 짓고 살았다(금입택, 사절유택).

　㉢ 그들은 필요한 물품을 노비에게 만들게 하여 사용하였고, 그 나머지는 시장에 팔기도 하고 당이나 일본 등에 수출하기도 하였다.

4 농민의 경제 생활

통일 이후 사회 안정으로 농업 생산력이 늘어났으나 한계가 많았다.

(1) 생활의 어려움

① 농사의 한계: 당시는 시비법이 발달하지 못해 계속해서 경작할 수 없었고, 토지를 1년 또는 몇 년을 묵혀 두었다가 경작해야만 하였다.

② 농민의 실상: 비옥한 토지는 왕실·귀족·사원 등 세력가가 가졌고, 농민의 토지는 대부분이 척박하여 생산량이 귀족의 것보다 적었을 뿐만 아니라 그마저도 세금을 내고 나면 남는 것이 많지 않았다.

③ 소작농의 처지: 한 가족의 생계를 유지하려면 남의 토지를 빌려 경작하고 그 대신 수확량의 반 이상을 토지 소유자에게 바쳐야만 하였다.

(2) 과도한 수취 제도

① 전세: 전세는 생산량의 10분의 1 정도였다.

② 공납: 삼베·명주실·과실류 등 여러 가지 물품을 공물로 납부하였다.

③ 국역(國役)

　㉠ 부역: 부역이 많아 농사에 지장을 초래할 정도였다.

　㉡ 군역: 군역에 나가면 농사를 지을 노동력이 없어 생활이 어려워지는 농민이 많았다.

사료　통일 신라 평민의 삶

진정 법사는 신라 사람으로 출가하기 전 군역에 나가 있었다. 집이 가난하여 장가도 가지 못하고 동원되었는데, 남는 시간에 날품팔이를 하여 홀어머니를 봉양하였다. 집에 있는 재산이라고는 한쪽 다리가 부러진 솥뿐이었다. 하루는 어떤 스님이 문 앞에 와서 절을 짓는 데 필요한 철을 구하자 그 어머니는 이 솥을 시주하였다.

『삼국유사』

(3) 세력가의 수탈

① 조세 부담은 통일 이전보다 줄었으나 귀족·촌주 등의 세력가에 의한 수탈은 줄지 않았다.

② 8세기 후반에 이르러 귀족이나 지방 유력자(호족)들이 토지 소유를 늘려 나가면서 토지를 빼앗긴 농민들이 점차 많아졌다.

③ 토지를 상실한 농민은 남의 토지를 빌려 경작하거나 노비로 자신을 팔았고, 때로는 유랑민이나 도적이 되었다.

④ 고리대가 성행하면서 이런 현상은 더욱 심해졌다.

(4) 향(鄕)·부곡민(部曲民)의 생활

① 향이나 부곡에 사는 사람들은 일반 농민보다 어려운 형편이었다.

② 농민과 대체로 비슷한 생활을 하였으나, 농민보다 더 많은 공물 부담을 져야만 하였다.

(5) 노비들의 생활

① 노비들은 왕실·관청·귀족·절 등에 속해 있었다.

② 주인을 위하여 음식·옷 등 각종 필수품을 만들고 일용 잡무를 하였다.

③ 주인을 대신하여 농장을 관리하거나 주인의 땅을 경작하였다.

5 발해의 경제 생활

(1) 수취 제도

발해의 수취 제도는 신라와 마찬가지였다.

① 조세: 조·콩·보리 등 곡물을 거두었다.

② 공물: 베·명주·가죽 등의 특산물을 거두었다.

③ 부역: 궁궐·관청 등의 건축에 농민들을 동원하였다.

(2) 귀족의 생활

발해의 귀족들은 대토지를 소유하고 있었으며, 무역을 통하여 당의 비단과 서적 등을 수입하여 화려한 생활을 영위하였다.

(3) 경제의 발달

발해는 9세기에 이르러 사회가 안정되면서 농업, 수공업, 상업이 발달하였다.

① 농업

   ㉠ 기후 조건의 한계로 콩·조·보리·기장 등을 재배하는 **밭농사가 중심**이었다.

   ㉡ 철제 농기구를 널리 사용하고 수리 시설을 확충하면서 일부 지역에서는 벼농사를 지었다.

   ㉢ 목축이나 수렵도 발달하여 돼지·말·소·양 등을 길렀는데, 그중 솔빈부의 말[馬]은 주요한 수출품이었다.

   ㉣ 모피·녹용·사향 등도 많이 생산하여 수출하였다.

② 어업: 고기잡이 도구를 개량하였고, 숭어·문어·대게·고래 등 다양한 어종을 잡았다.

③ 수공업

   ㉠ 금속 가공업: 철·구리·금·은 등 금속 가공업이 발달하고, 철의 생산량이 상당히 많았을 뿐만 아니라 구리의 제련술(製鍊術)도 뛰어나 좋은 품질의 구리를 생산하였다.

   ㉡ 직물업: 삼베·명주·비단 등의 직물업이 발달하였다.

   ㉢ 기타: 도자기업 등 다양한 분야에서 발달하였다.

④ 상업

   ㉠ 수도인 상경 용천부 등 도시와 교통 요충지에서는 상업이 발달하였다.

   ㉡ 상품 매매에는 현물 화폐를 주로 썼으나, 외국의 화폐도 함께 사용하였다.

■ 향·부곡민
향·부곡민은 국가 성립 과정 중 정복 전쟁에서 패배하였거나 투항·귀순한 주민들로서, 대체로 농업 생산에 치중하였으나, 일반 농민보다 더 무거운 공물 부담을 지고 있었다.

■ 솔빈부
지방 행정 제도(15부)의 명칭으로 연해주 우수리스크(쌍성자)로 비정되고 있다. 거란(요)이 멸망할 때까지 솔빈부로 불렸다.

(4) 대외 무역

발해는 당·신라·거란·일본 등과 교류하였고 사신과 상인들이 동행하여 무역하였다.

① 당과의 무역
  ㉠ 무역로: 서안평에서 해로를 이용하여 당의 등주에 연결되어 이곳에 발해관을 설치하였다. 육로로는 요동성에서 요하를 거쳐 진저우에 이르렀다.
  ㉡ 수출품: 말·모피·인삼 등 토산물과 불상·자기·금·은 세공 등 수공업품을 수출하였다.
  ㉢ 수입품: 귀족들의 수요품인 비단·책 등을 수입하였다.
② 일본과의 무역: 발해는 일본과의 외교 관계를 중시하여 무역을 활발히 전개하였는데, 무역 규모가 커서 한 번에 수백 명이 오가기도 하였다.

사료 발해의 경제

❶ 발해의 특산물
귀하게 여기는 것에는 태백산의 토끼, 남해부의 곤포(다시마), 책성부의 된장, 부여부의 사슴, 막힐부의 돼지, 솔빈부의 말, 현주의 포(베), 옥주의 면(누에 솜), 용주의 명주, 위성의 철, 미타호의 붕어가 있고, 과일에는 환도의 오얏, 낙유의 배가 있다.
『신당서』

❷ 발해와 일본의 경제 교류
갑인(甲寅)에 천황이 중궁(中宮)에 나아갔는데, 고제덕(高齊德) 등이 왕의 서신과 토산품을 바쳤다. 그 교서에 "[대]무예가 아룁니다. …… 삼가 영원장군(寧遠將軍) 낭장(郎將) 고인의(高仁義), 유장군(游將軍) 과의도위(果毅都尉) 덕주(德周), 별장(別將) 사항(舍航) 등 24명에게 서신을 가지고 가도록 하였고 아울러 담비 가죽 300장을 정중히 보냅니다. ……"라고 하였다.
『속일본기』

03 고대의 사회

01 신분제 사회의 성립

1 사회 계층과 신분 제도

(1) 신분 제도의 형성

청동기의 사용과 함께 시작된 정복 전쟁은 철제 무기를 사용하게 되면서 더욱 활발해졌다. 이와 같은 정복과 복속으로 여러 부족들이 통합되는 과정에서 고대 사회에서는 지배층 사이에 위계 서열이 마련되었고, 그 서열은 신분 제도로 발전하였다.

(2) 고대의 사회 계층

부여·초기 고구려·삼한의 읍락에는 경제적으로 부유한 호민과 그 아래에 하호가 있었다.

① 가(加)·대가(大加)
  ㉠ 유래: 독립된 소국의 지배자였으나, 연맹 왕국 성립 단계에서 부족장으로 편성되었다.
  ㉡ 존재: 부여 및 초기 고구려 권력자들이었다.
  ㉢ 참여: 호민을 통하여 읍락을 지배하는 한편, 자신의 관리와 군사력을 지니고 정치에 참여하였다.
  ㉣ 편제: 중앙 집권 국가가 성립되는 과정에서 차츰 귀족(貴族)으로 편제되었다.
② 호민(豪民): 경제적으로 부유한 읍락(邑落)의 지배층으로, 읍락 내에서 실질적으로 지배력을 행사하였다.
③ 하호(下戶): 농업에 종사하는 평민으로, 각종 생산 활동에 종사하였고 역과 수취의 대상이었다.
④ 노비: 읍락의 최하층으로, 이들은 주인에게 예속되어 생활하는 천민층이었다.

(3) 삼국의 신분 제도

① 구조: 귀족·평민·천민의 신분 구조를 갖추었다.
② 엄격한 신분제
  ㉠ 계층: 삼국은 이러한 계층 구조를 바탕으로 그 지배층 내부에서 엄격한 신분 제도를 운영하였다.
  ㉡ 친족의 등급 중시: 삼국 시대 귀족들은 출신 가문의 등급에 따라 관등 승진에서 특권을 누리거나 제한을 받았고, 국가에서 받는 경제적 혜택에도 차등이 있었다.
  ㉢ 대표: 대표적인 신분 제도는 신라의 골품제였다.

2 신분 구조(귀족, 평민, 천민)

(1) 신분 구조의 특징

① 질서 유지 : 고조선 시대 이래로 존재하였던 신분적 차별은 삼국 시대에 와서 법적으로 더욱 강한 구속력을 지니게 되어, 왕을 정점으로 최하위인 노비에 이르기까지 신분제적 질서가 유지되었다.

② 신분 구성 : 왕족을 비롯한 귀족·평민·천민으로 크게 구분되지만, 기능상으로는 더욱 세분화된 계층으로 나뉜다.

③ 율령 제정 : 지배층은 특권을 유지하기 위하여 율령(律令)을 만들었다.

④ 출신 가문 중시 : 개인의 신분은 능력보다는 그가 속한 친족의 사회적 위치로 결정되었다.

(2) 귀족, 평민, 천민

① 귀족
  ㉠ 삼국에서는 왕족을 비롯한 옛 부족장 세력이 중앙의 귀족으로 재편성되어 정치권력과 사회·경제적 특권을 독점하였다.
  ㉡ 삼국 시대에는 신라의 골품제와 같이 지배층만을 대상으로 한 별도의 신분제를 운영한 점이 특징이다.

② 평민
  ㉠ 평민층은 대부분 농민으로서 신분적으로는 자유민이었으나, 귀족층에 비하여 정치적으로나 사회적으로 많은 제약을 받았다.
  ㉡ 평민은 나라에서 부과하는 조세를 납부하고 노동력을 징발당하였기 때문에 생활이 어려웠다.

③ 천민
  ㉠ 구성 : 천민의 대부분은 노비였다.
  ㉡ 예속 신분 : 노비들은 왕실과 귀족 및 관청에 예속되어 신분이 자유롭지 못하였다.
  ㉢ 생활 형태 : 노비들은 평민과 같이 정상적인 가족 구성을 유지하기 어려웠기 때문에 주인의 집에서 시중을 들며 생활하거나, 주인과 떨어져 살며 주인의 땅을 경작하면서 생활하였다.
  ㉣ 종류
    • 대개 전쟁 포로로 노비가 되거나 죄를 짓고 귀족에게 진 빚을 갚지 못하여 노비가 되는 경우가 많았다.
    • 전쟁이 빈번하였던 삼국 시대에는 전쟁 노비가 많았으나, 통일 신라 이후로 정복 전쟁이 사라짐에 따라 전쟁 노비는 소멸되어 갔다.

■ **무용총 접객도(중국 길림성 집안)**

인물의 신분에 따라 크기를 다르게 하여 무덤의 주인은 크게, 시동은 작게 표현하였다.

사료　고대 사회의 노비

❶ 정복민을 노비로 만든 사례

고구려 왕 사유(고국원왕)가 보병과 기병 2만을 거느리고 와서 치양(황해도 배천)에 주둔하고 군사를 나누어 민가를 약탈하였다. 왕(근초고왕)이 태자에게 군사를 주니 곧장 치양으로 가서 고구려군을 급히 깨뜨리고 5,000명을 사로잡았다. 그 포로를 장사에게 나누어 주었다.　『삼국사기』

❷ 정복민을 노비에서 해방한 사례

가야가 배반하니 왕(진흥왕)이 이사부에게 토벌하도록 명령하고, 사다함에게 이를 돕게 하였다. 사다함이 기병 5,000명을 거느리고 들이닥치니 …… 일시에 모두 항복하였다. 공을 논하였는데 사다함이 으뜸이었다. 왕이 좋은 농토와 포로 200명을 상으로 주었다. 사다함은 세 번 사양했으나 왕이 굳이 주자, 받은 사람은 놓아주어 양민을 만들고, 농토는 병사에게 나누어 주었다. 이를 보고 나라 사람들이 아름답다고 하였다.

『삼국사기』

02 삼국의 사회 모습

1 고구려의 사회 모습

(1) 특징

① 고구려는 압록강 중류 지역에서 국가의 기틀을 마련하였다.

② 이곳은 산악 지대로 식량 생산이 충분하지 않아, 일찍부터 주변 지역에 대한 정복 활동을 활발하게 전개하였다.

▲ 수렵도(무용총)
사냥 장면을 통해 고구려인의 힘찬 기질을 알 수 있다.

(2) 엄격한 형법의 시행

고구려에서는 통치 질서와 사회 기강을 유지하기 위해 엄격한 형법을 적용하였다.

① 반역죄 : 반역을 도모한 자는 화형에 처한 후 다시 목을 베었고, 그 가족들은 노비로 삼았다.

② 투항죄 등 : 적에게 항복한 자나 전쟁에서 패한 자 역시 사형에 처하였다.

③ 절도죄 : 도둑질한 자는 12배를 물게 하였다.

(3) 사회 계층

① 지배층

　㉠ 5부 출신 : 정치를 주도하며 사회적으로도 높은 지위를 누린 계층은 왕족인 고씨를 비롯하여 5부 출신의 귀족들이다.

　㉡ 지위 세습 : 지위를 세습하면서 높은 관직을 맡아 국정 운영에 참여하였다.

　㉢ 국방의 솔선 : 지배층은 전쟁이 나면 스스로 무장하여 앞장서서 적과 싸웠다.

▲ 안악 3호분 대행렬도(황해 안악, 그래픽 복원도)
신분의 귀천에 따라 인물의 크기에 차등을 두어 묘사하였다.

■ 사마르칸트 지역 아프라시압 궁전 벽화의 고구려 사신 복원도

머리에 깃털을 꽂고 있는 오른쪽 두 사람이 고구려 사신이다.

■ 고구려인들의 생활 방식
고구려 사람들은 절할 때에도 한쪽 다리를 꿇고 다른 쪽은 펴서 몸을 일으키기 쉬운 자세를 취하였고, 걸음을 걸을 때도 뛰는 듯이 행동을 빨리하였다.

사료 고구려 지배층

❶ 고구려 5부족

고구려는 …… 본래 5부족이 있는데, 소노부(消奴部)·절노부(絕奴部)·순노부(順奴部)·관노부(灌奴部)·계루부(桂婁部)가 있다. 처음에는 소노부가 왕이 되었으나 점차 미약해져 지금은 계루부가 대신한다. …… 소노부는 본래 나라의 주인으로서 지금은 비록 왕이 되지 않으나, 적통대인(適統大人)은 고추가(古雛加)를 칭할 수 있고, 종묘(宗廟)를 세울 수 있으며 영성 사직(靈星社稷)에 제사 지낸다. 절노부는 대대로 왕과 혼인하여 고추가의 칭호를 가한다.

『삼국지』 위서 동이전, 고구려

❷ 대대로의 선출

고려(고구려)는 부여의 별종에서 나왔다. …… 그 관직에 높은 것은 대대로(大對盧)라 하여 1품에 비유되며 국사를 모두 맡는다. 3년을 임기로 하되 직무를 잘하면 연한에 구애되지 않는다. 대대로를 교체하는 날에 혹 서로 승복하지 않으면 모두 군사를 거느리고 싸워 이긴 자가 대대로가 된다. 그때 왕은 다만 궁문을 닫아걸고 스스로를 지킬 뿐 제어하지 못한다. 다음은 태대형(太大兄)이라 하며 정2품에 비유된다. 대로 이하의 관직은 모두 12등급이 있다. 외방에는 주현(州縣)의 60여 성이 있어 큰 성에는 욕살(褥薩) 1명을 두는데, 도독(都督)에 비유된다. 여러 성에는 도사(道使)를 두는데, 자사(刺史)에 비유된다.

『구당서』 동이전, 고려

② 백성(百姓)

  ⊙ 국역의 부담 : 백성들은 **대부분 자영 농민으로서**, 국가에 조세를 바치고 병역의 의무를 지며 토목 공사에도 동원되었다.

  ⊙ 생활의 불안정 : 이들의 생활은 불안정하여 흉년이 들거나 빚을 갚지 못하면 노비로 전락하기도 하였다.

  ⊙ 진대법(賑貸法) : 고국천왕(194)

    • 목적 : 가난한 농민을 구제하기 위한 시책이었다.

    • 내용 : 먹을거리가 부족한 봄에 곡식을 빌려 주었다가 가을에 추수한 것으로 갚도록 한 제도였다.

사료 진대법

겨울 10월에 왕(고국천왕)이 질산 남쪽에서 사냥하였다. 길가에 앉아 우는 자를 보고 우는 이유를 물으니 그가 대답하였다. "가난하여 항상 품팔이로 어머님을 봉양하였습니다. 금년에는 흉년이 들어 품팔이할 곳이 없어 곡식 한 되나 한 말도 얻을 수 없기에 우는 것입니다." 왕이 "아아, 내가 백성의 부모가 되어 백성들을 이러한 지경에 이르게 하였구나. 내 죄이다."라고 하며 옷과 음식을 주어 위로하였다. 이어서 서울과 지방의 해당 관청에 명령하여 홀아비, 과부, 고아, 자식 없는 늙은이, 늙고 병들고 가난하여 혼자 힘으로 살 수 없는 자들을 널리 찾아내어 구제하게 하였다. 봄 3월부터 가을 7월까지 관의 곡식을 풀었다. 백성들의 식구가 많고 적음에 따라 차등 있게 구제 곡식을 빌려 주었다가 겨울 10월에 상환하게 하는 것을 법규로 정하였다. 모든 백성들이 크게 기뻐하였다.

『삼국사기』

③ 천민과 노비

  ⊙ 고구려의 천민과 노비는 피정복민이나 몰락한 평민이었다.

  ⊙ 남의 소[牛]나 말[馬]을 죽인 자를 노비로 삼거나, 빚을 갚지 못한 자가 그 자식들을 노비로 만들어 변상하는 경우도 있었다.

(4) 혼인 풍습

① 지배층 : 고구려 지배층의 혼인 풍습으로는 형사취수제(兄死娶嫂制)와 함께 서옥제(壻屋制)가 있었다.

② 피지배층: 평민들은 남녀 간의 자유로운 교제를 통하여 결혼했는데, 남자 집에서 돼지고기와 술을 보낼 뿐 다른 예물은 주지 않았다. 만약 신부 집에서 재물을 받은 경우 딸을 팔았다고 여겨 부끄럽게 생각하였다.

사료 고구려의 혼인 풍습

❶ 형사취수제

고국천왕이 죽자 왕후 우씨는 죽음을 비밀로 했다. 그녀는 밤에 죽은 왕의 첫째 아우 발기의 집에 찾아갔다. 발기가 사실을 모르고 말했다. "부인이 밤에 다니는 것을 어떻게 예라고 할 수 있겠습니까?" 왕비는 부끄러워하고 곧 왕의 둘째 동생 연우의 집에 갔다. 연우는 왕비를 위해 잔치를 베풀었다. 연우가 고기를 베다가 손가락을 다쳤다. 왕후가 치마끈을 풀어 다친 손가락을 싸 주고 돌아가려 할 때 "밤이 깊어 두려우니 그대가 왕궁까지 전송해 주시오." 하였다. 연우가 그 말을 따르니 왕후는 손을 잡고 궁으로 들어갔다. 다음 날 왕후가 선왕의 명령이라 사칭하고 연우를 왕으로 세웠다. 왕은 우씨 때문에 왕위에 올랐으므로 다시 장가들지 않고 우씨를 왕후로 삼았다.

『삼국사기』

❷ 서옥제

혼인하는 풍속을 보면, 구두로 약속이 정해지면 신부 집에서 큰 본채 뒤에 작은 별채를 짓는데, 이를 서옥(壻屋)이라 한다. 해가 저물 무렵 신랑이 신부 집 문밖에 와서 이름을 밝히고 꿇어앉아 절하며 안에 들어가서 신부와 잘 수 있도록 요청한다. 이렇게 두세 번 청하면 신부의 부모가 별채에 들어가 자도록 허락한다. …… 자식을 낳아 장성하면 신부를 데리고 자기 집으로 간다.

『삼국지』 위서 동이전, 고구려

2 백제의 사회 모습

(1) 특징

① 백제의 언어·풍속·의복은 고구려와 큰 차이가 없었다. 백제는 일찍부터 중국과 교류하면서 선진 문화를 수용하였다.
② '백제 사람은 키가 크고 의복이 깔끔하다.'는 중국의 기록은 백제인의 세련된 모습을 알려 준다.
③ 백제 사람들은 상무적인 기풍을 간직하고 말타기와 활쏘기를 좋아하였다.

(2) 엄격한 형법의 적용

형법의 적용이 엄격한 점은 고구려와 비슷하였다.

① 반역한 자나 전쟁터에서 퇴각한 군사[퇴군자(退軍者)] 및 살인자는 목을 베어 사형에 처했다.
② 도둑질한 자는 귀양 보냄[流刑]과 동시에 도둑질한 것의 2배를 물게 하였다.
③ 관리가 뇌물을 받거나 횡령을 했을 때는 3배를 배상하고 종신토록 금고형(禁錮刑)에 처하였다.

(3) 지배층의 생활

① 백제의 지배층은 왕족인 부여씨(夫餘氏)와 8성의 귀족으로 이루어졌다.
② 중국의 고전(古典)과 역사책을 즐겨 읽고 한문(漢文)을 능숙하게 구사하였으며, 관청의 실무에도 밝았다.
③ 투호(投壺)와 바둑 및 장기는 고구려와 마찬가지로 백제 지배층이 즐기던 오락이었다.

3 신라의 사회 모습

신라는 고구려와 백제에 비하여 중앙 집권 국가로 발전한 시기가 늦은 편이었다. 그런 만큼 신라는 여러 부족의 대표들이 함께 모여 정치를 운영하고 사회를 이끌어 가던 신라 초기의 전통을 오랫동안 유지하였다.

(1) 화백 회의(和白會議)

① 의의: 초기의 전통을 유지한 대표적인 제도가 화백 회의였다. 귀족들은 이를 통하여 국왕을 폐위시키기도 하고(예 진지왕 폐위), 새 국왕을 추대하는 데 영향력을 발휘하면서 왕권을 견제하기도 하였다.

② 참여: 진골 출신의 고관들로 구성되었고, 국가의 중대사를 결정하는 귀족 회의제였다.

③ 주재자: 상대등(上大等)이 주재자이며, 이는 곧 귀족 연합적인 정치가 이루어지고 있었음을 의미한다.

④ 형태: 만장일치제로 운영하였다.

⑤ 성격: 씨족적 성격을 가진 귀족 및 중신 회의로 귀족들의 단결을 굳게 하고 국왕과 귀족 간의 권력을 조절하는 기능을 담당하였다.

⑥ 회의 장소: 도교적 신성 지역인 4영지(四靈地)에서 개최하였다.

바로 확인문제

● 다음 자료를 읽고 신라 회의 기구에 대한 평가로 옳은 것을 〈보기〉에서 고르면?

> • 나라에 큰일이 있으면 귀족 대표들이 모여 자세히 의논해서 결정한다.
> • 큰일이 있으면 여러 사람의 의견을 따르는데, 한 명이라도 반대하면 통과하지 못한다. 이를 화백이라 한다.

―| 보기 |―
ㄱ. 국왕은 귀족 회의를 통하여 왕권을 강화하였다.
ㄴ. 귀족 세력과 왕권 사이에 권력을 조절하는 기능을 가졌다.
ㄷ. 왕권이 전제화되면서 귀족 회의의 권한은 더욱 강화되었다.
ㄹ. 씨족 사회의 전통을 계승한 것으로 집단의 단결을 강화하는 구실을 하였다.
ㅁ. 청소년 집단에서 비롯된 것으로 계급 간의 대립을 조절·완화하는 기능을 지녔다.

① ㄱ, ㄴ   ② ㄱ, ㄷ   ③ ㄴ, ㄹ   ④ ㄷ, ㅁ

(2) 골품 제도(骨品制度)*

① 성립: 신라는 중앙 집권 국가로 발전하는 과정에서 김씨 왕족이 왕위를 세습하였다. 김씨 왕족은 왕권을 강화하면서 혈연에 따라 사회적 제약이 가해지는 폐쇄적 신분 제도인 골품 제도를 마련하여 통치 기반을 구축하였다.

② 목적: 각 족장 세력을 통합·편제하기 위한 것이었다.

③ 내용
　㉠ 성골: 부모가 모두 왕족인 김씨 왕족으로, 진덕 여왕을 마지막으로 소멸되었다.
　㉡ 진골: 진덕 여왕을 끝으로 성골 출신의 왕이 없어지자, 무열왕부터 진골 출신이 왕위를 계승하였다.

■ 진지왕(576~579)의 폐위
정치가 어지럽고 음란하다[정란음사(政亂淫事)]는 이유로 폐위되었다.

■ 4영지
동(청송산)·서(피전)·남(우지산)·북(금강산)

―――
|오답해설|
ㄱ. 왕권과 귀족권은 반비례한다.
ㄷ. 왕권이 전제화되면서 귀족 회의체인 화백 회의는 그 권한이 약화되었다.
ㅁ. 화랑도에 대한 설명이다.
|정답| ③

＊골품 제도
골품 제도는 6두품과 연결해서 자주 출제된다.

■ 골품 제도
골품제는 처음에는 왕족을 대상으로 한 골계(骨系)와 왕경 내의 일반 귀족들을 대상으로 한 두품제(頭品制)가 별개의 체계로 성립하였다. 진평왕 때에 이르러 왕족 내부에서 다시 성골이 분리되어 성골과 진골이라는 2개의 골과 6두품에서 1두품에 이르는 6개의 두품 등 모두 8등급의 신분으로 구성되었다. 7세기 중반에 성골이 사라졌고, 통일 이후에는 1두품에서 3두품에 이르는 신분의 구별도 차츰 사라져 일반 백성과 비슷하게 되었다.

관직(官職)은 관등(官等)에 의해 부여
되는 것이므로 골품은 관등을 매개로
하여 관직과 관련되어 있다.

사료 골품 제도의 성립 배경

신라는 …… 그 관료를 세울 때 친속(親屬)을 상으로 하며. 그 족의 이름은 제1골·제2골이라 하여 나뉜다. 형
제의 딸이나 고종 자매·이종 자매를 모두 처로 맞아들인다. 왕족을 제1골로 하여 처도 같은 족인데 자식을
낳으면 모두 제1골로 한다. 제2골의 여자와 혼인하지 않으며 비록 혼인하더라도 언제나 첩(妾)으로 삼는다.
『신당서』

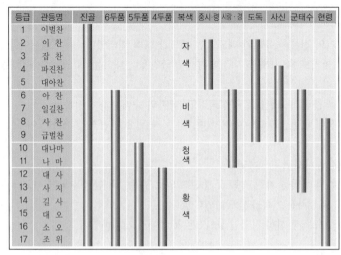

등급	관등명	진골	6두품	5두품	4두품	복색	중시·령	시랑·경	도독	사신	군태수	현령
1	이벌찬											
2	이 찬					자						
3	잡 찬					색						
4	파진찬											
5	대아찬											
6	아 찬											
7	일길찬					비						
8	사 찬					색						
9	급벌찬											
10	대나마					청						
11	나 마					색						
12	대 사											
13	사 지					황						
14	길 사					색						
15	대 오											
16	소 오											
17	조 위											

▲ 신라의 골품과 관등·관직표

ⓒ 6두품 : 대족장 출신으로 '득난(得難)'이라 불릴 정도의 높은 신분이었다.
  • 활동 : **종교·학문** 분야에서 두각을 나타냈으며, 통일 초기 왕권 전제화에 공헌하였다.
  • 제한 : 6관등 아찬까지 진출, 복색은 비색, 가옥은 21자로 제한하였다.
ⓓ 5두품 : 10관등 대나마까지 진출, 복색은 청색, 가옥은 18자로 제한하였다.
ⓜ 4두품 : 12관등 대사까지 진출, 복색은 황색, 가옥은 15자로 제한하였다.
④ 중위제(重位制)
  ㉠ 의미 : 삼국 통일을 전후한 시기에 나타난 제도로서, 골품제의 폐쇄성을 보완하기 위해
    6두품 이하의 신분에게 적용된 일종의 특진 제도이다.
  ㉡ 내용
    • 아찬(阿湌) : 4중 아찬까지 승진이 가능하였다.
    • 대나마(大奈麻) : 9중 대나마까지 승진이 가능하였다.
    • 나마(奈麻) : 7중 나마까지 승진이 가능하였다.
  ㉢ 대상 : 공훈 및 능력자
  ㉣ 한계 : 6두품이나 5두품 출신 인물의 관등을 올려 주어야 할 때에도 더 높은 신분의 귀
    족에게만 허용된 관등의 영역을 침범하지 못하게 한 제도이다.
⑤ 성격
  ㉠ 골품은 신라 사회에서 개인의 사회 활동과 정치 활동의 범위까지 엄격히 제한하였다.
  ㉡ 관등 승진의 상한선이 골품에 따라 정해져 있었으므로 일찍부터 불만을 가진 사람들도
    있었다.
  ㉢ 골품 제도는 가옥의 규모와 장식물은 물론, 복색이나 수레 등 신라인의 일상생활까지
    규제하는 기준으로서 오랫동안 유지되었다.

4두품에서 백성에 이르기까지는 빙의 길이와 너비가 15척을 넘지 못한다. 느릅나무를 쓰지 못하고, 우물 천장을 만들지 못하며, 당기와를 덮지 못하고, 짐승 머리 모양의 지붕 장식이나 높은 처마 …… 등을 두지 못하며, 금·은이나 구리 …… 등으로 장식하지 못한다. 섬돌로는 산의 돌을 쓰지 못한다. 담장은 6척을 넘지 못하고, 또 들보를 가설하지 않으며 석회를 칠하지 못한다. 대문과 사방문을 만들지 못하고 마구간에는 말 2마리를 둘 수 있다.

「삼국사기」

심화　6두품

❶ 일반 귀족으로 지연적 요소가 강하였으며, 대족장의 후예로 득난(得難)이라고도 하였고, 진골에서 강등된 경우도 있었다. 이들은 6관등인 아찬까지 승진할 수 있었으며 자색의 공복(복색)은 착용할 수 없었다.

❷ 당 문화를 신라에 이식시켜 유학과 한문학의 수준을 높여 왕도 정치와 도덕 정치의 필요성을 제시하는 등 학문과 종교 분야에서 두드러진 활동을 하였고(원효·무염·강수·설총·최치원 등), 학문적 식견에 의한 정치적 진출(박인범·최언위)도 하였다.

❸ 중대에는 왕권과 결합하여 진골 귀족을 억압하는 등 왕권의 전제화에 기여하였으며, 유교적 정치 이념을 강조함으로써 국학의 발달에 기여하였다.

❹ 하대에는 능력 중심의 인재 등용 등 개혁을 추진하였으나, 진골 귀족의 반대로 실패하였으며(예: 최치원의 시무 10여 조) 지방 호족과 결합하여 반신라적 입장으로 선회하였다.

❺ 최언위와 최승우

- 최언위는 885년 당나라에 유학하여 문과에 급제한 뒤 909년 귀국하였다. 신라가 망하자 고려에서 태자사부 등을 역임하였다. 글씨에 '낭원대사오진탑비명(朗圓大師悟眞塔碑銘)' 등이 남아 있으며, 영월 흥녕사 징효대사 탑비 비문을 지었다.
- 최승우는 진성 여왕 4년(890) 중국 당나라에 건너가 국학에서 3년간 공부하고 893년 빈공과에 급제한 뒤 관직에 있다가 귀국하였다. 후백제의 견훤을 섬겨 고려 태조에게 보내는 「대견훤기고려왕서(代甄萱寄高麗王書)」를 짓기도 하였다. 「호본집(餬本集)」을 저술하였으나 현재 전하지 않는다.

⑥ 특징

　㉠ 포함: 왕경인(王京人)과 소경인(小京人)만 해당하고, 지방민과 노비는 제외하였다.

　㉡ 예외: 지방민은 외위(外位)라 하여 별도의 11관등제로 운영하였다.

⑦ 변화: 삼국 통일 이후 하급 신분층에서 골품의 구분이 희미해져 3두품과 1두품 사이의 구별이 사라지고 평민과 동등해졌다.

바로 확인문제

● ㉠과 ㉡ 두 인물의 공통된 신분상의 특징으로 옳은 것은?　　17. 국가직(사복직 포함) 9급

> - ▢㉠▢ 은/는 신문왕에게 「화왕계」를 통하여 조언하였다.
> - ▢㉡▢ 은/는 진성 여왕에게 시무책 10여 조를 올렸다.

① 왕이 될 수 있는 신분이었다.

② 자색(紫色)의 공복을 착용하였다.

③ 중앙 관부의 최고 책임자를 독점하였다.

④ 관등 승진에서 중위제(重位制)를 적용받았다.

■ 왕경인과 지방민

왕족의 다른 귀족에 대한 우월성이 진골의 고위 관직 독점으로 나타났음에 비해, 왕경 귀족의 지방 귀족에 대한 우월성은 경위(京位)를 지닌 왕경인의 관직 독점으로 나타났다. 중앙 관부의 관직이 왕경인에 의해 독점된 것은 물론 주의 군주나 군의 당주, 촌·성의 도사 등도 모두 왕경인으로 임명하였다. 그리고 지방의 촌주(村主) 등 재지 세력(在地勢力)에게는 따로 외위(外位)를 설정하여 그 세력의 크기에 따라 편제하였다. 경위와 외위의 이원적인 관등 체계는 통일 전쟁을 전후한 시기부터 지방민에게도 경위를 수여하기 시작하여 차츰 일원화되어 갔다. 그러나 골품제에 의해 왕경인과의 차별성은 여전히 유지하였다.

―――

|정답해설| ㉠ 설총, ㉡ 최치원이다. 설총과 최치원은 모두 신라 6두품 출신의 지식인이었다. 삼국 통일을 전후한 시기에 6두품 이하 신분에는 일종의 특진 제도인 중위제가 적용되었다.

|오답해설|
① 성골·진골에 대한 설명이다.
②③ 진골 귀족에 대한 설명이다.

|정답| ④

|정답해설| '득난'은 6두품의 별칭으로 신라의 지배 계급이었다. 신라에는 갈문왕(왕의 근친에게 주던 봉작)이라는 귀족이 있었다.

|오답해설|
②③ 백제, ④ 고구려에 대한 서술이다.

|정답| ①

● 〈보기〉의 밑줄 친 ⊙과 같은 신분이 있었던 국가에 대한 설명으로 가장 옳은 것은?

19. 2월 서울시 7급

┌ 보기 ├

대사의 법호는 무염으로 달마대사의 10대 법손이 된다. …… 고조부와 증조부는 모두 조정에서는 재상, 나가서는 장수를 지내 집집에 널리 알려졌다. 아버지는 범청으로 ⊙ 득난(得難)이 되었다.

① 갈문왕이라고 불리는 귀족이 있었다.
② 대귀족으로 진씨, 해씨 등 8개 성씨가 있었다.
③ 귀족들이 정사암에 모여 회의를 열고 수상을 선출했다.
④ 최고 귀족인 왕족과 왕비족은 고추가로 불렸다.

(3) 화랑도(국선도 · 풍류도 · 풍월도)＊

① 유래: 옛 씨족 사회 청소년 집단인 '원화' 조직에서 기원하였다.
② 국가적 조직으로 확대: 정복 전쟁이 한창이던 진흥왕 때 국가적 차원에서 조직을 확대하였고, 국가가 필요로 하는 인재 양성을 목적으로 운영하였다.
③ 구성: 화랑(진골 귀족 자제)과 낭도(평민 자제까지 참여)로 구성하였으며, 이러한 조직 구성은 계층 간 대립과 갈등을 조절 · 완화하는 역할을 하였다.
④ 교육 내용: 제천 의식, 사냥과 전쟁에 대한 교육 등 전통적 사회 규범을 익혔다.
⑤ 세속 5계(원광)

사군이충(事君以忠)	충성으로써 임금을 섬긴다.	임전무퇴(臨戰無退)	전쟁에 임하면 물러서지 않는다.
사친이효(事親以孝)	효도로써 어버이를 섬긴다.	살생유택(殺生有擇)	산 것을 죽일 때는 가림이 있다.
교우이신(交友以信)	믿음으로써 벗을 사귄다.		

사료 원광과 세속 5계

귀산은 젊을 때 같은 부(部) 사람 추항과 친구가 되었다. 두 사람이 서로 "우리들이 군자와 놀기를 기약하여 먼저 마음을 바르게 하고 몸을 닦지 않으면 욕된 일을 당하지 않을까 두렵다. 어진 이의 곁에 가서 도를 듣지 않으려나." 하고 말하였다. 이때 원광 법사가 수나라에 가서 유학하고 돌아와 가실사에 머물며 사람들의 존경을 받고 있었다. 귀산 등이 그 문하에 가서 단정한 태도로 "저희 세속의 선비들이 어리석어 아는 바가 없으니 원컨대 한 말씀을 내려 주셔서 종신토록 계명을 삼았으면 합니다."라고 말하였다. 법사는 "불교의 계율에는 보살계가 있는데 그 종목이 10가지라서 너희처럼 남의 신하된 자로서는 아마 감당하기 어려울 것이다. 여기 세속 5계가 있으니, 하나는 충으로써 임금을 섬기고, 둘은 효로써 부모를 섬기며, 셋은 믿음으로써 친구를 사귀고, 넷은 전장에 나아가 물러서지 않으며, 다섯은 생명 있는 것을 가려서 죽인다는 것이다. 너희는 실행에 옮기되 소홀히 하지 말라."라고 하였다.

『삼국사기』

03 남북국 시대의 사회 모습

1 통일 후 신라 사회의 변화

(1) 삼국의 동질성

삼국 통일은 삼국이 지니고 있던 혈연적 동질성과 문화적 공통성을 바탕으로 하여 우리 민족 문화가 하나의 국가 아래 발전하는 계기를 마련하였다.

① 삼국은 상호 간에 오랜 전쟁을 치르면서도 동질성을 많이 간직하고 있었다.

② 언어와 풍습은 비슷하였고, 복장 및 절하는 모습에서 약간 차이가 나는 정도였다.

(2) 민족의 통합과 왕권의 강화

① 민족 통합 정책
  ㉠ 포용 : 신라는 통일 전쟁 과정에서 백제와 고구려의 옛 지배층에게 신라 관등을 주어 포용하였다.
  ㉡ 편성 : 통일 직후에는 백제와 고구려의 유민들을 9서당에 편성함으로써 민족 통합에 노력하였다.
  ㉢ 삼한일통 의식의 형성 : 이렇게 하여 신라 지배층은 삼한(삼국)이 하나가 되었다는 자부심을 갖게 되었다.

② 왕권의 전제화(專制化)
  ㉠ 안정된 사회 유지 : 통일 신라는 늘어난 영토와 인구를 다스리게 됨으로써 경제력도 그만큼 증가하였고, 이를 바탕으로 100여 년 동안 안정된 사회가 유지되면서 **삼국 통일 이후 왕권이 매우 강화**되었다.
  ㉡ 국왕의 군사적 역할 강화 : 오랜 전쟁을 거치면서 군사적 긴장 상태를 유지하는 가운데, 최고 군사령관으로서 국왕의 역할이 강화되었다.
  ㉢ 귀족의 숙청 : 통일 직후인 신문왕 때는 왕권 강화에 장애가 되는 진골 귀족의 일부를 숙청하였다.

(3) 통일 신라의 사회

① 진골 귀족
  ㉠ 최고 신분층인 진골 귀족이 정치적으로나 사회적으로 차지하는 비중은 여전히 컸다.
  ㉡ 특권 유지 : 중앙 관청의 장관직을 독점하였고, 합의를 통하여 국가의 중대사를 결정하는 전통도 여전히 유지하였다.

② 6두품
  ㉠ 6두품 출신은 학문적 식견과 실무 능력을 바탕으로 국왕을 보좌하면서 정치적 진출을 활발히 하였다.
  ㉡ 신분의 제약으로 인하여 중앙 관청의 우두머리나 지방의 장관 자리에는 오를 수 없었다.

③ 골품 제도의 변화
  ㉠ 골품 제도는 삼국 통일 이후에 약간의 변화가 나타났다.
  ㉡ 골품의 구분이 하급 신분층에서부터 점차 희미해지면서, 3두품에서 1두품 사이의 구분은 실질적인 의미를 잃고 평민과 동등하게 간주되었다.

■ **삼국의 언어**

법흥왕 때 백제 사신을 따라 중국 양(梁)나라에 간 신라 사신이 백제인 통역을 이용할 정도로 두 나라의 언어가 비슷하였다.

■ **민족 통합 정책의 적용**

9서당(誓幢)·9주(州)·고구려와 백제의 지배층에게 신라의 골품 부여

■ **진골만이 가능한 직책**

화백 회의 참여, 각 6부의 장관, 지방장관, 화랑, 군 지휘관

■ **신라 중·하대의 6두품**

• 중대(中代) : 6두품은 진골 귀족에 대항하여 왕권과 결탁하기도 하였다. 그리하여 6두품 귀족은 신분적인 제약에도 불구하고 학문적 또는 종교적 식견에 의하여 국왕의 정치적 조언자가 되었고, 실제로 집사부 시랑(執事部侍郎) 등의 관직을 맡으면서 정치적 진출을 활발히 하였다.

• 하대(下代) : 하대에 이르러 6두품 귀족은 중앙 권력에서 점차 배제되어 호족과 연결되었다. 그들은 합리적인 유교 이념을 내세우면서 국가 체제 내에서 개혁을 시도하였지만, 그것이 거부되자 점차 반신라적인 태도를 취하게 되었다.

2 발해의 사회 구조

(1) 사회 구성

① 지배층

㉠ 발해의 지배층은 왕족인 대씨와 귀족인 고씨 등의 **고구려계 사람들**이 대부분이었다.

ㄴ 이들은 중앙과 지방의 중요한 관직을 차지하고 수도를 비롯한 큰 고을에 살면서 노비와 예속민을 거느리고 있었다.

② 피지배층

㉠ 발해의 주민 구성에서 다수를 차지한 것은 말갈인이며, 이들은 고구려 전성기 때부터 고구려에 편입된 민족이었다.

ㄴ 발해 건국 후 이들 중 일부는 지배층이 되거나 자신이 거주하는 촌락의 우두머리가 되어 국가 행정을 보조하였다.

(2) 사회 · 문화

① 상층 사회

㉠ 발해의 지식인은 당에 유학하여 빈공과에 응시하고, 때로는 신라인과 수석을 다투기도 하였다.

ㄴ 발해는 상층 사회를 중심으로 당(唐)의 제도와 문화를 받아들였다.

② 하층 촌락민 : 하층 촌락민들은 고구려나 말갈 사회의 전통적인 생활 모습과 문화를 오랫동안 유지하고 있었다.

사료 발해의 사회

그 나라는 사방 2,000리며 주현과 관역이 없고 곳곳에 촌리가 있는데, 모두 말갈 부락이다. 백성에는 말갈인이 많고 고구려인이 적다. …… 땅은 매우 추워 물이 있는 논에 맞지 않는다. 자못 글을 알고 고구려 대부터 조공이 끊이지 않았다.

『유취국사』

사료 발해인의 모습

부인들은 사납고 투기가 심하다. 대씨는 다른 성씨들과 서로 10자매라는 관계를 맺어 번갈아 남편들을 감시하며 첩을 두지 못하게 한다. 남편이 밖에 나갔다는 이야기를 들으면 반드시 독살을 모의하여 남편이 사랑하는 여자를 죽인다. 한 남편이 바람을 피웠는데, 그 아내가 깨닫지 못하면 아홉 자매가 모여 가서 비난한다. 이처럼 다투어 투기하는 것을 서로 자랑스러워한다. 그러므로 거란·여진 등 여러 나라에는 모두 창기(娼妓)가 있으며 양인 남자들은 첩과 시비를 두지만, 발해에만 없었다. 남자들은 지모(智謀)가 많으며 날래고 용감함이 다른 나라보다 뛰어나다. 그래서 심지어 "발해인 셋이면 호랑이 한 마리를 당해 낸다."라는 말이 있을 정도이다.

『송막기문』

바로 확인문제

● 발해의 사회 모습에 대한 설명으로 가장 옳지 않은 것은?　　　　　19. 6월 서울시(사복직 포함) 9급

① 주민은 고구려 유민과 말갈인으로 구성되었다.

② 중앙 문화는 고구려 문화를 바탕으로 당의 문화가 가미된 형태를 보였다.

③ 당, 신라, 거란, 일본 등과 무역하였는데, 대 신라 무역의 비중이 가장 컸다.

④ 유학 교육 기관인 주자감을 설치하여 귀족 자제에게 유교 경전을 가르쳤다.

■ 빈공과(賓貢科)

당(唐)에서 외국인을 대상으로 실시한 과거 시험으로, 발해는 10여 인이 유학하여 6명 정도가 합격하였다.

■ 발해 하층민의 생활 모습

발해 사회의 최하층에는 천민 신분인 부곡민·노비들이 있었다. 촌락에 거주하는 말갈인은 주로 농업에 종사하였고, 목축이나 수렵 등도 하면서 살아갔다. 민(民)은 조세나 공납을 바치고, 군역이나 역역의 의무를 졌다.

| 정답해설 | 발해는 당·신라·거란·일본 등과 무역하였는데, 이 중 당과의 무역 비중이 가장 컸다.

| 오답해설 |

① 발해는 소수의 고구려 유민들이 지배 계급을 형성하였고, 다수의 말갈인들은 피지배 계급을 구성하였다.

② 발해의 중앙 문화는 고구려 문화를 바탕으로 당의 문화가 결합된 형태로 발전하였다. 한편 발해의 저변에는 소박한 말갈 문화도 남아있었다.

④ 발해는 최고 교육 기관으로 주자감을 두어 유교 경전을 교육하였고, 당에 유학생을 보내기도 하였다.

| 정답 | ③

3 통일 신라인의 생활

(1) 금성과 5소경

① 금성(金城)

    ㉠ 통일 신라의 서울인 금성(경주)은 정치와 문화의 중심지로 귀족들이 모여 사는 대도시로 번성하였다.

    ㉡ 전성기의 금성은 바둑판처럼 반듯하게 구획된 시가지에 궁궐과 관청·사원을 비롯하여 귀족들의 저택과 민가가 즐비하게 들어서 있었다.

    ㉢ 수도 경주의 건물은 대부분 기와로 지붕을 이었고, 밥 짓는 데도 숯을 사용할 정도로 부유하였다.

    ㉣ 전국에서 거두어들인 조세와 특산물, 국제 무역품들이 모여드는 거대한 소비 도시였다.

② 5소경(小京): 과거 백제·고구려·가야의 일부 지배층은 물론 신라의 수도에서 이주한 귀족들이 거주하는 지방의 문화 중심지였다.

(2) 귀족들의 생활

① 호화로운 생활

    ㉠ 귀족들은 금입택(金入宅)이라 불린 저택에서 많은 노비와 사병을 거느리고 살았다.

    ㉡ 여기에 드는 비용은 지방에 소유한 대토지와 목장 등에서 나온 수입으로 충당하였으며, 서민을 상대로 한 고리대업도 주요 수입원의 하나였다.

> **사료**   통일 신라 귀족의 생활 모습
>
> ❶ 절과 절이 별처럼 벌여 있고 탑들은 기러기 떼인 양 줄지어 있으며 서울에서 지방[해내(海內)·경기(京畿) 지역]에 이르기까지 집과 담장은 연이어졌고, 초가는 하나도 없었으며 거리에는 음악 소리가 그치질 않았다.
> 『삼국유사』
>
> ❷ 재상의 집에는 녹(祿)이 끊이지 않고, 노동(奴僮)이 3천 명이요, 갑옷과 무기와 소·말·돼지의 수가 이와 비슷하였다.
> 『신당서』

② 불교 후원: 귀족 출신의 한 여성이 자신의 재산으로 불사에 드는 막대한 비용을 지원하는 등 귀족들은 불교를 적극 후원하였다.

③ 사치품 선호

    ㉠ 귀족들은 국제 무역을 통하여 수입된 진기한 사치품을 선호하였다. 아라비아산 고급 향료, 동남아시아산 거북딱지로 만든 장식품과 고급 목재, 에메랄드 등이 그러한 물품들이었다.

    ㉡ 사치 풍조가 신분 구분을 문란하게 할 상황에 이르자 흥덕왕 때 사치를 금하는 왕명이 내려지기도 하였으나 실효를 거두지는 못하였다. 이러한 분위기 속에서 신라 사람들이 본래 지녔던 소박함과 강인함은 서서히 사라져 갔다.

> **사료**   흥덕왕의 사치 금지령
>
> 흥덕왕 9년(834)에 다음과 같은 교서를 내렸다. "사람에게는 위와 아래가 있고, 벼슬에도 높음과 낮음이 있어 명칭과 법식이 같지 않고 의복 또한 다른 것이다. 그런데 세상의 습속은 점점 각박해지고 백성들은 다투어 사치와 호화를 일삼고 오로지 외래품의 진귀한 것만을 숭상하고 토산품의 야비한 것을 싫어한다. 그리하여 예절이 분수에 넘치는 데 빠지고 풍속이 파괴되는 데에까지 이르렀다. 이에 옛날 법에 따라 엄한 명령을 베푸는 것이니 그래도 만약 일부러 범하는 자가 있으면 진실로 응당한 형벌이 있을 것이다." 『삼국사기』

▲ 안압지 출토 주사위(주령구)

▲ 집 모양 뼈 용기(경북 경주)
통일 신라 시대의 기와집을 표현하였다.

■ **소경(小京)의 기능**

지방의 정치·문화적 중심지, 지방 세력의 견제, 피정복민의 회유, 경주의 편재성 보완 등의 기능을 하였다.

■ **페르시아 문양석(경주 박물관 소장)**

사자와 공작무늬가 있는 도안은 사산 왕조 페르시아에서 유행한 것이다.

(3) 평민의 생활

① 지배층의 호화로운 생활과는 대조적으로 평민의 대부분은 자신의 토지를 경작하며 근근이 생활하였다.

② 가난한 농민들은 귀족의 토지를 빌려서 경작하며 생계를 잇거나 귀족에게 빌린 빚을 갚지 못하여 결국 노비가 되는 경우도 적지 않았다.

4 통일 신라 말의 사회 모순

(1) 신라 말기의 정치·사회상

① 백성의 곤궁: 신라 말기가 되면서 귀족들의 정권 다툼과 대토지 소유 확대로 백성의 생활은 더욱 곤궁해져 갔다.

② 지방 신흥 세력의 성장: 지방의 토착 세력과 사원들은 대토지를 소유하면서 유력한 신흥 세력으로 성장해 갔다.

③ 농민의 몰락: 지방의 자영농들은 귀족들의 농장이 확대되면서 몰락해 갔다. 더욱이 중앙 정부의 통치력 약화로 대토지 소유자들은 세금을 부담하지 않는 대신 농민들이 더 많은 조세를 감당하게 되었다.

④ 자연재해 발생: 9세기 이후 자주 발생한 자연재해는 농민의 처지를 더욱 어렵게 하였다.

⑤ 호족의 등장: 이러한 가운데 지방의 유력자들을 중심으로 곳곳에서 무장 조직이 결성되었고, 이들을 아우른 큰 세력가들이 호족으로 등장하였다.

(2) 중앙 정부의 대책

① 조세 감면: 중앙 정부는 지배 체제를 다시 확고히 하기 위하여 수리 시설을 정비하고 자연재해가 심한 지역에는 조세를 면제해 주었다.

② 민생의 안정 도모: 굶주리는 농민들을 구휼하고, 연해에 출몰하는 해적으로부터 농민을 보호함으로써 백성의 생활을 안정시키고자 노력하였다.

③ 정부 대책 실패: 이러한 대책들은 큰 효과를 거두지 못했고, 토지를 상실한 농민들은 소작농이 되거나 고향을 버리고 떠돌게 되었으며, 걸식(乞食)을 하거나 산간에서 화전(火田)을 일구기도 하였다. 그들 중의 일부는 자신의 몸을 팔아 노비로 전락하기도 하였다.

(3) 모순의 심화

9세기 말 진성 여왕 때는 사회 전반에 걸쳐 모순이 증폭되었다.

① 재정의 악화: 중앙 정부의 기강이 극도로 문란해졌으며, 지방의 조세 납부 거부로 국가 재정도 바닥이 드러났다.

② 농민층의 봉기: 한층 더 강압적으로 조세를 징수하게 되자 마침내 각지에서 농민들이 봉기하였다. 상주에서 일어난 원종과 애노의 난을 시작으로 농민 항쟁이 전국적으로 확산되자 중앙 정부의 지방에 대한 통제력은 거의 사라졌다.

● 다음 자료에 나타난 시기에 대한 설명으로 옳은 것은?   16. 지방직 9급

> 곳곳에서 도적이 벌떼같이 일어났다. 이에 원종, 애노 등이 사벌주(상주)에 의거하여 반란을 일으키니, 왕이 나마 벼슬의 영기에게 명하여 잡게 하였다.

① 지방에서는 호족 세력이 성장하였다.
② 신진 사대부가 대두하여 권문세족을 비판하였다.
③ 농민들은 전정, 군정, 환곡 등 삼정의 문란으로 고통을 받았다.
④ 봄에 곡식을 빌려 주었다기 가을에 추수한 것으로 갚게 하는 진대법을 실시하였다.

● 다음 기록이 지적하는 당시의 사회상에 대해 옳게 서술한 것은?   19. 경찰직 1차

> 사람은 상하가 있고 지위는 존비가 있어서, 그에 따라 호칭이 같지 않고 의복도 다른 것이다. 그런데 풍속이 점차 경박해지고 백성들이 사치와 호화를 다투게 되어, 오직 외래 물건의 진기함을 숭상하고 도리어 토산품의 비야함을 혐오하니, 신분에 따른 예의가 거의 무시되는 지경에 빠지고 풍속이 쇠퇴하여 없어지는 데까지 이르렀다. 이에 감히 옛 법에 따라 밝은 명령을 펴는 바이니, 혹시 고의로 범하는 자가 있으면 진실로 일정한 형벌이 있을 것이다.

① 중앙 귀족이 위축되고 자영농의 성장으로 인하여 지방 호족이 득세하였다.
② 평민의 생활이 크게 향상되어서 기와로 지붕을 이었고 밥 짓는 데도 숯을 사용하였다.
③ 춘궁기인 봄에 곡식을 빌려 주고 추수기인 가을에 돌려받는 진대법이 시행되었다.
④ 국제 무역을 독점하던 일부 해상 세력이 반란을 일으키기도 하였다.

|정답해설| '원종과 애노의 난'은 신라 하대 진성 여왕 때 일어난 대표적 민란이다. 신라 하대에는 지방에서 호족 세력이 성장하였다.

|오답해설|
② 고려 말 신진 사대부가 대두하여 권문세족들을 비판하였다.
③ 조선 후기 세도 정치 시기에 농민들은 삼정의 문란으로 고통을 받았다.
④ 진대법은 고구려 고국천왕 때 실시한 빈민 구제법이다.

|정답| ①

|정답해설| 제시된 자료는 신라 하대 흥덕왕 때 공포한 '사치 금지령(834)'이다. 신라 하대에는 당 – 신라 – 일본 사이의 국제 무역을 독점하던 장보고가 반란을 일으키기도 하였다(846).

|오답해설|
① 신라 하대에는 중앙 귀족의 경제 기반이 확대되어 자영농이 몰락하였고, 지방에는 호족이 득세하였으며 민란이 자주 발생하였다.
② 기와로 지붕을 잇거나 밥 짓는 데 숯을 사용한 것은 귀족들의 생활 모습이다.
③ 진대법은 고구려 고국천왕 때 실시되었다(194).

|정답| ④

04 고대의 문화

단권화 MEMO

01 고대 문화의 성격

(1) 삼국의 문화적 특징

① 고구려

    ㉠ 패기와 정열의 문화이다.

    ㉡ 한 군현 세력을 비롯한 중국 세력을 물리친 경험과 북방 민족의 영향으로 강건한 문화를 발전시킨 중국 북조로부터 많은 영향을 받았다.

② 백제

    ㉠ 우아하고 세련된 귀족적 문화이다.

    ㉡ 백제의 경제가 상대적으로 풍족하였고 귀족 세력이 강한데다가, 세련되고 개인주의적 경향이 컸던 중국 남조 문화의 영향을 받았다.

③ 신라

    ㉠ 소박한 옛 전통과 조화미가 갖춰진 문화이다.

    ㉡ 한반도 동쪽에 치우친 지리적 위치와 뒤쳐진 정치 발전으로 초기에는 소박한 문화를 간직하였다. 이후 고구려와 백제의 영향으로 점차 조화로운 문화를 추구하였다.

(2) 통일 신라와 발해의 문화적 특징

① 통일 신라

    ㉠ 민족 문화의 기틀 마련: 백제 및 고구려 문화와 신라 문화가 융합되어 민족 문화의 기틀을 마련하였다.

    ㉡ 세련된 문화: 당·서역과의 국제적 교류로 세련된 문화가 발전하였다.

    ㉢ 교종 문화와 선종 문화: 중대에는 귀족 중심의 교종 문화가 발전하였고, 하대에는 지방의 호족을 중심으로 선종 문화가 발전하였다.

    ㉣ 조형 예술: 중대에는 조형 예술이 최고조로 발전하였는데, 석굴암과 불국사 등에서 조화미와 정제미를 확인할 수 있다. 그러나 하대로 가면서 조형 예술은 점차 쇠퇴하였다.

    ㉤ 불교의 대중화: 원효에 의해 불교의 대중화가 이루어졌다.

    ㉥ 지방으로 확산: 수도 중심의 문화에서 지방 문화 발달로 확산되었다.

② 발해: 웅장하고 건실한 귀족적 문화가 나타났다.

    ㉠ 상경 용천부: 상경 용천부는 만주 지역 문화의 중심지였다.

    ㉡ 문화 융합: 고구려 문화와 당의 귀족 문화, 말갈의 소박한 문화를 융합하였다.

고구려 요소	불상, 석등, 기와, 온돌, 굴식 돌방무덤(정혜 공주 무덤)
당 요소	벽돌무덤(정효 공주 무덤), 3성 6부, 주작대로

02 불교 문화의 발달

(1) 삼국의 불교 수용과 발전

① 전래 : 중앙 집권 국가의 체제 정비 무렵에 불교를 수입하였고, 토착 신앙과 융합되었다.

구분	왕	전래
고구려	소수림왕	전진(前秦)의 순도(順道)가 전래하였다(372).
백제	침류왕	동진(東晉)의 마라난타가 전래하였다(384).
신라	눌지 마립간	고구려의 묵호자가 전래하였다(457).
	법흥왕	이차돈의 순교로 공인되었다(527).

> **사료** 이차돈 순교를 추모하는 내용의 백률사 석당기(헌덕왕 10년, 818)
>
> "아! 어찌하리오. 천하(天下)에 나 혼자이니, 누구에게 의지하여 짝을 삼아 불교를 일으켜 세우고 법을 남기리오."라고 하였다. 이때 한 사람이 있었는데, 그의 이름은 염촉(猒髑)이었다. (그는) 임금의 얼굴을 우러러 쳐다보고 울분이 나서 먹는 것도 잊은 채 엎드려 임금께 천천히 아뢰었다. "보잘것없는 제가 생각건대 임금께서 큰 뜻을 가지고 계신 듯합니다. 옛사람의 말에 나무꾼에게도 계책을 물어본다고 하였으니, 제게도 물어보시기를 원합니다." 왕이 곧 화를 내면서 말하기를, "얘야. 네가 할 수 있는 일이 아니다."라고 하였다. 염촉이 정중하게 답하여 말하기를, "임금께서 긍휼히 여기시는 것은 불법(佛法)이 되어야 옳은 것이 아니옵니까?"라고 하였다.

■ 이차돈 순교비(경주 박물관 소장)

이차돈의 순교 사실을 새긴 돌기둥(백률사 석당)

② 역할과 성격

　㉠ 왕실 주도 : 왕실이 불교 수용을 주도하였고, 불교는 **왕권 강화 및 중앙 집권화에 기여**하였다.

　㉡ 호국 불교적 성격 : 『**인왕경**』(나라를 보호하는 방법이 수록된 호국 경전), 백좌 강회(호국 법회), 신라의 황룡사 9층 목탑이 대표적이다.

　㉢ 현세 구복적 성격을 가지고 있다.

③ 고구려의 불교 발전 : 삼론종이 번창하였다(승랑).

■ 삼론종
공(空)에 대해 깊이 이해하려는 불교의 종파이다.

보덕	연개소문의 불교 탄압을 피해 백제로 내려가 열반종을 개창하였다.
도현	연개소문의 도교 장려, 불교 탄압에 반발하였다.
혜량	신라에 가서 최초의 국통이 되었으며, 불교 교단을 조직하였다.
혜관	일본에 삼론종을 전파하였다(일본 삼론종의 시조).
담징	영양왕 21년(610) 백제를 거쳐 일본에 건너가 종이, 먹, 맷돌 제조 방법을 전해주었으며, 호류사에 머물면서 금당 벽화를 그렸다.
혜자	**일본 쇼토쿠 태자의 스승이** 되었다.

④ 백제의 불교 발전 : 개인의 소승적 해탈을 강조하는 **계율종을 중심으로 발전**하였다.

겸익	**인도에서 불법을 연구**하였고, 백제로 율종 관계의 서적을 들여와 번역하였다.
혜현	삼론종을 연구하였다.
혜총	일본에 계율종을 전파하였다.
관륵	일본에 천문·역법을 전하였다.
노리사치계	성왕 때(552) **일본에 불상·불경을 전하였다**(일본에 불교 전파).
보덕	고구려에서 망명하였으며, 열반종을 개창하였다.

⑤ 신라의 불교 발전 : 업설과 미륵불 신앙 발달, 계율종 중심, 왕즉불 사상, 진흥왕 때 국통·주통·군통을 두었다.

원광	진·수에 유학하였고, 성실종을 도입하였으며 화랑도의 **세속 5계**를 제시하였다.
자장	당에 유학하였고, 통도사에서 계율종을 개창하였다. 선덕 여왕에게 **황룡사 9층 목탑**을 세우도록 건의하였고, 대국통이 되어 신라 불교를 총관하였다.
혜량	고구려에서 망명한 후 교단(국통·주통·군통)을 조직하고, **초대 국통에 임명되었다**.

⑥ 불교의 영향
   ㉠ 문화의 전래 : 우수한 중국 문화를 수입하여 삼국 문화의 기틀을 마련하였다.
   ㉡ 철학적 사고 : 원시적 사고에서 벗어나 철학적 이해를 가지게 되었다.
   ㉢ 계몽적 역할 : 승려가 민중의 교화와 사회적 갈등 및 모순을 해소하는 존재로 성장하였다.
   ㉣ 고대 국가의 이념 : 왕권·신분제 등을 합리화하고 초부족적 사상의 통일에 기여하였다.
   ㉤ 미술의 발달 : 불교 미술이 발달하였다.

바로 확인문제

● **(가) 인물에 대한 설명으로 옳은 것은?** 21. 지방직 9급

> [(가)] 가/이 귀산 등에게 말하기를 "세속에도 5계가 있으니, 첫째는 충성으로써 임금을 섬기는 것, 둘째는 효도로써 어버이를 섬기는 것, 셋째는 신의로써 벗을 사귀는 것, 넷째는 싸움에 임하여 물러서지 않는 것, 다섯째는 생명 있는 것을 죽이되, 가려서 한다는 것이다. 그대들은 이를 실행함에 소홀하지 말라."라고 하였다. 「삼국사기」

① 모든 것이 한마음에서 나온다는 일심 사상을 제시하였다.
② 화엄 사상을 연구하여 『화엄일승법계도』를 작성하였다.
③ 왕에게 수나라에 군사를 청하는 글을 지어 바쳤다.
④ 인도를 여행하여 『왕오천축국전』을 썼다.

|정답해설| 제시된 사료는 (가) 원광의 세속 5계이다. 원광은 진평왕에게 수나라에 군사를 청하는 글인 '걸사표'를 지어 바쳤다.

|정답| ③

(2) 통일 신라 시기 불교의 발전

① 교종의 발달(중대) : 교종은 경전 이해를 통한 깨달음을 추구한 종파이다. 지배층은 기성 권위를 긍정하는 교종을 환영했는데, 특히 화엄종이 발전하였고 불교 의식을 중시하여 조형 미술이 발달하였다.
② 통일 신라 시기 주요 고승*
   ㉠ 원효
   • 법성종을 개창하였고, 중관 사상과 유식 사상의 대립을 해소하고자 일심 사상을 바탕으로 화쟁 사상을 주장하였다.
   • 정토종(아미타 신앙)을 보급하여, 불교 대중화에 기여하였다.
   • 대표 저서 : 『대승기신론소』, 『십문화쟁론(十門和諍論)』, 『금강삼매경론』, 『화엄경소』, 『판비량론』 등을 통해 불교의 사상적 이해 기준을 마련하였다.
   • 원효가 입적한 후 100여 년이 지난 애장왕 대(800~809)에 후손 설중업과 각간 김언승 등이 중심이 되어 그를 추모하는 비(고선사 서당화상비)를 세웠으며, 1101년 고려 숙종이 화쟁국사(和諍國師)라는 시호(諡號)를 추증(追贈)하였다.

*통일 신라 시기 주요 고승

원효와 의상의 사상 및 업적은 자주 비교하여 출제되므로, 확실히 구분해 두어야 한다.

❶ 일심 사상

- 크다 하나 바늘구멍 하나 없더라도 쑥 들어가고, 작다 하나 어떤 큰 것이라도 감싸지 못함이 없다. 있다 하나 한결같이 텅 비어 있고, 없다 하나 만물이 다 이것으로부터 나온다. 이것을 무어라 이름을 붙일 수 없으므로 억지로 '대승'이라 하였다. …… 도를 닦는 자에게 온갖 경계를 모두 없애 '하나의 마음[一心]'으로 되돌아가게 하고자 한다.

- 펼쳐 열어도 번잡하지 아니하고 종합하여도 좁지 아니하다. 주장하여도 얻음이 없고, 논파하여도 잃음이 없다. 이것이야말로 마명(馬鳴) 보살의 오묘한 기술이니, 기신론(起信論)의 종체(宗體)가 그러하다. 종래에 이를 해석한 사람들 중에는 그 종체를 갖추어 밝힌 이가 적었다. 이는 각기 익혀 온 것을 지켜 그 문구(文句)에 구애되고, 마음을 비워서 뜻을 찾지 못했기 때문이다.

- 기신론(起信論)에서 "여래(如來)의 넓고 크며, 끝없는 도리를 총섭(總攝)하고자 이 논(論)을 설(說)하였다."라고 말하였다. 이 논의 뜻은 이와 같다. 펼치면 무량무변(無量無邊)의 도리를 본질[宗]로 삼고, 합하면 이문일심(二門一心)의 법을 핵심으로 한다. 이문의 안은 만 가지 뜻을 포용하나 어지럽지 않다. 무변이라는 뜻은 일심과 같고 또한 혼융(混融)된다.　　　　　　　　　　　『대승기신론소』

❷ 화쟁 사상

마치 바람 때문에 고요한 바다에 파도가 일어나지만 그 파도와 바닷물이 따로 물이 아닌 것처럼 우리 일심(一心)에도 깨달음의 경지인 진여(眞如)와 그렇지 못한 무명(無明)의 분열이 있는데 그 둘도 따로 있는 것이 아니다.　　　　　　　　　　　『대승기신론소』

ⓛ 의상

- 화엄종을 개창하여 왕권 전제화에 기여하였다.
- 아미타 신앙과 함께 현세 구복적인 관음 신앙을 이끌었다.
- 화엄 사상을 바탕으로 교단을 형성하여 많은 제자를 양성하였고, 부석사·낙산사 등의 화엄 10찰을 건립하였다.
- 대표 저서 : 『화엄일승법계도』('일즉다 다즉일'의 원융 사상), 『백화도량발원문』, 『십문간법관』 등

하나 안에 일체(一切)이며 다(多) 안에 하나요[一中一切多中一]. 하나가 곧 일체(一切)이며 다(多)가 곧 하나이다[一卽一切多卽一]. 하나의 미진(微塵) 가운데 시방(十方)을 포함하고, 일체(一切)의 진(塵) 가운데서도 역시 이와 같다[一切塵中亦如是].　　　　　　　　　　　『화엄일승법계도』

왕(문무왕)이 수도(금성)에 성곽을 쌓으려고 문의하니 그(의상)가 말하기를, "비록 초야에 살더라도 정도(正道)만 행하면 복업(福業)이 오래 갈 것이요, 만일 그렇지 못하면 여러 사람을 수고롭게 하여 성을 쌓을지라도 아무 이익이 없을 것입니다."라고 하였다. 왕은 이에 성 쌓는 일을 그만두었다.　　　　　　　　　　　『삼국사기』

① 중악 공산 미리사, ② 남악 지리산 화엄사, ③ 북악 태백산 부석사, ④ 강주 가야산 해인사 및 보광사, ⑤ 웅주 가야협 보원사, ⑥ 계룡산 갑사, ⑦ 양주 금정산 범어사, ⑧ 강주 비슬산 옥천사, ⑨ 전주 무산 국신사, ⑩ 한주 부아산 청담사

단권화 MEMO

■ 화엄 사상

"모든 우주 만물은 대립적인 존재가 아니라 서로 조화하고 포용하는 관계를 가지고 있다."는 것을 전제로 '하나가 곧 전체이며(일즉다), 전체가 곧 하나이다(다즉일).'라는 사상이다.

6두품인 원효와 진골인 의상은 비록 신분도 나이도 달랐지만, 젊은 시절부터 우정을 나누며 함께 당 유학길에 올랐다. 원효는 모든 것이 마음먹기에 달렸다는 깨달음[一切唯心造]을 얻고 당 유학을 포기했다. 그는 모든 중생이 평등하게 불성을 지녔다고 생각하여 노래하고 춤추며 백성에게 불교 신앙을 퍼뜨렸다. 한편 의상은 당 유학 후 10년 만에 귀국하였다. 화엄 사상을 공부하면서 "이 세계를 구성하는 모든 요소는 평등하다."고 깨달은 그는 노비였던 지통과 빈민 출신인 진정을 제자로 받아들였다.

■ 원측(613~696)

문무왕 때 당에 유학하여 섭론종(구유식학)을 배운데 이어, 인도에 구법하고 돌아온 현장에게서 신유식학을 배워 독자적 신유식학 체계를 세웠다. 그는 현장의 학설을 계승한 중국 제자인 규기의 자은학파에 대항하여 장안 서명사에서 자기 학설을 강의하여 큰 호응을 얻었으며, 서명학파를 형성하였다.

ⓒ 원측: 당에 유학하여 유식 불교를 배웠으며, 서명학파를 형성하였다. 저서로는 『해심밀경소』가 있다.

ⓔ 혜초: 중국을 거쳐 인도까지 다녀와 인도 및 중앙아시아 지역의 기행문인 『왕오천축국전』을 저술하였다. 『왕오천축국전』은 현재 프랑스 국립 도서관에 소장되어 있다.

ⓜ 김교각: 당에서 활동하였으며, 지장보살의 화신으로 평가받았다.

③ 밀교

ㄱ 밀교는 비밀 불교 또는 밀의(密儀, 비밀스러운 의식)의 약칭이다. 현교(顯敎)라 불리는 일반 불교와 대비되는 개념으로서, 주술적 성격이 강한 특징이 있다.

ㄴ 당시 불교계가 교학(敎學)에 너무 치중하는 것에 반대하며 실천을 위주로 한 대중 불교 운동의 성격을 가졌다.

선덕왕(善德王) 덕만(德曼)이 병에 걸려 오래 낫지 않았는데 흥륜사(興輪寺) 승려 법척(法惕)이 임금의 명을 받고 병을 돌본 지 오래되었으나 효험이 없었다. 이때 밀본(密本) 법사가 있었으니 덕행(德行)으로 나라에 명성이 높아서 좌우에서 (밀본 법사로) 대신할 것을 청하였으므로, 왕이 조서를 내려 궁궐로 맞아들였다. 밀본은 왕의 거처[신장(宸仗)] 밖에서 『약사경(藥師經)』을 읽었다. 경을 다 읽고 나자 가지고 있던 고리가 6개 달린 지팡이[육환(六環)]가 침전 안으로 날아 들어가 늙은 여우 1마리와 법척을 찔러 뜰 아래로 거꾸로 내던졌다. 그러자 왕의 병이 곧 나았는데, 이때 밀본의 정수리 위에 오색의 신비로운 빛이 나자 보는 사람이 모두 놀랐다. 『삼국유사』

④ 5교 9산 성립

ㄱ 5교
- 5개의 교종을 의미한다.
- 왕실 불교·귀족 불교이며, 조형 미술 발달을 자극하였다.

구분	개창자	중심 사찰
열반종	보덕	경복사(전주)
계율종	자장	통도사(양산)
법성종	원효	분황사(경주)
화엄종	의상	부석사(영주)
법상종	진표	금산사(김제)

■ 5교

화엄종을 대표로 하는 교종은 경전 이해를 주로 하는 교학 불교적 성격을 가지고 있었다. 왕즉불 사상이나 인과응보설에 근거를 둔 윤회 사상 등으로 중앙 집권적 체제를 강조하였다.

ㄴ 9산
- 9개의 선종 종파를 의미한다.
- 호족과 6두품의 반신라적 움직임과 결부되어 고려 개창의 사상적 기반이 되었다.
- 9산의 성립을 통해 경주 중심의 문화를 극복하고, 지방 문화 발전에 기여하였다.
- 조형 미술이 쇠퇴하고 승탑·탑비가 등장하였다.

■ 선종

불립문자·직지인심(문자를 떠나서 곧장 마음을 터득할 수 있다)·견성오도(인간의 타고난 본성이 불성임을 알면 그것은 불교의 도리를 깨닫는 것이다)를 강조하였다. 견성오도의 방법은 선, 즉 정사에 있다. 선을 통해 심성을 도야함으로써 각자의 마음속에 자존하고 있는 불성을 깨달을 수 있다는 것이다(즉시 성불).

구분	개창자	중심 사찰	위치
가지산문	도의	보림사	장흥
실상산문	홍척	실상사	남원
동리산문	혜철	태안사	곡성
사굴산문	범일	굴산사	강릉
봉림산문	현욱	봉림사	창원
사자산문	도윤	흥녕사	영월
성주산문	무염	성주사	보령
희양산문	도헌	봉암사	문경
수미산문	이엄	광조사	해주

▲ 9산의 성립

단권화 MEMO

■ **도의**

헌덕왕 13년(821)에 당으로부터 남종
선을 도입하였다.

사료　선종

820년대 초에 승려 도의가 서쪽으로 바다를 건너가 당나라 서당 대사의 깊은 뜻을 보고 지혜의 빛이 스승과 비슷해져서 돌아왔으니, 그가 그윽한 이치를 처음 전한 사람이다. …… 그러나 메추라기의 작은 날개를 자랑하는 무리들이 큰 붕새가 남쪽으로 가려는 높은 뜻을 헐뜯고, 기왕에 공부하였던 경전 외우는 데만 마음이 쏠려 선종을 마귀 같다고 다투어 비웃었다. 그래서 도의는 빛을 숨기고 자취를 감추어 서울에 갈 생각을 버리고 마침내 북산에 은둔하였다.　　　　　　　　　　　　　　　　　봉암사 지증대사 적조탑비 비문

심화　신라 말, 선종 불교의 영향

❶ 교종은 경전의 이해를 통하여 깨달음을 추구하는 이론 불교이다. 이에 비하여 선종은 방편에 지나지 않는 문자를 넘어서 구체적인 실천 수행을 통하여 깨달음을 얻는 실천 불교이다. 선종은 통일 전후에 신라에 수용되었으나 널리 퍼지지는 못하였다. 784년에 도의가 본격적으로 남종선을 배우고자 당나라에 간 이래 혜소·혜철·무염 등이 뒤를 이었고, 이들 선사들은 820년대 초에 처음 귀국한 도의를 뒤따라 차례로 귀국하였다. 신라 사회의 변화로 선종이 관심의 대상으로 떠오르기 시작하였으나, 도의 자신은 교종의 반발로 서울인 경주에서 교화의 기반을 마련하지 못하고 설악산에 은거하고 말았다. 대신 도의보다 조금 늦게 귀국한 홍척은 흥덕왕과 같은 왕실의 관심의 대상이 되었다. 그러나 9산 선문의 대부분은 왕실이나 중앙 귀족이 아니라 이 시기에 새롭게 부상한 지방 세력, 곧 호족의 적극적인 지원을 받았다.

❷ 9산 선문의 개창조를 비롯한 선승들은 호족 출신이나 중앙 귀족 출신으로 지방에 낙향한 사람들이 많았다. 그리고 이들 선승을 후원하여 산문을 개창하게 한 지원 세력도 지방 호족이었다. 그래서 선종 사원은 산문을 후원하는 호족의 근거지와 가까운 지방에 자리 잡았다. 성주산문은 보령 지방에 대규모 장원을 가지고 있던 김흔의 후원을 받아서 개창하였고, 사굴산문은 강릉 지방의 호족으로서 진골이었던 김주원의 후손인 명주 도독의 후원을 받았다.

---

(3) 발해의 불교

① 발해의 불교는 고구려적 요소를 주로 반영하였으며, 왕실과 귀족을 중심으로 확산되었다.
② 특히 문왕 스스로 자신을 '불교적 성왕(전륜성왕)'으로 일컬을 만큼 불교를 중시하였다.

| 정답해설 | 제시된 내용 중 '화쟁국사(和諍國師)'로 추앙받은 인물은 원효이다. 『대승기신론소』는 원효의 저술이다.

| 오답해설 |
① 『해동고승전』은 각훈의 저술이다.
③ 혜초는 인도에 다녀와서 『왕오천축국전』을 저술하였다.
④ 의상은 화엄 사상의 핵심을 정리한 『화엄일승법계도』를 저술하였다.

| 정답 | ②

| 정답해설 | 밑줄 친 '그'는 의상이다. 의상은 문무왕의 정치 자문을 담당하였으며, 화엄종을 창시하였다. 현세 구복적인 관음 신앙을 중시하였고, 부석사와 낙산사 등 여러 사찰을 창건하였다.

| 오답해설 |
① 도의, ② 원측, ④ 원효에 대한 설명이다.

| 정답 | ③

| 정답해설 | 개인적 정신세계를 추구하는 경향이 강하고, 성주나 장군으로 자처하던 자들(호족)의 호응을 얻은 것은 선종 불교이다. 쌍봉사 철감선사탑은 쌍봉사를 창건한 선종 승려 도윤(道允, 798~868)의 유골을 안치한 승탑(부도)이다. 신라 하대 승탑의 전형적 양식인 8각원당형으로 만들어졌다.

| 오답해설 |
① 성덕 대왕 신종은 경덕왕 때 제작되기 시작하여 혜공왕 때 완성되었다.
③ 경천사지 10층 석탑은 고려 후기에 대리석으로 제작되었으며, 몽골 라마교의 영향을 받은 것으로 알려져 있다.
④ 금동 미륵보살 반가 사유상은 삼국 시대에 많이 만들어졌다.

| 정답 | ②

■ 도교

노장 사상과 신선 사상이 결합된 도교는 5세기경 북위의 구겸지에 의해 성립되었다고 한다. 언제 우리나라에 전래되었는지 확실치 않으나, 6세기경 고구려와 백제의 귀족 사회에 전래된 것으로 추정하고 있다.

● 〈보기〉의 밑줄 친 '그'의 저술로 가장 옳은 것은? 20. 서울시(자체 출제) 9급

┌─ 보기 ─────────────────────────────

그는 당나라로 가던 도중 진리는 마음속에 있음을 깨닫고 유학을 포기하였다. 여러 종파의 갈등을 보다 높은 수준에서 융화·통일시키려 하였으므로, 훗날 화쟁국사(和諍國師)로 추앙받았다.
──────────────────────────────────

① 『해동고승전』   ② 『대승기신론소』

③ 『왕오천축국전』   ④ 『화엄일승법계도』

● 밑줄 친 '그'의 행적으로 옳은 것은? 18. 국가직 7급

┌──────────────────────────────────
왕이 수도(금성)에 성곽을 쌓으려고 문의하니 그가 말하기를, "비록 초야에 살더라도 정도(正道)만 행하면 복업(福業)이 오래 갈 것이요, 만일 그렇지 못하면 여러 사람을 수고롭게 하여 성을 쌓을지라도 아무 이익이 없을 것입니다."라고 하였다. 왕은 이에 성 쌓는 일을 그만두었다. 『삼국사기』
──────────────────────────────────

① 가지산파를 개창하면서 선종을 보급하기 시작하였다.

② 당에 들어가 유식론을 독자적으로 발전시켰다.

③ 당에서 유학하고 돌아와 부석사를 창건하였다.

④ 일심 사상을 바탕으로 화쟁 사상을 주장하였다.

● 다음과 같은 불교 사상의 영향을 받아 만들어진 문화재는? 18. 지방직(사복직 포함) 9급

┌──────────────────────────────────
이 불교 사상은 개인적 정신세계를 추구하는 경향이 강하였기 때문에 지방에서 독자적인 세력을 이루어 성주나 장군을 자처하던 자들로부터 큰 호응을 받았다.
──────────────────────────────────

① 성덕 대왕 신종   ② 쌍봉사 철감선사탑

③ 경천사지 십층 석탑   ④ 금동 미륵보살 반가 사유상

03 도교, 풍수지리설의 발달

(1) 도교

삼국 중 고구려에 가장 먼저 전파되었고, 가장 성행하였다. 백제·신라의 도교 전래 기록은 없으나 여러 도교 유물로 보아 그 존재를 확인할 수 있다. 도교는 전래 후 기성 신앙과 별다른 갈등 없이 결합되어 귀족 사회를 중심으로 활성화되었다.

① 고구려
  ㉠ 당 고조가 고구려(영류왕)와 화친 관계를 유지하기 위해 도사를 보내오는 등 도교를 전래하였다(624).
  ㉡ 영양왕 때 수의 침략 당시 을지문덕은 적장 우중문에게 『도덕경』 구절을 인용하여 철군을 종용하였다.

ⓒ 고구려 고분에는 신선도·사신도 벽화가 많이 보인다.

ⓔ 연개소문은 당에서 숙달 등 도사 8명을 맞아들여 도교를 장려하였다(643, 보장왕 2년)

사료 연개소문과 도교

보장왕 2년(643) 3월 연개소문(淵蓋蘇文)이 왕에게 아뢰기를, "삼교(三敎)는 비유하자면 솥의 발과 같아서 하나라도 없어서는 안 됩니다. 지금 유교와 불교는 모두 흥하는데 도교는 아직 성하지 않으니, 이른바 천하의 도술(道術)을 갖추었다고 할 수 없습니다. 엎드려 청하오니 당(唐)나라에 사신을 보내 도교를 구하여 와서 나라 사람들을 가르치게 하소서."라고 하였다. 대왕이 매우 그러하다고 여기고 표(表)를 올려서 (도교를) 요청하였다. 태종(太宗)이 도사(道士) 숙달(叔達) 등 8명을 보내고, 이와 함께 노자(老子)의 『도덕경(道德經)』을 보내주었다. 왕이 기뻐하여 불교 사찰을 빼앗아 이들을 머물도록 하였다.

『삼국사기』

② 백제

ⓐ 근초고왕 때 막고해 장군이 고구려 수곡성을 확보한 후 과도하게 진격하려는 태자(근구수왕)에게 『도덕경』 구절을 인용(무릇 만족할 줄 알면 욕되지 않고, 멈출 줄 알면 위태롭지 않다, 知足不辱 知止不殆)하여 만류하였다.

ⓑ 유물: 산수무늬 벽돌(산경문전, 산수문전), 사택지적비, 무령왕릉의 매지권, 백제 금동 대향로 등이 있다.

심화 백제 금동 대향로

백제 금동 대향로는 1993년 충남 '부여 왕릉원(부여 능산리 고분군)'과 '부여 나성' 사이에서 출토된 유물이다. 향로(香爐)란 '향을 피울 때 사용하는 도구'로서, 금동 대향로는 왕실 제사에 사용되었던 것으로 추정된다. 금속으로 만든 제품이라고 믿어지지 않을 만큼 독창적인 모습과 불교와 도교를 아우르는 백제인의 정신세계도 확인할 수 있다.

백제 금동 대향로는 높이 64cm, 무게 11.8kg이나 되는 대형 향로로서, 크게 몸체와 뚜껑으로 구분하며, 상단부에 부착된 봉황과 받침대를 포함하면 4부분으로 구성된다. 먼저 뚜껑에는 23개의 산들이 첩첩산중을 이루는 풍경을 배경으로 많은 동물과 사람들이 생생하게 조각되어 있다. 조금 더 상세하게 표현하면 피리와 소비파·현금·북을 연주하는 5인의 악사와 각종 무인상(武人像), 기마 수렵상 등 16인의 인물상과 봉황·용을 비롯한 상상의 날짐승·호랑이·사슴 등 39마리의 현실 세계 동물들이 표현되어 있다. 이 밖에도 6개의 나무와 12개의 바위, 산 중턱에 있는 산길, 산 사이로 흐르는 시냇물, 폭포, 호수 등이 변화무상하게 표현되어 있다.

③ 신라

ⓐ 화랑도의 별칭인 국선도·풍월도·풍류도에서 도교 사상을 확인할 수 있다.

ⓑ 진평왕 때 일부 지식인들이 도교를 배우기 위해 도당 유학하였다.

ⓒ 노자의 『도덕경』 등 도가의 지식도 유·불교와 함께 지식인의 필수 교양이었다.

④ 통일 신라

ⓐ 국모신으로서 선도성모(仙桃聖母, 박혁거세의 어머니)를 숭배하고, 오악의 신군(신라의 다섯 산신)을 숭배하였다.

ⓑ 8세기 김암은 중국에서 잡술을 배워 왔다.

ⓒ 도당 유학생 김가기는 도교에 심취하였고, 하대에는 최치원 등 반신라 유학자들 사이에서 크게 유행하였다.

⑤ 발해: 문왕의 딸인 정혜 공주와 정효 공주의 묘비석에 도교의 불로장생 사상을 반영하였다.

단권화 MEMO

■ **사신도**
도교의 방위신은 청룡(동쪽), 백호(서쪽), 주작(남쪽), 현무(북쪽)이다.

■ **산수무늬 벽돌**

부여에서 출토된 벽돌로 첩첩산중에 산봉우리마다 소나무가 그려지고 구름이 있는 등 불로초와 신선이 있다는 삼신산 조각이다.

■ **사택지적비**
의자왕 때 사택지적이 늙음에 대한 인생무상을 읊은 허무주의적인 내용이 새겨져 있다.

■ **무령왕릉의 매지권**
돈을 주고 지신(地神)으로부터 묘지를 사들인 매매 계약서이다.

● 밑줄 친 '그'에 대한 설명으로 옳은 것은?

21. 지방직 9급

> 그가 왕에게 아뢰었다. "삼교는 솥의 발과 같아서 하나라도 없어서는 안 됩니다. 지금 유교와 불교는 모두 흥하는데 도교는 아직 번성하지 않으니, 소위 천하의 도술(道術)을 갖추었다고 할 수 없습니다. 엎드려 청하오니 당에 사신을 보내 도교를 구해 와서 나라 사람들을 가르치게 하소서."
>
> 『삼국사기』

① 당나라와 동맹을 체결하였다.

② 천리장성의 축조를 맡아 수행하였다.

③ 수나라의 군대를 살수에서 격퇴하였다.

④ 남진 정책을 추진하여 한성을 점령하였다.

| 정답해설 | 제시된 사료는 연개소문이 왕(보장왕)에게 도교 수용을 요청하는 내용이다. 연개소문은 불교와 결탁한 귀족 세력의 영향력을 약화시키기 위해 당에서 숙달 등 도사 8명을 맞아들여 도교를 장려하였다(643, 보장왕 2년). 연개소문은 천리장성의 축조를 담당하면서 세력을 키워 영류왕을 죽이고 보장왕을 옹립하였다(연개소문의 정변, 642).

| 오답해설 |
① 김춘추는 당나라와 동맹을 체결하였다(나당 연합, 648).
③ 을지문덕은 수나라의 군대를 살수에서 격퇴하였다(살수 대첩, 612).
④ 장수왕은 남진 정책을 추진하여 백제의 수도인 한성을 점령하였다(475).

| 정답 | ②

(2) 풍수지리설

① 도입 : 도선(道詵)이 도입하였고, 지형이나 지세는 국가나 개인의 길흉과 밀접한 관련이 있다고 강조하였다.

② 영향 : 경주 중심의 신라 정부의 권위를 약화시켰고, 송악의 왕건에게 후삼국 통일의 유리한 사상적 기반을 제공하였다.

■ **도선(道詵)**
도선은 전 국토의 자연환경을 유기적으로 파악하는 인문 지리적인 지식에 경주 중앙 귀족들의 부패와 무능, 지방 호족 세력의 대두, 안정된 사회를 바라는 일반 백성들의 염원 등 당시 사회상에 대한 인식을 종합하여 풍수지리설로 체계화하였다.

04 학문과 기술의 발달

(1) 고대 국가의 학문

① 고구려

⊙ 태학 : 소수림왕 때 세워진 국립 유학 교육 기관이다.

ⓛ 경당 : 평양 천도 후에 지방에 세워진 사립 교육 기관으로 문무를 교육하였다.

ⓒ 당시 고구려 사람들은 『사기』, 『한서』 등의 역사책과 사전인 『옥편』, 문학서인 『문선』을 이해하고 있었다.

■ **5경**
유교의 다섯 가지 기본 경전으로 『시경』, 『서경』, 『예기』, 『역경』, 『춘추』를 가리킨다.

| 사료 | 경당

(고구려의) 사람들은 학문을 좋아하여 마을 궁벽한 곳의 보잘것없는 집에 이르기까지 또한 (학문에) 부지런히 힘써서 거리 모서리마다 큰 집을 짓고 경당(扃堂)이라고 부르는데, 자제로 미혼(未婚)인 자를 무리 지어 살도록 하고, 경전을 읽으며 활쏘기를 연습한다.

『신당서』

② 백제

⊙ 5경 박사·의박사·역박사 등의 존재로 유학·의학·천문학을 교육했다고 추정한다.

ⓛ 개로왕의 국서·무령왕릉 지석·사택지적비 등을 통해 한문학이 발달했음을 알 수 있다.

③ 신라 : 화랑도에서 유교 경전을 교육하였다(임신서기석).

임신년 6월 16일에 두 사람은 같이 적어서 하늘에 맹세하나이다. 지금으로부터 3년 이후 나라에 충도(忠道)를 잡아 지니면서 과실이 없기를 비옵니다. 만약 이 약속을 어기면 큰 벌이라도 감수하겠나이다. 만약 나라가 불안하고 세상이 크게 어지러워지더라도 반드시 행할 것을 다짐하나이다. 따로 작년 신미년 7월 22일에 맹세했듯이 『시경』, 『상서(서경)』, 『예기』, 『춘추좌씨전』을 차례로 배워 익히길 3년 안에 다할 것을 거듭 다짐하나이다.

④ 통일 신라
　㉠ 국학
　　• 신라의 예부(禮部)에 속한 교육 기관으로서, 신문왕 2년(682)에 설치하였다. 경덕왕 때 국학의 명칭을 태학감(太學監)으로 고쳤다가, 혜공왕 때 다시 국학으로 개칭(776)하였다.
　　• 소속 관직으로는 경(卿), 박사(博士), 조교(助敎), 대사(大舍), 사(史) 등이 있었다.
　　• 학생은 관등이 없는 사람부터 12관등 대사 이하였으며, 나이는 15세부터 30세까지 모두 입학시켰다. 9년을 기한으로 공부하였는데, 우둔해서 배우지 못하는 자는 퇴학시켰고, 재주가 있으나 미숙한 자는 9년이 넘어도 재학을 허락했으며, 관등이 대나마·나마에 이른 뒤에 국학을 나갔다.
　　• 『논어』와 『효경』을 필수 과목으로 교육하였으며 『주역(周易)』, 『상서(尙書)』, 『모시(毛詩)』, 『예기(禮記)』, 『춘추좌씨전(春秋左氏傳)』, 『문선(文選)』을 공부하게 하였다.
　㉡ 독서삼품과
　　• 원성왕 시기에 마련하였다.
　　• 골품 위주의 관리 등용을 지양하고 유학 교육에 따른 능력 위주의 관리를 선발하고자 하였다.
　　• 진골 귀족의 반발로 실패하였으나, 학문 보급에 기여하였다.
　㉢ 강수
　　• 금관가야 출신으로 6두품에 편입되었으며, 「답설인귀서」, 「청방인문표」 등 외교 문서 작성에 능했다.
　　• 불교를 세외교(世外敎, 세상과 동떨어진 종교)로 규정하고 비판하였다.

태종 대왕(太宗大王)이 즉위하자 당의 사신이 와서 조서를 전했는데, 그 가운데 해독하기 어려운 부분이 있었다. 왕이 그를 불러 물으니, 그가 왕 앞에서 한 번 보고는 설명하고 해석하는데, 의심스럽거나 막히는 데가 없었다. 왕이 놀랍고도 기뻐 서로 만남이 늦은 것을 한탄하고 그의 성명을 물었다. 그가 대답하여 아뢰었다. "신은 본래 임나가량(任那加良) 사람이며 이름은 우두(牛頭)입니다." 왕이 말했다. "경의 두골을 보니 강수 선생이라고 부를 만하다." 왕은 그에게 당 황제의 조서에 감사하는 회신의 표를 짓게 하였다. 문장이 세련되고 뜻이 깊었으므로, 왕이 더욱 그를 기특히 여겨 이름을 부르지 않고 임생(任生)이라고만 하였다.　『삼국사기』

　㉣ 설총 : 유교 경전에 조예가 깊었고, 한자의 음과 훈을 차용한 이두를 체계적으로 정리하였다. 한편 신문왕에게 「화왕계」를 바쳐 국왕의 도덕 정치를 역설하였으며, 성덕왕 때는 감산사 석조아미타여래 입상 조상기를 지었다.

■ 임신서기석

신라 청년 두 사람이 『시경』·『서경』·『예기』·『춘추』를 3년에 습득하기를 맹세하는 비석이며, 신라 유학 발달을 확인할 수 있다.

■ 성덕왕 대 국학 정비
성덕왕 16년(717)에 당나라에서 공자와 그 제자들인 10철, 72제자의 화상(畫像)을 들여와 국학에 안치하였다.

사료 설총의 「화왕계」

"어떤 이가 화왕(모란)에게 말하였다. '두 명(장미와 할미꽃)이 왔는데, 어느 쪽을 취하고 어느 쪽을 버리시겠습니까?' 화왕이 말하였다. '장부(할미꽃)의 말도 일리가 있지만 어여쁜 여자(장미)는 얻기가 어려운 것이니 이 일을 어떻게 할까?' 장부가 다가서서 말하였다. '저는 대왕이 총명하여 사리를 잘 알 줄 알고 왔더니 지금 보니 그렇지 않군요. 무릇 임금된 사람치고 간사한 자를 가까이하지 않고 정직한 자를 멀리하지 않는 이가 적습니다. 이 때문에 맹가(맹자)는 불우하게 일생을 마쳤으며, 풍당(중국 한나라 사람)은 머리가 희도록 하급 관직을 면치 못하였습니다. 옛날부터 도리가 이러하였거늘 저인들 어찌하겠습니까?' 화왕이 대답하였다. '내가 잘못했노라. 내가 잘못했노라.'" 이에 왕(신문왕)이 얼굴빛을 바로 하며 말하였다. "그대(설총)의 우화는 진실로 깊은 뜻이 담겨 있도다. 기록해 두어 임금이 된 자의 경계로 삼게 하기 바란다."라고 하고는 설총을 높은 관직에 발탁하였다.

『삼국사기』

ⓜ 김대문(진골 출신): 『계림잡전』, 『고승전』, 『화랑세기』, 『한산기』, 『악본』을 저술하여 신라 문화를 주체적으로 인식하였다. 김대문의 저서는 현재 전하지 않으나 『삼국사기』에 인용 자료로 수록되어 있다.

ⓑ 최치원(6두품, 도당 유학생 출신)

- 당에서 빈공과에 합격하고 문명을 떨치다 신라로 귀국하였다. 이후 진성 여왕에게 시무책 10여 조를 올려(894) 유교적 정치 이념을 실현하고자 하였으나 뜻을 이루지는 못하였다.
- 『계원필경』(현존, 「토황소격문」 수록), 『제왕연대력』(소실), 4산비명 등을 저술하였다.
- 고려 현종 때 내사령에 증직되고 문창후로 봉해지며, 문묘에 배향되었다.

심화 최치원(857~?)

최치원의 자는 고운이며, 6두품 출신으로 당나라에 유학하였다. 유학 후 빈공과(당나라에서 시행한 외국인 대상 과거 시험)에 합격하였고, 「토황소격문」 등을 지었다. 이후 신라로 귀국하여 진성 여왕에게 시무책(개혁안) 10여 조를 제시하고, 아찬에 올랐으나 개혁안은 결국 실행되지 못했다. 관직에서 물러난 최치원은 각 지역을 유랑하며 은둔 생활을 하였다. 대표적인 저서로는 『계원필경』과 『제왕연대력』, 사산비명(사산비문), 난랑비 서문, 『사륙집』, 『법장화상전』 등이 있다. 한편 최치원은 발해를 고구려의 후예들이 건국한 것으로 이해하고 있었으나, 그의 저술인 「사불허북국거상표(謝不許北國居上表)」 등에서 발해인에 대한 강한 적개심을 확인할 수 있다.

사료 최치원의 난랑비 서문 – 풍류도

이 나라에 현묘한 도가 있어 이를 풍류라 하였다. 이 교의 기원은 선사(仙史)에 자세히 실려 있거니와 실로는 3교를 포함한 것으로 모든 민중을 교화하였다. 즉, 집안에서는 효도하고 밖에서는 나라에 충성을 다하니 이것은 노나라 사구(공자)의 취지이다. 모든 일을 거리낌 없이 처리하고 말하지 않고 실행하는 것은 주나라 주사(노자)의 종지였으며, 모든 악한 일을 하지 않고 선만 행하는 것은 축건태자(석가모니)의 교화 그대로이다.

난랑비 서문

사료 6두품 출신 도당 유학생의 활동

❶ 김운경이 빈공과에 처음으로 합격한 뒤에 소위 빈공자는 매월 특별 시험을 보아 그 이름을 발표하는데, 김운경 이후 당나라 말기까지 과거에 합격한 사람은 58명이었고 5대에는 32명이나 되었다. 그중 대표적인 사람은 …… 최치원, 최신지, 박인범, 최승우 등이다.

『동사강목』

❷ 최치원은 당의 학문을 많이 깨달아 얻은 바 많았으며, 귀국하여 이를 널리 펴 보려는 뜻을 가졌으나 그를 의심하고 꺼리는 사람이 많아 그의 뜻을 용납할 수 없어, 대산군(전북 태인) 태수로 나가게 되었다. 그가 귀국했을 때는 난세가 되어 모든 일이 뜻대로 되지 않으므로 스스로 불우한 처지를 한탄하며 다시 벼슬에 뜻을 두지 않고 …… 풍월을 읊으며 세월을 보냈다.

『삼국사기』

■ **최치원의 사산비명**

신라 하대 선종과 관련된 많은 탑비 중 대표적인 것이다. 여기에는 불교 사상뿐만 아니라 유교·노장 사상과 풍수 사상까지도 포함하고 있어, 당시 사상계의 면모를 파악하는 데 빼놓을 수 없는 귀중한 자료가 된다. 사산비명(사산비문)은 쌍계사 진감선사대공탑비, 성주사 낭혜화상백월보광탑비, 대숭복사비, 봉암사 지증대사적조탑비에 적혀 있는 금석문이다. 이 중 대숭복사비는 현재 비문만 전한다.

■ **대표적 6두품 출신 도당 유학생**

최치원, 최승우, 최언위는 6두품 출신으로 당나라에 유학하여 빈공과에 급제하였으며, 뛰어난 문학적·행정적 능력을 보여 '일대 삼최(一代三崔)'라고 불렸다. 최치원은 낭혜화상백월보광탑비문(朗慧和尙白月葆光塔碑文) 등 사산비명으로, 최승우는 927년 후백제 왕 견훤을 대신하여 고려 왕건에게 보낸 서신인 「대견훤기고려왕서(代甄萱寄高麗王書)」로 유명하다. 최언위는 낭원대사오진탑비문(郞圓大師悟眞塔碑銘)과 법경대사자등지탑비문(法鏡大師慈燈之塔碑銘), 영월 흥녕사 징효대사 탑비 비문 등을 지었다.

❸ 최승우는 …… 당나라에 가서…… 급제하였으며, 그가 지은 글은 4·6문 5권이 있는데 스스로 서문을 지어 『호본집』이라 하였다. 후에 견훤을 위하여 격문을 지어 우리 태조에게 보냈다. 최언위는 나이 18세 때 당나라에 유학하여 …… 급제하였다. …… 우리 태조가 개국하자 조정에 참여하여 벼슬이 한림원 태학사 평장사에 이르렀으며, 죽자 문영이라는 시호를 내렸다.
『삼국사기』

❹ 원성왕 5년 9월, 자옥으로 양근현(양평)의 수령으로 삼으니 집사사 모초가 반박하여 말하기를 "자옥은 문적(독서삼품과)으로 관직에 나오지 않았으니 수령직을 맡길 수 없다." 하였다. 이에 시중이 말하기를 "그가 문적 출신은 아니지만 일찍이 당에 가서 학생이 된 일이 있으니 어찌 등용하지 못하겠는가." 하였다. 이에 왕이 좇았다.
『삼국사기』

⑤ 발해

　ⓐ 주자감을 설치하여 귀족 자제에게 유교 경전을 교육하였다.

　ⓑ 발해 문자를 사용하였으나, 공문서 등은 한자를 사용하였다.

　ⓒ 유학 발달

　　• 도당 유학생과 빈공과 합격 사례를 통하여 알 수 있다.

　　• 발해 6부 명칭이 충·인·의·지·예·신부인 것을 통해 유학 발달을 확인할 수 있다.

　　• 정혜 공주 묘, 정효 공주 묘의 지석에 세련된 4·6 변려체 문장을 사용하였다.

바로 확인문제

● 〈보기〉에서 (가)의 인명과 그의 저술을 옳게 짝지은 것은?　22. 2월 서울시(자체 출제) 9급

| 보기 |

진성왕 8년(894) 봄 2월에 　(가)　이 시무 10여 조를 올리자, 왕이 이를 좋게 여겨 받아들이고 아찬으로 삼았다.

① 김대문 - 『화랑세기』

② 김대문 - 『계원필경』

③ 최치원 - 『제왕연대력』

④ 최치원 - 『한산기』

● 다음과 관련된 인물에 대한 설명 중 가장 옳지 <u>않은</u> 것은?　16. 경찰 간부

이 나라에 현묘한 도가 있어 이를 풍류라 하였다. 이 교의 기원은 선사(仙史)에 자세히 실려 있거니와 실로 이는 3교를 포함한 것으로 모든 민중을 교화하였다. 즉, 집안에서는 효도하고 밖에서는 나라에 충성을 다하니 이것은 노나라 사구의 취지이다. 모든 일을 거리낌 없이 처리하고 말하지 않고 실행하는 것은 주나라 주사의 종지였으며, 모든 악한 일을 하지 않고 선만 행하는 것은 축건태자의 교화 그대로이다.

① 당에서 과거에 급제하여 여러 요직에서 벼슬하다가 당 희종 때 황소의 난이 일어나자 이를 토벌하는 격문을 지어 명성을 떨쳤다.

② 894년 시무책(時務策) 10여 조를 진성 여왕에게 올려 개혁을 요구하고 아찬의 벼슬에 올랐다.

③ 『계원필경』, 『제왕연대력』을 저술하였다.

④ 발해에 대하여 고구려 후예들이 건국한 것으로 이해하고 매우 우호적인 입장을 가졌다.

■ 4·6 변려체

형식을 중요하게 여겨 주로 4자 혹은 6자의 대구(對句)를 사용하여, 문장을 구성하는 한문체이다. 귀족 사회가 성립되었던 남북조 시대와 수·당 시대에 유행하였다.

|정답해설| (가)는 최치원이다. 최치원은 당에서 귀국한 후 894년(진성 여왕 8년)에 시무 10여 조를 건의하였다. 『제왕연대력』은 최치원의 저술이다.

|오답해설|
①④ 『화랑세기』, 『한산기』는 김대문의 저서이다.
② 『계원필경』은 최치원의 저서이다.

|정답| ③

|정답해설| 제시문은 최치원의 난랑비 서문에 나타난 풍류도에 관한 설명이다. 최치원은 발해를 고구려의 후예들이 건국한 것으로 이해하고 있었으나, 그의 저술인 『사불허북국거상표(謝不許北國居上表)』 등에서 발해인에 대한 강한 적개심을 확인할 수 있다.

|정답| ④

단권화 MEMO

|정답해설| 국학은 신문왕 때 유학 교육을 위해 설립되었다. 국학은 경덕왕 때 태학감으로 개칭되었다가, 혜공왕 때 다시 국학으로 환원되었다.

|정답| ③

|정답해설| 제시문은 국학에 대한 설명이다. 국학에는 박사와 조교를 두어 『논어』와 『효경』 등의 유교 경전을 필수 과목으로 가르쳐 충효 일치의 윤리를 강조하였다.

|오답해설|
① 고려 중기에는 최충의 문헌공도를 비롯한 사학 12도가 융성하였다. 이 중 문종 때 최충이 세운 9재 학당은 12도 중에서 가장 번성하여 명성이 높았다.
② 조선 시대의 중등 교육 기관인 향교는 성현에 대한 제사와 유생의 교육, 지방민의 교화를 위해 부·목·군·현에 각각 하나씩 설립되었다. 향교에는 규모와 지역에 따라 중앙에서 교관인 교수 또는 훈도를 파견하였다.
③ 고려 시대에는 중앙에 국립 대학으로 국자감(국학)을 설치하였다(성종 11년, 992). 국자감에는 국자학, 태학, 사문학과 같은 유학부와 율학, 서학, 산학 등의 기술학부가 있었다.

|정답| ④

● 통일 신라의 유교 교육과 관련된 내용으로 옳지 않은 것은?

① 신문왕 때 유교 교육 기관으로 국학을 세웠다.
② 12등급에 해당하는 대사 이하의 하급 귀족 자제에게 국학의 입학 자격을 주었다.
③ 성덕왕 때 국학을 태학감으로 고치고 『논어』와 『효경』을 필수 과목으로 가르쳤다.
④ 원성왕 때 유교 경전의 이해 수준에 따라 관리를 등용하는 독서삼품과를 실시하였다.

● 다음 교육 기관에 대한 설명으로 옳은 것은?

> 학생은 제12관등인 대사(大舍)로부터 관등이 없는 사람까지인데, 그 연령은 15세부터 30세까지였다. 수업 연한은 9년이었지만 능력이 없어서 학문을 성취할 수 없는 자는 연한이 차지 않아도 퇴학을 명하였다. 그러나 잠재적 능력이 있으면서도 아직 미숙한 자는 비록 9년을 넘지라도 재학할 수 있게 하였다. 관등이 제10관등인 대나마, 제11관등인 나마에 이르면 학교에서 나갔다.

① 문헌공도로 불리기도 하였다.
② 중앙에서 교수나 훈도가 파견되었다.
③ 국자학, 태학, 사문학의 유학부가 있었다.
④ 박사와 조교를 두고 유교 경전을 가르쳤다.

(2) 역사서: 모두 현존하지 않음

구분	역사책	시기	저자	내용(추정)
고구려	『유기』 100권	국초	미상	• 시조의 가계 신화, 전설 • 국력에 대한 자부심
	『신집』 5권	영양왕(600)	이문진	
백제	『서기』	근초고왕(375)	고흥	왕실 가계 미화
신라	『국사』	진흥왕(545)	거칠부	왕실의 전통, 왕위 계승 설화

(3) 기술학

① 천문학
  ㉠ 고구려: 별자리를 그린 천문도 및 고분 벽화의 별자리 그림을 통하여 확인할 수 있다.
  ㉡ 백제: 역박사가 있었으며, 관륵은 무왕 때 일본에 천문 역법을 전수하였다.
  ㉢ 신라: 선덕 여왕 시기 천체 관측 기구인 첨성대를 축조하였다. 통일 신라의 김암은 중국에까지 그 명성이 알려질 정도로 천문학에 조예가 깊었다.
  ㉣ 기록: 『삼국사기』에 일식·월식·혜성 출현·기상 이변 등을 상세히 기록하였다.

▲ 첨성대

  ㉤ 발달 이유: 기본적으로 농업 중심 사회였으며, 천문학을 통해 왕의 권위를 하늘과 연결시키려 하였다.
② 수학: 정밀한 수학 지식을 이용하여 조형물을 축조하였다.
③ 금속 기술 발달: 백제의 칠지도, 백제 금동 대향로, 신라 금관, 성덕 대왕 신종 등이 대표적이다.
④ 인쇄술: 불국사 3층 석탑(경덕왕, 751)에서 『무구정광대다라니경』[현존 최고(最古)의 목판 인쇄물]을 발견하였다.

05 고대 국가의 예술

(1) 고분과 벽화

① 고구려 : 초기에는 장군총과 같은 돌무지무덤(벽화 없음)이 만들어졌으며, 점차 굴식 돌방무덤으로 발전하였다. 굴식 돌방무덤에는 벽화가 발견되는데, 초기에는 무덤 주인의 생활 모습 그림이었으며, 후기로 가면서 점차 사신도와 같은 추상적 형태로 변화하였다.

ㄱ 돌무지무덤 : 장군총(길림성 집안, 벽화 없음)

ㄴ 굴식 돌방무덤 : 고구려 고분의 천장은 모줄임 천장 구조를 가지고 있는 것이 많다.

ㄷ 주요 고분
  - 황해도 안악 3호분(357) : 고구려 지배층의 대행렬과 부엌·고깃간 및 우물가 등을 그린 벽화가 있다.
  - 덕흥리 고분(평남 대안, 408) : 13태수 하례도, 견우·직녀도 등이 있다.
  - 장천 1호분(집안현 통구) : 예불도가 처음 나타나고, 천장에는 비천상과 연꽃무늬로 가득하다.
  - 쌍영총(평남 용강) : 서역 건축 양식의 영향을 받은 팔각 쌍주와 두팔천장이 유명하다. 기마 인물도·행렬도·사신도·불교 공양도 등이 있다. 벽화 속의 맞배집·기와집 등은 고구려 건축 양식을 확인할 수 있는 중요한 자료이다.
  - 각저총 : 씨름도 등이 있다.
  - 무용총 : 무용도와 수렵도 등이 있다.

▲ 안악 3호분 묘주도

▲ 각저총 씨름도

▲ 무용총 수렵도

  - 강서대묘 : 벽면에 큰 사신도가 그려져 있다.
  - 수산리 고분 : 교예도가 유명하며, 신분에 따라 사람 크기를 달리 그린 것이 특징이다. 특히 수산리 고분의 여성 복장이 일본 다카마쓰 고분의 여성 복장과 흡사한 것을 통해 고구려 문화의 일본 전래를 확인할 수 있다.
  - 기타 : 집안(지안)의 오회분 4호묘와 5호묘에서는 사신도·일월신(남성 모습의 해의 신과 여성 모습의 달의 신)·농사의 신 등이 묘사되어 있다.

심화 유네스코 세계 유산에 등재된 고구려 문화유산(2004년 등재)

❶ 북한 평양 유적 지구(고구려 고분군)

5∼6세기 사이에 축조된 것으로 추정되는 63개의 고분이 포함되어 있다. 이 중 강서삼묘(江西三墓)와 동명왕릉, 그리고 16개의 다른 고분에는 벽화가 그려져 있다.

---

❷ 중국 집안(지안) 유적 지구[고대 고구려 왕국의 수도와 무덤군(Capital cities and Tombs of the Ancient Koguryo Kingdom)]

오녀산성, 국내성, 환도산성, 태왕릉과 광개토 대왕릉비, 장군총, 오회분, 산성 아래의 고분들(왕자총), 기타(모두루 무덤, 환문총, 각저총, 무용총, 마조총, 장천 1호분, 장천 2호분, 임강총, 서대총, 천추총) 등

▲ 장군총

▲ 석촌동 고분

② 백제
　㉠ 한성 시대 : 서울 석촌동 고분은 고구려 계통의 계단식 돌무지무덤이다.
　㉡ 웅진(공주) 시대 : 공주 무령왕릉과 왕릉원(공주 송산리 고분군)
　　• 송산리 6호분 : 벽돌무덤 양식이며, 사신도와 산수도 벽화가 발견되었다.
　　• 무령왕릉 : 지석(묘비석) 내용 중 양나라로부터 책봉받은 영동대장군과 생전 휘인 사마왕의 명문에서 무령왕릉임을 확인할 수 있다. 중국 남조의 영향을 받은 **벽돌무덤(벽화 없음)**이다.
　㉢ 사비(부여) 시대 : 부여 왕릉원(부여 능산리 고분군)
　　• 굴식 돌방무덤으로서, 규모는 작지만 축조 기술이 세련되었다.
　　• 사신도·연꽃무늬·구름무늬 등의 벽화를 발견하였다.

사료 「양직공도」

백제는 예로부터 왔던 오랑캐로 마한의 족속이다. …… 보통(普通) 2년(521) 그 왕 여융(餘隆)이 사신을 보내 표문을 올려 말하기를, "여러 차례 고구려를 물리쳤습니다."라고 하였다.
도성(都城)을 고마(固麻)라 하였고, 읍(邑)을 이르러 담로(檐魯)라 하였는데, 중국의 군현에 해당한다. 22개의 담로가 있어 자제 종족(子弟宗族)을 나누어 그곳에 두었다.

심화　무령왕릉

무령왕릉은 백제의 제25대 왕인 무령왕과 그 왕비의 무덤으로 충남 공주시에 위치한다. 1971년 송산리 고분군 5호 석실분과 6호 전축분의 침수를 방지하기 위해 배수로 작업을 하던 중 발견되어 조사되었다.
능의 내부 구조는 연화문 등이 새겨진 벽돌로 통로 및 돌방을 만들고, 벽면에는 불을 밝힐 수 있게 5개의 보주형등감(寶珠形燈龕)이 만들어져 있다. 무덤 입구에 지석(誌石)이 있어 이 무덤의 주인이 무령왕임을 확인할 수 있었다.
이 능에서 출토된 유물은 모두 108종 3천여 점에 이른다. 왕과 왕비의 지석 2매, 오수전 한 꾸러미가 입구에 놓여 있었고, 그 뒤에 돌짐승(진묘수)이 서 있었다. 목관에서는 왕과 왕비를 장식했던 장신구들과 몇 점의 부장품들이 발견되었다. 특히 왕비의 지석 뒷면에는 묘지의 매매에 관한 계약의 내용을 담고 있는 **매지권**이 있는데, 지신(地神)으로부터 묘의 자리를 1만 문에 구입했다는 내용을 담고 있다. 한편 무령왕과 왕비의 관의 재료는 **일본으로부터 가져온 금송**이다.

바로 확인문제

● 다음 왕릉에 대한 설명으로 가장 적절하지 **않은** 것은?　　　　18. 경찰직 2차

> 1971년 7월, 송산리 고분군 배수로 공사 도중 무덤 하나가 우연히 발굴되었다. 그 입구를 열자, 무덤 주인을 알리는 지석이 놓여 있었다. 그 내용의 일부는 이러하다. "영동대장군인 사마왕은 62세가 되는 계묘년 5월 임진일인 7일에 돌아가셨다. 을사년 8월 갑신일인 12일에 안장하여 대묘에 모시었다."

① 충남 부여에 있다.
② 금제 관장식이 나왔다.
③ 돌짐승[石獸]이 나왔다.
④ 중국 남조 양식의 벽돌로 축조되었다.

▲ 무령왕릉 지석

▲ 무령왕릉 내부

|정답해설| 제시된 자료의 '송산리 고분군', '영동대장군 사마왕'을 통해 이 왕릉이 무령왕릉임을 알 수 있다. 무령왕릉은 충남 공주 송산리에 위치해 있다.
|오답해설|
② 무령왕릉에서는 무령왕과 왕비의 금제 관장식이 출토되었다.
③ 무령왕릉에서는 돌짐승[石獸, 진묘수]이 나왔다.
④ 무령왕릉은 중국 남조의 영향을 받은 벽돌무덤으로 축조되었다.
|정답| ①

③ 신라

    ⊙ 통일 이전: 무덤 규모가 큰 돌무지덧널무덤(벽화 없음)이 일반적이며, 도굴이 어려워 부장품을 다수 발견하였다.

      • 호우총: 고구려 광개토 대왕의 호우(제사 지내는 제기)를 발견하였다.

      • 155호 고분(천마총): 고구려 계통의 영향을 받은 천마도[말다래(장니)에 그려진 그림]·기마 인물도·금관·달걀 등이 출토되었다.

      • 98호 고분(황남대총): 고분 중 가장 큰 규모이며, 두 개의 봉분으로 구성되어 있고, 금관을 포함한 가장 많은 금제 장신구가 출토되었다.

단권화 MEMO

▲ 돌무지덧널무덤 구조

▲ 천마총

▲ 천마도(장니에 그려진 그림)

▲ 황남대총

    ⓒ 통일 이후: 굴식 돌방무덤이 유행하였다.

      • 김유신 묘: 봉토 둘레돌에 12지신상을 새겨 놓았다.

      • 대왕암: 수중릉이다.

      • 불교의 영향으로 화장이 유행하였다.

      • 성덕 대왕릉·괘릉: 12지신상뿐만 아니라 문·무인상과 돌사자상까지 갖추었다.

④ 발해

    ⊙ 정혜 공주 무덤(중국 길림성 돈화시 육정산 고분군에 위치)

      • 굴식 돌방무덤과 모줄임 천장 구조는 고구려 전통을 계승한 것으로 보여진다.

      • 매우 힘차고 생동감이 있는 돌사자상을 발견하였다.

    ⓒ 정효 공주 무덤(중국 길림성 화룡현 용두산 고분군에 위치)

      • 당의 문화적 영향을 받아, 벽돌무덤(전축분)으로 축조되었다.

      • 무사(武士)·시위(侍衛)·내시(內侍)·악사(樂師) 등 평소 공주의 시중을 들던 사람 12명의 인물도(人物圖) 벽화가 남아있다.

▲ 김유신 묘

▲ 정효 공주 묘의 벽화

심화 고구려적 요소가 반영된 발해 문화

발해의 대표적 고분은 문왕의 딸들인 정혜 공주 무덤과 정효 공주 무덤이다. 굴식 돌방무덤인 정혜 공주 묘에 보이는 모줄임 천장 구조는 고구려의 굴식 돌방무덤에서도 볼 수 있다. 이곳에서 나온 돌사자상은 매우 힘차고 생동감이 있다. 정효 공주 묘의 무덤 양식(벽돌무덤)과 벽화는 당의 영향을 받았지만, 천장은 고구려에서 많이 나타나는 평행고임 구조를 지니고 있다. 한편 발해 궁궐 유적에서는 고구려적 문화의 특징인 온돌 장치가 확인되며, 발해의 식등에서도 고구려적 기풍을 느낄 수 있다. 또한 궁궐 유적에서 발견된 벽돌, 기와 무늬, 이불 병좌상도 고구려적 색채가 반영된 발해의 유물이다.

사료 정효 공주 묘지석

공주는 대흥(大興) 56년(792) 여름 6월 9일에 사망하였는데, 당시 나이는 36세였다. 이에 시호를 정효 공주라고 하였다. …… 황상(皇上)은 조회마저 금하고, 비통해 하시며 침식을 잊고 노래와 춤추는 것도 금지시켰다.

단권화 MEMO

| 정답해설 | 제시된 무덤 양식은 돌무지
덧널무덤으로, 무덤 구조상 도굴이 어
려워 많은 양의 부장품이 출토되었다.

| 오답해설 |
① 중국 남조의 영향을 받은 대표적
무덤은 무령왕릉과 같은 백제의 벽
돌무덤이다.
② 돌무지무덤이 고구려의 초기 무덤
형태이다.
③ 천마도는 벽화가 아니라 장니에 그
려진 그림이다.

| 정답 | ④

바로 확인문제

● 다음 그림의 무덤 양식과 관련된 설명으로 가장 옳은 것은?

19. 법원직 9급

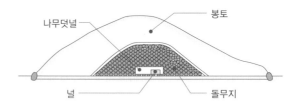

① 중국 남조의 영향을 받았다.
② 고구려의 초기 무덤 형태이다.
③ 천마도가 벽화로 그려져 있다.
④ 도굴이 어려워 많은 양의 부장품이 출토되었다.

(2) 건축과 탑

① 삼국 시대

ㄱ. 궁궐: 안학궁(고구려 장수왕, 남진 정책의 기상이 보임)

ㄴ. 사원: 황룡사(신라 진흥왕), 왕흥사(백제)·미륵사(백제 무왕의 백제 중흥 의지 반영)

ㄷ. 탑

• 익산 미륵사지 석탑(백제): 현존하는 가장 오래된 석탑으로서, 목탑 양식을 반영하였으며, 해체 및 복원 과정에서 금제 사리함 봉안기를 발견하였다.

• 부여 정림사지 5층 석탑(백제): 소정방이 백제 정벌 이후 자신의 감회를 석탑 기단부에 새겨 놓아 '평제탑'이라고도 불렀다.

• 황룡사 9층 목탑(신라): 자장의 건의로 선덕 여왕 때 만들어졌으며, 백제에서 온 아비지가 건축하였다.

• 분황사 모전 석탑(신라): 선덕 여왕 때 만들어졌으며, 석재를 벽돌 모양으로 축조하였다.

▲ 익산 미륵사지 석탑

▲ 부여 정림사지 5층 석탑

▲ 경주 분황사 모전 석탑

사료 황룡사 9층 목탑의 건립

자장은 정관(貞觀) 17년(643) 계묘(癸卯) 16일에 당나라 황제가 하사한 불경·불상·가사·폐백을 가지고 귀국하여 탑을 세우는 일을 임금께 아뢰었다. 선덕왕(善德王)이 여러 신하와 논의하였는데, 신하들이 말하기를 "백제에서 장인을 청한 연후에야 장차 가능할 것입니다."라고 하였다. 이에 보물과 비단을 가지고서 백제에게 장인을 보내 줄 것을 청하니, 장인 아비지(阿非知)가 명을 받고 와서 목재·석재와 관련된 일을 맡았고 이간(伊干) 용춘(龍春)이 그 일을 주관하였는데, 거느린 소장(小匠)이 200명이나 되었다.
『삼국유사』

사료 부여 왕흥사지 출토 사리감 명문

정유년(丁酉年, 577) 2월 15일 백제 왕 창(昌)이 죽은 왕자를 위해 사찰을 세웠다. 본래 사리 두 매였으나 장례 때 신묘한 조화로 셋이 되었다.

■ 부여 왕흥사지 출토 사리감 명문
충남 부여의 왕흥사지에서 출토된 청동제 사리함의 표면에 새겨진 글로, 백제 왕 창(위덕왕)이 아들의 명복을 빌기 위해 사찰을 창건하고 사리구를 제작하였다는 내용이 담겨 있다.

우리 백제 왕후께서는 좌평(佐平) 사택적덕[沙乇(宅)積德]의 따님으로 지극히 오랜 세월에 선인(善因)을 심어 이번 생에 뛰어난 과보(果報)를 받아 만민(萬民)을 어루만져 기르시고 삼보(三寶)의 동량(棟梁)이 되셨기에 능히 정재(淨財)를 희사하여 가람(伽藍)을 세우시고, 기해년(己亥年, 639) 정월 29일에 사리를 받들어 맞이하셨다.

원하옵나니, 영원토록 공양하고 다함이 없이 이 선(善)의 근원을 배양하여, 대왕 폐하의 수명은 산악(山岳)과 같이 견고하고 치세는 천지(天地)와 함께 영구하며, 위로는 정법(正法)을 넓히고 아래로는 창생(蒼生)을 교화하게 하소서.

또 원하옵나니, 왕후의 신심(身心)은 수경(水鏡)과 같아서 법계(法界)를 비추어 항상 밝히시며, 금강(金剛) 같은 몸은 허공과 나란히 불멸(不滅)하시어 7세(七世)의 구원(久遠)까지도 함께 복리(福利)를 입게 하시고, 모든 중생과 함께 불도(佛道)를 이루게 하소서.

② 통일 신라
　ⓐ 불국사 : 불국토의 이상을 표현하였고, 조화미와 균형미가 뛰어나다. 청운교, 백운교, 석가탑, 다보탑이 있다.
　ⓑ 석굴암 : 비례와 균형의 조화미를 갖추었다.
　ⓒ 동궁과 월지(안압지) : 조경술이 뛰어나며, 귀족의 화려한 생활을 엿볼 수 있다.
　ⓓ 석탑 : 이중 기단의 3층 석탑이 유행하였다.
　ⓔ 전탑 : 안동 법흥사지 7층 전탑이 대표적이며, 우리나라에 현존하는 가장 오래된 벽돌탑이다.
　ⓕ 승탑(부도)·탑비 : 신라 말기에 선종이 유행하면서 많은 승탑(부도)과 탑비를 제작하였다. 흥법사지 염거화상탑(문성왕, 844), 화순 쌍봉사 철감선사 승탑(경문왕, 868) 등이 대표적이다.

▲ 불국사

■통일 신라의 3층 석탑
감은사지 3층 석탑, 불국사 3층 석탑(석가탑), 화엄사 4사자 3층 석탑, 양양 진전사지 3층 석탑 등이 있다.

▲ 석굴암

▲ 동궁과 월지(안압지)

▲ 불국사 3층 석탑(석가탑)

▲ 화순 쌍봉사 철감선사 승탑

● 다음은 발해사에 대한 중국과 러시아 입장이다. 한국사의 입장에서 이를 반박하는 증거로 적절한 것은?
18. 국가직 9급

> • 중국 : 소수 민족 지역의 분리 독립 의식을 약화시키려고, 국가라기보다는 당 왕조에 예속된 지방 민족 정권 차원에서 본다.
> • 러시아 : 중국 문화보다는 중앙아시아나 남부 시베리아의 영향을 강조하여 러시아의 역사에 편입시키려 한다.

① 신라와의 교통로　　　　　② 상경성 출토 온돌 장치
③ 유학 교육 기관인 주자감　　④ 3성 6부의 중앙 행정 조직

|정답해설| 중국과 러시아는 발해의 역사를 자국사에 편입시키려 하고 있다. 이를 비판할 수 있는 근거로 발해가 고구려의 주거 문화를 계승하였다는 증거인 상경성 출토 온돌 장치를 정답으로 고르면 된다.

|정답| ②

③ 발해
  ㉠ 상경성(중국 흑룡강성 영안시 위치, 홀한성으로 불림)은 당의 장안성을 모방해서 만들었다.
  ㉡ 상경성 궁성 정문인 오봉루(五鳳樓) 성문터와 주작대로 등을 통해, 당 문화의 영향을 확인할 수 있다.

▲ 발해 상경 용천부의 평면도

▲ 발해의 영광탑
당나라 건축 양식의 영향을 받은 전탑(벽돌탑)이다.

바로 확인문제

● 다음은 발해 수도에 대한 답사 계획이다. 각 수도에 소재하는 유적에 대한 탐구 내용으로 옳은 것만을 모두 고르면?
21. 국가직 9급

발해 유적
답사 계획서

일시

출발
0000년 0월 00일
귀국
0000년 0월 00일

인원

00명

장소

탐구 내용

㉠ 정효 공주 무덤을 찾아 벽화에 그려진 인물들의 복식을 탐구한다.
㉡ 용두산 고분군을 찾아 벽돌무덤의 특징을 탐구한다.
㉢ 오봉루 성문터를 찾아 성의 구조를 당의 장안성과 비교해 본다.
㉣ 정혜 공주 무덤을 찾아 고구려 무덤과의 계승성을 탐구한다.

① ㉠, ㉡   ② ㉠, ㉣   ③ ㉡, ㉢   ④ ㉢, ㉣

|정답해설| ㉡ 용두산 고분군의 정효 공주 무덤은 벽돌무덤 양식으로, 당의 문화적 영향을 확인할 수 있다.
㉢ 상경성 궁성 정문인 오봉루(五鳳樓) 성문터를 통해 당 문화의 영향을 확인할 수 있다.

|오답해설|
㉠ 정효 공주 무덤은 중국 길림성 화룡현 용두산 고분군에 위치한다.
㉣ 정혜 공주 무덤은 중국 길림성 돈화시 육정산 고분군에 있으며, 굴식 돌방무덤 양식과 모줄임 천장 구조를 통해 고구려의 문화적 영향을 확인할 수 있다.

|정답| ③

(3) 불상과 공예

① 불상

　　㉠ 금동 연가 7년명 여래 입상(고구려): 북조 불상의 영향을 받은 고구려 불상

　　㉡ 서산 용현리 마애여래 삼존상(서산 마애 삼존불, 온화미, 백제의 미소라고 불림)

　　㉢ 경주 배동 석조여래 삼존입상(경주 배리 석불 입상, 신라)

　　㉣ 금동 미륵보살 반가 사유상(삼국 공통으로 제작, 자애미): 일본 고류사 목조 미륵보살 반가 사유상에 영향을 주었다고 평가된다.

　　㉤ 석굴암 본존불과 보살상(통일 신라, 균형미·사실미)

　　㉥ 발해: 상경과 동경 절터의 불상(고구려 양식 계승), 이불 병좌상

▲ 금동 연가 7년명 여래 입상

▲ 서산 용현리 마애여래 삼존상

▲ 경주 배동 석조여래 삼존입상

▲ 금동 미륵보살 반가 사유상

▲ 석굴암 본존불

▲ 이불 병좌상

② 발해 자기: 당에 수출하였다.

③ 조각

　　㉠ 통일 신라: 무열왕릉비 거북 모양 받침돌·불국사 석등·법주사 쌍사자 석등

　　㉡ 발해: 발해의 벽돌과 기와 무늬(고구려 영향)·석등(발해 특유의 웅장한 느낌)

④ 범종(통일 신라): 상원사종[현존 최고(最古)], 성덕 대왕 신종(에밀레종, 맑고 장중한 소리와 비천상)

(4) 글씨·그림·음악

① 글씨: 광개토 대왕릉비문(웅건한 서체), 김생의 글씨

② 그림: 천마총의 천마도, 화엄경 변상도(신라), 신라의 솔거(화가, 소나무 그림)

③ 음악: 백결 선생(신라, 방아 타령), 왕산악(고구려, 거문고), 우륵(대가야, 가야금), 옥보고(경덕왕 시기 거문고의 대가), 발해금(고구려의 거문고 계승)

(5) 한문학과 향가

① 한시: 「황조가」, 을지문덕의 「여수장우중문시」, 「구지가」, 「회소곡」, 백제의 「정읍사」 등이 전해진다.

■ 금동 연가 7년명 여래 입상

두꺼운 의상과 긴 얼굴 모습에서 북조 양식을 따르고 있으나, 강인한 인상과 은은한 미소에는 독창성이 보이며, 고구려 연호인 '연가(延嘉)'가 보인다. 1963년 7월 경상남도 의령군 대의면 하촌리에서 발견하였다. 고구려와 관련된 명기(銘記)가 있는 불상이 남한에서 출토되었다는 점에서 주목을 받았다.

광배(光背) 뒷면에 있는 명기에 따르면, 평양 동사(東寺)의 승려들이 불법을 세상에 널리 퍼뜨리고자 천 개의 불상을 만들기 시작했는데, 이것은 그 가운데 29번째 것이다.

■ 성덕 대왕 신종

신라 경덕왕이 아버지인 성덕왕의 공덕을 널리 알리기 위해 종을 만들려 했으나, 뜻을 이루지 못하고, 그 뒤를 이어 혜공왕이 771년에 완성하여 성덕 대왕 신종이라고 불렀다. 처음에 봉덕사에 달았다고 해서 봉덕사종이라고도 하며, 아기를 시주하여 넣었다는 전설로 아기의 울음소리를 본떠 '에밀레종'이라고도 한다.

■ 김생

왕희지체의 대가로, 그의 글씨를 모은 원화첩이 있다고 하나 전하지 않고, 고려 시대 그의 글씨를 모아서 새긴 집자비문인 봉화 태자사 낭공대사 백월서운탑비 등이 전해 온다. 김생은 고려 때 최우, 유신, 탄연과 함께 '신품 4현'으로 불린다.

② 향가
　㉠ 주로 승려와 화랑이 지었으며, 「제망매가」(경덕왕 때 월명사), 「안민가」(경덕왕 때 충담사) 등이 현재까지 전해진다.
　㉡ 9세기 후반(진성 여왕) 각간 위홍과 대구화상이 향가집 『삼대목』을 편찬하였으나(888), 지금은 전해지지 않는다.
③ 발해 : 4·6 변려체(정혜 공주와 정효 공주의 묘지), 양태사(「밤에 다듬이 소리를 들으며」)

사료　고대의 문학

❶ 「제망매가」

　　　　　　　　　　　　　　　　　　　　　　　　　　월명사
살고 죽는 길이 여기 있기도 두렵고 / 여기 있고 싶어도 안 되어
간다는 말도 못하고 가십니까 / 가을바람에 여기저기 떨어지는 잎처럼
한 가지에 나고도 가는 곳 모르는구나 / 아아, 미타찰에서 만나리
나 도 닦으며 기다리리라
　　　　　　　　　　　　　　　　　　　　　　　　　　『삼국유사』

❷ 「안민가」

　　　　　　　　　　　　　　　　　　　　　　　　　　충담사
임금은 아버지요 신하는 사랑하실 어머니시라
백성을 어리석은 아이라 여기시니, 백성이 그 사랑을 알리라
꾸물거리며 사는 물생들에게, 이를 먹여 다스리네
이 땅을 버리고 어디로 가랴, 나라 안이 유지됨을 아리이다
아아! 임금답게 신하답게 백성답게 할지면, 나라 안이 태평하리라
　　　　　　　　　　　　　　　　　　　　　　　　　　『삼국유사』

❸ 「밤에 다듬이 소리를 들으며」

　　　　　　　　　　　　　　　　　　　　　　　　　　양태사
서리 기운 가득한 하늘에 달빛 비치니 은하수도 밝은데 / 나그네 돌아갈 일 생각하니 감회가 새롭네
홀로 앉아 지새는 긴긴 밤 근심에 젖어 마음 아픈데 / 홀연히 이웃집 아낙네 다듬이질 소리 들리누나
바람결에 그 소리 끊기는 듯 이어지는 듯 / 밤 깊어 별빛 낮은데 잠시도 쉬지 않네
나라 떠나와서 아무 소식 듣지 못하더니 / 이제 타향에서 고향 소식 듣는 듯하구나 ……
　　　　　　　　　　　　　　　　　　　　　　　　　　『경국집』

심화　고대 국가의 주요 문화 정리

구분	고구려	백제	신라	통일 신라	발해
건축과 탑	안학궁(평양)	• 익산 미륵사지 석탑 • 부여 정림사지 5층 석탑	• 분황사 모전 석탑 • 황룡사 9층 목탑	• 3층 석탑(중대) : 석가탑, 감은사지 3층 석탑 등 • 승탑(하대)	• 상경 궁궐터 (당의 장안성 모방) • 영광탑
불상	금동 연가 7년명 여래 입상	서산 용현리 마애 여래 삼존상	경주 배동 석조여래 삼존입상	석굴암 본존불	이불 병좌상
학문	태학, 경당	5경 박사, 의·역박사	• 화랑도 • 임신서기석	• 국학 • 독서삼품과	주자감
역사서	『유기』 → 『신집』 5권	『서기』(고흥)	『국사』(거칠부)		
과학, 기술학	천문도, 별자리 그림	칠지도	첨성대	• 목판 인쇄술 (『무구정광대다라니경』) • 성덕 대왕 신종	

● (가) 종교가 반영된 문화유산의 사례로 가장 적절한 것은?

22. 법원직 9급

불로장생과 신선이 되기를 추구하는 ___(가)___ 은/는 삼국에 전래되어 귀족 사회를 중심으로 유행했으며 예술에도 많은 영향을 주었다. 7세기 고구려의 연개소문은 귀족과 연결된 불교 세력을 억누르기 위해 ___(가)___ 을/를 장려하는 정책을 펼쳤다.

①
②
③
④

단권화 MEMO

|정답해설| (가) 도교는 불로장생과 신선이 되기를 추구하는 종교이다. 7세기 고구려의 연개소문은 왕실 및 귀족과 연결된 불교를 탄압하기 위해 도교를 장려하였다. 백제 금동 대향로는 백제인의 도교적 이상세계를 형상화한 작품이다.

|오답해설|
① 쌍봉사 철감선사 승탑으로, 승탑은 선종의 영향으로 제작되었다.
② 백제 근초고왕 때 왜(倭)에 전해진 칠지도이다.
③ 삼국 공통으로 제작되었던 금동 미륵보살 반가 사유상이다.

|정답| ④

심화 신라의 유네스코 세계 문화유산

❶ 석굴암

석굴암은 751년 **신라 경덕왕** 때 당시 재상이었던 **김대성이 창건**하기 시작하여, 774년인 신라 혜공왕 때 완공하였다. 건립 당시의 명칭은 석불사였다.

석굴암의 석굴은 백색의 화강암재를 사용하여 토함산 중턱에 인공으로 석굴을 축조하고 그 내부 공간에는 본존불인 석가여래 불상을 중심으로 그 주변에 보살상 및 제자상과 금강역사상, 천왕상 등 총 39체의 불상을 조각하였다. 석굴암은 석가모니가 정각, 즉 깨달음을 얻은 순간을 가시적인 건축과 조각으로 재현한 것이며, 조각에 있어서도 인위적인 기교 없이 생명력이 넘치며 원숙한 조각법과 탁월한 예술성이 돋보인다. 절대적인 경지인 정각을 통해 인간 석가모니는 형이상학적 존재인 석가여래가 되고, 속세는 법계라는 이상향이 된다. 석굴암 석굴은 **국보**로 지정·관리되고 있으며 석굴암은 1995년 12월 불국사와 함께 유네스코 세계 문화유산으로 공동 등록되었다.

❷ 불국사

불국사는 석굴암과 같은 751년 신라 경덕왕 때 **김대성이 창건**하여 774년 신라 혜공왕 때 완공하였다. 불국사는 신라인이 그린 불국, 이상적인 피안의 세계를 지상에 옮겨 놓은 것으로 『법화경』에 근거한 석가모니불의 사바 세계와 『무량수경』에 근거한 아미타불의 극락 세계 및 『화엄경』에 근거한 비로자나불의 연화장 세계를 형상화한 것이다.

불국사의 건축 구조를 살펴보면 크게 두 개의 구역으로 나누어져 있다. 하나는 대웅전을 중심으로 청운교·백운교·자하문·범영루·자경루·다보탑·석가탑·무설전 등이 있는 구역이고, 다른 하나는 극락전을 중심으로 칠보교·연화교·안양문 등이 있는 구역이다.

불국사 전면에서 바라볼 때 장대하고 독특한 **석조 구조는 창건 당시 8세기 유물**이고 그 위의 **목조 건물은 병화로 소실되어 18세기에 중창**한 것이며, 회랑은 1960년대에 복원한 것이다. 경주 불국사는 사적으로 지정·관리되고 있으며 불국사 내 주요 문화재로는 다보탑, 석가탑, 청운교와 백운교, 연화교와 칠보교, 금동 아미타여래 좌상, 불국사 금동 비로자나불 좌상 등이 있다. **불국사는 1995년 12월 석굴암과 함께 세계 문화유산으로 공동 등록**되었다.

❸ 경주 역사 유적 지구

2000년 12월 세계 문화유산으로 등록된 경주 역사 유적 지구는 신라의 역사와 문화를 한눈에 파악할 수 있을 만큼 다양한 유산이 산재해 있는 종합 역사 지구이다. 유적의 성격에 따라 모두 5개 지구로 나누어져 있는데, 불교 미술의 보고인 남산 지구, 천년 왕조의 궁궐터인 월성 지구, 신라 왕을 비롯한 고분군 분포 지역인 대릉원 지구, 신라 불교의 정수인 황룡사 지구, 왕경 방어 시설의 핵심인 산성 지구로 구분되어 있으며 52개의 지정 문화재가 세계 유산 지역에 포함되어 있다.

경주 남산은 야외 박물관이라고 할 만큼 신라의 숨결이 살아 숨쉬는 곳으로 신라 건국 설화에 나타나는 나정(蘿井), 신라 왕조의 종말을 맞게 했던 포석정(鮑石亭)과 미륵곡 석불 좌상·배동 석조여래 삼존입상·칠불암 마애 석불 등 수많은 불교 유적이 산재해 있다.

월성 지구에는 신라 왕궁이 자리하고 있던 월성, 신라 김씨 왕조의 시조인 김알지가 태어난 계림(鷄林), 신라 통일기에 조영한 임해전지, 그리고 동양 최고(最古)의 천문 시설인 첨성대(瞻星臺) 등이 있다.

대릉원 지구에는 신라 왕·왕비·귀족 등 높은 신분 계층의 무덤들이 있고 구획에 따라 황남리 고분군, 노동리 고분군, 노서리 고분군 등으로 부르고 있다. 무덤의 발굴 조사에서 신라 문화의 정수를 보여 주는 금관·천마도·유리잔·각종 토기 등 당시의 생활상을 파악할 수 있는 귀중한 유물들이 출토되었다.

황룡사 지구에는 황룡사지와 분황사가 있으며, 황룡사는 몽골의 침입으로 소실되었으나, 발굴을 통해 당시의 웅장했던 대사찰의 규모를 짐작할 수 있으며 40,000여 점의 출토 유물은 신라 시대 연구의 귀중한 자료이다.

산성 지구에는 400년 이전에 쌓은 것으로 추정되는 명활산성이 있는데, 신라의 축성술은 일본에까지 전해져 영향을 미쳤다.

06 고대 문화의 일본 전파

(1) 삼국 문화의 일본 전파

야마토 정권의 성립과 아스카 문화 형성에 영향을 미쳤다.

▲ 삼국 문화의 일본 전파

① 백제

   ㉠ 아직기는 근초고왕 때 일본과 수교 후 사신으로 가 태자(토도치랑자)의 스승이 되었고, 한자를 전해 주었다.

   ㉡ 박사 왕인은 『천자문』과 『논어』를 전하고 경사를 가르쳤다[일본 한학(漢學)의 시조로 추앙].

   ㉢ 무령왕 때 5경 박사 단양이와 고안무는 한학을 전래하였다.

   ㉣ 성왕 때 노리사치계는 불경 및 불상 등 불교를 처음 전하였다(552).

   ㉤ 혜총은 계율종을 전하고, 쇼토쿠 태자와 교류하였다.

ⓗ 아좌 태자는 쇼토쿠 태자의 초상화를 그렸으며, 관륵은 무왕 때 천문·지리·둔갑술 등을 전래하고 일본 불교의 승정이 되었다.

② 고구려

　　㉠ 담징은 종이·먹·맷돌 제조 방법을 전하였고, 호류사의 벽화를 그렸다.

　　㉡ 혜자는 일본 쇼토쿠 태자의 스승이 되었다.

　　㉢ 혜관은 일본 삼론종의 시조가 되었다.

　　㉣ 승려 도현은 연개소문의 불교 탄압으로 일본에 건너가 다이안사(寺) 주지로 있으면서 반한(反韓)의 입장에서 『일본세기』를 저술하였다.

　　㉤ 수산리 고분 벽화는 일본의 다카마쓰 고분 벽화에 영향을 주었다.

③ 신라: 조선술과 축제술을 전래하였다(한인의 못).

▲ 수산리 고분 벽화(평남 강서)

▲ 다카마쓰 고분 벽화(일본 나라현)

사료　담징

[추고 천황] 18년(610) 봄 3월. 고구려 왕이 승려 담징(曇徵)과 법정(法定)을 바쳤다. 담징은 5경(五經)을 알고 또한 채색 및 종이와 먹을 만들 수 있었으며, 아울러 연자방아를 만들었다. 대개 연자방아를 만드는 일은 이 때에 시작된 듯하다.

『일본서기』

(2) 일본으로 건너간 통일 신라 문화

불교와 유교 문화를 전래(원효·강수·설총)하여 하쿠호 문화 성립에 기여하였다.

■ **하쿠호 문화**

삼국 문화의 영향으로 일어난 덴표[天平] 문화의 과도기에 형성된 문화로, 불상·가람 배치·탑·율령·정치 제도에서 신라의 불교와 유교의 영향을 많이 받았다.

심화　우리 문화의 일본 전파

신석기 시대	조몬 토기
청동기 시대	야요이 문화
삼국	아스카 문화, 야마토 정권 성립
가야	스에키 토기
통일 신라	하쿠호 문화
고려 후기 (13~14세기)	불화 수백 점의 일본 전파(혜허의 「양류관음도」)
조선 초기	무로마치 막부 시대의 화풍(이수문·문청)
임진왜란	에도 막부 시대(이황의 성리학·도자기·인쇄술 등)

바로 확인문제

● 〈보기〉는 한국 고대 사회 문화의 일본 전파와 관련된 설명이다. 옳은 것끼리 짝지어진 것은?

18. 서울시 7급

> ┤ 보기 ├
> ㄱ. 백제의 아직기는 일본에 불교를 전파하였다.
> ㄴ. 다카마쓰 무덤에서 발견된 벽화를 통해 가야 문화가 일본에 영향을 미쳤음을 알 수 있다.
> ㄷ. 신라인들은 배를 만드는 조선술과 제방을 만드는 축제술을 일본에 전해주었다.
> ㄹ. 고구려의 승려 혜자는 쇼토쿠 태자의 스승이 되었다.

① ㄱ, ㄴ　　　② ㄴ, ㄷ　　　③ ㄴ, ㄹ　　　④ ㄷ, ㄹ

| 오답해설 |
ㄱ. 백제의 아직기는 일본에 한자를 전해주었고, 불교를 전파한 인물은 노리사치계이다.
ㄴ. 일본 다카마쓰 고분 벽화는 고구려 수산리 고분 벽화의 영향을 받았다.

| 정답 | ④

PART

III

중세의 우리 역사

5개년 챕터별 출제비중 & 출제개념

CHAPTER 01 중세의 정치	54%	후삼국 통일 과정, 태조, 광종, 성종, 최승로, 도병마사(도평의사사), 대간, 음서, 묘청(서경 천도 운동), 무신정변, 최충헌, 최우, 삼별초, 서희, 강조, 대외 항쟁(거란, 여진, 몽골, 홍건적, 왜구), 충선왕, 공민왕의 개혁 정책, 위화도 회군
CHAPTER 02 중세의 경제	7%	전시과 제도, 공음전, 한인전, 구분전, 외역전, 『농상집요』, 주전도감, 은병(활구), 관영 상점, 벽란도
CHAPTER 03 중세의 사회	7%	광학보, 중류, 향리, 호족, 문벌 귀족, 권문세족, 신진 사대부, 여성의 지위, 향·소·부곡민의 사회적 지위
CHAPTER 04 중세의 문화	32%	관학 진흥 정책, 9재 학당, 사학 12도, 의천, 지눌, 혜심, 천태종, 조계종, 수선사 결사, 요세, 『삼국사기』, 『동명왕편』, 『삼국유사』, 『제왕운기』, 『직지심체요절』, 대장경, 속장경, 주심포 양식, 연등회, 팔관회, 고려의 불상과 탑

한눈에 보는 흐름 연표

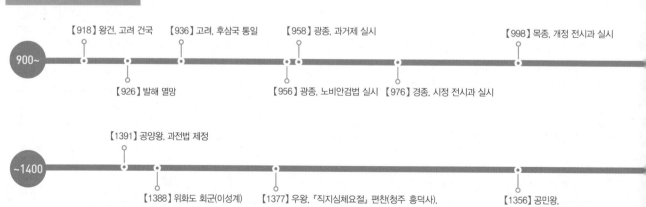

900~

【918】 왕건, 고려 건국   【936】 고려, 후삼국 통일   【958】 광종, 과거제 실시   【998】 목종, 개정 전시과 실시

【926】 발해 멸망   【956】 광종, 노비안검법 실시   【976】 경종, 시정 전시과 실시

~1400

【1391】 공양왕, 과전법 제정

【1388】 위화도 회군(이성계)   【1377】 우왕, 『직지심체요절』 편찬(청주 흥덕사), 화통도감 설치(최무선)   【1356】 공민왕, 쌍성총관부 수복

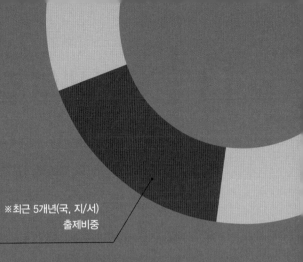

※최근 5개년(국, 지/서)
출제비중

17%

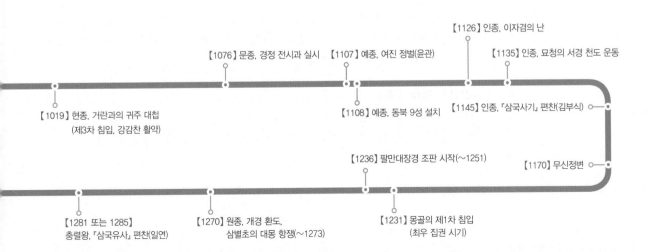

【1126】인종, 이자겸의 난

【1076】문종, 경정 전시과 실시   【1107】예종, 여진 정벌(윤관)   【1135】인종, 묘청의 서경 천도 운동

【1019】현종, 거란과의 귀주 대첩
(제3차 침입, 강감찬 활약)   【1108】예종, 동북 9성 설치   【1145】인종, 『삼국사기』 편찬(김부식)

【1236】팔만대장경 조판 시작(~1251)   【1170】무신정변

【1281 또는 1285】
충렬왕, 『삼국유사』 편찬(일연)   【1270】원종, 개경 환도,
삼별초의 대몽 항쟁(~1273)   【1231】몽골의 제1차 침입
(최우 집권 시기)

01 중세의 정치

단권화 MEMO

01 중세의 세계

1 동양의 중세

(1) 중국

① 5대 10국 시대(907~960): 10세기 초 중국에서는 당이 멸망하고 5대 10국이 흥망하는 가운데 사대부라는 새로운 지배층이 성장하였다.

○ 중국의 5대 10국 시대

5대	후량(後梁, 907~923, 주전충)·후당(後唐, 923~936, 이존욱)·후진(後晋, 936~946, 석경당)·후한(後漢, 947~951, 유지원)·후주(後周, 951~960, 곽위)
10국	오(吳)·남당(南唐)·전촉(前蜀)·후촉(後蜀)·남한(南漢)·초(楚)·오월(吳越)·민(閩)·남평(南平)·북한(北漢)

② 송(宋)의 정치

　㉠ 문치주의 확립: 5대의 혼란을 수습한 송은 중앙 집권적인 황제 독재 체제를 구축하고 과거 제도를 강화하여 문반 관료 중심의 문치주의 체제를 확립하였다.

　㉡ 전연의 맹약(1004): 송이 거란과의 전쟁에 패하여 체결한 조약이다. 그 내용은 첫째, 송을 형으로 하고 요를 아우로 하는 대등 조약을 맺고, 둘째, 송나라에서 해마다 은 10만 냥, 명주 20만 필을 요에 보내며, 셋째, 양국의 국경은 현상을 유지한다는 것이다.

　㉢ 북송 멸망(1127): 송은 국방력의 약화로 북방 민족의 침입을 받았고, 국가 재정도 궁핍해졌다. 이를 극복하고자 왕안석이 신법을 실시했으나 실패로 돌아갔으며, 12세기 초 여진족(금)의 침입을 받아 북중국을 빼앗기고(정강의 변) 남쪽으로 이동하게 되었다(이후 남송 시대).

　㉣ 주자 성리학의 체계화: 이를 계기로 창장강 이남 지역의 개발이 촉진되어 강남이 경제와 문화의 새로운 중심지로 발달하였다. 이 시기에 주희가 체계화한 성리학이 중국은 물론 우리나라를 비롯한 주변의 여러 나라에 큰 영향을 미쳤다.

(2) 몽골 제국(1206)

13세기에는 몽골족이 크게 일어나 중국 대륙을 차지하고, 아시아 대부분과 러시아 남부 지역까지 장악하는 세계 제국을 이룩하였다. 이로써 동서 문화 교류가 크게 촉진되었다.

(3) 일본

① 일본은 9세기 중엽 국왕권이 약화되고 지방 호족이 장원을 소유하고 무사를 고용함으로써 특유의 봉건 제도를 갖추기 시작하였다.
② 가마쿠라 막부의 수립: 일본 최초의 무사 정권으로 1185년경 미나모토노 요리토모가 수립하였다.

(4) 인도

인도에서는 굽타 왕조가 무너진 후 정치적 분열이 거듭되는 가운데 이슬람 세력이 침투하였다.

2 서양의 중세

서양은 게르만족의 이동으로 고대 사회에서 중세 사회로 전환하였다. 서양의 중세 사회는 로마 가톨릭 중심의 서유럽 문화권, 그리스 정교 중심의 비잔티움 문화권, 이베리아반도와 북아프리카에 걸친 이슬람 문화권을 형성하였다.

(1) 서유럽 문화권

① 프랑크 왕국
　㉠ 로마 가톨릭 교회의 후원: 게르만족의 이동 이후 서유럽 세계 형성의 중심이 된 프랑크 왕국은 로마 가톨릭 교회와 제휴하여 성장하면서 로마 가톨릭 교회를 후원하는 세력이 되었다.
　㉡ 신 서유럽 문화 성장: 프랑크 왕국은 9세기에 분열하여 독일·프랑스·이탈리아 3국의 토대가 되었다. 그 결과 유럽 세계에는 고전 문화와 크리스트교에 게르만 요소가 결합된 새로운 사회와 문화가 성장하였다.
② 봉건 제도의 성립
　㉠ 지방 분권화: 서유럽에서는 봉건 제도가 성립되어, 왕권이 약화되고 지방 분권 체제가 이루어졌다.
　㉡ 경제적 단위: 봉건 제도의 경제적 단위는 귀족과 기사들이 소유한 장원이었다. 장원의 토지를 경작하는 농민은 대체로 부자유 신분인 농노로서, 이들은 장원의 주인인 영주와 토지에 예속되어 있었다.
③ 로마 가톨릭의 성장
　㉠ 교단 조직: 로마 가톨릭 교회가 크게 성장하면서 그 주교는 교황이라 불리고, 교단 조직을 형성하였다.
　㉡ 정신적 지주: 크리스트교 중심의 서유럽 문화권이 성립되어 로마 가톨릭이 서유럽 사람들의 정신을 지배하였다.

(2) 비잔티움 문화권

① 그리스 정교 발달: 서로마 제국이 멸망한 뒤에도 비잔티움 제국은 약 1,000년 동안 계속되었다. 비잔티움 제국에서는 그리스 문화와 헬레니즘 문화의 전통이 강하였으며, 황제 교황주의의 그리스 정교가 발달하였다.
② 동유럽 문화의 기초: 비잔티움 문화는 초기 서유럽 문화의 성장에 큰 영향을 미쳤을 뿐만 아니라 동북부의 슬라브 사회에 널리 전파되어 동유럽 문화의 바탕이 되었다.

■ **서양과 중국의 중세**
• 서양의 중세는 봉건 제도를 특징으로 하는 시대이다. 중세 봉건 사회의 특징은 정치적으로 군주는 명목상의 존재일 뿐 제후들이 실권을 행사한 지방 분권 시대이고, 경제 면에서는 영주 중심의 자급자족적인 장원 경제 시대이다. 사회 면에서는 계급 사회인 봉건 시대에 해당되며, 문화 면에서는 로마 멸망과 더불어 상호 이질적인 서유럽 문화권, 비잔티움 문화권, 이슬람 문화권의 3대 문화권으로 발전하고 있었으나, 크리스트교를 중심으로 한 정신문화가 그 기초가 되었다.
• 중국의 중세는 당 멸망 후의 5대 10국 시대부터 송·원을 거쳐 명의 건국 초기에 이르는 시기인데, 대체로 북방 민족의 활동이 왕성한 때였다. 당 말 5대의 혼란으로 귀족 사회가 무너지고 신흥 지주층이 대두하여 이들이 사회를 이끌어 가는 사대부가 되었다. 송대 사회는 대내적으로는 황제 독재 체제가 확립되었으나, 대외적으로는 북방 유목 민족의 강성으로 시련을 겪었던 시기였다.

(3) 이슬람 문화권

① 이슬람 제국: 이슬람 제국은 아프리카 북부를 지배한 뒤 8세기에 이르러서는 이베리아반도의 대부분을 차지하고 이슬람 문화를 보급하였다.

② 쇠퇴: 그러나 북부의 크리스트교 세력이 점차 강성해지자 이슬람 세력은 유럽 지역에서 밀려나게 되었다.

02 고려에 의한 후삼국 통일

1 후삼국 성립

(1) 후백제 건국(900)

▲ 후삼국의 성립

① 건국: 신라 서남해 방면 장군이었던 **견훤**은 군사력을 바탕으로 무진주(현재의 광주)를 점령하고(892), 완산주(현재의 전주)를 도읍으로 하여 후백제를 건국하였다(900).

② 체제 정비: 건국 이후 관직을 설치하고, 남중국의 후당 및 오월·거란·일본과 통교하는 등 국가 체제를 갖추었다.

③ 신라 공격: 신라의 대야성을 함락(920)시키고, 경주에 침입(927)하여 경애왕을 죽이는 등 신라에 적대적 노선을 취하였다.

(2) 후고구려 건국(901)

① 건국: 양길의 수하였던 궁예는 왕건 등 유력 호족을 흡수하면서 송악(현재의 개성)을 도읍으로 하여 후고구려를 건국하였다(901).

② 국호 변경과 천도: 904년 국호를 '마진'으로 고치고 연호를 '무태(武泰)'로 정했다. 905년 도읍을 철원으로 옮기고 연호를 '성책(聖册)'으로 고쳤으며, 911년 국호를 '태봉'으로 바꾸고 연호를 '수덕만세(水德萬歲)'로 고쳤다. 914년에는 연호를 다시 '정개(政開)'로 개칭하였다.

③ 관제 정비: **광평성**을 국정 최고 기관으로 하는 중앙 관제를 마련하였다.

④ 후백제 견제: 왕건의 활약으로 전라도 금성(현재의 나주)을 점령(903)하여 후백제를 견제하였다.

> **심화** 후삼국 성립 당시의 시대적 배경
>
> ❶ 후삼국 시기에 중국은 당이 멸망(907)하고, 송이 건국(960)되기 전 5대 10국의 혼란기였다(일명 당·송 교체기). 따라서 중국 세력은 한반도에 관여할 수가 없었다.
>
> ❷ 견훤과 궁예가 국가를 수립할 수 있었던 것은 통일 신라 정권으로부터 소외되었던 옛 백제·고구려 지역 주민들에게 백제·고구려 부흥이라는 반신라 감정을 내세웠기 때문이었다.

❶ 견훤의 후백제 건국

견훤은 상주 가은현(경북 문경 가은) 사람으로 본래의 성은 이씨였는데, 후에 견으로 성씨를 삼았다. 아버지는 아자개이니, 농사로 자활하다가 후에 가업을 일으켜 장군이 되었다. …… 신라 진성왕 6년(892) 아첨하는 소인들이 왕의 곁에 있어 정권을 농간하매 기강이 문란히여 헤이헤지고, 기근이 겹들어 백성들이 떠돌아다니고 도적들이 벌떼처럼 일어났다. 이에 견훤이 은근히 반심을 품고 무리를 모아 서울 서남쪽 주현들로 진격하니, 가는 곳마다 호응하여 무리가 한 달 사이에 5,000여 인에 이르렀다. …… "지금 내가 도읍을 완산(전주)에 정하고, 어찌 감히 의자왕의 쌓인 원통함을 씻지 아니하랴." 하고, 드디어 후백제 왕이라 스스로 칭하고 관부를 설치하여 직책을 나누었다. 　　　『삼국사기』

❷ 궁예의 후고구려 건국

궁예는 신라 사람으로 성은 김씨이고, 아버지는 제47대 헌안왕 의정이며, 어머니는 헌안왕의 후궁이었다. …… 머리를 깎고 승려가 되어 스스로 선종(善宗)이라 이름하였다. …… 신라 말기에 정치가 거칠어지고 백성들이 흩어져서 왕성(王城)을 중심으로 한 지역 주현(州縣) 중에서 조정을 반대하거나 지지하는 수가 반반이었으며 이곳저곳에서 도적들이 벌떼처럼 일어나서 개미같이 모여드는 것을 보고, 선종은 어지러운 때를 틈타 무리를 끌어모으면 자기 뜻을 이룰 수 있을 것이라고 생각하였다. …… 북원(원주)의 도적 집단 괴수 양길(梁吉)에게 투탁(投託)하니 (양)길이 그를 잘 대우하고, 일을 맡겼으며, 군사를 나누어 주어 동쪽으로 신라 영토를 공략하게 하였다. …… 군사들과 함께 고생과 즐거움을 함께하며, 주고 빼앗는 일에 있어서는 공평하게 사사로움이 없었다. …… 패서(浿西)에 있는 도적 집단들이 선종에게 와서 항복하는 자가 많았다. 선종이 스스로 '무리들이 많아서 나라를 창건하고 임금이라고 일컬을 만하다.'고 생각하여 중앙과 지방의 관직을 설치하기 시작하였다. …… 선종이 왕이라 자칭하고 사람들에게 이르기를 "이전에 신라가 당나라에 군사를 청하여 고구려를 격파하였기 때문에 옛 서울 평양은 오래되어서 풀만 무성하게 되었으니 내가 반드시 그 원수를 갚겠다."라고 하였다. 　　　『삼국사기』

② 고려의 건국과 후삼국 통일

(1) 고려의 건국(918)

① 왕건의 등장

　ㄱ 왕건은 송악의 호족으로서 예성강, 패강진(황해도 평산), 혈구진(현재의 강화도) 등의 해상 세력을 통합하며 성장하였다.

　ㄴ 이후 궁예에게 편입된 후, 903년 후백제의 금성(현재의 나주)을 함락시키는 등 두각을 나타내며 광평성(궁예 정권의 최고 관청) 시중까지 올랐다.

② 고려의 건국(918): 왕건은 궁예의 폭정이 계속되자, 홍유·신숭겸·배현경·복지겸 등의 추대를 받아 궁예를 몰아내고 철원에서 고려를 건국하였다.

③ 송악 천도(919): 철원에서 송악으로 도읍을 옮겼다.

(2) 후삼국의 통일(936)

① 공산 전투(927): 친신라 정책을 취했던 왕건은 후백제가 신라에 침입하여 경애왕을 살해하였을 때 지원군을 보냈으나, 공산 전투에서 패배하였다.

▲ 고려의 후삼국 통일

■ 궁예의 폭정
궁예는 스스로를 미륵불의 화신이라 주장하며 백성들을 현혹하였고, 전쟁을 지속하기 위하여 지나치게 세를 거두었다. 또한 죄 없는 관료와 장군들을 살해하였다.

② 후삼국 주도권 장악 : 고려는 930년 고창(안동) 전투, 934년 운주성 전투에서 후백제에 승리하여, 후삼국의 주도권을 장악하였다.

③ 발해 유민 흡수 : 926년 발해 멸망 후, 발해 왕자 대광현 등이 고려로 망명하였다(934).

④ 견훤 귀순(935. 6.) : 견훤이 넷째 아들 금강을 후계자로 삼으려 하자, 장남 신검이 이에 반발하여 견훤을 금산사에 유폐시켰다. 이후 견훤은 고려로 탈출하여 왕건에게 귀순하였다.

⑤ 신라 병합(935. 11.) : 신라 경순왕이 고려에 항복해 왔다.

⑥ 후백제 정벌(936) : 고려는 후백제가 혼란한 틈을 타서 후백제의 신검 군사를 일리천 전투, 황산(벌) 전투에서 물리치면서 후삼국을 통일하였다.

사료 　발해 유민의 수용

발해국 세자 대광현이 수만 명을 거느리고 와서 귀화하였다. 그에게 왕계(王繼)라는 성명을 주어 왕실 족보에 등록하고 자기 조상의 제사를 받게 하였다. 　『고려사』

심화 　후백제의 멸망

견훤이 여러 아들 중 넷째인 금강을 사랑하여 그에게 왕위를 물려주려 하자, 장자인 신검과 둘째·셋째 아들인 양검·용검이 불만을 품게 되었다. 이때 양검과 용검은 각각 강주와 무주에 도독으로 나가 있었는데, 이찬 능환이 이들과 정변을 일으켜, 금강을 죽이고 견훤을 유폐시킨 후 신검을 왕위에 추대하였다.

그러나 금산사에 유폐되어 있던 견훤은 3개월 만에 탈출(935. 6.)하여 고려 왕건에게 투항하였고, 이어 후백제 내에 있던 견훤의 사위 박영규도 왕건에게 귀순하였다. 견훤과 박영규의 도움을 얻게 된 고려는, 936년 일리천 전투, 황산(벌) 전투에서 신검 군대를 물리치면서 후삼국을 통일하였다.

바로 확인문제

● 다음에 제시된 역사적 사건들을 시간 순서대로 바르게 나열한 것은? 　20. 경찰직 1차

> ㄱ. 후백제의 견훤이 경주를 침공해 경애왕을 죽였다.
> ㄴ. 후백제의 신검이 견훤을 금산사에 유폐시켰다.
> ㄷ. 왕건이 국호를 고려라 정하고 송악으로 천도하였다.
> ㄹ. 고려가 공산 전투에서 후백제에게 패하였다.

① ㄱ - ㄷ - ㄴ - ㄹ

② ㄱ - ㄹ - ㄷ - ㄴ

③ ㄷ - ㄱ - ㄴ - ㄹ

④ ㄷ - ㄱ - ㄹ - ㄴ

|정답해설| ㄷ. 왕건의 고려 건국(918), 철원에서 송악(현재의 개성)으로 천도(919) → ㄱ. 견훤의 경주 침략 후 경애왕 살해(927) → ㄹ. 공산 전투에서 후백제 승리(927) → ㄴ. 견훤의 금산사 유폐(935)

|정답| ④

● (가) 시기에 발생한 사건으로 가장 옳지 않은 것은? 　21. 법원직 9급

> 태조가 포정전에서 즉위하여 국호를 고려라 하고 연호를 고쳐 천수라 하였다. 　『고려사』
>
> ↓
>
> (가)
>
> ↓
>
> 고려군의 군세가 크게 성한 것을 보자 갑옷을 벗고 창을 던져 견훤이 탄 말 앞으로 와서 항복하니 이에 적병이 기세를 잃어 감히 움직이지 못하였다. …… 신검이 두 동생 및 문무 관료와 함께 항복하였다. 　『고려사』

|정답해설| 고려의 건국(918) → (가) → 후백제의 멸망과 후삼국 통일(936)과 관련된 사료이다. 왕건은 903년에 후백제의 금성(현재의 나주)을 함락시켰다.

|오답해설|
① 고려군은 930년 고창(안동) 전투에서 후백제군을 격퇴하였다.
② 경순왕은 935년 고려에 항복하였다.
④ 발해의 세자 대광현은 934년(태조 17년)에 발해 유민 수만 명을 이끌고 고려로 귀화하였다.

|정답| ③

① 고려군이 고창에서 견훤의 후백제군을 패퇴시켰다.

② 신라의 경순왕은 스스로 나라를 고려에 넘겨주었다.

③ 왕건이 이끄는 군대가 후백제의 금성을 함락하였다.

④ 발해국 세자 대광현과 수만 명이 고려에 귀화하였다.

단권화 MEMO

03 고려 전기 왕들의 업적*

(1) 태조[1대, 918~943, 연호 : 천수(天授)]

① 민생 안정 정책 : 태조는 민생을 안정시키기 위해 지나친 세금 징수를 금지하고(취민유도, 10분의 1 세금), 흑창(성종 때 의창으로 개편)을 설치하여 빈민을 구제하고자 하였다.

② 호족 통제 정책

　㉠ 사심관 제도

　　• 태조 18년에 신라 왕 김부(경순왕)가 항복을 해 오자 그를 신라의 옛 도읍인 경주의 사심관으로 삼아 부호장 이하의 관직 등에 관한 사무를 관장하게 하였다. 뒤에 다른 공신들도 그 지역 출신의 사심관으로 삼았다.

　　• 건국 초 지방관을 파견하기 힘들었던 당시의 상황에서, 개경에 거주하는 지배 계급(사심관)을 매개로 간접적인 지방 통제를 꾀한 것이다.

　㉡ 기인 제도

　　• 기인 제도는 일종의 인질 제도로서, 초기에는 왕권과 호족 쌍방 간 호혜적 바탕 위에서 운용되었다.

　　• 그러나 지방 관제가 점차 정비되면서 중앙 집권력이 강화되자, 인질로서의 통제는 점차 약화되었다.

사료 　사심관과 기인

❶ 사심관

태조 18년 신라 왕 김부(경순왕)가 항복해 오니 신라국을 없애고 경주라 하였다. (김)부로 하여금 경주의 사심이 되어 부호장 이하의 (임명을) 맡게 하였다. 이에 여러 공신이 이를 본받아 각기 자기 출신 지역의 사심이 되었다. 사심관은 여기에서 비롯되었다. 『고려사』

❷ 기인

건국 초에 향리의 자제를 뽑아 서울에 볼모로 삼고, 또한 출신지의 일에 대하여 자문에 대비하게 하였는데, 이를 기인이라 한다. 『고려사』

③ 호족 회유 정책

　㉠ 호족 회유 : 태조는 호족들에게 대우를 두텁게 하고, 중폐비사의 저자세로 대하면서, 호족들을 회유하였다.

　㉡ 방법 : 결혼 정책 및 사성 정책(왕씨 성 하사)을 추진하였으며, 공신들에게 역분전을 지급하였다.

＊**고려 전기 왕들의 업적**
태조, 광종, 성종의 주요 업적은 꼭 알아두어야 한다.

■**태조의 청동 인물상**

1992년 개성의 현릉(顯陵, 태조 왕건과 신혜 왕후 유씨의 합장릉) 부근에서 태조 왕건의 청동제 인물상이 발견되었다.

■**중폐비사(重幣卑辭)**
호족들에 대한 대우를 강화하고, 자신을 낮추는 것을 의미한다.

④ 북진 정책

　㉠ 고구려 계승 의식 : 발해 유민을 수용하고 고구려 계승 의식을 분명히 하였다.

　㉡ 서경 중시 : 고구려의 고토를 수복하기 위해서 서경(西京, 평양)을 북진 정책의 전진 기지로 삼았고, 이를 위해 서경 분사 제도를 마련하였다.

　㉢ 반거란·반여진 정책 : 반거란 정책(대표적 - 만부교 사건)을 표방하면서 북방을 개척하였고, 태조 말에는 여진족을 정벌하여 청천강부터 영흥까지 영토를 확대하였다.

사료　만부교 사건

태조 25년(942) 10월에 거란 사신이 낙타 50필을 가지고 왔다. 태조가 "일찍이 발해와 동맹을 맺고 있다가 갑자기 의심을 품어 약속을 배신하고, 그 나라를 멸망시켰다. 이처럼 도리가 없는 나라와는 친선 관계를 맺을 수 없다."고 말하였다. 드디어 국교를 단절하고 그 사신 30명은 섬으로 귀양을 보냈으며, 낙타는 만부교(萬夫橋) 아래에 매어 두었더니 모두가 굶어 죽었다.　　『고려사』

---

⑤ 통치 규범 정립 : 『정계』와 『계백료서』를 저술하고 훈요 10조를 남겼다.

사료　훈요 10조

태조가 943년 혜종의 후견인인 박술희에게 전한 것으로, 후대 대통을 이을 왕들에게 명심해야 할 사항을 제시한 것이다.

1조 : 국가의 대업은 여러 부처의 호위(護衛)를 받아야 하므로 선(禪)·교(敎) 사원을 개창한 것이니, 후세의 간신(姦臣)이 정권을 잡고 승려들의 간청에 따라 각기 사원을 경영·쟁탈하지 못하게 하라.

2조 : 신설한 사원은 (신라 말의) 도선(道詵)이 산수의 순(順)과 역(逆)을 점쳐놓은 데 따라 세운 것이다. 그의 말에, "정해놓은 이외의 땅에 함부로 절을 세우면 지덕(지력)을 손상하고 왕업이 깊지 못하리라." 하였다. 후세의 국왕·공후(公侯)·후비(后妃)·조신들이 각기 원당(願堂)을 세운다면 큰 걱정이다. 신라 말에 사탑을 다투어 세워 지덕을 손상하여 나라가 망한 것이니, 어찌 경계하지 아니하랴.

3조 : 왕위 계승은 적자 적손(嫡子嫡孫)을 원칙으로 하되, 장자가 불초(不肖)할 때에는 인망 있는 자가 대통을 잇게 하라.

4조 : 우리나라는 방토(方土)와 인성(人性)이 중국과 다르므로 중국 문화를 모두 따를 필요가 없으며, 거란은 언어와 풍속이 다른 짐승과 같은 나라이므로 거란의 제도를 따르지 말라.

5조 : 서경(西京, 평양)의 수덕(水德)은 순조로워 우리나라 지맥의 근본을 이루고 있어 길이 대업을 누릴 만한 곳이니, 사중월(四仲月, 사계절의 중간 달, 즉 음력 2·5·8·11월)마다 순수(巡狩)하여 100일을 머물러 안녕(태평)을 이루게 하라.

6조 : 나의 소원은 연등(燃燈)과 팔관(八關)에 있는 바, 연등은 부처를 제사하고, 팔관은 하늘과 5악(岳)·명산·대천·용신(龍神) 등을 봉사하는 것이니, 후세의 간신이 신위(神位)와 의식 절차의 가감(加減)을 건의하지 못하게 하라.

7조 : 왕이 된 자는 공평하게 일을 처리하여 민심을 얻으라.

8조 : 차현(車峴) 이남, 공주강외(公州江外)는 산형지세(山形地勢)가 배역(背逆)하니 그 지방의 사람을 등용하지 말라.

9조 : 관리의 녹은 그 직무에 따라 제정하되 함부로 증감하지 말라.

10조 : 경사(經史)를 널리 읽어 옛 일을 거울로 삼으라.

● 밑줄 친 '인물상'에 해당하는 왕의 업적으로 옳은 것은?   19. 지방직 7급

> 개성의 현릉 부근에서 발견된 청동제 인물상은 온화한 얼굴에다가 두 손을 맞잡고 있으며, 자비로운 미소를 띠고 있다. 이 상은 황제가 착용한다는 통천관을 쓰고 있어 고려가 황제 국가로 자부하였음을 알 수 있다.

① 유학 교육 기관으로 국자감을 설치하였다.
② 거란에 대비하여 30만 광군을 조직하였다.
③ 개경을 황도로, 서경을 서도로 격상하였다.
④ 역분전이라는 토지 제도를 처음으로 시행하였다.

● 밑줄 친 '왕'의 재위 기간에 있었던 사실로 옳은 것은?   21. 경찰직 1차

> 세자 대광현이 수만 명을 이끌고 투항하였다. 왕이 대광현에게 성과 이름을 하사하고 그들을 후하게 대우하였다.

① 왕규의 난이 일어났다.
② 광군을 조직하여 거란의 침략에 대비하였다.
③ 고구려의 수도였던 평양을 서경이라 하였다.
④ 귀법사를 창건하여 화엄종을 통합하게 하였다.

(2) 광종(4대, 949~975) : 개혁 정치, 왕권 강화 정책

① 개혁 방향: 혜종(2대, 943~945)·정종(定宗, 3대, 945~949) 시기의 왕권 불안을 해소하기 위해 왕권 강화 정책을 추진하였다. 이를 위해 당시 중국 후주의 개혁을 추진하였던 쌍기를 영입하여 개혁 작업을 단행하였으며, 당 태종이 지은 『정관정요(貞觀政要)』를 정치에 참고하여 위정의 모범으로 삼았다. 또한 시위군으로서 태조 때의 내군을 장위부로 개편하고, 공신 세력을 대표했던 대상(大相) 준홍과 좌승(佐丞) 왕동을 역모죄로 숙청하였다(960).

② 노비안검법 시행(광종 7년, 956)
   ㉠ 실시: 후삼국 시대의 혼란기에 불법적으로 노비가 된 사람들을 조사하여 본래 양인이었던 자는 해방시켰다.
   ㉡ 목적: 왕권에 위협이 되는 호족들의 경제·군사적 세력 기반 약화를 위한 정책이었다.

사료   노비안검법

> 광종 7년(956)에 노비를 조사하여 옳고 그름을 분명히 밝히도록 명령하였다. 이 때문에 주인을 배반하는 노비들을 도저히 억누를 수 없었으므로, 주인을 업신여기는 풍속이 크게 유행하였다. 사람들이 다 수치스럽게 여기고 원망하였다. 왕비도 간절히 말렸지만, 받아들여지지 않았다.   「고려사」

③ 과거제 실시(광종 9년, 958)
   ㉠ 실시: 후주에서 귀화한 쌍기의 건의로 실시하였다.
   ㉡ 목적: 무훈공신(武勳功臣)들의 세력을 약화시키고, 군주에 대한 충성을 기준으로 한 신진 인사를 기용하여 왕권을 강화시키려는 목적을 가지고 있었다. 이는 신구 세력의 교체를 의미한다.

|정답해설| 1992년 개성의 현릉(顯陵, 태조 왕건과 신혜 왕후 유씨의 합장릉) 부근에서 '태조 왕건'의 청동제 인물상이 발견되었다. 태조는 후삼국 통일에 기여한 공신들을 대상으로 역분전을 지급하였다.
|오답해설|
① 성종. ② 정종(3대). ③ 광종의 업적이다.
|정답| ④

|정답해설| 발해 세자 대광현을 받아들였다는 것(934)을 통해 밑줄 친 '왕'이 태조 왕건임을 알 수 있다. 고려 태조는 평양을 서경으로 승격시켜 북진 정책의 전초 기지로 삼았다.
|오답해설|
① 혜종 때(945) 왕규가 자신의 외손자인 광주원군을 왕으로 옹립하려고 반란을 일으켰다.
② 광군은 947년(정종 2년)에 거란의 침입에 대비하기 위해 조직된 특수군이다.
④ 광종은 귀법사를 창건하고(963) 균여를 주지로 임명하였다.
|정답| ③

■ 혜종(2대) 시기의 왕권 불안
혜종 시기에 태조의 16비 소생의 광주원군을 옹립하려 한 '왕규의 난'이 있었다(945).

■ 정종(3대) 시기의 정책
거란을 방어하기 위해 광군을 조직하였고, 서경 천도를 시도하였으나 실패하였다.

④ 백관의 공복 제정(광종 11년, 960): 왕과 신하의 관계를 분명히 하고 관리들의 상하를 쉽게 판별하기 위하여, 자색·단색·비색·녹색의 4색 공복을 제정하였다.

⑤ 칭제 건원: 국왕의 권위를 높이기 위해 황제라 칭하고, '광덕', '준풍' 등의 연호를 사용하여 자주성을 표현하였다. 또한 개경을 황도(皇都), 서경을 서도(西都)라 부르도록 하였다.

⑥ 주현 공부법(州縣貢賦法): 주·현 단위로 조세와 공물, 부역 등을 부과하여 국가 재정의 안정성을 도모하였다.

⑦ 대외 정책: 송과의 통교(962)를 통해 거란을 견제하고자 하였으며, 경제·문화적 선진화를 도모하였다(송 연호 사용).

⑧ 제위보 설치: 빈민 구제 기금인 제위보를 설치하여 농민들의 생활 안정을 이루고자 하였다.

⑨ 왕사·국사의 제정(968): 혜거를 국사로, 탄문을 왕사로 삼았다.

⑩ 귀법사 창건: 귀법사를 창건하고 균여를 초대 주지로 삼았다.

(3) 경종(5대, 975~981)

광종 사후 개혁을 주도했던 귀화 세력(대표적 – 쌍기)과 과거로 등용된 신진 세력들을 제거하고 훈신 계열의 반동 정치가 행해졌으나, 훈신들의 영향력은 많이 약화되었다.

(4) 성종(6대, 981~997): 체제 정비와 귀족 사회 성립

① 개혁 방향: 성종은 최승로의 상소문을 전면적으로 채택하면서 유교를 정치 이념으로 삼고, 당제를 채용하여 각종 제도를 정비하였다.

② 최승로의 시무 28조: 최승로의 개혁안(현재 22조가 전함)에서는 불교의 폐단을 지적하면서, 유교를 정치 이념으로 정착시키고자 하였다. 그러나 불교 자체를 비판한 것은 아니었다. 또한 지방관을 파견하여 중앙 집권을 강화하고자 하였으나, 이는 전제 왕권 강화를 표방한 것이 아니라 정치적 안정을 통한 왕도 정치를 주장한 것이었다.

　㉠ 국방 강화: 거란의 침입에 대비하기 위한 북계 확정과 국방 강화를 건의하였다.

　㉡ 유교 정치 이념의 구현

> **사료** 유교 정치 이념 구현
>
> 불교는 수신(修身)의 본(本)이요, 유교는 치국(治國)의 근원입니다. 수신은 먼 내생의 밑천이며, 치국은 가까운 오늘의 일로, 가까운 것을 버리고 먼 것을 구함은 잘못입니다. 　　　　　　『고려사절요』

　㉢ 외관 파견: 중앙 집권적인 정치 형태를 구상하였다.

> **사료** 외관 파견
>
> 국왕이 백성을 다스림은 집집마다 가서 날마다 일을 보는 것이 아닙니다. 그런 까닭으로 수령을 나누어 보내어 가서 백성의 이익되는 일과 손해되는 일을 살피게 하는 것입니다. 우리 태조께서 나라를 통일한 후에 군현에 수령을 두고자 하였으나 대개 초창기임으로 인하여 일이 번거로워 시행할 겨를이 없었습니다. …… 청컨대 외관을 두소서. 비록 한꺼번에 다 보낼 수는 없더라도 먼저 10여 곳의 주현에 1명의 외관을 두고, 그 아래에 각각 2~3명의 관원을 두어서 백성 다스리는 일을 맡기소서. 　　　　　　『고려사절요』

　㉣ 중국 문물의 선별적 수용: 중국 문물을 우리 실정에 맞게 선별 수용할 것을 주장하였다.

> **사료** 중국 문물의 선별적 수용
>
> 중국의 제도를 따르지 않을 수는 없지만 사방의 풍습이 각기 그 토성에 따르게 되니 다 고치기는 어려울 것 같습니다. 그 예악·시시의 가르침과 군신·부지의 도리는 마땅히 중국을 본받아 비루함을 고쳐야 되겠지만

그 밖의 거마·의복의 제도는 우리의 풍속대로 하여 사치함과 검소함을 알맞게 할 것이며 구태여 중국과 같이 할 필요가 없습니다.

『고려사절요』

ⓜ 연등회와 팔관회 축소·폐지

사료 연등회와 팔관회의 문제점 지적

우리나라에는 봄에는 연등을 설치하고 겨울에는 팔관을 베풀어 사람을 많이 동원하고 노역이 심하오니 원컨대 이를 감하여 백성이 힘을 펴게 하십시오.

『고려사절요』

ⓗ 기타: 광종 때 비대해진 왕실 시위군 축소(3조), 승려의 궁정 출입 금지(8조), 관료의 복식 제도 정비(9조), 왕실 내속 노비 축소(15조), 사찰 남설 금지(16조), 가옥 규모의 제한과 신분 질서 확립(17조), 광종의 노비안검법 비판 및 노비 신분 규제(22조) 등을 제시하였다.

사료 최승로의 5조 정적평(5조 치적평) 중 광종에 대한 비판

광종(光宗)께서 왕위에 오르던 해로부터 8년 동안에 정치 교화가 맑고 상벌이 남발됨이 없더니, 쌍기(雙冀)가 등장한 이래로 문사를 높여 은례(恩禮)가 지나쳐서 재주 없는 자가 많이 등용되어 규례를 밟지 않고도 승진하였고, 시일이 경과하지 않아도 경(卿)과 상(相)이 되었으며, 때로는 밤을 연장하여 만나기도 하려니와, 혹은 날마다 맞이하되 이것을 기쁨으로 삼았으므로, 정사를 게을리하여 군국(軍國)의 중요한 사무가 막혀서 통하지 않았고, 주식(酒食) 잔치 놀이가 잇달아 끊어지지 않았던 것입니다. …… 경신년으로부터 을해년에 이르기까지 16년 동안에 간흉이 다투어 등용되고 참소가 크게 일어나서, 군자는 용납되지 못하고 소인은 뜻을 얻어 드디어 아들이 부모에게 반역하고, 노비가 주인의 비행을 논하여 상하가 마음이 유리되고, 군신의 은의는 갈려 옛 신하와 장수는 하나하나 죽음을 당하였고, 골육 친척은 모두 멸망을 당했던 것입니다.

『고려사절요』

심화 최승로의 5조 정적평에서 각 왕들에 대한 평가

❶ 태조는 후한 덕과 넓은 도량으로 후삼국을 통일하였고, 절약과 검소함을 숭상하여 궁궐이나 의복에 도를 넘지 않았다. 또한 **통일을 이룬 이래로 정사에 부지런했다**고 기록하였다.

❷ 혜종은 **예를 갖추어 사부를 높였으며**, 빈객과 관료들을 잘 대우하여 처음 즉위할 때는 여러 사람들이 기뻐하였다고 기술하였다.

❸ 정종은 왕규의 난을 진압하여 왕실을 보존한 점, 즉위 초에 조신·현사들을 자주 접견하고 훌륭한 정치를 하기 위해 애쓴 것을 좋게 평가하였다. 그러나 만년에 신하들의 반대 여론을 무릅쓰고 서경(西京)으로 천도할 계획을 추진한 사실은 못마땅하게 생각하였다.

❹ 광종은 왕위에 오른 후 8년간은 정치를 잘 하였으나, 쌍기가 귀화한 후 인사가 문란해졌다고 평가하였다. 또한, **밤마다 사람을 접견하고 날마다 손님을 초대하는 것을 즐거움으로 삼아, 정사를 게을리하였다**고 서술하였다.

❺ 경종은 자질은 뛰어났지만 경험이 적어, 권신(權臣)에게 정권을 맡겨 정치가 어지러워졌으며, **거짓과 참의 구분이 없어서 상과 벌이 균등하지 않았다**고 평가하였다.

③ 주요 정책
　㉠ 중앙 통치 기구의 정비: 당의 제도를 수용한 2성 6부제를 기반으로 태봉과 신라의 제도를 참작하였고, 송의 관제인 중추원을 설치하였다.
　㉡ 지방 제도의 정비: 12목을 설치하여 지방관을 파견하고(983), 향직 제도를 개편하였다. 또한 995년에는 전국을 10도로 나누고, 도 아래 주·군·현·진을 설치하였다.

ⓒ 분사 제도의 강화: 분사 제도는 태조 때부터 시작되어 예종 때 완성되있다. 성종은 서경을 부도(副都)로 중시하였고, 서경에 일종의 도서관인 수서원을 설치하였다.

ⓔ 유교 교육의 진흥: 국자감을 설치(992)하고 12목에 경학 박사와 의학 박사를 파견하였으며, 과거제를 정비하여 유교 교육의 진흥에 노력하였다.

ⓜ 기타: 지방 관청 경비 충당을 위한 공해전을 지급하였고, 신분 질서 확립을 위해 노비 환천법을 실시하였다. 또한 문신 월과법을 시행하여 중앙 문신들에게 매달 시 3편·부 1편을 지어 바치게 하였다. 한편 물가 조절 기관인 상평창을 양경(개경, 서경)과 12목에 처음 설치하였고(993), 개경에 경적(經籍)을 관리하는 내서성을 비서성으로 개칭하였다(995).

바로 확인문제

● **다음과 같은 글을 남긴 국왕의 업적에 해당하는 것은?** 19. 지방직 9급

> 우리 동방은 옛날부터 중국의 풍속을 흠모하여 문물과 예악이 모두 그 제도를 따랐으나, 지역이 다르고 인성도 각기 다르므로 꼭 같게 할 필요는 없다. 거란은 짐승과 같은 나라로 풍속이 같지 않고 말도 다르니 의관 제도를 삼가 본받지 말라.
>
> 「고려사」

① 광군 30만을 조직하여 거란의 침략에 대비하였다.
② 혼인 정책과 사성 정책을 통해 호족을 포섭하였다.
③ 기인·사심관제와 함께 과거제를 실시하였다.
④ 물가 조절을 위해 상평창을 설치하였다.

|정답해설| 제시된 사료는 태조 왕건의 훈요 10조 중 일부이다. 태조는 혼인 정책(결혼 정책)과 사성 정책을 통해 호족을 포섭하였다.

|오답해설|
① 3대 정종 때 광군 30만을 조직하여 거란의 침략에 대비하였다.
③ 기인 제도와 사심관 제도는 태조 때 시행한 것이 맞지만, 과거제는 광종 때 시행되었다.
④ 성종 때 물가 조절을 위해 상평창을 설치하였다.

|정답| ②

(5) 현종(8대, 1009~1031)**의 정책**

① 중앙 관제의 정비: 도병마사를 설치하였다(성종 때 설치되었다는 학설도 있음).
② 지방 제도의 정비: 광역 조직으로 경기와 5도·양계를 확립하였으며, 향리의 공복 제도를 마련하였다. 기초 조직으로는 5도 아래 4도호부·8목·129군·335현 및 양계 아래 29진을 두었다.
③ 군사 제도의 정비: 국왕의 친위 부대인 2군(응양군·용호군)을 설치하면서 성종 때의 6위와 함께 중앙 군제를 완성하였다.
④ 주현 공거법 시행: 주현 공거법을 시행하여 향리의 자제에게도 과거 응시 자격을 부여하였다.
⑤ 면군 급고법의 제정: 면군 급고법을 제정하여 80세 이상의 노부모가 있는 정남에게는 군역을 면제해 주었다. 또한 70세 이상 노부모가 있는 외아들에게는 외직을 피하게 해 주었다.
⑥ 문묘 배향: 설총을 홍유후, 최치원을 문창후로 추봉하고 문묘에 배향하였다.
⑦ 연등회·팔관회 부활: 성종 때 폐지한 연등회와 팔관회를 부활시켰다.

(6) 덕종(9대, 1031~1034)

① 천리장성 축조 시작: '유소'에게 압록강 입구에서 동해안 도련포(함경남도 정평 해안)에 이르는 천리장성 축조를 명령하였다(덕종 2년, 1033). 이는 서북쪽 거란의 재침에 대비하고 동북쪽 여진족의 침략을 방어하기 위한 조치였다.
② 보수 정권 수립: 덕종 3년(1034) 적극적인 북진 정책을 추진하던 왕가도가 죽고 경원(인주) 이씨 등 보수 세력이 집권하면서 북진 정책이 타격을 입게 되었다.

■ 도병마사
도병마사는 성종 8년(989)에 설치된 동서북면병마사(東西北面兵馬使)의 판사제(判事制)에서 비롯되었다. 이때 서북면과 동북면에 파견된 병마사를 중앙에서 지휘하기 위해 문하시중·중서령·상서령을 판사로 삼았는데, 이 병마 판사제가 뒤의 도병마사의 모체가 된 것으로 본다. 그 뒤 현종 6년(1015) '도병마사주(都兵馬使奏)'라는 기사가 나오는 것을 보면 현종 초에는 도병마사제의 기구가 성립되었음을 알 수 있다.

(7) 정종(靖宗, 10대, 1034~1046)

① 거란(요)의 연호 사용 : 거란의 연호를 사용하고(1038), 책봉을 받았다(1039).

② 천리장성 완성 : 덕종 때부터 축조했던 천리장성이 완성되었다(1044).

③ 천자(賤子)수모법(1039) : 고려 시대의 노비는 '일천즉천'의 원칙이 적용되어 양천교혼(良賤交婚)의 경우에도 그 자식들은 모두 노비가 되었고, 천자수모법에 의거하여 어머니 쪽 소유주에 귀속되었다.

(8) 문종(11대, 1046~1083)

① 특징 : 문벌 귀족 사회의 황금기였으며, 경원(인주) 이씨가 정치적 실권을 장악하였다.

② 삼심제의 제도화 : 사형수에 대한 삼심제를 제도화하였다.

③ 남경 설치 : 한양을 남경으로 지정하여 3경에 포함시켰다.

④ 유교 교육 : 12사학을 형성하였으며, 국자감 제생 고교법을 제정하였다.

⑤ 불교 장려 : 고려 최대 사찰인 흥왕사를 창건하였고, 아들이 세 명 이상이면 1명은 승려가 되는 것을 허용하였다. 문종의 아들 의천도 출가하여 승려가 되었다.

⑥ 서경기(西京畿) 설치 : 서경 주변에 서경기 4도의 행정 구역을 설정하였다(1062).

⑦ 기인선상법(其人選上法, 선상기인법, 1077) : 기인(其人)이 반드시 향리의 자제여야 한다는 문구가 사라졌으며, 특히 향리 중 호장층은 기인의 대상에서 제외되었다. 이것은 중앙집권력이 강화되면서 향리의 영향력이 약화되어, 인질로서의 '기인'은 사라졌음을 의미한다.

(9) 선종(13대, 1083~1094)

① 대외 관계 : 선종(문종의 둘째 아들)은 문종의 대외 정책을 이어받아 거란(요) 및 송과 균형적인 외교 관계를 추진하였는데, 특히 송과 일본과의 경제적·문화적 교류가 활발해졌다.

② 의천의 속장경 조판 : 대각국사 의천(문종의 넷째 아들)은 송에 유학하고 돌아와, 개경 흥왕사에서 교장도감을 설치하고(선종 3년, 1086) 속장경을 조판하였다(숙종 때 완성).

(10) 숙종(15대, 1095~1105)

① 천태종 후원 : 의천은 숙종(문종의 셋째 아들)의 지원을 받아 국청사 주지가 되어, 해동 천태종을 개창하고 불교 통합에 노력하였다.

② 서적포 설치 : 관학 진흥을 위해 국자감에 출판을 위한 서적포를 설치하였다(1101).

③ 화폐 주조 : 의천의 건의로 주전도감을 설치하여 은병(활구), 해동통보, 삼한통보, 삼한중보 등 동전을 주조하였다.

④ 여진과의 관계

　ㄱ 여진에 패배 : 여진이 북만주를 점령한 후 함흥까지 진출하자(1104), 윤관 등을 파견하였으나 패배하였다.

　ㄴ 별무반 창설 : 패배 후 윤관의 건의로 여진 정벌을 위한 별무반을 창설하였다. 별무반은 신기군, 신보군, 항마군(승병으로 조직)으로 구성하였다.

(11) 예종(16대, 1105~1122)

① 여진 정벌과 동북 9성 축조 : 윤관, 오연총 등은 별무반을 이끌고 여진이 점령하고 있던 동북 지방을 공략하여 9성을 축조하였다(1108). 이후 1년 만에 여진족에게 반환하였다.

② 금의 건국과 고려의 중립 외교 정책 : 아구타가 여진을 통일하여 금을 건국하자(1115), 요(거란)에서는 금에 대한 공동 공격을 제안하였으나 응하지 않았다.

■ 고려 중기의 구분

일반적으로 문종 시기부터 의종 때 무신정변이 일어나기 전까지를 고려 중기로 구분한다.

■ 국자감 제생 고교법

국자감 학생들의 교육 연한을 정하고 성적이 부족한 자는 중도 퇴학시켰다.

③ 문화 정책

　　㉠ 관학 진흥을 위해 국자감 내에 7재를 설치하였다(1109).

　　㉡ 국자감 내 양현고라는 장학 기금을 마련하여 국자감 학생들을 경제적으로 지원하였다 (1119).

　　㉢ 청연각과 보문각을 설치하여 경사(經史) 연구를 활발히 하였다(1116).

　　㉣ 송으로부터 대성악을 수입하였다(1116). 이후 궁중 음악인 아악의 모체가 되었다.

　　㉤ 개국 공신인 김락, 신숭겸 장군을 추모하며 「도이장가」를 지었다(1120).

　　㉥ 예의상정소를 설치하여(1113) 예의, 격식 등 유교 제도를 정비하였다.

　　㉦ 민심 안정을 위해 구제도감(1109)과 혜민국(1112)을 설치하였다.

　　㉧ 유민(流民)들이 많이 생겨 이들을 위무(慰撫)하기 위해 감무(監務)를 속현에 파견하였다 (1106).

　　㉨ 풍수도참 사상을 신봉하여 『해동비록』을 편찬하게 하였다.

(12) 인종(17대, 1122~1146)

① 금이 요를 정벌하면서 고려에 대하여 사대 관계를 요구하자, 당시 실권자인 이자겸은 자신의 정권을 유지하기 위하여 금의 요구를 수락하였다.

② 이후 이자겸의 난(1126)과 묘청의 서경 천도 운동(1135)이 일어났다.

바로 확인문제

● **밑줄 친 '왕' 대 사실로 옳지 않은 것은?**　　　　　20. 국가직 7급

> 왕이 노비를 조사하여 그 시비를 가려내게 하자, (노비들이) 그 주인을 등지는 자가 많아지고, 윗사람을 능멸하는 풍조가 성행하였다. 사람들이 모두 탄식하고 원망하자, 대목 왕후가 간곡히 간(諫)하였으나 받아들이지 않았다. 　　　　　　『고려사』

① 제위보를 설치하였다.

② 귀법사를 창건하였다.

③ 준풍 등 연호를 사용하였다.

④ 12목에 지방관을 파견하였다.

● **다음에 밑줄 친 (가) 왕의 업적으로 가장 적절한 것은?**　　　　　15. 경찰직 2차

> 최승로는 시무 28조를 올려 유교의 진흥과 과도한 재정 낭비를 가져오는 불교 행사의 억제를 요구하고, 태조로부터 경종에 이른 5대 왕의 치적에 대한 잘잘못을 평가하여 교훈을 삼도록 하였다. ＿＿(가)＿＿ 은/는 최승로의 건의를 수용하여 통치 체제를 정비하였다.

① 노비안검법을 시행하여 호족의 세력을 약화시켰다.

② 전국의 주요 지역에 12목을 설치하고 목사를 파견하였다.

③ 북쪽 국경 일대에 천리장성을 쌓아 외적의 침략에 대비하였다.

④ 『정계』와 『계백료서』를 지어 관리가 지켜야 할 규범을 제시하였다.

단권화 MEMO

|정답해설| 제시된 사료는 광종 때 실시한 노비안검법에 관한 내용이다. 광종 때는 빈민 구제 기금인 제위보가 설치되었고, 귀법사(주지: 균여)가 창건되었다. 또한 광덕, 준풍 등 독자적 연호를 사용하여 황제국을 표방하였다. 성종 때 12목에 지방관을 파견하였다.

|정답| ④

|정답해설| 자료는 (가) 고려 성종 때 최승로가 올린 시무 28조와 5조 정적평에 대해서 설명하고 있다. 최승로의 건의를 받아들인 성종은 전국 주요 지역에 12목을 설치하고 지방관인 목사를 파견하였다.

|오답해설|
① 광종은 노비안검법을 시행하여 호족의 세력을 약화시켰다.
③ 덕종~정종 시기에 천리장성이 축조되었다.
④ 고려 태조는 『정계』와 『계백료서』를 지어 관리가 지켜야 할 규범을 제시하였다.

|정답| ②

04 통치 체제의 정비*

1 중앙 정치 조직

고려의 통치 체제는 성종 때에 마련한 2성 6부제를 토대로 하였다(문종 때 완성). 고려는 당의 제도를 받아들이면서도 고려의 실정에 맞게 이를 조정하였다.

(1) 중서문하성과 상서성 : 당 영향

① 중서문하성 : 최고 관서로서 중서문하성을 두었고, 그 장관인 문하시중이 국정을 총괄하였다. 중서문하성은 재신(2품 이상)과 낭사(3품 이하)로 구성하여 재신은 국가의 정책을 심의하고, 낭사는 정치의 잘못을 비판하였다.

② 상서성 : 실제 정무를 나누어 담당하는 6부를 두고 정책의 집행을 담당하였다.

(2) 중추원(中樞院)과 삼사(三司) : 송 영향

① 중추원[추부(樞府)] : 군사 기밀과 왕명의 출납을 담당하였다(2품 이상 : 추밀, 3품 : 승선).

② 삼사 : 화폐와 곡식의 출납을 담당하는 관청이었다.

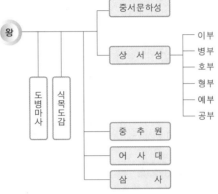

▲ 고려의 중앙 관제

(3) 도병마사와 식목도감

고려의 독자성을 보여 주는 관청인 도병마사와 식목도감은 재신과 추밀*이 함께 모인 회의체로, 국가의 중요한 일을 결정하는 곳이다. 이러한 회의 기구의 존재는 고려 귀족 정치의 특징을 잘 보여 준다.

① 도병마사(都兵馬使) : 국방 문제를 담당하는 임시 회의 기구로서, 고려 후기에 도평의사사(도당)로 개편되면서 구성원을 확대하고 국정 전반에 걸친 중요 사항을 담당하는 최고 정무 기구로 발전하였다.

② 식목도감(式目都監) : 국내 정치에 관한 법의 제정이나 각종 시행 규정을 다루던 임시 회의 기구였다.

사료　**도병마사**

❶ 처음에는 도병마사로 불렸다. 문종이 관제를 정할 때에 문하시중, 평장사, 참지정사, 정당문학, 지문하성사 등을 판사로 삼았다. …… 충렬왕 5년에 도병마사를 고쳐 도평의사사로 하였다. 　　　『고려사』

❷ 국가가 도병마사를 설치하여 시중(侍中)·평장사(平章事)·참지정사(參知政事)·정당문학(政堂文學)·지문하성사(知門下省事)로 판사(判事)를 삼고, 판추밀(判樞密) 이하로 사(使)를 삼아, 큰일이 있을 때 회의(會議)하였기 때문에 합좌(合坐)라는 이름이 붙게 되었다. 그런데 이는 한 해에 한 번 모이기도 하고 여러 해 동안 모이지 않기도 하였다. 　　　『역옹패설』

＊고려의 통치 체제
고려의 중앙·지방·군사 제도의 특징은 빈출 주제이다.

■ 문산계, 무산계
고려의 문·무산계제는 중국과는 달리 중앙의 문·무관 모두에게 문산계를 부여하였다. 이는 고려 초기의 관계(官階)가 문·무신 모두에게 주어졌던 전례였다고 본다. 한편 무산계는 지방의 향리, 탐라의 왕족, 여진 추장, 노병, 공장(工匠), 악인(樂人) 등에게 부여하였다.
　　　국사 편찬 위원회, 『한국사』

■ 6부의 구성
6부 중에서 문무의 인사를 맡은 이부·병부를 정조(政曹)라 하고, 각 부의 장관을 상서(尙書), 차관을 시랑(侍郎)이라 한다.

■ 조선 시대의 삼사
사헌부·사간원·홍문관 등으로 언론과 감찰·간쟁을 담당하였다.

＊재신(宰臣)과 추밀(樞密)
6부를 비롯한 주요 관부의 최고직을 겸하여 중앙의 정치 운영에서 가장 핵심적인 위치를 차지하고 있었다.

(4) 어사대(御史臺)와 대간(臺諫)

① 어사대 : 정치의 잘잘못을 논하고 관리들의 비리를 감찰하는 임무를 맡았다.

② 대간 : 어사대의 관원은 중서문하성의 낭사(郎舍)와 함께 대간으로 불리면서, 간쟁·봉박·서경권을 갖고 있었다.

   ⊙ 간쟁(諫爭) : 왕의 잘못을 논하는 일

   ⓛ 봉박(封駁) : 잘못된 왕명을 시행하지 않고 되돌려 보내는 일

   ⓒ 서경(署經) : 모든 관리 임명 및 법령의 개폐, 국왕의 대관식 등에 동의하는 일

(5) 기타 기관

① 보문각(寶文閣) : 경연(經筵)과 장서(藏書)를 관장하였다.

② 한림원(翰林院) : 사령(辭令)을 제찬하는 곳으로, 국왕의 교서와 외교 문서를 관장하였다.

③ 사관(史館) : 후에 춘추관으로 이름을 고쳤으며, 역사 편찬을 관장하였다. 장관을 감수국사(監修國史)라 한다.

④ 통문관(通文館) : 거란·여진·왜·몽골어 등의 통역관을 양성하는 곳이다.

⑤ 국자감 : 최고 국립 교육 기관으로, 유학학부(국자학·태학·사문학)와 기술학부[율(律)·서(書)·산학(算學)]로 구성되었다.

⑥ 사천대(후기 – 서운관) : 천문 관측을 담당하는 기구로 장관은 판사이다.

바로 확인문제

● **고려 전기의 문산계와 무산계에 대한 설명으로 옳지 않은 것은?**   18. 지방직(사복직 포함) 9급

① 중앙 문반에게 문산계를 부여하였다.

② 성종 때에 문산계를 정식으로 채택하였다.

③ 중앙 무반에게 무산계를 제수하였다.

④ 탐라의 지배층과 여진 추장에게 무산계를 주었다.

● **⊙의 정치 기구에 대한 설명으로 옳은 것은?**   13. 지방직 9급

> 도병마사는 성종 때 처음 설치되어 국방 문제를 담당하였다. …… 원 간섭기에 (⊙)(으)로 개칭되면서 국정 전반에 걸친 중요 사항을 관장하는 최고 기구로 발전하였다.

① 도당으로 불렸으며 조선 건국 초에 폐지되었다.

② 법제의 세칙을 만드는 고려의 독자적인 기구이다.

③ 정책을 집행하는 기능을 담당했으며, 그 밑에 6부를 두었다.

④ 관리의 임명이나 법령의 개폐를 동의하는 서경권을 행사하였다.

● **(가)에 들어갈 기구로 옳은 것은?**   21. 지방직 9급

> 고려 시대 중서문하성과 중추원의 고위 관료들은 도병마사와 [(가)]에서 국가의 중요한 일을 논의하였다. 도병마사에서는 국방과 군사 문제를 다루었고, [(가)]에서는 제도와 격식을 만들었다.

① 삼사   ② 상서성

③ 어사대   ④ 식목도감

|정답해설| 고려 성종 때 당나라의 문산계 및 무산계 관제를 도입하여 중앙의 관계와 향직을 정비하였다. 고려의 문·무산계 제도는 중국과는 달리 중앙의 문·무관 모두에게 문산계를 부여하였다. 한편 무산계는 지방의 향리, 탐라의 왕족, 여진 추장, 노병, 공장(工匠), 악인(樂人) 등에게 부여하였다.

|정답| ③

|정답해설| ⊙은 도평의사사이다. 도병마사는 원 간섭기(충렬왕 시기)에 도평의사사(도당)로 개편되면서 구성원이 확대되고 최고 정무 기구로 발전하였다. 이후 도평의사사는 조선 건국 직후에 폐지되었다.

|오답해설|
② 식목도감, ③ 상서성, ④ 중서문하성의 낭사와 어사대의 관원들로 구성된 대간에 대한 설명이다.

|정답| ①

|정답해설| 중서문하성의 고위 관료 '재신'과 중추원의 고위 관료 '추밀'은 도병마사와 (가) 식목도감에서 국가의 중요한 일을 논의하였는데 이를 재추 합좌라고 한다. 식목도감은 각종 제도와 격식을 만드는 임시 기구였다.

|정답| ④

2 지방 행정 조직

(1) 지방 행정 조직의 정비

① 지방의 행정 조직은 성종 초부터 정비되기 시작하였다.

② 5도

    ㉠ 안찰사가 파견되어, 도 내의 여러 지역을 순회하면서 지방관을 감독하였다.

    ㉡ 도에는 주와 군·현을 설치하고 지방관을 파견하였다.

③ 양계(兩界)

    ㉠ 병마사: 북방의 국경 지대에는 동계·북계의 양계를 설치하고 **병마사**를 파견하였다.

    ㉡ 진(鎭): 국방상의 요충지에는 진을 설치하였는데, 이것은 군사적인 특수 지역이었다.

④ 3경(三京)

    ㉠ 설치: 처음에는 개경, 서경(평양), 동경(경주)을 설치하였다. 이후 문종 때 남경(서울)이 설치되었으나, 얼마 후 폐지되었다.

    ㉡ 개편: 풍수지리설(한양 길지설)이 유행하면서, 숙종 때 김위제가 남경으로 천도할 것을 주장하였다. 이후 3경은 개경, 서경, 남경으로 개편되었다.

⑤ 지방 제도 완성: 현종 9년(1018)에 전국을 4도호부 8목을 중심으로, 그 아래는 중앙에서 지방관을 상주시키는 56개의 '주(州)'·'군(郡)', 28개의 '진(鎭)', 20개의 '현(縣)'으로 편성하였다. 도호부는 군사적 방비의 중심지였으며, 목은 지방의 일반 행정 중심지였다. 이로써 5도 양계를 중심으로 한 지방 제도를 완성하였다.

▲ 고려의 5도 양계

단권화 MEMO

■ 병마사와 안찰사

병마사는 양계의 군사 책임자로서, 3품 관리가 임명되었다. 한편 안찰사는 5~6품의 중앙 관료가 임명되었으며, 지방에 상주한 것이 아니라 지방을 순시하고 지방관을 감찰한 임시직이었다.

■ 양계

동계는 동북계로 강원 및 함남 지방을, 북계는 서북계로 평안도 지방을 지칭한다.

■ 남경 길지론(南京吉地論)

문종 때부터 서경을 대신하여 남경을 3경에 편입하자는 이론이 등장하였다. 이후 숙종 때 김위제의 건의로 동경 대신 남경으로 개편하였다. 이는 귀족들의 보수성과 북진 정책의 쇠퇴 등을 의미한다.

심화   계수관, 감무, 방어사

❶ 계수관

경(京)·목(牧)·도호부(都護府)의 지방관(경-유수, 목-목사, 도호부-도호부사)을 계수관으로 삼아 인근 군현을 관리하게 한 제도이다. 고려 현종 시기에 지방 제도를 정비하면서 경·목·도호부 등 대읍을 계수관으로 삼아 지방 지배의 중심으로 활용하였으며, 이후 5도를 설치하고 도에 정기적으로 안찰사를 파견하여 수령을 감찰하였다.

❷ 감무

성종 때 12목에 지방관을 파견하면서 정비되기 시작한 고려의 지방 제도는 현종 때 일단락되었으나, 실제로는 수령을 파견하지 못한 속군현(屬郡縣)이 많이 존재하였다. 이에 예종 1년(1106)에 중앙에서 정식으로 관리를 설치하지 못했던 속군현과 향(鄕)·소(所)·부곡(部曲)·장(莊)·처(處) 등에 감무를 파견하였다. 처음에는 유주(儒州)·안악(安岳)·장연(長淵) 등에 설치하여 효과를 거두자 우봉(牛峯)·토산(兎山) 등 24현에 확대 설치하였고, 1108년에는 토산(土山) 등 41현, 명종 2년(1172)에는 53현에 설치하는 등 고려 시대에 총 2백여 개의 감무가 설치되었다. 처음에는 서해도·양광도·경기 등에 설치되다가 고려 말에 이르러 경상도에 집중되는 경향을 보였다. 설치 목적은 주현(主縣)에 의해 피해를 입은 속군현의 유망민을 안정시켜 조세와 역을 효과적으로 수취하기 위해서였다.

❸ 방어사

군사적 요충지에 파견되었던 군사 책임자로, 성종 14년(995) 지방 세력에 대한 통제와 국방력 강화를 위해 설치되었다.

심화 도호부 제도의 변화

❶ 성종 대에는 지방 제도 정비와 함께 5도호부 체제를 완성하였는데, 영주(안주)에 안북 도호부를 비롯하여, 화주(영흥)에 안변 도호부, 풍주(풍산)에 안서 도호부, 금주(김해)에 안동 도호부, 낭주(영암)에 안남 도호부를 설치하였다.

❷ 현종 5년(1014)에 안동 도호부가 경주로 옮겨지고, 현종 9년(1018)에는 안변 도호부가 등주(안변), 안남 도호부가 전주, 안서 도호부가 해주로 옮겨졌다.

❸ 그 뒤 전주가 목이 되는 대신 수주(부평)에 안남 도호부를 설치하고, 경주가 유수경이 됨으로써 안동 도호부가 없어지는 등 여러 차례 변동을 거쳤다.

(2) 주현과 속현

① 주현(主縣): 중앙에서 지방관이 직접 파견된 지역을 의미한다.

② 속현(屬縣)

ⓐ 지방관이 파견되는 주현보다 파견되지 않는 속현이 더 많았다.

ⓑ 속현과 향·부곡·소 등 특수 행정 구역은 지방관이 파견되는 주현을 통하여 간접적으로 중앙 정부의 통제를 받고 있었다.

(3) 향리(鄕吏)

① 임무: 조세나 공물의 징수와 노역 징발 등 실제적인 행정 사무는 향리들이 담당하였다.

② 신분: 향리는 원래 신라 말·고려 초 지방의 중소 호족이었으나, 성종 때 향리 제도(983)가 마련되면서 지방의 행정 실무자로 사회적 위상이 하락하였다.

③ 영향력: 향리는 토착 세력으로서 향촌 사회의 지배층이었기 때문에 중앙에서 일시적으로 파견되는 지방관보다 영향력이 컸다.

사료 고려 시대 향리

신라 말에 여러 읍의 토착민 중에서 그 읍을 다스리고 호령하는 자가 있었는데, 고려가 후삼국을 통일한 뒤에 직호(職號)를 내리고 그 고을 일을 맡아보게 하였다. 이들을 호장(戶長)이라 불렀다. 성종 때 지방관을 보내 호장을 통제하면서 이들을 강등하여 향리로 삼았다. 「고려사」

심화 고려 시대 향리(鄕吏) 제도

❶ 향직 제도의 마련

성종 2년(983) 향리 직제를 개정하여 향리의 수장으로 호장(戶長)·부호장(副戶長)을 두고, 그 밑에 일반 서무를 관장하는 호정(戶正)·부호정(副戶正)·사(史) 계열, 지방 주현군(州縣軍)과 관련된 사병(司兵) 계열, 그리고 조세·공부의 보관 및 운반과 관련된 창정(倉正)의 사창(司倉) 계열로 조직하였다.

❷ 향리의 공복(公服)과 승진

호장의 경우 수령의 추천을 받아 중앙의 상서성에서 임명하는 절차를 거쳤다. 현종 9년(1018)에는 지방 제도를 정비하면서 향리의 정원을 정하고 직급에 따라 공복을 지정하였으며, 문종 5년(1051) 10월에는 향리의 승진 규정을 마련하였다.

(4) 향·부곡·소

① 특수 행정 구역으로서, 향과 부곡에는 농민들이 주로 거주하고, 소(所)에는 국가가 필요로 하는 원료와 공납품을 만들어 바치는 공장(工匠)들이 집단 거주하였다.

② 향·부곡·소들은 일반 군현민에 비해 차별받았다. 고려 후기 공주 명학소의 난을 계기로 점차 특수 행정 구역이 줄어들기 시작하여 조선 초기에는 완전히 사라졌다.

③ 그 밖에 기능에 따라 나눈 진(津)·역(驛)·장(莊)·처(處) 등의 특수 행정 구역이 있었다.

단권화 MEMO

■ 소(所)
소는 국가에서 필요로 하는 금·은·구리·철 등의 원료와 종이·먹·도자기 등의 공납품을 만들어 바쳤다.

> **사료** 특수 행정 구역
>
> 신라에서 주군을 설치할 때 그 전정(田丁), 호구(戶口)가 현의 규모가 되지 못하는 곳에는 향(鄕)을 두거나 혹 부곡(部曲)을 두어 소재의 읍에 속하게 하였다. 고려 때 또 소(所)라고 칭하는 것이 있었는데, 금소, 은소, 동소, 철소, 자기소 등의 구별이 있어 각각 그 물건을 공급하였다. 여러 소(所)에는 모두 토성(土姓)의 아전과 백성이 있었다. 한편 처(處)로 칭하는 것이 있었고, 또 장(莊)으로 칭하는 것도 있어 각 궁궐, 사원, 및 내장택에 분속되어 세금을 바쳤다. 『신증동국여지승람』

> **바로 확인문제**
>
> ● 고려 시대 지방 제도에 대한 설명 중 가장 적절한 것은?   19. 경찰직 2차
>
> ① 북방의 국경 지대에는 동계, 북계의 양계를 설치하고 도독을 파견하였다.
> ② 중앙에서 지방을 견제하기 위해 외사정을 파견하였다.
> ③ 지방 행정 말단 조직으로 면·리·통을 두었다.
> ④ 조세와 공물의 징수 등 지방 행정의 실무는 향리가 담당하였다.

| 오답해설 |
① 북방의 국경 지대에는 동계, 북계의 양계를 설치하고 병마사를 파견하였다.
② 외사정은 673년(문무왕 13년)에 설치된 지방관을 감찰하는 관직이다.
③ 조선 시대에는 8도 체제를 정비하고, 지방 행정의 말단 조직으로 면·리·통을 두었다.

| 정답 | ④

■ 고려의 군사 제도
고려의 군사 제도는 중앙군과 지방군의 이원 조직으로 구성된다.

3 군역 제도와 군사 조직

(1) 중앙군

① 2군 6위: 국왕의 친위 부대인 2군과 수도 경비와 국경 방어를 담당하는 6위로 구성하였다.

　㉠ 2군: 응양군·용호군 → 국왕의 친위대

　㉡ 6위

좌우위·신호위·흥위위	수도(개경) 및 변방의 방비	금오위	경찰(警察) 업무
천우위	의장(儀仗) 업무	감문위	궁궐 수비

② 편성

　㉠ 중앙군은 직업 군인으로 편성하였는데, 이들은 군적에 올라 군인전을 지급받고 그 역은 자손에게 세습되었다.

　㉡ 군공을 세워 무신으로 신분을 상승시킬 수도 있는 중류층이었다.

　㉢ 이들이 각종 토목 공사에 동원되거나 군인전을 제대로 지급받지 못하게 되자, 몰락하거나 도망하는 사람들이 많아져서 나중에는 일반 농민 군인으로 채워지기도 하였다.

③ 중방(重房): 상장군·대장군 등이 모여 군사 문제를 의논하는 무관들의 합좌 기관이었다.

(2) 지방군

① 조직 : 군적에 오르지 못한 일반 농민으로 16세 이상의 장정들은 지방군으로 조직되었다.

② 종류 : 지방군은 국경 지방인 양계에 주둔하는 주진군과 5도의 일반 군현에 주둔하는 주현군으로 이루어졌다.

　　㉠ 주진군 : 좌군·우군·초군으로 구성된 상비군으로, 평상시에는 둔전병으로 국경의 수비를 전담하였다.

　　㉡ 주현군 : 지방관의 지휘를 받아 외적을 방비하고 치안을 유지하였으며, 각종 노역에 동원되었다.

정용군·보승군	치안 및 국방	일품군	노역 부대(향리가 지휘)

■ 둔전병

평상시에는 토지를 경작하여 식량을 자급하고 전쟁 시에는 전투원으로 동원되는 병사이다.

(3) 특수군

① 광군 : 정종 때 거란 침입을 대비할 목적으로 설치된 호족 연합 부대로서, 이를 관할하기 위해 개경에 광군사를 설치하였다.

② 별무반 : 숙종 때 윤관의 건의로 설치된 여진 정벌을 위한 특수군이다. 신보군(보병), 신기군(기병), 항마군(승병)으로 편성하였다.

③ 도방 : 무신 집권자 경대승 때부터 설치된 사병 집단이다.

④ 삼별초 : 최우 집권기에 치안 유지를 위해 설치한 야별초를 좌별초와 우별초로 나누고, 몽골군의 포로가 되었다가 도망해 온 자들로 구성된 신의군을 합하여 삼별초로 편제하였다. 삼별초는 대몽 항쟁의 주력을 이루었다.

⑤ 연호군 : 고려 말기에 왜구 토벌을 위해 농민과 노비(양천 혼성 부대) 등으로 구성하였다.

바로 확인문제

● **고려 시대 군사 제도에 대한 설명으로 가장 옳지 않은 것은?**　　19. 6월 서울시(사복직 포함) 9급

　① 북방의 양계 지역에는 주현군을 따로 설치하였다.

　② 2군(二軍)인 응양군과 용호군은 왕의 친위 부대였다.

　③ 6위(六衛) 중의 감문위는 궁성과 성문 수비를 맡았다.

　④ 직업 군인인 경군에게 군인전을 지급하고 그 역을 자손에게 세습시켰다.

|정답해설| 북방의 양계(동계, 북계) 지역에는 주진군이 운영되었다.

|정답| ①

---

4 관리 등용 제도

고려의 관리는 과거와 음서를 통하여 등용하였다.

(1) 과거제(科擧制)

① 목적 : 광종 9년(958)에 후주에서 귀화한 쌍기(雙冀)의 건의로, 호족 세력을 억압하고 유교적 이념에 따라 문치·관료주의를 제도화하여 왕권을 강화하고자 실시하였다.

② 과거의 종류

　　㉠ 문과 : 문학적 재능을 시험하는 **제술업**과 유교 경전 이해 능력을 시험하는 **명경업**이 있었다. 제술업 합격자를 명경업 합격자보다 우대하였다.

　　㉡ 잡업 : 법률·회계·지리 등 실용 기술학을 시험하여 기술관을 뽑았다.

▲ 고려의 관리 등용

ⓒ 승과: 교종과 선종을 구분하여 승려들을 선발하였고, 합격한 자에게는 승계(僧階, 승려의 품계)를 주고 승려의 지위를 보장하였다.

ⓔ 무과: 공양왕 때에 정식으로 채택하였으나, 고려에서는 무과가 없었던 것이나 마찬가지였다.

③ 응시 자격

ⓐ 법제적으로 양인 이상은 과거에 응시할 수 있었으나, 백정 농민들은 유학 교육을 받기 어려웠기 때문에 문과에 응시하기 힘들었다.

ⓑ 실제로 제술업이나 명경업에는 주로 귀족과 향리(호장, 부호장)의 자제들이 응시하였고, 백정 농민은 주로 잡과에 응시하였다.

④ 시기와 절차

ⓐ 시기: 과거는 예부에서 관장하며, 3년에 한 번씩 보는 식년시(式年試)가 원칙이지만, 주로 격년시(隔年試)를 시행하였다.

ⓑ 3장법(三場法)

• 정의: 고려 말에 이르러 확립된 향시(鄕試)·회시(會試, 監試)·전시(殿試) 제도를 이른다.

• 절차

1차 시험	상공(上貢, 개경)·향공(鄕貢, 지방)을 치른다.
2차 시험	국자감시 → 1차 합격자인 공사(貢士)가 응시한다.
3차 시험	동당시(최후의 예부시) → 2차 합격자와 국자감의 3년 이상의 수료자가 응시한다.
염전중시(簾前重試)	친시(親試)라 하여 국왕이 시험하는 등급 결정을 말한다.

⑤ 좌주(座主)와 문생(門生): 과거에 합격한 사람(문생)은 시험을 주관한 지공거(좌주)와의 결속을 강화하여 그들의 도움으로 요직에 진출할 수 있었다.

> **사료** 좌주와 문생의 관계
>
> 문생(門生)이 종백[宗伯, 과거를 맡아 합격자를 선발하는 시험관으로 좌주(座主)라고도 한다]을 대할 때는 아버지와 자식 사이의 예를 차린다. …… 평장사 임경숙이 4번 과거의 시험관이 되었는데 몇 해 지나지 않아 그의 문하에 벼슬을 한 사람이 10여 명이나 되었고, …… (유경이) 문생들을 거느리고 들어가 뜰 아래에서 절하니 임경숙은 마루 위에 앉아 있고, 악공들은 풍악을 울렸다. 보는 사람들이 하례하고 찬탄하지 않는 이가 없었다.
>
> 『보한집』

바로 확인문제

● 고려 시대의 과거 제도에 대하여 <u>틀리게</u> 서술하고 있는 것은?   19. 경찰직 1차

① 무예 솜씨와 실무 능력을 존중하는 무관은 음서 제도보다는 과거 제도를 통해 선발하였다.

② 승과는 교종선(敎宗選)과 선종선(禪宗選)의 두 가지 방법으로 나누어 실시하였다.

③ 엄격한 신분 제도로 인하여 과거에 합격하고도 관직에 진출하지 못하는 경우가 많았다.

④ 원칙적으로 대역죄나 불효, 불충죄를 저지르지 않은 양인이면 누구든지 응시할 수 있었다.

단권화 MEMO

■ 백정 농민
국립 대학의 입학권은 있었으나 기술학(율·서·산학)에만 입학할 수 있었다.

|정답해설| 고려 시대에는 무관을 선발하는 무과를 거의 실시하지 않았다.

|정답| ①

(2) 음서 제도(蔭敍制度)

① 자격 : 공신과 종실의 자손·5품 이상의 고위 관료의 자손 등은 음서의 특혜가 주어졌다.

② 내용 : 과거를 거치지 않고도 관료가 될 수 있는 음서의 혜택을 받아 관료로서의 지위를 세습하기도 하였다.

③ 성격 : 고려의 관료 체제가 귀족적 특성을 지니고 있음을 보여 준다.

심화 음서 제도

고려 시대의 음서는 조상이 왕족, 공신, 5품 이상의 문·무관인 경우 등 크게 세 부류로 나뉜다. 왕족과 공신의 후예에게 음서를 지급한 경우는 특정 시기에 행해진 우대 정책으로, 문·무관을 대상으로 하는 음서의 원칙과 달리 광범위한 자손을 대상으로 행해진 경우가 많았다. 5품 이상의 관원에게 지급한 최초의 사례는 목종 즉위년(997)의 기록이다. 원칙적으로 18세 이상이 받을 수 있도록 규정되어 있으나, 훨씬 이른 나이부터 음서를 받았으며 15세 무렵 실제 관직에 임용되기도 하였다. 또한 이미 관직을 지니고 있는 사람들에게 품계를 올려 주는 방식도 있었다.

음서를 지급하는 기준 관품이나 지급 대상은 시기에 따라 변동이 있었다. 음서를 지급하는 대상은 친아들이 가장 우선권이 있었으며, 아들이 없을 경우 조카, 사위, 친손자와 외손자, 양자 등의 순으로 지급받을 수 있었다.

조선 시대에도 음서 제도는 계승되었으나, 그 범위가 제한되어 음서를 통한 관직 진출이 크게 축소되었다.

바로 확인문제

● 고려 시대 음서에 대한 설명으로 옳은 것만을 모두 고른 것은?　　　　　14. 사복직 9급

> ㄱ. 공신의 후손을 위한 음서도 있었다.
> ㄴ. 음서 출신자는 5품 이상의 고위 관직에 오를 수 없었다.
> ㄷ. 10세 미만이 음직을 받은 사례도 있었다.
> ㄹ. 왕의 즉위와 같은 특별한 시기에만 주어졌다.

① ㄱ, ㄷ　　　　② ㄱ, ㄴ　　　　③ ㄴ, ㄹ　　　　④ ㄷ, ㄹ

|정답해설| ㄱ. 고려 시대 음서는 왕실 후손과 공신의 자손, 5품 이상의 고위 관료의 자제 등에게 부여되었던 특권이다.

ㄷ. 고려 시대의 음서는 원칙적으로 18세 이상이 받을 수 있으나 규정되어 있으나 대부분 15세 전후에 음직을 받았으며, 적게는 10세 미만에 음직을 받는 경우도 있었다.

|오답해설|
ㄴ. 고려 시대 음서 출신자들은 승품(관품이 올라가는 것)의 한계가 없었기 때문에 5품 이상의 고위 관직에 오를 수 있었다.

ㄹ. 고려 시대 음서 중 5품 이상 문무 관리의 자손을 대상으로 시행된 음서는 연중 어느 때나 제수되었으며, 국가의 경사가 있었을 때도 부정기적으로 시행하였다.

|정답| ①

---

05 문벌 귀족 사회의 성립과 동요

1 문벌 귀족 사회의 성립

(1) 새로운 지배층의 형성

① 배경 : 성종 이후 중앙 집권적인 국가 체제가 확립됨에 따라 새로운 지배층이 형성되어 갔다. 이들은 지방 호족 출신으로 중앙 관료가 된 계열과 신라 6두품 계통의 유학자들이었다.

② 문벌의 형성 : 이들 중 여러 세대에 걸쳐 중앙에서 고위 관직자들을 배출한 가문을 문벌 귀족이라 부른다.

(2) 문벌 귀족의 특권

① 정국의 주도 : 문벌 귀족은 과거와 음서를 통하여 관직을 독점하고, 중서문하성과 중추원의 재상이 되어 정국을 주도해 나갔다.

② 경제권의 독점 : 관직에 따라 과전을 받고, 또 자손에게 세습이 허용되는 공음전의 혜택을 받았을 뿐만 아니라 권력을 이용하여 불법적으로 개인이나 국가의 토지를 차지하여 정치 권력과 함께 경제력까지 독점하였다.

③ 외척(外戚)의 형성 : 비슷한 부류들끼리 혼인 관계를 맺어 권력을 더욱 단단하게 장악하였다. 특히 왕실과 혼인 관계를 맺어 외척으로서의 지위를 이용하여 정권을 장악하기도 하였다.

사료　문벌 귀족(門閥貴族)들의 혼인

문공인은 아려(雅麗)하고 유순(柔順)하였으므로 시중(侍中) 최사추가 딸로서 처(妻)를 삼게 하였다. 과거에 급제하여 직사관(直司官)이 되었는데, 가세(家勢)가 단한(單寒)하였으나 귀족과 혼인하여 호사(豪奢)를 마음대로 하였다.　　　　　　　『고려사』

---

(3) 문벌 귀족 사회의 모순

① 문벌 귀족의 성장에 따라 사회적 모순과 갈등이 나타나기 시작하였다.

② 과거를 통하여 진출한 지방 출신의 관리들 중 일부는 왕에게 밀착하여 왕권을 강화하고 보좌하는 측근 세력이 되어 문벌 귀족과 대립하였다.

③ 이자겸의 난과 묘청의 서경 천도 운동은 이들 정치 세력 간의 대립과 갈등이 표면으로 드러난 사건이었다.

2 이자겸의 난과 묘청의 서경 천도 운동*

(1) 이자겸의 난(1126)

① 배경

　㉠ 11세기 이래 대표적인 문벌 귀족인 경원 이씨 가문은 왕실의 외척이 되어 80여 년간 정권을 잡았다.

　㉡ 경원 이씨는 이자연의 딸이 문종의 왕비가 되면서 정치권력을 장악하기 시작하였고, 이자연의 손자인 이자겸도 예종과 인종의 외척이 되어 집권하였다.

② 경과

　㉠ 권력적 기반 : 이자겸은 예종의 측근 세력을 몰아내고 인종이 왕위에 오를 수 있게 하면서 그 세력이 막강해졌다.

　㉡ 정치적 성향 : 이자겸 세력은 대내적으로 문벌 중심의 질서를 유지하고, 대외적으로 금과 타협하는 정치적 성향을 보였다.

　㉢ 저항 : 인종은 측근 관료인 김찬, 안보린 등과 함께 이자겸을 제거하려 하였으나, 이자겸 일당이었던 척준경의 군사 행동으로 실패하였다. 이에 이자겸은 궁궐을 불태우며 반격하였다.

　㉣ 권력 장악 : 이자겸은 반대파를 제거하고 척준경과 함께 난을 일으켜 권력을 장악하였다(1126).

　㉤ 축출·몰락 : 이자겸이 척준경에 의하여 제거되고 척준경도 탄핵을 받고 축출됨으로써 이자겸 세력은 몰락하였다.

***이자겸의 난과 서경 천도 운동**

고려의 전환기적 중요 사건이므로 원인, 과정, 결과를 구체적으로 파악해 두어야 한다.

③ 결과 : 이자겸의 난은 중앙 지배층 사이의 분열을 드러냄으로써 문벌 귀족 사회의 붕괴를 촉진하는 계기가 되었다.

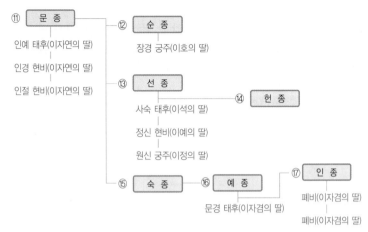

▲ 왕실과 경원 이씨의 혼인 관계도

사료 이자겸

이자겸은 스스로 국공이 되어 왕태자와 동등한 대우를 받았다. 자신의 생일을 인수절이라고 부르고, …… 사방에서 바치는 음식 선물이 넘치게 들어오니 썩어서 버리는 고기가 수만 근이었다. 『고려사』

사료 이자겸의 난

이자겸은 십팔자(十八子)가 왕이 된다는 비기(秘記)를 듣고는 왕위를 빼앗으려고 계획하여 독을 떡에 넣어 왕에게 먹게 하려 했다. 왕비가 몰래 왕에게 알리고 그 떡을 까마귀에게 던져 주었더니 까마귀가 그 자리에서 죽었다. 또 독약을 보내고 왕비를 시켜 왕에게 드리게 하였는데 왕비가 그릇을 들고 일부러 넘어져 엎질러 버렸다. 그 왕비는 바로 이자겸의 넷째 딸이다. 척준경이 이미 이자겸과 사이가 벌어졌는데 최사전이 또 이 틈을 타서 설득하니 척준경이 마침내 계책을 정하고 글을 올려 "충정을 다할 것입니다."라고 하였다. …… 척준경과 이공수가 협의하여 이자겸과 그 처자들을 팔관보(八關寶)에 가두고 장군 강호(康好), 고진수(高珍守) 등을 죽였는데 그들은 모두 이자겸이 지시하는 대로 행동한 자였다. …… 이자겸은 얼마 후 영광(靈光)에서 죽었다. 『고려사』

(2) 묘청의 서경 천도 운동(1135)

① 배경 : 이자겸의 난 이후, 인종은 실추된 왕권을 회복하고 민생을 안정시키기 위해 유신지교(惟新之教)를 발표하였다(인종 5년, 1127). 이 과정에서 김부식을 중심으로 한 개경의 문벌 귀족들과 묘청·정지상을 중심으로 한 지방 출신의 개혁적 관리들 사이에 대립이 벌어졌다.

심화 인종의 '유신지교(惟新之教, 유신의 교서)'

1. 방택(方澤)에서 토지의 신에게 제사 지내어 사교(四郊)의 기운을 맞을 것
2. 사신을 지방에 보내어 자사·현령의 잘잘못을 조사하여 그를 포상하거나 좌천하게 할 것
3. 수레나 복장의 제도를 검약하게 하도록 힘쓸 것
4. 쓸데없는 관원과 급하지 않은 사무를 제거할 것
5. 농사일을 힘쓰게 하여 백성의 식량을 풍족하게 할 것
6. 시종관(侍從官)이 모두 한 사람씩 천거하도록 하고, 천거된 사람이 올바른 인물이 아니면 그를 벌할 것
7. 국고의 식량 저축에 힘써서 백성을 구제할 일에 대비할 것

8. 백성에게서 거두어들이는 것에 제도를 세워 일정한 조세와 공물 이외는 함부로 걷지 못하게 할 것

9. 군사를 보살피어 일정한 시기에 훈련을 실시하는 것 이외에는 복무하지 않도록 할 것

10. 백성을 보살피어 지방에 정착하여 살게 하며 도망하여 흩어지지 않도록 할 것

11. 제위포(제위보)와 대비원에는 저축을 풍족히 하여 질병에 걸린 자를 구제할 것

12. 국고의 묵은 식량을 억지로 빈민에게 나누어 주고서 무리하게 그 이자를 받지 못하도록 하며, 또 묵고 썩은 곡식을 백성에게 찧으라고 강요하지 말 것

13. 선비를 선발하는 데 시(詩)·부(賦)·논(論)을 쓰게 할 것

14. 모든 고을에 학교를 세워 교육을 확충할 것

15. 산림이나 못에서 생산되는 이득을 백성들과 함께 나누어 가지며 침해하지 말 것

② 서경 세력과 개경 세력의 대립

㉠ 서경 세력

- 묘청 세력은 풍수지리설을 내세워 서경(평양)으로 도읍을 옮겨, 개경의 문벌 귀족 세력을 누르고 왕권을 강화하면서 자주적인 혁신 정치를 시행하려 하였다.

- 이들은 서경에 대화궁(大花宮)이라는 궁궐을 짓고, 왕을 황제라 칭하고 금(金)을 정벌하자고 주장하였다.

㉡ 개경의 문벌 귀족 세력 : 김부식이 중심이 된 개경의 문벌 귀족 세력은 유교 이념에 충실함으로써 사회 질서를 확립하자고 주장하였다.

구분	개경(開京) 중심 세력	서경(西京) 중심 세력
중심	김부식, 김인존 등	묘청, 정지상 등
성격	• 유교적, 보수적, 합리주의적, 사대적 • 문벌 귀족 신분	자주적, 진취적, 북진적
주장	금(金)과의 사대(事大) 관계 주장	• 서경 천도론 및 길지론(吉地論) 주장 • 금국 정벌론(金國征伐論) 주장

③ 경과 : 이러한 정치 개혁과 대외 관계에 대한 의견 대립은 지역 간의 갈등으로까지 확대되었다.

㉠ 발발 : 묘청 세력은 서경 천도를 통한 정권 장악이 어렵게 되자 서경에서 나라 이름을 대위국(大爲國)이라 하고 연호를 천개(天開)라 하면서 난을 일으켰다(군대 – 천견충의군).

㉡ 진압 : 김부식이 이끈 관군의 공격으로 약 1년 만에 진압되었다.

④ 결과 : 자주적 국수주의(國粹主義)를 내세운 서경 일파가 사대적 유학자의 세력에게 도태당한 것으로, 서경파의 몰락으로 김부식을 위시한 개경의 문신들이 그 세력을 크게 확장하였다.

⑤ 의의 : 묘청의 서경 천도 운동은 문벌 귀족 사회의 분열과 지역 세력 간의 대립, 풍수지리설이 결부된 자주적 전통 사상과 사대적 유교 정치 사상의 충돌, 고구려 계승 이념에 대한 이견과 갈등 등이 얽혀 일어난 것으로, 귀족 사회 내부의 모순을 드러낸 것이었다.

사료 신채호의 '서경 천도 운동'에 대한 인식

묘청의 천도 운동에 대하여 역사가들은 단지 왕사(王師)가 반란한 적을 친 것으로 알았을 뿐인데, 이는 근시안적인 관찰이다. 그 실상은 낭가와 불교 양가 대 유가의 싸움이며, 국풍파 대 한학파의 싸움이며, 독립당 대 사대당의 싸움이며, 진취 사상 대 보수 사상의 싸움이니, 묘청은 전자의 대표요 김부식은 후자의 대표였던 것이다. 묘청의 천도 운동에서 묘청 등이 패하고 김부식이 이겼으므로 조선사가 사대적·보수적·속박적 사상인 유교 사상에 정복되고 말았다. 만약 김부식이 패하고 묘청이 이겼더라면 조선의 역사가 독립적·진취적으로 진전하였을 것이니 이것이 어찌 일천년래 제일 대사건이라 하지 아니하랴.

신채호, 「조선사연구초」, 조선 역사상 일천년래 제일 대사건

■ 반란 진압 과정

조광은 묘청·유참의 목을 베고, 윤첨을 보내 투항하고자 하였는데, 고려 정부가 이를 거절하자 다시 반란을 일으켰다. 하지만 1년 만에 진압되었다.

|정답해설| 제시된 사료는 이자겸 등의 주장으로, 금과 사대 관계를 체결했던 (가) 인종 때의 사실이다. 인종 때 묘청 등은 서경 천도 운동을 추진하면서 서경에 대화궁 건설과 칭제 건원을 주장하였다.

|오답해설|
① 도병마사가 도평의사사로 개편된 것은 충렬왕 때이다.
② 성리학을 처음 소개한 인물은 충렬왕 때 안향이며, 신진 사대부들은 성리학을 적극적으로 수용하면서 『소학』과 『주자가례』를 보급하였다.
④ 몽골의 침략을 대응하기 위해 강화도로 천도한 것은 최우 집권 시기이다(고종 19년, 1232).

|정답| ③

|정답해설| 밑줄 친 '그'는 김부식이다. 김부식이 주도해서 편찬한 『삼국사기』는 현존하는 우리나라의 최고(最古) 역사서이다.

|오답해설|
① 성리학적 사관에 입각한 『사략』은 이제현의 저서이다.
③ 우리 역사를 단군부터 서술한 고려 시대의 역사서는 일연의 『삼국유사』가 대표적이다.
④ 이규보는 동명왕의 업적을 칭송한 영웅 서사시인 「동명왕편」을 저술하였다.

|정답| ②

무신정권의 성립
고려의 전환기적 중요 사건이므로 원인, 과정, 결과를 구체적으로 파악해 두어야 한다.

● **(가) 왕의 시기에 일어난 사실로 옳은 것은?** 19. 국가직 9급

> 이자겸, 척준경이 말하기를 "금이 예전에는 작은 나라여서 요와 우리나라를 섬겼으나, 지금은 갑자기 흥성하여 요와 송을 멸망시켰다. …… 작은 나라로서 큰 나라를 섬기는 것은 선왕의 도이니, 마땅히 우선 사절을 보내야 합니다."라고 하니 ___(가)___ 이/가 그 의견을 따랐다. 『고려사』

① 도평의사사를 중심으로 정치를 주도하였다.
② 성리학을 수용하면서 『주자가례』를 보급하였다.
③ 서경에 대화궁을 짓게 하고 칭제 건원을 주장하였다.
④ 몽골의 침략에 대응하기 위해 강화도로 도읍을 옮겼다.

● **밑줄 친 '그'에 대한 설명으로 옳은 것은?** 16. 지방직 9급

> 묘청의 천도 운동에서 그가 패하고 묘청이 이겼더라면 조선사는 독립적·진취적으로 진전하였을 것이니 이것이 어찌 일천년래 제일 사건이라 하지 아니하랴.

① 성리학적 유교 사관에 입각한 『사략』을 저술하였다.
② 현존하는 우리나라의 최고(最古) 역사서를 편찬하였다.
③ 우리나라 역사를 단군에서부터 서술한 역사서를 저술하였다.
④ 동명왕의 업적을 칭송한 영웅 서사시인 「동명왕편」을 저술하였다.

3 무신정권의 성립*

(1) 배경

① 묘청의 서경 천도 운동 이후 문벌 귀족 지배 체제의 모순은 더욱 깊어져 갔고, 지배층은 이와 같은 상황에 효과적으로 대응하지 못한 채 정치적 분열을 거듭하였다.
② 의종 역시 측근 세력을 키우면서 이들에 의존하고 향락에 빠지는 등 실정을 거듭하였고, 문신 우대와 무신 차별에 따른 무신들의 불만이 커졌다.
③ 여기에 군인전(軍人田)을 제대로 지급받지 못한 하급 군인들의 불만도 고조되고 있었다.

(2) 무신정변(의종 24년, 1170)

지배 체제의 모순이 정치적으로 폭발한 것이 무신정변이었다.

① 중심인물 : 정중부·이의방 등의 무신들은 정변을 일으켜 다수의 문신을 죽이고 의종을 폐하여 거제도로 귀양 보낸 후 명종을 세워 정권을 장악하였다.
② 관직의 독점 : 무신들은 중방을 중심으로 권력을 행사하면서 주요 관직을 독차지하고 토지와 노비를 늘려 갔으며, 저마다 사병을 길러 권력 쟁탈전을 벌였다.

(3) 무신 간의 정권 쟁탈전

① 정중부(1170~1179) : 이의방을 제거하고 **중방(重房)**을 중심으로 권력을 행사하였다.
② 경대승(1179~1183) : 정중부를 제거하고 신변 보호를 위해 사병 집단인 **도방(都房)**을 설치하고 권력을 전횡하였다.

③ 이의민(1183~1196): 경주의 노비 출신으로, 경대승의 병사 후 정권을 잡았다. 그러나 1196년 최충헌·최충수 형제에게 피살되었다.

사료 이의민

이의민(李義旼)은 경주(慶州) 사람이다. 그의 아버지 이선(李善)은 소금과 체(篩: 치거나 거르는 데에 쓰는 기구)를 팔아 생업으로 삼았으며, 어머니는 연일현(延日縣) 옥령사(玉靈寺)의 비(婢)였다. 이의민이 어렸을 때, 이선이 꿈에서 이의민이 푸른 옷을 입고 황룡사(黃龍寺) 9층 탑을 올라가는 것을 보고서 생각하기를, "이 아이는 반드시 귀하게 될 것이다."라고 하였다. 장성해서는 키가 8척이나 되었고 완력이 다른 사람보다 뛰어나서, 형 두 명과 함께 마을에서 횡포를 부려 사람들의 근심거리가 되었다. …… 이의민은 수박(手搏)을 잘했으므로, 의종(毅宗)이 그를 총애하여 대정(隊正)에서 별장(別將)으로 승진시켰다. 정중부(鄭仲夫)의 난에 이의민이 많은 사람을 죽였으므로 중랑장(中郎將)이 되었다가, 곧이어 장군(將軍)으로 승진하였다.　　　『고려사』

④ 최충헌(1196~1219): 이의민을 제거하여 최씨 무신정권의 기반을 확립하고, 무신 간의 권력 쟁탈전을 수습하여 강력한 독재 정권을 이룩하였다. 명종 26년(1196)부터 고종 45년(1258)까지 4대 60여 년간 최씨 무신정권을 지속하였다.

(4) 사회의 동요

① 무신정권기에 지배층에 의한 대토지 소유는 더욱 늘어났다.
② 정치 싸움으로 인하여 중앙 정부의 지방 통제력이 약화되면서 농민과 천민의 대규모 봉기가 일어났다.

(5) 무신정변의 영향

① 정치적: 왕권의 약화를 초래하고 중방(重房)의 기능을 더욱 강화하였다. 문신은 여전히 관계(官界)에 진출하고 있었다.
② 경제적: 전시과(田柴科)가 붕괴되어 사전(私田)과 농장(農場)이 확대되었다.
③ 사회적: 신분제의 동요를 가져오고(천민 집단의 해체), 귀족 사회가 붕괴되어 관료 사회로의 전환을 촉진하였다.
④ 사상적: 조계종(曹溪宗)이 발달하고, 천태종이 침체되었다.
⑤ 문화적: 패관 문학, 시조 문학이 발달하였다.
⑥ 군사적: 사병이 확대되어 권력 다툼이 격화되었는데, 이는 민란의 배경이 되었다.

(6) 최씨 무신정권 시대

① 최충헌의 집권(1196~1219)
　㉠ 사회 개혁책 제시: 최충헌은 정권을 잡자 무신정권 초기의 혼란을 극복하기 위하여 봉사 10조와 같은 사회 개혁책을 제시하면서도, 농민 항쟁의 진압에 적극적으로 나섰다.

사료 최충헌의 봉사(시무) 10조

1. 왕은 정전(正殿, 연경궁)에 들어가 영명(永命)을 받을 것
2. 무능하고 불필요한 관원을 감축하고 녹봉(祿俸)의 수량에 따라 관직을 제수할 것
3. 토지 제도를 정비하여 부당한 토지 겸병(土地兼倂)을 시정하고, 빼앗은 땅을 원 주인에게 되돌려 줄 것
4. 어진 관리를 가려 지방 관직에 배치하여 세력가가 백성의 재산을 착취하지 못하도록 할 것
5. 제도(諸道)의 사(使)에게 공진(供進)을 금하고 오로지 사문(査問)으로써 직책을 삼도록 할 것
6. 승려들을 물리쳐 궁전 출입을 금하고 곡식의 이식(利息)을 취하지 못하게 할 것
7. 지방 수령에게 명하여 관리들의 능력 보고를 하게 하고, 능한 자는 올려주며 무능한 자는 징계할 것

■ **민란의 배경**
토지 제도의 붕괴에 따른 농민의 유민화가 성행하였고, 문벌 귀족 체제의 동요에 따라 중앙에 의한 지방 통제가 약화되었다. 또한 무신정변 이후 하극상의 풍조가 만연하고 있었다.

8. 백관에게 훈계하여 사치를 금하고, 검약을 숭상케 할 것

9. 음양관(陰陽官)으로 사원(寺院) 자리의 지덕을 조사케 하고, 비보(裨補) 사찰 이외의 것은 모두 없앨 것

10. 측근 관리를 가려 써서 아첨하는 무리를 경계할 것

『고려사』

    ⓛ **권력 유지에 치중**: 사회 개혁책은 흐지부지되고 최충헌은 오히려 많은 토지와 노비를 차지하고 사병을 양성하여 권력 유지에 치중하였다.

    ⓒ **교정도감 설치(희종 5년, 1209)**: 최충헌은 최고 집정부의 구실을 하는 교정도감을 설치하여 최고의 정치 기구로 권력을 행사하였다.

    ⓔ **도방 설치**: 사병 기관인 도방을 부활시켜 신변을 경호하였다.

심화   최충헌의 권력 강화

최충헌은 이의민을 제거하고 권력을 잡은 후 명종을 폐위하고, 마음대로 신종·희종·강종을 옹립하고 폐위하는 등 전횡을 일삼았다. 한편 희종 2년(1206)에 진강후(晋康侯)로 봉해졌으며, 흥녕부(興寧府, 뒤에 진강부로 개칭)를 세움으로써 권력 기반을 공고히 하였다. 또한 진양(현재의 진주) 지방을 대규모 식읍지로 받아 경제적 기반으로 활용하였다.

② **최우의 집권(1219~1249)**: 최우도 교정도감을 통하여 정치권력을 행사하였다.

    ⊙ **정방 설치**: 자기 집에 **정방**을 설치하여 모든 관직에 대한 **인사권**을 장악하였다.

    ⓒ **서방 설치**: 정국이 안정되면서 **최우**는 문학적인 소양과 함께 행정 실무 능력을 갖춘 문신들을 등용하여 고문 역할을 담당하게 하였다.

    ⓒ **삼별초 조직**: 야별초(夜別抄)에서 비롯하여 좌별초·우별초·신의별초(신의군)로 확대 구성하였다. 이들은 녹봉을 받으면서 군과 경찰 등의 공적 임무를 띤 최씨의 사병이었으나, 대몽 강화 때까지 몽골군과 항쟁하여 고려 무신의 전통적 자주성을 뚜렷하게 보여 주었다.

사료   최충헌과 최우의 인사권 행사

❶ 최충헌(崔忠獻)이 정권을 마음대로 하면서부터 관부와 관료를 두고 사사로이 정안을 취하여 주의(注擬, 관원을 임명할 때 먼저 문관은 이부, 무관은 병부에서 후보자 세 사람을 정하여 임금에게 올리던 것)하고 제수하였다. 당여(黨與)들에게 제수하여 승선(承宣)을 삼는데, (이들을) 정색승선(政色承宣)이라 하였다.

❷ 고종 12년(1225)에 최우가 자신의 집에 정방을 두고 백관의 인사를 다루었는데 문사(文士)를 뽑아 이에 속하게 하고 필자적(必者赤)이라 불렀다. 옛 제도에는 이부(吏部)는 문신 인사를, 병부(兵部)는 무신 인사를 관장하는데, 근무 연한의 순서를 정하여 관리의 근면함과 태만함, 공과(功過), 재능이 있고 없음을 논한 후 모두 문서에 기재한 것을 정안이라 하였다. 중서성(中書省)에서 승출[升黜, 관리의 고과(考課) 등]을 살펴 벼슬을 올리거나 내리는 일]을 다루어 이를 아뢰면 문하성(門下省)에서 제칙(制勅)을 받들어 이를 행하였다.

『고려사』

■ **문신의 중용**

서방(書房)을 통하여 이규보(최충헌 때 관직에 진출)·최자 등의 문신을 중용하였다. 이들 문사를 뽑아 필도적(必闍赤, 필도치)이라 하여 정치 자문과 협조를 구하였다.

■ **최씨 집권의 결과**

최씨의 집권으로 무신정권이 정치적으로는 안정되었지만, 국가 통치 질서는 오히려 약화되었다. 최씨 정권은 권력 유지와 이를 위한 체제 정비에 집착하였을 뿐, 국가의 발전이나 백성들의 안정을 위한 노력에는 소홀하였다.

바로 확인문제

● 〈보기〉와 같이 기록된 고려 무신정권기 집권자는?

21. 서울시(자체 출제) 9급

┤ 보기 ├

경주 사람이다. 아버지는 소금과 체(篩)를 파는 것을 업(業)으로 하였고, 어머니는 연일현(延日縣) 옥령사(玉靈寺)의 노비였다. …… 그는 수박(手搏)을 잘했기에 의종의 총애를 받아 대정에서 별장으로 승진하였고, …… 그가 무신정변 때 참여하여 죽인 사람이 많으므로 중랑장(中郞將)으로 임명되었다가 얼마 후 장군으로 승진하였다.

『고려사』 권128, 반역전

① 최충헌　　　　　　　　　② 김준
③ 임연　　　　　　　　　　④ 이의민

● (가)~(다) 사건을 일어난 순서대로 가장 바르게 나열한 것은?

23. 법원직 9급

(가) 이고 등이 임종식, 이복기, 한뢰를 비롯하여 왕을 모시던 문관 및 대소 신료들을 살해하였다. 정중부 등이 왕을 모시고 궁으로 돌아왔다.
(나) 김부식이 군대를 모아서 서경을 공격하였다. 서경이 함락되자 조광은 스스로 불에 뛰어들어 죽었다.
(다) 최사전의 회유에 따라 척준경은 마음을 돌려 계책을 정하고 이자겸을 제거하였다.

① (나) - (가) - (다)　　　　　② (나) - (다) - (가)
③ (다) - (가) - (나)　　　　　④ (다) - (나) - (가)

4 무신정권에 대한 반발

(1) 김보당의 난(1173)

무신정변 이후 무신들이 정권을 독점하자 명종 때 병마사 김보당이 의종의 복위를 꾀하여 난을 일으켰다. 최초의 반(反)무신 난이었다.

(2) 교종 계통 승려의 난(1174)

문신 귀족과 연결된 귀법사 등 교종 계통의 승려들이 무신정권에 반발하여 난을 일으켰으나 실패하였다.

(3) 조위총의 난(1174~1176)

서경 유수 조위총 등은 지방군과 농민을 이끌고 중앙의 무신들에게 3년간 항거하였으나 실패하였다. 초기에는 권력 쟁탈전의 성격을 띠었으나, 많은 농민이 가세하여 농민 전쟁의 성격을 띠었다.

사료　무신정권에 대한 반발

❶ 김보당의 난
명종 3년 8월 동북면 병마사 김보당이 동계에서 군사를 일으켜 정중부, 이의방을 치고 전왕(의종)을 복위시키고자 하는데, …… 9월에 한언국은 잡혀 죽고 조금 뒤에 안북 도호부에서 김보당을 잡아 보내니 이의방이 김보당을 저자에서 죽이고 무릇 문신을 모두 살해하였다.

『고려사』

단권화 MEMO

|정답해설| 경주의 노비 출신인 이의민은 무신정변에 참여한 후 중랑장, 장군 등으로 승진하였다.

|정답| ④

|정답해설| 제시된 사건의 순서는 다음과 같다. (다) 이자겸의 난(1126) - (나) 김부식, 묘청의 난 진압(1136) - (가) 무신정변(1170)

|정답| ④

❷ 조위총의 난

명종 4년에 조위총이 병사를 일으켜 정중부 등을 토벌하기를 모의하여 마침내 동북 양계 여러 성의 군대에 격문을 보내어 호소하기를, "······ 북계의 여러 성에는 대개 사납고 교만한 자가 많으므로 토벌하려고 대병력을 출동시켰다고 한다. 어찌 가만히 앉아서 스스로 죽음에 나아가리. 마땅히 각자의 병마를 규합하여 빨리 서경에 집결하라."고 하였다.   『고려사』

5 무신집권기 하층민의 봉기

(1) 발생 배경

① 신분 제도의 동요 : 무신정변으로 고려 전기의 신분 제도가 동요되어 하층민에서 권력층이 된 자가 많았다.

② 농민 수탈의 강화 : 무신들 간의 대립과 지배 체제의 붕괴로 백성들에 대한 통제력이 약화되었으며, 무신들의 농장 확대로 인하여 수탈이 횡행하였다.

(2) 백성들의 봉기

12세기에 가혹한 수탈을 견디지 못한 백성들은 종래의 소극적 저항에서 벗어나 대규모의 봉기를 일으키기 시작하였다. 조위총이 서경에서 반란을 일으켰을 때에도 많은 농민이 가세하였으며, 난이 진압된 뒤에도 농민 항쟁이 여러 해 동안 계속되었다.

① 무신정권 초기

㉠ 형태 : 초기에 산발적으로 일어났던 봉기는 점차 조직화되었다.

㉡ 성격 : 신라 부흥 운동과 같이 왕조 질서를 부정하는 성격에서부터 지방관의 탐학을 국가에 호소하는 타협적인 성격에 이르기까지 다양한 성격의 봉기가 일어났다.

㉢ 대표 : 남부 지방에서도 농민 항쟁이 발생하였다. 특히 공주 명학소의 망이·망소이의 난, 운문·초전의 김사미·효심의 난 등이 명종 때에 집중적으로 일어났다.

망이·망소이의 난 (1176)	정중부 집권기에 공주 명학소(鳴鶴所)의 망이·망소이가 주동이 되어 일으킨 반란으로, 이 사건으로 명학소는 충순현(忠順縣)으로 승격되었다. 이들은 남적으로 불렸으며, 아주(충남 아산) 지역까지 세력을 확장하였다.
전주 관노의 난(1182)	경대승 집권기에 있었던 관노(官奴)들의 난으로 전주를 점령하였다.
김사미·효심의 난 (1193)	이의민 집권기에 운문(청도)·초전(울산)에서 신분 해방 및 신라 부흥을 기치로 내걸고 발생한 최대 규모의 민란이었다.

사료   망이·망소이의 난

이미 나의 고을을 명학소에서 충순현으로 승격시키고, 또 수령을 두어 위로하다가 다시 군대를 보내 우리 어머니와 아내를 잡아 가두니 그 뜻이 어디에 있는가? 차라리 창칼 아래 싸우다 죽을지언정 결코 항복하여 포로는 되지 않을 것이며, 반드시 서울에 쳐들어가고야 말 것이다.   『고려사』

사료   김사미·효심의 난

명종 23년 남적(南賊)이 봉기하였다. 큰 도적인 김사미는 운문에 웅거(雄據)하고, 효심은 초전에 웅거하여 망명(亡命)한 무리를 불러 모아 주현(州縣)을 노략질하였다. 국왕이 듣고 근심하여, 대장군 전존걸·장군 이지순 등을 보내어 남적(南賊)을 치게 하였다. 그러나 적을 공격하다 패퇴(敗退)하였다. ······ 24년 2월에 남적(南賊)의 괴수(魁首) 김사미가 스스로 행영(行營)에 와서 투항(投降)하기를 청하니, 이를 받아들였고 그 후 참(斬)하였다.   『고려사』

② 최충헌 집권 시기

　　㉠ 재발생 : 최충헌이 정권을 장악한 뒤에는 회유와 탄압으로 약간 수그러들었다가 천민들의 신분 해방 운동이 다시 발생하였다.

　　㉡ 대표 : 만적(萬積)은 "사람이면 누구나 공경대부(公卿大夫)가 될 수 있다."고 주장하며 신분 차별에 항거하였으나, 사전에 발각되어 실패하였다(1198).

만적의 난(1198)	최충헌의 노비였던 만적은 "누구나 공경장상(公卿將相)을 할 수 있다."고 주장하면서 신분 차별에 항거하였으나 사전에 발각되어 실패하였다.
광명·계발의 난(1200)	합주(陜州, 지금의 경상남도 합천)에서 지방관의 수탈에 저항하여 일어났다.
이비·패좌의 난(1202)	경주에서 신라 부흥을 표방하며 일어난 민란이다.
최광수의 난(1217)	서경에서 고구려 부흥을 명분으로 일어난 민란이다.

사료　만적의 난

"국가에서는 경계(庚癸)의 난[무신정변(경인년)과 김보당의 난(계사년)] 이래로 귀족 고관들이 천한 노예들 가운데서 많이 나왔다. 장수와 재상들의 씨가 따로 있는 것이 아니다. 때가 오면 아무나 할 수 있는 것이다. 우리들은 어찌 힘드는 일에 시달리고 채찍질 아래에서 고생만 하고 지내겠는가." 이에 노비들이 모두 찬성하고 다음과 같이 약속하였다. "우리들은 성안에서 봉기하여 먼저 최충헌을 죽인 뒤 각각 상전들을 죽이고 천적(賤籍)을 불살라 버려 삼한(三韓)에 천인을 없애자. 그러면 공경장상(公卿將相)을 우리 모두 할 수 있다."

『고려사』

③ 최우 집권 시기

이연년 형제의 난(1237)	전라도 담양에서 백제 부흥을 명분으로 일어난 민란이다.

바로 확인문제

● 무신집권기 지방민과 천민의 동요에 대한 설명으로 가장 옳지 <u>않은</u> 것은?　18. 서울시 9급

　① 조위총은 백제 부흥을 위해 봉기하였다.

　② 망이·망소이의 난은 일반 군현이 아닌 소에서 일어났다.

　③ 경주를 중심으로 한 지역에서는 신라 부흥을 내걸고 반란이 일어나기도 했다.

　④ 만적은 노비 해방을 내세우며 반란을 모의하였다.

● 다음 사건을 일어난 순서대로 바르게 나열한 것은?　16. 서울시 9급

　(가) 김보당의 난 발생
　(나) 이의민의 권력 장악
　(다) 김사미와 효심의 난 발생
　(라) 교정도감의 설치

　① (가) - (나) - (다) - (라)
　② (가) - (나) - (라) - (다)
　③ (나) - (가) - (다) - (라)
　④ (나) - (가) - (라) - (다)

단권화 MEMO

■ 공경장상(公卿將相)
삼공과 구경 등 고위 관리와 장군 및 재상을 말한다.

|정답해설| 조위총의 난(1174)은 무신 정권에 반발하며 발생한 난이다. 무신 집권기 백제 부흥을 명분으로 일어난 난은 이연년 형제의 난(1237)이 대표적이다.

|오답해설|
② 망이·망소이의 난은 공주 '명학소'에서 일어났다(1176). 당시 무신정권은 이들을 회유하기 위해 명학소를 '충순현'으로 승격시켰다.
③ 경주에서 신라 부흥을 표방한 이비·패좌의 난이 발생하였다(1202).
④ 만적은 노비 해방을 내세우며 반란을 모의하였다(1198).

|정답| ①

|정답해설| (가) 김보당의 난(1173) → (나) 경대승의 사망 후 이의민의 권력 장악(1183) → (다) 신라 부흥을 기치로 내건 김사미와 효심의 난 발생(1193) → (라) 이의민을 제거하고 권력을 잡은 최충헌이 최고 권력 기구인 교정도 감 설치(1209)

|정답| ①

■ 정안국
발해가 멸망한 뒤 발해의 유민들이 부
흥 운동의 일환으로 압록강 일대에 세
운 나라이다.

■ 강동 6주
6주는 흥화진(의주)·용주(용천)·통주
(선주)·철주(철산)·귀주(귀성)·곽주
(곽산)이다.

06 대외 관계의 전개*

1 거란의 침입과 격퇴

10세기 초에 통일된 국가를 세운 거란(요)은
송을 공격하기에 앞서 송과 연결되어 있던
정안국(定安國)을 토벌하고 고려와의 관계
를 개선하려 하였다. 고려에서 이를 받아들
이지 않고 오히려 북진 정책을 강력하게 추
진하자, 거란은 먼저 정안국을 정복한 다음
고려에 여러 차례 침입해 왔다.

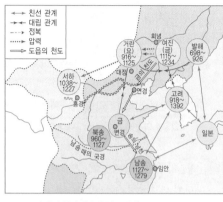

▲ 10~12세기 동아시아의 외교 관계

(1) 제1차 침입(성종 12년, 993)

① 원인 : 고려의 거란에 대한 강경책과 광
　　종 이후 송과의 수교(962) 및 정안국의
　　존재가 거란을 자극하였다.

② 경과
　　㉠ 거란의 소손녕은 고려가 차지하고 있는 고구려의 옛 땅을 내놓을 것과 송과 교류를 끊
　　　고 자신들과 교류할 것을 요구하며 80만 대군을 이끌고 고려를 침입해 왔다.
　　㉡ 고려는 청천강에서 거란의 침략을 저지하는 한편, 서희가 거란과 협상에 나섰다.

③ 결과
　　㉠ 거란으로부터 고구려의 후계
　　　자임을 인정받고 압록강 동쪽
　　　의 강동 6주를 확보하였다.
　　㉡ 송과 교류를 끊고 거란과 교
　　　류할 것을 약속하였다.

▲ 강동 6주와 천리장성

사료　서희의 외교 담판*

거란 소손녕이 요구하기를 "고려는 신라 땅에서 일어났는데도 우리가 소유하고 있는 고구려 땅을 침식하고
있으니 고려가 차지한 고구려의 옛 땅을 내놓아라. 또한 고려는 우리나라와 땅을 인접하고 있으면서도 바다
를 건너 송을 섬기고 있으니 송과 단교한 뒤 요(遼)와 통교하라."고 하였다.
이에 서희는 "우리나라는 고구려를 계승하여 고려라 하고 평양에 도읍하였으니, 만일 영토의 경계로 따진다
면 그대 나라의 동경(요양)이 모두 우리 경내에 있거늘 어찌 침식했다고 할 수 있느냐. 또한 압록강의 내외도
우리의 경내인데, 지금 여진족이 할거하여 그대 나라와 조빙(朝聘)을 통하지 못하고 있으니, 만약에 여진을
내쫓고 우리의 땅을 되찾아 성보(城堡)를 쌓고 도로가 통하면 조빙을 닦겠다."고 답하였다.　　　　　「고려사」

(2) 제2차 침입(현종 1년, 1010)

① 원인 : 거란군이 퇴각한 뒤 고려는 송과 친선 관계를 계속 유지하면서 거란과 교류하려 하
　　지 않았다.

② 경과

    ㉠ 거란은 강조의 정변을 계기로 강동 6주를 넘겨줄 것을 요구하면서 40만 대군으로 다시 침입해 왔다.

> **사료**　강조의 정변
>
> 강조의 군사들이 궁문으로 마구 들어오자. 목종이 모면할 수 없음을 깨닫고 태후와 함께 목 놓아 울며 법왕사로 옮겼다. 잠시 후 황보유의 등이 대량원군(현종)을 받들어 왕위에 올렸다. 강조가 목종을 폐위하여 양국공으로 삼고, 군사를 보내 김치양 부자와 유행간 등 7인을 죽였다.　　　　　『고려사』

    ㉡ 개경이 함락되어 왕은 나주로 피난하는 등 어려움을 겪기도 하였으나, 거란군의 배후에서 **양규**가 선전하였다.

③ 결과 : 거란군은 퇴로가 차단될 것을 두려워하여 고려와 강화하고 물러갔다.

> **사료**　거란의 제2차 침입과 강조의 패배
>
> 군대를 이끌고 통주성 남쪽으로 나가 진을 친 강조는 거란군에게 여러 번 승리를 거두었다. 하지만 자만하게 된 그는 결국 패해 거란군의 포로가 되었다. 거란의 임금이 그의 결박을 풀어 주며 "내 신하가 되겠느냐?"라고 물으니, 강조는 "나는 고려 사람인데 어찌 너의 신하가 되겠느냐?"라고 대답하였다. 재차 물었으나 같은 대답이었으며, 칼로 살을 도려내며 물어도 대답은 같았다. 거란은 마침내 그를 처형하였다.　　　　　『고려사』

(3) 제3차 침입(현종 9년, 1018)

① 원인 : 거란이 현종의 입조를 재차 요구하고 강동 6주를 반환할 것을 강요하였으나, 모두 거절하였다.

② 경과

    ㉠ 거란의 소배압이 다시 10만의 대군으로 침입해 왔다.

    ㉡ 개경 부근까지 침입해 온 거란은 도처에서 고려군의 저항을 받고 퇴각하던 중 귀주에서 **강감찬**이 지휘하는 고려군에게 섬멸되었다. 이때 살아서 돌아간 거란의 군사가 수천에 불과할 정도였다. 이를 **귀주 대첩**(1019)이라 한다.

③ 결과 : 양국은 강화를 맺고 고려는 거란의 연호를 썼으며, 강동 6주의 요구는 철폐되었다.

(4) 전란의 영향

① 세력 균형의 유지

    ㉠ 고려가 거란의 계속되는 침략을 막아 내자 거란은 더 이상 고려를 공격할 수 없었고, 송을 침입할 수도 없었다.

    ㉡ 고려가 거란과 싸워서 승리함으로써 고려－송－거란 사이에는 세력 균형이 유지될 수 있었다.

② 나성과 천리장성 축조 : 전쟁이 끝난 뒤 고려는 국방을 강화하는 데 더욱 노력하였다.

    ㉠ 나성 : 강감찬의 건의로 개경에 나성을 쌓아 도성 수비를 강화하였다.

    ㉡ 천리장성 : 거란은 물론 여진의 침입까지 방어하기 위해 **압록강 어귀에서 동해안의 도련포에 이르는** 북쪽 국경 일대에 천리장성을 쌓았다(9대 덕종~10대 정종).

단권화 MEMO

■ **강조(康兆)의 정변(1009)**

성종이 죽고 목종이 즉위하니 그 생모 천추 태후가 섭정하고 외척인 김치양과 사통하여 사생아를 낳고 그를 목종의 후사로 삼고자 음모를 꾸몄다. 이에 목종은 대량원군 순(詢, 태조의 손자)을 후사로 삼고자 서북면 도순검사 강조에게 서울 호위를 명하였다. 그러나 강조는 입경하여 김치양·천추 태후 일당을 제거한 후 목종까지 폐하고 대량원군을 즉위시키니 그가 현종이며, 이 변란을 '강조의 정변'이라고 한다.

■ **흥화진 전투**

거란은 고려 침공을 위한 요충지인 흥화진을 선점하기 위해 고려 현종 대에 수차례에 걸쳐 침입하였으며, 제2차 침입 때는 양규가, 제3차 침입 때는 강감찬이 활약하였다.

|정답해설| (가) 지역은 거란의 1차 침략 당시 서희의 외교 담판으로 획득한 강동 6주이다.

|정답| ③

바로 확인문제

● **(가) 지역에 대한 설명으로 가장 옳은 것은?**
19. 법원직 9급

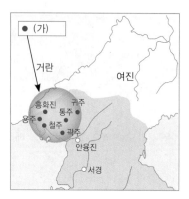

① 김종서가 6진을 설치하였다.
② 공민왕 때 무력으로 수복하였다.
③ 서희가 거란과의 담판으로 획득하였다.
④ 윤관이 별무반을 이끌고 여진족을 몰아내었다.

2 여진 정벌과 9성 개척

여진은 한때 말갈이라 불리면서 오랫동안 고구려에 복속되어 있었고, 발해가 멸망한 뒤에는 여진으로 불리면서 발해의 옛 땅에서 반독립적 상태로 세력을 유지하고 있었다.

(1) 여진과의 관계

① 회유·동화 정책 실시: 고려는 두만강 연안의 여진을 경제적으로 도와주는 동시에 회유·동화 정책을 펴서 포섭해 나갔다.
② 여진과의 갈등: 12세기 초 만주 하얼빈 지방에서 일어난 완옌부의 추장이 여진을 통합하면서 정주까지 남하하여 고려와 충돌하게 되었다.

> **사료** 여진의 고려 귀화
>
> 동여진의 정보(正甫) 마파(馬波) 등이 남녀 48명을 이끌고 정주 관외에 들어와 편호(編戶)되기를 청하므로 전택(田宅)을 내려 주고 내지에 살게 하였다. 『고려사』 문종 6년 정월

(2) 여진 정벌과 동북 9성 축조

① 별무반의 편성(숙종 9년, 1104): 여진과의 1차 접촉에서 패한 고려는 기병 중심의 여진을 보병만으로 상대하기 어렵다는 것을 깨닫고, 윤관의 건의에 따라 기병을 보강한 특수 부대인 별무반을 편성하여 여진 정벌을 준비하였다. 별무반은 기병인 신기군, 보병인 신보군, 승병인 항마군으로 편성되었다.

> **사료** 별무반
>
> "신이 오랑캐에게 패한 것은 그들은 기병인데 우리는 보병이라 대적할 수 없었기 때문이었습니다." 이에 왕에게 건의하여 새로운 군대를 편성하였다. 문·무 산관, 이서, 상인, 농민들 가운데 말을 가진 자를 **신기군**으로 삼았고, 과거에 합격하지 못한 20살 이상 남자 중 말이 없는 자를 모두 **신보군**에 속하게 하였다. 또 승려를 뽑아서 **항마군**으로 삼았다. 『고려사절요』

② 동북 9성
　㉠ 동북 9성의 축조: 윤관은 별무반을 이끌고 천리장성을 넘어 여진을 토벌하였다(예종 2년, 1107). 이후 동북 지방 일대에 9성을 쌓아 방어하였다(1108).
　㉡ 동북 9성의 환부
　　• 생활 터전을 잃은 여진의 계속된 침입으로 9성 수비에 어려움을 겪던 고려는 다시는 침략하지 않고 해마다 조공을 바치겠다는 여진의 조건을 수락하고 1년 만에 9성을 돌려주었다.
　　• 고려의 입장에서도 서북쪽의 거란과 대치하는 상황에서 여진 방어에만 힘쓸 수 없었기 때문에 여진의 조건을 받아들였다.

▲ 「척경입비도(拓境立碑圖)」
윤관이 9성을 개척하고 비석을 세우는 장면을 조선 후기에 그린 것이다(고려대학교 박물관 소장).

(3) 금(金)의 건국과 사대 외교

① 금의 건국: 여진은 더욱 강성해져 만주 일대를 장악하면서 국호를 금이라 하고(1115), 거란을 멸한 뒤 고려에 군신 관계를 맺자고 압력을 가해왔다.
② 사대 외교
　㉠ 고려는 금의 사대 요구를 둘러싸고 정치적 분쟁을 겪기도 하였지만, 현실적으로 금과 무력 충돌을 하기 어려운 점을 고려하여 결국 금의 요구를 받아들였다.
　㉡ 당시 집권자인 이자겸은 정권 유지를 위하여 금과 평화 관계를 유지하는 것이 유리하다고 판단하였다.
③ 결과: 금과 군사적 충돌은 없었으나, 강렬한 문화 의식을 기반으로 한 북진 정책은 사실상 좌절되었고, 국내적으로 귀족 사회의 모순을 격화시켜 이자겸의 난과 묘청의 난을 야기시키는 배경이 되었다.

사료 금에 대한 사대 외교

인종 4년(1126) 대부분의 신하들은 사대를 할 수 없다고 주장하였다. 그러나 이자겸과 척준경이 "옛날의 금(金)은 소국으로 거란과 우리를 섬겼습니다. 하지만 지금은 갑자기 강성해져, 거란과 송을 멸망시키고 정치적 기반을 굳건히 함과 동시에 군사력을 강화하였습니다. 또 우리와 영토를 맞닿아 있으므로 정세가 사대하지 않을 수 없게 되었습니다. 작은 나라가 큰 나라를 섬기는 것은 선왕의 법도입니다. 마땅히 먼저 사신을 보내 예를 닦는 것이 옳습니다."라고 하였다. 『고려사』

■ 단권화 MEMO

■ 동북 9성

예종 2년(1107) 10월에 윤관을 원수로, 오연총을 부원수로 하여 17만 대군을 이끌고 함흥평야 이북 지역으로 진격해 나갔다. 이 기습 작전에서 고려군은 연전연승하여 135개의 촌락을 무너뜨리고, 5,000명에 가까운 적군을 죽이고, 포로만도 5,000명이 넘는 대승을 거두었다. 윤관은 이때 점령한 여러 곳에 9개의 성지를 축성한 다음, 남방의 민호를 옮겨 살게 하였다. 동북 9성에 대해서는 여러 가지 다른 설이 제기되고 있다. 특히 공험진의 위치에 대해서는 많은 이견들이 있다. 여말 선초의 관찬 사료에서는 두만강 북쪽 700여 리 지점에서 두만강 유역 일대까지로 본 반면에, 조선 후기의 일부 실학자들과 근세 일본 학자들은 길주 이남에서 함흥평야 일대까지로 국한하여 보고 있다. 국사 편찬 위원회, 『한국사』

|정답해설| 빈칸의 국가를 상국으로
대우하는 일(사대 관계를 맺는 일)에
이자겸, 척준경이 찬성했다는 내용을
통해 빈칸의 나라가 여진이 세운 '금
(金)'임을 알 수 있다. 묘청 일파는 서
경 천도 운동을 추진하면서 금(金)을
정벌하고, 칭제 건원(황제국을 표방하
고, 독자적 연호를 사용)을 주장하
였다.

|오답해설|
① 현종은 거란(요)의 2차 침략 당시
  나주까지 피난하였다.
③ 고려는 몽골과 함께 강동성에 포위
  된 거란을 격파하였다(강동의 역,
  1219).
④ 3대 정종은 거란의 침략을 방어하
  기 위해 광군을 설치하였다.

|정답| ②

바로 확인문제

● 〈보기〉의 빈칸에 공통적으로 해당하는 국가와 관련하여 고려 시대에 발생한 일로 가장 옳은 것은?

18. 서울시 9급

┤ 보기 ├

• 모든 관리들을 소집해 [   ]을/를 상국으로 대우하는 일의 가부를 의논하게 하자 모두 불가 하다고 했으나, 이자겸과 척준경만이 찬성하고 나섰다.

• [   ]은/는 전성기를 맞아 우리 조정이 그들의 신하임을 칭하도록 하고자 하였다. 여러 의 견들이 뒤섞여 어지러운 가운데, 윤언이가 홀로 간쟁하여 말하기를 …… 여진은 본래 우리 조정 사람들의 자손이기 때문에 신하가 되어 차례로 우리 임금께 조공을 바쳐왔고, 국경 근처에 사는 사람들은 모두 우리 조정의 호적에 올라있는 지 오래되었습니다. 우리 조정이 어찌 거꾸로 그들 의 신하가 될 수 있겠습니까?

① 이 국가의 침입으로 인해 국왕은 나주로 피난하였다.
② 묘청 일파는 이 국가의 정벌을 주장하였다.
③ 이 국가와 함께 강동성에 포위된 거란족을 격파하였다.
④ 이 국가의 침략에 대비하여 광군을 설치하였다.

❸ 몽골과의 전쟁

(1) 몽골과의 접촉

① 중국의 정세: 13세기 초 중국 대륙의 정세는 급박하게 변화하고 있었다. 오랫동안 부족 단위로 유목 생활을 하던 몽골이 통일된 국가를 형성하면서 금을 공격하여 북중국을 점령하였다.

② 여몽 접촉

  ㉠ 거란의 침입: 금의 예하에 있던 거란의 일부가 몽골에 쫓겨 고려로 침입해 왔다.

  ㉡ 강동의 역(役): 고려는 이들을 반격하여 강동성(평양 동쪽)에서 포위하였고, 거란을 추격해 온 몽골 및 두만강 유역에 있던 동진국(1215~1233)의 군대와 연합하여 거란을 토벌하였다(1219). 이것이 고려와 몽골의 첫 접촉이었다. 이후 몽골은 자신들이 거란을 몰아내 준 은인이라고 내세우며 지나친 공물을 요구하였다.

(2) 몽골의 침입

① 1차 침입(1231): 마침 고려에 왔던 몽골 사신(저고여) 일행이 귀국하던 길에 국경 지대에서 서 피살되자 이를 구실로 몽골군이 침입해 왔다. 힘겹게 의주를 점령한 몽골군은 귀주성에서 박서의 완강한 저항에 부딪히자 길을 돌려 개경을 포위하였다. 이에 고려는 몽골의 요구를 받아들이게 되었고 몽골군도 큰 소득 없이 물러났다.

■ 거란장(契丹場)
거란을 토벌한 후 고려는 포로들을 각
주·군에 분송하여 토지를 주어 살게
하였으니, 이를 거란장이라 한다.

■ 박서의 귀주성 전투
고종 18년(1231) 몽골이 침입하여 온
갖 무기로 귀주성을 공격해 오자, 서북
면 병마사 박서는 1개월에 걸친 격전
끝에 몽골군을 물리쳤다.

사료   박서의 귀주성 전투

고종 18년(1231)에 서북면 병마사로 임명되었다. 몽골 원수(元帥) 살리타이가 철주(鐵州)를 짓밟은 후 귀주 (龜州)에 다다르자 박서는 삭주 분도장군(朔州分道將軍) 김중온(金仲溫)과 정주 분도장군(靖州分道將軍) 김 경손(金慶孫) 및 정주·삭주·위주·태주 등의 수령들과 함께 각기 군사를 인솔하고 귀주로 모였다. 박서는 김 중온 부대에게 성의 동서쪽을, 김경손 부대에게 성의 남쪽을 지키게 하고, 도호별초(都護別抄)와 위주·태주 별초(別抄) 250여 명을 세 방면으로 나누어 지키게 하였다. 몽골군이 성을 여러 겹으로 포위하고 밤낮으로 서·남·북문을 공격하였지만, 성안의 군사들이 적을 기습 공격해 승리하였다. 몽골군이 위주부사(渭州副使)

박문창(朴文昌)을 생포해 성안으로 보내 항복을 권유하자 박서가 그의 목을 베어 죽였다. 또 몽골군이 정예 기병 300명을 선발하여 북문을 공격하였으나 박서가 싸워서 적을 물리쳤다. 『고려사』

② 2차 침입(1232) : 당시 집권자인 최우는 몽골의 무리한 조공 요구와 간섭에 반발하여 강화도로 도읍을 옮기고, 장기 항전을 위한 방비를 강화하였다. 이에 몽골이 다시 침입해 왔으나 처인성(경기 용인) 전투에서 장수 살리타[撒禮塔]가 김윤후가 이끄는 민병과 승병에 의해 사살되자 퇴각하였다. 이때 대구 부인사(符仁寺)에서 보관 중이던 초조대장경과 의천이 편찬한 속장경(교장)이 소실되었다.

▲ 강화산성 서문(인천 강화)
고려 시대의 산성으로 4개의 성문이 있다. 현존하는 성문과 성곽은 조선 시대에 건축하였다.

■ 김윤후의 활약
몽골의 2차 침략 때 활약한 김윤후는 충주성 전투(5차 침략 시기)도 승리로 이끌었다.

사료 유승단의 강화 천도 반대

유승단이 홀로 "작은 나라가 큰 나라를 섬기는 것은 도리에 맞는 일이니, 예로써 섬기고 믿음으로써 사귀면 그들도 무슨 명목으로 우리를 괴롭히겠는가? 성곽과 종사를 내버리고 섬에 구차히 엎드려 세월을 보내면서, 달마다 변방의 백성 가운데 장정들은 적의 칼날에 맞아 죽게 만들고 노약자들은 노예로 잡혀가게 하는 것이 국가를 위한 원대한 계책은 아니다."라고 반대하였으나, 최이(최우)는 듣지 않았다. 『고려사』

③ 계속적 침략 : 고종 22년(1235) 당올태(唐兀台)가 침략해 왔으며(3차 침입, 1235~1239), 당시 황룡사 9층 목탑이 소실되었다(1238). 이후에도 몽골의 침략은 여러 차례 계속되었다. 한편 최우는 1236년 대장도감(大藏都監)을 설치하고, '수기' 스님을 총책임자로 임명하여 재조대장경(팔만대장경)을 조판하였다(1251년 완성 – 최항 집권 시기).

④ 고려의 저항
  ㉠ 강화도의 고려 정부는 주민들을 산성과 섬으로 피난시키고 항전과 외교를 병행하면서 저항하였다. 한편 지배층들은 부처의 힘으로 외적을 방어하겠다는 마음으로 팔만대장경을 조판하였다.
  ㉡ 고려가 몽골의 침입에 끈질기게 저항할 수 있었던 이유는 무엇보다도 일반 민중들이 용감하게 대항하였기 때문이다. 특히 사회적으로 천대받던 노비와 부곡 지역의 주민들까지도 몽골에 대항하여 싸웠다.

⑤ 몽골 침입의 결과
  ㉠ 강화도의 고려 정부는 수로를 통하여 조세를 거두어들여 명맥을 유지할 수 있었으나, 장기간의 전쟁으로 국토는 황폐해지고 백성들은 도탄에 빠지게 되었다.
  ㉡ 황룡사 9층 목탑을 비롯한 수많은 문화재가 소실되었다.

(3) 몽골과의 강화

① 최씨 정권이 무너진 후 김준, 임연, 임유무 등이 집권하였으나, 권력 기반은 취약할 수밖에 없었다.
② 이때 원종은 개경으로의 환도를 명령하였다(1270).

(4) 삼별초의 항쟁(1270~1273)

① 배경: 개경 환도는 몽골에 대한 굴복을 의미하는 것이었으므로, 삼별초의 배중손은 승화후 (承化侯) 온(溫)을 왕으로 옹립하고 거병하였다.

② 경과: 이들은 진도로 근거지를 옮겨 용장성을 쌓아 저항하였다. 이후 여몽 연합군의 공격 으로 진도가 함락되자(배중손, 승화후 온 전사), 김통정을 중심으로 제주도로 이동하여 항 쟁하였다.

③ 결과: 김방경, 홍다구 등이 지휘하는 여몽 연합군은 제주도의 삼별초를 진압하였다(1273). 원은 제주도에 탐라총관부(耽羅摠管府)를 설치하고 목마장을 운영하였다.

④ 의의: 삼별초의 장기적인 항쟁이 가능하였던 이유는 몽골군이 접근하기 어려운 지리적 이 점과 몽골에 굴복하는 것에 반발하는 일반 민중들의 적극적인 지원이 있었기 때문이었다.

사료   몽골과의 항쟁

❶ 처음 충주 부사 우종주가 매양 장부와 문서로 인하여 근자에 판관 유홍익과 틈이 있었는데, 몽골병이 장 차 쳐들어온다는 말을 듣고 성 지킬 일을 의논하였다. 그런데 의견상 차이가 있어서 우종주는 양반 별초 (兩班別抄)를 거느리고, 유홍익은 노군(奴軍)과 잡류 별초(雜類別抄)를 거느리고 서로 시기하였다. 몽골병 이 오자 우종주와 유홍익은 양반 등과 함께 다 성을 버리고 도주하고, 오직 노군과 잡류만이 힘을 합하여 쳐서 이를 쫓았다.

❷ 김윤후는 고종 때의 사람으로 일찍이 중이 되어 백현원에 있었다. 몽골병이 이르자, 윤후가 처인성으로 난을 피하였는데, 몽골의 원수 살리타가 와서 성을 치매 윤후가 사살하였다. 왕은 그 공을 가상히 여겨 상 장군의 벼슬을 주었으나 이를 사양하고 받지 않았다.

❸ 원종 11년(1270)에 개경으로 환도할 기일을 정하여 게시하였는데, 삼별초는 이에 따르지 않았다. 배중손 등이 봉기하여 군사들에게 병기를 나누어 주고, 왕족인 승화후(承化侯) 온(溫)을 왕으로 삼아 관부를 설 치하고, 관원을 임명하였다. …… 적은 진도(珍島)로 들어가서 근거지로 삼았으므로 왕이 김방경에게 명 령하여 토벌케 하였다. 이듬해 김방경이 몽골 원수 흔도(忻都) 등과 함께 3군을 통솔하고 적을 격파하자, 적장 김통정은 패잔병을 거느리고 탐라로 들어갔다.

『고려사』

바로 확인문제

● 〈보기〉에 나타난 사건과 시기상 가장 **먼** 것은?   21. 서울시(자체 출제) 9급

┤ 보기 ├

처음 충주 부사 우종주가 매양 장부와 문서로 인하여 판관 유홍익과 틈이 있었는데, 몽골군이 장차 쳐들어온다는 말을 듣고 성 지킬 일을 의논하였다. 그런데 의견상 차이가 있어서 우종주는 양반 별 초를 거느리고, 유홍익은 노군과 잡류 별초를 거느리고 서로 시기하였다. 몽골군이 오자 우종주와 유홍익은 양반 등과 함께 다 성을 버리고 도주하고, 오직 노군과 잡류만이 힘을 합하여 쳐서 이를 쫓았다.

① 처인성에서 몽골 장수를 사살하였다.

② 진주의 공·사노비와 합주의 부곡민이 합세하였다.

③ 수도를 강화도로 옮기고 주민을 산성과 섬으로 피난시켰다.

④ 몽골군이 경주의 황룡사 9층 탑을 불태웠다.

|정답해설| 제시된 사료는 몽골의 1차 침략 당시(1231) 충주성에서 노군·잡 류 등이 몽골군을 격퇴한 내용이다. 광 명·계발의 난(1200) 때 진주의 공·사 노비와 합주의 부곡민이 합세하였다.

|오답해설|

① 몽골 2차 침략 당시 김윤후는 처인 성에서 몽골 장수 살리타를 사살하 였다(1232).

③ 최우는 수도를 강화도로 옮기고 (1232) 주민을 산성과 섬으로 피난 시켰다.

④ 몽골의 3차 침략 당시 몽골군은 경 주의 황룡사 9층 탑을 불태웠다 (1238).

|정답| ②

● (가) 군사 조직에 대한 설명으로 옳은 것은? 23. 지방직 9급

> 고려 정부는 몽골과 강화를 맺고 개경으로 환도하였다. 대몽 항전에 적극적이었던 ___(가)___ 은/는 개경 환도를 반대하고 반란을 일으켰다. 이어 진도로 근거지를 옮기면서 항쟁을 전개하였다.

① 포수, 사수, 살수의 삼수병으로 편제되었다.

② 윤관의 건의로 편성된 기병 중심의 부대였다.

③ 도적을 잡기 위해 설치한 야별초에서 시작되었다.

④ 양계 지방에서 국경 지역 방어를 맡았던 상비적인 전투 부대였다.

---

07 고려 후기의 정치 변동

1 원의 내정 간섭

(1) 일본 원정에 동원

① 몽골과 강화한 이후 고려의 자주성은 많은 손상을 입었다. 고려는 먼저 몽골의 일본 원정에 동원되었다.

② 몽골은 국호를 원(元)으로 바꾼 후 두 차례에 걸친 일본 원정을 단행하면서 고려로부터 선박·식량·무기를 비롯한 전쟁 물자와 함께 군대와 선원 등 인적 자원도 징발하였다. 오랜 전란에 시달린 고려로서는 감당하기 어려운 부담이었다(둔전경략사, 정동행성의 설치).

③ 2차 일본 정벌을 위해 설치된 정동행성(정동행중서성, 충렬왕 6년, 1280)은 일본 정벌 실패 이후에도 그대로 남아서 내정을 간섭하는 기구가 되었다.

> **사료** 여몽 연합군의 1차 일본 정벌(1274, 충렬왕 즉위년)
>
> ❶ 김방경(金方慶)이 정동군(征東軍)의 선봉대로서 별초(別抄)를 거느리고 첫 출발을 하였다.
>
> 『고려사』 충렬왕 즉위년 7월
>
> ❷ 10월 을사일에 도독사 김방경에게 중군을 통솔하게 하고 …… 원나라 도원수 홀돈(忽敦), 우부원수 홍다구(洪茶丘), 좌부원수 유복형(劉復亨)과 함께 몽·한군(蒙·漢軍) 2만 5,000명, 아군 8,000명, 전함 900여 척으로 일본을 정벌하러 출발하였다. 이키시마[一岐島]에 이르러 1,000여 명의 적을 죽이고 길을 나누어 진격하니 왜인이 퇴각하여 도주하였다. 그런데 밤중에 폭풍우가 일어났다. 전함들이 바위와 언덕에 부딪혀 많이 파손되거나 침몰하였고 좌군사 김신(金侁)은 물에 빠져 죽었다. 『고려사』 충렬왕 즉위년 10월

(2) 원의 직접 지배 지역

① 쌍성총관부 설치 : 원은 고종 말년에 화주(영흥)에 쌍성총관부를 설치하여 철령(鐵嶺) 이북의 땅을 직속령으로 편입하였다(1258). 이후 공민왕 5년(1356)에 유인우가 무력으로 탈환하였다.

② 동녕부 설치(원종 11년, 1270) : 원종 때 자비령 이북의 땅을 차지하여 서경에 동녕부를 설치하였고, 충렬왕 16년(1290)에 반환하였다.

③ 탐라총관부 설치(원종 14년, 1273) : 삼별초의 항쟁을 진압한 뒤 제주도에 탐라총관부를 설치하여 목마장을 경영하였고, 충렬왕 27년(1301)에 탐라만호부로 대치되었다.

|정답해설| 고려 정부의 개경 환도(1270)를 반대하면서 항몽 투쟁을 전개한 군사 조직은 삼별초이다. 삼별초는 최우 정권 때 도적을 잡기 위해 설치한 야별초에서 시작되었다. 이후 야별초가 확대되면서 좌별초, 우별초로 분리되었다. 한편 몽골에 포로로 잡혔다가 돌아온 사람들을 중심으로 신의군이 조직되었다. 이들 좌별초, 우별초, 신의군을 합쳐 삼별초로 불렸다.

|오답해설|
① 훈련도감은 포수, 사수, 살수의 삼수병으로 편제되었고, 직업 군인으로 구성되었다.
② 별무반은 고려 숙종 때 윤관의 건의로 여진 정벌을 위해 편성된 부대이다. 별무반은 신기군(기병), 신보군(보병), 항마군(승려로 구성)으로 구성되었다.
④ 주진군은 양계 지방에서 국경 방어를 담당한 상비군이었다.

|정답| ③

■ **둔전경략사**
원의 압력으로 일본 원정을 위해 설치한 둔전을 관리하는 일을 맡은 관청이다.

■ **정동행성의 구성**
정동행성의 최고 책임자인 승상은 고려 왕이 겸임하였고, 승상 아래에는 평장정사·우승·좌승·참지정사(參知政事)·원외랑(員外郎)·낭중(郎中)·도사(都事) 등이 있었다.

■ **동녕부**
원은 원종 때 자비령 이북을 차지하여 동녕부를 설치하였다. 이후 고려의 끊임없는 반환 요청에 따라 1290년(충렬왕 16년) 고려는 동녕부 관할 지역을 돌려받게 되었으며, 고려 영토에 있던 동녕부는 요동으로 옮겨졌다. 이후 공민왕 시기에는 원명 교체기를 활용하여 대규모의 동녕부 공격을 실행하기도 하였다.

(3) 원의 부마국(駙馬國)으로 전락

① 고려는 오랜 항쟁의 결과, 원에 정복당했거나 속국이 되었던 다른 나라들과는 달리 원의 부마국이 되었다.

② 고려의 국왕은 원의 공주와 결혼하여 원 황제의 부마가 되었고, 왕실의 호칭과 격을 부마국에 걸맞은 것으로 바꾸었다. 아울러 관제도 개편되고 격도 낮아졌다.

(4) 내정 간섭

① 원은 정동행성을 계속 유지하여 내정 간섭 기구로 삼았다.

② 군사적으로는 만호부를 설치하여 고려의 군사 및 치안 행정에 영향력을 행사하고, 다루가치라는 감찰관을 파견하여 내정을 간섭하였다.

(5) 경제적 수탈

① 원은 공녀(貢女)라 하여 고려의 처녀들을 뽑아 갔으며, 금·은·베를 비롯하여 인삼·약재·매 등의 특산물을 징발하여 농민들의 고통을 가중시켰다.

② 매(해동청)를 징발하기 위해서 응방(鷹坊)이라는 특수 기관을 설치하였다.

○ 원 간섭기 관제와 칭호의 변화

관제의 변화			칭호의 격하	
원 간섭 이전		원 간섭 이후	원 간섭 이전	원 간섭 이후
2성	중서문하성	첨의부	폐하(陛下)	전하(殿下)
	상서성		짐(朕)	고(孤)
6부	이부	전리사	태자(太子)	세자(世子)
	예부		~조(祖), ~종(宗)	충○왕(忠○王)
	호부	판도사	선지(宣旨)	왕지(王旨)
	병부	군부사	상서(尙書)	판서(장관)
	형부	전법사	시랑(侍郎)	총랑(차관)
	공부	폐지	사(赦)	유(宥)
도병마사		도평의사사		
중추원		밀직사		
어사대		감찰사		
한림원		문한서		
국자감		성균관		

(6) 고려 사회에 끼친 영향

원의 내정 간섭과 경제적인 수탈은 고려 사회에 커다란 영향을 끼쳤다.

① 왕권이 원에 의지하여 유지됨으로써 자주성에 심각한 손상을 입었다.

　㉠ 심양왕 제도: 심양왕은 원이 만주 봉천(현재의 심양) 일대에 포로나 유민으로 온 고려인을 통치하기 위해 설치한 것으로, 최초의 심양왕은 충선왕이었다. 이 제도는 고려 왕권을 견제하는 수단으로 활용되었다. 대표적 사건으로는 충선왕이 왕위는 충숙왕에게, 심양왕은 양자인 고(暠)에게 물려주어 충숙왕과 고(暠) 사이에 갈등을 유발한 것이다.

　㉡ 독로화 제도: 고려의 세자를 인질(뚤루게)로 삼아 원의 수도인 연경(현재의 북경)에 머

■ **경제적 착취**

원은 고려에 금·은·자기·나전 칠기(螺鈿漆器)·포(布)·곡물·인삼 등을 요구하였고, 이는 모두 농민의 부담이 되었다. 나아가 처녀·과부·환관(宦官)까지도 징구하였다. 이를 위해서 결혼도감(結婚都監)과 과부처녀추고별감(寡婦處女推考別監)이 생겼다.

■ **몽골풍과 고려양**

· 몽골풍
　– 체두변발(剃頭辮髮)·호복(胡服, 몽골식 복장)·은장도 등
　– 설렁탕: 원래 몽골족들이 냇가에서 고기를 고아 먹던 슐루에서 유래하였다.
　– 결혼식 때 신부가 연지·곤지를 찍고 족두리를 올리는 풍습이 유행하였다.
　– 만두가 유행하였으며, 증류수인 소주가 전래되었다.
　– 왕의 밥상을 '수라'로 불렀으며, '진지'라는 표현을 사용하였다.
· 고려양
　– 고려의 두루마기와 무생채가 몽골에 전해졌다.
　– 고려병(떡)이 몽골에서 유행하였다.

물게 하였다가 부왕이 죽으면 왕위를 계승하도록 하였다.

② 원의 압력과 친원파의 책동으로 인해 고려의 정치는 비정상적으로 운영되었고, 통치 질서가 무너져 제 기능을 수행하지 못하였다.

③ 몽골풍: 원의 풍속이 고려에서 유행하였다.

④ 고려양(高麗樣): 고려의 풍속이 몽골에서 유행하였다.

⑤ 문물 교류: 주자 성리학, 목면(1363), 천문·수학·의학·역법·건축술 등 서양 문물, 화약 등이 전래되었다.

(7) 반원 자주 정책

① 충렬왕(1274~1298, 1298~1308)
  ⊙ 토지, 노비 정리를 위한 임시 관청인 전민변정도감을 설치하였다(1288).
  ⓒ 홍자번이 올린 '편민 18사'를 채택하였다. 편민 18사는 민생 문제와 국가 재정 확충을 위한 대책을 담고 있다(1296).
  ⓒ 관학 진흥 노력: 경사교수도감을 설치하고(1296), 안향의 건의로 섬학전이라는 장학 기금을 설치하였다(1304).

② 충선왕(1298, 1308~1313)
  ⊙ 정방을 일시적으로 폐지하였다(공민왕 때 정방 완전 폐지).
  ⓒ 관제 개혁을 단행하여 한림원의 명칭을 사림원으로 변경하고, 왕명 출납 기능도 추가함으로써 사림원은 개혁의 중심 기구가 되었다.
  ⓒ 왕권 강화를 위한 재정 확보 정책으로 의염창을 설치하고 소금 전매제(각염법)를 시행하였다.
  ⓔ 상왕으로 물러난 이후에는 원의 수도인 연경(현재의 북경)에서 학술 연구 기관인 만권당을 설치하였다.

③ 충숙왕(1313~1330, 1332~1339): 충숙왕은 찰리변위도감을 설치하여(1318, 1321), 권문세족들이 불법적으로 장악한 토지와 노비를 원래 주인에게 돌려주는 개혁을 추진하였으나 실패하였다. 또한 원에 들어갈 때 필요한 경비를 마련하기 위한 임시 기구로 반전도감을 설치하였다(충숙왕 15년, 1328).

> **사료** 이제현, 입성 반대 상서
>
> 지금 들으니 원나라 조정에서 우리나라에 행성(行省)을 설치하여 중국의 다른 지방과 같은 행정 구역으로 만든다고 합니다. 만일 그것이 사실이라면 우리나라의 공로는 막론하고라도 세조(世祖) 황제의 조서(詔書)는 어떻게 할 것입니까? …… 폐하의 조서는 실로 온 세상 사람의 복인데 유독 우리나라의 일에 대해서만 세조 황제의 조서를 따르지 않을 수 있겠습니까? ……
>
> 「고려사」

④ 충목왕(1344~1348): 충목왕은 정치도감(整治都監)을 설치하여(1347), 권문세족의 토지 점탈과 겸병을 조사하여 이를 응징하고, 강점한 토지를 원래 주인에게 돌려주는 등 선정을 베풀었다. 그러나 권문세족들의 반발과 원의 간섭으로 실패하였다.

단권화 MEMO

■ 전민변정도감
원종 10년(1269) 최초로 설치되었고, 그 뒤 충렬왕 14년(1288), 충렬왕 27년(1301), 공민왕 1년(1352), 공민왕 15년(1366), 우왕 7년(1381), 우왕 14년(1388)에 각각 설치되었다. 소기의 목적을 달성했거나 유명무실화되었을 때 폐지되었다.

■ 만권당
1314년 충선왕은 원의 수도인 연경에 만권당을 설치하여 이제현 등 고려 유학자와 조맹부 등 한족 출신 유학자들을 불러 모아 서로 교류하게 하였다. 이로써 고려의 학문과 사상이 발전하는 기틀이 마련되었다.

■ 찰리변위도감
권세가가 점령한 전민(田民)을 색출하기 위해 설치하였으나, 실효를 거두지는 못하였다.

＊공민왕의 개혁 정치

공민왕의 반원 자주 정책과 왕권 강화 정책을 구체적으로 파악하여 기억해 두어야 한다.

■ 입성책동

원 간섭기 친원 세력들이 원나라가 고려를 직접 지배할 수 있도록 행성(行省, 행중서성(行中書省)]을 세우도록 획책한 사건이다. 충선왕 복위 이후부터 약 30년 동안 4차례에 걸쳐 일어났는데, 모두 고려의 왕위 계승과 관련되어 일어났으며 원나라에 가 있던 고려인들에 의해 주도되었다는 데에 공통점이 있다.

② 공민왕의 개혁 정치＊

(1) 원 간섭기 고려의 정세

① 권문세족(權門勢族)의 집권

　㉠ 지배층의 개편 : 원의 간섭을 받으면서 그에 의존한 고려의 왕권은 이전 시기에 비하여 상대적으로 안정되었다.

　㉡ 권문세족의 유형 : 이전 시기부터 존속하였던 문벌 귀족 가문, 무신정권기에 새로 등장한 가문, 원과의 관계를 통하여 성장한 가문 등이 권문세족으로서 새로이 자리 잡았다.

　㉢ 사회 모순의 격화 : 그들은 왕의 측근 세력과 함께 권력을 잡아 농장을 확대하고 양민을 억압하여 노비로 삼는 등 사회 모순을 격화시켰다.

　㉣ 이에 대하여 신진 관리들을 중심으로 개혁을 추진하려는 움직임이 일어났다.

② 시정 개혁의 노력 : 관료의 인사와 농장 문제 같은 여러 가지 폐단을 시정하기 위한 개혁의 노력은 충선왕 때부터 시도하였다. 그러나 원의 간섭을 받고 있던 고려의 왕은 개혁을 철저하게 추진하기 어려웠기 때문에 실패하고 말았다.

사료　권문세족

❶ 권문세족

조인규(趙仁規, 1237~1308)는 풍모가 아름답고 근엄했으며 전해오는 기록들을 두루 통달하였다. …… 왕이 매번 황제에게 요청할 일이 있으면 반드시 조인규를 보냈으므로 그가 사신으로 원나라에 간 것이 30회나 되었는데 근면하고 노력한 바가 상당히 많았다. 그러나 그는 미천한 신분에서 출세해 갑자기 국가의 중요한 관직을 차지한 사람으로, 겉모습이 장중하고 단아해 보여 왕의 총애를 받아 항상 왕의 침소에까지 출입하였으며 많은 전민(田民)들을 긁어모아 큰 부를 쌓았다. 더욱이 국구로서 당대에 최고 권력을 잡아 아들과 사위도 모두 장상(將相)의 반열에 올랐으니 누구도 감히 그에게 비길만한 자가 없었다.

『고려사』

❷ 고려 말 권문세족의 횡포

요사이에 기강이 크게 무너져 탐학(貪虐)함이 풍습을 이루어서 종묘(宗廟)·학교(學校)·창고(倉庫)·사사(寺社)·녹전(祿田)·군수전(軍需錢) 및 나라 사람들의 세업전민(世業田民)을 호강가(豪强家)가 거의 모두 탈점(奪占)하고는, 혹 이미 돌려주도록 판결난 것도 그대로 가지고 있으며, 혹 민(民)을 노예(奴隸)로 삼으니, 주현(州縣)의 역리(驛吏)·관노(官奴)·백성(百姓) 가운데 역(役)을 피해 도망한 자들이 모두 빠져나가 숨어서 크게 농장(農莊)이 설치되었으므로, 백성들이 병(病)들고 나라가 여위게 되어 그에 대한 감응(感應)이 수재(水災)·한재(旱災)를 부르고 질병(疾病)도 그치지 않게 하고 있다.

『고려사』

심화　원의 간섭과 고려의 개혁

❶ 원 간섭기에 고려는 사회 경제적 모순의 심화와 이에 따른 백성들의 저항에 대응하여 개혁을 추진하였다. 충선왕은 토지 제도와 수취 제도에서 발생한 폐단을 시정하려 하였다. 그러나 아직 개혁을 추진할 수 있는 세력이 성장하지 못하였으며, 원의 간섭을 인정한 상태에서 개혁을 통하여 자신의 정치적 입장을 강화하려 한 국왕의 태도 등으로 인하여 실효를 거두지 못하였다. 충목왕 때에도 권세가들의 경제 기반을 약화시키려는 개혁이 추진되었으나, 역시 권문세족의 반발과 원의 간섭으로 성공하지 못하였다.

❷ 14세기에 이르러 원의 지배력은 크게 약화되었다. 황위 계승을 둘러싼 원 황실의 내분과 경제 혼란, 라마교를 위한 과도한 재정 지출 등으로 중국 각지에서 반원 농민 반란이 자주 일어났다. 원에 쫓겨 고려에 침입하였던 홍건적의 활동은 그 대표적인 예였다.

❸ 공민왕 즉위 이후에도 원의 간섭은 여전하였고 친원파 역시 건재하였다. 공민왕은 친원파를 관직에 기용하지 않는 등 적대적인 태도를 보였으나, 이들을 완전히 제거할 수 있는 현실적인 힘을 가지고 있지는 못하였다. 때마침 원에서 기황후의 아들이 황태자에 봉해지자 이러한 추세는 더욱 심해졌다. 이를 계기로 기철의 권력이 공민왕을 압도할 정도로 커졌고, 그의 일족과 친원파의 정치적 지위가 크게 높아졌다.

(2) 공민왕(1351~1374)의 개혁 정치

① 개혁 추진 방향 : 14세기 중반에 이르러 공민왕은 원명 교체기를 이용하여 개혁을 추진하였다. 공민왕 때의 개혁은 대외적으로 반원 자주를 실현하고, 대내적으로 왕권을 강화하려는 것이었다.

② 반원 자주 정책
  - ㉠ 친원 귀족 숙청 : 공민왕의 반원 자주 정책은 기철로 대표되던 **친원 세력의 숙청**으로부터 시작하였다.
  - ㉡ 정동행성 이문소 폐지 : 고려의 내정을 간섭하던 **정동행성 이문소를 폐지**하였다.
  - ㉢ 쌍성총관부 수복과 원의 침략 격퇴 : 무력으로 **쌍성총관부를 공격**하여 철령 이북의 땅을 수복하였다(1356). 또한 이성계가 원나라 장수 나하추의 침입을 격퇴하였다(1362).
  - ㉣ 요동 공략 : 더 나아가 고구려의 옛 땅을 되찾기 위하여 요동 지방을 공략하였다.
  - ㉤ 관제 복구 : 왕 5년(1356)에 원의 연호(年號)를 폐지하고, 원의 간섭으로 바뀌었던 관제를 복구하였다(2성 6부의 구관제 복구).
  - ㉥ 몽골풍 폐지 : 몽골풍을 없애는 등 반원 자주 정책을 강력하게 추진하였다.

▲ 공민왕의 영토 수복

③ 대내적 개혁
  - ㉠ 배경 : 공민왕의 반원 자주 정책은 친원파 권문세족의 반발로 중단될 위기에 놓였다. 이에 대외적인 개혁의 완수를 위해서는 대내적으로 왕권을 강화하고 권문세족들을 눌러야 했다.
  - ㉡ 목적 : 권문세족들의 경제 기반을 약화시키고 국가 재정 수입의 기반을 확대하기 위한 것이었다.
  - ㉢ 정방 폐지 : 왕권을 제약하고 신진 사대부의 등장을 억제하고 있던 정방을 폐지하였다.
  - ㉣ 전민변정도감(田民辨整都監) 설치 : **전민변정도감을 설치**하고 한미한 집안 출신의 승려 신돈을 등용하여 권문세족들이 부당하게 빼앗은 토지와 노비를 본래의 소유주에게 돌려주거나 양민으로 해방시켰다.

> **사료**   **공민왕의 반원 개혁 정치**
>
> 공민왕이 원의 제도를 따라 변발(辮髮)을 하고 호복(胡服, 몽골의 옷차림)을 입고 전상(殿上)에 앉아 있었다. 이연종이 간하려고 문 밖에서 기다리고 있었더니, 왕이 사람을 시켜 물었다. (이연종이) 말하기를 "임금 앞에 나아가 직접 대면해서 말씀드리기를 바라나이다."라고 하였다. 이미 들어와서는 좌우(左右, 왕의 측근)를 물리치고 말하기를 "변발과 호복은 선왕(先王)의 제도가 아니오니 원컨대 전하께서는 본받지 마소서."라고 하니, 왕이 기뻐하면서 즉시 변발을 풀어 버리고 그에게 옷과 요를 하사하였다.   『고려사』

■ **기철**
기철은 누이동생이 원 순제의 황후가 되어 태자를 낳자, 기황후와 원을 등에 업고 친원파 세력을 결집하여 남의 토지를 빼앗는 등의 권세를 부렸다.

■ **흥왕사의 변**
공민왕 12년(1363)에 김용(金鏞)이 왕을 살해하려고 흥왕사 행궁(行宮)을 침범한 사건이다.

■ **요동 공략**
공민왕 19년(1370)에는 이성계와 지용수를 시켜 원의 동녕부(만주 흥경에 위치)를 정벌하였다.

■ **노국 대장 공주**
원나라 위왕의 딸이며 보탑실리 공주라고도 한다. 충정왕 1년(1349) 원나라에서 공민왕과 결혼하였다. 1351년 12월 공민왕과 함께 귀국하였고 공민왕은 그달에 즉위하였다. 하지만 공민왕 14년(1365)에 난산으로 죽었다. 공민왕은 그녀를 매우 사랑하여 그녀가 죽은 뒤부터 정사를 돌보지 않았으며, 친히 왕비의 초상화를 그려 벽에 걸고 밤낮으로 바라보면서 울었다고 한다. 또 그녀의 영혼을 위로해 주기 위해 혼제를 지냈으며, 화려한 영전을 지었다.

충렬왕 원년(1275)에는 '국학(國學)'으로 개칭되었고, 1298년 잠깐 왕위에 오른 충선왕이 관제를 개혁하면서 '성균감'이라 고쳤다가, 충렬왕 말년(1308)에 충선왕이 재즉위하여 다시 '성균관'이라 하였다. 한편 공민왕 5년(1356)에 반원 정책을 추진하면서 '성균관'도 '국자감'으로 복칭(復稱)되었으나, 공민왕 11년(1362)에 다시 '성균관'으로 개칭되어 조선 왕조에까지 이르게 되었다.

■ 공민왕의 실정
신돈의 처형(1371) 후 공민왕은 더욱 정사(政事)에 마음을 두지 않고, 더구나 후사(後嗣)가 없어 상심한 끝에 자제위(子弟衛)를 설치하여 변태적 향락에 빠지다 결국 최만생·홍륜 등에게 살해되었다.

―――

|정답해설| 제시된 사료 중 '신돈', '도감의 설치'를 통해 (가)가 전민변정도감임을 알 수 있다. 전민변정도감은 고려 후기에 권세가들이 불법적으로 점유한 토지를 원래 주인에게 돌려주고, 불법적으로 노비가 된 사람들을 일반 양인으로 환원시키기 위해 설치한 임시 관서이다.

|오답해설|
① 경시서, ② 삼사, ④ 급전도감에 대한 설명이다.

|정답| ③

―――

|정답해설| 홍건적의 2차 침략 때 공민왕은 복주(현재의 안동)로 피신하였다. 박위의 쓰시마(대마도) 정벌은 창왕 1년(1389)에 이루어졌다.

|정답| ④

―――

■ 여말의 시대상
여말 선초 귀족 사회가 붕괴되면서 과거제의 중요성이 높아졌으며, 농장이 큰 사회적 문제로 확대되어 좀 더 서민 위주의 하층민을 위한 제도와 사회가 필요하다는 시대적 요구가 나타났다. 밖으로는 몽골·홍건적·왜구의 침입으로 막대한 피해를 입었으므로 국난 극복의 자세와 민족 국가로의 자주성 회복이라는 명제를 안고 있었다. 변태섭

사료 신돈의 전민변정도감

신돈이 전민변정도감을 두기를 청하였다. 스스로 판사(장관)가 되어 전국에 알렸다. "요즈음 기강이 크게 무너져서 탐욕스러움이 풍속으로 되었다. 종묘·학교·창고·사사·녹전·군수의 땅은 백성이 대대로 지어 온 땅이나 권세가들이 거의 다 뺏었다. 돌려주라고 판결한 것도 그대로 가지며 양민을 노예로 삼고 있다. …… 이제 그 잘못을 알고 스스로 고치는 자는 묻지 않을 것이다. 하지만 기한이 지났는데도 고치지 않고 있다가 발각되면 조사하여 엄히 다스릴 것이다." 이 명령이 나오자 권세가가 뺏은 땅을 주인에게 돌려주므로 안팎이 기뻐하였다. …… 무릇 천민이나 노비가 양민이 되기를 호소하는 자는 모두 양민으로 만들어 주었다.

『고려사』

　　ⓜ 기타: 성균관을 통해 유학 교육을 강화하고 과거제를 정비하여 많은 인재를 배출하였다.
④ 개혁의 중단
　　㉠ 공민왕 때의 개혁은 권문세족들의 강력한 반발로 신돈이 제거되고 개혁 추진의 핵심인 공민왕까지 시해되면서 중단되었다.
　　㉡ 이 시기의 개혁은 아직 개혁 추진 세력이 결집되지 못한 상태에서 권문세족의 강력한 반발을 효과적으로 제어하지 못하여 실패하고 말았다.

바로 확인문제

● (가)에 대한 설명으로 옳은 것은? 　　　　　　　　　　　　　　　23. 국가직 9급

> 신돈이 　[(가)]　을/를 설치하자고 요청하자, …… 이제 도감이 설치되었다. …… 명령이 나가자 권세가 중에 전민을 빼앗은 자들이 그 주인에게 많이 돌려주었으며, 전국에서 기뻐하였다. 『고려사』

① 시전의 물가를 감독하는 임무를 담당하였다.
② 국가 재정의 출납과 회계 업무를 총괄하였다.
③ 불법적으로 점유된 토지와 노비를 조사하였다.
④ 부족한 녹봉을 보충하고자 관료에게 녹과전을 지급하였다.

● 〈보기〉의 밑줄 친 '왕'에 대한 내용으로 가장 옳지 않은 것은? 　　　　19. 2월 서울시 7급

> ─┤ 보기 ├─
> 적이 개경 근처에 이르자 왕이 난을 피해 개경을 떠났다. 왕이 복주에 이르러 정세운을 총병관으로 삼아 홍건적을 토벌하게 하였다.

① 자제위를 설치하였다.
② 전민변정도감을 설치하였다.
③ 정동행성 이문소를 폐지하였다.
④ 박위를 보내 왜구의 소굴인 쓰시마를 공격하였다.

---

3 신진 사대부의 성장

(1) 신진 사대부의 등장

① 무신집권기 이래 지방의 향리 자제들을 중심으로 과거를 통하여 중앙의 관리로 진출한 신진 사대부 세력들은 원의 간섭과 측근 정치로 인하여 정치적 지위가 불안정하였다.

② 이들 중 일부는 측근 세력으로 성장하여 권문세족이 되기도 하였지만, 대부분은 공민왕 때의 개혁 정치에 힘입어 지배 세력으로 성장하였다.

(2) 신진 사대부의 등장 배경

① 학문: 신진 사대부들은 성리학을 수용하여 학문적 기반으로 삼았다.
② 출신: 경제적으로는 지방의 중소 지주층, 신분적으로는 향리 출신이 많았으며, 학문적인 교양을 갖추었을 뿐만 아니라 정치적 실무에도 밝은 학자적 관료들이었다.
③ 등용: 음서가 아닌 학문적 실력을 바탕으로 주로 과거를 통하여 정계에 진출하였다.
④ 지지 기반: 연고지에 소규모의 농장을 가지고 있는 중소 지주이거나 자영 농민으로서 향촌에서 사회적 영향력을 행사하였으며, 농민들로부터 어느 정도 지지를 받고 있어 새로운 정치적 주역으로 등장할 수 있었다. 이들의 농장은 전호나 노비를 이용하여 경작하거나 직접 경작을 하는 경우도 있었다.

(3) 신진 사대부의 특징

① 권문세족 비판: 신진 사대부들은 권력을 배경으로 불법 수단에 의해 막대한 농장을 소유하게 된 권문세족을 비판하였고, 중앙의 정치 무대에 진출하였더라도 물러난 후에는 향촌에서 안정된 생활을 누리기도 하였다.
② 진취적 성향: 고려 말에 새로 중앙에 진출하기 시작한 신진 사대부들은 구질서와 권문세족의 횡포를 정면으로 비판하는 진취적 성향을 강하게 지녔다. 그들은 자신들의 기반을 침해하면서 농장을 확대하는 권문세족과 충돌하게 되자, 국가의 공적인 힘을 강화하여 그들의 비리와 불법을 견제하고 자신들의 기반을 유지하려 하였다.
③ 성리학의 수용: 성리학을 사상적 바탕으로 하였으며, 불교의 폐단을 시정하려 하였다.
④ 신흥 무인 세력과의 제휴: 고려 말에 이르러 왜구와 홍건적의 침입을 격퇴하는 과정에서 성장한 이성계 등 신흥 무인 세력과 정치적으로 협력하면서 사회의 불안과 국가적인 시련을 해결하고자 하였다.

(4) 한계

① 권문세족이 인사권을 쥐고 있어서 관직으로의 진출이 제한되었고, 과전과 녹봉도 제대로 받지 못하였다.
② 이러한 처지를 해결하기 위해 왕권과 연결하여 고려 후기의 각종 개혁 정치에 적극 참여하였으나, 역부족이었다.

사료 정몽주

정몽주(鄭夢周)는 부모상(父母喪)에 홀로 묘에 여막(廬幕)을 짓고 애통함과 예를 갖추기를 모두 극진히 하였으므로 그 마을을 정표(旌表)하였다. (공민왕) 16년(1367) 예조정랑으로 성균박사(成均博士)를 겸하였다. 당시 경서(經書)로 우리나라에 온 것은 오직 『주자집주(朱子集註)』뿐이었는데, 정몽주가 강의하고 설명함은 다른 이들의 생각을 훨씬 뛰어넘는 것이었다. 그러므로 듣는 사람들이 자못 의심하였으나, 그 후에 원나라의 유학자인 호병문(胡炳文)이 지은 『사서통(四書通)』을 얻어 비교하니 정몽주의 강설이 이와 모두 일치하므로 여러 유학자들이 더욱 탄복하였다. 이색(李穡)은 정몽주가 자유자재로 논리를 펴면서도 이치에 합당하지 않음이 없다고 극찬하면서 동방(東方, 우리나라) 이학(理學)을 연 원조(元祖)라고 추천하였다.   『고려사』

■ 권문세족과 신진 사대부의 특징

구분	권문세족	신진 사대부
유형	• 전기 이래의 문벌 귀족 • 무신집권기 성장한 가문 • 친원파	• 지방 향리 • 공로 포상자 (동정직·검교직) • 친명파
정치 성향	• 음서 출신 • 여말의 요직 장악 • 보수적·귀족적	• 과거 출신 • 행정적·관료 지향적 • 진취적·개혁적
경제 기반	• 부재지주 • 토지의 점탈·겸병·매입 등	• 재향 지주 • 개간·매입 등
사상	• 유학 사상 • 불교 신봉 • 민간 의식 → 상장·제례	• 성리학 수용 : 『주문공가례』 채택 → 민간 의식 배격 • 실천주의, 『소학』의 보급 • 가묘(家廟) 설치 의무화

4 고려의 멸망

(1) 사회 모순의 심화

공민왕 때의 개혁 노력이 실패하자 고려 사회의 모순은 더욱 심화되었다. 권문세족들이 정치 권력을 독점하고 대토지 소유를 확대해 나가면서, 정치 기강이 문란해지고 백성들의 생활이 극도로 어려워졌다.

(2) 외적(外敵)의 침입

① 홍건적의 침입 : 왜구 침입과 더불어 공민왕 시기에는 홍건적의 2차례 침략이 있었다.
  ㉠ 1차 침입(공민왕 8년, 1359) : 서경까지 침입하였으나, 이방실·이승경 등이 격퇴하였다.
  ㉡ 2차 침입(공민왕 10년, 1361) : 개경까지 침입하여 왕이 한때 복주(안동)까지 피난하였으나 이방실·정세운·안우·최영·이성계 등이 이를 격퇴하였다.

> **사료   홍건적의 2차 침입**
>
> 공민왕 10년(1361) 겨울에 홍건적 위평장(僞平章) 반성(潘誠)·사유(沙劉)·관선생(關先生)·주원수(朱元帥)·파두번(破頭潘) 등 20만 군사가 압록강을 건너 서북 변방에 함부로 들어와서 우리에게 글을 보내기를, "군사 110만을 거느리고 동쪽 땅으로 가니 속히 맞아 항복하라."고 하였다. 태조(이성계)가 100여 명의 목을 베고 한 명을 사로잡아서 왕에게 바쳤다. 11월에 공민왕이 남쪽으로 피난하자, 홍건적이 개경을 점령하였다.
>
> 『태조실록』

② 왜구의 침입과 격퇴
  ㉠ 홍산 전투 : 우왕 2년(1376) 7월 최영이 홍산(지금의 충남 부여)에서 왜구를 크게 무찔렀다.

> **사료   최영의 「호기가(豪氣歌)」**
>
> 좋은 말 살지게 먹여 시냇물에 씻겨 타고
> 서릿발 같은 칼 잘 갈아 어깨에 둘러메고
> 대장부의 위국충절을 세워 볼까 하노라

  ㉡ 진포 대첩 : 우왕 6년(1380) 8월 진포(현재의 군산)에서 나세, 최무선을 중심으로 최초로 화약 무기를 사용하여 왜구를 무찔렀다.
  ㉢ 황산 대첩 : 우왕 6년(1380) 9월 이성계 등이 전라도 지리산 부근 황산에서 왜구를 크게 무찔렀다.
  ㉣ 관음포 대첩 : 우왕 9년(1383) 5월 정지(鄭地)의 함대가 관음포 앞바다에서 왜구를 크게 무찌른 해전이다.
  ㉤ 쓰시마 정벌 : 창왕 1년(1389) 박위가 왜구의 근거지인 쓰시마를 토벌하였다.

> **사료   왜구의 침입과 격퇴**
>
> ❶ 진포 대첩
>
> 우왕 6년(1380) 8월 추수가 거의 끝나갈 무렵 왜구는 500여 척의 함선을 이끌고 진포로 쳐들어와 충청·전라·경상도의 3도 연해의 주군(州郡)을 돌며 약탈과 살육을 일삼았다. 고려 조정에서는 나세·최무선·심덕부 등이 나서서 최무선이 만든 화포로 왜선을 모두 불태워 버렸다. 배가 불타 갈 곳이 없게 된 왜구는 옥천·영동·상주·선산 등지로 다니면서 이르는 곳마다 폐허로 만들었다.
>
> 『고려사』

❷ 황산 대첩

이성계가 이끄는 토벌군이 남원에 도착하니 왜구는 인월역에 있다고 하였다. 운봉을 넘어온 이성계는 적장 가운데 나이가 어리고 용맹한 아지발도를 사살하는 등 선두에 나서서 전투를 독려하여 아군보다 10배나 많은 적군을 섬멸케 했다. 이 싸움에서 아군은 1,600여 필의 군마와 여러 병기를 노획하였다고 하며 살아 도망간 왜구는 70여 명밖에 없었다고 한다.　　　　　　　　　　　　　　　　　　　　『고려사』

(3) 위화도 회군

① 이인임 제거 : 우왕이 즉위한 이후, 이인임 등의 권문세족이 전횡을 일삼자 최영, 이성계 등이 이인임을 제거하였다.

사료	우왕의 즉위와 이인임의 횡포

왕(우왕)의 어릴 때 이름은 모니노이며, 신돈의 여종 반야의 소생이었다. 어떤 사람은 "반야가 낳은 아이가 죽어서 다른 아이를 훔쳐서 길렀는데, 공민왕이 자신의 아들이라고 칭하였다."라고 하였다. 왕은 공민왕이 죽은 뒤 이인임의 추대로 왕위에 올랐다. 이후 이인임, 염흥방, 임견미 등이 권력을 잡아 극심하게 횡포를 부렸다.　　　　　　　　　　　　　　　　　　　　　　　　　　　　　　　　　『고려사』

② 철령위 설치 통보 : 우왕이 친원 정책을 표방하면서 명(明)의 감정을 자극하였다. 이에 명은 우왕 14년에 쌍성총관부가 있던 철령 이북의 땅을 차지하고자 이곳에 철령위(鐵嶺衛) 설치를 통보해 왔다.

③ 요동 정벌 : 당시 최고 집권자였던 최영은 요동 정벌을 단행하였다. 당시 요동 정벌을 둘러싸고 의견이 둘로 갈라졌는데, 최영을 중심으로 하는 쪽은 즉각적인 출병을 주장하였고, 이성계를 중심으로 하는 쪽은 요동 정벌은 실제 불가능하다고 판단하여 4불가론을 내세우며 출병을 반대하였다.

④ 위화도 회군(1388) : 이성계는 출병하였으나 위화도에서 회군하여 최영을 제거한 뒤, 군사적 실권을 장악하고 본격적인 개혁의 계기를 마련하였다.

(4) 과전법(科田法)의 마련(1391)

이성계를 중심으로 모인 급진 개혁파(혁명파) 사대부 세력은 우왕과 창왕을 잇따라 폐하고 공양왕을 세운 후 전제 개혁을 단행하여 과전법을 마련하였다.

(5) 조선의 건국(1392)

이성계와 급진 개혁파 사대부 세력은 고려를 멸망시키고 조선을 건국하였다.

◐ 온건 개혁파와 급진 개혁파

구분	온건 개혁파	급진 개혁파(혁명파)
중심인물	이색·정몽주·이숭인·길재 등 (경제적·수적으로 우세)	정도전·조준·윤소종 등 (경제적·수적으로 열세)
개혁 방향	고려 왕조 안에서의 점진적 개혁 추진	고려 왕조를 부정하는 역성혁명 추진
군신 관계	절대적인 군주관 견지	대의명분에 입각한 군주관 견지
유학 사상	성리학만 정학으로 인정	성리학의 정학 인정, 주례(周禮) 수용
군사력	군사력 미비로 혁명파 제거에 실패	이성계(신흥 무인 세력), 농민·군사와 협력
계승	사림파(16세기 이후 집권)	훈구파(15세기 집권)

■ 이성계의 4불가론(四不可論)
• 소국이 대국을 공격함은 불가하다.
• 여름에 군사를 일으킴은 불가하다.
• 거국적 원정은 왜구 침입의 우려가 있다.
• 지금은 장마철이라 활의 아교가 풀리고 대군이 질병에 걸릴 수 있다.

단권화 MEMO

바로 확인문제

| 정답해설 | 제시된 자료의 밑줄 친 '왕'은 고려 우왕이다. 우왕은 공민왕이 죽은 후 이인임의 추대로 왕위에 올랐다. 1388년(우왕 14년)에 이성계는 위화도에서 회군한 후 최영을 제거하고 권력을 장악하였다.

| 오답해설 |
① 세종 1년(1419)에 이종무는 왜구의 근거지인 쓰시마섬(대마도)을 정벌하였다.
② 삼별초는 원종의 개경 환도 명령을 거부하고 대몽 항쟁을 전개하였다(1270~1273).
③ 공민왕 때 쌍성총관부를 공격하여 철령 이북 지역을 수복하였다(1356).

| 정답 | ④

● 밑줄 친 '왕'의 재위 기간에 있었던 일로 옳은 것은?

22. 지방직 9급

> 왕의 어릴 때 이름은 모니노이며, 신돈의 여종 반야의 소생이었다. 어떤 사람은 "반야가 낳은 아이가 죽어서 다른 아이를 훔쳐서 길렀는데, 공민왕이 자신의 아들이라고 칭하였다."라고 하였다. 왕은 공민왕이 죽은 뒤 이인임의 추대로 왕위에 올랐다. 이후 이인임, 염흥방, 임견미 등이 권력을 잡아 극심하게 횡포를 부렸다.

① 이종무가 왜구의 소굴인 대마도를 정벌하였다.
② 삼별초가 반란을 일으켜 대몽 항쟁을 계속하였다.
③ 쌍성총관부를 공격해 철령 이북 지역을 수복하였다.
④ 요동 정벌을 위해 출병한 이성계가 위화도에서 회군하였다.

| 정답해설 | 제시된 사료는 이성계 등과 결탁한 혁명파 신진 사대부의 입장으로, 이들은 위화도 회군 이후 폐가입진(가짜 왕을 폐하고, 진짜 임금을 세우다)을 명분으로 우왕과 창왕을 폐위한 후 공양왕을 옹립하였다.
ㄷ. 조준, 정도전 등의 혁명파 신진 사대부는 전제 개혁을 통해 과전법을 실시하였다(1391).
ㄹ. 이성계 세력은 공양왕 3년(1391) 중앙군 제도를 개편하여 삼군도총제부를 두어 군사권을 장악하였다.

| 오답해설 |
ㄱ. 신진 사대부는 전제 왕권 중심이 아닌, 사대부들에 의한 관료 중심의 정치를 추구하였다(정도전 – 재상 중심의 정치).
ㄴ. 이색, 정몽주는 온건파 신진 사대부이지만, 윤소종은 혁명파 신진 사대부에 해당한다.

| 정답 | ③

● 다음 주장을 한 정치 세력에 대한 설명으로 옳은 것만을 〈보기〉에서 모두 고른 것은?

14. 사복직 9급

> 우와 창은 본래 왕씨가 아니기 때문에 종사를 받들 수 없으며, 또한 천자의 명이 있으니 마땅히 가를 폐하고 진을 세울 것이다. 정창군 왕요는 신종의 7대손으로 그 족속이 가장 가까우니 마땅히 세울 것이다.

┤ 보기 ├
ㄱ. 전제 왕권 중심의 통치 체제를 정비하였다.
ㄴ. 이색, 정몽주, 윤소종 등을 숙청하였다.
ㄷ. 전제 개혁을 추진하여 과전법을 시행하였다.
ㄹ. 군제를 개혁하여 삼군도총제부를 설치하였다.

① ㄱ, ㄴ   ② ㄴ, ㄷ   ③ ㄷ, ㄹ   ④ ㄴ, ㄹ

02 중세의 경제

☐ 1 회독　　월　　일
☐ 2 회독　　월　　일
☐ 3 회독　　월　　일
☐ 4 회독　　월　　일
☐ 5 회독　　월　　일

단권화 MEMO

01 경제 정책

1 농업 중심의 산업 발전

(1) 중농 정책의 실시

고려는 재정의 토대가 되는 주요 산업인 농업을 중시하는 정책을 더욱 강화하였다.

① 개간한 땅에 대해서는 일정 기간 면세(免稅)하여 줌으로써 개간을 장려하였다.
② 농번기에는 잡역 동원(雜役動員)을 금지하여 농사에 지장을 주지 않게 하였다.

(2) 농민 안정책 강화

전 시대보다 농민 안정책을 더욱 강화하였다.

① 재해(災害)를 당하였을 때는 세금을 감면해 주었다.
② 고리대(高利貸)의 이자를 제한하였다.
③ 의창제(義倉制)를 실시하였다.

> **사료**　고려의 농업 장려 정책
>
> ❶ 임금(태조)이 명령을 내리기를 " …… (몰락한 사람들에게) 조세를 면제해 주고 농업을 권장하지 않으면 어찌 집집마다 넉넉하고 사람마다 풍족하게 될 수 있으랴. 백성에게 3년 동안의 조세와 부역을 면제해 주고, 사방으로 떠돌아다니는 자는 농토로 돌아가게 하며, 곧 대사면을 행하여 함께 휴식하라."라고 하였다.
> 『고려사절요』
>
> ❷ 진전(황폐해진 경작지)을 개간하여 경작하는 자는 사전(개인 소유지)의 경우 첫해에는 수확의 전부를 가지고, 2년째부터 경작지의 주인과 수확량을 반씩 나눈다. 공전(국가 소유지)의 경우는 3년까지 수확의 전부를 가지고, 4년째부터 법에 따라 조(租)를 바친다.
> 『고려사』

(3) 상업(商業)

① 시전(市廛): 개경과 서경에 시전을 설치하였다.
② 지불 수단: 화폐처럼 유통되는 곡물이나 삼베를 대신하여 쇠·구리·은 등을 금속 화폐로 만들어 유통하는 등 상업 발전에 관심을 기울였다.

(4) 수공업(手工業)

① 관청 수공업: 수공업은 관청에 기술자를 소속시켜 무기·비단 등 왕실과 국가에서 필요로 하는 물품을 생산하는 형태였으며, 민간 기술자나 일반 농민을 동원하여 생산을 보조하게 하였다.

② 소(所) 수공업

    ㉠ 먹·종이·금·은 등 수공업 제품을 생산하여 공물(貢物)로 바치게 하였다.

    ㉡ 자급자족적인 농업 경제를 기본으로 하였기 때문에 상업과 수공업의 발달은 부진하였다.

2 국가 재정의 운영

(1) 수취 체제의 정비

고려는 신라 말의 문란한 수취 체제를 다시 정비하고 재정 운영에 필요한 관청도 설치하였다.

① 양안과 호적 작성

    ㉠ 용도: 이것을 근거로 조세·공물·부역 등을 부과하였다.

    ㉡ 목적: 고려는 재정을 안정적으로 운영하기 위하여 토지와 호구를 조사하여 토지 대장인 '양안'과 호구 장부인 '호적'을 작성하였다.

② 재정 운영의 원칙: 고려는 수취 제도를 기반으로 재정 운영의 원칙을 세우고 왕실, 중앙 및 지방 관리, 향리, 군인 등 국가와 관청에 종사하는 사람에게 토지로부터 조세를 수취할 수 있는 권리를 나누어 주었다.

(2) 재정 운영 관청

① 담당 관청: 재정을 운영하는 관청으로는 호부와 삼사를 두었다.

    ㉠ 호부(戶部): 호적과 양안을 만들어 인구와 토지를 파악·관리하였다.

    ㉡ 삼사(三司): 재정의 수입 사무만 맡고 실제 조세의 수취와 집행은 각 관청이 하였다.

② 재정의 지출: 재정은 관리의 녹봉, 일반 비용, 국방비, 왕실 경비 등에 지출하였다.

    ㉠ 관리의 녹봉: 중앙과 지방의 문무관과 종실 등에 지급하였다.

    ㉡ 재정의 쓰임새

      • 왕실의 공적 경비, 각종 제사 및 연등회나 팔관회의 비용, 건물의 건축이나 수리비, 왕의 하사품 등으로 지출하였다.

      • 특히 군선이나 무기의 제조비 등에 쓰이는 국방비(國防費)에 많은 비용이 들었다.

    ㉢ 개경에는 좌창과 우창이 있었다. 좌창의 곡식은 관리의 녹봉으로 지출되었고, 우창의 곡식은 국용(國用, 공공 재정 혹은 국가 재정)으로 사용되었다.

③ 관청의 경비

    ㉠ 토지 지급: 각 관청은 운영 경비로 사용할 수 있도록 중앙으로부터 토지를 지급받았다.

    ㉡ 자체 비용 조달: 경비가 부족한 경우가 많아서 각 관청에서 필요한 비용을 스스로 마련하기도 하였다.

3 수취 제도(收取制度)

고려의 세금은 토지에서 거두는 조세, 집집마다 부과하는 공물, 장정의 수에 따라 부과하는 역이 있었다. 세금을 걷기 위하여 토지와 호구를 정확히 파악하려고 양안과 호적을 만들었다.

(1) 조세(租稅)

① 부과의 단위: 조세는 토지를 논과 밭으로 나누고 비옥한 정도에 따라 3등급으로 나누어 부과하였다. 1결당 생산량 최고 18석(최하 5석)을 기준으로 비옥도에 따라 상·중·하의 3등급으로 나누고, 등급별로 액수를 정하여 전세를 부과하였다.

■ 양안과 호적

양안 (量案)	경작지의 소유자와 크기를 적은 토지 대장이다.
호적 (戶籍)	부부를 중심으로 이루어진 가족을 등재하되, 때에 따라서는 여러 세대의 가족이 한 호적에 기록되기도 하였다.

무릇 전품(田品)은 불역지지(不易之地)를 상(上)으로 하고, 일역지지(一易之地)를 중(中)으로 하며 재역지지(再易之地)를 하(下)로 한다. 그 불역산전(不易山田) 1결은 평전(平田) 1결에 준하고, 일역전(一易田) 2결은 평전 1결에 준하며, 재역전 3결은 평전 1결에 준한다.　　　　　　　　　　　　　　　　　　　　　　　「고려사」

② 세율과 지대
　　㉠ 민전(民田) : 생산량의 10분의 1이 원칙이었다.
　　㉡ 지대(地代) : 민전을 소유하지 못한 영세 농민은 국가와 왕실의 소유지[公田]나 귀족들의 사전(私田)을 빌려 경작해야만 하였다.
　　　　• 공전 : 생산량의 4분의 1을 지대로 바쳐야 하였다.
　　　　• 사전 : 생산량의 2분의 1을 지대로 바쳐야 하였다.
③ 조세의 운반과 보관 : 거둔 조세는 각 군현의 농민을 동원하여 조창(漕倉)까지 옮긴 다음 조운(漕運)을 통해서 개경의 좌·우창으로 운반하여 보관하였다.

사료　고려의 조운

국초(國初)에는 남도(南道)의 수군(水郡)에 12창(倉)을 두었다. 창에는 판관(判官)을 두어 주(州)와 군(郡)의 조세를 각각 그 부근의 여러 창에 수송하였다가, 이듬해 2월에 배로 조세를 운반(漕運)하여 가까운 곳은 4월까지, 먼 곳은 5월까지 경창(京倉)으로 수송하도록 하였다.　　　　　　　　　　　　　「고려사」

(2) 공물(貢物)

공물은 집집마다 토산물을 거두는 제도로서, 농민들에게는 조세보다도 더 큰 부담이 되었다.

① 공물의 부과 : 중앙 관청에서 필요한 공물의 종류와 액수를 나누어 주현에 부과하면, 주현은 속현과 향·부곡·소에 이를 할당하고, 각 고을에서는 향리들이 집집마다 부과하여 공물을 거두었다.
② 종류 : 공물에는 매년 내어야 하는 상공(常貢)과 필요에 따라 수시로 거두는 별공(別貢)이 있었다.
③ 시기 : 공물은 거두는 시기가 정해져 있어 그 시기에 각 관청에 납부하여 개경으로 운반하였다.

(3) 역(役)

① 대상 : 국가에서 백성의 노동력을 무상으로 동원하는 제도로, 16세에서 60세까지의 남자를 정남(丁男)이라 하여 의무를 지게 하였다.
② 종류 : 역은 군역과 요역으로 이루어져 있었다.
　　㉠ 군역(軍役) : 양인 개병제(良人皆兵制)에 의한 국방의 의무를 이행하였다.
　　㉡ 요역(徭役) : 성곽·관아·제방의 축조, 도로 보수 등의 토목 공사, 광물 채취, 그 밖의 일에 노동력을 동원하였다.

(4) 기타

어민에게 어세(魚稅), 염세(鹽稅)를 걷거나 상인에게 상세(商稅)를 거두어 재정에 사용하였다.

■ 조창(漕倉)
조운할 곡식을 모아 보관하는 창고이다.

■ 군역(軍役)
국방의 의무로 일정 기간에 걸쳐 정병(正兵)으로 근무하여야 했다.

(5) 농촌 사회 동요의 원인

① 귀족 사회가 변질되어 가면서 수취 체제는 정상적으로 운영되지 못하고 지배층의 착취 수단이 되었다.

② 그 결과 많은 농민들이 유민화되고 농촌 사회가 동요하는 원인이 되었다.

사료   고려의 수취 제도

❶ 대사헌 조준 등이 상소를 올리기를 …… "(고려) 태조가 즉위한 지 34일 만에 여러 신하들을 맞이하면서 '최근 백성들에 대한 수탈이 가혹해지면서 1결의 조세가 6석에 이르러 백성의 삶이 너무 어려우니 나는 이를 매우 가련하게 여긴다. 지금부터 마땅히 10분의 1세로 하여 밭 1부의 조를 3되로 하여라.'라고 한탄하여 말하였는데 ……."라고 하였다.

❷ 편성된 호는 인구와 장정의 많고 적음에 따라 9등급으로 나누어 부역을 시킨다.

❸ 가장이 식구들을 보고에서 누락시키거나 나이를 늘리고 줄여서 장정에 해당하는 연령인데도 역의 부과를 면제받으면, 면제받은 사람이 1명일 경우에는 징역 1년, 2명일 경우에는 징역 1년 반에 처한다. 이정이 잘 모르고 주민을 빠뜨리거나 나이를 늘리거나 줄여 역을 부과할 때 오차가 생기면 태형에 처한다.

                                            『고려사』

바로 확인문제

● 고려 시대의 수취 제도에 대한 설명으로 옳지 <u>않은</u> 것은?

  ① 조세 액수는 1결당 최고 20두에서 최하 4두였다.

  ② 호적과 양안을 근거로 조세, 공물, 부역 등을 부과하였다.

  ③ 조창으로 옮겨진 세곡은 조운을 통해 개경으로 운반하였다.

  ④ 공물에는 필요에 따라 수시로 거두는 별공도 있었다.

| 정답해설 | 1결당 최고 20두에서 최하 4두는 조선 세종 때 시행된 연분 9등법에 따라 농민이 부담해야 하는 조세 액수이다.

| 정답 | ①

＊전시과 제도
시정 전시과, 개정 전시과, 경정 전시과의 주요 특징을 파악해 두어야 한다.

4 전시과 제도＊와 토지 소유

(1) 전시과 제도의 확립

고려는 국가에 봉사(奉仕)하는 대가로 관료에게 토지를 나누어 주는 제도를 운영하였다.

① 녹읍: 건국 초 왕족과 공경장상에게 녹읍이 지급되었으나 후삼국의 통일 이후 점차 소멸되었다.

사료   고려 태조가 예산진에서 내린 조서

관리로서 나라의 녹봉을 먹는 너희들은 마땅히 백성들을 자식과 같이 사랑하는 나의 뜻을 충분히 헤아려 자기의 **녹읍(祿邑)** 백성들을 사랑해야 할 것이다. 만일 무지한 부하들을 녹읍에 파견한다면 오직 수탈만 일삼아 착취를 함부로 할 것이니 너희들이 어찌 다 알겠는가. 또 혹시나 하더라도 역시 막지 못할 것이다. 지금 백성들이 억울한 사정을 호소하는 자가 있어도 관리들이 개인적인 친분에 끌려 이들의 잘못을 숨기고 있으니 백성들의 원망이 일어나는 것은 바로 이 까닭이다.

                                            『고려사』

② 역분전(役分田) : 일찍이 태조 때 역분전을 나누어 주었는데, 이것은 후삼국 통일 과정에서 공을 세운 사람들에게 준 토지였다.

■ 역분전(태조 23년, 940)
태조는 후삼국 통일 후 통일 전쟁 및 고려 건국에 기여한 공신들에게 관품에 상관없이 선악, 공로, 인품 정도에 따라 수조지를 차등 있게 분배하였다. 역분전은 논공행상적 성격을 지닌 제도로서 체계적이지 못하였다.

사료 역분전

태조 23년(940)에 처음으로 역분전(役分田) 제도를 설정하였는데, 삼한을 통합할 때 조정의 관료와 군사에게 그 관계(官階)의 높고 낮음을 논하지 않고 그 사람의 성품과 행동의 착하고 악함과 공로가 크고 작은가를 참작하여 차등 있게 주었다.   「고려사」

③ 전시과(田柴科)
　㉠ 운영 원칙
　　• 관리의 직역에 대한 대가로 지급되었다. 여기에서 토지 지급은 수조권의 개념이다.
　　• 전국을 대상으로 운영하였으며, 전지(농토)와 시지(땔감 획득)를 지급하였다.
　　• 반납하는 것이 원칙이나, 세습하는 토지도 존재하였다.
　㉡ 시정 전시과(경종 원년, 976)
　　• 광종 때 제정된 4색 공복(자·단·비·녹)을 기초로, 자삼 18품, 단삼 10품, 비삼 8품, 녹삼 10품으로 구분하였다.
　　• 관품의 높고 낮음과 함께 인품을 반영하여 토지를 지급하였다. 즉, 역분전의 성격을 벗어나지 못하였다.
　　• 과거를 통해 새로 등장한 문신보다 무신(공신 세력)들이 더 많은 혜택을 받았다.
　　• 산관도 현관과 동일한 혜택을 받았으며, 현직자가 퇴직을 하여도 토지를 반납하지 않고 보유하였다.
　　• 처분이나 세습은 금지되었으며, 수급자가 죽으면 반납하였다.

■ 전시과 제도의 변천 과정

역분전	태조	공로와 충성도에 따라 호족 통합 방법으로 실시
		↓
시정 전시과	경종	전지·시지 지급, 관직의 고하(高下), 인품 반영
		↓
개정 전시과	목종	전·현직 관리에게 차등 지급(18품), 관품만 반영
		↓
경정 전시과	문종	현직 관리에게 지급 (전직 관리 배제)
		↓
녹과전	원종	경기 8현에 한해 지급
		↓
과전법	공양왕	조선 건국 과정에서 실시(농민 우대, 사대부 주도)

사료 시정 전시과

경종 원년 11월에 비로소 직관·산관 각 품(品)의 전시과를 제정하였는데 관품의 높고 낮은 것은 논하지 않고 다만 인품(人品)만 가지고 토지의 등급을 결정하였다. 자삼(紫衫) 이상은 18품(品)으로 나눈다.   「고려사」

　㉢ 개정 전시과(목종 원년, 998)
　　• 인품이라는 막연한 기준을 제거하고, 관직의 고하(高下)만을 기준으로 18품계로 나누어 지급하였다(최고 170결에서 최저 20결까지 차등 지급).
　　• 한외과(등급에 들지 못한 자들에게 지급) 규정도 마련하여, 전지 17결을 지급하였다.
　　• 군인전도 전시과에 포함하여 지급하였다.
　　• 문관이 무관보다 우대받았다.
　　• 산직(전직)은 실직(현직)보다 1과에서 4과까지 인하된 대우를 받았다.

㉣ 경정 전시과(문종 30년, 1076) : 전시과 제도의 완성

- 산직자는 완전히 배제하였고, 실직(현직)자를 중심으로 지급하였다.
- 한외과를 없애 18과 내로 흡수하여 전시과의 완결성을 강화하였다.
- 무반에 대한 대우가 이전보다 좋아졌다.
- 무산계 전시를 시행하여 향리, 노병, 공장, 악인(樂人), 탐라 왕족, 여진족 추장 등 무산계를 받은 자에게도 전시과 토지를 지급하였다.
- 별사전을 신설하여 풍수지리업의 지사, 법계를 가진 승려에게 지급하였다.
- 한인전은 18과(科)에 설정되어 전 17결(結)을 지급하였다.
- 수전자(受田者)가 농민으로부터 직접 수조하지 못하게 하고, 국가가 대행하여 수전자에게 지급하였다.

○ 전시과의 토지 지급 액수   (단위 : 결)

시기		등급	1	2	3	4	5	6	7	8	9	10	11	12	13	14	15	16	17	18
경종 (976)	시정 전시과	전지	110	105	100	95	90	85	80	75	70	65	60	55	50	45	42	39	36	33
		시지	110	105	100	95	90	85	80	75	70	65	60	55	50	45	40	35	30	25
목종 (998)	개정 전시과	전지	100	95	90	85	80	75	70	65	60	55	50	45	40	35	30	27	23	20
		시지	70	65	60	55	50	45	40	35	33	30	25	22	20	15	10			
문종 (1076)	경정 전시과	전지	100	90	85	80	75	70	65	60	55	50	45	40	35	30	25	22	20	17
		시지	50	45	40	35	30	27	24	21	18	15	12	10	8	5				

㉤ 녹봉제

- 문종 때 완비된 녹봉 제도에 따라 현직에 근무하는 관리들은 쌀, 보리 등의 곡식을 주로 받았으나, 때로는 비단이나 베를 받기도 하였다.
- 녹봉은 1년에 두 번씩 녹패라는 문서를 창고에 제시하고 받았다.

㉥ 전시과의 붕괴 : 무신정변 후 권력자들의 불법적 농장 확대로 신진 관료에게 지급할 토지가 부족해지면서 전시과 체제는 붕괴되었다.

㉦ 녹과전(원종) : 전시과 붕괴 후 관리들에게는 녹봉만 지급하였는데, 몽골과의 전란으로 그마저도 어렵게 되었다. 이에 개경 환도 후 경기 8현에 한정하여 수조권을 지급하는 녹과전을 시행하였다.

(2) 전시과 제도의 특징

① 전지(田地)와 시지(柴地) 지급 : 몇 번의 변천 과정을 거쳐 만들어진 전시과 제도에 따라 문무 관리로부터 군인·한인에 이르기까지 18등급으로 나누어 곡물을 수취할 수 있는 전지와 땔감을 얻을 수 있는 시지를 주었다.

② 수조권(收租權) 지급 : 이때 지급된 토지는 수조권만 갖는 토지였다.

③ 국가에 반납 : 관직 복무와 직역에 대한 대가로 지급되었기 때문에 토지를 받은 자가 죽거나 관직에서 물러날 때에는 토지를 국가에 반납하도록 하였다.

■ 녹과전(祿科田)

원종 11년(1270)부터 간헐적으로 시행되어 왔지만, 권세가들의 반발로 큰 실효를 거두지 못하다가 충목왕(1344~1348) 때 정치도감(整治都監)을 설치하고, 친원 세력을 척결하면서 권세가들이 빼앗은 토지와 노비를 본 주인에게 돌려주고, 경기도에 권세가들이 가진 소위 사급전(賜給田)을 혁파하여 6품 이하의 하급 관리 및 국역 부담자들에게 녹과전(祿科田)으로 지급하는 조처가 내려지기도 하였다.   한영우

사료　　고려의 전제(田制)

고려의 전제(田制)는 대개 당(唐)의 제도를 본받은 것이다. 갈고 있는 땅 모두를 기름지고 메마름을 분간하여 문·무 백관으로부터 부병(府兵)·한인(閑人)에 이르기까지 모두 과(科)에 따라 지급하고, 또한 과에 따라 땔감을 얻을 땅을 지급하니 이를 전시과(田柴科)라 한다.

죽은 후에는 모두 나라에 반납한다. 오직 부병은 나이 20세가 되면 비로소 받아 60세에 환수하되, 자손이나 친척이 없는 자는 감문위(監門衛)에 적을 두어 70세 후에 구분전(口分田)을 지급하고 나머지는 환수한다. 후손이 없이 죽은 자와 전쟁으로 죽은 자의 처(妻)에게도 모두 구분전을 지급한다. 또 공해전시(公廨田柴)가 있는데, 장택(庄宅)·궁원(宮院)·백사(百司)·주현(州縣)의 관(館)·역(驛)에 각각 차이가 있다. 후에 또 관리의 녹봉이 박하여 기현(畿縣)의 녹과전(祿科田)을 지급하였다.

『고려사』

바로 확인문제

● (가)~(다) 전시과에 대한 설명으로 옳은 것을 〈보기〉에서 모두 고른 것은?　　15. 지방직 9급

		1	2	3	4	5	6	7	8	9	10	11	12	13	14	15	16	17	18
(가)	전지	110	105	100	95	90	85	80	75	70	65	60	55	50	45	42	39	36	33
	시지	110	105	100	95	90	85	80	75	70	65	60	55	50	45	40	35	30	25
(나)	전지	100	95	90	85	80	75	70	65	60	55	50	45	40	35	30	27	23	20
지급액수(결)	시지	70	65	60	55	50	45	40	35	33	30	25	22	20	15	10			
(다)	전지	100	90	85	80	75	70	65	60	55	50	45	40	35	30	25	22	20	17
	시지	50	45	40	35	30	27	24	21	18	15	12	10	8	5				

『고려사』 식화지

┤ 보기 ├

ㄱ. (가) – 관품과 함께 인품도 고려되었다.
ㄴ. (나) – 한외과가 소멸되었다.
ㄷ. (다) – 승인과 지리업에게 별사전이 지급되었다.
ㄹ. (가)~(다) – 경기 8현에 한하여 지급되었다.

① ㄱ, ㄴ　　② ㄱ, ㄷ　　③ ㄴ, ㄷ　　④ ㄷ, ㄹ

(3) 토지의 종류

① 과전(科田): 문·무반 관료에게 지급한 토지이다.

② 공음전(功蔭田): 과전(科田) 외에 문벌 귀족의 세습적인 경제적 기반이 되었던 것은 공음전이었다. 공음전은 5품 이상의 관료가 되어야 받을 수 있는데, 자손에게 세습할 수 있었다. 이는 음서제(蔭敍制)와 함께 귀족의 지위를 유지해 나갈 수 있는 기반이었다.

사료　　공음 전시과

문종 3년 5월 공음 전시법을 제정하였는데, 1품은 전지 25결과 시지 15결을 준다. …… 이것을 자손에게 전해 내려가게 하였다.

『고려사』

③ 한인전(閑人田): 6품 이하 하급 관료의 자제로서, 아직 관직에 오르지 못한 사람에게 지급한 토지이다.

④ 군인전: 군역의 대가로 주는 토지로, 군역이 세습됨에 따라 자손에게 세습되었다.

단권화 MEMO

| 정답해설 | (가) 시정 전시과(경종), (나) 개정 전시과(목종), (다) 경정 전시과(문종)에 해당한다.

ㄱ. 시정 전시과에서는 관품과 함께 인품이 고려되었다.

ㄷ. 경정 전시과에서는 별사전을 신설하여 풍수지리업의 지사, 법계를 가진 승려에게 지급하였다.

| 오답해설 |

ㄴ. 한외과가 소멸되면서 전시과의 완결성이 나타난 것은 경정 전시과에 해당한다.

ㄹ. 전시과는 전국을 대상으로 운영된 토지 제도이다. 경기 8현에 한하여 지급된 것은 녹과전이다.

| 정답 | ②

■ 한인

한인(閑人)은 6품 이하 관리의 자제로서, 관직을 얻지 못한 자를 가리킨다고 보는 것이 통설이었으나, 최근에는 관리가 되었으면서도 아직 보직(補職)을 얻지 못한 동정직(同正職)을 가리킨다는 새로운 학설이 제시되었다.

검교직(檢校職)	문반 5품·무반 4품 이상의 산직(散職)
동정직(同正職)	문반 6품·무반 5품 이하의 산직(散職)

■ 통도사 국장생석표(경남 양산)

국장생은 국명에 의해 건립된 장생이라는 뜻으로, 장생표는 사찰의 토지를 구분하기 위해 사찰의 경계에 세운 표지물이다.

⑤ 구분전(口分田): 자손이 없는 하급 관료와 군인의 유가족에게는 구분전을 지급하여 생활 대책을 마련해 주었다.

⑥ 내장전(內莊田): 왕실의 경비를 충당하기 위하여 내장전을 두었다.

⑦ 공해전(公廨田): 중앙과 지방의 각 관청에는 공해전을 지급하여 경비를 충당하게 하였다.

⑧ 사원전(寺院田): 사원에는 사원전을 지급하였다.

⑨ 외역전(外役田): 향리에게 직역에 대한 대가로 지급하였다.

⑩ 민전(民田)

㉠ 사유지: 매매·상속·기증·임대 등이 가능한 사유지로서, 귀족이나 일반 농민들이 상속·매매·개간을 통하여 형성하였다.

㉡ 납세지: 소유권이 보장되어 함부로 빼앗을 수 없는 토지였으며, 민전의 소유자는 국가에 일정한 세금을 내어야 했다.

㉢ 종류: 대부분의 경작지는 개인 소유지인 민전이었지만, 왕실이나 관청의 소유지도 있었다.

(4) 전시과 제도의 붕괴

① 귀족들의 독점·세습

㉠ 점차 귀족들이 토지를 독점하여 세습하는 경향이 커지면서 전시과 제도가 원칙대로 운영되지 못하였다.

㉡ 다시 분배하여야 할 토지를 세습하는 것이 용인되면서 조세를 거둘 수 있는 토지가 점차 줄어들었다.

② 폐단의 악화: 이런 폐단은 무신정변을 거치면서 극도로 악화되었다.

> **사료** 고려 말 농장(農莊)의 확대
>
> 말기에는 임금들이 덕을 잃고 토지와 호구 문건(戶口文件)이 명확하지 못하여 양민은 모두 세력 있는 자들에게 소속되고, 전시과 제도(田柴科制度)는 폐지되어 그 토지들은 개인들의 땅으로 되었다. 권세 있고 유력한 자들의 토지는 이랑(밭 가운데 있는 길)을 잇대어 있고, 그 경계는 산(山)과 강(江)을 가지고 표지(標識)하고 있었으며, 경작자(耕作者)들에 대한 조(租)의 징수는 1년에 두 번 혹은 세 번이나 중첩(重疊)되는 일까지 있게 되었다. 이리하여 조종(祖宗, 역대의 왕)이 제정한 법제(法制)는 모조리 파괴되고 나라도 이에 따라 망하게 되었다.
>
> 「고려사」

(5) 국가 재정의 파탄

① 미봉책으로는 권문세족이 토지를 독점하는 폐단을 막을 수 없었다.

② 권문세족이 권력을 이용하여 대규모의 토지와 몰락한 농민을 모아 농장을 형성하는 경향이 갈수록 심해져 고려 말의 국가 재정은 파탄 지경에 이르렀다.

> **바로 확인문제**

● 고려 시대 토지 종목 중 ㉠에 해당하는 것은?   17. 지방직 9급 추가

> 원종 12년 2월에 도병마사가 아뢰기를, "근래 병란이 일어남으로 인해 창고가 비어서 백관의 녹봉을 지급하지 못하여 사인(士人)을 권면할 수 없었습니다. 청컨대 경기 8현을 품등에 따라 (㉠)으로 지급하소서."라고 하였다.
>
> 「고려사」

① 공음전   ② 구분전   ③ 녹과전   ④ 사패전

| 정답해설 | 개경 환도(1270) 이후인 원종 12년(1271)에 경기 8현을 대상으로 관료들에게 녹과전을 지급하였다.

| 오답해설 |

① 문종 3년(1049)에 제정된 공음 전시과(공음전)는 5품 이상 관료에게 지급되는 토지로서, 세습이 가능하였다.

② 구분전은 자손이 없는 하급 관리나 군인의 유가족에게 지급한 토지이다.

④ 고려 후기부터 조선 초기까지 운영되었던 사패전은 공신 사패전(일종의 공신전)과 토지 개간을 목적으로 지급한 개간 사패전이 있었다.

| 정답 | ③

● 〈보기〉는 고려의 토지 제도에 대한 설명이다. ㉠과 ㉡에 들어갈 것으로 가장 옳게 짝지어진 것은?

┌─ 보기 ──
5품 이상의 고위 관리에게는 (A)를 주어 자손에게 상속하게 하였다. 하급 관료의 자제 중 관직에
오르지 못한 사람에게는 (B)를 주고, 직업 군인에게는 군역의 대가로 (C)를 지급하였다. 직역을
계승할 자손이 없으면 국가에서는 토지를 회수하고 대신 유가족의 생활을 보호하기 위해 (㉠)을
지급하였다. 한편 왕실에는 왕실 경비를 충당하기 위해 (D)를 지급하였다. 중앙과 지방의 관청에
는 (㉡)을 지급하였고, 사원에는 (E)를 지급하였다.
└───

	㉠	㉡		㉠	㉡
①	구분전	공해전	②	민전	내장전
③	군인전	공해전	④	한인전	내장전

|정답해설| A는 공음전, B는 한인전, C
는 군인전, D는 내장전, E는 사원전이
다. ㉠ 자손이 없는 하급 관리나 군인
의 유가족에게는 구분전을 지급하였
고, ㉡ 중앙과 지방 관청의 경비 마련
을 위해 공해전이 지급되었다.

|정답| ①

02 경제 활동

1 귀족의 경제 생활

(1) 귀족의 경제 기반

대대로 상속받은 토지와 노비뿐만 아니라 관료가 되어 받은 과전과 녹봉 등이 있었다.

① 과전(科田)
  ㉠ 원칙과 예외: 과전은 관료가 사망하거나 관직에서 물러나면 반납하는 것이 원칙이지
    만, 유족의 생계 유지라는 명목으로 그 토지를 일부분이라도 물려받을 수 있었다. 공음
    전이나 공신전도 세습할 수 있었다.
  ㉡ 결과: 후손들이 대를 이어 관직에 나갈 수 없다면 경제 기반을 유지하기 어려웠다.
  ㉢ 세율: 귀족들은 과전에서 생산량의 10분의 1을 조세로 받았다. 자기 소유의 토지로 받
    았던 공음전이나 공신전에서는 대체로 수확량의 반(半)을 거둘 수 있었다.
② 녹봉(祿俸)
  ㉠ 대상: 문종 때 완비된 녹봉 제도에 따라 현직에 근무하는 관리들은 쌀·보리 등의 곡식
    을 주로 받았으며, 때로는 베나 비단을 받기도 하였다.
  ㉡ 녹봉은 1년에 두 번씩, 녹패(祿牌)라는 문서를 창고에 제시하고 받았다.
    • 녹봉: 관료를 47등급으로 나누어 1등급은 400석, 최하 47등급은 10석을 받았다.
    • 녹패: 녹봉을 받는 사람에게 증거로 주는 종이로 만든 표이다.
③ 지대 수취 및 신공: 귀족들은 자신의 소유지에서도 상당한 수입을 얻을 수 있었다.
  ㉠ 지대(地代): 자신의 소유지를 노비에게 경작시키거나 소작을 시켜 생산량의 반(半)을
    거두었다.
  ㉡ 신공(身貢): 외거 노비에게 신공으로 매년 베나 곡식을 받았다.
④ 농장(農場)
  ㉠ 점탈과 매입 등: 귀족들은 권력이나 고리대를 이용하여 농민에게 토지를 빼앗기도 하
    고 헐값에 사들이거나 개간을 하여 토지를 늘리기도 하였다.
  ㉡ 관리: 이렇게 늘어난 토지를 농장이라 하였고, 대리인을 보내 소작인을 관리하고 지대
    를 거두어 갔다.

■ 신공(身貢)
노비가 주인에게 제공하는 노동력이
나 물품을 말한다.

(2) 귀족의 사치 생활

다양한 수입을 기반으로 귀족들은 화려한 생활을 할 수 있었다.

① 누각(樓閣)과 별장(別莊) 소유: 문벌 귀족이나 권문세족들은 큰 누각을 짓고 사치스러운 생활을 하였을 뿐만 아니라 지방에 별장도 가지고 있었다.

② 외출과 여가(餘暇) 생활: 외출할 때는 남녀 모두가 시종을 거느리고 말을 타고 다녔으며, 다방(茶房)에서 중국에서 수입한 차[茶]를 즐기기도 하였다.

③ 의(衣)생활: 귀족들은 전문 기술자가 짜거나 중국에서 수입한 비단으로 만든 옷을 입었다. 당시 전문 기술자들이 만든 비단·고운 모시 등은 왕실이나 귀족들이 사용하였고 중국에 수출하기도 하였다.

사료 귀족의 생활

❶ 예종이 돌아가고 어린 왕이 즉위하니 …… (이자겸의) 아들들이 앞을 다투어 제택(第宅)을 건축하여 길거리에 죽 뻗쳐 있고, 권세가 더욱 떨치며, 뇌물을 공공연히 주고받고, 자기 종들을 풀어놓아 다른 사람의 말과 수레를 빼앗아서 자기 물건을 실어 들이므로 힘 없는 백성은 수레를 부수고 말과 소를 팔아 도로가 시끄러웠다.　　　　　　　　　　　　　　　　　　　　　　　『고려사절요』

❷ 김돈중 등이 절의 북쪽 산은 민둥하여 초목이 없으므로 그 인근의 백성들을 모아 소나무·잣나무·삼나무·전나무와 기이한 꽃과 이채로운 풀을 심고 단을 쌓아 임금의 방을 꾸몄는데, 아름다운 색채로 장식하고 대의 섬돌은 괴석(怪石)을 사용하였다. 하루는 왕이 이곳에 행차하니 김돈중 등이 절의 서쪽 대에서 잔치를 베풀었다. 휘장·장막과 그릇이 사치스럽고 음식이 진기하여 왕이 재상·근신들과 더불어 매우 흡족하게 즐겼다.　　　　　　　　　　　　　　　　　　　　　　　　　　　『고려사』

❸ 김준은 농장을 여러 곳에 설치하고 가신 문성주로 하여금 전라도를 관리하도록 하였고, 지준에게는 충청도를 관리하도록 하였다. 두 사람이 다투어 재물을 탐내어 마구 거둬들이기를 일삼아 백성들에게 벼 종자한 말을 주고 나중에 으레 쌀 한 섬을 거두었다. 김준의 여러 아들들이 이를 본받아 무뢰배를 다투어 모아 세도를 믿고 횡포를 자행하여 남의 땅을 침탈하니 원성이 매우 많았다.　　　　　　　　　　『고려사』

---

② 농민의 경제 생활

(1) 농민의 생계 유지

① 토지 경작: 농민은 조상이 물려준 토지인 민전(民田)을 경작하거나 국·공유지나 다른 사람의 소유지를 경작하였다.

② 품팔이 등: 품팔이를 하거나 부녀자들이 삼베·모시·비단 등을 짜는 일을 하여 생계를 유지하였다.

(2) 농민의 생활 개선 노력

대개 농민은 소득을 늘리려고 황무지를 개간하고 새로운 농업 기술을 배웠다.

① 지대·조세의 감면: 농민이 진전이나 황무지를 개간하면 국가에서 일정 기간 소작료나 조세를 감면해 주었다.

② 진전(陳田)의 개간: 진전(방치되어서 황폐해진 토지)을 개간할 때 주인이 있으면 소작료를 감면해 주고, 주인이 없으면 개간한 사람의 토지로 인정해 주었다.

③ 경작지의 확대: 12세기 이후에는 연해안의 저습지와 간척지도 개간하여 경작지를 확대하였다.

(3) 농업 기술의 발달

농업 기술의 발달에 따라 생산량이 증가하였다.

① 수리 시설이 발달되었고, 호미와 보습 등의 농기구를 개량하였다.
② 종자(種子)의 개량이 있었다.
③ 심경법(深耕法)의 일반화: 소를 이용한 깊이갈이가 일반화되었다.
④ 시비법(施肥法)의 발달: 시비법이 발달하면서 휴경지가 점차 줄어 계속해서 경작할 수 있는 토지가 늘었다.
⑤ 윤작법의 보급: 밭농사에는 2년 3작의 윤작법을 점차 보급하였다.
⑥ 이앙법의 보급: 논농사에서는 직파법(直播法)이 주로 행해졌으나, 고려 말에는 직파법 대신 이앙법(移秧法, 모내기)이 남부 지방 일부에 보급될 정도로 발전하였다.
⑦ 『농상집요』 소개(충정왕 1년, 1349): 고려 말 이암은 원나라로부터 『농상집요』를 소개하고 보급하였다. 이는 농업 기술에 대한 학문적 연구에 도움을 주었다.
⑧ 목화씨 전래(공민왕 12년, 1363): 공민왕 때 문익점이 목화씨를 들여와 고려 말 목화의 재배를 시작하였다. 이는 의생활에 커다란 변화를 가져왔다.

심화 　고려 시대의 농업 기술

고려 시대의 농업 기술은 이미 우경(牛耕)에 의한 심경이 행하여지고, 2년 3작의 윤작법(輪作法)이 시행되었는데, 이는 후기에 들어오면서 더욱 발달하게 되었다. 이에 고려 말에는 농업 생산력이 증가하고 쌀 재배도 보급되었으니, 이암(李嵒)이 원의 농서인 『농상집요(農桑輯要)』를 소개한 것은 이를 뒷받침하는 것이었다. 특히 고려 말에는 목면이 재배되기 시작함으로써 우리나라 의복 원료에 커다란 변혁을 가져오게 하였다. 목면은 공민왕 때 문익점(文益漸)이 원에서 목화씨를 들여온 것을 그의 장인인 정천익(鄭天益)이 재배에 성공하여 보급하였는데, 이로써 일반 평민의 의복 재료가 종래의 마포에서 무명[綿布]으로 바뀌는 일대 변화를 이루게 되었다.

바로 확인문제

● 고려 시대 농업에 대한 설명으로 가장 적절하지 않은 것은?

① 고려 전기에는 농민의 생활 안정을 위한 권농 정책을 추진하였다.
② 소를 이용한 깊이갈이가 일반화되었다.
③ 시비법이 발달하여 휴경지가 줄어들었다.
④ 고려 말 원의 농법을 소개한 『농사직설』이 보급되었다.

● 밑줄 친 '이 나라'의 경제 상황에 대한 설명으로 옳지 않은 것은?　　22. 국가직 9급

> 이 나라에는 관리에게 정해진 면적의 토지에서 조세를 거둘 수 있는 권리를 나누어주는 전시과라는 제도가 있었다. 농민은 소를 이용해 깊이갈이를 하기도 했으며, 시비법의 발달로 휴경지가 점차 줄어들었다. 밭농사는 2년 3작의 윤작법이 점차 보급되었다. 이 나라의 말기에는 직파법 대신 이앙법이 남부 지방 일부에 보급될 정도로 논농사에 변화가 나타났다. 또한 이암에 의해 중국 농서인 『농상집요』도 소개되었다.

① 재정을 운영하는 관청으로 삼사를 두었다.
② 공물 부과 기준이 가호에서 토지로 바뀌었다.
③ 생산량의 10분의 1에 해당하는 조세를 거두었다.
④ '소'라는 행정 구역의 주민이 국가에서 필요로 하는 물품을 생산하였다.

단권화 MEMO

■ 시비법(施肥法)의 발달
밭을 묵혀서 그 밭에 자란 풀을 태우거나 갈아엎어 비료를 주던 방식에서 벗어나 들의 풀이나 갈대를 베어 와 태우거나 갈아엎은 녹비에 동물의 똥오줌을 함께 사용하는 퇴비가 만들어졌다.

|정답해설| 『농사직설』은 조선 세종 시기에 편찬된 농서이다. 고려 말 원의 농법을 소개하기 위해 이암이 들여온 책은 『농상집요』이다.
|정답| ④

|정답해설| 제시된 자료는 고려 시대의 농업 발전에 대한 내용이다. 조선 후기에 대동법이 시행되면서 공물 부과 기준이 가호에서 토지로 바뀌었다.
|정답| ②

(4) 농민의 몰락

고려 후기에 이르러 농업 생산력이 상당한 수준에 이르렀다.

① 배경 : 권문세족들이 농민의 토지를 빼앗아 거대한 규모의 농장을 만들고 지나치게 세금을 거두면서 농민들은 몰락하였다.

② 결과 : 몰락한 농민은 권문세족의 토지를 경작하거나 노비로 전락하였다.

사료 　고려의 농업

❶ **고려의 농업 기술 발달**

• 큰 산과 깊은 계곡이 많아 험하고 평지가 적다. 그러므로 경작지가 산간에 많은데 오르내리면서 경작하는 데 힘이 많이 들고 멀리서 보면 계단과 같다. 　　　　　　　　　　　　　　　　　「고려도경」

• 명종 18년(1188) 3월 …… 때에 맞추어 농사를 권장하고 힘써 제언(堤堰)을 수축하여 저수(貯水)하고 물을 대게 하여 황모지(荒耗地)가 없도록 하여 백성들의 먹을거리를 풍족하게 하라. 　　　　「고려사」

❷ **수리 시설과 벼농사의 발달**

• 무릇 토지의 등급은 묵히지 않는 토지를 상(上)으로 하고, 한 해 묵히는 토지를 중(中)으로 하고, 두 해 묵히는 토지를 해(下)로 한다. 　　　　　　　　　　　　　　　　　　　　　　　　　　「고려사」

• 수리 시설이 이어져 있는 토지는 밭 혹은 논으로 서로 경작하며, 토지의 등급을 헤아려 비옥한 토지는 해마다 돌려가며 벼를 경작하되, 3월 안에 심을 수 없으면 4월 중순은 넘기지 말아야 한다. 　「농상집요」

• 공민왕 11년(1362) …… 논을 다루는 우리나라 사람은 반드시 크고 작은 도랑에서 물을 끌어들일 뿐이요 수차(水車)로 하면 물을 쉽게 댈 수 있다는 것을 알지 못합니다. 이렇기 때문에 논 아래에 웅덩이가 있고 깊이가 한 길이 채 못 되어도 그 물을 내려다만 보지 감히 퍼 올리지 못합니다. 그러므로 낮은 땅은 물이 항상 고여 있고 높은 땅은 항상 풀이 무성해 있는 것이 십중팔구나 됩니다. 그러니 계수관(界首官, 지방 관리)에게 명령하여 수차(水車)를 만들게 하고 그 만드는 법을 배우게 한다면 민간에 전해 내려갈 수 있게 될 것입니다. 이것이 가뭄의 해(害)에 대비하고 황무지를 개간하는 데 있어 제일의 계책입니다. 　　　　　　　　　　　　　　　　　　　　　　　　　　　　　　　　　　　　　　　「고려사」

• 양산의 논밭은 모두 낮고 습하여 가물면 곡식이 익지만 비가 오면 물 때문에 해를 입는 곳이다. 이원윤이 수령으로 부임하여 도랑을 깊이 파는 등 특별한 노력을 기울여 버려진 땅을 거의 모두 개간하였다고 한다. 　　　　　　　　　　　　　　　　　　　　　　　　　　　　　　　　　　　「송인양주서」

---

3 수공업자의 활동

(1) 수공업의 종류

고려 전기에는 관청 수공업과 소(所) 수공업이 중심이었으나, 고려 후기에는 사원 수공업과 민간 수공업이 발달하였다.

① 관청 수공업

　㉠ 생산 방법 : 중앙과 지방에 있던 수공업 관청에서는 그곳에서 일할 기술자들을 공장안(工匠案)에 올려 물품을 생산하게 하였으며, 농민을 부역으로 동원하여 보조하게 하였다.

　㉡ 관수품의 제조 : 기술자들은 주로 국가에서 필요로 하는 칼·창·활 등의 무기류, 가구류, 금·은 세공품, 견직물, 마구류 등을 제조하였다.

② 소(所) 수공업 : 소에서는 금·은·철·구리·실·각종 옷감·종이·먹·차·생강 등을 생산하여 공물로 납부하였다.

③ 사원 수공업 : 사원에서는 기술이 좋은 승려와 노비가 있어 베·모시·기와·술·소금 등 품질 좋은 제품을 생산하였다.

④ 민간 수공업 : 민간 수공업은 농촌의 가내 수공업이 중심이었다. 국가에서는 삼베를 짜게 하거나 뽕나무를 심어 비단을 생산하도록 장려하였는데, 이런 이유로 농민들은 직접 사용하거나 공물로 바치거나 팔기 위하여 삼베·모시·명주 등을 생산하였다.

(2) 민간 수요의 증가

① 고려 후기에는 유통 경제가 발전하면서 민간에서도 수공업품의 수요가 증가하였다.
② 관청 수공업으로 주로 생산하던 놋그릇·도자기 등을 거의 민간 수공업으로 생산하였다. 또한 대나무 제품·명주·삼베·모시·종이 등 다양한 물품도 민간에서 만들었다.

4 상업 활동

(1) 도시 중심의 상업 활동

고려의 상업은 도시를 중심으로 발달하였다.

① 시전(市廛) 설치 : 고려는 개경과 서경에 시전을 설치하여 관청과 귀족들이 주로 이용하였다.
② 관영 상점 설치 : 개경·서경(평양)·동경(경주) 등의 대도시에는 관청의 수공업장에서 생산한 물품을 판매하는 서적점, 약점과 술·차 등을 파는 주점, 다점(茶店) 등 관영 상점을 두었다.
③ 비정기적 시장 : 이외에도 비정기적인 시장이 있어 도시 거주민이 일용품을 매매할 수 있었다.
④ 경시서(京市署) 설치 : 매점매석과 같은 상행위를 감독하는 경시서를 두었다.

▲ 고려의 교통로와 산업 중심지

(2) 지방의 상업 활동

① 시장의 개설 : 지방에서는 농민·수공업자·관리 등이 관아 근처에 모여들어 쌀·베 등의 일용품을 서로 바꿀 수 있는 시장을 열었다.
② 행상(行商)의 활동 : 행상은 지방 시장에서 물품을 팔거나 마을마다 돌아다니면서 베나 곡식을 받고 소금·일용품 등을 판매하였다.

(3) 사원의 상업 활동

사원에서도 소유하고 있는 토지에서 생산한 곡물과 승려나 사원 노비들이 만든 수공업품을 민간에 팔았다.

(4) 고려 후기의 상업 활동

고려 후기에 이르러 도시와 지방의 상업 활동이 전기보다 활발해졌다.

① 개경

　㉠ 개경의 인구가 증가하여 민간의 상품 수요가 증가하였다.

　㉡ 관청의 물품 구입량이 증가하여 시전 규모도 확대되고 업종별 전문화가 나타났다.

　㉢ 개경의 상업 활동은 점차 도성 밖으로 확대되어, 예성강 하구의 벽란도를 비롯한 항구들이 교통로와 산업의 중심지로 발달하였다.

② 지방

　㉠ 지방 상업에서는 행상의 활동이 두드러졌다.

　㉡ 조운로(漕運路)를 따라 미곡·생선·소금·도자기 등을 교역하였다.

　㉢ 새로운 육상로가 개척되면서 여관인 원(院)이 발달하여 이곳이 상업 활동의 중심지가 되었다.

③ 상업 활동의 변화

　㉠ 전매제: 고려 후기에는 국가가 재정 수입을 늘리기 위하여 소금의 전매제를 시행하였다.

　㉡ 농민에 대한 강제: 관청·관리·사원 등은 강제로 농민에게 물건을 판매하거나 구입하도록 하고 조세를 대납하는 등 농민들을 강제적으로 유통 경제에 참여시켰다.

　㉢ 부(富)의 축적: 이 과정에서 상업 발달에 힘입어 부를 축적하여 관리가 되는 상인이나 수공업자들이 생겨났다.

　㉣ 농민의 처지: 농민들은 지배층의 가혹한 수취와 농업 생산력의 한계로 경제적인 여유가 없어 적극적으로 상업 활동에 참여하기 어려웠다.

사료　소금의 전매제

충선왕(忠宣王) 원년(元年) 2월에 왕이 명하기를, "옛날에 소금을 전매하던 법은 국가 재정에 대비하려는 것이었다. 본국의 여러 궁원(宮院)·사사(寺社)와 권세가들이 사사로이 염분(鹽盆)을 설치하여 그 이익을 독점하고 있으니 국가 재정을 무엇으로써 넉넉하게 할 수 있을 것인가? …… 염분을 모두 관(官)에 납입(納入)시키도록 하라.

『고려사』

심화　고려 시대 교통과 통신 제도

❶ 역참 제도

• 전국의 도로망 중 군사, 교통 요충지에 525개의 역(驛)을 설치하였다.

• 역에는 역리와 역졸이 업무를 담당하였고, 역마(驛馬)가 준비되어 있었다. 또한 국가에서는 역전(驛田)을 지급하여 경비를 충당하게 하였다.

• 고려 정부는 역을 통해 군사 연락, 공문 전달 등을 수행하였고, 관리는 병부에서 담당하였다.

---

❷ 진(津, 나루터)

• 육로와 연결된 나루터에는 진(津)을 설치하여 육로 수송을 보완하였다.

• 진의 경비 충당을 위해 진전(津田)을 지급하였다.

---

❸ 조운 제도

• 조운은 세미(稅米, 세금으로 거둔 곡식)를 저장한 각 지방 조창에서 개경의 경창(좌·우창)으로 운송하기 위하여 마련된 해상 수송 제도로서 호부가 관장하였다.

• 각 지역 조창은 조운하기 적합한 해변이나 하천 주변에 설치하였으며, 문종 때 13개의 조창을 설치하였다.

• 조운 기간은 일반적으로 2월부터 5월까지였다. 구체적으로는 지방에서 징수된 조세를 11월 초부터 다음 해 1월까지 각 지방의 조창에 모았다. 이후 2월부터 시작해서 가까운 곳은 4월, 먼 곳은 5월까지 경창까지 조운을 마치도록 규정하였다.

신우(우왕) 7년(1381) 8월에 서울(개성)의 물가가 뛰어올랐는데, 장사하는 자들이 조그마한 이익을 가지고 서로 다투었다. 최영이 이를 미워하여 무릇 시장에 나오는 물건은 모두 경시서로 하여금 물가를 평정(評定)하고 세인(稅印, 세금을 바쳤다는 도장)을 찍게 하겠다고 한 뒤에 비로소 매매하게 하였고, 도장을 찍지 않은 물건을 매매하는 자는 …… 죽이겠다고 하였다. 이에 경시서에 큰 갈고리를 걸어 두고 사람들에게 보였더니 장사하는 자들이 벌벌 떨었다. 그러나 이 일은 마침내 시행되지 못하였다.

『고려사』

5 화폐 주조와 고리대의 유행

(1) 화폐의 주조

① 논의: 상업 활동이 활발해지면서 화폐 발행과 사용을 논의하였다. 화폐를 발행하면 이익 금을 재정에 보탤 수 있고, 정부가 경제 활동을 장악할 수 있기 때문이다.

② 성종: 최초의 화폐인 **건원중보**(철전·동전)를 만들었으나(996), 유통에는 실패하였다.

③ 숙종: 의천의 건의로 주전도감을 설치하고 **은병(활구)**, 해동통보, 삼한통보, 삼한중보 등 동전을 주조하였다.

④ 원 간섭기: 원의 지폐인 보초가 들어와 유통되기도 하였다. 보초는 고려 왕실의 원나라 왕 래 혹은 사신 파견 등의 소요 경비로 사용되었다.

⑤ 공양왕: 최초의 지폐인 저화를 발행하였다(이후 조선 태종 때에도 사섬서를 설치하고 저 화를 발행함).

(2) 화폐 유통의 부진

① 자급자족의 경제 활동을 하였던 농민들은 화폐의 필요성을 거의 느끼지 않았다.

② 귀족들도 국가의 화폐 발행 독점과 화폐 사용 강요에 불만이 많았다.

③ 동전 등은 도시에서도 주로 다점이나 주점 등에서만 사용되었다.

④ 일반적인 거래에서는 여전히 곡식(穀食)이나 삼베[布]를 사용하였다.

■ 은병(활구)

우리나라의 지형을 본떠 은 1근으로 만든 고가의 화폐로서, 은병 하나의 값 은 포 100여 필이나 되었다.

▲ 해동통보

▲ 삼한통보

심화	고려 시대의 화폐				
성종	건원중보(최초의 화폐)				
숙종	주전도감 설치: 대각국사 의천의 건의				
	은병(활구): 고려의 지형을 본떠서 만듦. 고액 화폐				
	해동통보, 삼한중보, 삼한통보: 주전도감에서 제작				
	동국통보, 해동중보, 동국중보: 주조 시기는 명확하지 않으나, 숙종 연간에 사용된 것으로 보임				
충렬왕	쇄은	**충혜왕**	소은병	**공양왕**	저화(최초의 지폐)

| 사료 | 고려 시대의 화폐 정책 |

내(목종) 선대의 조정에서는 이전의 법도와 양식을 따라서 조서를 반포하고 화폐를 주조하니 수년 만에 돈꿰 미가 창고에 가득 차서 화폐를 통용할 수 있게 되었다. …… 이에 선대의 조정을 이어서 전폐(錢幣, 돈)는 사 용하고 추포(麤布, 발이 굵고 바탕이 거친 베)를 쓰는 것을 금하게 함으로써 세상을 놀라게 하는 일은, 국가 의 이익을 이루는 것이 아니라 한갓 백성들의 원성을 일으키는 것이라 하였다. …… 문득 근본을 힘쓰는 마 음을 지니고서 돈을 사용하는 길을 다시 정하니, 차와 술과 음식 등을 파는 점포들에서는 교역에 전과 같이 전폐를 사용하도록 하고, 그 밖의 백성들이 사사로이 서로 교역하는 데에는 임의로 토산물을 쓰도록 하라.

『고려사』

|정답해설| 해동통보, 활구는 고려 숙종 시기에 발행된 화폐이다. 고려 시대의 상업은 도시를 중심으로 발달하였는데, 시전 설치를 비롯해 서적점, 약점, 주점, 다점 등의 관영 상점을 두었다.

|오답해설|
① 조선 후기 대동법 시행 이후 공인이 출현하였다.
② 조선 정조 때 실시한 신해통공에 대한 설명이다.
④ 신라 지증왕 시기에 해당한다.

|정답| ③

|정답해설| 주전도감에서 은병(활구)을 제작한 시기는 고려 숙종 때이다. 숙종은 여진 정벌을 위해 윤관의 건의를 받아들여 별무반을 설치하였다.

|오답해설|
① 성종 때 주요 지역에 12목을 설치하고, 지방관(목사)를 파견하였다.
③ 태조는 지방 호족을 견제하기 위해 사심관과 기인 제도를 도입하였다.
④ 광종은 왕권 강화를 위해 과거제를 시행하고 독자적인 연호(광덕, 준풍)를 사용하였다.

|정답| ②

● 다음과 같은 정책이 시행되었던 시대의 경제 상황에 대한 설명으로 옳은 것은?   13. 국가직 9급

> • 해동통보를 비롯한 돈 15,000관을 주조하여 관리들에게 나누어 주었다.
> • 은 한 근으로 우리나라 지형을 본뜬 은병을 만들어 통용시켰는데, 민간에서는 이를 활구(闊口)라 불렀다.

① 공인이 상업 활동을 주도하였다.
② 시전 상인의 금난전권을 제한하였다.
③ 대도시에 주점, 다점 등의 관영 상점을 두었다.
④ 시장을 감독하는 관청으로 동시전을 설치하였다.

● 밑줄 친 '왕'의 재위 기간에 있었던 사실로 옳은 것은?   16. 지방직 9급

> 주전도감에서 왕에게 아뢰기를 "백성들이 화폐를 사용하는 유익함을 이해하고 그것을 편리하게 생각하고 있으니 이 사실을 종묘에 알리십시오."라고 하였다. 이해에 또 은병을 만들어 화폐로 사용하였는데, 은 한 근으로 우리나라의 지형을 본떠서 만들었고 민간에서는 활구라고 불렀다.

① 주요 지역에 12목을 설치하고 목사를 파견하였다.
② 여진 정벌을 위해 윤관이 건의한 별무반을 설치하였다.
③ 지방 호족을 견제하기 위해 사심관과 기인 제도를 도입하였다.
④ 왕권을 강화하기 위해 과거 제도를 시행하고 독자적인 연호를 사용하였다.

(3) 고리대의 성행과 보(寶)의 출현

① 고리대의 횡포
  ㉠ 왕실, 귀족, 사원은 고리대로 재산을 늘렸다.
  ㉡ 생활이 빈곤했던 농민들은 부족한 식량을 구하거나 혼인, 상례 등에 쓰려고 높은 이자로 돈을 빌렸다가 갚지 못하면 토지를 빼앗기거나 노비가 되기도 하였다.

② 보(寶)의 출현
  ㉠ 성격: 고리대가 성행하자 일정한 기금을 만들어 그 이자를 공적인 사업의 경비로 충당하는 보가 출현하였다.
  ㉡ 종류

학보	교육 기금
광학보	승려들의 면학을 위한 기금(정종, 946)
제위보	빈민을 구제하기 위한 기금(광종, 963)
경보	불경 간행을 위한 기금
금종보	범종 주조용 기금
팔관보	팔관회 개최의 경비 충당을 위한 기금

  ㉢ 결과: 이러한 보는 오히려 이자 취득에만 급급하여 농민들의 생활에 막대한 폐해를 끼쳤다.

❶ 승려들이 심부름꾼을 시켜 절의 돈과 곡식을 각 주군에 장리(長利)를 놓아 백성을 괴롭히고 있다.
「고려사절요」

❷ 지금 부역을 피하려는 무리들이 부처의 이름을 걸고 돈놀이를 하거나 농사·축산을 업으로 삼고 장사를 하는 것이 보통이 되었다. …… 어깨를 걸치는 가사는 술 항아리 덮개가 되고, 범패를 부르는 장소는 파·마늘의 밭이 되었다. 장사꾼과 통하여 팔고 사기도 하며, 손님과 어울려 술 먹고 노래를 불러 절간이 떠들썩하다.
「고려사」

■ 사원의 경제적 기반

고려는 『도선비기』에 의거하여 국가의 비보사찰(裨補寺刹)을 정하여 국가와 왕실의 안녕을 기원하도록 하고, 그 절에는 사원전과 노비를 지급하였다. 그리고 귀족들도 자기 가문의 절을 짓고 토지와 노비를 기증하는 것이 일반화되었다. 국가적으로 연등회와 팔관회를 개최하고, 국립 여관의 구실을 하던 원(院)을 절에서 관리하게 하였다.

6 무역 활동

(1) 대외 무역의 활발

① 국가의 통제: 통일 신라 시대부터 서해안의 호족들을 중심으로 발달하였던 사무역(私貿易)이 고려에 들어와서는 국가의 통제를 받았다.

② 공무역 중심: 점차 중앙 집권화되면서 그동안 성행하였던 사무역은 쇠퇴하고 공무역이 중심이 되었다.

③ 무역국(貿易國): 국내 상업이 안정적으로 발전하면서 송·요 등 외국과의 무역도 활발해졌다.

④ 무역항: 예성강 어귀의 **벽란도**는 대외 무역의 발전과 함께 국제 무역항으로 번성하였다.

▲ 고려 전기의 대외 무역

(2) 송과의 무역

고려의 대외 무역에서 가장 큰 비중을 차지한 것은 송과의 무역이었다.

① 교역품

ㄱ 수출품: 금·은·인삼 등의 원료품과 종이·붓·먹·부재·나전 칠기·화문석 등의 수공업품과 토산물을 수출하였다. 특히 고려의 종이(등피지)와 먹은 질이 뛰어나 송의 문인들이 귀하게 여겼으므로 비싼 값으로 수출하였다.

ㄴ 수입품: 비단·약재·서적·악기 등 왕실과 귀족의 수요품을 수입하였다.

② 무역로

ㄱ 북송 때: 벽란도 → 옹진 → 산둥반도 → 등주(덩저우)

ㄴ 남송 때: 벽란도 → 흑산도 → 명주(밍저우)

(3) 기타 국가와의 무역

① 거란: 거란은 은(銀)·모피·말 등을 가지고 와서, 식량·문방구·구리·철 등과 바꾸어 갔다.

② 여진: 여진은 은(銀)·모피·말 등을 가지고 와서, 농기구·식량(곡식)·포목 등과 바꾸어 갔다.

③ 일본

    ㉠ 무역을 하였으나 송·거란 등에 비하여 그리 활발하지는 않았다.

    ㉡ 일본은 11세기 후반부터 내왕하면서 수은·유황 등을 가지고 와 식량·인삼·서적 등과 바꾸어 갔다.

④ 아라비아

    ㉠ 대식국인(大食國人)이라 불리던 아라비아 상인들도 고려에 들어와서 수은·향료·산호 등을 팔았다.

    ㉡ 이들을 통하여 고려(Corea)의 이름이 서방 세계에 널리 알려지게 되었다.

사료   고려의 대외 무역

❶ 11월 병인(丙寅)에 대식국(大食國) 상인 보나합(保那盍) 등이 와서 수은(水銀)·용치(龍齒)·점성향(占城香)·몰약(沒藥)·대소목(大蘇木) 등의 물품을 바쳤다. 담당자에게 명하여 객관(客館)에서 후하게 대우하고 돌아갈 때에 금과 비단을 후하게 내려 주도록 하였다.

❷ (덕종 3년) 11월에 팔관회(八關會)를 열었다. 신봉루(神鳳樓)에 들러 모든 관료에게 큰 잔치를 베풀었다. 그리고 다음 날 대회(大會)를 열면서 또 큰 연회를 베풀며 음악을 관람하였다. 동경(東京) 및 서경(西京)의 2경(京)과 동북 양로 병마사(東北兩路兵馬使), 4도호(都護), 8목(牧)이 각각 글을 올려 축하하였다. 송(宋)의 상인과 동서번(東西蕃), 그리고 탐라국(耽羅國)도 또한 특산물을 바쳤으므로 자리를 내주어 음악을 관람하게 하였는데, 이후에는 상례(常例)로 하였다.

『고려사』

---

(4) 원 간섭기의 무역

① 원의 간섭기에는 공무역이 행해지는 한편 사무역이 다시 활발해졌다.

② 상인들이 독자적으로 원과 교역하면서 금·은·소·말 등이 지나치게 유출되었고, 이는 사회적으로 물의가 일어날 정도였다.

바로 확인문제

● 고려 시대의 경제 생활에 대한 설명으로 옳은 것을 〈보기〉에서 모두 고른 것은?   18. 서울시 9급

┤ 보기 ├

  ㄱ. 성종은 건원중보를 만들어 전국적으로 사용하게 하려 했으나 성공하지 못하였다.

  ㄴ. 고려 후기 관청 수공업이 쇠퇴하면서 민간 수공업이 발달하였다.

  ㄷ. 예성강 어귀의 벽란도는 고려의 국제 무역항이었다.

  ㄹ. 원 간섭 시기에는 원의 지폐인 보초가 들어와 유통되기도 하였다.

① ㄱ, ㄴ, ㄷ   ② ㄱ, ㄷ, ㄹ   ③ ㄴ, ㄷ, ㄹ   ④ ㄱ, ㄴ, ㄷ, ㄹ

|정답해설|

ㄱ. 성종은 건원중보를 만들어 전국적으로 유통시키려 하였으나 성공하지 못하였다.

ㄴ. 고려 후기에는 관청 수공업이 쇠퇴하면서, 사원 수공업과 민간(민영) 수공업이 점차 발달하였다.

ㄷ. 예성강 어귀의 벽란도는 고려 시대 최대의 국제 무역항이었다.

ㄹ. 원 간섭 시기에는 원의 지폐인 보초가 들어와 유통되기도 하였다. 보초는 고려 왕실의 원나라 왕래 혹은 사신 파견 등의 소요 경비로 사용되었다.

|정답| ④

03 중세의 사회

01 고려의 신분 제도

단권화 MEMO

고려의 신분 구성은 시대에 따라 약간의 차이는 있었지만, 대략 귀족과 중류, 그리고 양민과 천민으로 구성되었다.

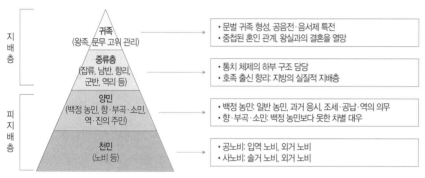

▲ 고려 시대의 신분제

1 귀족(貴族)

고려 지배층의 핵심은 귀족이었다.

(1) 특징

왕족을 비롯하여 5품 이상의 고위 관료들이 귀족의 주류를 형성하였고, 음서(蔭敍)나 공음전 (功蔭田)의 혜택을 받는 특권층이었다.

① 문벌 귀족
　　㉠ 성격: 귀족들은 대대로 고위 관직을 차지하여 문벌 귀족을 형성하였으며 고려 사회를 이끌어 갔다.
　　㉡ 거주: 중앙 집권적 체제인 고려 사회에서 귀족들은 주로 개경에 거주하였는데, 그들 중에서 죄를 지은 자가 있으면 고향으로 보내기도 하였다(귀향형).
　　㉢ 토지의 집적: 중앙 관직에 진출한 집안은 귀족 가문으로 자리 잡기 위하여 관직을 바탕으로 토지 소유를 확대하는 등 재산을 모았다.
　　㉣ 폐쇄적인 혼인: 유력한 귀족 가문과 서로 중첩(重疊)된 혼인 관계를 맺었다. 귀족들이 사돈 맺기를 가장 원한 집안은 왕실이었는데, 왕실의 외척(外戚)이 된다는 것은 가문의 영광일 뿐만 아니라 권력을 장악할 수 있는 지름길로 여겼으므로 여러 딸을 동시에 왕비로 들이는 경우도 있었다.

■ 고려를 귀족 사회로 보는 근거
• 공음전과 음서의 혜택 및 세습
• 과거에 응시하는 신분층 한정, 승진에 가문이 중요한 요소가 됨
• 귀족들끼리 폐쇄적인 혼인 관계를 통해 문벌 형성
• 도병마사, 식목도감 등 귀족들의 합의 기구 발달(후기에는 도평의사사 중심의 귀족 연합 정치 실시)

② 신분 변동
　⊙ 향리의 귀족 진출: 지방 향리의 자제들도 과거를 통하여 벼슬에 나아가 신진 관료가 됨
　　으로써 어렵게 귀족의 대열에 들 수가 있었다.
　ⓒ 귀족의 전락: 반대로 중앙 귀족에서 낙향하여 향리로 전락하는 경우도 있었다.

심화　고려 사회의 개방성

❶ 삼국 이전에는 과거의 법이 없었고 고려 태조가 처음으로 학교를 세웠으나, 과거로 인재를 뽑기까지는 이
　르지 못하였다. 광종이 쌍기의 의견을 채용하여 과거로 인재를 뽑게 하였으니 이때부터 문풍이 일어나기
　시작하였다. 그 법은 대체로 당의 제도를 많이 채용하였다.

❷ 고려의 신분 제도는 엄격하여 조상의 신분이 그대로 자손들에게 세습되었지만, 그렇지 않은 경우도 있었
　다. 향리로부터 문반직에 오르는 경우와 군인이 군공을 쌓아 무반으로 출세하는 경우를 들 수 있으며, 고
　려 후기에는 향·부곡·소가 일반 군현으로 승격되기도 하였으며, 외거 노비 가운데는 재산을 모아 양인
　의 신분을 얻는 자도 있었다.

(2) 귀족층의 변화

① 무신(武臣): 무신정변을 계기로 종래의 문벌 귀족들이 도태되고, 무신들이 권력을 잡는 가
　운데 귀족층의 변화가 일어났다.
② 권문세족(權門勢族)*
　⊙ 무신정권이 붕괴되면서 등장한 지배 귀족이었으며, 고려 후기에 정계(政界)의 요직(要
　　職)을 장악하고 농장을 소유한 최고 권력층이었다.

사료　권문세족(權門勢族)

이제부터 만약 종친으로서 같은 성에 장가드는 자는 황제의 명령을 위배한 자로서 처리할 것이니 마땅히 여
러 대를 내려오면서 재상을 지낸 집안의 딸을 취하여 부인을 삼을 것이며 재상의 아들은 왕족의 딸과 혼인
함을 허락할 것이다. 만약 집안의 세력이 미비하면 반드시 그렇게 할 필요는 없다. …… 철원 최씨·해주 최
씨·공암 허씨·평강 채씨·청주 이씨·당성 홍씨·황려 민씨·횡천 조씨·파평 윤씨·평양 조씨는 다 여러 대
의 공신 재상의 종족이니 가히 대대로 혼인할 것이다. 남자는 종친의 딸에게 장가가고 딸은 종비(宗妃)가 됨
직하다.
　　『고려사』

　ⓒ 가문의 세습: 가문의 힘을 이용하여 음서(蔭敍)로써 신분을 세습시켜 갔다.
　ⓒ 유형
　　• 전기부터 그 세력을 이어 온 계층
　　• 무신정권 시대에 대두한 가문
　　• 원의 세력을 배경으로 성장한 가문
　ⓔ 대규모 농장의 소유: 이들은 강과 하천을 경계로 삼을 만큼 **대규모의 농장을 소유**하고
　　도 국가에 세금을 내지 않았다.
　　• 농장의 형태: 개간·매입·기진(寄進)·투탁(投托)·강탈 등의 수단을 통하여 광대한 토
　　　지를 집적하였다.
　　• 면세: 합법적 또는 불법적으로 사패(賜牌)의 형식을 통하여 전조(田租)를 면제받고 있
　　　었다. 애초에 전시과에서 그어 놓은 면조(免租)의 상한선은 권문세족들의 토지에서는
　　　유명무실한 것이 되어 모두 면조됨으로써 국가의 전조 수입(田租收入)은 갈수록 축소
　　　되어 재정은 파탄 지경에 이르렀다.

* **권문세족**
권문세족은 충선왕의 즉위 교서가 제
시되면서 출제되는 경우가 많다.

■ **권문세족의 권력 독점**
권문세족들은 **첨의부**나 **밀직사** 등의
고위 관직을 독점하였고, 도평의사사
의 구성원으로서 권력을 장악하였다.

■ **권문세족의 유형**
• 전기 이래의 문벌 귀족 가문: 경주
　김씨, 장흥 임씨, 경원 이씨, 안산 김
　씨, 철원 최씨, 해주 최씨, 공암 허씨,
　청주 이씨, 파평 윤씨
• 무신정권 시대에 득세한 무신 가
　문: 언양 김씨, 평강 채씨
• 무신정권 이후에 등장한 능문능리
　의 신관인층: 당성 홍씨, 황려 민씨,
　횡천 조씨
• 원 간섭기에 성장한 가문: 평양 조씨

- 관리 및 경작: 농장은 주인이 보낸 가신(家臣)이나 노비에 의해 관리되며 이들을 장두(莊頭)라 하고, 그 거처를 장사(莊舍)라 하였다. 농장은 전호(佃戶)나 노비(奴婢)에 의해 경작되었다.
  - ⑩ 부(富)의 축적: 몰락한 농민들을 농장으로 끌어들여 노비처럼 부리며 부를 축적하였다.

단권화 MEMO

사료 　권문세족의 대토지 소유 현상

❶ 무릇 주현에는 각기 경외 양반·군인의 가전·영업전이 있는데, 이에 간점(奸占)한 이민(吏民)이 권력에 의탁하고자 거짓으로 한지라 칭하고는 그 집 앞으로 기록을 올리고, 권세가도 또한 자기의 토지라 칭하며 공첩(公牒)을 요구 취득하고는 즉시 사환을 보내 서신을 통하여 촉탁하면, 그 주(州)의 원료(員僚)들도 간청을 피하지 못하고 사람을 파견하여 징취(徵取)하므로, 하나의 토지에서의 징수가 두세 번에 이르러 백성들이 고통을 견디기 어렵고 나아가 호소할 곳도 없기 때문에 원한과 분노가 하늘을 찌를 듯한 형편입니다.
『고려사』

❷ 근래에 이르러 겸병(兼并)이 더욱 심하여, 간흉한 무리들이 주(州)를 넘고 군(郡)을 에워싸 산천으로 표지를 삼고 모두 조업전(祖業田)이라 칭하여 서로 빼앗으니 한 땅의 주인이 5, 6명이 넘고 1년에 조(租)를 8, 9차례나 거둬 간다. …… 부결(負結)의 고하를 제멋대로 정하여 1결의 토지를 3, 4결로 만들고, 대두(大豆)로 수조(收租)하니 한 섬을 거둘 것을 두 섬으로 수조하여 그 수를 채운다. 조종(祖宗)이 민(民)으로부터 거둠이 1/10뿐인데 지금 사가(私家)에서 거둠은 10분의 천(千)에 이른다. …… 옛 사람이 말하기를 나라에 3년의 비축이 없으면 나라라고 할 수 없다 하였는데, 근래에 서북으로 출행함(요동 정벌)에 있어 겨우 몇 달분의 비축밖에 없으니 공사(公私)가 모두 지탱하지 못하고, 상하가 모두 곤궁하여 2, 3년의 홍수와 가뭄만 들면 그 무엇으로 구제할 것이며, 천만 군병의 군량은 그 무엇으로 해결한단 말인가.
『고려사』

❸ 이제현이 도당(都堂)에 글을 올렸다. "경기 지방의 토지는 조상 때부터 내려오던 구분전을 제외하고 나머지는 모두 녹과전으로 만든 지 거의 50년이 지났는데, 최근에는 권세가에서 거의 모두 빼앗아 가졌습니다. 만약 이를 혁파한다면 기뻐하는 자는 많을 것이요, 기뻐하지 않을 자는 권세가 수십 명뿐일 것입니다."
『고려사절요』

바로 확인문제

● 고려 후기 권문세족에 대한 설명으로 옳지 않은 것은?　　　　　　19. 국가직 7급
① 음서는 이들의 지위를 유지할 수 있는 중요한 제도적 장치였다.
② 재지 지주로서 녹과전과 녹봉을 유력한 경제적 기반으로 삼았다.
③ 첨의부 등의 고위 관직을 독점하면서 도당의 구성원으로서 권력을 장악하였다.
④ 왕실 또는 자기들 상호 간에 중첩되는 혼인을 맺어 긴밀한 유대 관계를 가지고 있었다.

| 정답해설 | 권문세족은 부재지주(다른 지역에 거주하면서 관리인을 파견하여 농업을 경영하는 지주)로서, 대농장과 각종 면세전 등이 중요한 경제적 기반이었다.
| 정답 | ②

---

③ 신진 사대부
　㉠ 출신: 고려 후기에는 경제력을 토대로 과거 시험에 합격한 후 중앙 관직에 진출한 향리 출신들이 세력을 확장하였는데, 이들을 신진 사대부라 부른다.
　㉡ 등장 시기
　　• 신진 사대부 세력이 등장하기 시작한 시기는 무신정권기부터였다.
　　• 최씨 정권에 참여한 이들은 무신들의 부족한 학문과 행정 능력을 보완해 주는 구실밖에는 할 수 없었다.
　　• 무신정권이 붕괴된 후에 더욱 활발하게 중앙 정계로 진출하여 점차 세력을 키워 나감으로써, 고려 말에는 권문세족과 나란히 할 수 있을 만큼 커다란 사회 세력을 형성하기에 이르렀다.

■ 신진 사대부
유교적 소양을 갖추었고 행정 실무에도 밝은 학자 출신 관료들로, 권문세족과는 달리 그 가문이 한미한 하급 관리나 향리 집안에서 주로 배출되었다.

ⓒ 권문세족과의 대립 : 이들은 국가 재정이 어려워지고 전시과의 붕괴로 과전을 받지 못하게 되자 사전의 폐단을 지적하면서 권문세족과 대립하였다.

ⓓ 성리학의 수용 : 성리학을 수용함으로써 권문세족의 친원적(親元的)이고 친불교(親佛敎)적인 성향에 반대하는 입장을 취하였다.

ⓔ 개혁의 추구 : 고려 말에 신진 사대부들은 권문세족으로 대표되는 구질서(舊秩序)와 여러 가지 모순을 비판하고 전반적인 사회 개혁과 문화 혁신을 추구하였다.

○ 고려 후기의 정치 세력

구분	권문세족	신진 사대부
등장	무신정변 이후, 원 간섭기	무신집권기
신분	중앙 관료 출신	한미한 향리 출신
대외관	친원적 외교관	친명적 외교관(배원 친명 정책)
관직 진출	음서(蔭敍) 선호	과거 시험
학문	친불교적, 유학, 한문학	성리학, 소학(小學), 대의명분 강조
사상	민간 의식 중시	주자가례(朱子家禮) 중시, 가묘(家廟) 설치
경제	부재 지주, 농장 소유	중소 재향 지주층, 전제 개혁론
의식	보수적, 퇴영적, 안일적	애민 의식(경자유전, 병작반수제 금지)
지향성	귀족 정치, 도평의사사 장악	관료주의 정치, 왕도 정치
기타	왕실과의 외척 및 통혼	일부 급진파 사대부 세력이 혁명 주도

바로 확인문제

한국사능력검정시험 고급 25회

● 다음 두 인물의 공통점으로 옳은 것은?

① 왕실과 중첩된 혼인 관계를 맺었다.

② 성리학을 개혁 사상으로 수용하였다.

③ 중방을 중심으로 권력을 장악하였다.

④ 원 세력을 배경으로 대농장을 차지하였다.

⑤ 홍건적과 왜구의 토벌을 통해 성장하였다.

|정답해설| 왼쪽은 정몽주(온건파 신진 사대부), 오른쪽은 정도전(혁명파 신진 사대부)이다. 이 둘은 성리학을 개혁 사상으로 수용한 신진 사대부이다.

|오답해설|
① 고려 중기의 문벌 귀족들은 왕실과 중첩된 혼인 관계를 맺어 자신들의 세력을 유지하고자 하였다.
③ 고려 무신정변(1170) 이후 무신들은 중방을 중심으로 권력을 장악하였다.
④ 고려 말 권문세족들은 원 세력을 배경으로 권력을 장악하였고, 대농장을 경영하였다.
⑤ 고려 말 이성계 등 신흥 무인 세력은 홍건적과 왜구의 토벌을 통하여 성장하였다.

|정답| ②

2 중류층(中流層)

(1) 성립

중류층은 후삼국의 혼란을 거쳐 고려의 지배 체제가 정비되는 과정에서 통치 체제의 하부 구조를 맡아 고려의 지배층과 피지배층 사이의 중간 역할을 담당하는 집단으로 자리를 잡아 갔다.

(2) 유형

중앙 관청의 말단 서리인 잡류, 궁중 실무 관리인 남반, 지방 행정의 실무를 담당한 향리, 직업 군인으로 하급 장교인 군반, 지방의 역(驛)을 관리하는 역리 등이 있었다.

① 지배 기구의 말단 행정직으로 존재하였다.
② 직역을 세습적으로 물려받았으며, 직역에 대한 대가로 국가로부터 토지를 받았다.

(3) 호족 출신

① 각 지방의 호족 출신은 향리로 편제되어 갔다.
② 호족 출신들은 호장, 부호장을 대대로 배출하는 지방의 실질적 지배층으로, 통혼 관계나 과거 응시 자격에 있어서도 하위의 향리와는 구별되었다.

바로 확인문제

● 밑줄 친 '이들'에 대한 설명으로 가장 옳은 것은?   22. 법원직 9급

> 이들의 첫 벼슬은 후단사이며, 두 번째 오르면 병사(兵史)·창사(倉史)가 되고, 세 번째 오르면 주·부·군·현의 사(史)가 되며, 네 번째 오르면 부병정(副兵正)·부창정(副倉正)이 되며, 다섯 번째 오르면 부호정(副戶正)이 되고, 여섯 번째 오르면 호정이 되며, 일곱 번째 오르면 병정·창정이 되고, 여덟 번째 오르면 부호장이 되고, 아홉 번째 오르면 호장(戶長)이 된다.   「고려사」

① 자손이 음서의 혜택을 받았다.
② 속현의 조세와 공물의 징수, 노역 징발 등을 담당하였다.
③ 수군, 조례, 역졸, 조졸 등으로 칠반천역이라고도 불렸다.
④ 수령의 행정 실무를 보좌하는 세습적인 아전으로 활동하였다.

---

3 양민(良民)

(1) 백정 농민

① 거주: 양민은 일반 주·부·군·현에 거주하였다.
② 유형: 농업이나 상공업에 종사하는 사람들을 말한다.
③ 사회적 지위
　㉠ 농사에 종사하는 농민층이 주류를 이루었다.
　㉡ 양민의 대다수는 농민들로서 이들을 백정(白丁)이라고도 한다.
　㉢ 이들은 자기 조상으로부터 물려받거나 개간 등을 통해 토지를 소유할 수 있었다.
　㉣ 토지를 소유하지 못한 백정 농민층은 사유지나 국·공유지 등의 각종 토지를 빌려 경작하였고, 그러한 경우 일정량의 소작료를 주인에게 납부하였다.
　㉤ 이들에게는 조세·공납·역이 부과되었고, 출세에 법적 제한은 없었다.

■ 호장(戶長)

향리직의 우두머리로서, 부호장(副戶長)과 함께 호장층을 형성하였는데, 해당 고을의 모든 향리들이 수행하던 말단 실무 행정을 총괄하였다.

|정답해설| 제시된 사료의 "호장", "부호장"은 고려 시대 향리의 직책이다. 고려 시대 향리는 속현(지방관이 파견되지 않은 지역)의 조세와 공물의 징수, 노역 징발 등 행정 실무를 담당하였다.

|오답해설|
① 고려 시대 공신과 왕족의 자손, 5품 이상 관료의 자손 등에게 음서의 혜택이 부여되었다.
③ 수군, 조례, 역졸, 조졸, 나장 등 칠반천역은 조선 시대 신량역천(법적 신분은 양인이지만 하는 일은 천하게 여겨졌던 사람들)의 대표적 사례이다.
④ 조선 시대 향리는 수령의 행정 실무를 보좌하는 세습적인 아전으로 활동하였다.

|정답| ②

■ 백정(白丁)

고려의 백정은 국가로부터 일정한 직역을 부여받지 못한 농민이기 때문에 토지의 지급도 있을 수 없었다.
한편 조선에서의 백정은 도살업에 종사하는 천민을 의미한다.

향 · 부곡 · 소 거주민들의 사회적 위상을 백정과 비교하여 이해해 두어야 한다.

■화척, 양수척, 재인

이들의 조상은 대부분 북방 유목 민족들로, 신라 시대 이후 우리나라에 들어와 살기 시작했다. 이들은 한곳에 머무르지 않고 이동 생활을 하면서 도축을 하거나, 버들고리를 만들어 팔기도 하였다('화척', '양수척'으로 불림). 여자들은 춤과 노래를 잘하여 주로 일종의 광대('재인')로서 생계를 유지하였다. 국가에서는 이들에 대한 호적을 작성하지도 않았으며, 아무런 의무를 부과하지 않았다.

(2) 특수 집단*

① 유형
- ㉠ 향(鄕) · 부곡(部曲) · 소(所) : 향이나 부곡에 거주하는 사람들은 농업을, 소에 거주하는 사람들은 수공업이나 광업품의 생산을 주된 생업으로 하였다.
- ㉡ 역(驛) · 진(津) : 역과 진의 주민은 각각 육로 교통업과 수로 교통업에 종사하였다.

② 사회적 지위
- ㉠ 법적으로 양인이었으나, 백정 농민보다 규제가 심하였다.
- ㉡ 이들은 백정 농민보다 훨씬 많은 세금을 부담하였다.

③ 거주의 제한 : 거주하는 곳도 소속 집단 내로 제한되어 다른 지역으로 이주하는 것을 원칙적으로 금지하였다.

④ 군현의 강등 조치 : 일반 군현민들이 반란을 일으킨 경우에는 집단적으로 처벌하여 군현을 부곡 등으로 강등시키기도 하였다.

⑤ 그 외에도 광산에서 일하는 광부를 철간, 어부를 생선간, 소금 굽는 염부를 염간, 목축하는 사람을 목자간, 뱃사공을 진척이라 불렀다.

사료 　특수 행정 구역

이제 살펴보건대, 신라에서 주군(州郡)을 설치할 때 그 전정(田丁), 호구(戶口)가 현의 규모가 되지 못하는 곳에는 향(鄕)이나 부곡(部曲)을 두어 소재지의 읍에 속하게 하였다. 고려 때 또 소(所)라고 칭하는 것이 있었는데, 금소(金所) · 은소(銀所) · 동소(銅所) · 철소(鐵所) · 사소(絲所) · 주소(紬所) · 지소(紙所) · 와소(瓦所) · 탄소(炭所) · 염소(鹽所) · 묵소(墨所) · 곽소(藿所) · 자기소(瓷器所) · 어량소(魚梁所) · 강소(薑所)의 구별이 있어 각각 그 물건을 공급하였다.
또 처(處)나 장(莊)으로 칭하는 것도 있어, 각 궁전(宮殿) · 사원(寺院) 및 내장댁(內莊宅)에 분속되어 그 세를 바쳤다. 위 여러 소(所)에는 모두 토성(土姓)의 아전과 백성이 있었다.　　『신증동국여지승람』

사료 　향 · 부곡 · 소민의 생활

왕이 명하기를, "경기의 주현들에서는 상공(常貢) 외에도 요역이 많고 무거워 백성들이 고통을 견디지 못하고 나날이 점점 도망하여 떠돌아다니고 있다. 이에 주관하는 관청에서는 그들의 공물과 역의 많고 적음을 파악하여 결정하고 시행하라. 구리, 철, 자기, 종이, 먹 등 여러 소(所)에서 별공(別貢)으로 바치는 물건들을 함부로 징수하여 장인들이 살기가 어려워 도망하고 있다. 해당 기관에 연락하여 각 소에서 별공과 상공으로 내는 물건의 많고 적음을 파악하여 결정한 다음, 왕에게 아뢰어 재가를 받도록 하라."라고 하였다.　　『고려사』

바로 확인문제

● 다음 ㉠의 주민에 대한 설명으로 옳은 것은?　　16. 지방직 9급

> 고려 시기에 [㉠]은/는 금, 은, 구리, 쇠 등 광산물을 채취하거나 도자기, 종이, 차 등 특정한 물품을 생산하여 국가에 공물로 바쳤다.

① 군현민과 같은 양인이지만 사회적 차별을 받았다.

② 죄를 지으면 형벌로 귀향을 시키는 처벌을 받았다.

③ 지방 호족 출신으로 지방 행정의 실무를 담당하였다.

④ 재산으로 간주되어 매매 · 상속 · 증여의 대상이 되었다.

|정답해설| ㉠은 소이다. 고려 시대 향 · 부곡 · 소와 같은 특수 행정 구역 주민들은 법적으로는 양인이지만, 일반 양인인 백정보다 못한 사회적 차별을 받았다.

|오답해설|
② 귀향형은 지배 계급을 대상으로 적용된 형벌이다.
③ 향리에 대한 설명이다.
④ 노비에 대한 설명이다.

|정답| ①

4 천민(賤民)

(1) 유형

천민의 대다수는 노비였다. 노비는 공공 기관에 속하는 '공노비'와 개인이나 사원에 예속된 '사노비'가 있었다.

① 공노비(公奴婢)
　　㉠ 입역 노비: 궁중과 중앙 관청이나 지방 관아에서 잡역에 종사하면서 급료를 받고 생활하였다.
　　㉡ 외거 노비: 지방에 거주하면서 농업에 종사하였다. 이들은 농경을 통하여 얻은 수입 중 규정된 액수를 관청에 납부하였다.
② 사노비(私奴婢)
　　㉠ 솔거 노비: 귀족이나 사원에서 직접 부리는 노비로, 주인의 집에 살면서 잡일을 보았다.
　　㉡ 외거 노비
　　　　• 주인과 따로 사는 노비로, 주로 농업 등에 종사하고 주인에게 일정량의 신공(身貢)을 바쳤다.
　　　　• 주인의 토지뿐만 아니라 다른 사람의 토지도 소작할 수 있어서 노력에 따라서는 경제적으로 여유를 얻을 수 있었으며, 자신의 토지도 소유할 수 있었다.
　　　　• 신분적으로는 주인에게 예속되어 있었으나, 경제적으로는 양민 백정과 비슷하게 독립된 경제 생활을 영위할 수 있었다.
　　　　• 외거 노비 가운데에는 신분의 제약을 딛고 지위를 높인 사람이나 농업에 종사하면서 재산을 늘린 사람도 있었다.

사료　노비의 신분 상승

❶ 평량은 평장사 김영관의 집안 노비로 경기도 양주에 살면서 농사에 힘써 부유하게 되었다. 그는 권세가 있는 중요한 길목에 뇌물을 바쳐 천인에서 벗어나 산원동정의 벼슬을 얻었다. 그의 처는 소감 왕원지의 집안 노비인데, 왕원지는 집안이 가난하여 가족을 데리고 가서 의탁하고 있었다. 평량이 후하게 위로하여 서울로 돌아가기를 권하고는 길에서 몰래 처남과 함께 원지의 부처와 아들을 죽이고 스스로 그 주인이 없어졌으므로 계속해서 양민으로 행세할 수 있음을 다행으로 여겼다.　　　『고려사』

❷ 고종 45년(1258) 2월에 최의가 집안 노비인 이공주를 낭장으로 삼았다. 옛 법제에 노비는 비록 큰 공이 있다 하더라도 돈과 비단으로 상을 주었을 뿐 관직을 제수하지는 않게 되어 있다. 그런데 최항이 집정해서는 인심을 얻고자 처음으로 집안 노비인 이공주와 최양백·김인준을 별장으로 삼고, 섭장수는 교위로 삼았다.　　　『고려사절요』

(2) 노비의 관리

① 원래 노비는 재산으로 간주되어 국가로부터 엄격히 관리되었다. 매매·증여·상속의 방법을 통하여 주인에게 예속되어 인간적 대우를 받지 못하였다.
② 귀족들은 재산으로 간주된 노비를 늘리기 위하여 부모 중의 한쪽이 노비이면 그 자식도 노비가 되게 하였다[일천즉천(一賤則賤)].

■ 노비 관련법
• 천자수모법(賤者隨母法): 노비 사이에 자식이 생겼을 경우 모친의 소유주에게 귀속되는 제도
• 종부법(從父法): 아버지의 신분에 따라 노비가 되는 제도
• 종모법(從母法): 어머니의 신분에 따라 노비가 되는 제도
• 양·천 교혼(交婚) 금지: 원칙상 양·천 간의 혼인은 금지하였다.

■ 신분의 상승
무신집권기에 하극상의 풍조가 만연되어 그에 자극받아 각종 민란이 발생하였다. 그 결과 노비의 신분이 해방되거나 향·부곡·소민들이 일반 군현민으로 상승하기도 하였다.

|정답해설| 궁중 잡무를 맡은 서리층
은 남반이며, 산관은 현재 실직이 없
는 관료를 의미한다.

|정답| ③

바로 확인문제

● **고려 시대 신분 제도에 대한 설명으로 가장 옳지 <u>않은</u> 것은?**   18. 서울시 7급

① 왕실과 혼인을 통해 외척이 되어 대대로 특권을 누리는 문벌 가문이 나타났다.

② 상층 향리인 호장층은 지방 세력 가운데 과거 합격률이 가장 높아 관료를 배출하는 모체가
되었다.

③ 서민이 손쉽게 출세하는 벼슬은 궁궐의 잡무를 맡은 서리층으로 이를 산관이라 했다.

④ 광산에서 일하는 광부를 철간, 어부를 생선간, 소금 굽는 염부를 염간, 목축하는 사람을 목
자간, 뱃사공을 진척이라 불렀다.

|정답해설| 밑줄 친 '평량'과 '평량의
처'는 사노비 중 외거 노비에 해당한다.
ㄱ. 외거 노비는 주택 및 토지를 소유
할 수 있어, 재산 축적의 기회가 솔
거 노비에 비해 많았다.
ㄹ. 솔거 노비나 외거 노비는 모두 매
매·증여·상속의 대상이 되었다.

|오답해설|
ㄴ. 솔거 노비는 주인집에 살면서 잡
일을 보았다.
ㄷ. 외거 노비는 주인에게 일정량의
신공을 바쳤다.

|정답| ②

● **밑줄 친 '평량'과 '평량의 처'에 대한 설명으로 옳은 것을 〈보기〉에서 골라 바르게 짝지은 것은?**
13. 국가직 9급

> <u>평량</u>은 평장사 김영관의 사노비로 경기도 양주에 살면서 농사에 힘써 부유하게 되었다. 평량의 처
> 는 소감 왕원지의 사노비인데, 왕원지는 집안이 가난하여 가족을 데리고 와서 의탁하고 있었다. 평
> 량이 후하게 위로하여 서울로 돌아가기를 권하고는 길에서 몰래 처남과 함께 왕원지 부부와 아들
> 을 죽이고, 스스로 그 주인이 없어졌음을 다행으로 여겼다.   「고려사」

> ┤ 보기 ├
>
> ㄱ. 평량은 자신의 토지를 소유할 수 있었다.
> ㄴ. 평량은 주인집에 살면서 잡일을 돌보았다.
> ㄷ. 평량의 처는 국가에 일정량의 신공을 바쳤다.
> ㄹ. 평량의 처는 매매, 증여, 상속의 대상이 되었다.

① ㄱ, ㄴ   ② ㄱ, ㄹ   ③ ㄴ, ㄷ   ④ ㄷ, ㄹ

---

02 백성들의 생활 모습

1 농민의 공동 조직

농민들은 일상 의례와 공동 노동 등을 통하여 공동체 의식을 다졌다.

(1) 향도(香徒)의 연원

① 대표적 공동체: 고려의 대표적 공동체 조직은 불교의 신앙 조직이었던 향도였다.

② 매향(埋香): 불교 신앙 행위이며, 미륵을 만나 구원받고자 하는 염원에서 향나무를 땅에
묻는 활동을 말한다.

③ 향도(香徒): 매향 활동을 하는 무리들을 향도라고 하였다.

(2) 향도의 역할과 발전

① 역할: 향도는 단순히 매향만 하는 것이 아니라 대규모 인력이 필요한 불상과 석탑을 만들
때, 절을 지을 때 등에도 주도적인 역할을 하였다.

② 발전: 후기에 이르러 점차 신앙적인 향도에서 자신들의 이익을 위하여 조직되는 향도로
변모되어 마을 노역과 혼례, 상장례, 민속 신앙과 관련된 마을 제사 등 공동체 생활을 주도
하는 농민 조직으로 발전하였다(상두꾼의 연원).

■**사천 매향비(경남 사천)**

1387년에 향나무를 묻고 세운 것으
로, 내세의 행운과 국태민안(國泰民
安)을 기원하는 내용을 담고 있다.

❶ (석탑 조성에) 승려와 속인(俗人) 1만 명이 투입되었는데, 미륵 향도(香徒)에서는 상평 신렴장, 장사 정순 …… 향덕 정암 등 (임원) 36명이 참여하였다. 치향도(香徒)에서는 상평 경성, 선랑 아지, 대사 향식과 금애, 위봉 등 (임원) 40명과 …… 차의 등 (임원) 50명이 참여하였다. …… 네 가지 큰 소원을 몸과 마음에 새겨 위로는 부처님의 은혜에 보답하고 나라를 위해 공덕하기를 ……   경북 예천 개심사 석탑기

❷ 대체로 이웃 사람끼리 모여 회합하는데 적으면 7인에서 9인이요, 많으면 100여 인이 되며, 매월 돌아가면서 술을 마신다. 상을 당한 자가 있으면 향도끼리 상복을 마련하거나 관을 준비하고 음식을 마련하며, 혹은 상여 줄을 잡아 주거나 무덤을 만들어 주니 이는 참으로 좋은 풍속이다.   「용재총화」

2 사회 시책

(1) 실시 배경

① 농민의 부담 : 고려 시대의 농민들은 조세와 잡역 등과 같은 여러 가지 부담을 졌다.

② 민생의 안정 도모 : 농민 생활을 안정시키는 것이 국가 안정에 필수적이었으므로 이를 위하여 국가에서는 여러 가지의 사회 시책을 펼쳤다.

(2) 농민 보호책과 권농 정책

① 농민 보호책
  - ㉠ 농번기의 배려 : 농번기에는 잡역을 면제하여 농업에 전념할 수 있도록 배려하였다.
  - ㉡ 자연재해를 입으면 그 피해 정도에 따라 조세와 부역을 감면해 주었다.
  - ㉢ 이자 제한법 : 고리대 때문에 농민이 몰락하는 것을 방지하기 위하여 법으로 이자율을 정하여 이자와 빌린 곡식이 같은 액수가 되면 그 이상의 이자를 받지 못하도록 하였다.

② 권농 정책 : 권농 정책을 적극적으로 시행하였다.
  - ㉠ 목적 : 백성의 생활을 안정시켜 줌으로써 체제 유지를 도모하려는 것이었다.
  - ㉡ 황무지 개간 장려 : 농토를 늘리고 곡물을 증산하기 위하여 황무지를 개간하거나 진전(陳田)을 새로 경작하는 경우에는 일정 기간 조세를 면제해 주었다.
  - ㉢ 사직신 추모 : 성종 때는 사직(社稷)을 세워 토지 신(神)과 오곡(곡식)의 신에게 제사를 지냈다.
  - ㉣ 적전(籍田) 경작 : 왕이 친히 적전을 갈아 농사의 모범을 보이기도 하였다.

■ 진전(陳田)
토지 대장에는 경지로 되어 있으나 오랫동안 경작하지 않고 버려둔 토지이다.

3 사회 제도

(1) 사회 구제 기관

① 의창 : 고려의 사회 제도 중에는 평시에 곡물을 비치하였다가 흉년에 빈민을 구제하는 의창이 있었는데, 이는 고구려의 진대법과 유사한 것이었다.

② 상평창 : 개경과 서경 및 각 12목에는 상평창을 두어 물가의 안정을 꾀하여 백성들이 안심하고 생업에 종사할 수 있도록 하였다.

■ 상평창
상평창은 본래 물가 조절 기구로, 흉년이 들어 곡식값이 오르면 정부가 시가보다 싼값으로 곡식을 내다 팔아 가격을 조절하였다. 후에 의창과 함께 춘대 추납의 빈민 구휼을 하기도 하였다.

(2) 국립 의료 기관

① 동·서 대비원(大悲院): 가난한 백성이 의료 혜택을 받도록 개경에 동·서 대비원을 설치하여 환자 진료 및 빈민 구휼을 담당하였다.

② 혜민국(惠民局): 백성의 질병을 치료하고 약을 제조·판매하기 위하여 설치한 관(官) 약국(藥局)으로서, 예종 7년(1112)에 설치되었다. 혜민국은 공양왕 3년(1391)에 혜민전약국(惠民典藥局)으로 개칭되었다.

사료 동·서 대비원과 혜민국

❶ 동·서 대비원(東西大悲院)

문종이 정하여 사(使) 각 1인, 부사(副使) 각 1인, 녹사(錄事) 각 1인으로 하되 병과권무(丙科權務)로 하였다. 이속(吏屬)은 기사(記事) 2인인데, 의리(醫吏)로 충당하고 서자(書者) 2인으로 하였다. 충숙왕 12년에 왕께서 말씀하시기를 "혜민국(惠民局), 제위보(濟危寶), 동·서 대비원은 본래 사람을 구제하기 위함인데, 지금 모두 폐하였으니 마땅히 다시 고치고 세워서 질병을 고치게 하라."고 하였다.
『고려사』

❷ 혜민국(惠民局)

예종 7년 판관(判官) 4인을 두고 본업(本業, 의업)과 산직(散職)을 서로 교체하여 임명하며 을과권무(乙科權務) 관직으로 할 것을 정하였다. 충선왕 때 혜민국을 사의서(司醫署)의 관할 아래 두었다가 공양왕 3년 혜민전약국(惠民典藥局)으로 고쳤다.
『고려사』

(3) 재해 대비 기관

각종 재해가 발생하였을 때 구제도감(예종)이나 구급도감(고종)을 임시 기관으로 설치하여 백성의 구제에 힘썼다.

사료 구제도감

예종(睿宗) 4년(1109) 5월에 제서(制書)를 내리기를, "개경(開京) 내의 인민(人民)들이 역질(疫疾)에 걸렸으니 마땅히 구제도감(救濟都監)을 설치하여 이들을 치료하고, 또한 시신과 유골은 거두어 묻어서 비바람에 드러나지 않게 할 것이며, 근신(近臣)을 나누어 보내어 동북도(東北道)와 서남도(西南道)의 굶주린 민(民)을 진휼하라."라고 하였다.
『고려사』

(4) 제위보(濟危寶)

기금을 마련한 뒤 이자로 빈민을 구제하는 제위보를 설치하였다(광종 14년, 963).

바로 확인문제

● (가)에 들어갈 기관으로 옳은 것은?
20. 국가직 9급

> 5월에 조서를 내리기를 "개경 내의 사람들이 역질에 걸렸으니 마땅히 [(가)]을/를 설치하여 이들을 치료하고, 또한 시신과 유골은 거두어 묻어서 비바람에 드러나지 않게 할 것이며, 신하를 보내어 동북도와 서남도의 굶주린 백성을 진휼하라."라고 하였다.
> 『고려사』

① 의창   ② 제위보
③ 혜민국   ④ 구제도감

| 정답해설 | 제시된 사료 중 '개경 내의 사람들이 역질(疫疾, 전염병)에 걸린'이라는 내용과 재해가 발생하여 이를 '치료'하고, 굶주린 백성을 '진휼'하라는 내용을 통해 (가)가 예종 때 임시로 설치된 구제도감임을 알 수 있다.

| 정답 | ④

4 법률과 풍속

(1) 법률

① 관습법(慣習法) : 고려에서는 백성을 다스리는 기본법으로 중국의 당률을 참작한 71개조의 법률을 시행하였으나, 대부분의 경우는 관습법을 따랐다.

② 지방관의 재량권(裁量權) : 고려 시대에는 지방관의 사법권이 강해서 중요 사건 이외에는 재량권을 행사할 수 있었다.

③ 형(刑)의 집행

　㉠ 중죄 : 반역죄·불효죄 등 사람의 기본 도리를 어길 경우 중죄로 다스렸다.

　㉡ 상중(喪中)의 휴가 : 귀양형을 받은 사람이 부모상을 당하였을 때는 유형지에 도착하기 전에 7일간의 휴가를 주어 부모상을 치를 수 있도록 하였다.

　㉢ 집행의 유예 : 70세 이상의 노부모를 두고 봉양할 가족이 없는 경우는 형벌 집행을 보류하기도 하였다.

　㉣ 형벌의 종류 : 태·장·도·유·사의 5종을 시행하였다.

　　• 태(笞) : 볼기를 치는 매질

　　• 장(杖) : 곤장형

　　• 도(徒) : 징역형

　　• 유(流) : 멀리 유배를 보내는 형

　　• 사(死) : 사형(교수형과 참수형)

　　• 귀향형 : 일정한 신분층 이상이 죄를 지었을 때 자신의 본관지로 돌아가게 한 형벌이었다. 이것은 거주지 제한과 더불어 중앙의 특권적 신분층으로부터 분리시킨다는 의미가 있었다.

(2) 풍속(風俗)

① 장례와 제사 : 장(葬)·제(祭)에 관한 의례는 유교적 규범을 시행하려는 정부의 의도와는 달리 대개 토착 신앙과 융합된 불교의 전통 의식과 도교 신앙의 풍속을 따랐다.

② 명절 : 정월 초하루·삼짇날·단오·유두·추석 등이 있었으며, 단오 때에는 격구와 그네뛰기 및 씨름 등을 즐겼다.

③ 불교 행사 : 불교 행사인 연등회, 토착 신앙과 불교가 융합된 행사인 팔관회는 대표적인 국가 제전으로 중시되었으며, 그 밖에도 많은 불교 행사가 성행하였다.

사료　고려 시대의 풍속

❶ 나의 소원은 연등과 팔관에 있는 바, 연등은 부처를 제사하고, 팔관은 하늘과 5악(五岳)·명산·대천·용신(龍神) 등을 봉사하는 것이니, 후세의 간사한 신하가 신위(神位)와 의식 절차를 늘리거나 줄이자고 건의하지 못하게 하라. 나도 마음속에 행여 행사일이 황실의 제일(祭日)과 서로 마주치지 않기를 바라고 있으니, 군신이 동락하면서 제사를 경건히 행하라.　　　　　『고려사』

❷ 나주 사람이 일컫기를 "금성산의 산신이 무당에게 내려서 '진도·탐라(제주)를 정벌할 때는 실로 내가 힘을 썼는데, 장수와 군사들에게는 상을 주고 나에게 녹을 주지 않는 것은 어째서이냐? 반드시 나를 정녕공으로 봉하라.'고 했다."라고 하였다. (정)가신이 그 말에 미혹(迷惑)되어 (충렬)왕에게 넌지시 아뢰어 정녕공으로 봉하게 하고, 또 (나주)읍의 녹미(祿米) 5석을 거두어 해마다 그 사당에 보내 주게 하였다.　　　『고려사』

❸ 고려의 옛 풍속은 사람이 아파도 약을 먹지 않는다. 오직 귀신을 섬길 줄만 알아 저주(咀呪)하여 이겨내기를 일삼는다. 본래 귀신을 섬겨 주문(呪文)과 방술(房術)을 알 따름이다.　　　　『고려도경』

5 혼인과 여성의 지위＊

(1) 혼인(婚姻)

① 혼인의 적령 : 고려 시대에는 대략 여자는 18세 전후, 남자는 20세 전후에 혼인을 하였다.

② 근친혼의 유행 : 고려 초에 왕실에서는 친족 간의 혼인이 성행하였다. 중기 이후 여러 차례의 금령에도 불구하고 이러한 풍습이 사라지지 않아 사회 문제로 대두되었다.

③ 혼인의 형태 : 일부일처제(一夫一妻制)가 일반적인 현상이었다.

(2) 여성의 지위

고려 시대에는 여성의 지위가 비교적 높았다. 여성의 사회 진출에는 제한이 있었지만, 가정 생활이나 경제 운영에서는 여성의 지위가 남성과 거의 대등한 위치에 있었다.

① 여성의 높은 지위

　㉠ 균분 상속 : 부모의 유산은 자녀에게 골고루 분배하였다.

　㉡ 호적의 기재 : 태어난 차례대로 호적을 기재하여 남녀 차별을 하지 않았다.

　㉢ 불양(不養) 원칙 : 아들이 없을 경우 양자를 들이지 않고 딸이 제사를 받들었다.

　㉣ 상복제(喪服制) : 상복 제도에서도 친가와 외가의 차이가 크지 않았다.

　㉤ 남귀여가혼(男歸女家婚) : 사위가 처가의 호적에 입적하여 처가에서 생활하는 경우가 적지 않았다.

　㉥ 음서(蔭敍)의 범위 : 사위와 외손자에게까지 음서의 혜택이 있었다.

　㉦ 포상(褒賞)의 범위 : 공을 세운 사람의 부모는 물론 장인과 장모도 함께 상을 받았다.

> **사료** 　균분 상속제(相續制)
>
> 충혜왕 복위 4년(1343)에 윤선좌(尹宣佐)는 미질(微疾)에 걸리자 자녀를 불러 앞에 나오게 하고 이르기를 "요즈음 형제들이 서로 사이가 좋지 못한 경우가 많은 것은 다툴 거리가 있기 때문이다."라 하고 아들 찬(粲)에게 명하여 문계(文契, 상속의 구체적인 내용을 기록한 문서)를 써서 가업(家業)을 균분(均分)하였다. 또 훈계하여 이르기를 "화(和)하여 다투지 않는 것으로써 너희의 자손을 가르치라."고 하였다. 　　　　　「고려사」

② 재가녀의 지위 : 여성의 재가(再嫁)는 비교적 자유롭게 이루어졌으며, 재가녀(再嫁女)의 소생인 자식의 사회적 진출에도 차별을 두지 않았다.

> **사료** 　고려 시대 여성의 지위
>
> 박유가 충렬왕에게 글을 올려 말하기를 "우리나라는 남자는 적고 여자가 많은데 지금 신분의 높고 낮음을 막론하고 처를 하나 두는 데 그치고 있으며 아들이 없는 자들까지도 감히 첩을 두려고 생각하지 않고 있습니다. …… 그러므로 청컨대 여러 신하와 관료들로 하여금 여러 처를 두게 하되 품위(品位)에 따라 그 수를 점차 줄이도록 하여 보통 사람에 이르러서는 1처 1첩을 둘 수 있도록 하며 여러 처에서 낳은 아들들도 역시 본처가 낳은 아들처럼 벼슬을 할 수 있게 하기를 원합니다. 이렇게 한다면 나라 안에 원한을 품고 있는 남자와 여자들이 없어지고 인구도 늘게 될 것입니다."라고 하였다. 부녀자들이 이 소식을 듣고 원망하고 두려워하지 않는 자가 없었다. 때마침 연등회 날 저녁 박유가 왕의 행차를 호위하여 따라갔는데, 어떤 노파가 그를 손가락질하면서 "첩을 두고자 요청한 자가 저놈의 늙은이이다."라고 하니, 듣는 사람들이 서로 전하여 서로 가리키니 거리마다 여자들이 무더기로 손가락질하였다. 당시 재상들 가운데 그 부인을 무서워하는 자들이 있었기 때문에 그 건의를 정지하고 결국 실행되지 못하였다. 　　　　　「고려사」

● 다음 자료에 나타난 시기의 가족 제도의 특징으로 옳은 것을 〈보기〉에서 모두 고른 것은?

14. 서울시 9급

> 지금은 남자가 장가들면 여자 집에 거주하여, 남자가 필요로 하는 것은 모두 처가에서 해결하고 있습니다. 그리하여 장인과 장모의 은혜가 부모의 은혜와 똑같습니다. 아아, 장인께서 저를 두루 보살펴 주셨는데 돌아가셨으니, 저는 장차 누구를 의지해야 합니까.
> 「동국이상국집」

| 보기 |

ㄱ. 제사는 불교식으로 자녀들이 돌아가면서 지냈다.
ㄴ. 부계 위주의 족보를 편찬하면서 동성 마을을 이루어 나갔다.
ㄷ. 태어난 차례대로 호적에 기재하여 남녀 차별을 하지 않았다.
ㄹ. 아들이 없을 때에는 양자를 들이지 않고 딸이 제사를 지냈다.

① ㄱ, ㄴ
② ㄴ, ㄷ
③ ㄷ, ㄹ
④ ㄱ, ㄷ, ㄹ
⑤ ㄴ, ㄷ, ㄹ

● 고려 시대 혼인 풍속에 대한 설명으로 옳지 <u>않은</u> 것은?

16. 지방직 7급

① 결혼 후 신랑이 신부 집에 머무르는 '서류부가혼'의 혼속이 있었다.
② 국왕을 비롯한 종실의 경우 동성근친혼인 족내혼의 관행이 있었다.
③ 원의 영향으로 여러 명의 처와 첩을 두는 '다처병첩'이 법적으로 허용되었다.
④ 공녀 선발을 피하기 위해 어린 신랑을 처가에서 양육해 혼인시키는 '예서제'가 있었다.

03 고려 후기의 사회 변화

1 몽골의 침입과 백성의 생활

(1) 강화 천도 시기

① 장기 항전의 도모: 몽골의 침입에 대항하고자 최씨 무신정권은 송악에서 강도(江都, 강화도)로 수도를 옮기고 장기 항전을 꾀하였다.
② 지구전에 대비: 지방의 주현민들에게는 산성이나 바다의 섬으로 들어가서 오랜 전쟁에 대비하게 하였다. 그러나 이러한 전술은 산성과 섬에서의 생활 대책이 마련되지 않은 상태에서 강행되었으므로 일반 백성들은 몽골의 침략에 자력으로 맞서야 하는 처지가 되었다.
③ 몽골군의 격퇴: 어려운 형편 속에서도 일반 백성들이 각지에서 몽골군을 격퇴한 사례가 적지 않았다. 충주 다인철소·처인 부곡의 승리는 그 대표적 사례이다.
④ 기아민(飢餓民)의 속출: 몽골군은 이르는 곳마다 살육을 자행하였으므로 백성들은 막대한 희생을 당하였고, 식량을 제대로 구하지 못하여 굶어 죽는 일이 많았다.

사료 몽골 침입 시 백성의 생활

> 고종 42년(1255) 3월, 여러 도의 고을들이 난리를 겪어 황폐해지고 지쳐 조세·공부·요역 이외의 잡세를 면제하고, 산성과 섬에 들어갔던 자를 모두 나오게 하였다. 그때 산성에 들어갔던 백성들로서 굶주려 죽은 자가

단권화 MEMO

|정답해설| 『동국이상국집』은 고려 후기(무신정권 시기) 이규보의 문집이다. 따라서 고려 시대 여성의 지위를 물어보는 문제이다.
ㄱ. 고려 시대에 제사는 윤행봉사(자녀들이 돌아가면서 제사)와 외손봉사(외손자가 제사)가 일반적이었다.
ㄷ. 고려 시대에는 태어난 차례대로 호적에 기재하여 딸을 차별하지 않았다.
ㄹ. 고려 시대에는 양자 제도가 보편화되지 않아 아들이 없더라도 딸이 제사를 지냈다.

|오답해설|
ㄴ. 임진왜란 이후 조선 후기에는 성리학적 가족 제도가 정착되면서 (남성 중심의 가부장적 종법 제도의 정착) 부계 중심의 문중 의식을 강화하였다. 그 결과 동성(同姓) 마을의 건립과 문중 중심의 서원·사우(祠宇)가 많이 만들어졌다.

|정답| ④

|정답해설| 고려 시대는 일부일처제가 원칙이었으며, 원의 영향으로 축첩하는 경우도 있었으나, '다처병첩(여러 처와 첩을 둘 수 있다)'이 법적으로 허용된 것은 아니었다.

|정답| ③

■ 다인철소민의 저항
몽골의 6차 침입(1254~1259) 때 각지를 노략질하며 남하해 온 몽골군을 대파하였다.

매우 많았고, 늙은이와 어린이가 길가에서 죽었다. 심지어는 아이를 나무에 붙잡아 매고 가는 자가 있었다.

4월, 도로가 비로소 통하였다. 병란과 흉년이 든 이래로 해골이 들을 덮었고, 포로가 되었다가 도망하여 서울로 들어오는 백성이 줄을 이었다. 도병마사가 날마다 쌀 한 되씩을 주어 구제하였으나 죽는 자를 헤아릴 수가 없었다.

『고려사절요』

(2) 원 간섭 이후

① 친원 세력의 횡포: 일반 백성들은 전쟁이 끝난 뒤에도 원의 간섭과 원을 따르는 정치 세력에 의하여 큰 피해를 입게 되었다.

② 원의 일본 원정: 전쟁의 피해가 복구되지 않은 상태에서 두 차례의 일본 원정에 동원됨으로써 막대한 희생을 강요당하였다.

■ 일본 원정(遠征)
둔전경략사를 설치(1271)하고 1차 원정을 단행을 하였으며(1274), 정동행성을 설치(1280)하고 2차 원정을 단행(1281)하였으나, 태풍의 영향과 일본군의 강력한 저항 등으로 실패하였다.

2 원 간섭기의 사회 변화

(1) 원에 의한 사회 변화

① 신분 상승의 증가

　㉠ 무신집권기 이후로는 하층민 중에서 신분 상승을 하는 사람이 많았다. 특히 원 간섭기 이후에 역관·향리·평민·부곡민·노비·환관 중에서 전공을 세우거나 몽골 귀족과의 혼인을 통해서 또는 몽골어에 능숙하여 출세하는 사람들이 많았다.

　㉡ 이에 원 간섭기에는 친원 세력이 권문세족으로 성장하는 경우가 적지 않았다.

② 문물 교류의 활발: 원과 강화를 맺은 이후 두 나라 사이에는 자연히 사람과 물자의 왕래가 많아졌고, 문물 교류가 활발하였다.

　㉠ 몽골풍의 유행: 체두변발(剃頭辮髮), 몽골식 복장, 몽골어가 궁중과 지배층을 중심으로 널리 퍼졌다.

　㉡ 고려양(高麗樣)의 전래

　　• 고려 사람이 몽골에 건너간 수도 적지 않았다. 이들은 전란 중에 포로 내지는 유이민으로 들어갔거나 몽골의 강요에 따라 어쩔 수 없이 끌려간 사람이 대부분이었다.

　　• 이들 고려 사람들에 의하여 고려의 의복·그릇·음식 등의 풍습이 몽골에 전해졌는데, 이를 고려양(高麗樣)이라 한다.

③ 공녀(貢女)의 공출

　㉠ 공녀 요구: 원의 공녀 요구는 고려에 심각한 사회 문제를 가져왔다.

　㉡ 결혼도감(結婚都監) 설치: 결혼도감을 통하여 원으로 끌려간 여인 중에는 특별한 지위에 오른 사람도 있었지만, 대부분은 고통스럽게 살았다.

　㉢ 공녀의 공출은 고려와 원 사이에 풀어야 할 가장 시급한 문제로 대두되었고, 고려에서는 끊임없이 이 문제를 해결하기 위하여 노력하였다.

사료　'공녀(貢女) 요구 중지' 상소문

이곡(李穀)이 상소(上疏)하기를 "사람들은 딸을 낳으면 곧 감추고, 오직 탄로날 것을 우려하여 이웃 사람들도 볼 수 없다고 한다. 사신(使臣)이 중국에서 올 때마다 서로 돌아보며 말하기를, '무엇 때문에 왔을까, 처녀(處女)를 잡으러 온 것은 아닌가, 아내와 첩(妾)을 데려가려고 온 것은 아닌가?' 한다. …… 그리하여 한 번 사신이 오면 나라 안이 소란(騷亂)하여 닭이나 개마저도 편안할 수 없다. …… 이런 일이 1년에 한두 번이나 2년에 한 번씩 있는데 그 수(數)가 많을 때에는 40~50명에 이른다."라 하였다.

『고려사절요』

● 다음과 같은 상황이 나타난 시기에 볼 수 있는 모습으로 가장 옳은 것은?　20. 법원직 9급

> 옹주는 지극히 예뻐하던 딸이 공녀로 가게 되자 근심하고 번민하다가 병이 생겼다. 결국 지난 9월에 세상을 떠나 나이가 55세였다. 우리나라의 자녀들이 서쪽 원나라로 끌려가기를 거른 해가 없다. 비록 왕실의 친족과 같이 귀한 집안이라도 숨기지 못하였으며 어미와 자식이 한번 이별하면 만날 기약이 없다.　수령옹주 묘지명

① 몽골군을 물리치는 김윤후와 처인부곡민
② 농민의 토지를 빼앗아 농장을 확대하는 권문세족
③ 왕명을 받아 『삼국사기』를 편찬하는 김부식
④ 별무반과 함께 여진 정벌에 나서는 윤관

단권화 MEMO

| 정답해설 | 제시된 사료 중 '공녀', '원나라로 끌려감' 등의 내용을 통해 원 간섭 시대임을 알 수 있다. 원 간섭기에 권문세족들은 정치적 권력을 이용하여 농민의 토지를 빼앗아 농장을 확대하였다.

| 오답해설 |
① 몽골의 2차 침략(고종, 1232) 때의 모습이다.
③ 인종 때(1145) 김부식이 왕명에 따라 『삼국사기』를 편찬하였다.
④ 예종 때(1107) 윤관이 별무반을 이끌고 여진을 정벌하였다.

| 정답 | ②

(2) 왜구에 의한 피해

① 왜구의 침략: 몽골과 마찬가지로 왜구도 고려 백성들에게 많은 고통을 주었다.
　㉠ 시기: 왜구는 14세기 중반부터 침략해 왔다. 원의 간섭하에서 국방력을 제대로 갖추기 어려웠던 고려는 초기에 효과적으로 왜구의 침입을 격퇴하지 못하였다.
　㉡ 수탈: 주로 쓰시마섬 및 규슈 서북부 지역에 근거를 둔 왜구는 부족한 식량을 고려에서 약탈하고자 자주 고려 해안에 침입하였고, 식량뿐만 아니라 사람들까지도 약탈하였다.
② 왜구의 침략 범위 확대
　㉠ 확대: 일본과 가까운 경상도 해안에 출몰하기 시작한 왜구는 점차 전라도 지역으로 활동 범위를 넓혔고, 심지어 개경 부근에도 나타났다.
　㉡ 빈번한 침략: 많을 경우 한 해 동안에도 수십 번 침략해 왔기 때문에 해안에서 가까운 수십 리의 땅에는 사람이 살 수 없을 정도였다.
　㉢ 사회 불안정: 잦은 왜구의 침입에 따른 사회의 불안정은 시급히 해결해야 할 국가적 과제였다.
③ 신흥 무인 세력의 성장: 왜구를 격퇴하고 이 문제를 해결하는 과정에서 신흥 무인 세력이 성장하였다.

사료　왜구의 피해

> 조령(鳥嶺)을 넘어 동남쪽으로 바닷가까지 수백 리를 가면 흥해라는 고을이 있다. 땅이 가장 궁벽하고 험하나 어업·염업이 발달하고 비옥한 토지가 있었다. 옛날에는 주민이 많았는데, 왜란을 만난 이후 점점 줄다가 경신년(1380) 여름에 맹렬한 공격을 받아 고을은 함락되고 불탔으며 백성들이 살해되고 약탈당해 거의 없어졌다. 그중에 겨우 벗어난 사람들은 사방으로 흩어져 마을과 거리는 빈터가 되고 가시덤불이 길을 덮으니, 수령으로 온 사람들이 먼 고을에 가서 움츠리고 있고 감히 들어오지 못한 지 여러 해가 되었다.　「양촌집」

■『삼강행실도』의 열부입강(烈婦入江) 부분

고려 말에 왜구가 침입하였을 때, 정절을 지키려고 강으로 도망쳤다가 왜구의 화살에 맞아 죽은 열부의 행실을 칭송한 것이다.

04 중세의 문화

☐ 1 회독   월   일
☐ 2 회독   월   일
☐ 3 회독   월   일
☐ 4 회독   일   일
☐ 5 회독   월   일

01 유학의 발달과 역사서의 편찬
02 불교 사상과 신앙
03 과학 기술의 발달
04 귀족 문화의 발달

단권화 MEMO

01 유학의 발달과 역사서의 편찬

1 유학의 발달

(1) 고려 문화의 특징

① 유교: 정치와 관련한 치국(治國)의 도(道)였다.

② 불교: 신앙 생활과 관련한 수신(修身)의 도(道)였다.

③ 융합 발전: 유교·불교가 서로 보완하는 기능을 수행하면서 고려 시대에는 유교 문화와 불교 문화가 함께 발전하였다.

(2) 유학의 진흥

① 초기: 유교주의적 정치와 교육의 기틀이 마련되었다.

ㄱ 태조(918~943)

• 신라 6두품 계통의 유학자들이 활약하였다.

• 학자: 박유, 최신지(최언위), 최응, 최지몽 등

ㄴ 광종(949~975)

• 과거제가 실시되어 유학에 능숙한 관료들을 등용하였다.

• 학자: 쌍기, 서희 등

ㄷ 성종(981~997)

• 유교 정치 사상을 확고하게 정립하고 유학 교육 기관을 정비하였다.

• 학자: 이양, 최항, 황주량, 최승로 등

ㄹ 대표적 유학자: 최승로(崔承老)

• 상정: 시무 28조의 개혁안을 올리고 유교 사상을 치국의 근본으로 삼아 사회 개혁과 새로운 문화의 창조를 추구하였다.

• 성격: 자주적이고 주체적인 특성을 지녔다.

> **사료** 최승로의 탄생 설화
>
> 오래도록 후사를 이을 아들이 없어 이 절의 관음보살 앞에서 기도를 하였더니 태기가 있어 아들을 낳았다. 태어난 지 석 달이 안 되어 백제의 견훤이 서울을 습격하니 성안이 크게 어지러웠다. 은함은 아이를 안고 이 절에 와서 고하기를, "이웃 나라 군사가 갑자기 쳐들어와서 사세가 급박한지라 어린 자식이 누가 되어 둘이 다 죽음을 면할 수 없사오니 진실로 대성(大聖)이 보내신 것이라면 큰 자비의 힘으로 보호하고 길러주시어 우리 부자로 하여금 다시 만나보게 해주소서."라고 하고 눈물을 흘려 슬프게 울면서 세 번 고하고 아이를 강보에 싸서 관음보살의 사자좌 아래에 감추어 두고 뒤돌아보며 돌아갔다. 『삼국유사』

■ 태조 때의 유학자들
고려 태조 때 최언위, 최응, 최지몽 등의 유학자들이 태조를 보필하면서 유교주의에 입각한 국가 경영을 건의하였다.

■ 과거제
958년 쌍기의 건의로 과거제가 실시되었다. 귀족들을 견제하기 위해 도입되었으나, 고위 관직의 자식들은 과거 없이 관리로 등용하는 음서를 병행하였다.

② 중기
  ㉠ 성격: 문벌 귀족 사회의 발달과 함께 유교 사상도 점차 보수적인 성격으로 바뀌었다. 이 시기의 대표적 유학자는 **최충과 김부식**이었다.
  ㉡ **최충(984~1068)**: 최충은 목종 때 과거에 장원으로 합격하고 문종 때 문하시중을 지낸 인물이었으며, '해동공자'로 칭송을 받았던 당대의 대표적 유학자였다. 그는 관직에서 물러난 후에 9재 학당을 세워 유학 교육에 힘썼고, 고려의 훈고학적 유학에 철학적 경향을 새로이 불어넣기도 하였다.
  ㉢ **김부식(1075~1151)**: 인종 때 활약한 김부식은 고려 중기의 보수적이면서 현실적인 성격의 유학을 대표하였다. 이 시기의 유학은 시문을 중시하는 귀족적인 경향이 강하였고, 유교 경전에 대한 전문적 이해가 깊어져서 그 문화가 한층 성숙하였다.
③ 무신정변 이후
  ㉠ 무신정변이 일어나 문벌 귀족 세력이 몰락함에 따라 고려의 유학은 한동안 크게 위축되었다.
  ㉡ 최씨 정권기에는 어느 정도 정국이 안정되면서 행정 실무를 담당할 능문능리(能文能吏)의 관료를 등용하기 위하여 과거제를 실시하였다.

바로 확인문제

● 다음은 어느 관리의 이력이다. 밑줄 친 (가)~(라)에 대한 설명으로 옳은 것은?   12. 법원직 9급

> • 목종 8년 과거에 장원으로 급제
> • 현종 4년 국사수찬관으로 (가) 『칠대실록』을 편찬
> • 정종 1년 지공거(知貢擧)가 되어 과거를 주관
> • 문종 1년 (나) 문하시중이 되어 율령서산(律令書算)을 정함
> • 문종 4년 도병마사를 겸하게 되자 (다) 동여진에 대한 대비책을 건의함
> • 문종 9년 퇴직 후 학당을 설립, (라) 9개의 전문 강좌를 개설

① (가) – 현존하는 가장 오래된 관찬 역사서이다.
② (나) – 재신과 낭사로 구성된 최고 기관의 장이었다.
③ (다) – 동북 9성을 건설한 계기가 되었다.
④ (라) – 양현고의 지원을 받아 번성하였다.

2 교육 기관

고려 시대에는 관리 양성과 유학 교육을 위하여 많은 학교를 세우고 교육을 장려하였다.

(1) 초기

① 태조(918~943)
  ㉠ 신라 6두품 계통의 학자를 중용하고, 개경·서경에 학교를 설립하였다.
  ㉡ 학보(學寶)를 설립·운영하였다.

단권화 MEMO

■ **「소화집(小華集)」**
송에 건너간 박인량·김근의 시문이 송나라 학자들에 의하여 「소화집」으로 간행되었다.

|정답해설| 제시된 내용은 고려 중기 유학자 최충의 이력이다. 최충은 문하시중(재신과 낭사로 구성된 중서문하성의 장관)으로, 국정을 총괄하였으며 도병마사의 회의를 주재하였다.

|오답해설|
① 「칠대실록」은 현재 전하지 않으며, 현존 가장 오래된 관찬 사서는 「삼국사기」이다.
③ 동북 9성을 건설한 것은 12세기 초인 예종 시기이다.
④ 양현고는 관학을 진흥시키기 위한 일종의 장학 재단이다. 9재의 전문 강좌(9재 학당)는 사학(私學)이다.

|정답| ②

■ **학문 기관**
국가 유학 진흥을 위해 궁내에 설치한 6개의 학문 기관이다.

비서성	축문과 경적 담당
춘추관	시정 기록 담당
한림원	왕의 교서 담당
보문각	경연과 장서 담당
어서원	왕실 도서관
동문원	학문과 문서 기록 담당

② 성종(981~997): 개경에 국립 대학인 국자감(국학)을 처음 설치(992)하였다.

　㉠ 구성: 국자학·태학·사문학과 같은 유학부와 율학·서학·산학 등의 기술학부로 세분되었다.

　㉡ 입학 기준: 유학부에는 문무관 7품 이상 관리의 자제가, 기술학부에는 8품 이하의 관리나 서민의 자제가 입학하였다.

　㉢ 운영: 송(宋)의 삼사제(三舍制)를 채택하여 외사(外舍)·내사(內舍)·상사(上舍)로 구성·운영하였다.

　㉣ 입학 정원: 유학부는 각 학과 300명으로 총 900명이며, 기술학부는 필요 인력에 따라 달랐다. 유학부의 900명은 실제로는 대략 60~70명 정도였고, 고려 말에는 100명 정도였던 것으로 파악된다.

▲ 고려의 교육 기관

○ 국자감에서의 교육

구분	입학 자격	수업 연한	교육 내용
국자학	3품 이상의 자제	9년(유학부)	경서·문예·시정에 관한 내용으로, 시·서·『역경』·『춘추』·『예기』·『효경』·『논어』·산수 등 교육
태학	5품 이상의 자제		
사문학	7품 이상의 자제		
율·서·산학	8품 이하 및 서민 자제	6년(기술학부)	기술 교육

③ 현종(1009~1031)

　㉠ 계승: 신라 유교의 전통을 계승·발전시키고자 하였다.

　㉡ 문묘 제사: 신라의 설총을 홍유후(弘儒侯), 최치원을 문창후(文昌侯)로 추봉하고 문묘(文廟)에서 제사를 지내도록 하였다.

(2) 중기

① 사학의 융성: 최충(崔沖)의 '문헌공도(9재 학당)'를 비롯한 사학 12도가 융성하였다. 사학에서 교육을 받은 학생들이 과거에서 좋은 성적을 거두게 되자 국자감의 관학 교육은 위축되었다.

○ 9재와 12도

9재(九齋)	낙성(樂聖)·대중(大中)·성명(誠明)·경업(敬業)·조도(造道)·솔성(率性)·진덕(進德)·대화(大和)·대빙(待聘) 등의 전문 강좌
12도(十二徒)	문헌공도(최충), 홍문공도(웅천도, 정배걸), 광헌공도(노단), 남산도(김상빈), 정경공도(황영), 서원도(김무체), 문충공도(은정), 양신공도(김의진), 충평공도(유감), 정헌공도(문정), 서시랑도(서석), 구산도(설립자 미상)

■ 문헌공도

문종 때 최충이 세운 9재 학당으로, 12도 중에서 가장 번성하여 명성이 높았다. 최충이 사망한 후 그의 시호(諡號)인 문헌(文憲)에서 따와 이름이 붙여졌다. 최충이 문하시중에 있었던 것처럼 12도의 창설자도 대부분 전직 고관이었고, 당대의 대학자로 과거 시험관인 지공거(知貢擧)였던 경우가 많았다.

사료 최충의 문헌공도(9재 학당)

사학은 문종 때 대사 중서령 최충이 후진을 모아 교육하기를 게을리하지 아니하니 선비와 평민의 자제가 최충의 집과 마을에 가득하였다. 마침내 9재로 나눴다. …… 간혹 선배가 찾아오면 촛불에 금을 긋고 시간을 정하여 시를 짓게 하고 그 순위를 방을 붙여 알리고, 이름을 불러 들어오게 한 후 술자리를 베풀었다. …… 해가 지도록 수창하였는데, 보는 자가 아름답게 여기고 감탄하지 않는 사람이 없었다. 이후에 무릇 과거에 나아가려는 자는 모두 9재의 적속에 이름을 두게 되었는데, 이를 문헌공도라고 한다.

『고려사』

바로 확인문제

● 밑줄 친 '그'에 대한 설명으로 옳은 것은?   15. 지방직 9급

> 그는 송악산 아래의 자하동에 학당을 마련하여 낙성(樂聖), 대중(大中), 성명(誠明), 경업(敬業), 조도(造道), 솔성(率性), 진덕(進德), 대화(大和), 대빙(待聘) 등의 9재(齋)로 나누고 각각 전문 강좌를 개설하도록 하였다. 그리하여 당시 과거보려는 자제들은 반드시 먼저 그의 학도로 입학하여 공부하는 것이 상례로 되었다.

① 9경과 3사를 중심으로 교육하였다.
② 유교적 합리주의 사관에 기초하여 『삼국사기』를 편찬하였다.
③ 유교 사상을 치국의 근본으로 삼아 시무 28조의 개혁안을 올렸다.
④ 『소학』과 『주자가례』를 중시하고 권문세족과 불교의 폐단을 비판하였다.

② 관학 진흥책
　ㄱ 숙종(1095~1105)
　　• 서적포(書籍鋪): 국자감 내에 설치하여 서적 간행을 활성화하였다.
　　• 기자 사당: 평양에 설치하여 기자를 '교화의 군주'로 숭상하였다.
　ㄴ 예종(1105~1122)
　　• 7재(七齋): 국자감을 재정비하여 7재라는 전문 강좌를 설치하였다.
　　• 양현고(養賢庫): 장학 재단을 두어 관학의 경제 기반을 강화하였다.
　　• 청연각·보문각·천장각·임천각: 궁중에 도서관 겸 학문 연구소를 두어 유학을 진흥케 하였다.

○ 7재

구분	명칭	전공 과목
유학재(儒學齋): 70명	여택재	주역
	대빙재	상서
	경덕재	모시
	구인재	주례
	복응재	대례
	양정재	춘추
무학재(武學齋): 8명	강예재(講藝齋)	무학(무예 이론·실기)

|정답해설| 제시된 자료는 고려 중기 최충이 세운 9재 학당에 대한 설명이다. 9재 학당에서는 9경과 3사를 가르쳐 과거 시험을 대비하게 하였다.

|오답해설|
② 김부식에 대한 설명이다.
③ 최승로가 성종 때 유교적 정치 이념을 체계화하기 위하여 올렸다.
④ 고려 말 신진 사대부에 대한 설명이다.

|정답| ①

사료 예종의 관학 신흥 정책

❶ (예종) 4년(1109) 7월 국학에 7재를 두었는데 『주역(周易)』 전공을 여택(麗澤), 『상서(尙書)』를 대빙(待聘), 『모시(毛詩)』를 경덕(經德), 『주례(周禮)』를 구인(求仁), 『대례(戴禮)』를 복응(服膺), 『춘추(春秋)』를 양정(養正), 무학(武學)을 강예(講藝)라 하였다. 대학에서 최민용(崔敏庸) 등 70명과 무학(武學)에서 한자순(韓自純) 등 8명을 시험으로 뽑아, 여기에 나누어 공부하도록 하였다.

❷ 14년(1119) 7월에 국학에 처음으로 양현고(養賢庫)를 두고 인재를 양성하게 하였다. 국초부터 문선왕묘(文宣王廟)를 국자감에 세우고 관리를 두고 스승을 배치했으며, 선종(宣宗) 때에 이르러서는 교육을 실시하려 했으나 미처 실행하지 못하였다. 예종이 유학 교육에 열의를 가져 담당 관리에게 조서를 내려 학교를 크게 세우도록 하고, 유학에 60명과 무학에 17명을 두고 가까운 신하들에게 그 사무를 감독하게 했으며 유명한 유학자를 골라 학관(學官)과 박사(博士)로 임명하고 경서의 뜻을 강론하여 그들을 가르치고 지도하게 하였다.

『고려사』

ⓒ 인종(1122~1146)
　• 경사 6학(京師六學)을 정비하고 유학 교육을 강화하였다.
　• 향교(鄕校)를 통해 지방의 유학 교육을 강화하였다.

심화 향교의 설치

고려 시대에 처음 '향교(鄕校)'라는 명칭이 나온 것은 인종 7년(1129) 김수자(金守雌)가 쓴 『행학기(幸學記)』에서이며, 지금까지 고려의 향교가 처음 설치된 것은 인종 대라는 견해가 일반적이었으나, 이미 그 이전부터 설치되었다고 보는 것이 옳을 것 같다.
변태섭

바로 확인문제

● 고려 시대 관학 교육에 대한 설명으로 가장 적절한 것은?　　　15. 경찰직 2차
　① 국자감에는 율학, 산학, 서학과 같은 유학부와 국자학, 태학, 사문학 등의 기술학부가 있었다.
　② 예종 때 도서관 겸 학문 연구소인 청연각, 보문각을 설치하였다.
　③ 인종 때 전문 강좌인 7재를 9재 학당으로 정비하였다.
　④ 섬학전의 부실을 보충하기 위해 충렬왕 때 양현고를 설치하였다.

● 다음 자료와 관련된 역사적 사실로 가장 옳은 것은?　　　14. 경찰 간부

> 예종 4년 국자감에 7재를 두어, 주역(周易)을 공부하는 곳을 여택, 상서(尙書)를 공부하는 곳을 대빙, …… 춘추(春秋)를 공부하는 곳을 양정, 무학(武學)을 공부하는 곳을 강예라 하였다. 대학에서 최민용 등 70인과 무학에서 한자순 등 8인을 시험 쳐 뽑아, 나누어 여기서 공부하도록 하였다.

　① 장학 재단으로 양현고를 두었다.
　② 공자 사당인 문묘를 설립하였다.
　③ 현량과를 통해 관리를 선발하였다.
　④ 독서에 기준하여 3등급으로 나누었다.

■ 『고려도경』(인종 원년, 1123)
인종 때 송나라 사신 서긍이 고려에 와서 보고 들은 것을 기록한 책으로, 거리마다 글 읽는 소리가 들리고, 궁중의 도서관 시설이 훌륭하다고 칭송하였다.

|오답해설|
① 국자감에는 국자학, 태학, 사문학과 같은 유학부와 율학, 서학, 산학으로 구성된 기술학부가 있었다.
③ 예종 때 9재 학당을 모방하여 7재라는 전문 강좌를 만들었다.
④ 예종 때 일종의 장학 재단으로 양현고를 설치하였고, 충렬왕 때는 안향의 건의로 양현고의 부실을 보충하기 위해 섬학전을 설치하였다.

|정답| ②

|정답해설| 제시된 사료는 고려 예종 시기 국자감에 7재를 세워 관학을 진흥시키고자 했다는 내용이다. 예종 때 설립된 양현고는 고려 시대 국자감의 장학 재단으로, 관학 진흥 정책에 해당한다.

|오답해설|
② 우리나라 문묘의 시작은 통일 신라 시기 성덕왕 때 당나라에서 공자와 10철, 72제자의 화상(畫像)을 가지고 돌아와 왕명에 의해 국학에 두면서 비롯되었다. 또한 고려 시대에는 충렬왕 때 국학에 대성전을 설치하면서 문묘가 설치되었다.
③ 현량과는 조선 중종 때 조광조의 건의로 시행된 일종의 천거 제도이다.
④ 신라 하대 원성왕의 독서삼품과에 대한 설명이다.

|정답| ①

(3) 후기

무신정권기에는 교육 활동이 크게 위축되었으나, 충렬왕 때에 다시 관학의 진흥에 힘썼다.

① 충렬왕(1274~1298, 1298~1308)

   ⊙ 섬학전(贍學錢): 양현고의 부실을 보충하기 위하여 안향의 건의로 교육 재단인 섬학전을 설치하였다.

   ⓒ 국학을 성균관으로 개칭하였다.

   ⓒ 공자 사당인 문묘를 새로 건립하여 유교 교육의 진흥에 나섰다.

   ⓔ 경사교수도감: 1296년(충렬왕 22년)에 설치되어, 유학 경전과 역사서를 전문적으로 교육하였다.

> **사료**   섬학전
>
> 안향은 학교가 날로 쇠하자 이를 근심하여 양부(兩府)와 의론하기를, "재상의 직무는 인재를 교육하는 것보다 먼저 함이 없거늘 지금 양현고가 고갈되어 선비를 기를 것이 없습니다. 청컨대 6품 이상은 각각 은 1근을 내게 하고 7품 이하는 포를 차등 있게 내도록 하여 이를 양현고에 돌려 본전은 두고 이자만 취하여 섬학전으로 삼아야 합니다."라고 하였다. 양부가 이를 좇아 아뢰자, 왕이 내고(內庫)의 전곡을 내어 도왔다. …… 만년에는 항상 회암(주자의 호) 선생의 초상을 걸고 경모(景慕)하였다.
>
>   『고려사』

② 공민왕(1351~1374): 최고 학부인 **성균관**을 부흥케 하여 순수한 유교 교육 기관으로 개편하고 유교 교육을 강화하였다.

◎ 관학 진흥책

숙종	국자감에 서적포 설치
예종	7재(유학재: 경덕재, 구인재, 대빙재, 복응재, 양정재, 여택재 / 무학재: 강예재)의 전문 강좌 설치, 양현고 설치, 청연각과 보문각 설치
인종	경사 6학 정비, 향교를 중심으로 지방 교육 강화
충렬왕	섬학전 설치, 국학에 대성전 신축, 경사교수도감 설치
공민왕	성균관을 순수 유학 교육 기관으로 개편

> **바로 확인문제**
>
> ● ⊙에 들어갈 인물에 대한 설명으로 옳은 것은?   19. 국가직 7급
>
> > (⊙)은/는 원에서 크게 성행하고 있었던 성리학을 국내에 소개하였으며, 중국 강남에 사람을 보내 공자와 제자들의 초상화 및 문묘에서 사용할 제기와 서적 등을 구해 오게 하였다.
>
> ① 최초의 성리학 입문서인 『학자지남도』를 편찬하였다.
>
> ② 충선왕이 세운 만권당에서 원의 학자들과 교류하였다.
>
> ③ 원의 과거에 급제하고 돌아와 성균관을 중심으로 성리학을 확산시켰다.
>
> ④ 이 인물을 배향하기 위해 설립된 서원은 뒤에 조선 최초의 사액 서원이 되었다.

단권화 MEMO

■ **섬학전(贍學錢)**
충렬왕 때 관학의 진흥을 위해 성균관 내에 설치한 관설 장학 재단으로서, 6품 이상의 관리를 대상으로 은병(銀瓶) 및 미곡(米穀)을 갹출(醵出)하여 그 식리(殖利)를 통하여 운영하였다.

■ **충렬왕의 유교 정치 지향**
경사교수도감(經史敎授都監)을 설치하여 경학(經學)과 사학(史學)을 장려하고, 유교 교육 기관인 국학(國學)과 공자 사당인 문묘(文廟)를 새로 지은 것은 유교 정치로 나아가는 첫 조치였다.

                    한영우

■ **개성 성균관**

고려 초기에 설치된 국자감은 국학으로 불리다가 성균관으로 개칭되어 조선 시대로 이어졌다.

─────

│정답해설│ ⊙은 우리나라에 처음 성리학을 소개한 인물인 안향이다. 안향을 배향하기 위해 설립된 백운동 서원은 이황의 건의로 조선 최초의 사액 서원(소수 서원)이 되었다.

│오답해설│
① 정도전은 성리학 입문서인 『학자지남도』를 편찬하였다.
② 이제현은 충선왕이 세운 만권당에서 원의 학자들과 교류하였다.
③ 이색은 원의 과거에 급제하고 돌아와, 공민왕 때 성균관 대사성이 되어 성리학을 확산시켰다.

│정답│ ④

▲ 『삼국사기』

3 역사서 편찬*

(1) 역사 서술 방법

구분	서술 방법	대표적인 사서	기원(중국 사서)
기전체	본기, 세가, 열전, 지, 표	『삼국사기』, 『고려사』	사마천의 『사기』
편년체	연, 월, 일별로 사실을 서술	『조선왕조실록』, 『고려사절요』, 『삼국사절요』	사마광의 『자치통감』
기사 본말체	사건 중심으로 서술	이긍익의 『연려실기술』	원추의 『통감기사본말』
강목체	강, 목으로 나누어 서술	안정복의 『동사강목』	주희의 『자치통감강목』

(2) 주요 역사서

① 『삼국사기』(인종 23년, 1145)

  ㉠ 개관: 『삼국사기』는 우리나라에 현존하는 최고(最古)의 역사서이며, 대표적인 정사(正史)이다. 인종 때 문하시중 김부식(신라 후예인 경주 김씨)이 왕명으로 『구삼국사』(『구삼국사기』), 『고기』, 『화랑세기』 등 우리나라 역사서와 중국 역사서를 두루 참고하여 만든 삼국 시대 관찬 역사서이다. 당시는 묘청의 서경 천도 운동(1135)으로 서경파가 제거되고 개경파 문벌 귀족이 지배하던 시기로, 『삼국사기』는 당시 지배 계급의 역사 의식을 반영하고 있다. 즉, 유교적 합리주의 사관에 기초하고 있다.

  ㉡ 구성: 본기(1~28권), 연표(29~31권), 지(32~40권), 열전(41~50권)으로 구성하였다. 본기에는 삼국 왕실 역사가 균형 있게 기록되어 있으나(1~12권은 신라 본기, 13~22권은 고구려 본기, 23~28권은 백제 본기) 연표, 지, 열전은 신라사에 편향되어 있다. 다만 법흥왕 이후, 신라에서 독자적 연호를 사용한 것에 대해서는 비판적으로 평가하고 있다.

  ㉢ 역사적 의의: 신라에 비중을 두면서도 신라만을 정통으로 보지 않고, 삼국을 우리[我]라 표현하고, 삼국 왕실 모두를 본기에 기록하는 등 외형적으로는 중립적 입장에 서 있다. 특히 역사적 근거를 중시하고, 비합리적인 것을 제외하는 등 객관적·합리적 입장에 기록하였다. 서문에서 "우리 역사를 잘 모르는 것을 바로잡기 위해서"라고 편찬 동기를 밝히고 있다는 점에서 자주적 측면도 확인할 수 있다.

  ㉣ 비판: 표명한 목적과는 달리 내용상 보수적·유교적·사대적·신라 중심적·개경 중심적으로 편향되어 있는 면이 자주 보인다. 또한 고조선, 부여, 발해 등의 존재를 알면서도 생략하고 삼국 시대에 한정하여 서술하고 있으며 신화, 설화, 불교, 도교, 풍수지리 관련 사항을 소략하거나 생략하였다. 이는 안정복 등 실학자와 신채호 등 민족주의 사학자들도 비판한 부분이다.

> **사료**   『삼국사기』를 올리는 글
>
> "성상 전하께서 옛 사서를 널리 열람하시고, '지금의 학사 대부는 모두 오경과 제자의 책과 진한(秦漢) 역대의 사서에는 널리 통하여 상세히 말하는 이는 있으나, 도리어 우리나라의 사실에 대하여서는 망연하고 그 시말(始末)을 알지 못하니 심히 통탄할 일이다. 하물며 신라·고구려·백제가 나라를 세우고 정립하여 능히 예의로써 중국과 통교한 까닭으로 범엽의 『한서』나 송기의 『당서』에는 모두 열전이 있으나 국내는 상세하고 국외는 소략하게 써서 자세히 실리지 않았다. …… 일관된 역사를 완성하고 만대에 물려주어 해와 별처럼 빛나게 해야 하겠다.'라고 하셨습니다."   「동문선」, 「진삼국사기표」

❶ 긍정적 평가

- 그의 사론에서 토풍(土風)을 그대로 인정하여 신라 고유 왕명과 관직명을 기록하였다.
- 삼국 시대에 사용한 즉위년 칭원법(전왕이 서거한 해, 즉 신왕 즉위의 해를 원년, 즉위년으로 칭년함)을 사용하였다.
- 정부 주도하의 관찬이라는 역사 편찬의 본을 정착시켜 조선 초 역사 서술, 특히 『고려사』 편찬에 기여하였다.

❷ 부정적 평가(한계)

- 신라를 정통 국가로 파악하여 열전과 지를 신라 중심으로 서술하였고, 고조선과 삼한 등이 존재한 것을 알면서도 이를 삭제하였다.
- 고구려, 백제는 중국 측 사료만 주로 이용하였으며, 신라 국가 성립의 기년을 고구려보다 앞세우는 등 사실과 거리가 있는 사료를 보여 주고 있다.
- 부족 설화, 불교 설화와 같은 전통적 생활 체험이 담긴 기층 공동체의 체험을 유교적 사관에 맞게 고치거나 탈락시켜서 고대 문화 전체의 내용을 빈약하게 만들었다.

② 「동명왕편」(명종 23년, 1193)
- ㉠ 내용 : 이규보가 편찬한 것으로서, 고려 초 역사서인 『구삼국사』의 동명왕본기에 나타난 신이(神異)한 고구려 건국 설화를 민족 자주적 입장에서 5언시로 표현하였다.
- ㉡ 역사적 의의 : 『삼국사기』에서 동명왕의 신이한 사적이 생략되었음을 비판하였고, 고구려 계승 의식을 반영하였다.

③ 『해동고승전』(고종 2년, 1215)
- ㉠ 개관 : 각훈이 지은 삼국 시대 고승들(순도, 마라난타, 아도, 원광 등)의 행적기이며, 왕명에 의해 편찬된 관찬 사서이다. 현재에도 그 일부가 남아 있다.
- ㉡ 성격
  - 신라 김대문의 『고승전』을 모방하고, '해동'이란 제목에서 보듯 민족 문화에 대한 자주 의식을 반영하였다.
  - 귀족과 공존 관계에 있는 교종 입장에서 불교사를 정리한 것과 『삼국사기』의 신라 중심적 사관이 많이 반영된 점이 한계로 지적된다.

■ 각훈의 『해동고승전』

이인로, 이규보 등과 교류하는 과정에서 싹튼 민족 의식이 반영된 것으로 보여진다.

④ 『삼국유사』(충렬왕, 1281년 혹은 1285년, 경북 군위군의 인각사에서 저술)
- ㉠ 시대적 배경 : 일연은 경상도 지역에서 활동한 선종 승려이다. 『삼국유사』는 충렬왕 때 저술된 것으로 추정되는데, 당시는 원 간섭 초기로 자주적 사관이 고양되던 시기였다.
- ㉡ 개관 및 특징
  - 『삼국유사』는 사찬 사서이며, 설화를 중심으로 편집한 기사 본말체적 야사집이다.

▲ 『삼국유사』

  - 『삼국유사』는 문벌 귀족이 가졌던 유교적 합리주의 사관에서 탈피하여, 한국 고대사를 자주적 사관에서 서술하였다. 따라서 『삼국사기』에는 없는 각종 신화 및 설화, 토속 신앙과 불교 사상사 등 고기(古記)의 기록을 원형대로 수록하고 있으며, 기층민의 생활상도 일정 부분 반영하였다. 그리고 '이차돈의 순교 시 흰 피가 나온 것', '김대성이 재상가에 환생한 것' 등 비합리적이고 신이(神異)한 기록들이 가득하다. 한편 『삼국유사』는 『삼국사기』와 달리 내용마다 전거 자료를 제시하여, 인용 자료인지 자신의 견해인지를 명확하게 밝히고 있다.

■ 『삼국사기』와 『삼국유사』 비교

구분	『삼국사기』	『삼국유사』
저자	김부식	일연
시기	문벌 귀족 사회 전성기	원 간섭기
서술 방법	기전체	기사 본말체
내용	삼국 시대부터 다룬 왕조 중심	단군의 건국 이야기부터 다룬 설화 중심
성격	보수적 유교적 합리주의(충절, 효행, 정절), 신라 계승 의식	민족적 자주 의식(불교, 단군, 무속), 고조선 계승 의식
의의	현존 최고(最古)의 사서	단군 이야기 최초 수록

- 불교적 가치관이 중심을 이루고 있으나, 효와 같은 유교적 내용을 포함하고 있다.
- 서술 범위: 역사 서술 범위도 삼국에 한정하지 않고 단군에서 후삼국까지 우리 역사 전체를 대상으로 하고 있다. 특히 고조선을 국가 기원으로, 단군을 민족 시조로 상정하여 삼국의 분립 의식을 불식시키는 인식의 틀을 제공하였다. 또한 단군 신화와 향가 14수가 수록되어 있다는 점에서 역사적 의의가 크다.
  - ⓒ 한계: 단군을 민족 시조로 설정하고 있으나, 중국 측 사료를 더 신뢰하여 단군·부여·고구려·백제는 단군 계열로 분류하였지만, 기자·위만·마한·진한 등은 중국 계열로 분류하였다. 특히 발해를 우리 민족사로 인식하지 못한 것이 대표적 한계점으로 지적된다.

심화 **『삼국유사』**

『삼국유사』는 전체 5권 2책으로 되어 있으며, 왕력(王歷)·기이(紀異)·흥법(興法)·탑상(塔像)·의해(義解)·신주(神呪)·감통(感通)·피은(避隱)·효선(孝善) 등 9편목으로 구성하였다.
왕력은 삼국·가락국·후고구려·후백제 등의 간략한 연표이다. 기이편은 고조선으로부터 후삼국까지의 단편적인 역사를 57항목으로 서술하였다. 흥법편에는 삼국의 불교 수용과 그 융성에 관한 내용, 탑상편에는 탑과 불상에 관한 내용, 의해편에는 신라의 고승들에 대한 전기를 중심으로 하는 서술, 신주편에는 신라의 밀교적 신이승(神異僧)들에 대한 항목, 감통편에는 불교 신앙의 신비로운 감응에 관한 항목, 피은편에는 특이한 삶을 살았던 인물의 행적, 효선편에는 부모에 대한 효도와 불교적인 선행에 대한 미담을 각각 수록하였다.

⑤ 『제왕운기』(충렬왕 13년, 1287)
  - ㉠ 개관: 이승휴는 삼척 두타산에서 『제왕운기』를 저술하였다. 상권은 중국 신화 시대부터 원(元)의 성장까지의 중국 역사를 7언시로 기록하였다. 한편 하권은 **고조선부터 충렬왕까지의 역사를 7언시와 5언시로 수록하였다.** 현재 전해지는 중요한 역사서이다.
  - ㉡ 의의: 유교적 인식에 기초하고 있지만, 단군을 민족 시조로 삼고 고구려, 부여, 삼한, 옥저, 예맥 등과 이들을 통합한 삼국이 모두 단군의 후예라고 보았다. 특히 **대조영의 발해를 우리 역사 내로 흡수하여 서술했다는 점에서 의의가 크다.** 또한 요동 동쪽을 중국과 다른 세계로 인식하고, 우리 민족 문화의 독자성을 강조하였다. 이는 단군기년을 사용한 점에서도 확인할 수 있다.
  - ㉢ 한계: 단군 조선 - 기자 조선 - 위만 조선의 3조선설을 처음 사용하여 사대적 역사 인식의 틀을 제공하였다(기자 조선 인정).
⑥ 이제현의 성리학적 역사관
  - ㉠ 이제현은 고려 말 성리학 사관의 선구자로, 성리학의 명분론, 정통론, 왕도주의, 도덕적 합리주의에 입각하여 설화적·전통적 역사 이해를 배격하였다.
  - ㉡ 『사략』(공민왕 6년, 1357): 성리학적 사관의 입장에서 고려 태조부터 숙종 때까지의 역사를 정리한 것으로, 정통과 대의명분을 강조하며, 당시 권문세족의 부패상을 비판하였다. 현재에는 『사략』에 실렸던 사론만이 남아 있다.

사료 **고려 후기 자주적 역사 인식의 등장**

❶ 세상에서 동명왕의 신이(神異)한 사적을 많이 이야기하고 있는데, …… 내가 일찍이 이 이야기를 듣고는 웃으며 "공자님은 괴력난신(怪力亂神)을 말씀하지 아니하였는데, 이 동명왕 설화는 실로 황당하고 기괴하니 우리들이 논의할 바가 아니다."라고 말한 일이 있었다. …… 계축년(1193) 4월에 이르러 『구삼국사』를 얻어서 동명왕본기(東明王本紀)를 보니, …… 이는 환(幻)이 아니요 성(聖)이며, 귀(鬼)가 아니고

최초로 송설체(조맹부체)를 전래하고 여말의 삼절(三絶)이라 하여 시(詩)·서(書)·화(畵)에 능하였다. 그의 송설체는 문인 이암을 거쳐 조선의 안평 대군에게 전승되었다.

신(神)이었다. …… 동명왕의 사적은 변화신이(變化神異)하여 여러 사람들의 눈을 현혹시킬 일이 아니요, 실로 나라를 창건한 신이한 자취인 것이다. 이러하니 이 일을 기술하지 않으면 앞으로 후세에 무엇을 볼 수 있으리오.

『동명왕편』

❷ 대저 옛 성인들은 예(禮)·악(樂)으로써 나라를 흥륭시키고 인의로 가르쳤으며, 괴상한 힘이나 난잡한 귀신을 말하지 아니하였다. 그러나 제왕들이 일어날 때는 …… 반드시 보통 사람보다 다른 것이 있은 뒤에 큰 변란이 있는 기회를 타서 대기(大機)를 잡고 대업(大業)을 이루는 것이다. …… 삼국의 시조들이 모두 신기한 일로 태어났음이 어찌 괴이하겠는가. 이것이 기이(紀異)로써 다른 편보다 먼저 놓는 까닭이다.

『삼국유사』

❸ 요동에 별천지가 있으니, 중국과는 확연히 구분도도. 큰 파도가 출렁거리며 삼면을 둘러싸는데, 북녘에는 대륙이 있어 가늘게 이어졌도다. 가운데에 사방 천 리 땅, 여기가 조선이니, 강산의 형승은 천하에 이름있도다. 밭 갈고, 우물 파며 평화로이 사는 예의의 집, 중화인이 이름지어 소중화라네.

『제왕운기』

❹ 신(臣)이 이 책을 편수하여 바치는 것은 …… 중국은 반고부터 금국에 이르기까지, 동국은 단군으로부터 본조(本朝)에 이르기까지 처음 일어나게 된 근원을 여러 책에서 다 찾아보아 같고 다른 것을 비교하여 요점을 취하고 읊조림에 따라 장을 이루었습니다.

『제왕운기』

⚬ 고려 시대 사상의 흐름

구분	초기	중기	무신집권기	원 간섭기	말기
성격	자주적·주체적	보수적·현실적·사대적	학문 쇠퇴	성리학 전래	성리학의 실천적 기능 강조
학자	최승로, 김심언	최충, 김부식	이인로, 이규보	안향, 이제현	정몽주, 정도전
특징	사회 개혁과 새 문화 창조를 위한 치국 이념	사회적 모순을 해결할 수 있는 능력 상실		일상생활에 관계되는 실천적 기능 강조, 『주자가례』 중시	
역사서	• 『7대실록』 • 『고금록』(박인량): 편년체 • 현존하지 않음	『삼국사기』(김부식): 유교 사관, 기전체	• 『동명왕편』(이규보): 동명왕 업적 칭송, 자주적 사관 • 『해동고승전』(각훈): 승려들의 전기	• 『삼국유사』(일연): 불교사 중심, 단군 신화 기록, 자주적 사관 • 『제왕운기』(이승휴): 단군 신화 기록, 자주적 사관	『사략』(이제현): 정통과 대의명분 중시
역사관	고구려 계승	신라 계승	고구려 계승	고조선 계승	성리학적 사관
대장경	초조대장경 (거란 침입) → 몽골 침입으로 소실	속장경(교장) 간행 (의천) → 몽골 침입으로 소실	팔만대장경 (몽골 침입) → 합천 해인사 보관		

심화 **주목할 만한 고려의 역사서**

❶ 『고려실록』: 고려 초부터 역대 왕의 치적을 기록한 『실록』을 편찬하였는데, 조선 초기 『고려사』를 편찬할 때 참고 자료로 사용하였다. 특히 『7대실록』(태조~목종)이 대표적이다. – 현존하지 않는다.

❷ 『고금록』: 문종 때 박인량이 편찬한 편년체 사서이다. – 현존하지 않는다.

❸ 『가락국기』: 문종 때 금관주 지사가 쓴 가락국의 내력이다. 『가락국기』의 내용은 『삼국유사』에 수록되어 있다.

❹ 『속편년통재』: 예종 때 홍관이 『편년통재』를 모방하여 정리한 편년체 역사서이다. – 현존하지 않는다.

❺ 『편년통록』: 의종 때 김관의가 『편년통재』와 『속편년통재』를 개찬하여 만든 편년체 역사서이다. - 현존하지 않지만 고려 시조 왕건에 관한 설화가 『고려사』 세가편에 인용되었다.

❻ 『고금록』: 충렬왕 때 허공. 원부 등이 편찬하였다(1284). - 현존하지 않는다.

❼ 『천추금경록』: 충렬왕 때 정가신이 편찬하였다. - 현존하지 않는다.

❽ 『본조편년강목』: 충숙왕 때 민지가 편찬한(1317) 최초의 강목체 역사서이다. 성리학적 역사 서술 방식이 반영되었다고 전해지지만, 현존하지 않는다.

❾ 『세대편년절요』(『천추금경록』 증수): 충렬왕 때 민지가 왕명을 받아 편찬하였고, 충선왕 복위 원년(1309)에 이 책을 원에 바쳤다.

바로 확인문제

● 다음과 같이 왕명을 받아 편찬한 책에 대한 설명으로 옳지 않은 것은?　12. 국가직 9급

> 신 부식은 아뢰옵니다. 옛날에는 여러 나라들도 각각 사관을 두어 일을 기록하였습니다. …… 해동의 삼국도 지나온 세월이 장구하니, 마땅히 그 사실이 책으로 기록되어야 하므로 마침내 늙은 신에게 명하여 편집하게 하셨으나, 아는 바가 부족하여 어찌할 바를 모르겠습니다.

① 현존하는 우리나라의 역사서 가운데 가장 오래된 것이다.

② 기전체로 서술되어 본기, 지, 열전 등으로 나누어 구성되었다.

③ 고구려 계승 의식보다는 신라 계승 의식이 좀 더 많이 반영되었다고 평가된다.

④ 몽골 침략의 위기를 겪으며 우리의 전통 문화를 올바르게 이해하려는 움직임에서 편찬되었다.

● 다음 논쟁이 있었던 무렵의 저술 활동으로 가장 적절한 것은?　13. 지방직 9급

> 재상 박유가 아뢰기를 "청컨대 여러 신하, 관료로 하여금 여러 처를 두게 하되, 품위에 따라 그 수를 점차 줄이도록 하여 보통 사람에 이르러서는 1처 1첩을 둘 수 있도록 하며, 여러 처에서 낳은 아들도 역시 본처가 낳은 아들처럼 벼슬을 할 수 있게 하기를 원합니다."라고 하였다. 연등회 날 저녁 박유가 왕의 행차를 호위하여 따라갔는데, 어떤 노파가 그를 손가락질하면서 "첩을 두고자 요청한 자가 저 늙은이다."라고 하였다. 듣는 사람들이 서로 전하여 서로 가리키니 무서워하는 자들이 있었기 때문에 그 건의를 정지하고, 결국 시행하지 못하였다.

① 김부식이 『진삼국사기표』를 지었다.

② 일연 선사가 『삼국유사』를 찬술하였다.

③ 정도전이 『조선경국전』을 저술하였다.

④ 정인지가 『훈민정음해례』 서문을 지었다.

● 이규보의 역사의식에 대한 설명으로 옳은 것은?　19. 국가직 7급

① 불교사를 중심으로 새로운 고대사 체계를 세웠다.

② 유교적 합리주의 사관에 입각하여 기전체 사서를 편찬하였다.

③ 고구려 계승 의식을 통해 고려의 기원을 신성시하고자 하였다.

④ 우리 역사를 중국과 대등하게 파악하며 단군을 민족 시조로 인식하였다.

| 정답해설 | 제시된 사료는 『삼국사기』 편찬과 관련된다. 『삼국사기』는 고려 중기 인종 때(1145) 김부식이 왕명을 받아 편찬한 우리나라에 현존하는 최고(最古)의 역사서이다. 신라 계승 의식이 반영된 『삼국사기』는 기전체로 편찬되었으나, 세가가 빠져 있다. 몽골 침략 시기(이후 원 간섭기 포함)는 고려 후기에 해당되며, 이 시기 대표적 역사서로는 『삼국유사』와 『제왕운기』를 들 수 있다.

| 정답 | ④

| 정답해설 | 박유는 충렬왕 때 재상으로서, 원의 계속된 침략에 의한 성비 차이(전란의 영향으로 여초 현상이 나타남) 등을 해결하기 위해 첩 제도의 시행을 주장하였다. 일연의 『삼국유사』는 충렬왕 때에 저술된 것으로 알려져 있다.

| 오답해설 |
① 『진삼국사기표』는 김부식이 『삼국사기』(1145)를 진헌하면서 올린 표이다.
③ 정도전의 『조선경국전』은 조선 태조 3년(1394)에 저술하였다.
④ 정인지 등이 집필한 『훈민정음해례본』은 조선 세종 28년(1446)에 간행되었다.

| 정답 | ②

| 정답해설 | 이규보는 「동명왕편」을 저술하여 고려의 '고구려 계승 의식'을 강조하였다.

| 오답해설 |
① 일연의 『삼국유사』는 불교사를 중심으로 새로운 고대사 체계를 세웠다고 평가된다.
② 김부식 등이 편찬한 『삼국사기』는 유교적 합리주의 사관에 입각하여 기전체로 편찬된 역사서이다.
④ 이승휴의 『제왕운기』는 우리 역사를 중국과 대등하게 파악하였으며, 단군을 민족 시조로 인식하였다.

| 정답 | ③

4 성리학의 전래

(1) 성리학(性理學)

① 집대성 : 남송의 주희(1130~1200)가 집대성한 성리학은 종래 자구의 해석에 힘쓰던 한·당의 훈고학이나 사장 중심의 유학과는 달리 인간의 심성과 우주의 원리 문제를 철학적으로 탐구하는 신유학이었다.

② 4서 중시 : 불교의 철학적인 사변(思辨)을 유학에 접목시킨 것으로, 5경보다는 4서를 중시하였다.

(2) 전래 및 발전

① 성리학의 소개
　㉠ 고려에 성리학을 처음 소개한 사람은 충렬왕 때의 안향(호 – 회헌)이었다.
　㉡ 안향은 『주자대전』의 일부를 필사하고, 공자와 주자의 화상(畫像, 초상화)을 그려서 돌아왔다.

② 전수
　㉠ 백이정이 직접 원(元)에 가서 성리학을 배워 와서 이제현과 박충좌 등에게 전수하였다.
　㉡ 김문정은 충렬왕 29년(1303), 공자의 화상, 공자의 제자인 선성10철(宣聖十哲)의 화상과 문묘의 제기와 악기, 육경(六經)과 제자(諸子)의 서적 등을 가지고 돌아왔다.

③ 성리학의 발전
　㉠ 이제현은 원의 수도에 설립한 만권당에서 원의 학자들과 교류하면서 성리학에 대한 이해를 심화하였고, 귀국한 후 이색 등에게 영향을 주어 성리학 발전에 이바지하였다.
　㉡ 공민왕 때 이색은 정몽주, 권근, 정도전 등을 가르쳐 성리학을 더욱 확산하였다.

사료　성리학의 수용과 발전

❶ 안향은 학교가 날로 쇠퇴함을 근심하여 양부(兩府)에 의논하기를 "재상의 직무는 인재를 교육하는 것보다 우선하는 것이 없습니다." …… 만년에는 항상 회암 선생(주자)의 초상화를 걸어 놓고 경모하였으므로 드디어 호를 회헌이라 하였다.

❷ 성균관을 다시 짓고 이색을 판개성부사 겸 성균관 대사성으로 삼았다. …… 이색이 다시 학칙을 정하고 매일 명륜당에 앉아 경(經)을 나누어 수업하고 강의를 마치면 서로 더불어 논란하여 권태를 잊게 하였다. 이에 학자들이 많이 모여 함께 눈으로 보고 마음으로 느끼는 가운데 정주(程朱) 성리학이 비로소 흥기하게 되었다.

『고려사』

사료　이색

(공민왕 5년) 시정(時政)에 대한 8개 항목을 적어 국왕에게 바쳤는데, 그 하나는 정방(政房)을 폐지하고 이부와 병부가 관리를 선발하는 제도를 회복하는 것이었다. 왕이 그의 건의를 기쁘게 받아들여 드디어 이색을 이부시랑(吏部侍郎) 겸 병부낭중(兵部郎中)으로 임명해 문무 관리의 선발을 주관하도록 하였다.　　『고려사』

단권화 MEMO

■ 성리학의 전래
고려 후기에는 성리학이 전래되어 사상계뿐만 아니라 정치·경제·사회·문화의 각 부분에 걸쳐 큰 영향을 미쳤다.

■ 4서 5경
· 4서 : 『논어』·『맹자』·『중용』·『대학』
· 5경 : 『시경』·『서경』·『주역』·『예기』·『춘추』

■ 성리학 입문서
안향(安珦)은 원나라 허형(許衡) 학파의 『성리대전(性理大全)』을 도입하였다. 『주자대전(朱子大全)』은 중종 38년(1543)에 국내에서 간행되었다.

■ 정몽주
『주자가례』를 처음 도입하여 집에 가묘를 세워 조상의 위패를 모시고 제사를 지냈으며, '동방 이학의 비조(시조)'로 불렸다.

『주문공가례(朱文公家禮)』라고도 하며 정몽주에 의하여 고려 말에 최초로 전래되었다. 성리학적 유교 윤리로 관·혼·상·제례를 4례라 하여 유교적으로 실천할 것을 권장하고 있다. 이로써 사대부 양반은 조상의 가묘[家廟, 사당(祠堂)]의 설치가 새로운 의무로 대두되었다. 4례 중 가장 중시하는 것은 제례(祭禮)의 덕목이었다.

■ 성리학의 불교 비판
정도전을 비롯한 일부 성리학자들은 불교 사상 자체가 현실과는 유리된 허황한 것이라 하여 불교 자체를 공박하였다.

| 오답해설 | ㄴ. 안향은 충렬왕 때 원으로부터 성리학을 처음 소개하였다.
ㄷ. 이색은 원의 과거에 급제하고 돌아와 공민왕 때 중영(순수한 유학 교육 기관으로 개편)한 성균관 대사성에 임명되었다. 이색은 정몽주, 권근, 정도전 등을 가르쳐 성리학을 확산시키는 데 기여하였다.
ㄹ. 이제현은 1357년(공민왕 6년)에 성리학적 사관을 바탕으로 『사략』을 편찬하였다.
| 정답 | ①

| 정답해설 | 안향은 처음 성리학을 소개한 인물이며, 정몽주·권근·정도전 등을 가르쳐 성리학을 확대시킨 인물은 이색이다.
| 정답 | ③

(3) 고려 말 성리학의 특징

① 실천적(實踐的) 기능 강조 : 성리학을 수용한 사람들은 대부분 신진 사대부였다. 이들은 현실 사회의 모순을 시정하기 위한 개혁 사상으로 성리학을 받아들였으며, 성리학의 형이상학적 측면보다 일상생활과 관계되는 실천적 기능을 강조하였다.

② 『소학(小學)』과 『주자가례(朱子家禮)』 중시

ㄱ. 신진 사대부 세력은 유교적인 생활 관습을 시행하기 위하여 『소학』과 『주자가례』를 중시하였다.

ㄴ. 권문세족과 불교의 폐단을 비판하였다.

(4) 영향

고려의 정신적 지주였던 불교는 쇠퇴하게 되었고, 성리학이 새로운 국가의 사회 지도 이념으로 등장하였다.

바로 확인문제

● 〈보기〉에서 이름과 활동을 옳게 짝지은 것은?   22. 2월 서울시(자체 출제) 9급

| 보기 |

ㄱ. 이제현 – 만권당에서 원의 학자들과 교류하였다.
ㄴ. 안향 – 공민왕이 중영한 성균관의 대사성이 되었다.
ㄷ. 이색 – 충렬왕 때 고려에 성리학을 본격적으로 소개하였다.
ㄹ. 정몽주 – 역사서 『사략』을 저술하였다.

① ㄱ   ② ㄴ
③ ㄷ   ④ ㄹ

● 고려 시대 성리학의 수용 과정에 대한 설명으로 옳지 <u>않은</u> 것은?   18. 지방직 7급

① 백이정은 직접 원에 가서 성리학을 배워 왔다.
② 김문정은 원에서 공자의 화상과 각종 서적을 구해 왔다.
③ 안향은 정몽주, 권근, 정도전 등을 가르쳐 성리학을 더욱 확산시켰다.
④ 이제현은 만권당에서 원의 학자들과 교류하면서 성리학에 대한 이해를 심화하였다.

02 불교 사상과 신앙*

1 불교 정책

(1) 불교의 성격

① 왕실·귀족 불교: 삼국 시대 이래로 불교는 왕실·귀족과 깊이 연결되어 호국적이고 현세 구복적인 성격을 띠게 되었다. 고려 초기부터 불교는 국가의 지원을 받으며 발전하였다.

② 유·불 융합: 귀족들도 불교에 큰 관심을 보였는데, 이들은 정치 이념으로 삼았던 유교와 신앙인 불교를 서로 배치되는 것으로 생각하지 않았다.

③ 현세 기복적 신앙: 일반인들도 현세 기복적 신앙으로서 불교를 널리 신봉하였다. 지방의 신앙 공동체였던 향도(香徒)에는 불교와 함께 토속 신앙의 면모가 나타나며, 불교와 풍수 지리설이 융합된 모습도 나타난다.

(2) 불교의 보호와 발전

① 태조

    ㉠ 태조는 불교를 적극 지원하는 한편, 유교 이념과 전통 문화도 함께 존중하였다.

    ㉡ 개경에 여러 사원을 세웠다(개태사·법왕사·왕륜사 등).

    ㉢ 훈요 10조에서 불교를 숭상하고 연등회와 팔관회 등 불교 행사를 성대하게 개최할 것을 당부하여 불교에 대한 국가의 지침을 제시하였다.

> **심화** 연등회와 팔관회
>
> **❶ 연등회**
> - 연등회는 삼국 시대 불교의 수용과 더불어 시작되었겠지만 그 시말을 알 수 있는 자료는 남아 있지 않고 문헌상으로 보이는 기록은 신라 경문왕 6년(866)과 진성왕 4년(890)의 "행**황룡사**간등"이라는 단절적 기사뿐이다. 신라 때의 간등(看燈: 연등을 보면서 마음을 밝히는 것)이 정월 15일에 있었던 것으로 보아 연등회가 국가적으로 '정례화'되어 있었음을 짐작할 수 있다.
> - 고려 시대에는 태조가 훈요 10조를 통해 팔관회와 함께 연등회를 매년 반드시 개최할 것을 당부하여, 고려의 국가적인 연중행사로 행해지는 계기가 되었다. 성종 6년(987)부터는 최승로의 건의에 따라 팔관회가 폐지될 때 **연등회도 함께 중단**되었다. 그러나 현종이 즉위한 후(1010) 다시 열리게 되어 고려가 멸망할 때까지 국가적인 행사로서 성대히 행해졌다.
> - 고려 초기의 연등회는 매년 정월 15일에 열렸으므로 이를 상원연등(上元燃燈)이라 하였는데, 성종 때에 폐지되었다가 23년만인 현종 원년(1010)에 다시 열렸다. 그러나 그해 11월 거란의 침입으로 개경을 떠난 현종은 이듬해 2월 나주까지 내려갔다가, 돌아오는 도중 2월 15일에 청주(淸州)의 별궁에서 연등회를 열었다. 이후 현종 때부터 인종 말년에 이르기까지 130년간 **2월 15일에 연등회가 열리게 되니 이를 2월 연등**이라고 하였다.
>
>   그러나 인종의 뒤를 이은 의종은 부왕 인종의 기일(忌日)이 바로 2월에 있으므로 2월을 피하여 정월 15일로 다시 바꾸었다. 그 후 명종 2년(1172)에는 동지추밀원사 최충렬의 건의에 따라 현종 때부터 인종 말년에 이르기까지 오랫동안 지켜 내려온 2월 15일로 되돌아갔으나, 이듬해부터는 다시 정월 15일에 열렸다. 또 희종 5년(1209)에는 부왕 신종의 기일이 끼어 있는 정월을 피하여 또 다시 2월 15일에 열리어 고려가 멸망할 때까지 2월 15일을 준수하였다.
>
> **❷ 팔관회**
>   연중행사로서 매년 11월 15일에 개경에서 행해졌으니 이를 '중동(仲冬)팔관회'라 하였다. 한편 10월 15일에는 서경(西京)에서도 개최되었다.

*고려의 불교 사상
의천과 지눌, 천태종과 조계종을 구분해서 기억해 두어야 한다.

② 광종

　㉠ 승과 제도 실시: '교종선'과 '선종선'에 합격한 자에게는 승계(僧階)를 주고 승려의 지위를 보장하였다.

　㉡ 균여: 균여는 귀법사의 주지를 맡았으며, 화엄 사상을 정비하여 보살의 실천행을 주장하였다. 또한 성상융회(性相融會)를 강조하여 화엄종과 법상종 등 교종 종파를 통합하고자 하였으며, 성속무애(聖俗無碍) 사상을 통해 불교의 대중화에 기여하였다.

■ 북악과 남악
북악과 남악은 신라 시대 이후 불교의 학파이다. 북악은 해인사의 '희랑'의 학통을 계승한 세력이며, 고려 시대 균여는 '북악의 법손'으로 남악 사상을 통합하고자 하였다. 한편 남악은 지리산 화엄사의 '관혜'의 학통을 계승한 세력이다.

사료 북악과 남악

스님(균여)은 북악(北岳)의 법통을 이으신 분이다. 옛날 신라 말 가야산 해인사에 두 분의 화엄종 사종(司宗)이 있었다. 한 분은 관혜공으로 후백제 견훤의 복전(福田)이 되었고, 다른 한 분은 희랑공(希朗公)인데 우리 태조 대왕의 복전이 되었다. 두 분은 (견훤과 왕건의) 신심(信心)을 받아 불전에서 인연을 맺었는데, 그 인연이 이미 달라졌으니 마음이 어찌 같을 수 있겠는가? 그 문도에 이르러서는 물과 불 같은 사이가 되었고 법미(法味)도 각기 다른 것을 받았다. 이 폐단을 없애기 어려운 것은 그 유래가 이미 오래되었다. 당시 세상 사람들은 관혜공의 법문을 남악(南岳)이라 하고, 희랑공의 법문을 북악(北岳)이라 일컬었다. 『균여전』

　㉢ 의통과 제관: 오월(吳越)에 건너가 중국의 천태종을 부흥시키는 데 큰 공을 세웠다. 의통은 중국 천태종의 16대 교조가 되었고, 제관은 천태종의 기본 교리를 정리한 『천태사교의』라는 명저를 저술하였다.

　㉣ 혜거: 중국에서 도입한 법안종을 중심으로 선종을 통합하고자 하였다.

③ 성종: 성종 때 유교 정치 사상이 강조되면서 연등회는 중지되고 팔관회는 폐지되었다.

④ 현종

　㉠ 불교가 국가의 보호를 받아 계속 융성하였으며, 현화사 등 국력을 기울인 사찰을 건립하였다.

　㉡ 연등회와 팔관회 등을 부활시켰으며, 초조대장경 조판에 착수하였다.

⑤ 문종

　㉠ 불교를 숭상하여 넷째 아들 대각국사 의천과 여섯째 아들 도생승통 탱(竀)을 배출하였다.

　㉡ 흥왕사를 완성하여 불교를 장려하였다.

(3) 불교에 대한 특혜

사원에는 토지인 사원전을 지급하였고, 승려들에게는 면역(免役)의 혜택을 주었다.

사료 불교가 고려 사회에 끼친 영향

❶ 우리나라의 대업은 반드시 제불의 호위하는 힘을 입은 것이다. 그러므로 선종과 교종의 사원을 창건하고 주지를 파견하여 지키도록 하고 각각 종단을 다스리도록 하라. 후세에 간신이 정권을 잡아 승려의 청에 따르게 되면 각 종단의 절들이 서로 다투어 바꾸고 빼앗고 할 것이니 반드시 이를 금하라. 『고려사』

❷ 홍화사·유암사·삼귀사 등의 절을 창건하였다. 승 혜거로 국사를 삼고, 탄문으로 왕사를 삼았다. 왕이 참소를 믿고 사람을 많이 죽였으므로 마음속에 스스로 의심을 품고 죄악을 소멸하고자 널리 재회를 베푸니 무뢰배들이 승려라 사칭하여 배 부르기를 구하고 구걸하는 자가 모여들었으며 혹은 떡, 쌀, 연료를 서울과 지방의 도로에서 나누어 주는 것이 이루 다 헤아릴 수 없었다. 방생소를 줄지어 설치하고 부근 절에 나아가 불경을 연습하며 도살을 금하니 궁중의 고기도 또한 시장에서 사다가 올렸다. 『고려사』

❸ 지금 사방에서 병란이 일어나 백성이 도탄에 빠졌으나 오직 우리나라만은 편안하여 아무런 근심이 없다. 평화롭게 닭이 울고 개 짖는 소리가 사방의 변경에 이른다. 남자는 밭에서 농사짓고 여자는 집에서 베를 짜며 부귀와 장수를 잃지 않으니 이것이 어찌 사람의 힘으로 하는 것이겠는가. 이는 국사가 …… 목숨을 돌보지 않고 멀리 해외에 가서 법을 전해 와서 이 땅에 무궁하게 전해준 데서 기인한다. 선봉사 대각국사비 비문

2 불교 통합 운동과 천태종

(1) 사회적 배경

① 초기
    ㉠ 화엄 사상을 정비하고 보살의 실천행을 폈던 균여(均如)의 화엄종이 성행하였다.
    ㉡ 선종에 대한 관심이 높았다.

② 중기
    ㉠ 개경에 흥왕사나 현화사와 같은 왕실과 귀족들의 지원을 받는 큰 사원이 세워져 불교가 번창하였다.
    ㉡ 이들의 지원을 받아 화엄종과 법상종이 나란히 융성하였다.

(2) 의천의 교단 통합 운동

① 의천은 문종의 넷째 아들로 송에서 화엄·천태의 교리를 터득하였다.
② 성상겸학(性相兼學) : 화엄종의 입장에서 법상종을 통합하려 하였다.
③ 국청사를 본찰로 하는 해동 천태종을 개창하였다.
④ 천태종은 교종(특히 화엄종)을 중심으로 선종을 통합한 종파이며, 원효의 화쟁 사상을 중시하였다.
⑤ 천태종의 통합 이론으로 교관겸수를 강조하였는데, 이것은 '교학과 선을 함께 수행하되, 교학의 수련을 중심으로 선을 포용하라.'는 논리였다. 또한 지관(止觀)을 중시하고 내외겸전(內外兼全)을 강조하였다.
⑥ 흥왕사에 교장도감을 두어 속장경을 간행하였다(목록 : 『신편제종교장총록』).
⑦ 대표적 저서 : 『원종문류』, 『석원사림』, 『천태사교의주』 등

> **사료**   **의천의 사상**

❶ 내(의천)는 매번 글을 읽을 때마다 책을 덮고 크게 한탄한다. 가만히 생각하면 성인의 가르침을 얘기함은 이를 실천하게 하는 데 있으므로 다만 입으로만 말할 것이 아니라 실은 몸으로 행동하려는 것이다. 어찌 한쪽에 매달려 있는 박처럼 뜻함에 쓰임이 없어 되겠는가.

❷ 교를 배우는 사람은 내(內)를 버리고 외(外)를 구하려는 경향이 강한 반면에 선을 익히는 사람들은 인연 이론을 잊어버리고 내조만 좋아하니, 이 모두가 편집된 것이다. 가만히 생각하면 성인이 가르침을 편 목적은 행을 일으키려는 데 있는 것이므로 입으로만이 아니라 몸으로 행동하게 하려는 것이다. 그러므로 양자를 고루 갖추어 안팎으로 모두 조화를 이루어야 한다.

❸ 정원 법사는 "관(觀)을 배우지 않고, 경(經)만 배우면 오주의 인과를 들었다고 하더라도 삼중의 성덕을 통하지 못하며, 경을 배우지 않고 관만 배우면 삼중의 성덕을 깨쳐도 오주의 인과는 분별하지 못한다. 그러므로 관도 배우지 않을 수 없고, 경도 배우지 않을 수 없다."고 하였다. 내가 교관에 마음을 쓰는 까닭은 이 말에 깊이 감복하였기 때문이다.

『대각국사문집』

> **사료**   **속장경, 『신편제종교장총록』**

지승 법사의 호법(護法)하는 뜻을 본받아 교장(教藏)을 널리 찾아내는 것을 나의 책임으로 삼았다. …… 여러 종파의 의소(義疏)를 얻게 되면, 감히 사사로이 비장(秘藏)하지 않고 간행했으며, 책을 낸 후에 새로 발견된 것이 있으면 그 뒤에 계속해서 수록하고자 하였다. 이렇게 편집된 권질이 삼장(三藏)의 정문(正文)과 더불어 무궁하게 전해져 내려감이 나의 소원이다.

단권화 MEMO

■ **화엄종과 법상종**
화엄종은 화엄 사상을 바탕으로 하는 종파이고, 법상종은 유식 사상을 중심으로 하는 종파이다. 교종인 이 두 종파가 선종과 함께 고려 불교의 주축을 이루었다.

■ **영통사 대각국사비(경기 개풍)**

대각국사 의천의 사적을 기록한 것으로, 비문은 김부식이 지었다.

천태학은 고려 초기에도 교선 통합에 이용된 바 있는데, 그것은 온갖 잡념을 정지하고 지혜로써 사물을 관조하는 지관(止觀)을 중시하여 그 실천 수행법이 선종과 비슷하였지만, 기본적으로는 『법화경(法華經)』을 정종(正宗)으로 삼는 통일적이고 지적인 종파로서 왕권 우위의 중앙 집권적 귀족 사회에 적합한 이념 체계를 제공하였다. 따라서 의천의 교선 통합은 중국 화엄학에서의 '교선 일치'에 의한 것이 아니라 천태종의 '교관겸수'를 채용하였다는 점에 특징이 있었다.

그러나 의천의 교선 통합은 교리적인 측면에서의 완전한 통합이라기보다는 다만 교단의 통합에 그쳤고 법상종을 의식한 정치적 통합의 성격이 짙었다. 이 때문에 의천이 죽자 천태종은 곧 쇠퇴하고 선종은 다시 독립하였으며, 화엄종은 균여파와 의천파로 분열되었다.

변태섭

3 결사 운동(結社運動)과 조계종

(1) 무신집권기의 불교

무신집권 이후의 사회 변동기를 지나며 불교계에서도 본연의 자세 확립을 주장하는 새로운 종교 운동인 결사 운동이 일어났다.

① 보조 국사(普照國師) 지눌

  ㉠ 수선사 결사 운동

■ 지눌의 『목우자수심결』
지눌이 선문(선종)에 처음 입문한 초학자에게 '선 수행의 요체'가 되는 핵심 내용을 저술한 지침서이다.

    • 지눌은 명리(名利)에 집착하는 당시 불교계의 타락상을 비판하고, 승려 본연의 자세로 돌아가 독경과 선 수행, 노동에 고루 힘쓰자는 개혁 운동인 수선사(修禪社) 결사를 제창하였다.

    • 송광사에 중심을 둔 수선사 결사 운동은 개혁적인 승려들과 지방민들의 적극적인 호응을 얻어 활발하게 전개되었다.

  ㉡ 조계종, 선교 일치 사상의 완성

    • 정혜쌍수(定慧雙修): 정(定)은 선종의 좌선, 혜(慧)는 교종의 염불과 독경을 의미한다. 지눌은 선과 교학이 근본에 있어 둘이 아니라는 사상 체계인 정혜쌍수를 사상적 바탕으로 철저한 수행을 선도하였다. 지눌은 거조암, 길상사 등에서 정혜 결사를 주도하였다.

■ 정혜쌍수와 돈오점수
정혜쌍수는 선과 교학을 나란히 수행하되, 선을 중심으로 교학을 포용하자는 이론이며, 돈오점수는 단번에 깨닫고 꾸준히 실천하자는 주장을 일컫는다. 선종은 돈오를 지향한다. 지눌은 돈오를 지향처로 삼으면서도 사람들이 오래 익혀 온 잘못된 습관을 고치기 위해서는 깨달음의 꾸준한 실천이 필요하다는 뜻에서 점수를 아울러 강조하였다.

    • 돈오점수(頓悟漸修): 지눌은 내가 곧 부처라는 깨달음을 위한 노력과 함께, 꾸준한 수행으로 깨달음의 확인을 아울러 강조한 돈오점수를 주장하였다.

    • 완성: 선종을 중심으로 교종을 포용하여 교와 선의 대립을 극복하고자 한 지눌의 논리는 고려 불교가 지향하던 선교 일치 사상을 완성하였다.

지금의 불교계를 보면 아침저녁으로 행하는 일들이 비록 부처의 법에 의지하였다고 하나 자신을 내세우고 이익을 구하는 데 열중하며 세속의 일에 골몰한다. 도덕을 닦지 않고 옷과 밥만 허비하니 비록 출가하였다고 하나 무슨 덕이 있겠는가.

하루는 같이 공부하는 사람 10여 인과 약속하였다. 마땅히 명예와 이익을 버리고 산림에 은둔하여 같은 모임을 맺자. 항상 선을 익히고 지혜를 고르는 데 힘쓰고, 예불하고 경전을 읽으며 힘들여 일하는 것에 이르기까지 각자 맡은 바 임무에 따라 경영한다. 인연에 따라 성품을 수양하고 평생을 호방하게 고귀한 이들의 드높은 행동을 좇아 따른다면 어찌 통쾌하지 않겠는가. 『권수정혜결사문(勸修定慧結社文)』

사료 지눌의 불교 통합 사상

❶ 정(定)은 본체이고 혜(慧)는 작용이다. 작용은 본체를 바탕으로 있게 되므로 혜가 정을 떠나지 않고, 본체는 작용을 가져오게 하므로 정은 혜를 떠나지 않는다. 정은 곧 혜인 까닭에 허공처럼 텅 비어 고요하면서도 항상 거울처럼 맑아 영묘하게 알고, 혜는 곧 정이므로 영묘하게 알면서도 허공처럼 고요하다.

『보조국사법어』

❷ 한마음[一心]을 깨닫지 못하고 한없는 번뇌를 일으키는 것이 중생인데, 부처는 이 한마음을 깨달았다. 깨닫고 아니 깨달음은 오직 한마음에 달린 것이니, 이 마음을 떠나서 따로 부처를 찾을 곳은 없다.
먼저 깨치고 나서 후에 수행한다는 뜻이 못의 얼음이 전부 물인 줄 알지만, 그것이 태양의 열을 받아 녹게 되는 것처럼, 범부(凡夫 – 보통 사람)가 곧 부처임을 깨달았으나 불법의 힘으로 부처의 길을 닦게 되는 것과 같다는 것이다.

『권수정혜결사문』

② 결사 운동의 발전: 지눌의 결사 운동은 지눌 이후에도 지속적으로 발전하였다.

 ㉠ 혜심(진각 국사): 유불 일치설(儒佛一致說)을 주장하며 심성의 도야를 강조하여 장차 성리학을 수용할 수 있는 사상적 토대를 마련하였다. 그의 저서로는 『선문염송집(禪門拈頌集)』, 『심요』, 『조계진각국사어록(曹溪眞覺國師語錄)』, 『구자무불성화간병론(狗子無佛性話揀病論)』, 『무의자시집(無衣子詩集)』, 『금강경찬(金剛經贊)』, 『선문강요(禪門綱要)』가 있다.

 ㉡ 요세(원묘 국사): 요세는 강진 만덕사(백련사)에서 천태종 계열 결사 운동인 **백련 결사**(白蓮結社)를 제창하였다. 자신의 행동을 참회하는 **법화 신앙**에 중점을 두어 지방민의 적극적인 호응을 얻었고, 수선사와 양립하며 고려 후기 불교계를 이끌었다.

■ **수선사와 백련사**

수선사가 기층민보다는 지방의 지식인층을 주된 대상으로 하였음에 비하여, 백련사는 정토관(淨土觀)에 좀 더 충실함으로써 기층 사회이 교화에 전념하였음이 특징적이다. 변태섭

▲ 송광사(전남 순천)
지눌이 수선사를 개창한 곳이다.

▲ 백련사(전남 강진)
요세가 백련 결사를 열었던 곳이다.

사료 혜심의 유불 일치설

"부처님이 말씀하시기를 나는 두 성인을 중국에 보내서 교화를 펴리라 하셨다. 한 사람은 노자로, 그는 가섭 보살이요, 또 한 사람은 공자로 그는 유동(儒童) 보살이다." 이 말에 의하면 유(儒)와 도(道)의 종(宗)은 부처님의 법에서 흘러나온 것이다. 방편은 다르나 진실은 같은 것이다.

『조계진각국사어록』

사료 요세

임진년(1232) 여름 4월 8일 처음 보현도량(普賢道場)을 결성하고 법화삼매(法華三昧: 법화경을 꾸준히 읽어서 그 묘한 이치를 깨닫는 것)를 수행하여, 극락정토(極樂淨土)에 왕생하기를 구하였는데, 모두 천태삼매의(天台三昧儀)를 그대로 따랐다. 오랫동안 법화참(法華懺)을 수행하고 전후에 권하여 발심(發心)시켜 이 경을 외우도록 하여 외운 자가 1,000여 명이나 되었다. 사중(四衆)의 청을 받아 교화시켜 인연을 지어 준 지 30년에 묘수(妙手)로 제자를 만든 것이 38명이나 되었으며, 절을 지은 것이 다섯 곳이며, 왕공대인(王公大人) 목백현재(牧伯縣宰)들과 높고 낮은 사중들이 이름을 써서 사(社)에 들어온 자들이 300여 명이나 되었으며, 이 사람 저 사람에게 서로 가르침을 전하여 한 귀(句) 한 게(偈)를 듣고 멀리 좋은 인연을 맺은 자들이 헤아릴 수 없었다.

『동문선』 만덕산 백련사 원묘국사비명

■ 묘련사

1284년(충렬왕 10년) 왕실의 원찰(죽은 사람의 명복을 빌거나 자신의 소원을 빌기 위해 건립한 사찰)로 창건하였다. 이 절은 『법화경』을 강론하여 천태사상(天台思想)을 선양하는 중심 사찰이 되었으며, 천태종의 결사 도량인 백련사의 분원 역할을 하였다.

■ 보우(普愚)

교단을 통합·정리하는 것이 불교계의 폐단을 바로잡는 우선 과제라고 생각하였다. 그러나 교단과 정치적 상황이 얽혀 개혁을 지속적으로 추진할 수 없었다. 한편 원나라에서 임제종을 들여와 전파시켜 조선 선종의 주류로 발전시키는 토대를 마련하였다.

| 정답해설 | 향도는 불교가 수용된 삼국 시대부터 조직되었고, 매향(향나무를 바닷가에 묻는 행위)은 미륵 신앙이 반영된 활동이었다.

| 오답해설 |
① 태조는 훈요 10조에서 사원의 남설(濫設: 많이 설립하는 것)을 경계하였다.
② 초조대장경은 송과 거란의 대장경을 참고하여 제작되었으며, 부인사에 보관되었다가 몽골 침략 시기에 소실되었다. 한편 흥왕사는 문종 때 건립되었기 때문에 현종 때는 존재하지 않았다.
③ 국청사를 중심으로 해동 천태종을 창시한 인물은 의천이다.

| 정답 | ④

| 정답해설 | 제시된 자료에서 '교종과 선종의 통합', '천태종을 창립' 등의 내용을 통해 밑줄 친 '그'가 의천임을 알 수 있다. 수선사 결사 운동을 전개한 인물은 지눌이다

| 정답 | ③

삼보 사찰(三寶寺刹)

삼보 사찰은 경남 양산시의 통도사(通度寺), 경남 합천군 해인사(海印寺), 전남 순천시의 송광사(松廣寺)이다. 통도사는 자장(慈藏)이 646년에 창건하면서 당(唐)에서 가지고 온 불사리(佛舍利, 부처님의 진신 사리)를 금강 계단 불사리탑에 봉안하여 불보 사찰(佛寶寺刹)이 되었고, 해인사는 조선 건국 이후 강화도 선원사(禪源寺)의 고려대장경(팔만대장경, 재조대장경)을 옮겨와 보관하여 법보 사찰(法寶寺刹)이 되었다. 한편 송광사는 국사(國師)의 칭호를 받은 16명의 고승을 배출함으로써 승보 사찰(僧寶寺刹)로 불린다.

---

(2) 원 간섭기의 불교

① 충렬왕 때 왕실의 원찰(願刹)인 묘련사가 창건되었다(충렬왕 10년, 1284).

② 원 간섭 이후 불교의 개혁적 분위기가 쇠퇴하고, 권문세족과 불교 세력이 결탁하여 많은 폐단이 나타났다. 또한, 당시 사원은 막대한 토지를 소유하고 상업에도 관여하였고 사병(私兵)을 양성하기도 하였다.

③ 보우(태고 화상): 타락한 불교 교단을 정비하고, 원에서 임제종을 도입하여 9산 선문의 통합을 시도하였으나 실패하였다.

④ 성리학을 사상적 배경으로 대두한 신진 사대부들은 불교계의 사회·경제적 폐단을 비판하였다.

바로 확인문제

● **고려 시대 불교 문화에 대한 설명으로 가장 옳은 것은?** 　　　　　　19. 2월 서울시(사복직 포함) 9급

① 태조는 훈요 십조에서 전국에 비보사찰을 제한 없이 늘려 불국토를 이루도록 당부하였다.

② 현종 대에는 거란의 대장경을 수입하여 고려의 독자적인 초조대장경을 만들기 시작했고, 완료한 후 흥왕사에 보관하였다.

③ 광종 대 균여는 국청사를 중심으로 해동 천태종을 창시하고, 교종과 선종의 대립을 완화하기 위해 노력하였다.

④ 삼국 시대부터 있어 왔던 향도를 계승하여 신앙의 결속을 다졌으며, 매향 행위를 함으로써 내세의 복을 빌기도 했다.

● **밑줄 친 '그'에 대한 설명으로 옳지 않은 것은?** 　　　　　　　　　　　　　13. 경찰 간부

> 그는 교종과 선종의 통합에 관심을 가져 광종 사후에 침체되어 있던 천태학을 부흥시켜 천태종을 창립하였다.

① 문종의 아들이었다.

② 교장도감을 설치하고 속장경을 간행하였다.

③ 수선사를 조직하여 결사 운동을 전개하였다.

④ 송나라에 가서 화엄학과 천태학을 공부했다.

● 밑줄 친 '그의 사상'과 관련된 설명으로 옳은 것은?

14. 사복직 9급

> 그의 사상은 돈오점수와 정혜쌍수로 요약할 수 있다. 이는 인간의 마음이 곧 부처라는 사실을 깨닫고(선 돈오) 이를 바탕으로 수련을 계속해야 하며(후 점수) 그 수행에 있어서는 정과 혜를 함께 닦아야 한다는 것이다.

① 고려 무신정권의 비호 아래 천태종의 사상적 기반이 되었다.
② 왕권 우위의 중앙 집권적 귀족 사회에 적합한 이념 체계를 제공하였다.
③ 고려 말 신진 사대부들의 성장에 사상적 기반이 되었다.
④ 고려 후기의 불교계를 선종 중심으로 혁신하려는 운동을 전개하였다.

● 다음 자료의 밑줄 친 '나'에 대한 설명으로 옳은 것은?

한국사능력검정시험 고급 8회 변형

> 나는 옛날 공(公)의 문하에 있었고 공은 지금 우리 수선사에 들어왔으니, 공은 불교의 유생이요 나는 유교의 불자입니다. 서로 손과 주인이 되고 스승과 제자가 됨은 옛날부터 그러하였고 지금에야 비롯된 것은 아닙니다.

① 유교와 불교의 일치를 주장하였다.
② 권문세족과 긴밀한 관계를 맺고 있었다.
③ 처음으로 수선사 결사 운동을 전개하였다.
④ 교종의 입장에서 선종을 통합하려 하였다.

● 밑줄 친 '그'에 대한 설명으로 옳은 것은?

17. 서울시 9급

> 그는 『묘종초』를 설법하기 좋아하여 언변과 지혜가 막힘이 없었고, 대중에게 참회를 닦기를 권하였다. …… 대중의 청을 받아 교화시키고 인연을 맺은 지 30년이며, 결사에 들어온 자들이 3백여 명이 되었다.

① 강진의 토호 세력의 도움을 받아 백련사를 결성하였다.
② 불교계 폐단을 개혁하기 위해 9산 선문의 통합을 주장하였다.
③ 이론의 연마와 실천을 아울러 강조하는 교관겸수를 제창하였다.
④ 깨달은 후에도 꾸준한 실천이 필요하다는 돈오점수를 중시하였다.

|정답해설| 제시된 지문의 '돈오점수'와 '정혜쌍수'를 통하여 '그'가 조계종과 관련된 지눌임을 알 수 있다. 지눌의 수선사 결사 운동은 선종 중심의 불교 개혁 운동이었으며, 승려 본연의 자세로 돌아가 예불 독경과 선 수행, 노동에 고루 힘쓰자고 주장하였다.

|오답해설|
① 무신정권의 후원을 받은 종파는 조계종이다.
② 왕권 우위의 중앙 집권적 귀족 사회에 적합한 이념 체계를 제공하였던 것은 의천의 사상(천태종)이다.
③ 고려 말 신진 사대부들의 성장에 사상적 기반이 되었던 것은 성리학이다.

|정답| ④

|정답해설| 밑줄 친 '나'는 혜심이며, 제시된 내용은 '유불 일치설'이다. 유불 일치설은 성리학 수용의 사상적 배경이 되었다.

|정답| ①

|정답해설| 제시된 자료의 '참회', '결사'를 통해 밑줄 친 '그'가 요세임을 알 수 있다. 요세는 참회에 바탕을 둔 법화 신앙을 강조하였고, 강진의 토호 세력(토착 세력)의 지원을 받아 백련사 결사를 결성하였다.

|오답해설|
② 고려 말 불교 개혁을 추진하였던 보우는 불교계 폐단을 개혁하기 위해 9산 선문의 통합을 주장하였다. 또한 선종 종파인 임제종을 도입하였다.
③ 의천은 이론의 연마와 실천을 아울러 강조하는 교관겸수와 내외겸전을 주장하였다.
④ 지눌은 깨달은 후에도 꾸준한 실천이 필요하다는 돈오점수를 중시하였고, 정혜쌍수를 주장하였다.

|정답| ①

4 대장경

(1) 대장경 간행의 배경과 의의

① 배경 : 불교 사상에 대한 이해 체계가 정비되면서 불교에 관련된 서적을 모두 모아 체계화한 대장경을 편찬하였다.

② 의의 : 경·율·론의 삼장으로 구성된 대장경은 불교 경전을 집대성한 것으로서, 교리 체계에 대한 정리가 선행되어야만 이루어질 수 있는 문화적 의의가 높은 유산이다.

(2) 대장경의 간행

① 초조대장경(初彫大藏經)

ㄱ 목적 : 현종 때 거란의 침입을 받았던 고려는 부처의 힘을 빌려 이를 물리치려고 대장경을 간행하였다.

ㄴ 소실 : 70여 년의 오랜 기간 목판에 새겨 간행한 이 초조대장경은 개경에 보관하였다가 대구 팔공산 부인사로 옮겼는데, 몽골 침입 때에 불타 버리고 인쇄본 일부가 남아 있다. 고려 인쇄술의 정수를 보여 주고 있다.

▲ 초조대장경 인쇄본(호림 박물관 소장)
고려 전기에 처음 간행하였으나 몽골 침입 때 불타 버린 초조대장경을 인쇄한 판본이다.

② 속장경(續藏經, 교장)

ㄱ 대각국사 의천이 송·요·일본 등에서 주석서인 장소(章疏)를 모아 간행하였다.

ㄴ 속장경(교장)의 목록인 『신편제종교장총록』을 만들었고, 개경 흥왕사에 교장도감을 설치(선종 3년, 1086)하여 제작되었다.

ㄷ 속장경의 판목은 1232년(고종 19년) 몽골군의 침입으로 흥왕사가 불타 소실되었다. 현재 일본의 동대사(東大寺) 도서관 등에 인본(印本, 인쇄본)이 일부 보관되어 있으며, 우리나라에는 조선 초 중수·간행된 것이 순천 송광사(松廣寺)에 전해오고 있다.

③ 팔만대장경(八萬大藏經, 재조대장경)

ㄱ 몽골 침략으로 소실된 초조대장경을 대신하여 고종 때 대장경을 다시 만들었다.

ㄴ '대장도감(大藏都監)'을 설치하여 16년만에 이룩한 '재조대장경'은 현재까지 합천 해인사에 8만 매가 넘는 목판이 모두 보존되어 있어 '팔만대장경'이라고 부른다.

▲ 팔만대장경 목판

ㄷ 팔만대장경은 방대한 내용을 담았으면서도 잘못된 글자나 빠진 글자가 거의 없는 제작의 정밀성과 글씨의 아름다움 등으로 인해, 2007년 유네스코 세계 기록 유산으로 등재되었다.

■ 경(經)·율(律)·론(論)
경은 부처가 설한 것으로 근본 교리이고, 율은 교단에서 지켜야 할 윤리 조항과 생활 규범이며, 론은 경과 율에 대한 승려나 학자들의 의론과 해석을 일컫는다. 이 세 가지를 삼장(三藏)이라고 한다.

■ 속장경(교장) 편찬
의천은 흥왕사에 교장도감을 설치하고, 국내의 것은 물론 송·요·일본 등에서 모아 온 대장경의 주석서인 장(章)·소(疏)들을 간행하였는데, 이것이 이른바 속장경이다. 의천은 원효 사상을 중심으로 한 신라 불교의 전통을 재확인하였으며, 속장경 속에는 선종 관계 서적은 들어 있지 않다.

■ 재조대장경
강화도 선원사(禪源寺)와 진주에 도감(都監)을 설치하고 고려의 구본(舊本)을 토대로 하면서 송과 거란 등 여러 나라의 장경(藏經)을 대조하여 총 1,511부 6,805권의 대장경을 새로이 판각하였다. 총 매수가 81,258장에 이르러 속칭 '팔만대장경'이라고 불린다. 이때 이규보가 「대장각판 군신기고문」을 지었다.

심하도다. 달단(몽골)이 환란을 일으킴이예! 그 잔인하고 흉포한 성품은 이미 말로 다할 수 없고, 심지어 어리석음은 또한 짐승보다 심하니, 어찌 천하에서 공경하는 바를 알겠으며, 이른바 불법(佛法)이란 것이 있겠습니까? 이 때문에 그들이 경유하는 곳마다 불상과 범서를 마구 불태워 버렸습니다. …… 옛날 현종 2년에 거란주(契丹主)가 크게 군사를 일으켜 와서 정벌하자 현종은 남쪽으로 피난하고, 거란 군사는 송악성에 주둔하고 물러가지 않았습니다. 이에 현종은 여러 신하들과 함께 더할 수 없는 큰 서원을 발하여 대장경 판본을 판각했습니다. 그러자 거란 군사가 스스로 물러갔습니다. 그렇다면 대장경도 한 가지고, 전후 판각한 것도 한 가지고, 군신이 함께 서원한 것도 한 가지인데, 어찌 그때에만 거란 군사가 스스로 물러가고 지금의 달단은 그렇지 않겠습니까? 다만 제불다천(諸佛多天)이 어느 정도 보살펴 주느냐에 달려 있을 뿐입니다. 　　　　　　이규보, 「동국이상국집」

◑ 고려 시대의 대장경

구분	제작 시기	특징	보관
초조대장경	현종~선종	거란 침입 격퇴 염원	몽골 침입 때 소실
속장경(교장)	선종~숙종	의천 주도, 교리 정리, 외국 경전 수집, 교장도감 설치	
팔만대장경 (재조대장경)	고종	몽골 침입 격퇴 염원, 대장도감 설치, 세계 기록 유산	합천 해인사 장경판전

바로 확인문제

● (가)~(라)의 시기에 있었던 사실로 옳은 것은?　　　　　16. 지방직 9급

| (가) | (나) | (다) | (라) |

| 무신정변 발생 | 최충헌 집권 | 최우 집권 | 김준 집권 | 왕정 복구 |

① (가) – 국정을 총괄하는 교정도감이 처음 설치되었다.
② (나) – 망이 · 망소이 등 명학소민이 봉기하였다.
③ (다) – 금속 활자로 『상정고금예문』을 인쇄하였다.
④ (라) – 고려 대장경을 다시 조판하여 완성하였다.

● 고려 시대의 대장경을 설명한 것으로 가장 옳지 않은 것은?　　　　　16. 서울시 9급

① 대장경이란 경(經) · 율(律) · 논(論) 삼장으로 구성된 불교 경전을 말한다.
② 초조대장경의 제작은 거란의 침입을 받으면서 시작되었다.
③ 의천은 송과 금의 대장경 주석서를 모아 속장경을 편찬하였다.
④ 초조대장경과 속장경은 몽골의 침입으로 소실되었다.

|정답해설| 『상정고금예문』은 1234년 금속 활자로 인쇄되었다는 기록이 남아 있으며 당시는 최우 정권(1219~1249) 시기이다.

|오답해설|
① 교정도감이 처음 설치된 것은 최충헌의 집권(1196) 이후이다.
② 망이 · 망소이의 난은 1176년에 일어났으며, 당시 최고 집권자는 정중부였다.
④ 재조대장경(팔만대장경)은 최우 때 조판을 시작하여 그의 아들 최항 시기에 완성하였다.

|정답| ③

|정답해설| 의천은 송과 요(거란족)의 대장경 주석서를 모아 속장경(교장)을 편찬하였다.

|오답해설|
① 대장경이란 경(經) · 율(律) · 논(論) 삼장으로 구성된 불교 경전을 집대성한 것이다.
② 초조대장경은 거란의 침입을 부처의 힘을 통해 막기 위해 현종 때 조판되기 시작하였다.
④ 초조대장경과 속장경(교장)은 몽골의 침략으로 대부분 소실되었다.

|정답| ③

■ 도교

고대의 민간 신앙과 신선술을 바탕으로 하고 도가 사상과 음양오행의 이론 등이 첨가되어 성립된 종교로서, 불로장생과 현세 구복을 추구하는 특징을 지녔다. 고려 시대의 도교는 하늘의 별들과 서낭신·토지신 등 많은 잡다한 신을 모시면서, 재앙을 물리치고 복을 빌며, 국가의 안녕과 왕실의 번영을 기원하였다.

5 도교와 풍수지리설

(1) 도교(道敎)의 발달

① 성행 : 고려 시대에는 유교, 불교와 함께 도교도 성행하였다.

② 특징 : 불로장생(不老長生)과 현세 구복(現世求福)을 추구하였으며, 은둔(隱遁)적인 성격을 보여 주었다.

③ 활동

  ㉠ 초제(醮祭) : 도교는 여러 가지 신을 모시면서 재앙을 물리치고 복을 빌며 나라의 안녕과 왕실의 번영을 기원하였다. 이를 위하여 도교 행사가 자주 베풀어졌고, 궁중에서는 하늘에 제사를 지내는 초제(醮祭)가 성행하였다.

  ㉡ 복원궁의 건립 : 예종 때 최초의 도교 사원인 복원궁(福源宮 = 福源觀)을 건립하였다.

④ 한계

  ㉠ 민간 신앙 : 도교에는 불교적인 요소와 도참 사상(圖讖思想) 등 다양한 요소가 수용되어 일관된 체계를 보이지 못하였을 뿐만 아니라 교단(敎團)도 성립하지 못하여 민간 신앙으로 전개되었다.

  ㉡ 팔관회의 성격 : 국가적으로 이름난 명산대천에 제사를 지내는 팔관회는 도교와 민간 신앙 및 불교가 어우러진 행사였다.

사료 고려의 도교

대관(大觀) 경인년에 천자께서 저 먼 변방에서 신묘한 도(道)를 듣고자 함을 돌보시어 신사(信使)를 보내시고 우류(羽流 : 도사) 2인을 딸려 보내어 교법에 통달한 자를 골라 훈도하게 하였다. 왕은 신앙이 돈독하여 정화(政和) 연간에 비로소 복원관(福源觀)을 세워 도가 높은 참된 도사 10여 인을 받들었다. 그러나 그 도사들은 낮에는 재궁(齋宮)에 있다가 밤에는 집으로 돌아가고는 하였다. 그래서 후에 간관이 지적, 비판하여 다소간 법으로 금하는 조치를 취하게 되었다. 간혹 듣기로는, 왕이 나라를 다스렸을 때는 늘 도가의 도록을 보급하는 데 뜻을 두어 기어코 '도교'로 호교(護敎)를 바꿔 버릴 생각을 하고 있었으나, 그 뜻을 이루지 못해 무엇인가를 기다리는 것이 있는 듯하였다.

『고려도경』

---

(2) 풍수지리설(風水地理說)

① 내용 : 신라 말에 크게 관심의 대상이 되었던 풍수지리설은 미래의 길흉화복을 예언하는 도참 사상이 더해져 고려 시대에 크게 유행하였다.

② 영향

  ㉠ 서경 길지설(西京吉地說)

    • 북진 정책의 전진 기지 : 고려 초기에는 '개경(開京)과 서경(西京)이 명당'이라는 설이 유포되어 서경 천도와 북진 정책 추진의 이론적 근거가 되었다.

    • 서경 천도론 : 이러한 길지설(吉地說)은 개경 세력과 서경 세력의 정치적 투쟁에 이용되어 묘청의 서경 천도 운동의 이론적 근거가 되었다.

  ㉡ 남경 길지설(南京吉地說) : 문종을 전후한 시기에는 북진 정책의 퇴조와 함께 새로이 한양 명당설이 대두하여 이곳을 남경(南京)으로 승격하고 궁궐을 지어 왕이 머물기도 하였다. 또한 공민왕과 우왕 때 한양 천도 주장의 근거가 되었다.

■ 풍수지리설 관련 문헌

『도선비기』 등의 서적들이 유행하였으며, 예종 때에는 풍수지리설을 집대성한 『해동비록』이 이재·박승중·최선 등에 의하여 편찬되었다.

■ 도선의 풍수지리 사상

도선은 신라 말기 풍수지리설의 대가이다. 그는 선종 계통의 승려로서 전 국토의 자연환경을 유기적으로 파악하는 인문 지리적 지식에다 경주 중앙 귀족들의 부패와 무능, 지방 호족들의 대두, 오랜 전란에 지쳐서 통일의 안정된 사회를 염원하는 일반 백성들의 인식을 종합하여 체계적인 풍수 도참설을 만들었다. 풍수 도참설은 민심을 경주에서 지방으로 바꿈으로써 각 지방에 대두하고 있던 호족 세력들의 분열을 합리화하였다. 나아가 우리나라 역사의 중심지가 한반도 동남부 지방인 경주에서 중부 지방인 개성으로 옮겨 가고, 역사의 주인공도 경주의 진골 귀족에서 지방의 호족으로 바뀌는 데 기여함으로써 개성 지방에서 성장한 호족 출신의 왕건이 후삼국을 통일할 수 있는 사상적 배경을 제공하였다.

❶ 서경 길지설

묘청 등이 왕에게 건의하기를, "우리들이 보건대 서경 임원역(林原驛)의 땅은 음양가들이 말하는 대화세(大華勢)인데, 만약 이곳에 궁궐을 짓고 옮겨 앉으면 천하를 병탄(併呑)할 수 있으며, 금나라가 방물을 바치고 스스로 항복할 것이며, 36개 나라들이 모두 조공하게 될 것입니다."라고 하였다.　　　　　　　　　　　「고려사」

❷ 남경 길지설

김위제(金謂磾)가 상소하여 남경으로 수도를 옮길 것을 청하여 다음과 같이 말하였다. "도선기에 이르기를 '고려의 땅에 삼경(三京)이 있으니 송악(松嶽)은 중경(中京)이 되고, 목멱양(木覔陽)은 남경(南京)이 되고, 평양은 서경(西京)이 되니, 11월부터 4개월은 중경에 머물고 3월부터 4개월은 남경에 머물며, 7월부터 4개월은 서경에 머물면 36개국이 조공을 바칠 것이다.'라고 하였습니다. 신은 지금이 새 서울로 옮겨야 할 때라고 생각합니다."　　　　　　　　　　　「고려사」

03 과학 기술의 발달

1 천문학과 의학

(1) 과학 기술의 발달 배경

① 과학 기술의 수용 : 고려 시대에는 고대 사회의 전통적 과학 기술을 계승하고 중국과 이슬람의 과학 기술도 수용하여 이 분야에서 중요한 업적을 많이 남겼다.

② 국자감 : 최고 교육 기관인 국자감에서는 율학·서학·산학 등의 기술학을 교육하였다.

③ 잡과 실시 : 과거제에서도 기술관을 등용하기 위한 잡과가 실시되어 과학 기술이 발전할 수 있었다.

④ 대표적 기술학 : 고려 과학 기술의 발전을 대표하는 것은 천문학·의학·인쇄술·상감 기술·화약 무기 제조술 등이었다.

(2) 천문학과 역법의 발달

천문학은 천문 관측과 역법 계산을 중심으로 발달하였다.

① 천문 관측(天文觀測)

　　㉠ 사천대 설치 : 천문과 역법을 맡은 관청으로, **사천대(후기 – 서운관)**를 설치하였고, 이곳의 관리들은 첨성대에서 관측 업무를 수행하였다.

　　㉡ 관측 기록 : 일식·혜성·태양 흑점 등에 관한 관측 기록이 매우 풍부하게 남아 있고, 이런 기록들은 당시 과학 기술 분야에 앞서 있던 이슬람 문명의 기록과 비교할 수 있을 정도로 훌륭한 것으로 평가되고 있다.

▲ 고려의 첨성대(경기 개성)

단권화 MEMO

■ 사천대
농사를 짓기 위한 천체 운행과 기후 관측에 천문학과 역법이 필요하였기 때문에 천문 관측과 역법 계산을 맡아 행하던 관청으로서 사천대(서운관)를 설치하였다.

■ 관측 기록
『고려사』 천문지에 실린 일식 기록은 130여 회나 되었으며, 혜성 관측 기록도 87회에 이른다.

② 역법(曆法) 연구 : 역법 연구에서도 착실한 발전이 이루어졌다.
  ㉠ 고려 초기 : 신라 때부터 쓰기 시작하였던 당의 선명력을 그대로 사용하였다.
  ㉡ 고려 후기
    • 수시력 : 충선왕 때는 원의 수시력을 채용하고 그 이론과 계산법을 충분히 소화하였
      다. 이슬람 역법(회회력)까지 수용하여 원에서 만든 수시력은 당시 동아시아 문화권
      에서는 가장 훌륭한 역법이었다.
    • 대통력 : 공민왕 때에는 명의 대통력을 받아들여 사용하였다.

(3) 의학의 발달

의학도 상당한 수준으로 발달하였다.

① 태의감 : 의료 업무를 맡은 태의감에서 의학 교육을 실시하고, 의원을 뽑는 의과(醫科)를
  시행하여 고려 의학이 발전할 수 있는 바탕을 마련하였다.
② 향약방 : 고려 중기의 의학은 당·송 의학의 수준에서 한 걸음 나아가 우리나라의 실정에
  맞는 자주적인 의학으로 발달하여 '향약방'이라는 고려의 독자적 처방이 이루어졌다. 그리
  하여 『향약구급방』을 비롯한 많은 의서가 편찬되었다.
③ 『향약구급방』: 13세기에 편찬된 『향약구급방』은 현존하는 우리나라 최고(最古)의 의학 서
  적으로, 각종 질병에 대한 처방과 국산 약재 180여 종이 소개되어 있다.

> **사료**　『향약구급방』
>
> 『향약구급방』은 효과가 좋고 신기한 효험이 있어 우리나라 백성에게 이롭다. 책에 수록된 약은 모두 우리나
> 라 백성들이 알고 쉽게 얻을 수 있는 것이며, 약을 사용하는 방법도 잘 알려져 있는 것이다. 만약 도시라면
> 의사라도 있지만 시골에서는 의사를 부르기 힘드니 이때 이 책이 있으면 의사를 기다리지 않아도 치료할 수
> 있을 것이다.　　　　　　　　　　　　　　　　　　　　　　　　　　　　　　　　　　『향약구급방』 발문

2 인쇄술의 발달

고려 시대의 기술학에서 가장 뛰어난 것은 인쇄술의 발달로서, 목판 인쇄에서 움직일 수 있는
활판 인쇄로 발달하였다. 건국 초기부터 개경과 서경에 도서관을 설치하고 많은 책들을 수집
하였다. 그리하여 수만 권의 진기한 책들을 보관하였고, 송에서도 구하여 갈 정도로 그 수가
많았다. 또한 각종 책의 수요가 증가하여 '서적포'에서 새롭게 책을 인쇄하기도 하였다. 국가
적인 대장경 조판 사업, 사찰의 불경 간행, 유교 정치와 과거제에 의한 유학 서적을 간행하였다.

(1) 목판 인쇄술

① 발달
  ㉠ 신라 때부터 발달한 목판 인쇄술은 고려 시대에 이르러 더욱 발달하였다.
  ㉡ 고려 대장경의 판목은 고려의 목판 인쇄술이 최고의 수준에 이르렀음을 입증해 준다.
② 한계
  ㉠ 목판 인쇄술은 한 종류의 책을 다량으로 인쇄하는 데는 적합하지만, 여러 가지의 책을
    소량으로 인쇄하는 데는 활자 인쇄술보다 못하였다.
  ㉡ 이 때문에 고려에서는 일찍부터 활자 인쇄술의 개발에 힘을 기울였으며, 후기에는 금속
    활자 인쇄술을 발명하였다.

(2) 금속 활자 인쇄술

① 계기 : 고려 시대에 세계 최초의 금속 활자 인쇄술이 발명된 것은 목판 인쇄술의 발달, 청동 주조 기술의 발달, 인쇄에 적당한 잉크와 종이의 제조 등이 어우러진 결과였다.

② 시기 : 12세기 말이나 13세기 초에는 이미 금속 활자 인쇄술이 발명되었으리라고 추측된다.

③ 『상정고금예문』 : 몽골과 전쟁 중 강화도로 피난하였을 당시 금속 활자로 『상정고금예문』을 인쇄하였다(1234). 이는 서양에서 금속 활자 인쇄가 시작된 것보다 200여 년이나 앞서 이루어진 것이지만 오늘날 전해지지 않고 있다.

단권화 MEMO

■『상정고금예문』

12세기 인종 때 최윤의 등이 지은 의례서인데, 강화도로 천도할 때 예관이 가지고 오지 못하여 최우가 보관하던 것을 강화도에서 금속 활자로 28부를 인쇄하였다.

> **사료** 『상정고금예문』
>
> 인종 대에 와서 비로소 평장사(平章事) 최윤의(崔允儀) 등 17명의 신하에게 명하여 옛날과 지금의 서로 다른 예문을 모아 참작하고 절충하여 50권의 책으로 만들고, 이것을 『상정예문(詳定禮文)』이라고 명명하였다. 이 것이 세상에 행해진 뒤에는 예가 제자리를 찾아서 사람이 현혹되지 않았다.
>
> 이 책이 여러 해를 지났으므로 책장이 떨어지고 글자가 없어져서 살펴보기가 어려웠다. 그런데 나의 선공(先 公)이 이를 보충하여 두 본(本)을 만들어 한 본은 예관(禮官)에게 보내고 한 본은 집에 간수하였으니, 그 뜻이 원대하였다. 과연 천도(遷都)할 때 예관이 다급한 상황에서 미처 그것을 싸 가지고 오지 못했으니, 그 책이 거의 없어지게 되었는데, 가장본 한 책이 보존되어 있었다. 이때에 와서야 나는 선공의 뜻을 더욱 알게 되었 고, 또 그 책이 없어지지 않은 것을 다행으로 여긴다.
>
> 결국 주자(鑄字)를 사용하여, 28본을 인출한 후 여러 관청에 나누어 보내 간수하게 하니, 모든 유사(有司)들 은 잃어버리지 않게 삼가 전하여 나의 통절한 뜻을 저버리지 말지어다. 월일에 아무개가 발문을 쓴다.
>
> 『동국이상국집』

④ 『직지심체요절』 : 청주 흥덕사에서 간행한 『직지심체요절』(1377)이 현존하는 세계 최고(最 古)의 금속 활자본으로 공인받고 있다. 2001년에 유네스코 세계 기록 유산으로 등록되었다.

⑤ 서적원 설치 : 공양왕 때 설치하여 주자와 인쇄를 맡아보게 하였다.

> **심화** 『남명천화상송증도가』
>
> 『남명천화상송증도가』는 당나라의 현각(玄覺)이 지은 「증도가」의 각 구절 끝에 송(宋)의 남명선사(南明禪師) 법천(法泉)이 7자 3구씩 총 320편을 붙여 '증도'의 의미를 좀 더 구체적으로 밝힌 책이다. 1239년 최우(崔瑀) 는 이 책을 금속 활자로 찍어내라는 명령과 함께 「증도가」에 대해 다음과 같이 이야기 하였다. "선문에서 매 우 긴요한 책이며 참선하는 이들이 모두 그것에 의하여 깊은 이치를 깨닫고 있는데, 그 전래가 끊어져 통행 되고 있지 않아. 공인(工人)을 모집하여 주자본(鑄字本)을 거듭 새겨냄으로써 오래 전할 수 있게 하라."

▲ 『직지심체요절』과 판틀의 복원품

> **심화** 고려 시대의 인쇄술
>
> ❶ 고려 시대의 목판 인쇄술
>
> 불국사 3층 석탑(일명 석가탑)에서 발견된 『무구정광대다라니경』(현존하는 가장 오래된 목판 인쇄물)에서 확인할 수 있듯이 통일 신라 시대 이후 우리나라 목판 인쇄 기술 수준은 매우 높았다. 이러한 전통은 고려 시대에 이르러 국가적인 대장경 간행, 유교 정치와 과거제에 의한 유학 서적 간행 등으로 더욱 발달하게 되었다.
>
> 특히 현종 때에는 거란족(요)의 침입을 부처님의 힘을 통해 막기 위해서 초조대장경을 만들기 시작하여 선종 때 완성하였다(1011~1087). 그 후 대각국사 의천은 흥왕사에 교장도감(대장경 조판을 총괄하는 기구)을 설치하여 4,700여 권의 속장경을 숙종 때 완성하였다. 이 속장경의 목록을 『신편제종교장총록』이 라 한다. 그러나 대구 부인사에 보관되었던 초조대장경과 속장경은 1232년 몽골 침입 때 소실되었고, 이 에 몽골 침략기 수도였던 강화도에서 1236년 팔만대장경(재조대장경)의 조판 사업에 착수하여 16년 만 인 1251년에 완성하였다. 팔만대장경은 목판 제작의 정교함, 글씨의 아름다움, 내용의 정확성 등에서 매 우 높은 평가를 받고 있다. 이 때문에 2007년 유네스코 세계 기록 유산에 등재되었다.

❷ 고려 시대의 금속 활자 인쇄술

고려 시대에 금속 활자를 처음 만든 연대는 알려지지 않았지만, 1234년에 『상정고금예문』을 금속 활자로 인쇄하였다는 기록이 이규보의 『동국이상국집』에 수록되어 있다. 그러나 그 당시에 사용하였던 금속 활자나 그 활자로 인쇄한 문헌이 현재 확인되지 않기 때문에, 정확한 실상은 파악하기 어렵다.

한편 고려 말의 승려 백운 화상(경한 스님, 1298∼1374)은 역대 고승들의 법어, 어록 등에서 선(禪)의 요체를 깨닫는 데 필요한 내용들을 엮어 『직지심체요절』(정식 명칭: 백운화상초록불조직지심체요절)을 청주 흥덕사에서 1377년 금속 활자로 인쇄·간행하였다.

1886년 조프 수호 통상 조약 체결 이후 프랑스 공사로 콜랭 드 플랑시(Collin de Plancy)가 조선에 부임하였다. 그는 조선 문화에 큰 관심을 가져 각종 문화재를 다량 수집하였는데, 그중 하나가 『직지심체요절』이었다. 이후 프랑스 골동품 수집가인 앙리 베베르의 손을 거쳐 프랑스 국립 도서관에 기증되었다.

시간이 한참 지난 후 1967년 어느 날 프랑스 국립 도서관 사서로 근무하던 박병선 박사는 『직지심체요절』을 발견하게 되고, 3년간의 연구 끝에 서양의 구텐베르크가 발명한 금속 활자보다 무려 73년이나 앞선다는 사실을 증명하였다. 그 결과 현재 남아 있는 금속 활자 인쇄물 중 가장 오래된 것으로 공인받은 상태이다. 현재는 프랑스 국립 도서관에 소장되어 있다.

---

(3) 제지술(製紙術)

인쇄술의 발달과 함께 제지술도 발달하였다.

① 특징 : 고려의 제지 기술은 뛰어났는데, 질기고 희면서 앞뒤가 반질반질하여 글을 쓰거나 인쇄하기에 적당한 종이를 생산하였다.

② 수출 : 당시 고려에서 만든 종이는 중국에 수출하여 호평을 받았다.

3 화약 무기 제조와 조선 기술의 발달

(1) 화약 무기의 제조

과학 기술의 발달은 국방력 강화에 기여하였다.

① 배경 : 고려 말 최무선은 왜구의 침입을 격퇴하기 위해서는 화약 무기의 사용이 꼭 필요하다고 생각하고 화약 제조 기술의 습득에 힘을 기울였다.

② 화약 제조 방법의 터득 : 당시 원나라는 화약 제조 기술을 비밀에 붙여 고려는 이를 알 수 없었다. 그러나 최무선은 끈질긴 노력으로 화약 제조법을 터득하게 되었다.

③ 화약 무기의 제조 : 우왕 3년(1377) 화통도감(火熥都監)을 설치하고 최무선을 중심으로 화약과 화포를 제작하였다. 화약과 화포와 같은 무기의 제조는 급속도로 진전되어 얼마 후에는 20종에 가까운 화약 무기가 만들어졌다.

④ 실전 활용 : 최무선은 실전에 이 화포를 활용하여 진포(금강 하구) 싸움에서 왜구를 크게 격퇴하였다.

(2) 조선 기술(배를 만드는 기술)의 발달

① 대형 범선의 제조 : 송과 해상 무역이 활발해짐에 따라 길이가 96척이나 되는 대형 범선을 제조하였다.

② 조운선의 등장 : 각 지방에서 징수한 조세미(租稅米)를 개경으로 운송하는 조운 체계가 확립되면서 1,000석의 곡물을 실을 수 있는 대형 조운선(漕運船)도 등장하였는데, 이는 주로 해안 지방의 조창(漕倉)에 배치하였다. 200석 정도의 곡물을 실을 수 있는 소형 조운선은 주로 한강 유역의 조창에 배치하였다.

■ 화약(火藥) 제조법

최무선은 중국인 이원(李元)으로부터 화약의 중요한 원료인 염초(焰硝) 만드는 기술을 배워서 화약 제조법을 완전히 알아냈다고 한다. 염초는 질산칼륨을 말한다.

③ 전함(戰艦)의 건조: 13세기 후반에는 원의 강요에 따라 일본 원정에 필요한 전함 수백 척을 짧은 기간에 건조하였는데, 이는 고려 시대의 조선 기술이 상당히 발달하였음을 보여 준다.

단권화 MEMO

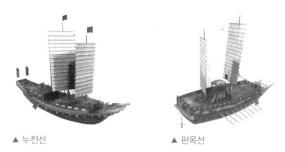

▲ 누전선　　　　　▲ 판옥선

■ **누전선과 판옥선**
누전선은 고려 시대 왜구를 막기 위해 만들어진 전함이고, 판옥선은 조선 시대 수군의 주력함으로 갑판 위에 2층의 판옥을 올린 것이다.

④ 화포(火砲)의 설치: 고려 말에는 배에 화포를 설치하여 왜구 격퇴에 활용하였으며, 이 경우에는 배의 구조를 화포의 사용에 알맞도록 흔들림이 적게 개선하였을 것으로 짐작된다.

04 귀족 문화의 발달

1 문학의 발달

(1) 전기

① 한문학의 발달

　㉠ 초기

　　• 배경: 고려 전기에는 광종 때부터 실시한 과거제와 함께 한문학이 크게 발달하였다. 성종 이후 문치주의가 성행함에 따라 한문학은 관리들의 필수 교양이 되었고, 박인량과 정지상을 비롯한 우수한 시인들이 등장하였다.

　　• 성격: 중국 모방의 단계를 벗어나 독자적인 모습을 보이기도 하였다.

　㉡ 중기: 고려 사회가 귀족화되면서 당(唐)의 시와 송(宋)의 산문을 숭상하는 풍조가 널리 퍼졌다.

② 향가(鄕歌)

　㉠ 「보현십원가」: 삼국 시대 이래의 향가도 맥을 이어 왔는데, 광종 때 균여가 지은 「보현십원가」 11수가 그의 전기인 『균여전』에 전해지고 있다.

　㉡ 쇠퇴: 예종이 향가 형식의 가요인 「도이장가(悼二將歌)」(1120)를 짓기도 하였으나, 향가는 점차 한시에 밀려 사라져갔다.

■ **「보현십원가(普賢十願歌)」**
균여가 중생을 교화하기 위하여 어려운 불경을 향가로 풀이한 것이다. 보현보살이 제시한 열 가지 이루고자 하는 바를 작가 스스로 실천할 것을 다짐하는 내용을 담고 있다.

> **사료**　　「보현십원가」
>
> 마음의 붓으로 그리는 부처 앞에
> 예배하는 몸은 법계 다하도록 이어가리
> 곳곳마다 절이요, 절마다 모신
> 법계에 가득한 부처님
> 구세 다하도록 예배하고자
> 아아 몸과 마음, 뜻의 업에 싫지 않게
> 부처님을 부지런히 경배하리
>
> 　　　　　　　　　　　　　　　　　『균여전』

(2) 무신집권기

12세기 후반 이후 약 100년 동안의 무신집권기에 문학은 크게 변화하였다.

① 낭만적·현실 도피적 경향: 무신의 집권으로 좌절감에 빠진 문신들은 낭만적이고 현실 도 피적인 경향을 띤 수필 형식의 책들을 펴냈다.
　㉠ 임춘: 「국순전(麴醇傳)」에서 술을 의인화하여 현실을 풍자하였다.
　㉡ 이인로: 역대 문인들의 명시들에 얽힌 이야기를 담은 『파한집(破閑集)』에서 과거의 명 문에 근거한 표현 방식을 강조하였다.
② 새로운 경향
　㉠ 현실적 표현: 최씨 무신집권기에는 정계에 등용된 문신들에 의하여 새로운 문학 경향 이 나타났다. 이들은 형식보다는 내용에 치중하여 현실을 제대로 표현하는 데 관심을 기울였다.
　㉡ 대표적 문인: 이규보(『동국이상국집』), 최자(『보한집』)

　「국순전(麴醇傳)」

순(醇)의 기국(器局)과 도량은 크고 깊었다. 출렁대고 넘실거림이 만경창파(萬頃蒼波)와 같아 맑게 해도 맑지 않고, 뒤흔들어도 흐리지 않으며, 자못 기운을 사람에게 더해 주었다. 일찍이 섭법사(설화에 나오는 인물)에 게 나아가 온종일 담론할 때, 자리에 있는 모두가 놀랐다. 드디어 유명하게 되었으며, 호를 국처사(麴處士)라 하였다. 공경·대부·신선·방사들로부터 머슴·목동·오랑캐·외국 사람에 이르기까지 그 향기로운 이름을 맛보는 자는 모두가 그를 흠모하여 성대한 모임이 있을 때마다 순(醇)이 오지 아니하면 모두 다 슬프게 여겨 말하기를, "국처사가 없으면 즐겁지가 않다." 하였다. 그가 당시 세상에 사랑받고 존중됨이 이와 같았다.

「서하집」

(3) 후기: 문학의 새 경향

고려 후기에는 전반적인 사회 변화를 모색하였는데, 이와 함께 문학에서도 신진 사대부와 민 중이 주축이 되어 큰 변화를 만들어 나갔다.

① 경기체가(景幾體歌)
　㉠ 주체: 신진 사대부들은 향가 형식을 계승하여 새로운 시가인 경기체가를 창작했다.
　㉡ 작품: 「한림별곡」, 「관동별곡」, 「죽계별곡」 등
　㉢ 성격: 주로 유교 정신과 자연의 아름다움을 담고 있다.
　㉣ 특징: 신진 사대부들은 향가의 형식을 계승하면서 송나라 문학과 음악의 영향을 받은 이른바 '경기체가'라는 새로운 시가(詩歌)를 형성하였다.
② 설화 문학: 형식에 구애받지 않은 설화 형식으로 현실을 비판하는 문학도 유행하였다.
③ 패관 문학: 민간에 구전(口傳)되는 이야기를 일부 고쳐 한문으로 기록한 패관 문학이 유행 하였는데, 이규보의 「백운소설」과 이제현의 『역옹패설』이 대표작이다.
④ 가전체 문학: 사물을 의인화하여 일대기로 구성한 이규보의 「국선생전(麴先生傳)」과 이곡 의 「죽부인전(竹夫人傳)」 등도 현실을 합리적으로 파악하려는 경향을 띠었다.
⑤ 한시: 이제현·이곡·정몽주 등 유학자를 중심으로 발전하였는데, 이곡의 시는 당시 사회 의 부패상을 읊은 것으로 유명하다.

고구려의 건국을 노래한 「동명왕편」에 서 종래의 한문학 형식에 구애받지 않 고 자유로운 문장체를 구사함으로써 새로운 문학 세계를 추구하였다. 특히 시와 문장에 모두 능하여 그의 저작인 『동국이상국집(東國李相國集)』은 하 나의 문집 체제를 갖춘 것이었다.

⑥ 속요(俗謠)

　　㉠ 주체 : 일반 서민층에서는 속요(장가, 잡가)로 불리는 새로운 민요풍 가요가 유행했다.

　　㉡ 작품 : 「청산별곡」, 「가시리」, 「쌍화점」 등 많은 작품이 있다.

　　㉢ 성격 : 대부분은 서민의 생활 감정을 대담하고 자유분방한 형식으로 드러내어 시가 분야의 새로운 경지를 개척하였다.

사료　고려 가요와 한시

❶ 「청산별곡」

作家 미상

살으리 살으리랏다 / 청산에 살으리랏다
머루랑 다래랑 먹고 / 청산에 살으리랏다
울어라 울어라 새여 / 자고 일어나 울어라 새여
너보다 시름이 많은 나도 / 자고 일어나 울도다

　　　　　　……

이럭저럭하여 / 낮은 지내 왔지만
올 이도 갈 이도 없는 / 밤은 또 어찌할 것인가
어디에 던지던 돌인고 / 누구를 맞히려던 돌인고
미워할 사람도 사랑할 사람도 없이 / 맞아서 울고 있노라

『악장가사』

❷ 「도토리 노래」

윤여형

　　　　　　……

이른 새벽 장닭 울음소리에 단잠을 깨어
촌 늙은이는 도시락을 싼다
천길 만길 높은 저 위태로운 산에 올라
가시넝쿨을 휘어잡고 원숭이와 싸우면서
하루 아침이 다가도록 도토리를 줍건만
도토리는 광주리에도 차지 않고
양다리만 목나무대같이 굳고
주린 창자는 소리쳐 운다

『동문선』

심화　고려 후기의 문학

❶ 고려 후기 대표적 문인과 작품

- 이규보 : 이규보의 『동국이상국집』(1241)에는 「동명왕편」이 수록되어 있으며, 금속 활자로 『고금상정예문(상정고금예문)』을 1234년에 찍었다는 기록이 남아 있다. 한편 『백운소설』은 이규보 자신이 직접 저술한 것은 아니지만, 조선 중기에 『동국이상국집』에 실린 '삼국 시대 이후 고려 시대'까지의 여러 시를 뽑아 해설한 책이다.

- 이인로 : 이인로의 『파한집』은 고려 시대 여러 문인의 이야기와 시문이 소개되어 있고, **경주의 신라 유적지나 서경(西京)과 개경(開京)의 풍물(風物)**, 궁궐과 사찰에 대한 이야기도 담겨 있다. 또한 저자가 직접 보고 들은 일화, 친구와 교제하는 과정에서 주고받은 문답 등도 해학적으로 기록되어 있다.

- 최자 : **최자의 『보한집』**은 고종 41년(1254)에 출간된 것으로 보이며, 이인로의 『파한집』을 보충한다는 의미로 『보한집』으로 이름을 붙였다. 『파한집』에는 삼국 시대의 '시'들도 실린 반면, 『보한집』에는 고려 시대의 '시'만 수록되었다는 점에서 두 책의 차이를 엿볼 수 있다.

- 진화 : 고려 무신정권 시기 문신이며, 이규보와 교류하였다고 알려져 있다. 그는 한림학사(翰林學士)들이 합작한 경기체가인 「한림별곡」의 주필이었다.

- 이제현: 이제현의 『역옹패설』은 충혜왕 복위 3년(1342)에 저술되었다. 이 책에서 이제현은 고려가 몽골로부터 당한 치욕을 반성하는 방법으로 부당한 사대주의를 비판하였으며, 무신정권 시대의 횡포와 삼별초의 항쟁을 비판하였다. 또한, 한유(韓愈)·이백(李白) 등의 유명한 중국 문인들의 시를 언급하였고, 정지상(鄭知常) 등 우리나라 시인들의 작품에 대해서도 평가하였다.

❷ 가전체(의인체) 소설
- 임춘의 「국순전」: 술을 의인화한 가전체 작품이다. 부패한 벼슬아치들의 득세와 뛰어난 인물들이 오히려 소외되는 현실을 풍자하고, 비판하는 내용을 담고 있다.
- 이규보의 「국선생전」: 이규보는 술을 의인화하여, 술과 인간과의 관계에서 형성되는 덕(德)과 패가망신(敗家亡身)을, 군신 사이의 관계로 의미를 확대하였다.
- 이곡의 「죽부인전」: 대나무를 절개 있는 여인으로 의인화하여, 당시 타락한 사회를 비판하였다.

2 건축과 조각

(1) 건축(建築)

고려 시대의 건축은 궁궐과 사원이 중심이었으나, 남아 있는 것이 거의 없다.

① 전기의 건축
  ㉠ 궁궐 건축: 개성 만월대의 궁궐 터를 통해서 웅대한 모습을 살필 수 있다. 도성 안의 궁궐은 축대를 높이 쌓고, 경사진 면에 건물들을 계단식으로 배치하였기 때문에 건물들이 층층으로 나타나 웅장하게 보였다.
  ㉡ 사원 건물: 현화사와 흥왕사가 유명하다. 특히 흥왕사는 12년에 걸쳐 막대한 인원과 경비를 들여 지은 장엄한 사원이었다고 한다.
  ㉢ 주심포 양식: 지붕의 무게를 기둥에 전달하면서 건물을 치장하는 장치인 공포가 기둥 위에만 짜여져 있는 건축 양식이다.
② 후기의 건축
  ㉠ 현존하는 주심포식 건물: 13세기 이후에 지은 주심포식 건물들은 일부 남아 있다. 현존하는 목조 건물들은 균형 잡힌 외관과 잘 짜여진 각 부분의 치밀한 배치로 고려 시대 건축의 단아하면서도 세련된 특성을 잘 보여 준다.
    • 안동 봉정사 극락전은 맞배지붕의 형태이며, 현존하는 우리나라에서 가장 오래된 목조 건물이다.
    • 영주 부석사 무량수전은 팔작지붕의 형태를 가지고 있다.
    • 예산 수덕사 대웅전은 맞배지붕의 형태이며, 백제 양식이 반영된 건물이다.

▲ 만월대 터의 축대(개성)

▲ 봉정사 극락전(경북 안동)

▲ 부석사 무량수전(경북 영주)
배흘림기둥과 주심포 양식을 지닌 영주 부석사 무량수전은 장중한 외관과 함께 간결한 조화미를 지녀 고려 후기의 대표적인 목조 건축물로 꼽힌다.

▲ 수덕사 대웅전(충남 예산)

ⓒ 다포식 건물: 공포가 기둥 위뿐만 아니라 기둥 사이에도 짜여져 있는 건물 양식으로, 웅장한 지붕이나 건물을 화려하게 꾸밀 때 쓰였다.

- 고려 후기에는 다포식 건물이 등장하여 조선 시대 건축에 큰 영향을 미쳤다.
- 황해도 사리원의 성불사 응진전은 고려 시대의 대표적인 다포식 건물로 유명하다.

단권화 MEMO

목조 건물의 지붕 구조

▲ 맞배지붕
한옥의 가장 기본적인 지붕 형태이며, '박공(牔栱)지붕'이라고도 한다. 박공은 측면의 'ㅅ'자 부분을 일컫는 말이다.

▲ 팔작지붕

▲ 우진각 지붕
지붕의 네 모서리 부분에 추녀가 얹혀 나간 집으로 팔작지붕과의 차이는 측면에 삼각형의 합각부(合閣部)가 없다는 점이다.

▲ 정자(丁字) 지붕(통도사 대웅전)
'丁'자형의 지붕으로 주로 왕릉의 제사 공간 건물들이 이러한 형식이다.

(2) 석탑(石塔)

① 특징

ⓐ 고려 시대의 석탑은 신라 양식을 일부 계승하면서 그 위에 독자적인 조형 감각을 가미하여 다양한 형태로 제작하였다.

ⓑ 다각 다층탑이 많은 관계로 안정감은 부족하였지만, 자연스러운 모습을 보여 준다.

ⓒ 석탑의 몸체를 받치는 받침이 보편화되었다.

ⓓ 지역에 따라서 고대 삼국의 전통을 계승한 석탑들을 조성하기도 하였다.

② 대표적 석탑

ⓐ 고려 전기

- 불일사 5층 석탑(개성): 고구려 양식을 계승하였다.
- 월정사 8각 9층 석탑(강원 평창): 송의 석탑 모형을 받아들인 것으로서, 고려의 다각 다층 석탑을 대표한다.
- 무량사 5층 석탑(충남 부여): 백제 양식을 계승하였다.

ⓑ 고려 후기: 경천사지 10층 석탑은 원의 석탑을 본뜬 것으로 조선 시대로 이어졌다.

■ 고려 시대 석탑
고려 시대의 석탑은 대체로 안정감이 부족하여 조형 감각 면에서는 신라 시대의 석탑에 비해 다소 떨어지는 느낌이 있다. 그러나 형식에 구애받지 않는 자연스러운 면을 보여 주고 있다.

■ 경천사지 10층 석탑
경천사지 10층 석탑은 화강암으로 된 일반적인 석탑과는 달리 대리석으로 되어 있고, 화려한 조각(彫刻)이 새겨져 있어 몽골 라마교의 영향을 받은 것으로 알려져 있다. 조선 세조 때 만들어진 원각사 탑은 이를 모범으로 하였다.   한영우

▲ 불일사 5층 석탑
(경기 개성)

▲ 월정사 8각 9층 석탑
(강원 평창)

▲ 무량사 5층 석탑
(충남 부여)

▲ 경천사지 10층 석탑
(국립 중앙 박물관)

(3) 승탑(僧塔)

① 내용 : 승려들의 사리를 안치한 묘탑인 승탑은 고려 시대에도 조형 예술의 중요한 부분을 차지하였다.

② 성격 : 선종의 유행과 관련하여 장엄하고 수려한 승탑들이 많이 만들어졌다.

③ 형태 : 전기에는 화려하고, 후기에는 소박한 석종형으로 변화하였다.

④ 대표적 승탑

　㉠ 8각 원당형의 기본 양식 : 여주 고달사지 승탑, 구례의 연곡사지 동부도와 북부도, 공주의 갑사 부도

　㉡ 특수한 형태

　　• 정토사 홍법 국사 실상탑 : 탑신이 구형

　　• 법천사 지광 국사 현묘탑 : 평면 방형

　　• 석종형(후기 양식) : 여주 신륵사 보제존자 석종(인도 불탑의 영향)

▲ 고달사지 승탑(경기 여주)

▲ 정토사 홍법 국사 실상탑(충북 충주)

▲ 법천사 지광 국사 현묘탑

▲ 신륵사 보제존자 석종(경기 여주)

(4) 불상(佛像)

① 특징

　㉠ 고려 시대의 불상은 시기와 지역에 따라 독특한 모습을 보여 준다.

　㉡ 신라 이래의 조형 전통을 계승하는 양식이 주류를 이루었는데, 균형을 이루지 못하여 조형미가 다소 부족한 것이 많았다.

② 신라 양식의 계승 : 전통 양식을 계승한 '부석사 소조 아미타여래 좌상'과 같이 고려 시대를 대표하는 가장 우수한 불상으로 손꼽히는 걸작이 있다.

③ 대형 철불의 조성 : 고려 초기에는 하남 하사창동 철조 석가여래 좌상(광주 춘궁리 철불)과 같은 대형 철불을 조성하였다.

④ 거대 석불의 건립 : 논산의 관촉사 석조 미륵보살 입상(은진 미륵)이나 안동의 이천동 마애여래 입상, 파주 용미리 마애이불 입상 등 거대한 불상들을 건립하였다.

▲ 부석사 소조 아미타여래 좌상
(경북 영주)

▲ 하남 하사창동 철조 석가여래 좌상
(국립 중앙 박물관)

▲ 관촉사 석조 미륵보살 입상
(충남 논산)

▲ 이천동 마애여래 입상
(경북 안동)

▲ 용미리 마애이불 입상
(경기 파주)

3 청자와 공예

(1) 공예(工藝)의 발달

① 배경 : 고려 귀족들은 자신들의 사치 생활을 충족시키기 위하여 다양한 예술 작품을 만들어 즐겼으므로 예술 면에서는 큰 발전을 보였다. 그중에서도 가장 돋보이는 분야는 공예였다.

② 특징 : 공예는 귀족들의 생활 도구(道具)와 불교 의식에 사용되는 불구(佛具) 등을 중심으로 발전하였는데, 특히 자기 공예가 뛰어났다.

(2) 도자기 공예

① 발전 과정 : 고려 자기는 신라와 발해의 전통과 기술을 토대로 송의 자기 기술을 받아들여 귀족 사회의 전성기인 11세기에 독자적인 경지를 개척하였다.

　ㄱ 순수 청자

　　• 자기 중에서 가장 이름난 것은 비취색이 나는 청자인데, 중국인들도 천하의 명품으로 손꼽았다.

　　• 청자의 그윽한 색과 다양한 형태, 그리고 고상한 무늬는 자연에 뿌리를 두고 있는 우리 민족의 정취를 풍기고 있다.

　ㄴ 상감 청자

　　• 12세기 중엽에 고려의 독창적 기법인 상감법(象嵌法)을 개발하여 자기에 활용하였다.

　　• 상감 청자는 무늬를 훨씬 다양하고 화려하게 넣을 수 있었기 때문에 청자의 새로운 경지를 열었다.

　　• 상감 청자는 강화도에 도읍한 13세기 중엽까지 주류를 이루었으나, 원 간섭기 이후에는 퇴조하였다.

　ㄷ 명산지 : 고려 청자는 자기를 만들 수 있는 흙이 생산되고 연료가 풍부한 지역에서 구워졌는데, 전라도 강진과 부안이 유명하였다. 특히 강진에서는 최고급의 청자를 만들어 중앙에 공급하기도 하였다.

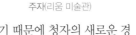
▲ 청자 진사 연화문 표주박 모양 주자(리움 미술관)

사료　송나라 사람이 본 고려 청자

도자기의 빛깔이 푸른 것을 고려 사람들은 비색(翡色)이라 부른다. 근년에 와서 만드는 솜씨가 교묘하고 빛깔도 더욱 예뻐졌다. 술그릇의 모양은 오리 같은데, 위에 작은 뚜껑이 있어서 엎드린 오리 형태를 이루고 있다. 또한 주발·접시·술잔·사발·꽃병·옥으로 만든 술잔 등도 만들 수 있지만, 모두 일반적으로 도자기를 만드는 법을 따라한 것이므로 생략하고 그리지 않는다. 단, 술그릇만은 다른 그릇과 나르기 때문에 드러내 소개해 둔다. 사자 모양을 한 도제 향로 역시 비색이다. …… 여러 그릇들 가운데 이 물건이 가장 정밀하고 뛰어나다.

『고려도경』

심화　상감 청자

처음에는 그릇 표면에 양각 또는 음각을 하여 무늬를 새기는 단순한 양식이 사용되었지만, 점차 무늬를 음각하여 초벌구이를 한 다음, 그 안에 백토 또는 흑토를 메우고 유약을 발라 구워 내는 상감 청자로 발전하였다. 이 상감 청자는 고려인이 창안한 특수한 수법으로 고려 자기의 정수를 이룬다. 인종 1년(1123) 고려에 왔던 송나라 사신 서긍(徐兢)이 쓴 『고려도경』에 고려 청자의 우수함을 서술하면서 진작 상감 청자에 관한 내용이 없었지만 이미 그 이전부터 제작되었음은 확실한 사실이다.

변태섭

단권화 MEMO

■ 청자 만드는 과정

청자는 물에는 묽어지고 불에는 굳어지는 자토로 모양을 만들고 무늬를 새긴 후 청색을 내는 유약을 발라 1,250℃에서 1,300℃ 사이의 온도로 구워서 만든다. 유약은 규석과 산화알루미늄이 주성분으로 이들이 높은 온도에서 녹아 유리질화되는데, 유약에 함유된 철분이 1∼3%가 되면 녹청색을 띠어 청자가 된다.

■ 상감법(象嵌法)

나전 칠기나 은입사 공예에서 응용된 것으로서, 그릇 표면을 파낸 자리에 백토·흑토를 메워 무늬를 내는 방법이다.

▲ 청자 상감 운학문 매병 (간송 미술관)

청자(靑磁)는 종전의 송나라 남방 가마(南方窯. 월주)의 영향에서 벗어나 원나라의 북방 가마[北方窯]의 기술을 도입하였다. 그리하여 신비스러운 비취색에서 점차 소박한 분청사기(粉靑沙器)의 모습으로 변해 갔으며, 이것이 조선 초기까지 유행하였다. 한영우

▲ 청동제 은입사 포류 수금문 정병
(국립 중앙 박물관)

▲ 나전 대모 칠 국화 넝쿨무늬 합
(국립 중앙 박물관)

■ 신품 4현(神品四賢)
유신(문종 대)·탄연(인종 대)·최우(고종 대)와 신라의 김생을 신품 4현이라 한다.

■ 구양순체와 송설체
구양순체는 당나라 때 구양순의 굳세고 힘찬 글씨체이며, 송설체는 원나라 때 조맹부의 유려한 글씨체를 말한다.

② 청자의 퇴조 : 고려 밀 원으로부터 북방 가마의 기술을 도입하면서 청자의 빛깔도 퇴조하여 점차 소박한 분청사기로 바뀌었다.

(3) 금속 공예

① 불구(佛具) 중심 발전 : 고려의 금속 공예 역시 불교 도구를 중심으로 크게 발전하였다.
② 은입사 기술의 발달 : 청동기 표면을 파내고 실처럼 만든 은을 채워 넣어 무늬를 장식하는 은입사(銀入絲) 기술이 발달하였다.
③ 대표작 : 은입사로 무늬를 새긴 '청동 향로'와 버드나무와 동물 무늬를 새긴 '청동 정병'이 대표작이다.

(4) 나전 칠기(螺鈿漆器)

① 옻칠한 바탕에 자개를 붙여 무늬를 나타내는 나전 칠기 공예도 크게 발달하였는데, 불경을 넣는 경함·화장품갑·문방구 등이 남아 있다.
② 한가하고 푸근한 경치를 섬세하게 새겨 넣은 작품들에서 우리의 정서를 읽을 수 있다. 이런 나전 칠기 공예는 조선 시대를 거쳐 현재까지 전하고 있다.

4 글씨·그림·음악

고려 문화의 귀족적 특징은 서예·회화·음악에서도 나타났다.

(1) 서예(書藝)

① 전기
　㉠ 구양순체가 주류를 이루었다.
　㉡ 탄연(인종 대의 승려)의 글씨가 특히 뛰어났다.
② 후기 : 조맹부의 우아한 송설체(松雪體)가 유행하였는데, 충선왕 때의 이암(李嵒)이 뛰어났다.

(2) 회화(繪畫)

① 발달 : 그림은 도화원(圖畫院)에 소속된 전문 화원의 그림과 문인이나 승려의 문인화로 나뉘었다.
② 전기 : 뛰어난 화가로는 「예성강도」를 그린 이령과 그의 아들 이광필이 있었으나, 그들의 그림은 전하지 않는다.

▲ 탄연의 글씨
(문수원중수기)

③ 후기
　㉠ 고려 후기에는 '사군자' 중심의 문인화가 유행하였으나 역시 전하는 것은 없다.
　㉡ 공민왕이 그렸다는 「천산대렵도」가 있어 당시의 그림에 원 대 북화(元代北畫)가 영향을 미쳤음을 알려 준다.

▲ 「천산대렵도」(국립 중앙 박물관)

이령은 전주 사람이니 어릴 때 그림으로 이름이 알려져 있다. 인종 때에 추밀사 이자덕을 따라 송으로 가니 송 휘종이 한림대조 왕가훈·진덕지·전종인·조수종 등에게 명하여 이령을 좇아 그림을 배우게 하였다. 또 이령에게 칙령을 내려 본국의 「예성강도」를 그리게 하므로 얼마 후 바치니 휘종이 찬탄하기를 "근래에 고려의 화공으로 따라온 자가 많으나 오직 그대만이 뛰어난 솜씨를 지녔다."라 하고 술과 음식과 비단을 하사하였다. …… 이들 이광필도 그림으로 명종의 총애를 받았다. …… 이광필이 없었더라면 삼한의 그림은 절멸되었을 것이다.

「고려사」

④ 불화(佛畵)

　　㉠ 배경: 고려 후기에는 왕실과 권문세족의 구복적 요구에 따라 불화가 많이 그려졌다.

　　㉡ 내용: 극락왕생을 기원하는 아미타불도와 지장보살도 및 관음보살도가 많았다.

　　㉢ 대표 작품: 일본에 전해 오고 있는 혜허가 그린 「관음보살도」가 대표적인 작품이다.

　　㉣ 사경화 유행: 불교 경전을 필사하거나 인쇄할 때, 맨 앞장에 그 경전의 내용을 알기 쉽게 그림으로 설명한 사경화(寫經畵)가 유행하였다.

　　㉤ 사찰·고분 벽화: 사찰과 고분의 벽화가 일부 남아 있는데, 부석사 조사당 벽화의 사천왕상과 보살상이 유명하다.

▲ 부석사 조사당 벽화(경북 영주)

(3) 음악(音樂)

고려 시대의 음악은 크게 아악과 향악으로 구분한다.

① 아악(雅樂): 고려 때 송에서 수입된 대성악(大晟樂)이 궁중 음악으로 발전된 것으로 주로 제사(祭祀)에 쓰였다. 고려와 조선 시대의 문묘 제례악(文廟祭禮樂)이 여기에 해당한다. 오늘날까지도 격조 높은 전통 음악을 이루고 있다.

② 향악(鄕樂): 속악이라고도 하는 향악은 우리의 고유 음악이 당악(唐樂)의 영향을 받아 발달한 것인데, 당시 유행한 민중의 속요와 어울려 수많은 곡을 낳았다. 「동동(動動)」·「한림별곡(翰林別曲)」·「대동강(大同江)」 등의 곡이 유명하였다.

③ 악기(樂器): 전래의 우리 악기에 송의 악기가 수입되어 약 40종이나 되었다고 한다. 거문고, 비파, 가야금, 대금, 장고 등이 있었다.

심화　고려 시대 예술품

건축물	석탑	불상	도자기
• 주심포 양식: 안동 봉정사 극락전, 부석사 무량수전, 수덕사 대웅전 • 다포 양식(원의 영향): 성불사 응진전	• 월정사 8각 9층탑 (송의 영향) • 경천사지 10층 석탑 (원의 영향)	• 관촉사 석조 미륵보살 입상(거대 불상) • 부석사 소조 아미타여래 좌상 • 신라 조형 예술 계승	• 12세기 중엽 상감 청자 유행 • 원 간섭기 이후 분청사기 유행

단권화 MEMO

■ 관음보살도(觀音菩薩圖)

양류관음도(楊柳觀音圖)라고도 하며, 김우문·혜허·서구방 등으로 대표된다. 특히 궁정 화가인 김우문의 「양류관음도」(1310)는 세로의 길이가 4m가 넘는 대작으로 섬세하고 화려한 필체가 감탄을 자아낸다.

|정답해설| 영주 부석사 무량수전, 예산 수덕사 대웅전, 안동 봉정사 극락전은 모두 주심포 양식의 건물이다.
|정답| ①

● **고려 시대의 예술 및 문화에 대하여 잘못 서술하고 있는 것은?** 19. 경찰직 1차

① 주심포 양식과 다포 양식이 유행하였는데, 영주 부석사 무량수전과 예산 수덕사 대웅전은 주심포, 안동 봉정사 극락전은 다포 양식이다.

② 사치스러운 귀족 문화와 불교 의식의 수요가 결합하면서 다양한 공예 기법이 발달하였는데, 대표적으로 은입사, 나전 칠기 및 상감 청자 등을 들 수 있다.

③ 무신집권기에는 패관 문학과 가전체 문학이 유행하였는데, 이후 신진 사대부 사이에서는 경기체가, 일반 대중 사이에서는 속요가 각각 유행하기 시작하였다.

④ 통일 신라 불상의 양식이 계승되기도 하였지만 논산 관촉사 석조 미륵보살 입상, 안동 이천동 석불, 파주 용미리 석불 입상과 같은 거대 석불도 조성되었다.

|정답해설| 상감 청자의 도요지(도자기를 제작하는 곳)로는 전라도 강진과 부안이 유명하다.

|오답해설|
① 강진 만덕사는 천태종 계열의 결사 운동인 요세의 백련사 결사가 전개되었던 곳이다.
③ 안동 봉정사는 주심포식 건물이다.
④ 『상정고금예문』은 강화 천도 시기인 1234년에 간행되었다. 청주 흥덕사에서 간행된 것은 『직지심체요절』이다.

|정답| ②

● **다음 답사 계획 중 답사 장소와 답사의 주안점이 옳게 연결된 것은?** 14. 법원직 9급

〈고려 문화의 향기를 찾아서〉

	주제	소주제	답사지	답사 주안점
(가)	불교	결사 운동	강진 만덕사	조계종 발달
(나)	공예	자기 기술	부안·강진 도요지	상감 청자 제작법
(다)	건축	목조 건축	안동 봉정사	다포 양식 건물
(라)	인쇄술	금속 활자	청주 흥덕사	『상정고금예문』 인쇄

① (가) ② (나) ③ (다) ④ (라)

ENERGY

사막이 아름다운 것은
어딘가에 샘이 숨겨져 있기 때문이다.

– 생텍쥐페리(Antoine Marie Roger De Saint Exupery)

5개년 챕터별 출제비중 & 출제개념

	비중	출제개념
CHAPTER 01 근세의 정치	43%	태조, 태종, 세종, 세조, 성종, 『경국대전』, 삼사, 과거제, 훈구, 사림, 조광조, 사화, 붕당의 형성과 전개, 동인, 서인, 임진왜란
CHAPTER 02 근세의 경제	0%	과전법, 직전법, 관수 관급제, 공법(전분 6등법, 연분 9등법), 방납의 폐단, 『농사직설』
CHAPTER 03 근세의 사회	14%	양천제, 족보(성화보), 서얼, 중인, 공노비와 사노비, 서원과 향약, 한성(서울)의 역사
CHAPTER 04 근세의 문화	43%	성리학, 이황과 이이, 『성학십도』, 『성학집요』, 『고려사』, 『동국통감』, 『조선왕조실록』, 성균관, 향교, 『조선왕조의궤』, 「혼일강리역대국도지도」, 경복궁, 창덕궁, 창경궁

한눈에 보는 흐름 연표

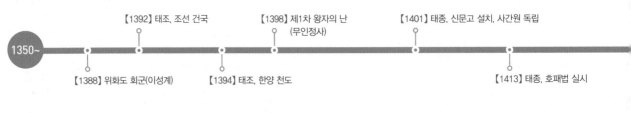

【1392】 태조, 조선 건국　　**【1398】** 제1차 왕자의 난 (무인정사)　　**【1401】** 태종, 신문고 설치, 사간원 독립

1350~

【1388】 위화도 회군(이성계)　　**【1394】** 태조, 한양 천도　　**【1413】** 태종, 호패법 실시

【1593】 선조, 훈련도감 설치　　**【1592】** 선조, 임진왜란

~1600

【1597】 선조, 정유재란　　**【1589】** 선조, 정여립 모반 사건

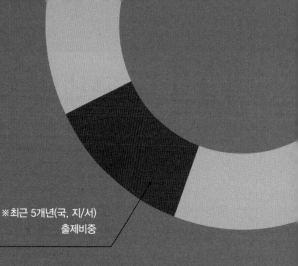

※최근 5개년(국, 지/서)
출제비중

12%

학습목표

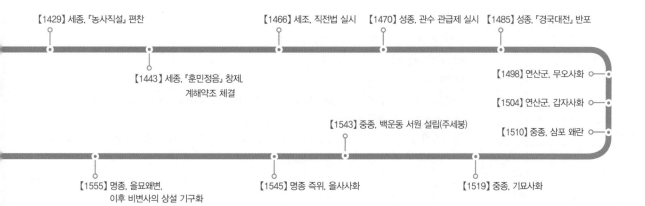

【1429】세종, 『농사직설』 편찬

【1466】세조, 직전법 실시 【1470】성종, 관수 관급제 실시 【1485】성종, 『경국대전』 반포

【1443】세종, 『훈민정음』 창제,
계해약조 체결

【1498】연산군, 무오사화

【1504】연산군, 갑자사화

【1543】중종, 백운동 서원 설립(주세붕)

【1510】중종, 삼포 왜란

【1555】명종, 을묘왜변,
이후 비변사의 상설 기구화

【1545】명종 즉위, 을사사화

【1519】중종, 기묘사화

01 근세의 정치

단권화 MEMO

■ 정화(鄭和)의 해외 원정

정화는 1405년에서 1433년에 이르는 시기에 총 7차에 걸친 대원정을 단행하였다. 그가 이끈 함대는 총 200여 척의 배에 군사는 2만 7천 명이나 되는 대함대였으며, 항해지는 동남아시아·인도를 거쳐 멀리 아프리카 동해안까지 이르렀다. 그 결과 중국은 30여 국으로부터 조공을 받았으며, 동남아시아에 화교 진출의 기반을 만들었다. 그러나 명은 헌종 성화제가 즉위한 이후 해외 원정을 꺼리게 되어 정화의 항해 기록과 문서를 모두 불태우고 해금 정책을 실시하였다.

01 근세의 세계

1 동양의 근세

(1) 중국의 변화

① 명(明)의 건국과 발전

　㉠ 14세기 후반 명이 건국(1368)되어 전통적인 한 문화(漢文化)를 회복하였다.

　㉡ 명 대에는 강력한 전제 황권이 확립되고 서민 문화가 발전하였다.

　㉢ 명은 15세기 초 대외적으로 팽창하여 인도양과 아프리카 동해안까지 국위를 떨쳤다. 이때부터 중국인이 동남아시아 지역에 본격적으로 진출하기 시작하였다.

② 명의 쇠약

　㉠ 명은 북쪽으로는 몽골족의 침입과 남쪽으로는 왜구의 약탈에 시달렸다.

　㉡ 16세기 말 조선에서의 임진왜란에 대한 출병으로 명의 국력은 더욱 쇠약해졌다.

③ 후금의 건국(1616), 청으로 국호 개칭(1636): 17세기 중엽 청에 중국의 지배권을 넘겨주었다(1644).

(2) 이슬람 국가의 융성

서아시아와 남아시아에서는 이슬람 국가들이 여전히 번성하였다.

① 오스만 제국은 서아시아·아프리카·유럽의 3대륙에 걸친 제국으로 발전하였다.

② 중앙아시아의 티무르 제국과 이란 지방의 사파비 왕조도 한때 번성하였다.

③ 인도에서는 무굴 제국이 세워져 인도 문화와 이슬람 문화가 융합하며 발전하였다.

④ 이슬람 세력은 동남아시아에도 진출하여 오늘날의 인도네시아와 말레이시아 일대에 이슬람교가 성행하였다.

(3) 일본의 정세

① 14세기에 무로마치 막부를 수립하였다.

② 15세기 중엽에는 전국 시대가 시작되었다.

③ 16세기 후반

　㉠ 전국 시대의 혼란을 수습하였으나 조선 침략에 실패하고, 에도[江戸]에 새 막부를 설립함으로써 집권적 봉건 제도를 마련하였다.

　㉡ 이 시대에 일본은 평화와 안정을 이루고 크게 발전하였으며, 특히 네덜란드[和蘭]와 교류하면서 서양 문물을 수용하였다.

(4) 서양 세력의 진출

이 시기에는 서양 세력이 동양으로 진출하여 침략의 거점을 마련하기 시작하였다. 이에 인도와 동남아시아가 점차 서양 세력의 영향을 받았다.

2 서양의 근세

(1) 르네상스

① 14~15세기에 이탈리아를 중심으로 전개되어 16세기에는 유럽 각지에 널리 퍼졌다.
② 르네상스는 그리스·로마 고전 문화의 부흥을 통하여 지성과 감성이 조화된 인간성을 추구하려는 인문주의 운동(人文主義運動)으로부터 시작하였다.
③ 문학과 예술 분야가 두드러지게 발전하였고, 근대 과학이 태동하였다.
④ 르네상스는 인간 중심적이며 현세적인 근대 문화의 창조 운동이었다.

(2) 신항로(新航路)의 개척과 유럽 세계의 확대

① 유럽 세계의 확대
  ㉠ 포르투갈과 에스파냐를 중심으로 시작된 새로운 항로의 개척은 유럽 세계를 확대시켰다. 그 결과 유럽 무역의 중심이 지중해에서 대서양으로 이동하였다.
  ㉡ 유럽 각국은 무역과 함께 식민지 개척에 나섰다. 포르투갈은 주로 동양과의 무역을 독점하였고, 에스파냐는 주로 아메리카 대륙으로 진출하여 광대한 식민지를 개척하였다.
  ㉢ 뒤이어 네덜란드·영국·프랑스 등이 해외로 진출하면서 유럽 세력은 전 세계로 팽창하기에 이른다.
② 중상주의 정책(重商主義政策)
  ㉠ 무역과 식민 활동의 결과 유럽의 경제가 비약적으로 발전하여 상업 혁명(商業革命)이 일어나고 자본주의(資本主義)가 발전하기 시작하였다.
  ㉡ 이에 따라 각국의 절대왕정들은 중상주의 정책을 적극적으로 추진하였다.

(3) 종교 개혁

① 프로테스탄트 교회의 성립
  ㉠ 시작: 16세기 독일에서 시작된 종교 개혁은 루터파·칼뱅파·영국 국교회 등의 프로테스탄트 교회를 성립시켰다.
  ㉡ 영향: 이에 중세 크리스트교 세계의 통일이 무너졌다. 종교 개혁 운동은 사회 개혁 운동이나 민족 운동 등과 연결되어 전개되었으므로 그 영향이 매우 컸다.
② 예수회 창설
  ㉠ 신교(新教)의 성립에 자극을 받은 가톨릭 교회의 개혁 운동으로 예수회가 창설되었다.
  ㉡ 예수회 선교사들은 동양과 신대륙에서 활동하며 로마 가톨릭을 널리 전파하였다.

■ 서양 근대의 시작

14세기부터 16세기에 이르는 동안 서양에서는 중세 봉건 사회가 무너지고 새로운 근대 사회와 근대 문화가 싹트기 시작하였다. 이 시기에 일어난 르네상스, 새로운 항로의 개척과 유럽 세계의 확대, 종교 개혁 등은 바로 근대의 시작을 알리는 큰 움직임이었다.

■ 신항로의 개척

타고난 모험심으로 '항해왕'이란 별명을 얻은 포르투갈 왕자 엔리케(Henrique)는 아프리카 남부 지역에 관심을 두고 당시 세계 최고 수준의 조선술을 갖고 있던 이탈리아의 조선공·천문학자·항해 장비 기술자들을 불러 모아 대서양 항해를 계획하였다. 15세기 초부터 엔리케의 특명으로 구성된 탐험대는 아프리카 서해안을 따라 남하하였으나, 약간의 노예와 사금을 가져온 것을 제외하면 큰 성과는 없었다. 그러나 엔리케는 개인 비용까지 들여 가며 탐험대를 계속 보냈고, 이로 인하여 아프리카의 서쪽 끝인 베르데곶을 발견하고, 대서양 동부의 해도가 작성되었다. 엔리케의 뒤를 이어 주앙 2세는 대서양 탐험대에 관한 지원을 계속하여 바르톨로메우 디아스가 희망봉을 발견하였다. 포르투갈의 이러한 활동에 에스파냐도 자극을 받아 콜럼버스의 항해를 지원하였다.

02 근세 사회의 성립

1 조선의 건국

신진 사대부는 고려 말 정치권력과 경제력을 독점한 권문세족의 전횡을 비판하고 사회의 개혁을 추진하는 과정에서 조선 왕조를 세웠다.

> **심화** 조선 건국 – 근세 사회의 성립
>
> ❶ 정치
> - 중앙 집권적인 왕권을 중심으로 제도를 개편하고 관료 체제의 기틀을 확립하였다.
> - 관료주의 체제를 원만히 운영하고자 왕권과 신권(臣權)의 조화를 도모하여 모범적인 유교 정치를 추구하였다.
>
> ❷ 사회·경제
> - 양인의 수가 증가하고, 양인의 권익이 신장됨은 물론 자영농의 수도 증가하였다. 또한 농민의 경작권(耕作權)을 보장하였다.
> - 과거제가 정비되어 능력을 더욱 중시하였다.
>
> ❸ 문화
> - 이전 시대보다 교육의 기회를 확대하였다.
> - 민족적 자각을 일깨우는 정신 문화와 국민 생활에 기여하는 기술 문화를 크게 진작하여 민족 문화의 튼튼한 기반을 확립하였다.

(1) 건국 배경

① 위화도 회군(威化島回軍) : 이성계는 위화도 회군(1388)으로 군사적 실권을 장악하고 본격적인 개혁의 계기를 마련하였다.
② 신진 사대부의 분열 : 신진 사대부들 사이에 사원 경제의 폐단과 토지 소유 등 사회 모순에 대한 개혁의 방향을 둘러싸고 다른 의견이 존재하였다.
　㉠ 온건 개혁파 : 이색·정몽주 등 대다수의 온건 개혁파들은 고려 왕조의 틀 안에서 점진적인 개혁을 추진하려 하였다. 비리의 핵심 세력을 제거하고 대토지 사유는 정리하되, 왕조 질서의 파괴나 전면적인 토지 개혁에는 반대하였다.
　㉡ 급진 개혁파 : 정도전 등 급진 개혁파는 고려 왕조를 부정하는 역성혁명을 찬성하고 권세가들에 의한 토지 사유를 축소하려 하였다.

> **심화** 신진 사대부의 분화
>
> 신진 사대부는 최씨 무신정권기부터 학문적 교양과 행정 실무 능력을 겸비하여 자신의 능력에 따라 관료로 진출하기 시작하였다. 공민왕 즉위 이후 과거를 통해 중앙 정계에 진출하여 하나의 정치 세력을 형성하였던 이들은 고려 왕조의 폐단을 맹렬하게 비판하며 사회 개혁을 주장하였으나, 이성계의 정권 장악과 새 왕조 개창을 둘러싸고 온건 개혁파와 급진 개혁파로 분열되었다. 온건 개혁파는 점진적인 사회 개혁을 주장하는 개혁파이고, 급진 개혁파는 왕조 자체를 교체하려는 역성혁명파이다.
>
> | 구분 | 온건 개혁파 | 급진 개혁파 |
> | --- | --- | --- |
> | 주체 | 정몽주, 길재 | 정도전, 윤소종, 조준 |
> | 이념 | 고려 왕조 유지 → 점진적 개혁 | 고려 왕조 부정 → 급진적 개혁 |
> | 영향 | 사학파 → 사림파 | 관학파 → 훈구파 |
> | 참여 | 대다수의 사대부 | 소수의 사대부 |
> | 소양 | 정통적 대의명분 | 왕조 개창의 정당성 강조 |

■ 조선 왕조 개창 과정

위화도 회군	폐가 입진	전제 개혁	역성 혁명
1388	1389	1391	1392
군사적 실권 장악	정치적 실권 장악	경제적 실권 장악	이성계 즉위

(2) 조선 왕조의 개창

① **정치적 실권의 장악**: 급진 개혁파는 이성계 세력과 연합하여 세력을 키웠다. 이후 창왕을 폐위하고 공양왕을 옹립(폐가입진)하면서 정치적 실권을 장악하였다.

② **전제 개혁**: 급진 개혁파는 당시 최대의 쟁점이었던 전제 개혁을 단행하여 **과전법을 마련**함(1391)으로써 권문세족의 경제 기반을 무너뜨리고 자신들의 지지 기반을 확대하였다.

③ **온건 개혁파 제거**: 급진 개혁파는 역성혁명(易姓革命)을 반대하던 정몽주를 비롯한 온건 개혁파를 제거하고 도평의사사를 장악하였다.

④ **조선 건국(1392)**: 뒤이어 이성계는 공양왕으로부터 왕위를 물려받아 **조선을 건국**하였다.

> ### 심화   시호, 존호, 묘호
>
> 조선 시대 왕을 부르는 호칭에는 관례를 행하면서 받는 호칭인 자(字), 이름인 휘(諱), 자신이 스스로를 표시하기 위해 붙이거나 스승 또는 친구들이 붙여주는 일종의 별명인 호(號), 왕이 훌륭한 업적을 이룩한 경우 신료들이 왕의 업적을 찬양하기 위해 올리는 호칭인 존호(尊號), 왕이 죽었을 때 그의 일생을 평가하고 공덕을 기리기 위해 짓는 호칭인 시호(諡號), 왕의 삼년상이 끝나고 신주가 종묘에 들어가면 종묘에서 그 신주를 부르는 호칭인 묘호(廟號) 등이 있다. '묘호(廟號)'는 보통 '태조', '태종', '세종', '선조'와 같은 이름으로, 왕이 죽은 다음 그 공덕을 칭송하여 붙인 것이다.
>
> ㉠ 세종 대왕의 ① 휘는 도, ② 자는 원정(元正), ③ 존호는 영문예무인성명효대왕(英文睿武仁聖明孝大王), ④ 시호는 장헌(莊憲)이며, ⑤ 묘호는 세종(世宗)이다.
>
> ㉠ 조선 시대 태조 이성계의 정식 이름은 '태조 강헌 지인계운성문신무대왕(太祖 康獻 至仁啓運聖文神武大王)'인데, 여기서 태조(太祖)는 묘호, 강헌(康獻)은 시호, 지인계운성문신무대왕(至仁啓運聖文神武大王)은 존호이다.

2 국왕 중심의 통치 체제 정비*

(1) 태조(1대, 1392~1398)

① **국호 제정**: 조선을 건국한 태조는 고려의 그늘에서 벗어나고 왕실의 권위를 높이기 위하여 새 국가가 하늘의 명을 받고 백성들의 지지를 받아 세워졌음을 강조하고, 이에 국호를 '조선(朝鮮)'으로 선포하였다.

② **한양 천도**: 교통과 국방의 중심지인 **한양(漢陽)**으로 도읍을 옮겼다. 이어 한양에 도성을 쌓고 경복궁(景福宮)을 비롯한 궁궐·종묘·사직·관아·학교·시장·도로 등을 설치하여 도읍의 기틀을 다졌다.

③ **정도전(鄭道傳)**: 조선 건국 초에는 정치적·사회적 안정과 왕권의 안정이 급선무였는데, 초창기의 문물과 제도를 갖추는 데 크게 공헌한 사람은 **정도전**이었다. 정도전은 훌륭한 재상을 선택하여 재상에게 정치의 실권을 부여하여 위로는 임금을 받들어 올바르게 인도하고, 아래로는 백관을 통괄하고 만민을 다스리는 중책을 부여하자고 주장하였다.

　㉠ 민본적 통치 규범을 마련하고 **재상 중심의 정치**를 주장하였다.

　㉡ 『**불씨잡변(佛氏雜辨)**』(1398)을 통하여 불교를 비판하고 성리학을 통치 이념으로 확립하고자 하였다.

　㉢ 태조 때의 정치는 태조와 그의 신임을 받은 정도전·조준 등 소수의 재상에 의하여 이루어졌다.

④ **군사 조직의 개편**: 고려 말의 삼군도총제부(三軍都摠制府)를 의흥삼군부(義興三軍府)로 개편하여 군사권을 집중하였다(태조 2년, 1393).

단권화 MEMO

■ **경제 기반 구축**

조준, 정도전 등은 과전법(科田法)을 실시하여 경제 기반을 구축하였다. 이들은 전국의 토지를 조사한 후, 지금까지의 토지 대장을 불태워 버리고 새로운 토지 대장을 작성하여 과전법을 실시하였다. 이 제도는 토지 수조권(收租權)의 분배를 재조정하여 신진 관료들의 생활 기반을 보장하려는 제도였다. 또한 국가의 재정 확보와 백성들의 처지도 고려하여 실시한 토지 제도로, 경작권을 보호하고 조세율을 조정하였다. 이것은 농업 생산성을 극대화하여 국가의 조세 수입과 농민의 생활을 보장하려는 것이었다.

＊**조선 전기 국왕 중심의 체제 정비**

태조, 태종, 세종, 세조, 성종의 업적을 구분하여 기억해 두어야 한다.

▲ 태조 이성계 어진(전북 전주 경기전)

■ **'조선(朝鮮)'의 의미**

단군 조선에서 역사의 유구성과 천손 후예로서의 자부심을 찾고, 8조교의 윤리와 정전제(井田制)의 이상적 토지 제도를 실시한 기자 조선에서 도덕 문명의 뿌리를 찾아 이를 계승·발전한다는 역사 계승 의식이 깃들어 있다.

■ **숭의전(崇義殿)**

1397년(태조 6년) 세워진 사당으로서, 고려 시대 역대 왕들과 신숭겸, 정몽주 등을 제사 지냈다(경기도 연천군 미산면 소재).

사료 정도전

❶ 정도전의 불교 배척

과연 불씨(佛氏)의 설과 같다면 사람의 화복과 질병이 음양오행과는 관계없이 모두 인과의 응보에서 나오는 것이 되는데, 어찌하여 우리 유가의 음양오행을 버리고 불씨의 인과응보설을 가지고서 사람의 화복을 정하고 사람의 질병을 진료하는 사람이 한 사람도 없느냐? 불씨의 설이 황당하고 오류에 가득 차 족히 믿을 수 없다.

『불씨잡변』

❷ 정도전의 재상론

임금의 자질에는 어리석은 자질도 있고 현명한 자질도 있으며, 강력한 자질도 있고 유약한 자질도 있어서 한결같지 않으니, 재상은 임금의 좋은 점은 따르고, 나쁜 점은 바로잡으며 옳은 일은 받들고 옳지 않은 일은 막아서 임금을 가장 올바른 경지에 들게 해야 한다.

『조선경국전』

심화 정도전(鄭道傳, 1342~1398)

자는 종지(宗之)·호는 삼봉(三峯)·시호는 문헌(文憲), 본관은 봉화이다. 정운경(鄭云敬)의 아들로 어머니와 부인이 모두 연안 차씨 공윤(公胤)의 외가 쪽 얼속(孽屬)이어서 출신이 문제가 되기도 하였다. 이색의 문하에서 수업하였으며 1362년 문과에 급제하여 예조 정랑 등의 벼슬을 지냈다.

친원 배명 정책을 반대하다가 전라도 나주의 거평 부곡에 유배당하였다. 1377년 유배형을 마친 후 학문 연구와 후진 교육에 종사하였는데, 특히 주자학적 입장에서 '불교 배척론'을 체계화하였다. 이성계를 도와서 전제 개혁을 하였고, 조선 왕조의 개국 공신이 되었다.

1392년 조선 건국 후 1394년 한양 천도 때는 궁궐과 종묘의 위치 및 도성의 기지를 결정하고 궁·문의 모든 칭호를 정했다. 『조선경국전』을 편찬하여 법제의 기본을 정하였고, 1398년 8월 '요동 수복 계획'을 수립하던 가운데 세자인 이방석의 편에 서서 종사(宗嗣)를 위태롭게 한다는 이유로 이방원의 습격을 받아 죽었다. 불교를 철저히 반대한 유학자로서, 저서로는 『삼봉집』, 『경제문감』, 『학자지남도』(성리학 입문서), 『심기리편』, 『불씨잡변』, 『진법(陣法)』, 『금남잡영(錦南雜詠)』 등이 있고, 악곡으로는 「납씨곡」, 「정동방곡」, 「문덕곡」 등이 있다.

심화 한양 도성

한양은 통치의 중심 공간인 경복궁(**정도전**이 이름을 지음)을 백악산(북악산) 아래 남향으로 짓고 **동쪽**에 종묘, 서쪽에 사직을 건설하였다. 남산은 안산에 해당한다. 안산이란 주산(主山)·청룡(靑龍)·백호(白虎)와 함께 풍수학상의 네 가지 요소 중 하나이며, 가택이나 묘택이 있는 혈(穴) 앞의 낮고 작은 산을 의미한다.

도성은 왕이 사는 공간이며, 조선의 가장 중심 지역이었기 때문에 **도성 밖 10리 안에는 개인의 무덤을 쓰거나 벌채를 하지 못하도록 규제**하였다.

한편 도성의 4대문은 유교 사상인 인·의·예·지 덕목을 담아 숭례문(남대문), 흥인지문(동대문), 돈의문(서대문), 숙정문(소지문, 북대문)으로 명명하였다. 참고로 4소문은 소의문(서소문), 창의문(북소문), 혜화문(동소문), 광희문(동남문)이다.

바로 확인문제

● **다음 정치관과 관련이 깊은 정책으로 옳은 것은?**   13. 국가직 9급

임금의 직책은 한 사람의 재상을 논정하는 데 있다 하였으니, 바로 총재(冢宰)를 두고 한 말이다. 총재는 위로는 임금을 받들고 밑으로는 백관을 통솔하여 만민을 다스리는 것이니 직책이 매우 크다. 또 임금의 자질에는 어리석음과 현명함이 있고 강함과 유약함의 차이가 있으니, 옳은 일은 아뢰고 옳지 않은 일은 막아서, 임금으로 하여금 대중(大中)의 경지에 들게 해야 한다. 그러므로 상(相)이라 하니, 곧 보상(輔相)한다는 뜻이다.

① 육조 직계제의 시행   ② 사간원의 독립
③ 의정부 서사제의 시행   ④ 집현전의 설치

| 정답해설 | 제시된 사료는 정도전의 '재상 중심의 정치'와 관련된 내용으로, 왕권과 신권의 조화를 추구하는 유교 정치의 이념이 반영된 것이다. 의정부 서사제는 왕권과 신권의 조화를 추구하는 정치 체제에 해당한다.

| 정답 | ③

● 밑줄 친 '그'에 대한 설명으로 옳은 것은?

17. 국가직(사복직 포함) 9급

> 그는 이성계를 추대하여 조선 왕조를 개창한 공으로 개국 1등 공신이 되었으며, 의정부를 중심으로 하는 재상 중심의 관료 정치를 주창하였다. 그리고 『불씨잡변』을 저술하여 불교의 사회적 폐단을 비판하였다.

① 왜구의 소굴인 쓰시마섬을 정벌하였다.
② 백성들의 윤리서인 『삼강행실도』를 편찬하였다.
③ 여진족을 두만강 밖으로 몰아내고 6진을 개척하였다.
④ 『조선경국전』을 편찬하여 왕조의 통치 규범을 마련하였다.

---

(2) 태종(3대, 1400~1418)

① 통치 체제 정비 : 두 차례에 걸친 **왕자의 난**을 통하여 개국 공신 세력을 몰아내고 왕위에 오른 태종은 지배 기구의 틀을 마련하였다. 태종은 왕권을 강화하고 국왕 중심의 통치 체제를 정비하고자 하였다.

사료 태종의 즉위 과정

참찬문하부사 하륜 등이 청하였다. "정몽주의 난에 만일 그가 없었다면, 큰일이 거의 이루어지지 못하였을 것이고, 정도전의 난에 만일 그가 없었다면, 또한 어찌 오늘이 있었겠습니까? …… 청하건대, 그를 세워 세자를 삼으소서." 임금이 말하기를, "경 등의 말이 옳다." 하고, 드디어 도승지에게 명하여 도당에 전지하였다. "…… 나의 동복(同腹)아우인 그는 개국하는 초에 큰 공로가 있었고, 또 우리 형제 4, 5인이 성명(性命)을 보전한 것이 모두 그의 공이었다. 이제 명하여 세자를 삼고, 또 내외의 여러 군사를 도독하게 한다." 『정종실록』

　㉠ 도평의사사 폐지 : 정종 2년(1400) 도평의사사를 의정부로 개칭하고, 이듬해 태종 1년 문하부를 통합하여 국정을 총괄하게 함으로써, 도평의사사는 완전히 폐지되었다.
　㉡ 6조 직계제 채택 : 정치 업무를 6조에서 의정부를 거치지 않고 곧바로 국왕에게 올려 국왕의 재가를 받아 시행하게 하는 6조 직계제를 채택하였다. 이러한 태종의 왕권 강화 정책으로 의정부의 권한은 약해졌다.

사료 6조 직계제

의정부를 나누어 6조에 귀속시켰다. …… 처음에 왕(태종)은 의정부의 권한이 막중함을 염려하여 이를 혁파할 생각이 있었는데, 이에 이르러 신중히 급작스럽지 않게 행하였다. 의정부가 관장한 것은 사대문서와 중죄수의 재심뿐이었다. 『태종실록』

　㉢ 사간원 독립 : 언론을 담당하던 문하부 낭사를 사간원(司諫院)으로 독립하여 대신들을 견제하도록 하였다.
　㉣ 왕권 강화 : 자신의 처남들을 비롯한 왕실 외척(外戚)과 종친(宗親)의 정치적 영향력을 약화하고 왕권을 강화하였다.
　㉤ 지방 행정 제도의 개편 : 8도제를 확립하고 모든 군현에 지방관을 파견하였다.
② 경제 기반의 안정
　㉠ 양전(量田) 사업과 호구(戶口) 파악에 노력을 기울였으며, **호패법(號牌法)**을 실시하였다.
　㉡ 사원의 토지를 몰수하고 억울한 노비를 조사하여 해방하였으며, 지방 권세가를 통제하여 백성들에게 끼치는 폐단을 줄였다.

단권화 MEMO

| **정답해설** | 제시된 자료에서 "조선 왕조를 개창한 1등 공신", "재상 중심의 관료 정치 주창", "불씨잡변』 저술" 등을 통해 밑줄 친 '그'가 정도전임을 알 수 있다. 정도전은 『조선경국전』(조선 최초의 사찬 법전)을 편찬하여 조선 왕조의 통치 규범을 마련하였다.

| **오답해설** |
① 세종 시기인 1419년 삼군도체찰사 이종무가 이끄는 조선군이 왜구의 근거지인 쓰시마섬(대마도)을 정벌하였다.
② 『삼강행실도』는 세종 때 설순 등이 편찬한 윤리서이다.
③ 세종 때 김종서 등은 여진족을 두만강 밖으로 몰아내고, 6진을 개척하였다. 6진은 종성·온성·회령·경원·경흥·부령이다.

| **정답** | ④

■ **왕자의 난**
제1차 왕자의 난(무인정사, 戊寅定社)은 이방원을 비롯한 신의 왕후 한씨 소생의 왕자들이 신덕 왕후 강씨 소생 왕자들과 정도전을 제거한 사건이다. 이후 정종(이방과)이 즉위하였다. 한편 제2차 왕자의 난은 동복(同腹)형제인 이방원과 이방간 사이에 일어난 사건이다. 이방원은 제2차 왕자의 난에서 승리한 후 정종에게 양위를 받아 태종이 되었다.

■ **호패법**
유민의 방지 및 농민의 토지 이탈을 억제하고자 천민에서 양반까지 16세 이상의 남자 모두에게 발급하였다. 호패의 색깔과 재료로 상·하 신분을 구분하였다.

③ 군사력 강화: 사병을 없애 왕이 군사 지휘권을 장악하면서 친위 군사를 늘렸다.

④ 신문고 설치(1401, 태종 1년): 백성이 억울하고 원통한 일을 호소할 수 있도록 신문고를 설치하였다.

사료 신문고

고(告)할 데가 없는 백성으로 원통하고 억울한 일을 품은 자는 나와서 등문고(登聞鼓)를 치라고 명령하였다. 의정부에서 상소하기를, "서울과 외방의 고할 데 없는 백성이 원통하고 억울한 일을 소재지의 관사(官司)에 고하였으나, 소재지의 관사에서 이를 처리해 주지 않는 자는 나와서 등문고를 치도록 허락하고, 등문(登聞)한 일은 헌사(憲司)로 하여금 추궁해 밝혀서 아뢰어 처결하여 원통하고 억울한 것을 펴게 하소서. 그리고 그 중에 사사로움을 끼고 원망을 품어서 감히 무고(誣告)를 행하는 자는 반좌율(反坐律)을 적용하여 참소하고 간사한 것을 막으소서." 하여 그대로 따르고, 등문고를 고쳐 신문고(申聞鼓)라 하였다. 『태종실록』

(3) 세종(4대, 1418~1450)

세종(해동의 요순)은 안정된 왕권과 경제력을 바탕으로 유교 정치를 실현하였다.

① 집현전 강화: 궁중 안에 정책 연구 기관으로 집현전을 두고 그들을 일반 관리보다 우대하였다. 집현전 학사들은 학문 연구와 아울러 경연에 참여하여 국왕의 통치를 자문하였다. 이 기능은 뒤에 홍문관으로 이어졌다.

② 의정부 서사제: 의정부에서 정책을 심의하는 의정부 서사제로 정치 체제를 바꿔 왕의 권한을 의정부에 많이 넘겨주었으며, 훌륭한 재상들을 등용하여 정치를 맡기고자 하였다.

사료 의정부 서사제

6조 직계제를 시행한 이후 일의 크고 작음이나 가볍고 무거움 없이 모두 6조에 붙여져 의정부와 관련을 맺지 않고, 의정부의 관여 사항은 오직 사형수를 논결하는 일뿐이므로 옛날부터 재상을 임명한 뜻에 어긋난다. …… 6조는 각기 모든 일을 의정부에 품의하고 의정부는 가부를 헤아린 뒤에 왕에게 아뢰어 (왕의) 전지를 받아 6조에 내려보내어 시행한다. 다만 이조·병조의 제수, 병조의 군사 업무, 형조의 사형수를 제외한 판결 등은 종래와 같이 각 조에서 직접 아뢰어 시행하고 곧바로 의정부에 보고한다. 만약 타당하지 않으면 의정부가 맡아 심의 논박하고 다시 아뢰어 시행하도록 한다. 『세종실록』

③ 왕권(王權)과 신권(臣權)의 조화: 인사와 군사에 관한 일은 세종이 직접 처리함으로써 왕권과 신권이 조화를 이루었다.

④ 유교 윤리의 강조
　㉠ 국가의 행사를 오례(五禮)에 따라 유교식으로 거행하였으며, 사대부들에게도 『주자가례(朱子家禮)』의 실천을 장려하여 유교 윤리가 사회 윤리로 자리 잡게 하였다.
　㉡ 『삼강행실도』, 『효행록』 등 윤리 서적을 편찬·보급하였다.
　㉢ 불교를 2종(교종, 선종)으로 통합하는 등 억불 정책을 시행하였으나, 말년에는 내불당을 짓고 승과 제도를 인정하는 등 불교에 관대한 입장을 보이기도 하였다.

⑤ 유교적 민본 사상의 실현: 세종은 왕도 정치를 내세우고 유교적 민본 사상을 실현하려 노력하였다.
　㉠ 유능한 인재의 등용: 유능한 인재를 널리 발굴하였으며 훌륭한 재상(유관, 맹사성, 황희, 허조 등)을 등용하여 깨끗한 정치를 지향하였다. 또한 사가독서제(賜暇讀書制)를 실시하여 학문 활동을 장려하였다.
　㉡ 여론의 존중: 중요한 사안의 결정에는 백성의 여론을 존중하여 조정의 신하는 물론 지방의 촌민에게서도 의견을 들으려 하였다.

단권화 MEMO

■ 경복궁 수정전(서울 종로)

세종 때 집현전이 있던 건물이다.

■ 의정부 서사제
6조에서 올라오는 모든 일을 의정부에서 3정승(영의정·좌의정·우의정)이 먼저 논의한 다음, 합의된 사항을 왕에게 올려 결재를 받는 형식의 제도이다.

■ 인재의 등용
노비·장인(匠人)·상인도 잡직(雜職)이라는 하급 전문직으로 등용하고, 장영실(蔣英實) 같은 천인 출신도 과학자로 우대하였다. 또한 신백정(新白丁)이라 하여 재인·화척을 양민으로 돌려주기도 하였다.

■ 여론의 수렴
공법(貢法)을 만들 때 조정의 신하와 지방의 촌민에 이르기까지 약 18만 명의 찬부(贊否)를 묻고 10년간의 시험 기간을 두고 나서 전국적 시행에 들어갔다.

⑥ 세종의 정책
　　㉠ 공법(貢法) 실시 : 전세(田稅)의 인하와 공평 과세
　　㉡ 사창제(社倉制) 실시 : 빈민 구제
　　㉢ 기타 : 사형수에 대한 금부삼복법(禁府三覆法) 도입, 감옥 시설의 개선, 여자 종의 출산
　　　휴가 연장 조치 등

사료　여자 종의 출산 휴가 연장

　　옛적에 관가의 노비는 아이를 낳은 지 7일 후에 입역(立役)하였는데, 아이를 두고 입역하면 어린 아이에게
해로울 것이라 걱정하여 100일간의 휴가를 더 주게 하였다. 그러나 출산에 임박하여 일하다가 몸이 지치면
미처 집에 도착하기 전에 아이를 낳는 경우가 있다. 만일 산기에 임하여 1개월간의 일을 면제하여 주면 어떻
겠는가. 가령 저들이 속인다 할지라도 1개월까지야 넘길 수 있겠는가. 상정소(詳定所)로 하여금 이에 대한
법을 제정하게 하라.　　　　　　　　　　　　　　　　　　　　　　　　　　　　　　　　『세종실록』

(4) 문종(5대, 1450∼1452), **단종**(6대, 1452∼1455) : 왕권의 약화
① 세종 이후 병약한 문종이 일찍 죽고 나이 어린 단종이 즉위하면서 왕권이 크게 약화되었다.
② 계유정난(癸酉靖難, 1453) : 단종 때 정치의 실권은 김종서, 황보인 등의 재상에게 넘어갔
　다. 이에 수양 대군은 정변을 일으켜 김종서 등을 제거하고 권력을 장악하였다.

(5) 세조(7대, 1455∼1468)
① 6조 직계제 : 세조는 강력한 왕권을 행사하기 위하여 통치 체제를 다시 6조 직계제로 고쳤다.

사료　세조의 6조 직계제

　　상왕(단종)이 어려서 무릇 조치하는 바는 모두 대신에게 맡겨 논의 시행하였다. 지금 내(세조)가 명을 받아 왕
통을 계승하여 군국 서무를 아울러 모두 처리하며 조종의 옛 제도를 모두 복구한다. 지금부터 형조의 사형수
를 제외한 모든 서무는 6조가 각각 그 직무를 담당하여 직계한다.　　　　　　　　　　　　『세조실록』

② 집현전 폐지 : 공신이나 언관들의 활동을 견제하기 위하여 집현전을 없애고, 경연(經筵)도
　열지 않았으며, 그동안 정치 참여가 제한되었던 종친들을 등용하였다.
③ 『경국대전』 편찬 착수 : 세조는 국가의 통치 체제를 확립하기 위하여 항구적으로 사용할 체
　계적인 법전을 편찬하려 하였다. 이에 육전상정소를 설치하고 역대의 법전과 각종 명령 등
　을 종합하여 『경국대전』을 편찬하기 시작하였다.
④ 진관 체제 : 변방 중심 방어 체제를 전국적인 지역 중심 방어 체제로 바꾸고, 호적 사업을
　강화하여 보법(保法)을 실시하고 군정 수를 늘렸다.
⑤ 직전법(1466) : 과전지 부족으로 현직 관료에게만 토지를 지급하는 직전법을 시행하였다.
⑥ 왕실 재정 강화 : 왕실의 토지, 노비, 미곡 등 재산을 관리하기 위하여 관청인 내수사를 설
　치하였지만, 장리(고리대)의 폐단이 나타났다.
⑦ 유향소 폐지 : 이시애의 난(1467) 이후 지방 사림들의 거점인 유향소를 폐지하였다.
⑧ 원상 제도 실시 : 원상 제도는 세조가 죽기 전 예종의 치세를 위해 마련한 것으로서, 한명
　회, 신숙주 등 원로대신들의 섭정 제도였다. 이 제도는 예종 사후 성종 7년(1476)까지 계
　속되었는데, 결과적으로 신권이 강화되는 계기가 되었다.

■ **세조의 정치 이념**
세조는 전제권 강화와 부국강병 정책
의 필요에서 유교를 억압하고, 그 대신
민족 신앙과 도교, 그리고 법가(法家)
의 이념을 손숭하였다.　　　　한영우

■ **세조 때의 법전**
6분주의에 따라 세조 때는 호조전(戶
曹典)·형조전(刑曹典)을 편찬하였다.

■ **직전법 실시 결과**
국방과 재정이 충실해졌으나, 관료와
지주층의 생계를 압박하여 중외의 심
한 반발을 받았다. 세조 13년에 일어난
이시애의 난도 그러한 상황을 반영하
고 있다.

■ **사육신과 생육신**
· 사육신: 성삼문, 박팽년, 하위지, 이
　개, 유성원, 유응부(유응부 대신 김문
　기를 포함하기도 한다)
· 생육신: 김시습, 원호, 이맹전, 조려,
　성담수, 남효온

(6) 성종(9대, 1469∼1494)

성종은 건국 이후 문물 제도의 정비를 마무리 지어 통치 체제를 완성하였다.

① 홍문관[玉堂] 설치 : 홍문관을 두어 관원 모두에게 경연관을 겸하게 함으로써 집현전을 계승하였으며, 정승을 비롯한 주요 관리들도 다수 경연에 참여하였다.

② 경연(經筵) 중시 : 경연이 단순히 왕의 학문 연마를 위한 자리가 아니라 왕과 신하들이 함께 모여 정책을 토론하고 심의하는 중요한 자리가 되었다.

③『경국대전』 반포 : 『경국대전』의 편찬을 마무리하여 반포함으로써 조선 사회의 기본 통치 방향과 이념을 제시하였다. 이로써 조선 왕조의 통치 체제가 확립되었다.

④ 사림의 등용 : 김종직 등의 사림을 중용하여 훈구파 대신들을 견제하였다.

⑤ 유향소 복립 : 사림들의 노력으로 유향소가 복립되었다.

⑥ 사창제 폐지 : 폐단이 많았던 사창제를 폐지하였다.

■ 훈구와 사림의 조화
성종은 현실주의자인 훈신들과 유교적 이상주의자인 선비[士林]들, 두 정치 세력을 조화·협력시키면서 개국 후 추진되어 오던 문물 정비 사업을 마무리하였다.   한영우

사료 『경국대전』 서문

세조께서 일찍이 말씀하였다. "우리 조종의 심후하신 인덕과 크고 아름다운 규범이 훌륭한 전장(典章)에 퍼졌으니 …… 또 여러 번 내린 교지가 있어 법이 아름답지 않은 것은 아니지만, 관리들이 재주가 없고 어리석어 제대로 받들어 행하지 못했다. 이렇게 된 것은 법이 너무 번잡하고 앞뒤가 서로 맞지 않고 하나로 정해지지 않았기 때문이다. 이제 손익을 헤아리고 회통할 것을 산정하여 만대성법을 만들고자 한다."

심화 왕의 하루

- 새벽 4 ~ 5시경 : 기상
- 새벽 6시경 : 왕실 웃어른에게 아침 문안
- 7시경 : 아침 식사
- 8시경 : 아침 공부(조강)
- 10시경 : 아침 조회(조참 또는 상참)
- 11시경 : 오전 업무(보고 받기, 신료 접견)
- 정오 ~ 오후 1시경 : 점심 식사
- 오후 2시경 : 낮 공부(주강)

- 오후 3시경 : 신료 접견
- 오후 5시경 : 궁궐 내의 야간 숙직자 확인
- 오후 6시경 : 저녁 공부(석강)
- 오후 7시경 : 저녁 식사
- 오후 8시경 : 왕실 웃어른에게 저녁 문안
- 오후 10시경 : 상소문 읽기
- 오후 11시경 : 취침

바로 확인문제

● 다음 정책을 추진한 국왕 대에 있었던 사실로 옳은 것은?   19. 지방직 9급

> 옛적에 관가의 노비는 아이를 낳은 지 7일 후에 입역(立役)하였는데, 아이를 두고 입역하면 어린 아이에게 해로울 것이라 걱정하여 100일간의 휴가를 더 주게 하였다. 그러나 출산에 임박하여 일하다가 몸이 지치면 미처 집에 도착하기 전에 아이를 낳는 경우가 있다. 만일 산기에 임하여 1개월간의 일을 면제하여 주면 어떻겠는가. 가령 저들이 속인다 할지라도 1개월까지야 넘길 수 있겠는가. 상정소(詳定所)로 하여금 이에 대한 법을 제정하게 하라.

① 사형의 판결에는 삼복법을 적용하였다.

② 주자소를 설치하여 계미자를 주조하였다.

③ 국방력 강화를 위해 진관 체제를 실시하였다.

④ 도평의사사를 개편하여 의정부를 설치하였다.

|정답해설| 제시된 사료는 세종이 여비(女婢, 여자 노비)의 출산 전후 휴가를 늘려주는 조치를 시행한 내용이다. 세종 때 사형 판결에는 삼복법(三覆法)을 엄격하게 적용하였다.

|오답해설|
② 태종 때 주자소를 설치하여 계미자를 주조하였다.
③ 세조 때 국방력 강화를 위해 진관 체제를 실시하였다.
④ 정종 때 도평의사사를 개편하여 의정부를 설치하였다.

|정답| ①

> • 황보인, 김종서 등이 역모를 품고 몰래 안평 대군과 연결하고, 환관들과 은밀히 내통하여 날짜를 정하여 반란을 꾀하고자 하였다. 이에 ⬚(가)⬚ 와 정인지, 한확, 박종우, 한명회 등이 그 기미를 밝혀 그들을 제거하였다.
> • ⬚(가)⬚ 이/가 명하기를, "집현전을 없애고, 경연을 정지하며, 거기에 소장하였던 서책은 모두 예문관에서 관장하게 하라."라고 하였다.

① 전민변정도감을 설치하였다.
② 『석보상절』을 한글로 번역하여 편찬하였다.
③ 불교 종파를 선·교 양종으로 병합하였다.
④ 정여립 모반 사건을 계기로 기축옥사를 일으켰다.

|정답해설| 황보인, 김종서 등을 제거하고 집현전과 경연 기능을 폐지한 인물은 (가) 세조이다. 『석보상절』은 소헌 왕후의 명복을 빌기 위해 세종의 명으로 수양 대군(훗날 세조)이 1447년(세종 29년)에 간행한 부처의 일대기이다.

|오답해설|
① 고려 공민왕은 신돈을 등용한 후 전민변정도감을 설치해 권문세족의 영향력을 약화하려 하였다.
③ 세종은 불교 종파를 선·교 양종으로 병합하였다.
④ 선조 때 정여립의 모반 사건을 계기로 기축옥사가 일어났다(선조 22년, 1589).

|정답| ②

03 통치 체제의 정비

1 중앙 정치 체제

(1) 제도상 특징

① 법제화: 조선의 중앙 정치 체제는 『경국대전』으로 법제화되었다.
② 왕권 중심 세분화: 정치 기구는 도평의사사가 의정부로 개편되면서 모든 권력이 왕권을 중심으로 세분되었다.

(2) 조선 시대 관직과 관제

① 조선 왕조의 품계

품계	문반계(동반계)	무반계(서반계)	관
정1품	대광보국숭록대부 보국숭록대부	대광보국숭록대부 보국숭록대부	당 상 관
종1품	숭록대부 숭정대부	숭록대부 숭정대부	
정2품	정헌대부 자헌대부	정헌대부 자헌대부	
종2품	가정대부(→ 가의대부) 가선대부	가정대부(→ 가의대부) 가선대부	
정3품	통정대부	절충장군	

정3품	통훈대부	어모장군		당 하 관
종3품	숭식대무 중훈대부	건공장군 보공장군	참 상 관	
정4품	봉정대부 봉렬대부	진위장군 소위장군		
종4품	조산대부 조봉대부	정략장군 선략장군		
정5품	통덕랑 통선랑	과의교위 충의교위		
종5품	봉직랑 봉훈랑	현신교위 창신교위		
정6품	승의랑 승훈랑	돈용교위 진용교위		
종6품	선교랑 선무랑	여절교위 병절교위		
정7품	무공랑	적순부위	참 하 관	
정7품	계공랑	분순부위		
정8품	통사랑	승의부위		
종8품	승사랑	수의부위		
정9품	종사랑	효력부위		
종9품	장사랑	전력부위		

■ 행수법

• 계고직비(階高職卑): 품계가 높은 관리가 낮은 관직을 갖는 것 → 관직 앞에 '행(行)'을 붙인다.

㉠ 정2품 자헌대부가 종2품 관직인 대사헌에 임명된 경우: 자헌대부 행(行)사헌부 대사헌

• 계비직고(階卑職高): 품계가 낮은 관리가 높은 관직을 갖는 것 → 관직 앞에 '수(守)'를 붙인다.

㉠ 종2품 가정대부가 정2품 관직인 호조 판서에 임명된 경우: 가정대부 수(守)호조 판서

• 7품 이하는 2계(階) 이상 높은 관직에 임용되지 못하며, 6품 이상은 3계(階) 이상 높은 관직에 임명되지 못하였다.

② 관직의 구분: 조선 시대의 관직은 경관직과 외관직으로 구분되었다. 직책은 **행수법**을 적용하였다.

③ 경관직의 편성: 경관직은 국정을 총괄하는 의정부와 그 아래 명령을 집행하던 행정 기관인 6조를 중심으로 편성되었다.

④ 행정의 전문성·효율성 강조: 6조 아래에는 각각 속아문의 여러 관청들이 소속되어 업무를 나누어 맡음으로써, 행정의 전문성과 효율성을 높일 수 있었다.

⑤ 의정부와 6조의 협의: 의정부와 6조의 고관들이 중요 정책 회의에 참여하거나, 경연에서 정책을 협의함으로써 각 부서 사이의 업무를 조정하고 통일적인 정책을 추진할 수 있었다.

(3) 기관의 특징

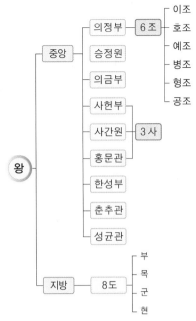

▲ 조선 시대의 통치 체제

① **의정부**: 백관과 국정을 총괄하며, 합의제로 운영하였다. 의정부의 3정승은 모두 정1품으로 구성하였다.

② 6조의 관할 범위(각 조의 수장은 정2품 판서)

이조	문관의 인사, 공훈, 상벌	병조	무관의 인사, 국방, 우역, 봉수
호조	호구, 조세, 광산, 조운, 어염	형조	노비, 법률, 소송
예조	과거, 외교, 제사, 의식, 학교	공조	토목, 영선, 도량형, 파발

심화   6조의 속사와 속아문

❶ 6조의 속사

6조는 각기 업무를 구분·담당하는 3개의 속사를 두었다(형조만 4개). 이는 오늘날 각 정부 부처 소속 실과 국 정도에 해당한다.

- 이조: 문선사, 고훈사, 고공사
- 호조: 판적사, 회계사, 경비사
- 예조: 전객사, 전향사, 계제사
- 병조: 무선사, 승여사, 무비사
- 형조: 상복사, 고율사, 장금사, 장례사
- 공조: 영조사, 공야사, 산택사

❷ 6조의 속아문

6조 산하에는 많은 속아문이 있었다. 속아문 실무 수장은 정3품에서 종5품이었으며, 6조 당상관의 통제를 받았다.

- 이조: 내시부, **내수사**(왕실 수요품 및 재산 관리), 종부시(왕실 계보 관리), **상서원**(옥새·마패 관리), 사옹원(궁중 음식·궁중 자기 관리), 충익부(공신 담당), 액정서(왕실 붓·벼루 관리·열쇠 관리)
- 호조: 내자시(궁중 식품·연회 담당), 군자감(군수품), **평시서**(시전·도량형·물가 담당), 양현고, 사섬시(저화 발행과 외거 노비가 공납하는 면포에 관한 일 관장) 등
- 예조: 홍문관, 예문관, 성균관, 4학, 춘추관, 교서관, 승문원, 예빈시(빈객 향연), 장악원(궁중 음악), 관상감, 전의감, 사역원, 세자시강원, 종학(종실 교육), 소격서, 혜민서 등
- 병조: 5위, 훈련원, 사복시(궁중 가마·마필·목장 관리), 군기시(병기 제조), 전설사[장막(帳幕) 공급], 세자익위사

- 현조: 장례원(노비 관련 업무), 전옥서(감옥 업무)
- 공조: 상의원(왕실 옷), 선공감(토목·영선), 조지서(종이), 와서(기와), 수성금화사(소방), 전연사(궁중 청소), 장원서(궁중 정원·화초·과실 재배 담당)

■ 양사

양사는 사헌부와 사간원을 의미한다. 사헌부와 사간원의 관료들은 간쟁, 봉박, 서경의 권한(5품 이하 관리를 임명할 때 인물의 경력과 신분 등을 조사하여 그 가부를 승인하는 권한)을 가졌다.

③ 승정원: 왕명의 출납을 맡은 왕의 비서 기관으로서, 수장은 도승지였다.

④ 의금부: 왕명에 의한 특별 재판 기관으로서, 왕족의 범죄·반역죄·강상죄·사헌부가 논죄한 사건·조관(朝官)의 죄 등을 다루었다.

⑤ 삼사: 홍문관·사헌부·사간원을 삼사(三司)라 하며, 사헌부와 사간원을 양사라 하였다. 삼사의 언론은 고관들은 물론 왕이라도 함부로 막을 수 없었다.
  - ⑦ 홍문관(옥당): 학술 연구, 경연, 왕의 정책 자문의 역할을 담당하였으며, 장(長)은 정2품의 대제학이었다.
  - ⓛ 사헌부: 수장은 대사헌이며, 관리 감찰 기관이었다.
  - ⓒ 사간원: 수장은 대사간이며, 왕에 대한 간쟁을 주로 담당하였다.

> **사료 승정원**
>
> 임금의 대변인이 되는 곳으로서 그 임무가 매우 중요하고 임금과 가깝기 때문에 나라에서 이를 중시하여 당상관은 이조(吏曹)나 대사간을 거쳐야 겨우 맡을 수 있었다. …… 승정원은 왕명(王命)을 출납(出納)하므로 그 책임이 가장 막중하여 승지에 임명되는 자는 인망(人望)이 마치 신선(神仙)과 같으므로 세속 사람들이 '은대(銀臺) 학사'라고 부른다.
>
> 『임하필기』

■ 대간(臺諫)

사헌부의 대관(臺官)과 사간원의 간관(諫官)을 지칭하는 말이다. 대관은 관료들의 부정부패를 감시·탄핵하고, 간관은 임금의 과실을 간쟁하는 것이 주요 임무였다.

> **사료 대간(대관, 간관)**
>
> 대관은 마땅히 위엄과 명망이 우선되어야 하고 탄핵은 뒤에 하여야 한다. 왜냐하면 위엄과 명망이 있는 자는 비록 종일토록 말하지 않더라도 사람들이 스스로 두려워 복종할 것이요, 이것이 없는 자는 날마다 수많은 글을 올린다 하더라도 사람들은 더욱 두려워하지 않기 때문이다. 대개 강의한 뜻과 정직한 지조가 본래 사람들에게 알려지지 못한 채 한갓 탄핵만으로 여러 신하들을 두렵게 하고 안과 밖을 깨끗이 하려 한다면 기강은 떨쳐지지 못하고 원망과 비방이 먼저 일어날까 두렵다. …… 천하의 득실과 백성들을 이해하고 사직의 모든 일을 간섭하고 일정한 직책에 매이지 않는 것은 홀로 재상만이 행할 수 있으며 간관만이 말할 수 있을 뿐이니, 간관의 지위는 비록 낮지만 직무는 재상과 대등하다.
>
> 『삼봉집』

> **심화 임금과 신하의 독대(獨對)**
>
> 신하가 승지나 사관을 대동하지 않고 임금을 알현하여 정사를 의논하는 것을 독대라고 한다. 조선 시대에는 독대가 공명정대하지 못한 일이라 하여 크게 금기시하였다. 독대가 있으면 임금과 신하가 모두 비난을 받았다. 조선 중기 이후에는 왕과 신하들 간의 모든 정치 행위는 사관들의 입회하에 공개적으로 진행하였고, 그것은 사초(史草)로 남겨졌다. 그 기록들 중에서 공적인 것은 『승정원일기』에 등록하고 조보(朝報)라는 관보에 실려 각 관아와 지방 고을에까지 배부하였으며, 그 결과는 『시정기(時政記)』로 남게 된다. 조선의 대표적 독대는 중종 때의 김안로(정승), 효종 때 송시열(이조 판서), 숙종 때 이이명(우의정)이 유명하다.

⑥ 사법 기관
  - ⑦ 특징: 행정권과 사법권이 미분화되었다.
  - ⓛ 삼법사: 사헌부, 형조, 한성부
  - ⓒ 포도청: 상민 범죄 담당

⑦ 사관(四官)
  - ⑦ 교서관: 궁중 인쇄소
  - ⓛ 성균관: 최고 교육 기관
  - ⓒ 예문관: 왕의 교서 작성

ⓔ 승문원: 외교 문서 작성

⑧ 한성부: 수도 행정 및 치안 담당

⑨ 춘추관: 역사서 편찬 담당

| 심화 | 왕권 강화 기관과 왕권 견제 기능 |

왕권 강화 기관	왕권 견제 및 여론 반영
• 승정원 • 의금부	• 의정부의 합의제 • 삼사(홍문관, 사헌부, 사간원), 서경 제도 • 상소 • 권당: 성균관 학생들의 수업 거부 • 구언제: 백관과 민중의 의견을 물음

바로 확인문제

● **조선 시대 중앙 통치 기구에 대한 설명으로 가장 옳지 <u>않은</u> 것은?**   19. 2월 서울시(사복직 포함) 9급

① 예문관 – 궁중 도서를 관리하고 국왕의 자문에 응하는 학문 기관

② 사간원 – 국왕에 대한 간쟁과 논박을 담당한 언론 기관

③ 승정원 – 국왕의 명령을 신하들에게 전달하는 비서 기관

④ 의금부 – 국왕의 명령을 받아 중대한 죄인을 다스리는 사법 기관

● **조선 시대의 관청에 대한 설명으로 옳은 것은?**   22. 국가직 9급

① 사간원 – 교지를 직성하였다.

② 한성부 – 『시정기』를 편찬하였다.

③ 춘추관 – 외교 문서를 작성하였다.

④ 승정원 – 국왕의 명령을 출납하였다.

2 지방 행정 조직

(1) 지방 지배의 성격

국가의 지방 지배가 강화되었다는 것은 백성에 대한 국가의 지배력이 커진 것을 뜻하며, 양인 백성이 지방 세력가의 임의적인 지배에서 탈피했음을 의미한다. 고려 시대에 광범위하게 존재하였던 속현과 특수 행정 구역인 향·부곡·소가 점차 소멸되고, 인구의 증가와 자연 촌락의 성장에 따라 면·리 제도가 정착되어 간 것도 획기적인 발전이었다.

|정답해설| 예문관은 왕의 교서를 작성하는 관청이다. 한편 궁중 도서를 관리하고 국왕의 자문에 응하는 학문 기관은 홍문관이다.

|정답| ①

|정답해설| 승정원은 왕의 비서 기관으로 국왕의 명령을 출납하였다.

|오답해설|

① 사간원은 간쟁 기구이다. 왕의 교지(교서)를 작성했던 기구는 예문관이다.

② 한성부는 수도의 행정 및 치안을 담당했다. 『시정기』는 춘추관에서 편찬하였다.

③ 춘추관은 역사 편찬 기구이다. 외교 문서를 담당한 기구는 승문원이다.

|정답| ④

지방관의 비행(非行)을 견제하고 백성들의 생활을 살피기 위하여 수시로 암행어사(暗行御史)를 지방에 보냈다.

■ 군현의 등급
조선의 지방 통치에서 기본 행정 구역인 군현은 그 고을의 인구와 토지의 크기에 따라 부·목·군·현으로 구획되었다. 이에 따라 지방의 총책임자인 수령의 품계도 종2품에서 최하 종6품까지로, 부윤(종2품)·대도호부사(정3품)·목사(정3품)·도호부사(종3품)·군수(종4품)·현령(종5품)·현감(종6품)으로 구분되었다. 이들은 행정 체계상으로는 모두 병렬적이며, 관찰사의 관할 아래에 있었다.

(2) 일반 지방 행정 조직

① 8도
- ㉠ 전국을 8도로 나누고 고을의 크기에 따라 지방관의 등급을 조정하였다.
- ㉡ 관찰사: 수령의 비행을 견제하고 백성들의 생활을 살피기 위하여 전국 8도에 관찰사를 파견하였다. 이들은 감찰·행정·사법·군사권을 가지고 있었다.

② 군현(郡縣)
- ㉠ 단위: 작은 군현을 통합하여 전국에 약 330여 개의 군현을 두었다.
- ㉡ 승격: 고려 시대 특수 행정 구역이었던 향·부곡·소도 일반 군현으로 승격하였다.
- ㉢ 수령: 전국의 주민을 국가가 직접 지배하기 위하여 모든 군현에 수령을 파견하였다. 수령은 왕의 대리인으로 지방의 행정·사법·군사권을 행사하였다.

▲ 조선 시대 지방 행정 조직

③ 향리(鄕吏): 수령의 권한을 강화한 반면, 향리는 수령의 행정 실무를 보좌하는 세습적인 아전(衙前)으로 격하하였다.

④ 면(面)·리(里)·통(統): 군현 아래에는 면·리·통을 두었다. 다섯 집을 하나의 통으로 편성하였고, 향민 중에서 선임된 각각의 책임자는 수령의 명령을 받아 인구 파악과 부역 징발을 주로 담당하였다.

심화 수령 7사

수령 7사는 수령이 해야 할 일곱 가지 일로서 그 내용은 다음과 같다. 농상성(農桑盛, 농상을 성하게 함), 호구증(戶口增, 호구를 늘림), 학교흥(學校興, 학교를 일으킴), 군정수(軍政修, 군사 행정을 잘 운영하는 일), 부역균(賦役均, 역의 부과를 균등하게 함), 사송간(詞訟簡, 소송을 간명하게 함), 간활식(奸猾息, 교활하고 간사한 것을 그치게 함)이다.

---

(3) 특수 지방 행정 조직

① 유향소(향청)
- ㉠ 성격: 지방 사족(士族)들의 자치 기관
- ㉡ 기능: 향촌의 덕망 있는 인사들로 구성되어 좌수(유향소의 長)와 별감을 선출하여 자율적으로 규약을 만들어 수시로 향회를 소집하고 여론을 수렴하면서 백성을 교화하였다.

② 경재소(京在所)
- ㉠ 성격: 지방 관청의 출장소라고 볼 수 있는 경재소는 고려의 기인(其人)과 같은 것으로서, 그 지방 출신의 중앙 고관을 책임자로 하여 자기 출신 지방을 위하여 제사(諸事)를 주선하고, 정부와 향촌 간의 연락을 꾀하도록 한 기관이다.
- ㉡ 운영: 서울에 경재소를 두고 유향소를 중앙에서 통제할 수 있게 하였다. 경주인(京主人) 또는 경저리(京邸吏)가 이곳에 머물면서 일을 하였다.

■ 경저리(京邸吏)·영저리(營邸吏)
경저리는 경재소에 근무하며 중앙과 지방과의 제반 연락 업무를 담당하는 향리이고, 영저리는 각 감영에 머물면서 지방과의 연락을 담당하였다. 경저리에 의하여 공부(貢賦)와 연료의 조달, 방납의 폐단이 발생하였다.

사료   유향소

국가가 향소(鄕所)를 설치하고 향임(鄕任)을 둔 것은 수령을 중히 생각해서였다. 수령이란 임금의 나랏일에 대한 걱정을 나누어 어떤 지역의 사람을 다스리는 자이다. 그러나 수령은 임기가 정해져 있어 늘 바뀌고 있다. 늘 새 사람이라는 것은, 일을 함에 잘못을 저지르기 쉽다. 비록 백성의 일에 뜻을 두어도 먼 곳까지 상세히 살필 겨를이 없다. 따라서 각 고을에 명령을 내려, 충성스럽고 부지런하며 일을 잘 처리할 수 있는 사람을 골라 한 고을의 기강을 바르게 하고 일정한 임무를 주어 일을 하도록 한다. 그런 뒤에야 왕은 수령을 눈과 귀로 삼고 백성들의 기둥으로 삼아 의지하게 만든다.   장현광, 「여헌선생문집」

심화   유향소 복립

❶ 세종 대 유향소 복립

태종 6년(1406) 중앙 집권을 강화할 목적으로 유향소를 폐지한 후 세종 10년(1428)에 부활하였다.

❷ 성종 대 유향소 복립

세조 13년(1467) 유향소와 수령이 결합하여 백성을 괴롭힌다는 이유로 다시 폐지되었다. 이후 15세기 말 김종직 일파가 향사례(鄕射禮), 향음주례(鄕飮酒禮) 보급 운동과 유향소 복립 운동을 전개하여 성종 19년(1488)에 다시 부활하였다.

❸ 명칭 변경

선조 36년(1603) 경재소가 혁파되면서 유향소는 향소 또는 향청으로 명칭을 변경하였다.

사료   유향소의 복립

• 앞서 유향소의 사람들이 향중(鄕中)에서 권위를 남용하여 불의한 짓을 행하니, 그 폐단이 많았습니다. 그래서 선왕께서 폐지하였던 것입니다. 간사한 아전을 견제하고 풍속을 바로잡는 것은 수령이 해야 할 일인데, 만약 모두 이 기구에 위임한다면 수령은 할 일이 없지 않겠습니까?

• 전하께서 다시 유향소를 세우고 좌수와 별감을 두도록 하였는데, 나이가 많고 덕망이 높은 자를 추대하여 좌수로 일컫고, 그 사람 다음은 별감이라 하여 한 고을을 규찰하고 관리하게 하였다.

「성종실록」

바로 확인문제

● 조선 지방 제도에 대한 설명으로 옳은 것을 〈보기〉에서 모두 고른 것은?   18. 서울시 7급

┤ 보기 ├

ㄱ. 군현 밑에는 면, 리, 통을 두고 다섯 집을 1통으로 편제하였다.
ㄴ. 수령은 자기 출신 지역에 부임하지 못하며, 각 도에는 관찰사를 파견하여 수령의 업무 성적을 평가하였다.
ㄷ. 향리는 수령의 행정 실무를 보좌하였으며, 아전으로 신분이 격하되었다.
ㄹ. 각 군현에 지방민의 자치를 허용하기 위해 경재소를 설치하였다.

① ㄱ   ② ㄴ, ㄷ
③ ㄱ, ㄴ, ㄷ   ④ ㄱ, ㄴ, ㄹ

단권화 MEMO

|오답해설|
ㄹ. 지방민(재지 사족)의 자치 기구는 유향소이다. 경재소는 중앙에 설치되어 유향소를 통제하는 역할을 하였다.

|정답| ③

● 밑줄 친 '이 기구'에 대한 설명으로 가장 옳지 <u>않은</u> 것은?

> • 앞서 <u>이 기구</u>의 사람들이 향중(鄕中)에서 권위를 남용하여 불의한 짓을 행하니, 그 폐단이 많았습니다. 그래서 선왕께서 폐지하였던 것입니다. 간사한 아전을 견제하고 풍속을 바로잡는 것은 수령이 해야 할 일인데, 만약 모두 <u>이 기구</u>에 위임한다면 수령은 할 일이 없지 않겠습니까?
> • 전하께서 다시 <u>이 기구</u>를 세우고 좌수와 별감을 두도록 하였는데, 나이가 많고 덕망이 높은 자를 추대하여 좌수로 일컫고, 그 다음으로 별감이라 하여 한 고을을 규찰하고 관리하게 하였다.
>
> 「성종실록」

① 경재소를 통해 중앙의 통제를 받았다.
② 향촌 사회의 풍속을 교화하는 데 기여하였다.
③ 수령을 보좌하고 향리를 감찰하는 역할을 하였다.
④ 전통적 공동 조직에 유교 윤리를 가미하여 만들었다.

|정답해설| 제시된 사료의 "좌수", "별감" 등을 통해 밑줄 친 '이 기구'가 유향소임을 알 수 있다. 전통적 공동 조직을 중심으로 삼강오륜 등의 유교 윤리를 가미한 조직은 향약이다.

|오답해설|
①②③ 유향소는 향촌 사회의 풍속을 교화하고 수령을 보좌하며 향리를 규찰하는 역할을 남낭하였다. 중앙 정부는 경재소를 통해 유향소를 통제하였다.

|정답| ④

❸ 군역 제도와 군사 조직

조선은 건국 초부터 군역 제도를 정비하고 군사 조직을 강화하였다.

(1) 군역 제도

① 양인 개병제(良人皆兵制) 실시: 태종 이후 사병을 모두 폐지하고, 16세 이상 60세 미만의 모든 양인 남자는 군역을 지게 하는 양인 개병제를 실시하였다.
② 정군(正軍)과 보인(保人)
　㉠ 모든 양인은 현역 군인인 정군과 정군의 비용을 부담하는 보인(봉족)으로 편성하였다.

> **심화** 보인(保人) 또는 봉족(奉足)
>
> 군인(정군)이 군역을 지는 동안 필요한 식량·의복 등 경비를 대 주는 보조원으로서, 의복이나 식량을 직접 제공하는 것이 아니라 그 비용으로 매년 포(布) 2필을 내게 하였다. 고려의 양호(養戶)와 같은 제도라 볼 수 있다.

　㉡ 현직 관료와 학생·향리 등은 군역을 면제받았으나, 종친과 외척·공신이나 고급 관료의 자제들은 고급 특수군에 편입되어 군역을 대신하였다.
　㉢ 정군은 서울에서 근무하거나 국경 요충지에 배속되었으며, 이들은 일정 기간 교대로 복무하면서 복무 기간에 따라 품계(品階)를 받기도 하였다.

(2) 군사 조직

군사 조직은 중앙군과 지방군으로 나뉘었다.

① 중앙군
　㉠ 궁궐과 서울을 수비하는 5위로 구성되었다. 5위는 의흥위(義興衛: 中衛), 용양위(龍驤衛: 左衛), 호분위(虎賁衛: 右衛), 충좌위(忠佐衛: 前衛), 충무위(忠武衛: 後衛)로 구성되었다. 세조 때 오위도총부를 설치하여 5위를 총괄하였으며, 5위의 지휘 책임은 문관 관료가 맡았다.
　㉡ 중앙군은 정군을 중심으로 갑사나 특수병으로 구성되었다.

■ **병력의 규모**
조선 초기에는 개병제의 원칙이 비교적 잘 지켜져서 양반도 병역의 의무를 갖고 있었고, 군역의 국가적 통제를 위해 호적을 3년 단위로 개정하였다. 군사력을 증강하기 위하여 군역 대상자를 조사·등록하는 호적 제도와 호패 제도를 강화한 결과 15세기(세종·세조)에는 정규군이 15만~30만 명, 봉족(보인)과 잡색군을 포함한 병력이 80만~100만여 명을 헤아렸다. 쓰시마섬을 정벌하고 4군과 6진을 개척할 수 있었던 것은 이러한 국방력의 증강에 힘입은 것이었다.

■ **갑사(甲士)**
간단한 시험을 거쳐 선발된 일종의 직업 군인으로, 근무 기간에 따라 품계와 녹봉을 받았다.

② 지방군

　㉠ 육군과 수군으로 나뉘는데, 건국 초기에는 국방상의 요지인 영(營)이나 진(鎭)에 소속되어 복무하였다(영진군).

　㉡ 조선 초기 평안도와 함경도는 몇 개의 군이 좌익·우익·중익을 이루는 익군 체제로 운영되었다.

　㉢ 세조 이후에는 진관 체제(鎭管體制)를 실시하여 요충지의 고을에 성을 쌓아 방어 체제를 강화하였다.

　㉣ 진관 체제 및 제승방략 체제

　　• 진관 체제는 지역 단위의 방어 체제이다. 각 도에 1~2개의 병영을 두고(병마절도사 혹은 수군절도사가 관할 지역 군대를 지휘), 병영 밑에 몇 개의 거진(巨鎭)을 설치하여 거진의 수령이 그 지역 군대를 통솔하는 체제이다.

　　• 16세기 이후 군역 제도가 해이해지면서 지방군 체제를 제승방략 체제로 개편하였다. 제승방략 체제란 각 지역의 군사를 한곳에 모아놓고, 중앙에서 장수를 파견하여 지휘하는 제도이다. 이 제도는 임진왜란 초기에 관군이 패배하는 원인이 되었다.

　㉤ 연해 각 도에는 수군을 설치하였다. 수군은 육군에 비하여 힘들고 위험하였기 때문에 사람들은 수군에 들어가는 것을 매우 꺼렸다.

③ 잡색군(雜色軍): 조선 초기에는 정규군 외에 일종의 예비군인 잡색군이 있었다.

(3) 교통과 통신 체계 정비

① 교통과 통신 체계: 중앙 집권 체제를 강화하기 위해서 군사 조직과 교통, 통신 체계도 정비하였다. 그러나 농업 위주의 정책으로 상업이 부진하여 도시와 도로가 발달하지는 못하였다. 따라서 지방 관아를 중심으로 하는 지방 행정 도시의 경우에도 도로가 협소하였다.

② 교통 수단: 교통 수단은 주로 마필과 가마였다.

　㉠ 육로(陸路): 화물 운송 수단으로 우마가 끄는 수레를 이용하였다.

　㉡ 수로(水路): 판선(목선)을 이용하였다. 현물로 징수한 세미(稅米)의 수송은 수로를 이용하였는데, 하천과 해안 요지의 조창(漕倉)에서 이를 모아 중앙의 경창(京倉)으로 운송하였다.

　㉢ 역참(驛站): 물자 수송과 통신을 위한 역참이 설치되어 국방과 중앙 집권적 행정 운영이 한층 쉬워졌다. 이에 육로는 역원제, 수로는 강과 바다에서 선박을 이용하는 조운제를 운영하였다.

③ 통신 수단: 군사적인 위급 사태를 알리기 위해 봉수제(烽燧制)를 정비하였다.

> **심화**　조선의 교통과 통신 제도
>
> ❶ 역원(驛院) 제도
> • 전국 주요 도로망을 따라 **30리마다 역**을 설치했다. 『경국대전』에는 총 516개의 역을 설치하였다는 기록이 있다.
> • 역장, 역리, 역졸 등이 업무를 담당하였고 역마가 준비되어 있었다. 또한 역의 운영 경비를 위해 역전(驛田)을 지급하였다.
> • 역은 병조의 속사(소속 관청)인 '승여사'에서 관할하였다.
> • 임진왜란 이후 파발제가 시행되면서, 참(站: 정류소)를 설치하였고 역은 점차 쇠퇴하였다.
> • 원(院)은 출장 관원들이 묵던 국영(국립) 여관이며 현재의 이태원, 장호원, 조치원 등은 원이 있던 지역이다.

■ **제승방략 체제의 문제점**

유성룡은 『징비록』에서 제승방략 체제의 문제점을 다음과 같이 지적하였다. "장수 없는 군사들이 먼저 들판 가운데 모여 천 리 밖에서 장수 오기를 기다리다가, 장수가 제때 오지 않고 적군의 선봉이 먼저 닥치면 놀라고 두려워하여 반드시 패할 위험이 있었다."

■ **잡색군**

전직 관료·서리·향리·교생·신량역천인·노비 등 농민을 제외한 각계각층의 장정들로 조직되어, 평상시에는 본업에 종사하면서 일정 기간 군사 훈련을 받아 유사시에 향토 방위를 맡았다.

■ **교통·통신 기관**

역(驛)과 원(院)이 있었다. 전국의 주요 도로에는 500여 개의 역이 있었다. 역에는 역마를 두어 관청의 공문 전달과 공납물 수송을 담당하게 하였다. 또 공무 여행자에게는 역마를 이용할 수 있도록 마패(馬牌)가 발급되었다. 고급 관리는 지방 관아에 부설된 객사(客舍)를 이용하였고, 일반인은 주막을 이용하였다.

■ **봉수제 - 연기와 불을 사용**

횟수	내용
1거(炬)	평상시
2거	적(敵)의 출현
3거	적의 이동 시
4거	적의 월경 시
5거	적과의 전투 시

❷ 봉수 제도
- 봉수는 산꼭대기에 봉화대를 설치하여 밤에는 횃불로, 낮에는 연기로써 변경의 정세를 중앙에 전달하는 군사 통신 수단이다.
- 봉수 업무의 최종 책임 부서는 병조의 '무비사'이며 지방은 관찰사, 병마사, 수군절도사, 수령 등이 봉수를 감독하였다.
- 봉수망은 5로(路)로 나누어져 서울 목멱산(현재의 남산)에 있는 5개의 봉수대에 집결하였다.
- 봉수를 담당하는 사람들(봉수군, 간망군, 해망인으로 불렸다)은 신량역천인(신분은 양인이었으나 역할이 천하게 취급되었던 사람들)이었다.

❸ 파발 제도
- 파발 제도는 임진왜란 중인 1597년부터 시행되어 기존의 봉수 제도를 보완하였다.
- 파발은 변경(邊境) 군시 정세를 중앙에 신속히 전달하고, 중앙의 시달 사항을 변경에 전달하기 위한 특수 통신망이었다. 관할 부서는 공조였다.
- 말을 이용하는 기발(騎撥)과 도보로 전달하는 보발(步撥)로 구분하였다.
- **기발은 25리마다, 보발은 30리마다 설치**된 참(站)에서 교대하였다.

❹ 조운 제도
- 조운은 지방에서 거둔 세미(稅米)를 조창에 보관하였다가 경창으로 운송하는 제도로서, 호조에서 관할하였다.
- 평안도, 함경도 및 제주도(조선 시대 제주도는 전라도에 속하였다)는 세곡을 조운하지 않고 그 지역 경비에 충당하였다. 이를 잉류 지역이라고 한다.
- 15세기에는 주로 관선(官船)으로 운영하였고, 16세기 이후 사선(私船)의 이용 비중이 높아졌다. 특히 조선 후기에는 경강 상인(한강을 거점으로 운송업에 종사하였던 상인)의 배를 주로 이용하였다.
- 개항 이후에는 일본의 증기선을 이용하였으며, 정부에서 '전운서'(조운을 담당하는 관청)를 설치한 이후에는 직접 운송하였다.
- 갑오개혁 이후 조세의 금납화가 법제화되면서 조운 제도는 점차 소멸되었다.

바로 확인문제

● 다음 제도들의 공통 목적으로 옳은 것은?

• 역원제	• 봉수제	• 조운제	• 면리제

① 재정 확보   ② 중앙 집권 체제 강화
③ 왕권과 신권의 조화   ④ 향촌 자치제 강화

|정답해설| 조선 시대에는 중앙 집권 체제를 강화하기 위해 지방 행정 조직과 교통·통신 제도를 정비하였다.
- 역원제: 역(驛)은 역참으로 교통, 원(院)은 국립 여관으로 공무 여행자의 편의를 제공하는 곳이다.
- 봉수제(烽燧制): 낮에는 연기, 밤에는 불로 신호하는 군사적 긴급 통신 연락망으로서, 최종 종착지는 목멱산(木覓山: 남산)이었다.
- 조운제(漕運制): 조세 운반 제도로 호조에서 관장하였다.
- 면리제(面里制): 향·부곡·소 등의 특수 행정 구역이 점차 소멸되고, 인구의 증가와 자연 촌락의 성장에 따라 면리제로 정착되었다.

|정답| ②

＊과거제
과거제는 조선 시대 관리 임용 제도 중 가장 중요했다. 문과, 무과, 잡과로 구분하여 구체적 내용을 기억해 두어야 한다.

4 관리 등용 제도

(1) 과거제(科擧制)*

① 조선 시대의 관리는 과거와 취재·음서·천거를 통하여 선발되었다. 과거에는 문관을 뽑는 문과와 무관을 뽑는 무과, 기술관을 뽑는 잡과가 있었다. 그중에서도 고위 관원이 되기 위해서는 문과에 합격하는 것이 유리하였다.

② 문과
ㄱ 소과(생진과, 사마시)
- 4서 5경을 시험하는 생원과(조선 시대에는 진사과보다 중시함)와 문예 능력을 시험하는 진사과로 나뉘었다. 시험은 초시와 복시로 구분되었다.

- 초시 : 한성시(서울에서 실시)는 한성부 판윤, 향시(도별 실시)는 관찰사가 주관하여 초시에서 생원과, 진사과 각각 700명을 선발하였다. 합격자는 도별 인구 비례로 할당하였다(한성시 : 200명, 향시 : 경기도 60명씩, 경상도 100명씩 등 총 500명).
- 복시 : 이후 예조에서 주관하는 복시를 통해 생원과, 진사과 각각 100명을 선발하였다.
- 이들은 **백패**를 받아 초급 문관에 임명될 자격이 있었으며, 대과 응시 자격 및 성균관 입학 자격이 부여되었다.
  ⓛ 대과(통상적으로 문과라 칭함)
- 생원, 진사나 이미 관리가 된 자들이 응시하였다.
- 4서 5경과 부(賦), 표(表), 전(箋), 책(策) 등의 시험을 치렀다.
- 초시 : 관시(성균관 유생 대상, 50명 선발), 한성시(40명 선발), 향시(도별 인구 비례로 150명 선발)를 시행하였다.
- 예조에서 복시를 통해 33명을 선발한 후 전시(殿試)에서 등차를 매겼다[갑 3명(이 중 수석이 장원), 을 7명, 병 23명]. 최종 합격자에게는 **홍패**를 주었다.
  ⓒ 종류
- '식년시'라는 3년마다 열리는 정기 시험이 있었다.
- 증광시(增廣試, 왕의 즉위 등 특별한 경사가 있었을 때 치러지는 시험), 알성시(謁聖試, 왕이 성균관 문묘에 행차하여 배향한 후 성균관 유생을 대상으로 치러지는 시험) 등 부정기 시험도 있었다.
  ⓡ 문과 응시 자격의 제한 : 죄를 범하여 영구히 임용할 수 없게 된 자, 탐관오리의 아들, 재가하거나 부정한 행위를 한 부녀의 아들과 손자, 서얼 자손 등은 문과에 응시하지 못하였다.
③ 무과
  ⓖ 시험 과목 : 무예와 병서가 시험 과목이었다.
  ⓒ 과정
- 초시 : 원시(院試), 향시(鄕試, 도별 선발)가 있었다. 원시는 훈련원(訓鍊院)이 주관하여 70명을 선발하였고, 향시는 각 도의 병마절도사가 주관하여 120명을 선발하였다. 즉, 총 190명을 선발하였다.
- 복시, 전시 : 복시는 병조에서 주관하여 28명을 선발하였고, 전시에서 등급(갑과 3명, 을과 5명, 병과 20명)을 정하여 **홍패**를 수여하였다.
  ⓒ 자격 : 문과와 달리 천민이 아니면 누구든 응시할 수 있었다.
  ⓡ 의미 : 무과의 실시는 고려와 달리 문·무 양반 제도의 확립을 뜻한다.
  ⓜ 조선 후기에는 국방상·재정상의 이유 등으로 무과 합격자가 양산되어 '만과(萬科)'로 지칭되기도 하였다.
④ 잡과(雜科)
  ⓖ 실시 : 기술관을 뽑는 잡과도 3년마다 치러졌는데, 분야별로 정원이 있었다.
  ⓒ 종류 : **역과(譯科, 사역원), 율과(律科, 형조), 의과(醫科, 전의감), 음양과(陰陽科, 관상감)**로 나누어 선발하였다.
  ⓒ 교육 : 해당 관청에서 관장하였다.
  ⓡ 응시 : 잡과에 응시하는 사람은 대체로 기술관이나 잡학 생도들이었다. 특히 잡학 생도가 되기 위해서는 전·현직 고위 기술관의 추천을 받아야 했다.

■ **과거 합격 이후 신분에 따른 임용**
조선 후기에는 문과에 합격하더라도 가문 및 신분, 출신 지역에 따라 임용 관청을 구분하였다. 먼저 청요직인 3사에는 한양 양반(경화사족)이 임용되고, 서북 사람은 그보다 못한 성균관, 중인은 승진이 어려운 교서관에 임용되는 것이 관례였다. 무과의 경우에도 한양 양반은 왕을 호종하는 선전관(宣傳官)에, 중인은 궁궐이나 성문을 지키는 수문청에 임용되었다.

■ **부정기 시험**
- 별시(別試) : 국가적인 보통의 경사가 있을 때 시행하였다.
- 백일장(白日場) : 지방 교생들의 권학(勸學)을 위하여 시행하는 시험을 말한다.
- 절일제(節日製) : 3월 3일, 7월 7일, 9월 9일 등 절일을 따라 시행하는 시험이다.

■ **잡과의 내용**
잡과는 3년마다 역과 19명, 의과 9명, 음양과(천문·지리) 9명, 율과 9명 등 총 46명을 선발하였다. 이 중 음양과의 천문학만은 천문학을 전공하는 생도만이 응시할 수 있었다.

■ **외국어 학습서**
『박통사언해』와 『노걸대(老乞大)』는 중국어 학습서이며, 『첩해신어』는 일본에 포로로 잡혀갔던 강우성이 쓴 일본어 해설서이다.

⑤ 과거 응시 자격
  ㉠ 원칙: 천민을 제외하고는 특별한 제한이 없었다.
  ㉡ 한계: 양인 이상의 신분이면 누구나 응시의 자격을 가지고 있었다고는 하나, 실제로는 과거에 응시하기 위한 교육의 기회가 양반에게 거의 독점되어 일반 양인층이 합격하는 경우는 많지 않았다.

(2) 특별 채용 시험

① 취재(取才): 재주가 부족하거나 나이가 많아 과거 응시가 어려운 사람들은 취재라는 특별 채용 시험을 거쳐 하급 실무직에 임명되었다.
② 천거(薦擧): 과거를 거치지 않더라도 고관의 추천을 받아 간단한 시험을 치른 후 관직에 등용될 수 있었다. 그러나 천거는 대개 기존의 관리들을 대상으로 하였고, 벼슬하지 않은 사람이 천거되는 경우는 드물었다.
③ 음서(蔭敍): 음서를 통하여 벼슬을 할 수 있었으나 음서의 혜택을 받는 대상도 고려 시대에 비하여 크게 줄어들었으며, 음서 출신은 문과에 합격하지 않으면 고관으로 승진하기 어려웠다.

(3) 인사 관리 제도

관리의 등용과 근무 평가·승진·좌천 등에 관한 인사 관리 제도도 관직 제도의 정비와 지배층의 증가에 따라 새롭게 정비하였다. 관리의 등용은 품계(品階)에 맞게 이루어졌으며, 가까운 친인척과 같은 관서에 근무하지 않도록 하거나 출신 지역의 지방관으로 임명하지 않았다.

① 상피제(相避制): 관료 체계의 원활한 운영과 권력의 집중 및 전횡을 막기 위하여 일정 범위 내의 친족 간에는 같은 관청 또는 통속 관계에 있는 관청에서 근무할 수 없게 하거나, 연고가 있는 관직에 제수할 수 없게 한 제도이다.
② 서경제(署經制): 인사의 공정성을 확보하기 위하여 5품 이하 관리의 등용에는 서경을 거치도록 하였다. 관리를 처음 임명할 때 사헌부와 사간원에서 심사하여 동의해 주는 절차이다.
③ 근무 성적 평가: 고관들이 하급 관리들의 근무 성적을 평가하여 승진 또는 좌천의 자료로 삼았다.
④ 관료적 성격 강화: 이러한 합리적인 인사 행정을 위한 제도가 갖추어져 관료적 성격이 이전 시대보다 더욱 강해졌다.

심화 관리 임용의 기본 원칙

- 순자법(循資法): 일정 기간 근무한 것을 평가하여 품계를 올려주는 인사 방식
- 행수법(行守法): 관계(官階)의 차이가 나면 행직(行職)·수직(守職)으로 조정함
- 상피제(相避制): 권력의 집중과 부정을 막기 위하여 친인척(親姻戚)이나 연고지를 피하도록 함
- 분경 금지(奔競禁止): 청탁(請託)을 원천적으로 막기 위해 이조·병조의 당상관 등을 사적으로 만나는 것을 금지함
- 고과(考課): 6개월 단위로 당하관(堂下官)의 근무 성적을 평가함
- 포폄제(褒貶制): 고과에 따라 자급(資級)을 더해 주거나 승진 또는 좌천시킴
- 서경제(署經制): 인사의 공정성 확보를 위해 5품 이하 관리들의 임용 시 대간의 동의를 받아야 함

■ 음서의 제한
음서의 혜택을 받는 대상이 2품 이상으로 제한되어 고려 시대에 비해 대폭 줄어들었다. 또한 음서를 통하여 관직에 나가는 것을 부끄럽게 생각하고 사회적으로도 비난을 받았다.

■ 대가제(代加制)
정3품 당하관 이상의 산직을 가진 관원이 자신이 받을 품계를 자·서·제·질에게 얹어 주는 제도이다. 상설화된 것이 아니고, 국가에 특별 경사가 있을 때만 시행하였다.

■ 승진 시험
• 도시(都試): 무사 선발을 위한 특별 시험
• 중시(重試): 당하관 이하의 문무관에게 10년마다 한 번씩 보게 하던 시험

● **조선 시기의 과거 제도에 대한 설명으로 가장 옳지 않은 것은?** 22. 6월 서울시(자체 출제) 9급

① 생원과 진사를 선발하는 사마시의 1차 시험(초시)에서는 합격자의 수를 각 도의 인구 비율로 배분하였다.

② 문과의 정기 시험에는 현직 관원도 응시할 수 있었고, 합격하면 관품을 1~4계 올려주었다.

③ 조선 시기에는 고려 시기와 달리 과거를 보지 않고 관직으로 진출할 수 있는 음서 제도가 폐지되었다.

④ 무과 식년시는 3년에 한 번씩 시행했고, 서얼도 응시할 수 있었다.

● **(가), (나)에 들어갈 말을 바르게 연결한 것은?** 23. 지방직 9급

> 조선 시대 과거 제도에는 문과·무과·잡과가 있었는데, 이 가운데 문과를 가장 중시하였다. 『경국대전』에 따르면 문과 시험 업무는 ___(가)___ 에서 주관하고, 정기 시험인 식년시는 ___(나)___ 마다 실시하는 것이 원칙이었다.

	(가)	(나)
①	이조	2년
②	이조	3년
③	예조	2년
④	예조	3년

| 단권화 MEMO |

| 정답해설 | 조선 시대에도 음서(문음)가 있었으나 대상자가 축소되었고, 음서로 관직에 오른 사람은 고위 관직에 진출하기 어려웠다.

| 오답해설 |
① 소과(생진과, 사마시)의 1차 시험(초시)은 각 도별 인구 비율로 합격자를 할당하였다.
② 문과(대과)의 정기 시험에서는 현직 관원들도 응시할 수 있었고 합격자는 1~4등급의 품계를 올려주었다.
④ 무과 식년시는 3년에 한 번씩 시행되었고 서얼도 응시할 수 있었다.

| 정답 | ③

| 정답해설 | 『경국대전』에 따르면 문과 시험 업무는 예조에서 주관하고, 정기 시험인 식년시는 3년마다 실시하는 것이 원칙이었다.

| 정답 | ④

04 사림의 대두와 붕당 정치

1 훈구와 사림

(1) 훈구와 사림 세력의 대립*

조선의 문물 제도가 정비되는 16세기를 전후하여 사림(士林)이라는 새로운 정치 세력이 성장하였다. 사림들은 중앙 정치 무대에 진출하면서 기존의 훈구 세력과 대립하였다.

(2) 훈구 세력

① 성장: 훈구 세력은 세조의 집권 이후 공신으로서 정치적 실권을 세습적으로 장악하고, 왕실과 혼인하면서 성장한 세력이었다.

② 공헌: 조선 초기 관학파의 학풍을 계승하여 문물 제도 정비에 크게 기여하였다.

(3) 사림 세력

① 연원

　㉠ 고려 말 온건 개혁파인 정몽주·길재의 학통을 계승한 사학파로, 길재는 고향인 선산에 은거하면서 많은 제자를 길러냈다.

　㉡ 김숙자와 김종직에 이르러 그 수가 상당히 늘어나 영남 일대에서 큰 세력을 형성하였고, 점차 기호 지방으로 세력을 확대하였다.

*훈구와 사림의 대립
훈구 세력과 사림 세력의 특징을 파악하고, 두 세력의 갈등으로 일어난 4차례의 사화를 기억해 두어야 한다.

■훈구 세력
훈구 세력은 막대한 토지를 소유한 대지주층이었다. 훈구 세력은 15세기 이래의 늘어난 농업 생산력과 이를 배경으로 발달한 상공업의 이익을 독점하고자 하였다. 이들은 서해안의 간척 사업과 토지 매입 등을 통하여 농장을 확대해 나갔고, 대외 무역에도 관여하였으며, 공물의 방납을 통해서도 경제적 이득을 취하였다.

② 성장 : 15세기 중반 이후 중소 지주적인 배경을 가지고 성리학에 두철한 지방 사족들이 영남과 기호 지방을 중심으로 성장하였는데, 이들을 사림이라 부른다.

③ 특징

ㄱ 학풍 : 훈구 세력의 사장적 학풍(詞章的學風)과는 달리 **경학(經學)**을 중시하고, 인간의 심성을 연구하는 성리학을 학문의 주류로 삼았다.

ㄴ 향촌 자치제 : 사림 세력은 훈구 세력이 중앙 집권 체제를 강조하였던 데 비하여, **향촌 자치**를 강조하였다.

ㄷ 재상 정치 : 도덕과 의리를 바탕으로 하는 **왕도 정치**를 강조하였다.

ㄹ 타 사상 배격 : 성리학 이외의 학문과 사상을 이단으로 배격하였다.

ㅁ 훈구 세력에 대응 : 사림 세력은 중앙의 권력을 바탕으로 향촌 사회를 장악하려는 훈구 세력에 대응하여 자신들의 자치적인 세력 기반을 쌓으면서 성리학적 향촌 질서를 세우려 하였다.

❍ 훈구파와 사림파의 비교

구분	훈구파(勳舊派)	사림파(士林派)
학통	정도전	정몽주·길재
양성	성균관·집현전	지방의 사학 기구(서원)
정치사상	• 중앙 집권 • 부국강병, 민생 안정 • 패도 정치(覇道政治) 인정	• 향촌 자치 • 학술·의리·도덕·명분 강조 • 왕도 정치(王道政治)
학문	• 사장(詞章) 중시 • 타 사상 수용, 『주례』 강조	• 경학(經學) 중시 • 타 사상 배격, 『주자가례』 강조, 『소학』 보급
철학 사조	격물치지(格物致知) 중시	향사례(鄉射禮)·향음주례(鄉飲酒禮) 중시
의식	단군 강조(자주 의식), 군사학·기술학 중시	기자 중시(중화사상), 화이관 강조
저서	『동국통감』	『동국사략』, 『동사찬요』
활동	• 15세기 제도·문물 정비에 공헌 • 대토지 소유	• 16세기 이후 사화 및 붕당의 주역 • 훈구 세력의 대토지 소유 비판

바로 확인문제

|정답해설| 제시된 인물들은 모두 조선 초기 관학파(훈구파)에 해당한다. 관학파는 기자보다 단군을 강조하였다.

|정답| ①

● 다음 정치 세력에 대한 설명으로 옳지 <u>않은</u> 것은? 13. 해양 경찰

• 정도전	• 권근	• 성삼문	• 하위지	• 박팽년

① 사대적 중화 사상으로 기자를 존중하였다.

② 의리·도덕보다는 군사학과 기술학을 중시하였다.

③ 『주례』를 국가의 통치 이념으로 삼았다.

④ 성리학 이외의 사상을 포용하였다.

|정답해설| 조선 후기의 양반들은 군현을 단위로 농민을 지배하기 어렵게 되자 거주지를 중심으로 촌락 단위의 동약을 실시하거나, 족적 결합(族的結合)을 강화함으로써 자신들의 지위를 지켜 나가고자 하였다. 이에 따라 전국에 많은 동족 마을이 만들어지고, 문중을 중심으로 서원이나 사우가 많이 세워졌다.

|정답| ④

● 조선 전기(15~16세기) 사림의 향촌을 주도하기 위한 동향으로 옳지 <u>않은</u> 것은? 15. 국가직 9급

① 도덕과 의례의 기본 서적인 『소학』을 보급하였다.

② 향사례(鄉射禮), 향음주례(鄉飲酒禮)의 실시를 주장하였다.

③ 향회를 통해서 자신들의 결속을 다지고, 향촌을 교화하였다.

④ 촌락 단위의 동약을 실시하고, 문중 중심으로 서원과 사우를 많이 세웠다.

2 사림의 정치적 성장

(1) 사림의 등용

① 훈구 세력 견제 : 향촌 사회에서 사회적 · 경제적 지위를 굳히던 사림은 중앙 정계에 진출하여 권력에 참여함으로써 훈구 세력을 견제하였다.

② 사림의 성장 : 김종직(세조 때 과거 급제)과 그 문인들이 성종 때 중용되면서 사림은 정치적으로 성장하기 시작하였다.

③ 훈구와 사림 간의 균형 : 과거를 통하여 중앙에 진출한 사림 세력은 주로 전랑(銓郎)과 3사의 언관직(言官職)을 차지하여 훈구를 견제하였다.

▲ 사림의 계보

단권화 MEMO

사료 사림의 정치적 성장

김종직은 경상도 사람이다. 학문이 뛰어나고 문장을 잘 지으며 가르치기를 즐겼다. 그에게 배워 과거에 급제한 사람이 많았다. 경상도 선비로 조정에 벼슬하는 사람들이 우두머리로 모셨다. 스승은 제자를 칭찬하고 제자는 제 스승을 칭찬한 것이 사실보다 지나쳤다. 조정에 새로이 진출한 무리는 그것을 알지 못하고 어울리는 자가 많았다. 그때 사람들이 이를 비평하여 '경상도 선배 무리'라고 하였다. 『성종실록』

(2) 사화(士禍)의 발생

훈구 세력과 사림 세력의 정치적 · 학문적 대립에서 시작하였다.

① 무오사화(戊午士禍), 갑자사화(甲子士禍) : 성종을 이어 즉위한 연산군은 훈구 대신과 사림을 모두 누르고 왕권을 강화하였다. 특히 사림 세력의 분방한 언론 활동을 억제하여 두 차례에 걸친 사화(무오 · 갑자사화)가 발생하였고, 이로 인해 영남 사림의 대부분이 몰락하였다.

　㉠ 무오사화(연산군 4년, 1498) : 김종직(金宗直)이 지은 「조의제문(弔義帝文)」을 김일손이 사초(史草)에 올린 일을 문제 삼아 훈구 세력이 김일손 등 사림파를 제거한 사건이다.

사료 김종직의 「조의제문」

정축 10월 어느 날 나는 밀성으로부터 경산으로 향하여 답계역에서 자는데, 꿈에 신이 칠장의 의복을 입고 훤칠한 모양으로 와서 스스로 하는 말이, "나는 초나라 회왕(懷王) 손자 심(의제)인데, 서초 패왕 항우에게 죽임을 당하여 빈강에 잠겼다." 하고 문득 보이지 아니하였다. …… 역사를 상고해 보아도 강물에 던졌다는 말은 없는데, 아마 항우가 사람을 시켜 몰래 쳐 죽여 시체를 물에 던졌던 것인지 알 수 없는 일이다. 드디어 문을 지어 조(弔)한다. 『연산군일기』

　㉡ 갑자사화(연산군 10년, 1504) : 연산군의 생모 폐비 윤씨의 복위 문제를 둘러싸고 훈구파 및 사림파 세력이 화를 입은 사건이다. 생모 윤비가 폐위되어 죽임을 당했다는 것을 임사홍(任士洪)의 밀고로 알게 된 연산군은 윤씨를 왕비로 추숭(追崇 : 사후 존호를 올림)하고 성종묘(成宗廟)에 배사(配祀 : 같이 제사를 모심)하려 했다. 그 후 사건이 확대되어 윤씨 폐위와 사사(賜死)에 관련된 사람들을 축출하였다.

■「조의제문(弔義帝文)」

초(楚)의 의제(義帝)를 단종에, 그를 죽인 항우(項羽)를 세조(수양 대군)에 빗대어 쓴 글로, 세조의 왕위 계승을 '찬탈(簒奪)'이라 하며 비난하였다.

■윤비 폐출 사건(尹妃廢黜事件)

연산군이 어릴 때 그 모친인 윤비가 부덕(不德)하다는 이유로 궁궐에서 쫓겨나 사사(賜死)된 사건이다.

연산군 12년(1506)에 성희안, 유순정, 박원종, 유자광 등이 연산군을 폐하고 이복동생인 진성 대군을 중종으로 추대한 사건이다.

■ 정암 조광조 선생 적려 유허비 (전남 화순)

적려란 귀양 또는 유배라는 뜻으로, 조광조의 유배 내력을 기록한 비이다.

■ 명종 시기의 정치

명종 시기에는 명종의 어머니인 문정 왕후가 권력을 행사하였다. 문정 왕후는 불교를 숭상하여 선교 양종을 부활하였고, 보우를 중용하였다. 이 시기 윤원형 등 권세가들은 백성들을 동원하여 해택지(바다와 연못)를 개간하여 사유화하였다. 한편 조선 정부는 삼포 왜란(三浦倭亂, 1510), 사량진 왜변(蛇梁鎭倭變, 1544) 등 왜구들의 행패가 있을 때마다 제재 조치로 그들의 세견선(歲遣船)을 엄격히 제한하였다. 조선으로부터 물자의 보급을 받아야 하였던 왜인들은 이의 완화 조치를 요구하여 왔으나, 조선 정부는 응하지 않았다. 이와 같은 조선 정부의 통제에 불만을 품은 왜구는 명종 10년(1555) 전라남도 강진과 진도 일대에 침입해 약탈과 살육을 일삼았다(을묘왜변).

② 중종반정(中宗反正): 연산군은 이후 언론을 극도로 탄압하고 재정을 낭비하는 등 폭압적인 정치를 단행하다가 결국 중종반정으로 쫓겨났다(1506).

③ 조광조(趙光祖)의 개혁 정치: 중종은 사림(士林)을 다시 등용하여 유교 정치를 일으키려 하였다. 당시 명망이 높았던 조광조가 중용되었다.

　㉠ 현량과 실시: 천거제의 일종인 현량과(賢良科)를 통해 사림을 대거 등용하였다. 이들은 3사의 언관직을 차지하고 자신들의 의견을 공론(公論)이라 표방하면서 급진적 개혁을 추진하였다.

　㉡ 위훈 삭제(僞勳削除) 사건: 중종반정 때의 거짓 공신을 색출하고자 훈구 세력의 관직을 박탈하는 등 적극적으로 훈구 세력을 공격하였다.

　㉢ 향약 실시: 조광조는 『여씨향약』을 도입하여 향약을 전국적으로 보급하려 하였다. 한편 김안국은 『여씨향약』을 언해한 『여씨향약언해』을 간행하였다(중종 13년, 1518). 그러나 전국적 보급은 실패하였다.

　㉣ 소격서 폐지: 도교 관청인 소격서를 폐지하고, 유교식 의례를 장려하였다.

　㉤ 기타: 공납제의 폐단을 시정하려 하였다.

사료　조광조의 현량과

조광조가 아뢰기를, "이자가 아뢴 말은 신 등이 늘 하고 싶었던 일입니다. 지방의 경우에는 관찰사와 수령, 서울의 경우에는 홍문관(弘文館)과 육경(六卿), 그리고 대간(臺諫)들이 모두 능력 있는 사람을 천거하게 하십시오. 그 후 대궐에 모아 놓고 친히 여러 정책과 관련된 대책(對策) 시험을 치르게 한다면 인물을 많이 얻을 수 있을 것입니다. 이는 역대 선왕께서 하지 않으셨던 일이요, 한(漢)나라의 현량과(賢良科)와 방정과(方正科)의 뜻을 이은 것입니다. 덕행은 여러 사람이 천거하는 바이므로 반드시 헛되거나 그릇되는 일이 없을 것입니다. 또 대책 시험을 통해서는 그가 하려는 방법을 알게 될 것이니 두 가지 모두 손실이 없을 것입니다." 라고 하였다.
『중종실록』

사료　위훈(僞勳) 삭제

정국공신을 개정하는 일로 전지하기를 "충신이 힘을 합쳐 나를 후사로 추대하여 선왕의 위업을 잇게 하니, 그 공이 적다 할 수 없으므로 훈적(勳籍)에 기록하여 영원히 남기도록 명하였다. 그러나 초기에 일이 황급하여 바르게 결단하지 못하고 녹공(錄功)을 분수에 넘치게 하여 뚜렷한 공신까지 흐리게 하였으니, …… 내 어찌 공훈 없이 헛되어 기록된 것을 국시(國是)로 결단하지 않을 수 있겠는가? …… 추가로 바로잡아서 공권(功券: 공신에게 지급된 포상 문서)을 맑게 하라."
『중종실록』

④ 기묘사화(중종 14년, 1519): 조광조의 급격한 개혁 추진은 공신(훈구 세력)들의 반발을 사 조광조를 비롯한 사림 세력은 대부분 제거되었다.

사료　조광조

아, 이곳(전남 화순)은 정암 조광조 선생이 귀양살이를 하던 곳이고, 또 생을 마친 곳이다. 아, 지난 기묘년은 지금으로부터 149년이나 지났는데, 학사(學士), 대부(大夫)는 그 학문을 사모하고 백성은 그 혜택을 생각하되, 세월이 오랠수록 더욱 잊지 못하고 …… 이곳을 지나는 사람마다 숙연히 공경하지 않은 이가 없으니, 아, 이는 누가 시켜서 그런 것이겠는가. 그 타고난 떳떳한 마음에서 저절로 그렇게 된 것이다.
『송자대전』

⑤ 을사사화(명종 즉위년, 1545)

　㉠ 대윤(인종의 외척) 윤임 일파를 소윤(명종의 외척) 윤원로, 윤원형 형제가 숙청한 사건이다. 이 과정에서 다수의 사림들이 희생되었다.

ⓛ 중종이 훈구 대신들을 견제하기 위하여 다시 사림을 등용하기도 하였으나, 명종이 즉위하면서 외척끼리의 권력 다툼에 휩쓸려 사림 세력은 다시 정계에서 밀려났다.

⑥ 양재역 벽서 사건(1547): 문정 왕후의 수렴청정을 비방한 벽서가 발견되어 중종의 아들인 봉성군, 송인수 등이 사형당하고, 이언적 등 20여 명이 유배되었다(정미사화).

⑦ 명종 시기의 정치
   ㉠ 명종 즉위 후 문정 왕후가 수렴청정하면서 윤원형 등의 외척 세력이 정국을 주도하였다.
   ㉡ 승려 보우를 중용하여 불교를 숭상하였으며, 승과가 부활하였다.
   ㉢ 집권 세력의 수탈로 백성들의 생활이 어려워져 임꺽정의 난이 일어났다.

사료   임꺽정의 난

임꺽정은 양주 백정으로, 성품이 교활하고 날래고 용맹스러웠다. 그 무리 수십 명이 함께 다 날래고 빨랐는데, 도적이 되어 민가를 불사르고 소와 말을 빼앗고, 만약 항거하면 몹시 잔혹하게 사람을 죽였다. 경기도와 황해도의 아전과 백성들이 임꺽정 무리와 은밀히 결탁하여 관에서 잡으려 하면 번번이 먼저 알려 주었다.

『연려실기술』

(3) 사림의 세력 확대

사화를 계기로 사림 세력은 서원(書院)과 향약(鄕約)을 통하여 향촌 사회에서 꾸준히 세력을 확대해 나갔다.

바로 확인문제

● ㉠ 인물에 대한 설명으로 옳지 않은 것은?   17. 국가직 7급 추가

(㉠)은/는 초야의 미천한 선비로 세조 대에 과거에 급제하였다. 성종 대에 발탁되어 경연에 두어 오랫동안 시종의 자리에 있었다. 병으로 물러나게 되자 성종은 소재지 관리를 통해 특별히 미곡을 내려 주었다. 지금 그의 제자 김일손이 사초에 부도덕한 말로써 선왕의 일을 거짓으로 기록하고 스승인 (㉠)의 「조의제문」을 실었다.

① 고려 말 정몽주, 길재의 학풍을 이었다.
② 외가인 밀양에 서원이 세워져 봉사되었다.
③ 김굉필, 조광조가 그의 도학을 계승하였다.
④ 『여씨향약』을 도입하여 언문으로 간행하였다.

● 〈보기〉의 ㉠에 들어갈 인물과 관련된 서술로 가장 옳지 않은 것은?   19. 10월 서울시 7급

┤ 보기 ├
반정에 의해 왕위에 오른 중종은 한동안 공신들의 그늘에서 벗어나지 못하였다. 중종은 재위 8년 무렵 반정 3인방이 모두 사망하면서 기존의 훈구 세력을 대체할 수 있는 새로운 정치 파트너를 구했다. 그때 중종의 눈에 들어온 (㉠)은(는) 사림파의 선두 주자였다. 그는 1510년 과거에 장원으로 합격하고, 1515년 별시에 급제하여 국왕인 중종의 마음을 사로잡았다. 이후 왕을 측근에서 보필하는 핵심 요직을 두루 거쳤고, 1518년 대사헌에 오르는 파격적인 승진을 거듭하였다.

① 『소학』과 향약(鄕約)의 보급을 위해 노력하였다.
② 사초 문제가 발단이 된 무오사화로 인해 목숨을 잃었다.
③ 방납의 폐단을 시정할 것을 주장하였다.
④ 위훈 삭제로 구세력을 제거하고 신진 세력 중심으로 정치판을 재편하려 하였다.

단권화 MEMO

|정답해설| 제시된 자료에서 "그의 제자 김일손", "『조의제문』"을 통해 ㉠이 김종직임을 알 수 있다. 김종직은 고려 말 정몽주, 길재의 학풍을 계승한 사림이었으며, 김굉필, 조광조 등이 그의 학문을 계승하였다. 한편 그의 외가가 있던 밀양에 예림 서원이 세워져 봉사되었다. 『여씨향약』을 도입하여 언문(한글)으로 간행한 인물은 김안국이다(중종 13년, 1518).
|정답| ④

|정답해설| ㉠은 중종 때 중용된 대표적 사림인 '조광조'이다. 조광조는 『소학』과 향약(鄕約)의 보급을 위해 노력하였고, 방납의 폐단을 시정할 것을 주장하였다. 또한 위훈 삭제(삭훈)를 통해 훈구 세력을 제거하여 사림 중심의 정치를 시도하였다. 무오사화로 인해 김일손 등의 사림이 목숨을 잃었고, 이미 사망한 김종직은 부관참시(剖棺斬屍)되었다.
|정답| ②

| 정답해설 | 임꺽정의 난은 16세기 명종 때 일어났다. 회령에서 여진족 추장 '니탕개'가 반란을 일으킨 것은 1583년 선조 시기의 일이다.

| 정답 | ①

● 다음 사건이 있었던 국왕 대의 역사적 사실로 옳지 <u>않은</u> 것은? 15. 국가직 7급

> 임꺽정은 양주의 백성으로 성품이 교활하고 또 날래고 용맹했으며 그 무리 10여 명이 모두 날래고 빨랐다. 도적이 되어 민가를 불사르고 소와 말을 빼앗고 만약 이에 항거하면 살을 베고 사지를 찢어 몹시 잔인하게 죽였다.

① 회령에서 니탕개(尼湯介)가 반란을 일으켰다.
② 문정 왕후의 불교 숭신으로 선교 양종이 다시 설치되었다.
③ 세견선의 감소로 곤란을 겪던 왜인들이 전라도를 침범해 왔다.
④ 척신과 권신들은 많은 노동력을 투입하여 해택지(海澤地)를 개간하였다.

3 붕당(朋黨)의 출현*

(1) 붕당의 원인

① 직접적으로는 양반 수의 증가, 근본적으로는 양반의 특권 유지 때문이라 할 수 있다. 중앙 집권 국가로서 중앙에 집중된 양반·관료들은 정계 진출을 위하여 대립·충돌이 불가피하였다.

② 양반 수의 증가에 따른 부족한 관직을 둘러싸고, 양반으로서의 특권을 유지하기 위한 관직 다툼은 더욱 확대되어 갔다. 특히 이조 전랑(吏曹銓郎)을 둘러싼 관료층의 대립은 더욱 극심하였다.

| 사료 | 이조 전랑의 역할

무릇 내외의 관원을 선발하는 것은 3공에게 있지 않고 오로지 이조에 속하였다. 또한 이조의 권한이 무거워질 것을 염려하여 3사 관원의 선발은 판서에게 돌리지 않고 낭관(郎官)에게 오로지 맡겼다. 따라서 이조의 정랑과 좌랑이 또한 3사의 언론권을 주관하게 되었다.
3공과 6경의 벼슬이 비록 높고 크나, 조금이라도 마음에 차지 않는 일이 있으면 전랑(銓郎)이 3사의 신하들로 하여금 논박하게 하였다. …… 이 때문에 전랑의 권한이 3공과 견줄 만하였다. 이것이 바로 크고 작은 벼슬이 서로 엮이고 위와 아래가 서로 견제하여 300년 동안 큰 권세를 농간하는 신하가 없었고, 신하의 세력이 커져서 임금이 제어하기 어려웠던 근심이 없었던 까닭이다. 이중환, 「택리지」

(2) 사림 세력의 갈등

① 사림의 정국 주도: 선조가 즉위하면서 그동안 향촌에서 세력 기반을 다져 오던 사림 세력이 대거 중앙 정계로 진출하여 정국을 주도하였다.

② 사림의 갈등: 사림 세력은 척신 정치의 잔재를 어떻게 청산할 것인가를 둘러싸고 갈등을 겪었다.

⊙ 기성 사림: 명종 이후 정권에 참여해 온 기성 사림들은 척신 정치의 과감한 개혁에 소극적이었다.

⊙ 신진 사림: 명종 때 정권에 참여하지 않았다가 새롭게 정계에 등장한 신진 사림들은 원칙에 더욱 철저하여 사림 정치의 실현을 강력하게 내세웠다.

(3) 동인과 서인의 분당(선조 8년, 1575)

① 배경
  ㉠ 이조 전랑직의 문제로 기성 사림의 신망을 받던 심의겸과 당시 명망이 높고 신진 사림의 지지를 받던 김효원 사이의 대립으로 분당이 이루어졌다.
  ㉡ 김효원을 지지하는 세력은 동인, 심의겸을 지지하는 세력은 서인이라 불렸다.
② 동인(東人): 이황과 조식·서경덕의 학문을 계승한 사림들을 중심으로 다수의 신진 세력이 참여하여 먼저 붕당의 형세를 이루었다.
③ 서인(西人): 이이와 성혼의 문인들이 가담함으로써 비로소 붕당의 모습을 갖추었다.

사료 동인·서인의 분당

❶ 선조 때에 김효원이 전랑(銓郞)에 추천되었다. 이때 왕실의 외척(外戚)이었던 이조 참의(吏曹參議) 심의겸이 거부하여 효원이 전랑(銓郞)되는 것을 허가하지 않았다. 효원이 젊은 선비들의 환심을 크게 얻고 있었는데, 이에 선비들이 일어나 의겸을 공박(攻駁)하였다. 의겸도 일찍이 권력을 잡은 간사한 자를 물리치고 선비들을 보호한 공(功)이 있었다. 이리하여 나이 늙고 벼슬이 높은 사람은 의겸을 옹호하였다. 이에 선배와 후배 사이에 논의가 갈라졌는데, 처음은 하찮은 일에서 점차 커지게 되었다. 그리하여 동·서라는 명호(名號)가 비로소 나뉘어졌는데, 효원의 집이 동쪽에 있었으므로 동인이라 하고, 의겸의 집은 서쪽에 있었으므로 서인이라 하였다. 동인은 김효원·유성룡·김우옹·이산해·정지연·정유길·허봉·이발 등을 추대하였고, 서인은 심의겸·박순·정철·윤두수·윤근수·구사맹 등을 추대하였는데, 이것이 붕당(朋黨)의 시초였다.
이중환, 『택리지』

❷ 김효원이 알성(謁聖) 과거에 장원으로 합격하여 (이조) 전랑의 물망에 올랐으나, 그가 윤원형의 문객이었다 하여 심의겸이 반대하였다. 그 후에 (심의겸의 동생) 심충겸이 장원 급제하여 전랑으로 천거되었으나, 외척이라 하여 효원이 반대하였다. 이때, 양편 친지들이 각기 다른 주장을 내세우면서 서로 배척하여 동인·서인의 말이 여기서 비롯되었다. 효원의 집이 동쪽 건천동에 있고 의겸의 집이 서쪽 정릉동에 있기 때문이었다. …… 동인의 생각은 결코 외척을 등용할 수 없다는 것이었고, 서인의 생각은 의겸이 공로가 많을 뿐더러 선비인데 어찌 앞길을 막느냐는 것이었다.
『연려실기술』

(4) 붕당의 성격과 형성

① 붕당은 정치적 이념과 학문적 경향에 따라 결집되었으므로 정파적 성격과 학파적 성격을 동시에 가지고 있다.
② 원래 붕당은 신하들끼리 모여 정파를 이룬 것이기 때문에 왕권이 강성하였던 조선 초기에는 용납될 수 없었다. 그러나 16세기에 왕권이 약화되고 사림 정치가 전개되면서 그 부산물로 붕당이 생기고, 붕당 간의 다툼이 벌어졌다.

○ 사화와 붕당의 비교

구분	사화(士禍)	붕당(朋黨)
차이점	정책적(政策的) 대립	공론(公論)의 대립
	훈구 ↔ 사림	사림 ↔ 사림
	중앙(궁중)을 무대로 함	지방(서원)을 무대로 함
공통점	양반 지배층 간의 분열·대립	

|정답해설| 신진 사림과 기성 사림은 이조 전랑 자리를 놓고 서로 경쟁하였고, 김효원 등 신진 사림은 ㉠ 동인, 심의겸 등 기성 사림은 ㉡ 서인으로 분화되었다. 이후 ㉠ 동인은 정여립의 모반 사건과 건저의 사건 이후 정철의 처벌 문제를 둘러싸고 온건파인 남인과 강경파인 북인으로 분열되었다.

|오답해설|
① ㉡ 서인은 대체로 이이와 성혼의 학맥을 이었다.
② ㉠ 동인이었던 정여립이 모반을 일으켜 기축옥사가 발생하였다.
③ 임진왜란 시기 의병 활동은 ㉠ 동인에서 분화된 북인 출신이 주도하였다. 대표적 인물로는 곽재우, 정인홍 등이 있다.

|정답| ④

바로 확인문제

● 다음 중 ㉠과 ㉡에 대한 설명으로 옳은 것은?

> 이조 전랑 임명을 둘러싼 대립으로 두 파의 갈등이 표면화되어 김효원 등 신진 관료는 ㉠, 심의겸을 중심으로 한 기성 관료는 ㉡이라 하여 분당(分黨)되었다.

① ㉠은 대체로 이이와 성혼의 학맥을 이었다.
② ㉡이었던 정여립이 모반을 일으켜 기축옥사가 발생하였다.
③ 임진왜란 시기 의병 활동을 ㉡ 출신이 주도하였다.
④ ㉠은 정철의 처벌 문제를 둘러싸고 강경파와 온건파로 분열하였다.

4 붕당 정치의 성격

(1) 사림의 정치적 성격 변천

① 붕당 간의 다툼: 사림들은 강력한 훈구 세력과 대결할 때는 단결하였으나, 훈구 세력이 무너진 뒤에는 자체 분열하여 학연과 지연을 바탕으로 붕당이 생기고 붕당 간에 치열한 정권 다툼이 벌어졌다.

② 경과
  ㉠ 초기: 상대 붕당을 소인당(小人黨), 자기 붕당을 군자당(君子黨)이라고 주장하였다.
  ㉡ 후기: 선배 사림이 물러간 뒤에는 붕당을 모두 '군자당'으로 보고, 붕당 간의 견제와 협력을 바탕으로 하는 붕당 정치를 전개하였다.

(2) 긍정적 성격과 한계

① 긍정적 성격
  ㉠ 공론(公論)의 수렴: 공론이 중시되는 정국이 되어 합좌 기구인 비변사(備邊司)를 통하여 의견을 수렴하는 방식을 택하였다. 또한 서원이나 향교가 지방 사족의 의견을 모으는 수단으로 기능하였다.
  ㉡ 언로(言路)의 중시: 상대 세력을 견제하고 자기 세력을 옹호하면서 세력을 확대하기 위하여 3사 언관(言官)과 이조 전랑(吏曹銓郎)의 정치적 비중이 높아졌다.
  ㉢ 산림(山林)의 출현: 17세기부터는 재야에서 공론을 주도하는 지도자로서 산림이 출현하였다.

② 한계: 붕당이 적극적으로 내세운 공론도 백성들의 의견을 반영하는 것이 아니라 지배층의 의견을 수렴하는 데 그치는 한계를 지니고 있었다.

■ 산림(山林)
최초의 산림은 광해군 때 북인 정권의 산림이었던 정인홍이다.

심화 ▶ 붕당 정치에 대한 식민 사학의 부정적 평가

타율적 권위에 의존하여 자기를 주장하는 정신은 독립성이 없고, 그곳에서 사람들이 서로 의존하는 당파적 성격이 길러지는 것은 자연스런 일이다. 유력한 권위 아래 모이고, 혹은 특수한 사회 결합에 의존하여 당파를 맺는 것은 조선의 두드러진 국민성으로서 정치, 사회의 대립에서부터 다 같이 두드러지게 나타나고 있다. 붕당의 다툼은 스스로의 생활 의식의 대립에서부터 일어나는 것이 아니다. 주자학의 원리, 특히 예론에 따른 일종의 의존적 대립인 까닭에 종합되어 앞으로 나아가는 때는 없고, 언제까지나 의미 없는 대립으로서 성과 없는 항쟁을 계속한다. 그 항쟁의 길이에서는 세계적 기록이라고 하여도 과언이 아니다. 「조선사 개설」

05 조선 초기의 대외 관계

▲ 조선 초기의 대외 관계
명과는 사대 관계, 여진·일본과는 교린 관계를 유지하였다.

1 명(明)과의 관계

(1) 사대교린(事大交隣) 정책

① 의미: 조공 관계로 맺어진 중국 중심의 동아시아 국제 질서 속에서 나타난 외교 정책이다. 그러나 이것은 서로의 독립성을 인정하는 바탕 위에서 이루어진 것으로 예속 관계에 의한 것이 아니었다. 조선은 건국 직후부터 명과 친선 관계를 유지하여 정권과 국가의 안전을 보장받고, 중국 이외의 주변 민족과는 교린 정책을 취하였다.

② 일관된 외교 정책: 사대교린 정책은 상대 국가가 달라지더라도 조선 전 시기에 걸쳐 일관되게 추진한 외교 정책이다.

> **심화** 조선 건국 직후 명과의 대립
>
> 조선에 의탁한 여진인에 대한 명의 송환 요구(태조 2년, 1393) 때문에 조선과 명이 갈등을 빚었다. 또한 명은 조선의 외교 문서에 무례한 표현이 있다는 것을 빌미로 정도전의 입조를 요구하였다. 한편 조선에서는 종계변무(宗系辨誣: 『대명회전』에 조선 태조가 이인임의 아들로 잘못 기록된 것을 수정해 달라는 요청)의 문제를 제기하였다. 위와 같은 상황 때문에 태조 시기 정도전, 남은 등의 주장으로 요동 정벌론이 제기되었으나, 태종이 즉위한 이후에는 양국 관계가 회복되었다.

(2) 조선 초 명과의 관계

① 자주적 관계 : 명과는 태조 때 정도전이 중심이 되어 추진한 요동(遼東) 정벌의 준비와 여진과의 관계를 둘러싸고 불편한 관계가 유지된 적이 있었다.

② 외교적 긴밀 관계 : 태종 이후 양국 관계가 좋아지면서 문화 교류가 활발해졌다.

(3) 명과의 교역

① 사절의 교환 : 매년 정기적·부정기적으로 사절을 교환하였고, 그때 문화적·경제적 교류가 활발하게 이루어졌다.

② 사절 교환의 원칙 : 조선은 명에 대해서 기본적으로 사대 정책을 유지하였으나, 명의 구체적인 내정 간섭은 없었다.

③ 사절 교환의 목적 : 사절 교환의 목적은 기본적으로 정치적인 것이었지만, 이를 통하여 중국의 앞선 문화 수입과 물품의 교역이 이루어졌다.

④ 자주적·문화적 외교 : 명에 대한 사대 외교는 왕권의 안정과 국제적 지위 확보를 위한 자주적인 실리 외교였고, 선진 문물을 흡수하기 위한 문화 외교인 동시에 일종의 공무역(公貿易)이었다.

2 여진과의 관계

(1) 적극적 외교 정책

① 배경 : 조선은 영토의 확보와 국경 지방의 안정을 위하여 여진에 대한 적극적인 외교 정책을 펴 나갔다.

② 기본 정책 : 여진족은 고려 시대에는 금(金)을 세워 만주와 북중국을 지배하였으나, 몽골에게 멸망한 뒤에는 부족 단위로 생활하고 있었다. 이들은 반농반목의 상태였기 때문에 조선에서 식량·의류·농기구 등을 조달받고 있었다. 조선은 여진족의 귀순을 장려하기 위하여 관직·토지·주택 등을 주어 우리 주민으로 동화하거나 무역소와 북평관 등을 두어 국경 무역과 조공 무역을 허락하였다. 그러나 교린 정책에도 불구하고 여진족의 침탈 행위가 빈번해지자, 조선 정부는 근본적인 대비책을 모색하기에 이르렀다.

　㉠ 태조 : 건국 초 태조에 의하여 일찍부터 두만강 지역을 개척하였다.

　㉡ 세종 : 최윤덕, 이천, 김종서 등의 활약으로 4군과 6진을 설치하고, 압록강과 두만강을 경계로 하는 오늘날과 같은 국경선을 확정하였다.

　㉢ 성종 : 신숙주, 윤필상 등이 압록강과 두만강 이북의 여진족을 토벌하였다.

■ 사절의 종류

명에 파견한 사신은 조천사, 조선 후기 청에 파견한 사신은 연행사라 하였다. 정기적으로 보내는 하정사(정월 초하루)·성절사(황제·황후의 탄신일)·천추사(황태자의 탄신일)·동지사(동짓날) 외에 필요할 때 부정기적으로 보내는 사절이 있었다.

■ 명과의 공무역

사절의 왕래를 통하여 수출된 물품은 종이·마필·인삼·화문석 등이었고, 수입된 물품은 견직물·서적·약재·도자기 등이 있다.

■ 「야연사준도(夜宴射樽圖)」

김종서가 6진을 개척하고 함경도에 있을 때의 고사(故事)를 조선 후기에 그린 것이다.

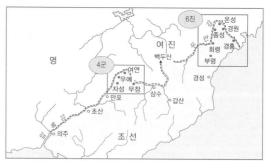

▲ 4군과 6진

(2) 사민 정책과 토관 제도

① 여진족의 침략에 효과적으로 대응하고 주민의 자치적 지역 방어 체제를 확립함과 동시에 국토의 균형 있는 발전을 꾀하는 사민 정책과 토관 제도를 마련하였다.

② 사민 정책(徙民政策): 삼남 지방의 일부 주민들을 대거 북방으로 이주시켜 압록강과 두만강 이남 지역을 개발하였다.

③ 토관 제도(土官制度): 평안도, 함경도, 제주도 등 벽지에서는 토착민을 토관으로 임명하여 민심을 수습하였다.

3 일본 및 동남아시아와의 관계

조선은 일본·동남아시아의 여러 나라와의 교류에는 교린 정책(交隣政策)을 원칙으로 했다.

(1) 일본과의 관계

① 왜구의 침략과 격퇴

    ㉠ 왜구의 침략: 고려 말부터 조선 초기까지 계속된 왜구의 침략으로 해안 지방의 백성들이 산속으로 숨어들어가 살았기 때문에 농사를 제대로 지을 수가 없었다.

    ㉡ 조선의 대비책
      • 수군(水軍)을 강화하였고, 성능이 뛰어난 전함(戰艦)을 대량으로 건조하였다.
      • 화약 무기를 개발하여 선박에 장착하는 등 왜구의 격퇴를 위해 노력하였다.

② 강경책: 왜구의 소굴인 쓰시마섬에 대한 토벌은 고려 말과 조선 초에 이루어졌다. 세종 1년 (1419) 이종무는 병선 227척, 병사 1만 7천여 명을 이끌고 쓰시마섬을 정벌하여 왜구의 근절을 약속받고 돌아왔다.

③ 온건책

    ㉠ 제한적 무역: 침략과 약탈이 어려워진 왜구들이 평화적인 무역 관계를 요구해 오자, 조선은 일부 항구를 개방하여 제한된 무역을 허용하였다.

    ㉡ 3포 개항: 왜구의 요구를 받아들여 남해안의 부산포·제포(내이포, 진해)·염포(울산) 등 3포를 개항하여 무역을 허용하였다.

    ㉢ 조약의 체결: 쓰시마 도주와 계해약조(1443)를 체결하여 제한된 범위 내에서 교역을 허락하였다.

사료   계해약조

세사미두(歲賜米豆)와 세견선(歲遣船)에 대한 약조를 정하였다. (대마도) 도주(島主)에게는 해마다 쌀과 콩을 합하여 200섬을 주기로 하였다. 세견선은 50척으로 하고 만일 부득이하게 보고할 일이 있으면 이 숫자 이외에 특송선을 보내도록 하였다.

『증정교린지』

○ 일본과의 관계

세종 1년(1419)	이종무의 쓰시마섬 정벌	
세종 8년(1426)	3포 개항	부산포, 제포(내이포, 진해), 염포(울산)
세종 25년(1443)	계해약조	세견선 50척, 세사미두 200석
중종 5년(1510)	삼포 왜란	비변사 설치(임시 관청)

단권화 MEMO

■ **국경 지방 방비**
국경 지방에 많은 진(鎭)·보(堡)를 설치하여 각 고을을 전략촌으로 바꾸어 방비를 강화하였다.

■ **쓰시마섬 정벌**
박위(창왕 1년, 1389) → 김사형(태조 5년, 1396) → 이종무(세종 1년, 1419, 기해동정)

■ **일본과의 교역품**
일본은 주로 쌀·무명·삼베·서적·공예품 등을 가져갔고, 구리·황·향료·약재 등을 가져왔다.

■ **통교의 조건**
조선이 발부한 도서(圖書)와 대마도주의 문인(文引)을 지참해야 통교할 수 있었다.

중종 7년(1512)	임신약소	제포만 개항, 세견선 25척, 세사미두 100석
중종 39년(1544)	사량진 왜변	국교 단절
명종 2년(1547)	정미약조	• 교역 재개 • 규정 위반 시 벌칙 규정
명종 10년(1555)	을묘왜변	• 국교 단절 • 비변사 상설 기구로 승격
선조 25년(1592)	임진왜란	
선조 30년(1597)	화의(和議) 결렬 (심유경·도요토미 히데요시)	정유재란 발발
광해군 1년(1609)	기유약조	• 국교 정상화(부산포에 왜관 설치) • 세견선 20척, 세사미두 100석

■ 조일 통교 체제

적례 관계 (敵禮關係) 외교	• 협의의 외교 • 내용 : 외교적으로 조선 국왕과 대등한 자격으로 사절을 교환하는 외교 채널 • 대상 : 무로마치[室町] 막부와 류큐[琉球] 국왕에 한정 • 성격 : 사실은 대등 관계로 볼 수 없고 조공 형식을 띰
기미 관계 (羈縻關係) 외교	• 광의의 외교 • 형식 : 조공 무역(朝貢 貿易) • 대상 : 왜의 호족(豪族)이나 대마도주 소가씨(對馬島主-宗氏)

(2) 동남아시아 각국과의 관계

① 조선 초에는 류큐·시암·자바(자와) 등 동남아시아의 여러 나라에서도 사신과 토산물을 보내오고, 조선의 문물을 수입해 갔다.

② 이들 나라는 조공 혹은 진상의 형식으로 기호품을 중심으로 한 각종 토산품(침향, 물소뿔 등)을 가져와서 옷·옷감·문방구 등을 회사품으로 가져갔다.

③ 특히 류큐와의 교역이 활발하였는데, 불경·유교 경전·범종·부채 등을 전해 주어 류큐의 문화 발전에 기여하였다.

바로 확인문제

● 조선 전기 일본과 관계된 주요 사건이다. (가)~(라) 각 시기에 있었던 사건으로 옳지 않은 것은?

16. 서울시 9급

1392		1419		1510		1592	
	(가)		(나)		(다)		(라)
조선 건국		쓰시마 토벌		3포 왜란		임진왜란	

① (가) : 부산포, 제포, 염포 등 3포를 개항하였다.

② (나) : 계해약조를 체결하여 쓰시마주의 제한적 무역을 허락하였다.

③ (다) : 왜선이 침입하여 을묘왜변을 일으켰다.

④ (라) : 조선은 포로의 송환 교섭을 위해 일본에 사신을 파견하였다.

● 조선 초기의 대외 관계에 대한 설명 중 가장 옳은 것은?

19. 2월 서울시(사복직 포함) 9급

① 화이관(華夷觀)이라는 세계관에 바탕을 두고 사대교린(事大交隣)을 기본 정책으로 삼았다.

② 북진 정책하에 고구려 고토의 회복을 도모하였다.

③ 일본과 여진에 대해서는 무력 진압을 위주로 하였다.

④ 동남아시아 국가와는 교류가 없었다.

| 정답해설 | 1426년에 부산포, 제포, 염포 등 3포를 개항하였다. 따라서 (나) 시기에 해당한다.

| 오답해설 |
② 1443년에 계해약조를 체결하여 쓰시마주의 제한적 무역을 허락하였다.
③ 을묘왜변은 1555년에 발생하였다. 이후 일본과의 국교는 단절되었고, 비변사는 상설 기구가 되었다.
④ 임진왜란 이후 조선은 포로의 송환 교섭을 위해 사명당(유정)을 일본에 파견하였다.

| 정답 | ①

| 오답해설 |
② 고구려 고토를 회복하기 위한 북진 정책은 고려 시대에 추진되었다.
③ 여진, 일본 등과는 교린 정책을 바탕으로 강경책과 온건 정책을 병행하였다.
④ 조선 초에는 류큐, 시암, 자바 등 동남아시아의 여러 나라와도 교류하였다.

| 정답 | ①

06 양난의 극복

1 왜군의 침략

(1) 조선의 정세

① 일본과의 대립
  - ㉠ 15세기에 비교적 안정되었던 일본과의 관계는 16세기에 이르러 대립이 격화되었다.
  - ㉡ 일본인의 무역 요구가 더욱 늘어난 데 대하여 조선 정부가 통제를 강화하자 중종 때의 **삼포 왜란**(1510)이나 명종 때의 **을묘왜변**(1555)과 같은 소란이 자주 일어났다.
  - ㉢ 조선은 비변사를 설치하여 군사 문제를 전담하게 하는 등 대책을 강구하였고, 일본에 사신을 보내 정세를 살펴보기도 하였다.

② 정부의 소극적 대처 : 16세기 말에 이르러 국방력은 더욱 약화되고, 일본 정세에 대한 인식에서도 붕당 간의 차이를 보이는 등 국론이 일치되지 않아서 적극적인 대책이 강구되지 못하였다.

(2) 임진왜란(1592)*

① 부산 일대의 함락 : 일본이 전국 시대의 혼란을 수습한 뒤 철저한 준비 끝에 20만 대군으로 조선을 침략해 오자 부산진에서는 정발, 동래성에서는 송상현이 분전하였으나 끝내 함락되고 말았다.

② 왜군의 북상
  - ㉠ 왜군은 세 길로 나뉘어 한양을 향하여 북상하였다.
  - ㉡ 충주에서 신립(申砬)이 배수진을 치고 싸웠으나 무기와 전력의 열세로 패하였다.

▲ 마반차에 올려진 중완구
조선 중기에 사용된 유통식 화포이다.

③ 조정의 피난
  - ㉠ 전쟁에 미처 대비하지 못한 조선은 전쟁 초기에 왜군을 효과적으로 막아낼 수 없게 되자 선조는 의주로 피난하고 명에 원군을 요청하였다.
  - ㉡ 왜군은 한양을 점령하고 북상을 거듭하여 평양과 함경도 지방까지 침입하였다.

2 수군과 의병의 승리

(1) 수군의 승리

① 왜군의 전략 : 왜군의 침략 작전은 육군이 북상함에 따라 수군이 남해와 황해를 돌아 물자를 조달하면서 육군과 합세하려는 것이었다(수륙 병진 작전, 水陸竝進作戰).

② 이순신의 활약
  - ㉠ 군사력의 정비 : 왜군의 침입이 있기 1년 전에 전라 좌수사로 부임한 이순신은 왜군의 침입에 대비하여 판옥선과 거북선을 만들고, 전함과 무기를 정비하여 수군을 훈련하고 군량미를 저장하였다.

■ 삼포 왜란
중종 5년(1510) 3포에 거류한 왜인들이 무역 제한에 불만을 품고 일으킨 난이다.

■ 을묘왜변
3포를 개항한 이후 왜인들은 약조를 지키지 않고 자주 소란을 피웠다. 특히 명종 10년(1555)에는 왜인들이 70여 척의 배를 몰고 전라남도 연안 지방을 습격해 왔다. 이후 일본과의 교류는 일시 단절되었다.

＊임진왜란
임진왜란의 주요 전투를 순서대로 파악해 두어야 한다.

■ 왜군의 진로
제1군의 고니시 유키나가는 중로(양산·대구·상주·새재를 넘어 북진)로, 제2군의 가토 기요마사는 동로(경주·영천을 거쳐 북상)로, 제3군의 구로다 나가마사는 서로(김해·성주를 거쳐 북진)로 나뉘어 진격하였다. 특히 고니시는 상주에서 이일(李鎰)을, 충주에서 신립(申砬)을 각각 격파하고, 가토와 합세하여 서울을 함락(5월 2일)하였으며, 6월 14일에는 평양을 함락하였다.

▲ 임진왜란 해전도

옥포(거제도)·적진포(고성)·사천(삼천포)·당포(통영)·당항포(고성)·율포(거제도)·한산도·안골포(웅천)·부산포 등지에서 적을 전멸해 제해권을 장악하였다.

⑤ 왜군의 격퇴: 왜군이 부산에 상륙하자 80여 척의 배를 거느리고 옥포(거제도: 5월)에서 첫 승리를 거두었다. 이어 사천(삼천포, 거북선을 이용한 최초의 승리)·당포(통영)·당항포(고성) 등지에서도 대승을 거두었다. 이에 따라 왜군의 수륙 병진 작전이 좌절되었다.

ⓒ 한산도 대첩: 1592년 7월 총공격에 나선 일본의 적함들을 한산도 앞바다로 유인하여 대파하였다. 또한 조선의 수군은 왜군의 교두보인 부산을 공격하여 또다시 큰 승리를 거두었다.

③ 결과: 남해안 여러 곳에서 연승을 거두어 남해의 제해권(制海權)을 장악하였다. 이로써 곡창 지대인 전라도 지방을 지키고 왜군의 침략 작전을 좌절시켰다.

(2) 의병의 항쟁

① 의병의 구성
　㉠ 자발적 조직: 전국에서 자발적으로 조직된 의병이 왜군과 싸워 향촌 사회를 지켜 냈다.
　㉡ 의병의 신분: 농민이 주축을 이룬 의병은 전직 관리와 사림 양반, 승려들이 조직하고 지도하였다.
② 의병의 전술
　㉠ 지리적 전술: 향토 지리에 밝은 이점을 활용하고, 그에 알맞은 전술을 구사하여 적은 병력으로도 왜군에게 큰 타격을 주었다.
　㉡ 유격 전술: 적은 병력으로 정규군을 상대해야 했기 때문에 정면 공격은 피하고 매복, 기습 작전을 구사하여 적에게 큰 타격을 주었다.
③ 의병장

숙종은 이순신 사당에 '현충'이라는 호를 내리고(숙종 33년, 1707), 의주에 강감찬 사당을 건립하여(1709) 국민의 애국심을 고취하였다.

• 한산도 대첩(1592. 7.)
• 진주 대첩(1592. 10.)
• 행주 대첩(1593. 2.)

곽재우(郭再祐)	경상도 의령	진주 대첩(1차)에 김시민과 참전, 홍의장군(紅衣將軍)
조헌(趙憲)	충청도 옥천	청주 수복, 금산에서 고경명·영규(靈圭) 등과 전사(칠백의총)
고경명(高敬命)	전라도 담양	금산 전투에서 아들 고인후와 함께 전사함
김천일(金千鎰)	전라도 나주	진주 혈전(1593, 2차 진주 전투)에서 순국함
김덕령(金德齡)	전라도 담양	남원에서 활약, 수원 전투에 참전, 적의 책략으로 이몽학의 난 관련자로 옥사
정문부(鄭文孚)	함경도 경성	길주 전투에 참전
서산 대사 (西山大師, 휴정)	묘향산	전국 승병 운동의 선구자
사명 대사 (송운 대사, 유정)	금강산	전후 대일 강화(對日講和)를 위해 사신으로 일본에 다녀옴

④ 관군으로 편입: 전란이 장기화되면서 산발적으로 일어난 의병 부대는 관군에 편입·조직
화되었고, 이로써 관군의 전투 능력도 한층 강화되었다.

▲ 관군과 의병의 활동

사료　유성룡의 『징비록』 서문

『징비록(懲毖錄)』이란 무엇인가? 임진왜란이 발생한 후의 일을 기록한 것이다. 그중에 임진왜란 전의 일도
가끔 기록한 것은 전란의 발단을 구명하기 위한 것이다. 아아! 임진년의 화는 참혹하였도다. 수십 일 동안에
삼도(三都)를 지키지 못하였고 팔방이 산산이 무너져 임금께서 수도를 떠나 피란하였는데, 그럼에도 우리나
라가 오늘날이 있게 된 것은 하늘이 도운 까닭이다. 그리고 선대 여러 임금의 어질고 두터운 은덕이 백성들
을 굳게 결합시켜 백성들의 나라를 생각하는 마음이 그치지 않았기 때문이며, 임금께서 중국을 섬기는 정성
이 명나라 황제를 감동시켜 우리나라를 구원하기 위해 명나라 군대가 여러 차례 출동하였기 때문이다. 이러
한 일들이 없었다면 우리나라는 위태하였을 것이다.
『시경(詩經)』에 "내가 지난 일의 잘못을 징계하여 뒤에 환난이 없도록 조심한다."라고 하였으니, 이것이 내가
『징비록』을 저술한 까닭이다.

사료　임진왜란 당시 도성의 모습

경성에는 종묘, 사직, 궁궐과 나머지 관청들이 또한 하나도 남아 있는 것이 없으며, 사대부의 집과 민가들도
종루 이북은 모두 불탔고 이남만 다소 남은 것이 있으며, 백골이 수북이 쌓여서 비록 치우고자 해도 다 치울
수 없다. 경성의 수많은 백성들이 도륙을 당했고 남은 이들도 겨우 목숨만 붙어 있다. 굶어 죽은 시체가 길에
가득하고 진제장(賑濟場)에 나아가 얻어먹는 자가 수천 명이며 매일 죽는 자가 60~70명 이상이다.

성혼, 『우계집』

3 전란의 극복과 영향

(1) 전세의 전환

① 수군과 의병의 항전 : 수군과 의병의 승전으로 조선은 전쟁 초기의 수세에서 벗어나 반격을 시작하였다.

② 진주 대첩(1592. 10.) : 진주 목사 김시민이 전라도로 진출하려는 왜군을 격퇴하였다.

③ 명의 참전

    ㉠ 명의 원군이 전쟁에 참여하면서 전쟁은 새로운 국면으로 접어들었다.

    ㉡ 조명 연합군은 평양성을 탈환하였으며(1593. 1.), 관군과 백성들이 합심하여 행주산성 등에서 적의 대규모 공격을 물리쳤다.

    ㉢ 왜군은 서울에서 후퇴하여 경상도 해안 일대에서 장기전에 대비하였다.

> **심화** 여진족의 참전 요청
>
> 건주(建州)의 여진족이 왜적을 무찌르는 데 2만 명의 병력을 지원하겠다고 하자, 명군 장수 형개문이 허락하려 하였다. 그러나 명 사신 양포정은 만약 이를 허락한다면 명과 조선의 병력, 조선의 산천 형세를 여진족이 알게 될 수 있다고 하여 거절하였다.

④ 조선의 전열 정비

    ㉠ 훈련도감 설치(1593) : 직업 군인인 삼수병(포수, 사수, 살수)으로 구성된 훈련도감을 설치하였다.

    ㉡ 속오군 설치(1594) : 양반부터 노비까지로 구성된 속오군을 편성하여 지방군 제도를 개편하였다.

    ㉢ 무기 강화 : 화포를 개량하고 조총도 제작하여 무기의 약점을 보완하였다.

> **사료** 벽제관 전투(1593. 1. 27.)
>
> 이여송이 휘하의 병사들을 거느리고 말을 몰아 급히 진격하였다. 왜적은 벽제관 부근에서 거짓으로 패하는 척하면서 명군을 진흙 수렁으로 유인하였다. 명군이 함부로 전진하다가 여기에 빠지자 왜적들이 갑자기 달려들어 명군을 마구 척살하였다. 겨우 죽음을 면한 이여송은 나머지 부하들을 이끌고 파주, 개성을 거쳐 평양으로 후퇴하였다. 『연려실기술』

(2) 정유재란(1597)

① 왜군의 재침

    ㉠ 휴전의 결렬 : 3년여에 걸친 명과 일본 사이의 휴전 회담이 결렬되자 왜군이 다시 침입하였다.

    ㉡ 칠천량 해전(1597. 7.) : 원균이 지휘한 조선의 수군이 일본군에게 패배하였다.

    ㉢ 직산 전투 : 조명 연합군이 왜군을 직산(稷山, 천안)에서 격퇴하였다(1597. 9.).

② 해전의 승리

    ㉠ 명량 대첩 : 이순신이 적선을 명량에서 대파하자 왜군은 남해안 일대로 다시 후퇴하였다.

    ㉡ 노량 해전 : 왜군은 도요토미 히데요시가 죽자 본국으로 철수하였다. 퇴각하는 왜군을 도처에서 격퇴하던 이순신은 명의 진린과 연합하여 고니시 유키나가의 퇴로를 차단하려고 적을 공격하던 중 장렬하게 전사하였다(1598. 11. 18.~1598. 11. 19.).

■ **명군의 참전**

1차 원군 조승훈(祖承訓)은 평양 전투에서 사유(史儒)·대조변(戴朝弁) 등의 전사로 패배하였고, 2차 원군 이여송(李如松)은 평양을 탈환하고 남하하다가 벽제관(碧蹄館)에서 패하였다.

■ **이순신(李舜臣)의 복귀**

정유재란 직전 요시라(要時羅)의 간계와 원균(元均)의 모함으로 파면되었던 이순신은 1597년 삼도수군통제사(三道水軍統制使)로 임명되어 남해의 제해권을 다시 장악하였다.

왜군의 침략(1592. 4.)
부산진 전투(정발)
동래성 전투(송상현)
상주 전투(이일)
충주 탄금대 전투(신립)
한양 함락(1592. 5. 2.)
옥포 해전(수군의 첫 승리, 1592. 5. 7.)
사천 해전(1592. 5. 29. 거북선을 이용하여 승리한 최초의 전투)
평양성 함락(1592. 6. 14.)
선조, 의주 도착(1592. 6. 22.)
한산도 대첩(1592. 7.)
이치 전투(권율, 1592. 7.)

금산 전투(1592. 7.~8. 고경명, 조헌, 영규 전사)
진주 대첩 (1592. 10. 김시민 전사)
평양성 탈환(조명 연합군, 1593. 1.)
벽제관 전투(여석령 전투, 1593. 1. 27.): 명군과 일본군의 교전 → 일본군의 승리
행주 대첩(권율, 1593. 2.)
진주성 2차 혈전(1593. 6.)
훈련도감 설치(1593. 8.)
선조의 환도(1593. 10.)
이몽학의 난(1596. 7.)
정유재란 후 칠천량 해전(원균의 패전, 1597. 7. 15.)
직산 전투(1597. 9. 7.)
명량 대첩(1597. 9. 16.)
노량 해전 (1598. 11. 이순신 전사)

(3) 왜란의 영향

임진왜란은 국내외에 많은 변화를 가져왔다.

① 대내적 영향
  ㉠ 인구의 격감 : 왜군에 의하여 수많은 인명이 살상되었을 뿐만 아니라 기근과 질병으로 인구가 크게 줄어들었다. 또한 수만 명이 일본에 포로로 잡혀갔다.
  ㉡ 재정의 궁핍 : 토지 대장과 호적이 대부분 없어져 국가 재정이 궁핍해졌고, 식량이 부족해졌다.
  ㉢ 신분제의 동요 : 신분을 매매하는 **납속책**이나 **공명첩**이 대량으로 발급되어 신분제의 동요를 가져왔다.
  ㉣ 민란의 발발 : 이몽학의 난(1596)은 왕실 서얼 출신인 이몽학이 민심의 불만을 선동하여 충청도에서 일으킨 난으로 홍가신이 토벌하였다. 이후 민란이 도처에서 일어났다.
  ㉤ 문화재의 손실 : 일본군의 약탈과 방화로 불국사, 서적, 실록 등 수많은 문화재가 손실되었다.

② 대외적 영향
  ㉠ 일본 : 일본의 문화가 크게 발전할 수 있는 계기를 만들어 주었다. 일본은 조선에서 활자·그림·서적 등을 약탈해 갔고, 성리학자와 우수한 활자 인쇄공 및 도자기 기술자 등을 포로로 잡아가 일본의 성리학과 도자기 문화가 발달할 수 있는 토대를 마련하였다.
  ㉡ 중국 : 조선과 명이 일본과 싸우는 동안 북방의 여진족이 급속히 성장하여 동아시아의 정세가 크게 변화하였다.

■ **납속책(納粟策)**

군량 및 재정의 부족을 보충하기 위해서 곡식의 다소에 따라 '납속 면천(納粟免賤)'과 '납속 수직(納粟受職)'을 실시하고 각처에 납속관(納粟官)을 파견하였다.

■ **공명첩(空名帖)**

나라의 재정을 보충하기 위하여 부유층으로부터 돈이나 곡식을 받고 팔았던 명예직 임명장으로, 일반적인 임명장과는 달리 이름을 적는 난이 비어 있었다.

■ **포로가 된 유학자**

강항, 정희득, 홍호연, 조완벽 등이다. 강항은 귀국 후 임진왜란의 수기 『간양록(看羊錄)』을 저술하였다.

■ **납치된 도공**

이삼평을 비롯한 도자기 기술자들은 일본에 끌려가 일본 도자기의 발달에 결정적 역할을 하였다. 이에 임진왜란을 도자기 전쟁이라고도 한다.
납치된 도공(陶工) 이삼평은 규슈 사가현 아리타 지역에서, 심당길은 규슈 남부 사쓰마 지역(현재 가고시마)에서 일본 도예 공업 발달에 이바지하였다. 오늘날 이들은 일본의 도조(陶祖)로 불린다.

|정답해설| 임진왜란 이후 조선과 일본의 국교가 정상화되고, 기유약조(광해군 원년, 1609)가 체결되었다. 기유약조에서는 부산포에 왜관을 설치한 후 교역을 재개하되, 세견선 20척, 세사미두 100석으로 무역량을 제한하였다.

|정답| ①

바로 확인문제

● 다음 내용이 포함된 조약으로 옳은 것은?   16. 서울시 7급

> 1. 대마도주(對馬島主)의 세사미두(歲賜米豆)는 100석으로 한다.
> 1. 대마도주의 세견선(歲遣船)은 20척으로 한다.
> 1. 왜관의 체류 시일은 대마도주 특별히 보낸 사람은 110일, 기타 세견선은 85일이고, 표류인 등을 송환할 때는 55일로 한다.

① 기유약조
② 임신약조
③ 정미약조
④ 계해약조

|정답해설| 제시된 사건의 순서는 다음과 같다. ㄹ. 한산도 대첩(1592. 7.) → ㄷ. 진주 대첩(김시민, 1592. 10.) → ㄴ. 평양성 탈환(조명 연합군, 1593. 1.) → ㄱ. 행주 대첩(권율, 1593. 2.)

|정답| ④

● 임진왜란 때의 주요 전투를 벌어진 순서대로 바르게 나열한 것은?   16. 국가직 9급

> ㄱ. 권율 장군이 행주산성에서 왜군을 크게 무찔렀다.
> ㄴ. 조선과 명나라 군대가 합세하여 평양성을 탈환하였다.
> ㄷ. 진주 목사 김시민이 왜의 대군을 맞아 격전 끝에 진주성을 지켜냈다.
> ㄹ. 이순신 장군이 한산도 앞바다에서 왜의 수군을 격퇴하고 제해권을 장악하였다.

① ㄱ - ㄴ - ㄷ - ㄹ
② ㄱ - ㄷ - ㄴ - ㄹ
③ ㄹ - ㄴ - ㄷ - ㄱ
④ ㄹ - ㄷ - ㄴ - ㄱ

|정답해설| 제시된 내용은 명과 왜군의 '벽제관 전투(1593. 1. 27.)'로, 김시민의 진주 대첩(1592. 10.)과 권율의 행주 대첩(1593. 2.) 사이에 해당한다.

|정답| ③

● 다음 전투가 일어난 시기를 〈보기〉의 (가)~(라)에서 바르게 고른 것은?   21. 계리직 9급

> 이여송이 휘하의 병사들을 거느리고 말을 몰아 급히 진격하였다. 왜적은 벽제관 부근에서 거짓으로 패하는 척하면서 명군을 진흙 수렁으로 유인하였다. 명군이 함부로 전진하다가 여기에 빠지자 왜적들이 갑자기 달려들어 명군을 마구 척살하였다. 겨우 죽음을 면한 이여송은 나머지 부하들을 이끌고 파주, 개성을 거쳐 평양으로 후퇴하였다.
>
> 『연려실기술』, 선조조 고사본말

┤ 보기 ├

> 신립이 탄금대 전투에서 패하고 자결하다.
> ⇩ (가)
> 이순신이 이끄는 조선군이 한산도 해상에서 일본군을 크게 이기다.
> ⇩ (나)
> 김시민 휘하의 조선 군인과 백성들이 진주성에서 일본군의 침입을 막아내다.
> ⇩ (다)
> 권율이 지휘하는 조선군이 행주산성에서 일본군을 물리치다.
> ⇩ (라)
> 원균이 칠천량 부근에서 전사하다.

① (가)   ② (나)   ③ (다)   ④ (라)

근세의 경제

01 경제 정책

1 농본주의 경제 정책

(1) 왕도 정치와 민생 안정

① 농본주의 경제 정책: 조선은 고려 말의 파탄된 국가 재정과 민생 문제를 해결하고 재정 확충과 민생 안정을 위한 방안으로 농본주의 경제 정책을 내세웠다.

② 민생 안정: 위민(爲民)과 애민(愛民)을 중요하게 여기는 왕도 정치 사상에서 민생 안정은 가장 먼저 해결해야 할 과제였다.

(2) 중농 정책의 실시

① 민생 안정 도모: 조선 건국을 주도하였던 신진 사대부들은 중농 정책을 표방하면서 농경지를 확대하고 농업 생산력을 증가하며, 농민의 조세 부담을 줄여 농민 생활을 안정하려 하였다.

② 토지 개간, 양전 사업: 건국 초부터 토지 개간을 장려하고 양전 사업을 실시한 결과 고려 말 50여만 결이었던 경지 면적이 15세기 중엽에는 160여만 결로 증가하였다.

③ 농업 기술, 농기구 개발: 농업 생산력을 향상하기 위하여 새로운 농업 기술과 농기구를 개발하여 민간에 보급하였다.

> **사료** 농업 장려 정책
>
> 성세창이 아뢰기를 "임금이 나라를 다스리는 데 백성을 교화시키는 것이 중요합니다. 그러나 먼저 살게 한 뒤 교화시키는 것이 옳습니다. 세종 임금이 농상(農桑: 농업과 뽕나무 심기)에 적극 힘쓴 까닭에 수령들이 사방을 돌면서 살피고 농상을 권하였으므로 들에 경작하지 않은 땅이 없었습니다. 요즘에는 백성 중에 힘써 농사짓는 사람이 없고, 수령도 들에 나가 농상을 권하지 않습니다. 감사 또한 권하지 않습니다. 특별히 지방에 타일러 농상에 힘쓰도록 함이 어떻습니까?"라고 하였다. 왕이 8도 관찰사에게 농상을 권하는 글을 내렸다.
>
> 『중종실록』

(3) 상공업 정책

상공업자가 허가 없이 마음대로 영업하는 것을 규제하였다.

① 상공업 통제: 당시 사대부들은 물화의 수량과 종류를 국가가 통제하지 않고 자유 활동에 맡겨 두면 사치와 낭비가 조장되며 농업이 피폐해져서 빈부의 격차가 커지게 된다고 생각하였다.

② 직업적 차별 : 더욱이 당시 사회에서는 사·농·공·상 간의 직업적인 차별이 있어 상공업자들이 제대로 대우받지 못하였다.

③ 유교적 경제관 : 검약한 생활을 강조하는 유교적인 경제관으로 소비가 억제되었다.

④ 자급자족 농업 경제

　㉠ 자급자족적 농업 중심의 경제로 화폐 유통, 상공업 활동, 무역 등이 부진할 수밖에 없었다.

　㉡ 정부가 화폐를 만들어 보급·유통하려 하였으나, 약간의 저화와 동전만이 삼베·무명·미곡과 함께 사용되었다.

　㉢ 도로와 교통 수단도 미비하였다.

사료　성리학적 경제관

❶ 검소한 것은 덕(德)이 함께 하는 것이며, 사치는 악(惡)의 큰 것이니 사치스럽게 사는 것보다는 차라리 검소해야 할 것이다.

❷ 농사와 양잠은 의식(衣食)의 근본이니, 왕도 정치에서 우선이 되는 것이다.

❸ 우리나라에는 이전에 공상(工商)에 관한 제도가 없어 게으르고 놀기 좋아하는 자들이 상공업에 종사하였기 때문에 농사를 짓는 백성이 줄어들었으며, 말작(末作 : 상업)이 발달하고 본실(本實 : 농업)이 피폐하였다. 이것을 염려하지 않을 수 없다.

『조선경국전』

---

⑤ 국가의 통제 약화

　㉠ 16세기에 이르러 국가의 농민에 대한 **통제력이 약화**되고 상공업이 발전하면서 상공업에 대한 통제 정책은 해이해졌다.

　㉡ 이후 상공업에 대한 통제 체제가 무너져 가면서 국내 상공업과 무역을 활발하게 전개하였다.

2 토지 제도의 변화*

(1) 과전법의 의미

관리들에게 준 토지로서, 소유권(所有權)이 아니라 수조권(收租權)을 지급하였다.

사료　과전법의 실시 배경

❶ 전제 개혁(田制改革)의 타당성

　대사헌 조준(趙浚) 등이 상소하여 아뢰기를 근년에 와서 겸병이 더욱 심하게 자행되어 간흉한 무리들이 주(州)와 군(郡)에 걸쳐서 산천을 표로 삼으며, 조상 대대로 전해 내려온 토지를 서로 빼앗으니, 한 토지의 주인이 5, 6인이 넘고, 1년에 거두어 가는 세금이 8, 9회에 이르고 있습니다. 『고려사』

❷ 조준(趙浚)의 토지 개혁론

　창왕 원년 8월(1389), 대사헌 조준 등이 상소하였다. …… 저희들 생각으로는 경기(京畿) 땅은 마땅히 왕실을 보위(保衛)하는 사대부(士大夫)들의 토지로 삼아 생활을 할 수 있도록 해야 합니다. 나머지는 모두 개혁(改革)하여 공상(供上)과 제사 비용(祭祀費用)으로 충당하고 녹봉(祿俸)과 군수(軍需)의 비용을 넉넉히 해야 합니다. 토지를 많이 차지하지 못하게 하고 토지로 말미암아 송사하는 길을 없애 버림으로써 영원하도록 계속될 법전(法典)을 제정하여야 합니다. 『고려사』

(2) 과전법(科田法)의 시행

① 토지 제도 운영의 방향: 조선은 고려와 마찬가지로 관리들의 경제 기반을 보장하고 국가의 재정을 유지하는 방향으로 토지 제도를 운영하였다.

② 목적: 고려 후기 이래로 누적된 토지 제도의 모순을 해결하기 위하여 고려 말에 만들어진 과전법은 국가의 재정 기반과 조선의 건국에 참여한 신진 사대부 세력의 경제적 기반을 확보하기 위한 것이기도 하였다.

사료 과전법의 시행

(전하께서) 국내의 토지를 몰수하여 국가에 귀속시키고 식구를 헤아려 토지를 나누어 주어서 옛날의 올바른 전제(田制)를 회복하려 한 것인데, 당시 구가(舊家)·세족(世族)들이 자기들에게 불리하기 때문에 입을 모아 비방하고 원망하면서 온갖 방해를 하여 백성들로 하여금 지극한 정치의 혜택을 입지 못하게 하였으니 어찌 한스러운 일이 아니겠는가. 그러나 뜻을 같이하는 2~3명의 대신과 함께 전 시대의 법을 강구하고 현실에 알맞은 것을 참작하여 국내의 토지를 측량하여 파악한 다음 토지를 결수로 계산하여 그중의 얼마를 상공전(上供田)·국용전(國用田)·군자전(軍資田)·문무역과전(文武役科田)으로 분배하고 한량으로 서울에 거주하면서 왕실을 호위하는 자이거나 과부로서 수절하는 자, 향역(鄕驛)이나 도진(渡津)의 관리, 또는 서민과 공장(工匠)으로서 공역을 맡은 자에 이르기까지 모두 토지를 분배해 주었다. 『조선경국전』

(3) 과전법의 시행과 변화

① 배경
　㉠ 전제 개혁 상소: 우왕 14년(1388) 이성계가 위화도 회군으로 실권을 장악하자 즉시 조준이 전제 개혁 상소를 올렸으나, 이색과 조민수의 반대로 실현되지 못하였다.
　㉡ 개혁의 단행: 창왕 원년(1389) 전국 토지를 재측량하여 고려 말 이래 농장 확대 과정에서 은닉되어 국가 지배권으로부터 누락된 토지를 적발하고 토지 소유 현황을 정확히 파악하여 1390년 불법으로 점유한 모든 사전을 국가에 귀속하고 경작권은 그대로 인정하였다. 도평의사사의 건의로 공양왕 3년(1391) 급전도감을 통해 **과전법**을 공포하였다.

② 목적: 신진 사대부의 경제 기반을 확보하고, 새로운 왕조의 재정 확보와 농민 생활 안정을 도모할 목적으로 과전법을 시행하였다.

③ 내용
　㉠ 상속을 제외한 토지 이동을 엄금하고, **현직 및 산직 품관(전·현직 관리)**에게 18과로 구분하여 최고 150결에서 10결까지 차등 지급하였다.

등급	1과	2과	3과	4과	5과	6과	7과	8과	9과	10과	11과	12과	13과	14과	15과	16과	17과	18과
지급 결수(결)	150	130	125	115	105	97	89	81	73	65	57	50	43	35	25	20	15	10

　㉡ 경기 지방에 한해 수조권을 지급하며, 관료 사후에는 회수하였다.
　㉢ 과도한 수조권 행사를 금지하고(병작반수 금지), 징수액은 10분의 1로 정하였다.
　㉣ 농민의 경작권을 법적으로 보장하였다.

④ 토지의 종류

　㉠ 과전

　　• 전·현직 관리를 대상으로 18등급(최고 150결~최하 10결, 경기도 내에 한정)으로 구분하여 지급하였고, 세습은 불허하였다.

　　• 수신전과 휼양전은 실질적으로 세습되었다.

　㉡ 공신전: 공신에게 지급하며, 세습을 허용하였다.

　㉢ 별사전: 준공신(반역자 고발, 토벌 협력자)에게 지급하였고, 3대까지 세습을 허용하였다.

　㉣ 공해전

　　• 중앙 관청의 비용 충당을 위해 지급된 토지이다.

　　• 지방 관청의 재정을 충당하기 위해 늠전(廩田)이 설치되었다.

　㉤ 기타: 학전(각급 교육 기관에 둔 토지), 둔전(군대 비용을 충당하기 위하여 지급된 토지), 내수사전(왕실 경비 충당), 적전(왕의 친경지로 사용), 사원전(사원 지급, 면세·면역 특권) 등

■ 수신전
관리인 남편이 죽은 후 재혼하지 않은 부인에게 지급한 토지이다.

■ 휼양전
관리인 아버지와 그 부인이 죽은 후 어린 자손들에게 지급한 토지이다.

> **사료**　수신전(守信田)과 휼양전(恤養田)
>
> 무릇 수전자(受田者)는 그가 죽은 후 처(妻)가 자식이 있어 수신(守信)하는 경우 전과(全科)를 전수(傳受)하며 자식이 없이 수신하는 경우에는 반감(半減)하여 전수하고, 원래 수신하지 않는 경우는 이에 해당되지 않는다. 부모가 모두 죽고 자손이 유약한 경우는 휼양(恤養)함이 마땅하니 그 부(父)의 과전을 전부 전수(傳受)하되, 나이 20세가 되면 각기 자기의 과(科)에 따라 절수하고, 딸은 남편이 정해진 뒤 그 과에 따라 절수하며, 나머지 토지는 타인이 체수(遞受)하는 것을 허용한다.　　　　　『고려사』

(4) 직전법과 관수 관급제

① 직전법(職田法, 세조 12년, 1466)

　㉠ 실시: 15세기 후반에는 직전법으로 바꾸어 현직 관리에게만 수조권을 지급하였다.

　㉡ 폐단: 이 과정에서 수조권을 가진 양반 관료가 이를 남용하여 과다하게 수취하는 일이 잦았다.

② 관수 관급제(官收官給制, 성종 1년, 1470)

　㉠ 내용: 성종 때 지방 관청에서 그해의 생산량을 조사하여 거두고, 관리에게 나누어 주는 방식으로 바꾸었다.

　㉡ 국가의 토지 지배 강화: 양반 관료들이 수조권을 빌미로 토지와 농민을 지배하는 방식은 사라지고 국가의 토지 지배권이 강화되었다.

■ 관수 관급제
국가에 의한 토지와 농민 지배력 강화는 물론 조(租)와 세(稅)의 구분이 사라지게 되었다.

> **심화**　과전법에서 직전법으로의 변화
>
> 과전법은 고려 말 전제 개혁을 마무리한 토지 제도의 근간이다. 이 법에는 토지를 나누어 주는 규정, 조세의 규정, 땅 주인과 소작인에 대한 규정, 토지 관리 규정 등이 포함되어 있다. 과전법은 고려 말 세금을 내지 않던 농장에 대하여 과세함으로써 국가의 수입을 증대시켰다. 이 법에서 토지를 나누어 주는 주요 대상은 왕실을 비롯하여 국가 기관·지방 관부·공공 기관·관료·벼슬이 없는 관인·이(吏) 등이었으나, 사전 재분배의 중심이 된 것은 관료에게 나누어 준 과전이었다. 과전법은 농민의 생활 안정을 위하여 농민의 토지 소유권을 보장하고, 10분의 1조를 공정하게 하며 병작반수를 금하였다.
>
> 과전법에서는 과전의 지급을 경기도에 있는 토지로 한정하였다. 그러나 태종 17년(1417)에 과전의 3분의 1을 하삼도(충청·전라·경상도)에 옮겨 나누어 주었고, 세종 13년(1431)에 이것을 경기도로 환급함과 아울러 새로운 토지 분급법을 제정하였다. 그 결과 과전의 결수가 감소하였다. 이후 과전법은 유지가 어려워 폐지하고 직전법으로 바뀌었다. 과전법이 현직 관료와 퇴직 관료에게 토지를 지급하던 것과는 달리 직전법은 현직 관료에게만 토지를 나누어 주었다. 또한 관료의 유가족에게 나누어 주던 수신전·휼양전을 폐지하였다.

(대왕대비가) 전지하기를, "사람들이 직전(職田)이 폐단이 있다고 많이 말하기에 대신에게 의논하니, 모두 말하기를, '우리나라 사대부의 봉록(俸祿)이 박하여 직전을 갑자기 혁파할 수 없다.' 하므로, 나도 또한 그렇게 여겼는데, 지금 들으니 조정 관원이 그 세(稅)를 지나치게 거두어 백성들이 심히 괴롭게 여긴다 한다. ……" 하였다. 한명회 등이 아뢰기를, "직전의 세(稅)는 관에서 거두어 관에서 주면[官收官給] 이런 폐단이 없을 것입니다. ……" 하였다. 전지하기를, "직전의 세는 소재지의 관리로 하여금 감독하여 거두어 주게 하고, 나쁜 쌀을 금하지 말며, 제향 아문(祭享衙門)의 관리는 금후로는 가려서 정하라." 하였다. 『성종실록』

③ 직전법 폐지(명종 11년, 1556)

　　㉠ 16세기 중엽에 직전법이 폐지되어 수조권 지급 제도가 없어졌다(녹봉제로 일원화).

　　㉡ 양반의 농장 확대와 이를 기반으로 한 양반과 농민의 지주 전호제를 강화하였다.

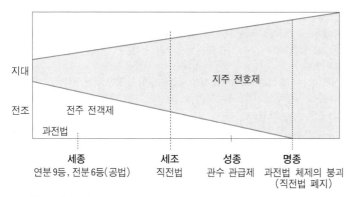

▲ 지주 전호제의 발달

○ 조선 시대 토지 제도 변화

구분	과전법	직전법	관수 관급제	녹봉제
시기	공양왕(1391)	세조(1466)	성종(1470)	명종(16세기)
배경	권문세족의 대농장 – 재정 궁핍	경기도의 과전 부족	과전 경작 농민에 대한 과도한 수취	국가 재정 악화
목적	신진 사대부의 경제적 기반 마련	토지 부족의 보완 → 국가 재정의 안정	국가의 토지 및 농민 지배권 강화	• 국가 재정 안정 • 관리들의 생계 보장
원칙	• 전·현직 모두에게 지급 • 수신전과 휼양전 지급 • 경기 지방 토지만 지급	• 현직에게만 지급 • 수신전·휼양전 폐지	국가에서 수조권 행사	수조권 지급 폐지 → 현물 녹봉만 지급
영향	농민의 경작권 인정	훈구파의 농장 확대	농장 확대 가속화	농장의 보편화

| 오답해설 |
① 태종 17년(1417) 과전의 3분의 1을 하삼도(충청·전라·경상도)로 옮겨 지급한 적이 있으며, 세종 13년(1431)에 다시 경기 지역으로 한정하였다.
② 과전법은 전·현직 관리에게 수조권을 지급한 제도이다.
④ 과전은 반납하는 것이 원칙이었다.

| 정답 | ③

| 정답해설 | 밑줄 친 '법'은 과전법이다. 과전법은 경기 지역의 토지'만' 수조권을 지급하였다.

| 오답해설 |
① 과전법은 전지'만' 지급되었다. 한편 전시과에서는 전지와 시지를 지급하였다.
③ 과전법에서는 전·현직 관리 모두에게 토지가 지급되었다.
④ 조선 후기 영정법이 시행되면서(인조 13년, 1635) 토지에 부과되는 세금을 4~6두로 고정하였다.

| 정답 | ②

| 정답해설 | (다) 관료의 수조권 남용이 심해지자, 성종 때 관수 관급제를 실시하였다. 관수 관급제는 관료의 직접적인 수조권 행사를 금지하고 관청에서 수조권 행사를 대행한 것이다.

| 오답해설 |
① (가) 고려 말 권문세족이 불법적으로 겸병한 토지를 몰수하고, 과전법을 시행하였다. 과전법은 경기 지역을 대상으로 전·현직 관리에게 토지를 지급한 제도이다.
② (나) 수신전, 휼양전, 공신전 세습과 증가로 신진 관료에게 지급할 수조지가 부족해지자, 세조 때 직전법이 실시되었다. 직전법을 통해 수신전과 휼양전은 몰수하였으나 공신전은 대상이 아니었으며, 현직 관료를 대상으로 수조권이 지급되었다.
④ (라) 명종 때 거듭되는 흉년과 왜구의 침입 등으로 국가 재정이 악화되어 직전이 유명무실화되자, 수조권 지급을 폐지하고(직전법 폐지) **녹봉제로 일원화**하였다.

| 정답 | ③

● **조선 초기의 과전(科田)에 대한 설명 중 가장 옳은 것은?** 19. 2월 서울시(사복직 포함) 9급

① 과전은 성종 대까지 경기도에 한정되었다.
② 현직 관리에게 소유권과 수조권(收租權)을 부여하였다.
③ 전직 관리와 현직 관리에게 모두 수조권을 지급하였다.
④ 과전에 대해서 상속권을 인정해 주었다.

● **〈보기〉의 밑줄 친 '법'에 대한 설명으로 가장 옳은 것은?** 23. 서울시(자체 출제) 9급

| 보기 |

12월에 새 왕이 즉위하자, 대사헌(大司憲) 조준(趙浚) 등이 또 상소하여 토지 제도에 대해 논하여 말하기를, "하늘이 재앙을 내린 것을 후회하시어 흉악한 무리들을 이미 멸망시켰으며 신돈(辛旽)이 이미 제거되었으니, 마땅히 사전(私田)을 모두 없애 이 민(民)이 부유하고 장수하는 영역을 여는 것, 이것이 그 기회입니다. …… 이를 규정된 법으로 정하셔서 백성과 더불어 다시 시작하십시오. ……"라고 하였다.
3년 5월 도평의사사(都評議使司)에서 토지를 지급하는 법을 정할 것을 청하니, 그 의견대로 하였다.

① 전지와 시지를 지급하였다.
② 경기 지역의 토지만 지급하였다.
③ 현직 관리에게만 토지를 지급하였다.
④ 토지에 부과하는 세금을 4~6두로 고정하였다.

● **다음은 고려, 조선 시대 토지 제도의 폐단을 기술한 것이다. 이를 시정하기 위해 실시한 내용으로 옳은 것은?** 18. 지방직 7급

(가) 권문세족의 대토지 소유와 토지 겸병으로 국가 재정이 부족해졌다.
(나) 수신전, 휼양전, 공신전 세습과 증가로 신진 관료에게 지급할 수조지가 부족해졌다.
(다) 수조권을 받은 관료가 권한을 남용하여 과다하게 수취하는 일이 빈번하게 발생하였다.
(라) 거듭되는 흉년과 왜구의 침입 등으로 국가 재정이 악화되어 직전이 유명무실해졌다.

① (가) - 권문세족이 겸병한 토지를 몰수하고, 전국 토지의 수조권을 관료에게 지급하였다.
② (나) - 공신전을 몰수하고 신진 관료에게 수조권 지급을 중지하였다.
③ (다) - 관료의 직접적인 수조권 행사를 금지하고 관청에서 수조권 행사를 대행하였다.
④ (라) - 관료에게 수조권과 함께 녹봉도 지급하였다.

3 수취 체제의 확립

조선의 수취 제도는 토지에 부과되는 조세, 집집마다 부과되는 공납, 호적에 등재된 정남에게 부과되는 군역과 요역 등이 있었으며, 이것이 국가 재정의 토대를 이루었다.

(1) 조세(租稅, 전세)

① 납세 의무자: 조선 시대의 토지 소유자는 원칙적으로 국가에 조세를 납부할 의무가 있었다. 그러나 토지 소유자인 지주들은 소작 농민에게 그 세금을 대신 내도록 강요하는 경우가 많았다.

② 세액(稅額)

　㉠ 과전법의 경우 수확량의 10분의 1을 내는데, 1결의 최대 생산량을 300두로 정하고, 매년 풍흉을 조사하여 그 수확량에 따라 납부액을 조정하였다.

　㉡ 답험 손실법(踏驗損實法): 관리나 토지 주인이 직접 농작의 상황을 조사하여 보고하면 작황에 따라 일정한 세금을 감면하는 세율 규정법이다.

　㉢ 공법(貢法): 세종 때 조세 제도를 좀 더 체계적으로 운영하기 위하여 토지 비옥도와 풍흉의 정도에 따라 전분 6등법과 연분 9등법으로 바꾸고, 조세 액수는 1결당 최고 20두에서 최하 4두를 내도록 하였다.

사료　전분 6등법

20년마다 토지를 다시 측량하여 양안(토지 대장)을 만들어 호조와 해당 도(道), 고을에 갖추어 둔다. 1등전의 척(尺, 자)은 주척으로 4척 7촌 7분이며, 6등전의 척은 9척 5촌 5분이다. …… 정전(항상 경작하는 토지)으로 기록되었더라도 토질이 좋지 못하여 곡식이 잘되지 않는 토지라든지, 속전(주기적으로 휴경해야 하는 토지)으로 기록되어도 토질이 비옥하여 소출이 많은 경우에는 수령이 이를 관찰사에게 보고하여 다음에 개정한다.

『경국대전』

사료　조선의 수취 제도(공법 – 세종)

각 도의 수전(水田), 한전(旱田)의 소출 다소를 자세히 알 수가 없으니 공법(貢法)에서의 수세액을 규정하기가 어렵습니다. 지금부터는 전척(田尺)으로 측량한 매 1결에 대하여, 상상(上上)의 수전에는 몇 석을 파종하고 한전에서는 무슨 곡종 몇 두를 파종하여, 상상년에는 수전은 몇 석, 한전은 몇 두를 수확하며, 하하년에는 수전은 몇 석, 한전은 몇 석을 수확하는지, 하하(下下)의 수전에서는 역시 몇 두를 파종하고 한전에서는 무슨 곡종을 몇 두를 파종하여 상상년에는 수·한전 각기의 수확이 얼마며, 하하년에는 수·한전 각기의 수확이 얼마인지를, …… 각 관의 관둔전(官屯田)에 대해서도 과거 5년간의 파종 및 수확의 다소를 위와 같이 조사하여 보고토록 합니다.

『세종실록』

심화　전분 6등법과 연분 9등법

❶ 전분(田分) 6등법

• 1결을 기준으로 토지의 비옥도에 따라 6등급으로 구분하였다.
• 비옥도가 가장 높은 토지가 1등전, 가장 낮은 토지가 6등전이었다.

---

❷ 연분(年分) 9등법

[단위: 1결]

上 年	中 年	下 年
上 → 20두	上 → 14두	上 → 8두
中 → 18두	中 → 12두	中 → 6두
下 → 16두	下 → 10두	下 → 4두

단권화 MEMO

■ 조세·공납·역

전세는 5결 단위로 부과하였고, 공물은 각 군현의 토지와 호구를 기준으로 부과하여 현물로 거두었다. 요역은 토지를 기준으로 징발하였고, 군역은 호적을 토대로 작성한 군적에 의해 징발하였다.

■ 당시 1두(말)의 용량

대략 현재 1말(18리터)의 3분의 1 정도이다.

③ 현물 납세: 조세는 쌀[白米]·콩[大豆] 등으로 납부하였다.

④ 조세의 징수와 운반

   ㉠ 조세 운반: 군현에서 거둔 조세는 강가나 바닷가의 조창으로 운반하였다가 전라도·충청도·황해도는 바닷길로, 강원도는 한강, 경상도는 낙동강과 남한강을 통하여 경창(京倉)으로 운송하였다.

   ㉡ 잉류(仍留) 지역: 평안도와 함경도는 국경에 가까운데, 특히 평안도는 사신의 내왕이 잦은 곳이라서 그 지역의 조세는 군사비와 사신 접대비로 썼다. 전라도에 속한 제주도 역시 잉류 지역으로 분류되었다.

▲ 조선 시대의 조운로

(2) 공납(貢納)

① 군현 단위 징수: 공납은 고려처럼 각 지역의 토산물을 조사하여 중앙 관청에서 군현에 물품과 액수를 할당하면, 각 군현(郡縣)은 각 가호(家戶)에 다시 할당하여 거두었다.

② 품목: 공물에는 각종 수공업 제품과 광물, 수산물, 모피, 과실, 약재 등이 있었다.

③ 방납(防納)의 폐단

   ㉠ 공물은 전세보다 납부하는 데 어려움이 많았을 뿐만 아니라 그 부담도 훨씬 컸다.

   ㉡ 공물의 생산량이 점차 감소하거나 생산지의 변화로 납부 기준에 맞는 품질과 수량을 맞추기 어려우면 그 물품을 다른 곳에서 구입하여 납부하였다.

(3) 역(役): 군역과 요역

① 대상: 16세 이상의 정남에게는 군역과 요역의 의무가 있었다.

② 군역(軍役)

   ㉠ 보법(保法): 일정 기간 군사 복무를 위하여 교대로 근무하여야 하는 정군(正軍)과 정군이 복무하는 데 드는 비용(매년 포 2필)을 보조하는 보인(保人)이 있었다.

   ㉡ 면역(免役): 양반, 서리, 향리 등은 실질적으로 군역에서 면제되었다.

③ 요역(徭役)

   ㉠ 내용: 가호를 기준으로 정남의 수를 고려하여 뽑아서 성과 왕릉, 저수지 등의 공사에 동원하였다.

   ㉡ 기준: 성종 때 경작하는 토지 8결을 기준으로 한 사람씩 동원하고, 1년 중 동원할 수 있는 날도 6일 이내로 제한하도록 규정을 바꾸었으나 임의로 징발하는 경우도 많았다.

■ 군적(육군 박물관 소장)

호적을 근거로 만든 군역 동원 장부이다.

> **심화** 조선 시대의 호적
>
> 조선 시대의 호적 제도는 세종 10년(1428), 호구성급규정(戶口成給規定)과 호구식(戶口式)을 제정하면서 완성되었다. 호적은 3년에 한 번 호주가 호구단자(戶口單子)를 관청에 제출하면 각 고을의 향리(鄕吏) 등 실무자들이 호적을 작성하였다. 호적은 같은 내용을 여러 부 작성하여 지방 관청, 해당 도(道), 호조 등에서 관리하였다(한양 사람들의 호적은 한성부, 호조에서 보관). 호적에 기재되는 사항은 주소, 본인의 직역, 성명, 연

령, 사조(四祖: 부, 조부, 증조부, 외조부)·처의 성씨와 연령 및 사조(四祖)·솔거 자녀의 성명과 연령, 노비 및 고공(雇工, 머슴)의 성명과 연령 등이었다. 한편 관료였던 양반은 직역에 관직과 품계를 기록하고, 관직에 몸 담지 않은 양반은 유학(幼學)이라고 기록하였다. 또한 평민은 보병이나 기병 등 군역을 기록하였다.

(4) 국가의 재정

① 세입: 국가 재정은 조세, 공물, 역 이외에 염전, 광산, 산림, 어장, 상인, 수공업자 등이 내는 세금으로 마련하였다.
② 지출: 국가는 재정을 군량미나 구휼미로 비축하고 나머지는 왕실 경비, 공공 행사비, 관리의 녹봉, 군량미, 빈민 구제비, 의료비 등으로 지출하였다.

02 양반과 평민의 경제 활동

1 양반 지주의 생활

(1) 양반의 경제 기반

① 경제 기반: 양반의 경제 기반은 과전, 녹봉 그리고 자기 소유의 토지와 노비 등이었다.
② 주 수입원: 양반의 대부분은 지주였으며, 주 수입원은 토지와 노비였다.
　㉠ 녹봉 지급량: 대략 정1품은 곡식 97석·삼베 21필·저화 10장, 종9품은 곡식 12석·삼베 2필·저화 1장을 받았다.
　㉡ 조선 전기 양반의 토지 소유 규모: 대략 200~300마지기 정도이며, 2,000마지기 이상의 소유자도 있었다. 대체로 논 한 마지기의 넓이는 200평이다.

(2) 양반 소유의 토지

① 농장 소유: 양반 소유의 토지는 비옥한 토지가 많았던 경상도, 전라도, 충청도 지역에 집중되어 있었고, 규모가 커서 농장의 형태를 이루고 있다.
② 경작 형태
　㉠ 노비 경작: 양반은 자기 소유의 토지를 노비에게 직접 경작시켰다.
　㉡ 병작반수제 경작: 토지의 규모가 커서 노비의 노동력만으로 경작할 수 없으면 그 주변 농민들에게 생산량을 절반씩 나누어 가지는 병작반수(並作半收)의 형태로 소작을 시켰다.
③ 관리 방식
　㉠ 양반은 자기 토지가 있는 지역에 집과 창고를 지어 놓고 직접 노비를 감독하고 농장을 살피기도 하였지만, 대개 친족을 그곳에 거주시키면서 대신 관리하게 하였다.
　㉡ 때로는 노비만 파견하여 농장을 관리하는 경우도 있었다.
④ 농장의 증가
　㉠ 농장은 15세기 후반에 이르러 더욱 증가하였다.
　㉡ 농장주들은 유망민(流亡民)들을 모아 노비처럼 만들어 토지를 경작하게 하였다.

■ 양진당(경북 안동)

풍산 류씨의 대종가로, 하회 마을에 있는 양반 가옥이다.

(3) 양반의 노비(奴婢) 소유

① 재산의 형태 : 양반들은 재산의 한 형태로 노비를 가지고 있었다. 조선 전기에 양반들은 10여 명에서 많게는 300여 명이 넘는 노비를 보유하고 있었다. 이런 경제 기반을 바탕으로 양반은 풍요로운 생활을 영위하였다.

② 노비의 증식 : 양반은 노비를 구매하기도 하였지만 주로 자신이 소유한 노비의 자녀를 귀속시켜 노비 수를 늘리거나, 자신이 소유한 노비를 양인 남녀와 혼인시켜 늘리기도 하였다.

③ 노비의 일 : 양반은 노비에게 집안일을 돌보게 하거나 농경에 종사시키고 옷감을 짜게 하였다.

④ 외거 노비 : 다수의 노비는 주인과 따로 살며 주인의 땅을 경작하거나 관리하는 일을 하였고, 양반들은 이러한 외거 노비에게 매년 신공(身貢)으로 포와 돈을 거두었다.

■ 노비 신공
남자 노비[奴]는 면포 1필·저화 20장, 여자 노비[婢]는 면포 1필·저화 10장이다.

2 농민 생활의 변화

(1) 농민 생활의 안정

① 조선 정부는 세력가들이 농민의 토지를 빼앗는 행위를 엄격히 규제하고 농업을 권장하였다.

② 농민들도 농업 생산력을 향상하려고 노력한 결과 이전보다 생활이 나아졌다.

(2) 정부의 지원 및 장려

① 정부는 개간을 장려하고, 각종 수리 시설을 보수·확충하는 등 안정적으로 농사지을 수 있는 기반을 마련하였다.

② 농업 생산력을 높이기 위하여 『농사직설』, 『금양잡록』 등 농서를 간행하고 보급하였다.

③ 양반들도 간이 수리 시설을 만들고, 중국의 농업 기술을 도입하는 등 농업에 관심이 높았다.

(3) 농업 기술의 발달

고려 시대의 농업 기술을 개량하면서 농업 생산력이 발달하였다.

① 밭농사 : 조·보리·콩의 2년 3작이 널리 행해졌다.

② 논농사 : 남부 지방에서 모내기가 보급되어 벼와 보리의 이모작(二毛作)이 가능해지고 생산량을 증가시킬 수 있었다. 모내기는 봄 가뭄에 따른 수리(水利) 문제 때문에 남부 일부 지역으로 제한하였다.

③ 시비법(施肥法) : 밑거름과 덧거름을 주게 되면서 경작지를 묵히지 않고 계속해서 농사를 지을 수 있었다(연작상경).

④ 농기구 개량 : 쟁기, 낫, 호미 등과 같은 농기구를 개량하였다.

⑤ 각종 작물의 재배 : 목화 재배가 확대되어 의생활(衣生活)을 개선하였으며, 약초와 과수 재배 등을 확대하였다.

| 도리깨 | 삽 | 쇠스랑 | 써레 | 김맬 때 쓰는 농기구 |

▲ 조선 전기 여러 가지 농기구류

● 밑줄 친 '농서'가 편찬된 왕 대의 경제 생활로 옳은 것은?　　　　　16. 국가직 7급

> 각 지역의 풍토가 달라 곡식을 심고 가꾸는 법이 옛글과 다 같을 수 없습니다. 이에 여러 도의 감사들이 주현의 늙은 농부를 방문하여 실제 농사 경험을 들었습니다. 저희 정초 등은 이를 참고하여 농서를 편찬하였습니다.

① 칠패 시장에서 어물을 판매하였다.
② 녹비법을 활용하여 지력을 회복하였다.
③ 고구마, 감자를 구황 작물로 활용하였다.
④ 시전에서 남초를 거래하였다.

● 밑줄 친 '이 역서'가 편찬된 시기의 농업에 대한 설명으로 옳은 것은?　　　　　14. 사복직 9급

> 왕께서 학자들에게 명하여 선명력과 수시력 등 여러 역법의 차이를 비교하여 교정하도록 하였다. 또한 정인지, 정흠지, 정초 등에게 명하여 『태음통궤』와 『태양통궤』 등 중국 역서를 연구하여 우리 실정에 맞는 이 역서를 편찬하도록 하였다.

① 밭농사에 2년 3작의 윤작법이 시작되었다.
② 벼와 보리의 이모작이 전국적으로 확대되었다.
③ 철제 농기구가 점차 보급되고 우경이 시작되었다.
④ 농업 기술을 발달시키기 위해 『농사직설』이 간행되었다.

(4) 농민 생활의 악화

농업 기술의 발달에도 불구하고 농민 생활은 쉽게 나아지지 않았다.

① 소작농의 증가
　　㉠ 지주제가 점차 확대되면서 농민들이 자연재해·고리대·세금 부담 등으로 자기 소유의 토지를 팔고 소작농이 되는 경우가 증가하였다.
　　㉡ 이들은 지주에게 소작료로 수확의 반(半) 이상을 내야 하는 어려운 처지에 놓여 있었다.
② 정부의 대책: 토지를 상실한 농민이 고향을 떠나 떠돌아다니게 되자 정부에서도 대책을 마련하였다.
　　㉠ 『구황촬요』의 편찬(명종): 정부는 잡곡·도토리·나무껍질 등을 가공하여 먹을 수 있는 구황 방법을 제시하였다.
　　㉡ 농민의 통제 강화: 호패법·오가작통법 등을 강화하여 농민의 유망(流亡)을 막고 통제를 더욱 강화하였다.
　　㉢ 향약의 시행: 지주인 지방 양반들도 향약을 시행하여 농촌 사회를 안정하려 하였다.

| 정답해설 | 밑줄 친 '농서'는 세종 때 정초 등이 편찬한 『농사직설』이다. 조선 초기(15세기)에는 농업 기술 발달의 일환으로 녹비법(시비법의 일종)을 활용하여 지력을 회복하였다.

| 오답해설 |
① 이현, 칠패 등에서 물품을 거래한 시기는 조선 후기이다.
③ 고구마는 18세기 영조 때 일본으로부터, 감자는 19세기 청으로부터 도입된 구황 작물이다. 따라서 조선 후기의 일이다.
④ 남초(南草)는 담배이며, 임진왜란 이후에 전래되었다.

| 정답 | ②

| 정답해설 | 밑줄 친 '이 역서'는 15세기 세종 때 서울을 기준으로 만든 최초의 역법서인 『칠정산』 내외편이다. 『농사직설』은 세종 11년(1429) 정초 등이 우리나라 농법을 수록한 최초의 농서로, 삼남 지방 농민들의 실제 경험을 토대로 우리의 실정에 맞는 독자적인 농법을 정리하였다.

| 오답해설 |
① 밭농사에서 2년 3작의 윤작법이 시작된 시기는 고려 시대이다.
② 벼와 보리의 이모작이 전국적으로 확대된 시기는 조선 후기이다.
③ 사료 기록상 우경이 처음 시작된 시기는 신라 지증왕 때이다.

| 정답 | ④

3 수공업 생산 활동

(1) 관영 수공업

① 정비 : 조선은 고려보다 관영 수공업 체제를 잘 정비하였다.

② 공장안(工匠案) : 전문적인 기술자를 공장안에 등록시켜 서울과 지방의 각급 관청에 소속하게 하고, 이들에게 관청에서 필요한 물품을 제작하고 공급하게 하였다.

③ 품목 : 관청에 등록된 장인(匠人, 官匠)들은 의류, 활자 인쇄, 화약, 무기, 문방구, 그릇 등을 제조하여 납품하였다.

　　㉠ 수공업자들은 근무하는 동안에 식비 정도만 지급받았기 때문에 자신의 책임량을 초과한 생산품에 대해서는 세금을 내고 판매하여 가계를 꾸렸다.

　　㉡ 수공업자들은 부역으로 동원되는 기간 이외에는 사적으로 물건을 만들어 팔 수 있었다.

④ 쇠퇴 : 관영 수공업은 16세기에 들어와 부역제(賦役制)가 해이해지고 상업이 발전하면서 점차 쇠퇴하기 시작하였다.

(2) 민영 수공업과 가내 수공업

① 민영 수공업 : 이들은 주로 농민들을 상대로 농기구 등의 물품을 만들어 공급하였고, 양반의 사치품도 생산하였다.

② 가내 수공업 : 농가에서 자급자족의 형태로 생활필수품을 만드는 가내 수공업이 있었다. 의류로서 무명, 명주, 모시, 삼베 등이 생산되었는데 특히 목화 재배가 확대 보급되면서 무명 생산이 점차 증가하였다.

바로 확인문제

● 조선 전기의 수공업에 대한 설명으로 옳지 않은 것은?

① 관장(官匠)들은 공장안에 등록되고 중앙과 지방의 관청에 소속되었다.

② 관장들은 매년 일정 기간 책임량을 제조하여 납품하였다.

③ 대부분의 관장은 관청에서 근무하는 대가로 국가로부터 녹봉을 받았다.

④ 관장의 주요 생산품은 의류, 활자, 무기, 문방구, 그릇 등이었다.

4 상업 활동

(1) 정부의 상업 통제

조선은 고려에 비해 상업 활동에 대한 통제를 강화하였다.

① 시전의 설치 : 한양으로 천도하면서 종로 거리에 상점가를 만들었다. 여기에 개경에 있던 시전 상인을 한양으로 이주시켜 장사하게 하는 대신에 점포세와 상세를 거두었다.

② 시전 상인(市廛商人)의 특권 : 시전 상인은 왕실이나 관청에 물품을 공급하는 대신에 특정 상품에 대한 독점 판매권을 부여받았다.

③ 육의전(六矣廛)의 번성 : 시전 중에서 명주, 종이, 어물, 모시, 삼베, 무명 등을 파는 점포가 가장 번성하였다. 조선 후기에는 이들을 묶어 '육의전'으로 지칭하였다.

④ 경시서의 설치 : 불법적인 상행위(商行爲)를 통제하기 위하여 경시서(京市署)를 두었다.

■ 조선 초 공장(수공업자)의 수
　• 경공장(서울) : 2,800여 명
　• 외공장(지방) : 3,500여 명

|정답해설| 관장은 국역으로 근무하는 동안 식비 정도만을 받았으며, 녹봉을 받는 것은 예외적 현상이었다.

|오답해설|
① 공장안(工匠案)은 장인 명부로서, 모든 장인은 의무적으로 관청에 등록해야 했다.

② 관장은 관청에 소속된 장인으로서, 관청에 책임량을 납품하고, 초과한 생산품에 대해서는 세를 내고 판매하였다.

④ 관장의 주요 생산품은 의류, 활자, 무기, 문방구, 그릇 등이었다.

|정답| ③

❶ 장사꾼이 의복 등속을 판매하며, 심지어는 신, 갓끈, 빗, 바늘, 분(粉) 같은 물품을 가지고 무지한 백성에게 교묘하게 말하여 미리 그 값을 정하고 주었다가 가을이 되면 그 값을 독촉해서 받는다.　　　『세종실록』

❷ 경인년(1470) 흉년 때 전라도 백성들이 서로 모여들어 점포를 만들어 장문(場門: 시장)이라 칭하고, 사람들이 이에 의지하여 목숨을 유지하였다.　　　『성종실록』

❸ 임진왜란 이후 백성들은 정해진 곳 없이 교역으로 생활하는 것이 마침내 풍속이 되었다. …… 각 읍에서 장시가 서는 것이 적어도 3～4곳이 되어 …… 한 달 30일 이내에 시장이 열리지 않는 날이 없다.
　　　『선조실록』

(2) 장시(場市)

① 장시의 발달: 장시는 15세기 후반부터 등장하기 시작하여 서울 근교와 지방에서 농업 생산력의 발달에 힘입어 증가하였다. 16세기 중엽에 이르러서 **전국적으로 확대**되었다.

② 정부의 억제: 농민들이 농업을 버리고 상업에 몰릴 것을 염려한 정부에서는 장시의 발전을 억제하였으나 일부 장시는 정기 시장으로 정착하였다.

③ 활동: 장시에서는 보부상(褓負商)들이 농산물, 수공업 제품, 수산물, 약재 등을 판매하여 유통하였다.

심화　장시의 발달

❶ 등장

　농촌 시장인 장시가 처음 등장한 것은 15세기 말이었다. 15세기 말에는 왜구의 침입으로 황폐해진 해안 지역의 농토가 대부분 개간되고 농업 생산력이 현저히 발달하였다. 특히 넓은 나주평야를 끼고 있으며 서해안에 인접한 나주와 무안 지역은 다양한 물품이 생산되고 생산자들이 이를 자유롭게 처분할 수 있는 여건이 마련되어 있었다.

❷ 발달

　장시는 점차 삼남 전 지역과 경기도 등지로 확산되었고, 출현할 당시 15일이나 10일 간격이던 개시일도 점차 5일 간격으로 조정되었다. 이러한 장시 확산 추세는 18세기에 더욱 두드러져 18세기 중반에는 이미 전국의 장시 수효가 1,000여 곳에 달하게 되었다.

❸ 확산

　장시에서 물건을 매매하는 사람들은 대부분 농민과 수공업자 등 직접 생산자였다. 이들은 먼 거리를 돌아다니는 행상을 통하는 것보다 장시에서 싼값에 사고 비싸게 팔 수 있었다. 그러므로 장시는 몇 개 촌락의 주민이 하루에 왕복하여 교역할 수 있는 교통의 요지에 30～40리의 거리를 두고 확산되었다.

❹ 행상

　장시의 번성으로 행상들의 활동도 더욱 활발해졌다. 이들 행상들은 꽁무니에 짚신 켤레를 매고 이 장 저 장 돌아다니고, 장이 파한 후에는 다음날 다른 장에서 다시 만날 것을 기약하는 생활을 하였다.
　다음 민요는 이렇게 장시를 돌아다니는 행상들의 생활을 잘 보여 주고 있다.

짚신에 감발 치고 패랭이 쓰고	목소리 높여 고래고래 지르며
꽁무니에 짚신 차고 이고 지고	비가 오나 눈이 오나 외쳐 가며
이 장 저 장 뛰어가서	돌도부 장사하고 해질 무렵
장돌뱅이 동무들 만나 반기며	손잡고 인사하고 돌아서네
이 소식 저 소식 묻고 듣고	다음날 저 장에서 다시 보세

단권화 MEMO

■ 고려 시대의 장시

고려 시대에도 부정기적으로 주현시(州縣市)가 열렸다는 기록이 있어 장시는 이로부터 발달한 것으로 볼 수 있다. 15세기에 전라도 무안·나주 등지의 사람들은 큰 흉년을 맞아 스스로 한 달에 두 번 읍내 거리에 시장을 열고 필요한 물건들을 교역하였는데, 이를 장문(場門)이라고 불렀다. 이곳에서 사람들은 가지고 있는 것을 필요한 것으로 교환하여 생계를 도모하였다.

(3) 화폐(貨幣)

① 정부의 노력: 조선 초기 정부는 저화, 조선통보 등을 만들어 유통하려 하였으나 부진하였다.

② 지불 수단: 농민들은 화폐 대신 쌀과 무명을 사용하였다.

(4) 국제 무역

조선은 기본적으로 주변 국가와의 무역을 통제하였다.

① 주변국과의 무역

  ㉠ 명: 사신들이 왕래할 때 하는 공무역과 사무역을 허용하였다.

  ㉡ 여진: 국경 지역에 설치한 무역소를 통하여 교역하였다.

  ㉢ 일본: 동래에 설치한 왜관을 중심으로 무역하였다.

② 사무역: 국경 부근에서 이루어지는 사무역은 엄격하게 감시를 받았는데, 이때 주로 거래된 물화는 무명과 식량이었다.

바로 확인문제

● **조선 시대 시전에 대한 설명으로 옳은 것은?**　　　　12. 지방직 9급

① 신해통공으로 육의전의 금난전권이 폐지되었다.

② 경시서를 두어 시전과 지방의 장시를 통제하였다.

③ 시전은 보부상을 관장하여 독점 판매의 혜택을 오래 누렸다.

④ 국역의 형태로 궁중과 관청에 필요한 물품을 조달할 의무가 있었다.

|정답해설| 시전은 국가나 왕실에서 필요한 물품을 조달하는 대신 특정 물품에 대한 독점 판매권을 가졌다.

|오답해설|

① 신해통공(1791)으로 육의전을 제외한 시전 상인들의 금난전권이 폐지되었다.

② 경시서는 시전 상인들의 불법적 상행위를 관리·감독하였다. 지방 장시는 경시서가 관리하지 않았다.

③ 시전 상인들이 보부상을 관장하지는 않았다.

|정답| ④

● **다음 민요에서 보이는 경제 활동에 대한 조선 전기의 모습을 설명한 것으로 옳지 않은 것은?**　　　　13. 국가직 9급

> 짚신에 감발 치고 패랭이 쓰고
> 꽁무니에 짚신 차고 이고 지고
> 이 장 저 장 뛰어가서
> 장돌뱅이들 동무들 만나 반기며
> 이 소식 저 소식 묻고 듣고
> 목소리 높여 고래고래 지르며
> 　　　……
> 손잡고 인사하고 돌아서네
> 다음날 저 장에서 다시 보세

|정답해설| 제시된 사료에서 "이 장 저 장 뛰어가서 장돌뱅이들 동무들 만나 반기며"의 내용을 통해 보부상과 관련된 내용임을 확인할 수 있다. 조선 전기에 조선통보가 발행되었으나 널리 유통되지는 못하였다.

|정답| ③

① 15세기 후반 이후 장시는 점차 확대되었다.

② 보부상은 장시에서 농산물, 수공업 제품 등을 판매하였다.

③ 정부가 조선통보를 유통시킴으로써 동전 화폐 유통이 활발해졌다.

④ 농업 생산력의 발달에 힘입어 지방에서 장시가 증가하였다.

5 수취 제도의 문란

16세기에 이르러 수취 제도의 운영 과정에서 폐단이 심해지면서 몰락하는 농민이 증가하였다.

(1) 전세의 변화

① 공법의 문제점 발생
   ㉠ 전분 6등법과 연분 9등법은 그 판정과 운영이 복잡하여 현실적으로 시행되기 어려웠다.
   ㉡ 이에 토지 등급이나 풍흉에 관계없이 최저 세율에 의하여 고정적으로 4~6두를 징수하는 방법이 관례화되었다.
② 지주 전호제와 농민의 부담
   ㉠ 16세기 지주 전호제가 확산되면서 농민들 대부분이 소작농으로 전락하였다.
   ㉡ 소작농은 지주에게 지대로 생산량의 2분의 1을 바쳐야 했으므로 농민의 부담이 증가하여 생활이 어려워졌다.

(2) 공납(貢納)의 폐단

① 방납(防納)의 폐단
   ㉠ 공납에서는 중앙 관청의 서리들이 공물을 대신 내고 그 대가를 많이 챙기는 방납이라는 폐단이 나타났다.
   ㉡ 방납이 증가할수록 농민의 부담도 증가하였다.
   ㉢ 공물의 부담을 감당하지 못한 농민이 도망을 하면 그 지역의 이웃이나 친척에게 대신 내게 하였다. 이 때문에 유망 농민이 급증하였다.
② 개선의 시도
   ㉠ 목적 : 농촌 사회를 안정하기 위하여 공납의 폐단을 개선하려는 시도가 있었다.
   ㉡ 수미법(收米法) 주장 : 어떤 지역에서는 공물을 현물 대신 쌀로 걷는 수령도 나타났고, **이이와 유성룡 등은 공물을 쌀로 걷는 수미법을 주장**하기도 하였다.

(3) 군역의 폐단

① 요역(徭役)의 기피
   ㉠ 농민 생활이 점차 어려워지고 요역 동원으로 농사에 지장을 초래하게 되자 농민들이 요역 동원을 기피하였다.
   ㉡ 이에 농민 대신 군인들이 왕릉 축조·성곽 보수 등 각종 토목 공사에 동원되었지만, 군인들도 이런 힘든 요역을 기피하였다.
② 대립과 방군 수포
   ㉠ 대립(代立) : 다른 사람을 사서 군역을 대신하게 하는 대립이 불법적으로 행해졌다.
   ㉡ **방군 수포(放軍收布)** : 장기간 평화가 지속되면서 관청이나 군대에서 군역에 복무해야 할 사람에게 포(布)를 받고 군역을 면제하였다.
   ㉢ 확산 : 이에 군포 징수제가 점차 확산하였다.
③ 군적 수포제(중종 36년, 1541)
   ㉠ 군역 제도 폐해의 심각 : 방군 수포와 대립의 유행으로 군역 제도의 폐해가 심각해졌다.
   ㉡ 군적 수포제 시행 : 정부는 이를 제도화하여 군역 대신 군포를 징수하도록 하였다.

■ **군역 제도의 변천**
보법(保法 : 세조) → 대립(15세기 중엽) → 방군 수포(16세기 초) → 군적 수포제(16세기 중엽) → 군역 폐단의 만연 → 균역법의 실시(영조 26년, 1750) → 군정(軍政)의 문란 → 호포제 실시(흥선 대원군)

■ **군적 수포제**
수령이 관할 지역의 장정으로부터 군포 2필을 징수하여 중앙의 병조에 올리면 이를 군사력이 필요한 지역에 보내 군인을 고용하도록 하는 제도이다.

④ 군적의 부실

  ⊙ 군포 부담의 과중과 군역 기피 현상으로 도망하는 자가 늘어나면서 군적(軍籍)도 부실해졌다.

  ⓛ 각 군현에서는 정해진 액수를 맞추기 위해서 남아 있는 사람에게 부족한 군포를 부담시키자 남아 있는 농민의 생활이 더욱 어려워졌다.

(4) 환곡의 폐단

① 환곡제(還穀制)는 농민 생활을 안정하기 위하여 곤궁한 농민에게 곡물을 빌려주고 10분의 1 정도의 이자를 거두는 제도이다.

② 지방 수령과 향리들이 정한 이자보다 많이 거두어 사적으로 사용하는 폐단(고리대)이 나타났다.

(5) 농민 생활의 악화

이러한 변화 과정에서 농민 생활이 악화되어 각 지방에서 유민이 증가하였다.

① 유민들 중 일부는 도적이 되어 양반들과 중앙 정부로 바치던 물품을 빼앗기도 하였으며, 이들이 도성에까지 출현하는 사건이 일어나기도 하였다.

② 명종 때 황해도와 경기도 일대에서 활동한 임꺽정이 대표적인 인물이었다.

사료　농민 생활의 악화

❶ 백성으로 농지를 가진 자가 없고 농지를 가진 자는 오직 부유한 상인들과 사족(士族)들의 집뿐입니다.
『중종실록』

❷ 근래 도적이 벌떼처럼 일어나 공공연하게 노략질을 하며 양민을 죽이고 방자한 행동을 거리낌 없이 하여도 주현에서 막지 못하고 병사(兵使)도 잡지 못하니 그 형세가 점점 커져서 여러 곳으로 퍼지고 있습니다. 심지어 서울에서도 떼로 일어나 빈집에 진을 치고 밤이면 모였다가 새벽이면 흩어지고 칼로 사람을 다치게 합니다.
『명종실록』

❸ 지방에서 산물을 공물로 바칠 때 (중앙 관청의 서리들이) 공납을 일체 막고 본래 값의 백 배가 되지 않으면 받지도 않습니다. 백성들이 견디지 못하여 세금을 못 내고 도망하는 자가 줄을 이었습니다. 『선조실록』

바로 확인문제

● 다음에서 서술하고 있는 인물에 대한 설명으로 옳은 것은?　14. 지방직 9급

> 이 인물을 중심으로 한 도적 무리는 조선 전기 도적 가운데 그 세력이 가장 컸으며, 명종 14년부터 명종 17년까지 주로 활동하였다. 이들이 거점으로 삼았던 지역은 백정들이 많이 사는 지역과 공물이 운송되며 사신들의 왕래가 빈번하여 농민들의 부담이 무거웠던 역촌(驛村) 지대 및 주변에 갈대밭이 많은 곳 등이었다. 이들은 이러한 곳을 거점으로 약탈·살인·방화를 서슴지 않았다.

① 광대 출신으로 승려 세력과 함께 봉기하여 서울로 들어가려고 하였다.

② 허균이 이 인물을 주인공으로 하여 정치의 부패상을 비판한 소설을 썼다.

③ 황해도를 중심으로 경기·강원·평안·함경도 주변 지역에서 활동하였다.

④ 대동계라는 비밀 결사를 조직하여 새 왕조를 세우려는 역성혁명을 꿈꾸었다.

■ 임꺽정

임꺽정은 양주 지방의 백정이었다. 명종 시기 정치적 혼란과 관리의 부패로 민심이 악화되자, 불평분자들을 규합하여 황해도와 경기도, 강원도 등에서 의적 활동을 했다. 이후 1562년 남치근의 토벌로 체포되어 처형되었다. 조선 후기 실학자 이익은 조선의 3대 도둑으로 홍길동, 임꺽정, 장길산을 들었다.

| 정답해설 | '임꺽정'은 양주 지방의 백정이었다. 명종 시기 정치적 혼란과 관리의 부패로 민심이 악화되자, 불평분자들을 규합하여 황해도와 경기도, 강원도 등에서 의적 활동을 했다. 이후 1562년 남치근의 토벌로 체포되어 처형되었다.

| 오답해설 |
① 숙종 때 광대 출신의 장길산은 승려 세력과 함께 봉기하여 서울로 진격하려고 했다.
② 홍길동에 대한 설명이다.
④ 정여립은 대동계라는 비밀 결사를 조직하여 새 왕조를 세우려는 역성혁명을 꿈꾸었다.

| 정답 | ③

근세의 사회

01 양반 관료 중심의 사회

1 양천(良賤) 제도와 반상(班常) 제도

(1) 양천(良賤) 제도

조선은 사회 신분을 양인과 천민으로 구분하는 양천 제도를 법제화하였다.

① 양인(良人): 양인은 과거에 응시하고 벼슬길에 오를 수 있는 자유민으로서, 조세·국역 등의 의무를 지녔다. 양인은 다시 직업·가문·거주지 등에 따라 양반·중인·상민으로 구분되고 이에 따른 사회적 역할 분담이 이루어지고 있었다.

② 천민(賤民): 천민은 비자유민으로서, 개인이나 국가에 소속되어 천역을 담당하였다.

■ 양천 제도
양천 제도는 갑오개혁(1894) 이전까지 조선 사회를 지탱해 온 기본적인 신분 제도였다.

(2) 반상(班常) 제도

① 운영: 실제로 조선의 사회 신분은 양천제의 원칙에만 입각하여 운영되지는 않았다.
　㉠ 관직을 가진 사람을 의미하던 양반은 세월이 흐를수록 하나의 신분으로 굳어졌다.
　㉡ 양반 관료들을 보좌하던 중인도 신분층으로 정착되었다.

② 4신분제: 지배층인 양반과 피지배층인 상민 간의 차별을 두는 반상 제도가 일반화되었고, 양반·중인·상민·천민의 신분 제도가 점차 정착되었다.

(3) 신분 이동

① 조선 시대는 엄격한 신분제 사회였으나 부분적으로 신분 이동이 가능하였다.

② 법적으로 양인이면 누구나 과거에 응시하여 관직에 진출할 수 있었고, 양반도 죄를 지으면 노비가 되거나 경제적으로 몰락하여 중인이나 상민이 되기도 하였다.

③ 조선 사회는 고려 사회에 비하여 개방적이었지만 지배층인 양반과 중인, 피지배층인 상민과 천민이 존재하는 점에서 아직 신분 사회의 틀을 벗어난 것은 아니었다.

바로 확인문제

● **조선 전기의 신분 제도에 대한 설명으로 옳지 않은 것은?**　　　13. 국가직 7급

① 공노비는 유외(流外)잡직으로 불리는 하급 기술관직을 가질 수 있었다.
② 서얼은 『경국대전』에 의해 문과 응시가 가능했지만, 실제로는 제약을 받았다.
③ 지위가 높은 문무 관원의 자손에게는 음서와 대가(代加) 등의 혜택이 주어졌다.
④ 국역 노동이 끝난 공장(工匠)들은 시장을 상대로 필요한 물품을 만들어 판매하여 이득을 취하였다.

|정답해설| 『경국대전』 규정에 의하면 서얼은 문과 응시가 법적으로 불가능하였다.

|정답| ②

2 양반(兩班)

(1) 의미

양반은 본래 문반과 무반을 아울러 부르는 명칭이었다. 그러나 양반 관료 체제를 점차 정비하면서 문·무반직을 가진 사람뿐만 아니라 그 가족이나 가문까지도 양반으로 부르게 되었다.

(2) 양반의 수적 증가 억제(특권 유지책)

① 목적 : 일단 지배층이 된 양반 사대부들은 자신들의 기득권을 지키기 위하여 지배층이 더 이상 늘어나는 것을 막기 위한 조치들을 취하였다.
② 양반의 제한 : 문무 양반의 관직을 받은 자들만 사족(士族)으로 인정하였다.
③ 한품서용제
　　㉠ 조선 초기에 신분 제도와 관직 제도가 정비됨에 따라 신분과 직종에 따른 한품서용제가 정착되었다.
　　㉡ 기술관 및 양반의 서얼은 정3품 당하관, 토관(土官) 및 향리는 정5품, 서리는 정7품을 한품으로 규정하였다.
④ 서얼차대
　　㉠ 태종 15년(1415)에 서얼들의 청요직 진출을 제한하였다(한품서용).
　　㉡ 성종 때 반포된 『경국대전』에는 서얼의 문과 응시 금지(서얼금고법) 및 한품서용 규정이 명시되었다.

■ 사족
사대부지족의 준말로서, 조선 시대 지배계층과 항촌 사회의 지배층을 말한다.

■ 한품서용
관계의 승진에 출신 신분에 따른 한계를 두는 제도이다.

> **사료**　서얼금고법에 대한 비판
>
> 서얼 자손에게 과거와 벼슬을 못하게 한 것은 우리나라의 옛 법이 아니다. 『경제육전(經濟六典)』을 살피건대, 1415년(명나라 영락 13)에 중국 명나라의 우대언 서선 등이 서얼 자손에게는 높은 벼슬을 주지 말아서 그것으로 적서(嫡庶)를 구별하자고 하였다. 이것으로 보건대 1415년 이전에는 현직도 주었는데, 그 이후로는 과거를 문무 양반에게만 허가하였다. 이후 『경국대전』을 편찬한 뒤부터 비로소 벼슬길을 막았으니, 지금까지 100년이 채 못 된다. 세상천지에 땅에 자리 잡고 나라라고 이름한 것이 어찌 일백 개 정도만 되겠는가마는 벼슬길을 막는 법이 있다는 것을 아직 듣지 못하였다. 　　　　　　　　　『패관잡기』

(3) 생활

① 관직의 독점 : 양반은 토지와 노비를 많이 소유하고 과거(科擧)·음서(蔭敍)·천거(薦擧) 등을 통하여 국가의 고위 관직을 독점하였다.
② 경제·정치의 주체 : 양반은 경제적으로는 지주층이며 정치적으로는 관료층이었다.
③ 근로의 천시 : 생산에는 종사하지 않고 오직 현직 또는 예비 관료로 활동하거나 유학자로서의 소양과 자질을 닦는 데 힘썼다.

(4) 특권

① 특권의 제도화 : 조선은 각종 법률과 제도로써 양반의 신분적 특권을 제도화하였다.
② 국역의 면제 : 양반은 각종 국역(國役)을 면제받을 수 있었다.

(5) 양인의 분화 현상

양반(兩班)이 하나의 사회 신분으로 고정되어 가면서 양인(良人)은 점차 양반·중인·상민으로 분화되었다.

■ 「조선고평생풍속도(朝鮮古平生風俗圖)」

관리가 말을 탄 채 하인들과 함께 집으로 돌아오는 모습이 나타나 있다.

심화　선비의 하루

- 새벽 2~4시: 기상(여름철), 앎과 느낌을 계발하는 공부
- 4~6시: 기상(겨울철), 새벽 문안, 뜻을 세우고 몸을 공경히 하는 공부
- 6~8시: 자제들에게 글을 가르침, 독서와 사색
- 8~10시: 식사, 마음을 가다듬고 고요히 살핌
- 10~12시: 손님 접대, 독서
- 정오~오후 2시: 일꾼들을 살핌, 친지에게 편지, 경전과 역사서 독서
- 2~4시: 독서 또는 사색, 여가를 즐기거나 실용 기술을 익힘
- 4~6시: 식사, 여유 있는 마음으로 독서, 성현의 기상을 본받는 묵상
- 6~8시: 가족과 일꾼의 일을 점검함, 자제들 교육
- 8~10시: 일기, 장부 정리, 자제 교육, 우주와 인생 및 자기 행동에 대한 묵상
- 10~12시: 수면, 심신을 안정시키고 원기를 배양함
- 자정~새벽 2시: 깊은 잠, 밤기운으로 심신을 북돋움

『일용지결』

3 중인(中人)

(1) 의미

① 넓은 의미
　㉠ 양반과 상민의 중간 신분 계층을 뜻한다.
　㉡ 독립된 신분층의 성립: 넓은 의미의 중인은 15세기부터 형성되어 조선 후기에 이르러 하나의 독립된 신분층을 이루었다.
② 좁은 의미: 기술관만을 의미한다.

(2) 구분

① 서리·향리·기술관: 중앙과 지방에 있는 관청의 서리와 향리 및 기술관은 직역을 세습하고 같은 신분 안에서 혼인하였으며 관청 가까이 거주하였다.
② 서얼(庶孽): 중인과 같은 신분적 처우를 받았으므로 '중서(中庶)'라고도 불리었다. 이들은 문과에 응시하는 것이 금지되었고 간혹 무관직에 등용되었다.

(3) 사회적 지위

중인은 양반들로부터 멸시(蔑視)와 하대(下待)를 받았으나 대개 전문 기술이나 행정 실무를 담당하였으므로 나름대로 행세할 수 있었다.

① 역관(譯官): 사신을 수행하면서 무역에 관여하여 이득을 보았다.
② 향리(鄕吏): 토착 세력으로서 수령을 보좌하면서 위세를 부리기도 하였다.

사료　중인에 대한 차별

성종 13년(1482) 4월 신해 사헌부 대사헌 채수가 아뢰었다. "어제 전지를 보니 통역관·의관을 권장하고 장려하고자 능통하고 재주가 있는 자는 동서 양반에 발탁하여 쓰라고 특별히 명령하셨다니 듣고 놀랐습니다. 무릇 벼슬에는 높고 낮은 것이 있고 직책에는 가볍고 무거운 것이 있습니다. 무당·의관·약사·통역관은 사대부의 반열에 낄 수 없습니다. 의관·역관 무리는 모두 미천한 계급 출신으로서 사족이 아닙니다.

『성종실록』

사료 원악향리(元惡鄕吏)의 처벌에 대한 법률

형조에서 아뢰기를, "이제부터 향리(鄕吏)로서 백성을 침해하여 노역형에 해당하는 죄(罪)를 범한 자는 청컨 대 곤장으로 볼기를 치는 형벌을 집행한 뒤에 영구히 그 도(道)의 후미지고 피폐한 역(驛)에 역리(驛吏)로 귀 속시키고, 유배형에 해당하는 죄를 범한 자는 볼기를 치는 형벌을 집행한 뒤에 영구히 다른 도의 후미지고 피폐한 역에 역리로 귀속시키소서. 백성을 침해한 향리를 사람들이 고발할 수 있게 허락하고, 고발당한 향리 를 즉시 심리하지 않는 관리도 아울러 법조문에 따라 죄를 부과하도록 하소서." 하니, 그대로 따랐다.

『세종실록』

4 상민(常民)

(1) 의미

① 평민·양인으로도 불리는 상민은 백성의 대부분인 농민·수공업자·상인을 말한다.

② 조선은 농본 억상(農本抑商) 정책을 취하였기 때문에 수공업자나 상인은 농민보다 아래에 위치하였다.

(2) 과거 응시 및 신분 상승

① 법적 허용: 상민이 과거에 응시하는 것을 법적으로 금지하지 않았지만 과거 준비에는 많은 시간과 비용이 들었으므로 이들이 과거에 응시하는 것은 매우 어려웠다.

② 군공의 포상: 전쟁이나 비상시에 군공을 세우는 등의 경우가 아니면 상민의 신분 상승 기회는 그리 많지 않았다.

(3) 구분

① 농민: 대부분의 농민은 조세·공납·부역 등의 의무를 지고 있었다. 이러한 조세는 때에 따라 농민들의 생계를 위협할 정도로 과중하였다.

② 수공업자: '공장(工匠)'으로 불리며 관영이나 민영 수공업에 종사하였다. 이들에게는 공장세를 부과하였다.

③ 상인: 시전 상인과 보부상 등이 있었는데, 국가의 통제 아래에서 상거래에 종사하였으며, 상인세를 부과하였다.

④ 신량역천(身良役賤)
　　㉠ 양인 중에서 천역을 담당하는 계층을 말한다.
　　㉡ 칠반천역(七班賤役)이라 하여 힘든 일에 종사한 일곱 가지 부류이다.

5 천민(賤民)

(1) 구성

① 천민 중에서 대부분을 차지하는 것은 노비이다.

② 백정·무당·창기·광대 등도 천민으로 천대받았다.

(2) 노비의 지위

① 비자유민: 노비는 비자유민으로서 교육받거나 벼슬길에 나아갈 길이 막혀 있었다.

② 재산 취급: 노비는 재산으로 취급되었으므로 매매·상속·증여의 대상이었다.

■ **신량역천**

본래의 신분은 양인이지만 사회적으로 천시되는 역을 부담하였던 일종의 조건부 양인이었다. 이들의 수효는 그리 많지 않으며 15세기 말에 대부분 양인이 되었다. 보통 신량 7천(칠반천역)이 대표적으로 언급되는데, 조례(관청의 잡역 담당), 나장(형사 업무 담당), 조군(조운선의 사공), 수군, 봉수군, 역보(역졸), 일수(지방 관아에 소속되어 심부름 등 잡무에 종사하던 사람) 등이 있다.

③ 노비의 신분 세습
　　㉠ 일천즉천(一賤則賤)의 원칙 : 부모 중 한쪽이 노비일 경우 그 소생 자녀도 자연히 노비가 되는 제도가 일반적으로 시행되었다.
　　㉡ 천자수모법(賤子隨母法)의 원칙 : 부모 소유주가 각각 다를 때 그 자녀는 모(母)의 소유주 재산으로 간주하였다.
　　㉢ 원칙적으로 양천교혼(良賤交婚)은 금지되었다.

(3) 공·사노비

조선 시대도 고려와 마찬가지로 국가에 속한 공노비와 개인에게 속한 사노비가 있었다.

① 공노비(公奴婢)
　　㉠ 국가에 신공을 바치거나 관청에 노동력을 제공하였고, 나이 60세가 되면 신공을 면해주었다. 또한 유외잡직(流外雜職)이라는 하급 기술직에 임명될 수 있었다.
　　㉡ 각 관청에서 노동력을 제공하는 입역 노비와 관청 바깥에 거주하면서 신공을 바치는 외거 노비가 있었다.
② 사노비(私奴婢)
　　㉠ 주인집에서 함께 사는 솔거 노비와 주인과 떨어져 독립된 가옥에서 사는 외거 노비가 있었다.
　　㉡ 사노비는 솔거 노비보다 외거 노비가 다수였다.
　　㉢ 외거 노비는 주인에게 정기적으로 신공을 바치거나 주인으로부터 사경지(私耕地)를 받아 그 수확을 자신이 차지하여 재산을 축적하기도 하였다.

바로 확인문제

● 밑줄 친 '이들'에 해당하는 것은?
22. 지방직 9급

> 이들의 과거 응시와 벼슬을 제한한 것은 우리나라의 옛법이 아니다. 그런데 『경국대전』을 편찬한 뒤부터 이들을 금고(禁錮)하였으니, 아직 백 년이 채 되지 않았다. 또한 다른 나라에 이러한 법이 있다는 말은 듣지 못했다. 경대부(卿大夫)의 자식인데 오직 어머니가 첩이라는 이유로 대대로 이들의 벼슬길을 막아, 비록 훌륭한 재주와 쓸 만한 자질이 있어도 이를 발휘할 수 없게 하였으니, 참으로 안타깝다.

　① 향리　　　　　② 노비　　　　　③ 서얼　　　　　④ 백정

● 〈보기〉의 (갑)은 조선 시대 신분층에 대한 설명이다. (갑)에 대한 내용으로 옳지 않은 것은?
18. 3월 서울시 7급

> ┤ 보기 ├
> 무릇 (갑)의 매매는 관청에 신고해야 하며 사사로이 몰래 사고팔았을 때는 관청에서 (갑)과 그 대가로 받은 물건을 모두 몰수한다. 나이 16세 이상 50세 이하는 값이 저화 4천 장이고, 15세 이하 50세 이상은 3천 장이다.
> 『경국대전』

　① 재산으로 취급되어 매매나 상속의 대상이 되었다.
　② 부모 모두가 (갑)일 경우에만 그 자녀도 (갑) 신분이 되었다.
　③ 주인과 떨어져 독립된 생활을 할 때는 신공(身貢)을 바치기도 하였다.
　④ 국가에 소속된 경우 관청의 잡무 처리와 물품 제작에 참여하였다.

■ **신공(身貢)**
조선 시대 공·사노비는 소속 관서 또는 상전에 매년 물품을 바쳐야 했다.

| 정답해설 | 제시된 사료의 "금고(禁錮, 사회적 차별)", "어머니가 첩이라는 이유만으로 이들의 벼슬길을 막아"라는 표현을 통해 밑줄 친 '이들'이 서얼임을 알 수 있다.

| 정답 | ③

| 정답해설 | (갑)은 노비이다. 『경국대전』에 수록된 노비의 신분 세습은 일천즉천의 원칙이 적용되어 부모 중 한 명만 노비여도 그 자식들은 모두 노비가 되었다.

| 정답 | ②

02 사회 정책과 사회 시설

1 사회 정책

(1) 목적

조선은 기본적으로 농본 정책을 실시하여 농민의 안정을 꾀하였다. 성리학적 명분론에 입각한 사회 신분 질서의 유지와 농민의 생활 안정이 가장 중요한 과제였기 때문이었다.

(2) 실시 배경

① 피역(避役) 저항 : 당시 농민들은 무거운 조세와 요역의 부담으로 고통을 받고 있었으며, 관리 또는 양반 지주들에게 수탈을 당하기 일쑤였다. 그로 인해 이들은 전호(佃戶)가 되거나, 노비나 유민이 되어 자신에게 부과된 역(役)을 피하였다.
② 재정의 불안정 : 이러한 농민의 몰락은 곧바로 국가의 안정과 재정의 근간을 위협하는 요소였으므로 농민의 생활을 안정하기 위한 여러 가지 방안을 강구하였다.

2 사회 제도

(1) 소극적 정책

농민이 토지로부터 이탈하는 것을 막기 위하여 실시하였다.

① 국가는 양반 지주들의 토지 겸병을 억제하였다.
② 농번기에 안정적으로 농사에 전념할 수 있도록 농민을 잡역에 동원하지 못하게 하였다.
③ 각종 재해·흉년을 당한 농민에게는 조세를 덜어 주기도 하였다.

(2) 적극적 정책

① 의창과 상평창 : 농민 생활이 어려움에 처할 때 국가에서는 의창과 상평창을 통해 환곡을 실시하였다.
② 환곡제(還穀制) : 국가 기관에서 운영하였다.
　㉠ 춘궁기에 양식과 종자를 빌려준 뒤에 추수기에 회수하는 제도이다.
　㉡ 본래 의창에서 담당하였지만 의창은 빌려준 원곡만을 받았기 때문에 곧 원곡이 부족하게 되었다.
　㉢ 그리하여 물가 조절 기관인 상평창에서 맡아 모곡(耗穀)이라 하여 원곡(元穀)의 소모분을 감안한 10%의 이자를 거두었다.

(3) 사창제(社倉制)

사창제는 환곡제와 달리 주민 자치적으로 운영하였다. 세종 때 향촌 사회에서 자치적으로 실시하였으며, 양반 지주들이 향촌의 농민 생활을 안정하여 양반 중심의 향촌 질서를 유지하기 위한 제도였다.

(4) 의료 시설

① 혜민국 : 수도권 안에 거주하는 서민 환자의 구제와 약재 판매를 담당하였다.
② 제생원 : 지방민의 구호 및 진료를 담당하였다.
③ 동·서 활인서 : 도성 내 유랑자의 수용과 구휼을 담당하였다(고려 시대의 동·서 대비원 계승).

■ 사창의 기능
사창은 원래 향약과 더불어 향촌 사회를 안정하기 위하여 지방의 양반 지주층이 운영하던 것이었다. 양반 지주층은 각종 재난에 대비하여 향약·사창·동약 등의 향촌 규약을 제정하였다. 이를 통해 한편으로는 향촌 사회를 통제하면서 다른 한편으로는 농민 생활을 안정하고자 하였다.

■ 혜민국
태조 원년(1392)에 고려의 제도를 계승하여 혜민고국을 설치하였다. 이후 태종 14년(1414)에 혜민국이라 하였다가, 세조 12년(1466)에 혜민서로 개칭되었다.

- 굶주린 사람 중 나이가 많거나 병이 들어 관아에 나와 환곡을 직접 받아 갈 수 없는 사람은 가져다줄 것
- 모자라는 구휼의 곡식을 보충하기 위해서 산나물 등을 많이 캐어 먹도록 할 것
- 여러 날 굶주린 사람에게 간장 물을 마시게 하면 즉사하므로, 먼저 죽물을 식혀서 천천히 먹여 허기를 면하게 한 다음 밥을 줄 것
- 깊은 산골과 외떨어진 곳의 굶주린 사람을 먼저 살필 것 『세종실록』

(5) 사회 시설의 한계성

이러한 사회 시설은 당시의 농민 문제에 대한 근본적인 대책일 수는 없었다.

① 최소한의 생활 보장: 농민에게 최소한의 생활을 보장해 줌으로써 농토에서의 농민 유망(流亡)을 방지하기 위한 미봉책에 불과하였다.

② 농민 통제책: 정부는 농민들을 효과적으로 통제하기 위하여 **오가작통법(五家作統法)**과 호패법(號牌法)을 적극적으로 실시하여 농토로부터 농민의 이탈을 막고자 하였다.

■오가작통법
다섯 집을 하나로 묶어 '통'이라 부르는 제도이다. 어려운 일이 생기면 서로 보살피게 할 목적이라고 하였으나, 실질적으로는 농민의 도망을 막기 위한 통제책이었다.

3 법률 제도

(1) 법률 체제

관습법으로 사회 질서를 유지한 고려 시대와 달리 조선 시대에는 『경국대전』과 『대명률』로 대표되는 법전에 의해 형벌(刑罰)과 민사(民事)에 관한 사항을 규율하였다.

① 형법(刑法)
　㉠ 『대명률(大明律)』: 『경국대전』의 법 조항이 매우 소략한 것이어서 형벌에 관한 사항은 주로 『대명률』의 적용을 받았다.
　㉡ 반역죄와 강상죄의 처벌: 범죄 가운데 가장 무겁게 취급된 것은 반역죄(反逆罪)와 강상죄(綱常罪)였다.
　　• 반역죄와 강상죄의 경우 범인은 물론 부모·형제·처자까지도 함께 처벌하는 연좌제(緣坐制)를 시행하였다.
　　• 심한 경우에는 범죄가 발생한 고을의 호칭이 강등(降等)되었다.
　　• 고을의 수령은 낮은 근무 성적을 받거나 파면되기도 하였다.
② 형벌: 태·장·도·유·사 5종을 기본으로 시행하였다.
③ 민법(民法)
　㉠ 관습법에 의한 처리: 민사에 관한 사항은 제반 소송의 재판권을 가지고 있는 관찰사와 수령 등 지방관이 관습법에 따라 처리하였다.
　㉡ 소송의 주류: 초기에는 노비와 관련된 소송이 많았으나 나중에는 남의 묘지에 자기 조상의 묘를 쓰는 데에서 발생하는 산송(山訟)이 주류를 이루었다.
　㉢ 종법(宗法)의 적용: 상속은 종법에 따라 이루어졌으며, 조상의 제사와 노비 상속을 중요시하였다.
　㉣ 물권(物權) 개념의 발달: 물건에 대한 소유권과 토지의 소유권 관념이 고려 시대에 비하여 발달하였다.

■『대명률(大明律)』
명의 기본 법전으로 태·장·도·유·사의 5형 형벌 체제인 당률(唐律)을 계승하면서 자자(刺字: 글자로 문신을 새기는 일)와 능지처사(凌遲處死) 같은 극형을 추가하였다.

■『주자가례(朱子家禮)』 중시
상장제례(喪葬祭禮)에 관한 소송 및 다툼은 유교적 기본 원리에 의해 판결하였다.

■종법(宗法)
종법은 조선 가족 제도의 토대였으며, 가족 윤리를 중시하는 조선 사회를 지탱한 중요 원리 중 하나이다.

(2) 사법 기관 및 재판 과정

① 사법 기관: 조선의 사법 기관은 행정 기관과 명확히 구분되지 않았다.

ⓐ 중앙(中央)
- 사헌부, 의금부, 형조: 관리의 잘못이나 중대한 사건의 재판을 담당하였다.
- 금부삼복법(禁府三覆法): 의금부에서 사죄(死罪)의 삼심을 관장하고, 재심을 할 경우는 의정부에서 관장하였다.
- 한성부: 수도의 치안 및 토지·가옥 소송을 담당하였다.
- 장례원: 노비 문서 및 노비 범죄를 관장하였다.

ⓑ 지방(地方): 관찰사와 수령이 각각 관할 구역 내의 사법권을 행사하였다.

② 재판 과정

ⓐ 재판에 불만이 있을 경우에는 사건의 내용에 따라 다른 관청이나 상부 관청에 소송을 제기할 수도 있었다.

ⓑ 신문고나 징을 쳐서 임금에게 직접 호소하는 방법도 있었으나 일반적으로 시행되지는 않았다(격쟁·상언).

ⓒ 이러한 제도들은 백성의 억울함을 해결해 줌으로써 이들이 안심하고 생업에 종사할 수 있도록 하는 데 그 목적이 있었다.

바로 확인문제

● 다음 글을 토대로 조선 시대의 법률 운영에 대하여 바르게 설명한 것을 〈보기〉에서 고른 것은?

> 원통하고 억울한 일을 고소하고자 하는 자는, 소장을 중앙이면 주관하는 관원에 제출하고, 지방이면 관찰사에게 제출한다. 그러고도 억울한 일이 있으면 사헌부에 고소하고 또 원통하고 억울한 일이 있으면 신문고(申聞鼓)를 친다.
>
> 『경국대전』, 형전

┌─ 보기 ┐
ㄱ. 재판에는 항소 과정이 있었다.
ㄴ. 지방에서는 수령이 사법권도 행사하였다.
ㄷ. 사헌부는 수도의 일반 행정과 소송을 담당하였다.
ㄹ. 최후의 항고·직접 고발 시설로 신문고를 운영하였다.

① ㄱ, ㄴ, ㄷ 　② ㄱ, ㄴ, ㄹ 　③ ㄴ, ㄷ, ㄹ 　④ ㄱ, ㄴ, ㄷ, ㄹ

|오답해설|
ㄷ. 사헌부는 관리 감찰 기능을 담당하였다. 수도의 일반 행정과 소송을 담당한 기구는 한성부이다.

|정답| ②

03 향촌 사회의 조직과 운영

1 향촌 사회의 모습

(1) 향촌의 구성

① 향촌은 중앙과 대칭되는 개념으로 지방 행정 구역을 의미한다.

    ㉠ 향(鄕) : 행정 구역상 군현의 단위를 말한다.

    ㉡ 촌(村) : 촌락이나 마을을 의미한다.

② 군현제의 정비

    ㉠ 지방관 파견 : 조선 초기에 군현제가 정비되면서 전국을 8도로 나누고 그 아래 부·목·군·현을 두어 각각 중앙에서 지방관을 파견하였다.

    ㉡ 지방 자치 : 군·현 밑에는 면·리(里) 등을 설치하였으나 중앙에서 관리가 파견되지는 않았다.

(2) 사족(士族)의 향촌 지배

향촌 사회에서 지주로서 농민을 지배하고 있던 계층은 사족(士族)들이었다.

① 유향소(留鄕所) : 지방 자치를 위하여 설치한 기구가 유향소이다. 수령을 보좌하고 향리를 감찰하며 향촌 사회의 풍속을 바로잡기 위한 기구이다.

② 경재소(京在所) : 중앙 정부가 현직 관료로 하여금 연고지의 유향소를 통제하게 하는 제도로서, 중앙과 지방의 연락 업무를 맡았다. 유향소와 경재소는 고려 시대 사심관 제도가 분화·발전한 것이다.

③ 유향소의 변경 : 경재소가 혁파되면서(1603), 유향소는 **향소**(鄕所) 또는 **향청**(鄕廳)으로 그 명칭이 변경되고 향촌 질서 역시 변화하였다. 향소의 구성원인 사족들은 향안(鄕案)을 작성하고 향규(鄕規)를 제정하였다.

    ㉠ 향안 : 향촌 사회의 지배층인 지방 사족의 명단으로서 임진왜란 전후의 시기에 각 군현마다 보편적으로 작성하였다.

    ㉡ 향규 : 향안에 이름이 오른 사족들은 그들의 총회인 향회를 통하여 자신들의 결속을 다지고 지방민을 통제하였다. 이들 향회의 운영 규칙은 향규라고 하였다.

2 촌락의 구성과 운영

(1) 촌락의 구성

① 자연촌(自然村) : 촌락은 농민 생활의 기본 단위일 뿐만 아니라 향촌을 구성하는 기본 단위로 자연촌으로 존재하면서 동·리(里)로 편제된 조직이다.

    ㉠ 면리제 : 정부는 조선 초기에 자연촌 단위의 몇 개 리(里)를 면으로 묶은 면리제와 17세기 중엽 이후에는 오가작통제를 통하여 촌락 주민에 대한 지배를 원활히 하고자 하였다.

    ㉡ 오가작통제 : 서로 이웃하고 있는 다섯 집을 하나의 통으로 묶고 여기에 통수를 두어 통내를 관장하게 한 제도이다.

■ **향촌의 구성**
대개의 향촌에서는 두서너 개의 씨족이 서로 인척 관계를 맺고 있었으며, 양반·평민·천민이 섞여 살았다.

② 반촌과 민촌: 조선 시대에 신흥 사족이 향촌 지역으로 이주하면서 향촌 사회에는 수로 양반들이 거주하는 반촌(班村)과 평민들이 거주하는 민촌(民村)이 나타났다.
　㉠ 반촌: 동성의 특정 성씨만이 아니라 친족·처족·외족의 동족으로 구성되어 다양한 성씨가 거주하다가 18세기 이후에 동성 촌락(同姓村落)으로 발전하였다.
　㉡ 민촌: 대부분 평민과 천민으로 구성되었으며 다른 촌락에 거주하는 지주의 소작농으로 생활하였다. 민촌도 18세기 이후에 그 신분 구성이 변하여 구성원 가운데 다수가 신분 상승을 이루었다.

(2) 촌락의 운영

① 동계(洞契)·동약(洞約)
　㉠ 목적: 사족들은 동계·동약을 조직하여 촌락민들에 대한 지배력을 신분적으로 강화하고자 하였으며, 지주제를 통하여 사회적·경제적 지배를 관철시켰다.
　㉡ 전환: 동계·동약에는 대체로 사족들만이 참여하다가 임진왜란 이후 양반과 평민층이 함께 참여하는 상하 합계의 형태로 전환하였다.
② 두레·향도: 촌락의 농민 조직으로 두레와 향도가 있었다.
　㉠ 두레: 공동 노동의 작업 공동체였다.
　㉡ 향도: 불교와 민간 신앙 등의 신앙적 기반과 동계 조직과 같은 공동체 조직의 성격을 모두 띠는 것으로서, 주로 상을 당하였을 때나 어려운 일이 생겼을 때 서로 돕는 활동을 하였다(상두꾼).
③ 향도계·동린계
　㉠ 성격: 일반 백성들은 농촌에서 자생적인 생활 문화 조직을 만들었다.
　㉡ 배경: 이러한 현상은 양난을 거치면서 향촌의 사회적·경제적 변화와 함께 사족 지배 체제가 동요를 일으키게 됨으로써 가능하였다.

3 촌락의 풍습

(1) 석전(石戰)의 거행

① 조선 초기에는 상무 정신을 기르기 위하여 전부터 이어 오던 석전이라고 부르는 돌팔매 놀이를 자주 거행하였으며 국왕도 이를 관전할 정도였다.
② 뒤에는 이 행사로 말미암은 사상자가 속출하여 국법으로 이를 금하였으나, 민간 풍습으로 계속 이어졌다.

(2) 농민들의 생활 풍습 유지 노력

① 이단, 음사
　㉠ 양반 사족들은 향도계·동린계 등의 자생적인 생활 문화 조직들을 음사(淫祀)라 하여 금지하였다.
　㉡ 사족들은 향사례(鄕射禮)와 향음주례(鄕飮酒禮)에 따라 마을의 전통적 풍습을 유교권으로 흡수하고자 하였다.
② 대다수의 농민들은 자신들의 생활 풍습을 지키려고 노력하였다.

● 조선 전기 향촌에 관한 설명 중 옳지 않은 것은?

① 양반 사족들은 향도계·동린계 등에 적극적으로 참여하였다.

② 향촌 사회는 반촌과 민촌으로 분화되었다.

③ 촌락의 농민 조직으로 두레와 향도가 있었다.

④ 사족들은 향사례와 향음주례를 중시하였다.

단권화 MEMO

|정답해설| 양반 사족들은 향촌의 자생적 공동체 조직인 향도계와 동린계를 이단 혹은 음사로 배척하였다.

|정답| ①

04 성리학적 사회 질서의 강화

1 예학과 족보의 보급

(1) 예학(禮學)

① **명분론 강조**: 성리학은 신분제 사회 질서를 유지하기 위하여 상하 관계를 중시하는 명분론을 강조하였다.

② **성립**: 예학은 양반들이 성리학적 도덕 윤리를 강조하면서 신분 질서의 안정을 추구하고자 성립한 학문이다.

③ **덕목**: 삼강오륜을 기본 덕목으로 강조하였다. 삼강오륜은 현실적으로 가부장적 종법 질서로 구현되어 성리학 중심의 사회 질서 유지에 많은 기여를 하였다.

④ **보급**: 사림은 향약을 시행하고 도덕과 예학의 기본 서적인 『소학』을 보급하여 향촌 사회에 대한 지배력을 강화하였다. 아울러 가묘(家廟)와 사당(祠堂)을 건립하여 성리학적 사회 질서를 유지하고자 하였다.

⑤ **발전**: 사림들이 신분 질서의 안정에 필요한 의례 형식을 중요시함으로써, 상장 제례에 관한 예학이 발달하였다.

⑥ **예학자**: 김장생이 『가례집람』을, 정구가 『오선생예설분류』를 편찬하였다.

⑦ **영향**

ⓐ **폐단**: 지나치게 형식에 사로잡힌 감이 있고, 사림 간의 정쟁의 구실로 이용되기도 하였으며, 양반 사대부의 신분적 우월성을 강조하는 데 이용되었다.

ⓑ **공헌**: 가족과 종족 상호 간의 상장 제례의 의식을 바로잡고, 유교주의적 가족 제도를 확립하는 데 기여하였다.

(2) 보학(譜學)

① **필요성**: 양반 사림들은 가족과 친족 공동체의 유대를 통해서 문벌을 형성하고 양반으로서의 신분적 우위를 확보하고자 하였다.

② **발전**: 이 때문에 가족의 내력을 기록하고 그것을 암기하는 보학이 발전하였다.

■ **예학**

도덕 윤리를 기준으로 하는 형식 논리를 중시하였고, 명분 중심의 가치를 강조하였다.

■ **종법적 가족 제도**

가부장제를 바탕으로 친족 체제를 대종(大宗)과 소종(小宗)으로 나누어 적(嫡)·서(庶)로 구분함과 동시에 동성불혼(同姓不婚), 이성불양(異姓不養), 장자 상속과 자녀 차등 상속 및 대가족 제도 등을 내용으로 하는 유교주의 가족 제도를 말한다.

③ 기능

　㉠ 예학이 종족 내부의 의례를 규정하는 것이라면, 보학은 종족의 종적인 내력과 횡적인 종족 관계를 확인해 주는 기능을 하였다.

　㉡ 족보를 통해서 안으로는 종족 내부의 결속을 다졌고, 밖으로는 다른 종족이나 하급 신분에 대하여 우월 의식을 가질 수 있었다.

　㉢ 족보는 결혼 상대자를 구하거나 붕당을 구별하는 데 중요한 자료로 활용되었다.

　㉣ 족보의 편찬과 보학의 발달은 조선 후기에 더욱 활발해짐으로써 양반 문벌 제도를 강화하는 데 도움을 주었다.

■ 『안동 권씨 성화보』
성종 7년(1476)에 편찬한 안동 권씨 족보로, 현재 남아 있는 가장 오래된 족보이다.

사료　족보의 의미(『안동 권씨 성화보』 서문)

내 생각컨대 옛날에는 종법이 있어 대수(代數)의 차례가 잡히고 적자와 서자의 자손이 구별 지어져 영원히 알 수 있었다. 종법이 없어지고서는 족보가 생겨났는데, 무릇 족보를 만듦에 있어 반드시 그 근본을 거슬러 어디서부터 나왔는가를 따지고 그 이유를 자세히 적어 그 계통을 밝히고 친함과 친하지 아니함을 구별하게 된다. 이로써 종족 간의 의리를 두터이 하고 윤리를 바르게 할 수 있었다. …… 우리 동방은 예부터 종법도 없고 보첩도 없었다. 그리하여 아무리 문벌이 좋고 번성한 집안이라 해도 가승(家乘)이라는 것이 전혀 없다 보니 겨우 몇 대만 내려가도 고조와 증조와 조부와 선고(先考)의 이름자조차 기억하지 못하는 사람이 있게 되고, 자손들은 점차 서로 관계가 멀어져 혹 시마복(緦麻服)이나 소공복(小功服)을 입어야 하는 친척을 알아보지 못하여 길에서 만난 사람처럼 보니, 어찌 상복을 입는 촌수가 다 끝난 친척과 봉사(奉祀)하는 대수가 다 끝난 조상이 된 뒤에야 소원해진다고 할 수 있겠는가. 이와 같고서야 효제(孝悌)를 일으키고 예양(禮讓)을 이루고자 한들 어찌 어렵지 않겠는가?

　　　　　　　　　　　　　　　　　　　　서거정, 『안동 권씨 성화보』 서문

심화　사림 세력의 성장과 성리학적 종법 질서의 확립

❶ 우리나라의 풍속은 (남자가) 처가에서 자라나니 처부모를 볼 때 오히려 자기 부모처럼 하고 처의 부모도 또한 그 사위를 자기 아들처럼 대한다.　　　　　　　　　　　　『성종실록』

❷ 조선 중기의 상속 실태 비교

상속 형태 ＼ 시기	1500～1649년	1650～1749년
균분 상속	20	19
장남 우대	1	5
남녀 차별(남자 우대)	–	5
남자 균분·여자 차별	–	4
남자 우대·여자 차별	–	2
장남 아닌 자 우대(여자 차별)	–	1
장남 아닌 자 우대	3	7
계	24	43

❸ 족보는 대개 다음과 같은 순서로 기록하였다. 우선 족보 일반의 의의와 그 일족의 근원과 내력 등을 일족 가운데 학식이 뛰어난 사람이 기록한 서문(序文)이 권두(卷頭)에 있다. 다음에는 시조나 중시조의 사전(史傳)을 기록한 문장이 들어가고, 다음에는 시조의 분묘도(墳墓圖)와 시조 발상지에 해당하는 향리 지도 등을 나타낸 도표가 들어가며, 그 밑에 범례가 있다. 끝으로 족보의 중심이 되는 계보표가 기재된다. 이것은 우선 시조에서 시작하여 세대 순으로 종계(宗系)를 이루며, 같은 항렬은 횡으로 배열하여 동일 세대임을 표시한다.

경전에 이르기를 '믿음은 부인의 덕이다. 한번 남편과 결혼하면 종신토록 고치지 않는다.' 하였다. 이 때문에 삼종의 의가 있고 한번이라도 어기는 예가 없는 것이다. 세상의 도덕이 날로 나빠진 뒤로부터 여자의 덕이 정숙하지 못하여 사족의 딸이 예의를 생각지 아니해서 혹은 부모 때문에 절개를 잃고 혹은 자진해서 재가하니 한갓 자기의 가풍을 파괴할 뿐만 아니라 실로 성현의 가르침에 누를 끼친다. 만일 엄하게 금령을 세우지 않으면 음란한 행동을 막기 어렵다. 이제부터는 재가한 여자의 자손들은 관료가 되지 못하게 풍속을 바르게 한다.

　　『성종실록』

2 서원과 향약*

(1) 서원(書院)

① 설립 : 풍기 군수 주세붕은 안향(호 – 회헌)의 고향인 경상도 순흥면 백운동에 안향의 사당인 회헌사(晦軒祠)를 세우고(1542), 교육 시설을 더하여 **백운동 서원**을 건립하였다(중종 38년, 1543).

② 기능 : 선현을 받들고 교육과 연구를 하던 서원은 향교와는 달리 각기 다른 사람을 제사 지냈으며, 그 운영에서도 독자성을 가지고 있었다.

③ 보급

　　㉠ 배경 : 서원은 교육 기관이었으므로 정치적 반대 세력으로부터 견제를 적게 받는다는 이점과 자기 문중을 과시하는 효과가 있었기 때문에 시간이 지날수록 번창하였다.

　　㉡ 시기 : 서원은 사화(士禍)로 인하여 향촌에 은거하여 생활하던 사림들의 활동 기반이었으며, 임진왜란 이후 급속히 발전하였다.

　　㉢ 16세기 말에는 100개였으나, 17~18세기에는 600여 개로 늘어났다.

④ 사액(賜額) 서원

　　㉠ 서원의 현판[額]을 임금으로부터 하사받을 때 이를 '사액'이라고 한다.

　　㉡ 백운동 서원은 명종 때 풍기 군수로 부임한 이황의 건의로 사액되었고, 이후 소수 서원으로 개칭하였다.

　　㉢ 사액 서원은 국가로부터 면세·면역의 혜택과 서적·토지·노비 등을 받았다.

⑤ 의의

　　㉠ 선현의 추모 및 학문을 심화·발전하였다.

　　㉡ 사림의 농촌 지배를 더욱 강화하였다.

　　㉢ 지방 문화 발전에 이바지하였다.

　　㉣ 사림은 서원에 들어가 양반의 지위를 보장받고, 각종 국역 부담에서 벗어났다.

　　㉤ 향촌 사림을 결집하는 역할을 하였다.

⑥ 영향

　　㉠ 긍정 : 학문의 발달과 지방 문화의 발전에 긍정적 영향을 미쳤다.

　　㉡ 부정 : 사림들의 농민 수탈 기구로 전락하였을 뿐만 아니라 붕당의 온상지 역할을 하였다.

주세붕이 비로소 서원을 창건할 적에 세상에서 자못 의심했으나, 그의 뜻은 더욱 독실해져 무리들의 비웃음을 무릅쓰고 비방을 극복하여 전례 없던 장한 일을 이루었습니다. …… 최충, 우탁, 정몽주, 길재, 김종직, 김굉필 같은 이가 살던 곳에 서원을 건립하게 될 것입니다.

　　『퇴계집』

＊서원과 향약

서원과 향약은 사림의 지역적 기반이었음을 이해해야 한다.

■ 서원

서원은 성리학을 연구하고 선현(先賢)을 제사 지낸다는 설립 목적 이외에도 지방 사족들의 지위를 강화해 주는 기능을 가지고 있었다. 선현의 제사[祀]와 교육[齋]을 주된 목적으로 하는 서원은 유교를 보급하고 향촌 사림을 결집하는 역할을 수행하였다.

■ 소수 서원 현판

1550년 4월에 명종이 직접 써서 내린 것이다.

사료 **사액 서원**

풍기 군수 이황은 삼가 목욕재개하고 백번 절하며 관찰사 상공합하(相公閣下)께 글을 올립니다. …… 문성공 안유(안향)가 살던 이 고을에는 백운동 서원이 있는데, 전 군수 주세붕이 창건하였습니다. …… 서적과 편액을 내려 주시고 겸하여 토지와 노비를 지급하여 재력을 넉넉하게 해 주실 것을 청하고자 합니다.

『퇴계집』

(2) 향약(鄕約)

① 의의: 서원과 함께 사림의 세력 기반을 이루고 상민층에까지 유교의 예속을 침투시켜 백성들을 교화시키는 데 기여한 것이 바로 **향약**이다.

② 성격

ㄱ 본래 향촌에서는 마을 단위로 공동체 생활을 하였기 때문에 어려운 일을 당하였을 때 단결하여 서로 도와주는 풍습이 있었다.

ㄴ 향약은 이러한 전통적 공동 조직과 미풍양속을 계승하면서 여기에 삼강오륜을 중심으로 한 유교 윤리를 가미하여 교화 및 질서 유지에 더욱 알맞도록 구성하였다.

③ 보급

ㄱ 중종 때 조광조 등이 보급에 힘썼으나 성공하지 못하였다. 각지에서 개별적으로 시행되다가 사림 세력이 중앙 정계에 자리 잡은 16세기 후반부터 널리 보급되었다.

ㄴ 이황과 이이의 노력에 의해 우리 실정에 맞게 토착화하였다. 이황의 예안 향약, 이이의 해주 향약과 서원 향약이 대표적이다.

▲ 해주 향약(이이)

사료 **『여씨향약』의 보급**

함양 사람 김인범(金仁範)이 상소하기를, "여씨향약(呂氏鄕約)을 준행하여 풍속을 바꾸도록 하소서." 하니, 정원에 전교하기를, "내가 함양 유생 김인범의 소(疏)를 보건대, 초야의 한미한 사람으로 인심과 풍속이 날로 경박하게 되는 것을 탄식한 나머지, 천박한 풍속을 바꾸어 당우지치(唐虞之治, 요순시대의 정치)를 회복하려는 것이니 그 뜻이 또한 가상하다. 근래 인심과 풍속이 달라진 것은 나 역시 걱정스러워 필경 어찌해야 할 것을 모르겠거니와 그 까닭을 따져보건대 어찌 연유가 없겠는가? 내가 박덕한 몸으로 조종(祖宗)의 통서(統緖)를 이어받은 지 12년이나 되건만, 선정(善政)이 아래에 미친 바 없고 허물만이 내 몸에 가득 쌓여서 민원(民冤)이 사무쳐 재변(災變)이 거듭되니, 박한 풍속을 고쳐 후한 풍속으로 돌리기가 참으로 어렵구나. 이는 비록 나의 교화(敎化)가 밝지 못한 탓이기도 하지만, 대신은 보필하는 지위에 있으니 그 책임이 어찌 중요하고 크지 않겠는가?

『중종실록』

사료 **퇴계 향약(예안 향약) 약문**

효제충신(孝悌忠信)의 도리가 막히어 행하여지지 않으면, 예의를 버리고 염치가 없어짐이 날로 심해져 마침내 오랑캐나 짐승으로 돌아갈 것이다. 이는 실로 국가의 큰 근심이다. 이것을 살펴 바로잡는 책임은 유향소에 있다. …… 이제부터 우리 고을 선비들이 하늘이 부여한 본성을 근본으로 하고 국가의 법을 준수하여 집에서나 고을에서 각기 질서를 바로잡으면 나라에 좋은 선비가 될 것이요, 출세하든지 가난하게 살든지 서로 의지가 될 것이다. 굳이 약속을 만들어 서로 권할 필요도 없으며 벌을 줄 필요도 없을 것이다. 진실로 이를 알지 못하고 올바른 것을 어기고 예의를 해침으로써 우리 고을 풍속을 무너뜨리는 자는 바로 하늘의 뜻을 거역하는 백성이다. 벌을 주지 않으려 해도 주지 않을 수 있겠는가. 이것이 바로 오늘날 부득이 향약을 세우는 까닭이다.

『퇴계집』

| 사료 | 해주 향약 입약 범례문 |

무릇 뒤에 향약에 가입하기를 원하는 자에게는 반드시 먼저 규약문을 보여 몇 달 동안 실행할 수 있는가를 스스로 헤아려 본 뒤에 가입하기를 청하게 한다. 가입을 청하는 자는 반드시 단자에 참가하기를 원하는 뜻을 자세히 적어서 모임이 있을 때에 진술하고, 사람을 시켜 약정(約正)에게 바치면 약정은 여러 사람에게 물어서 좋다고 한 다음에야 글로 답하고 다음 모임에 참여하게 한다. 　　　　　　『율곡전서』

④ 덕목
- ㉠ 덕업상권(德業相勸) : 좋은 일은 서로 권한다.
- ㉡ 과실상규(過失相規) : 잘못한 일은 서로 꾸짖는다.
- ㉢ 예속상교(禮俗相交) : 올바른 예속은 서로 나눈다.
- ㉣ 환난상휼(患難相恤) : 재난과 어려움은 서로 돕는다.

⑤ 기능
- ㉠ 향약은 조선 사회의 풍속 교화에 많은 역할을 하였다.
- ㉡ 향촌 사회의 질서 유지와 함께 치안까지 담당하는 등 향촌의 자치적 기능을 충분히 발휘하였다.
- ㉢ 사림들이 향약을 통하여 지방 자치를 구현하고자 한 데에는 농민에 대한 통제를 더욱 강화하여 자신들의 지위를 견고하게 구축하고자 하는 의도도 내포되어 있었다.

⑥ 구성 : 지방의 유력한 사림이 향약의 간부인 약정(約正)·직월 등에 임명되었고, 일반 농민들은 향약에 자동적으로 포함되었다. 사림들은 농민에 대하여 중앙에서 임명된 지방관보다도 더 강한 지배력을 행사하면서 그들의 사회적 기반을 굳혀 갔다.

⑦ 영향 : 향촌 사회에 향약을 보급하고 유교 윤리가 뿌리를 내리게 되자 지방 사림의 지위는 강화되었으나 이에 따른 부작용도 적지 않았다.
- ㉠ 토호와 향반 등 지방 유력자들이 주민들을 위협·수탈하는 배경을 제공하였다.
- ㉡ 향약의 간부들이 서로 화목하지 못하여 다투고 모함함으로써 오히려 풍속과 질서를 해치는 경우가 발생하였다.

바로 확인문제

● 다음 조직에 대한 설명으로 옳지 않은 것은?　　　　　　　13. 국가직 9급

> 가입하기를 원하는 자에게는 반드시 먼저 규약문을 보여 주고, 몇 달 동안 실행할 수 있는가를 스스로 헤아려 본 뒤에 가입하기를 청하게 한다. 가입을 청하는 자는 반드시 단자에 참가하기를 원하는 뜻을 자세히 적어 모임이 있을 때에 진술하고, 사람을 시켜 약정(約正)에게 바치면 약정은 여러 사람에게 물어서 좋다고 한 다음에야 글로 답하고, 다음 모임에 참여하게 한다. 　　『율곡전서』 중에서

① 향촌 사회의 질서를 유지하고 치안을 담당하는 향촌의 자치 기능을 맡았다.
② 전통적 미풍양속을 계승하면서 삼강오륜을 중심으로 한 유교 윤리를 가미하였다.
③ 어려운 일이 생겼을 때에 서로 돕는 역할을 하였고, 상두꾼도 이 조직에서 유래하였다.
④ 지방 유력자가 주민을 위협·수탈하는 배경을 제공하는 부작용도 있었다.

|정답해설| 내용 중 '약정'은 향약의 간부이므로 제시된 자료는 '향약'에 대한 설명이다. 상두꾼은 향도에서 유래되었다

|정답| ③

04 근세의 문화

01 민족 문화의 융성

1 발달 배경

(1) 15세기 문화의 특징

조선 초기에는 민족적이면서 실용적인 성격의 학문이 발달하여 다른 시기보다 민족 문화가 크게 발달하였다.

(2) 집권층의 노력

① 당시의 집권층은 민생 안정과 부국강병을 위하여 과학 기술과 실용적 학문을 중시하고 민족 문화의 발달에 노력하였다.
② 우리의 문자인 한글을 창제하여 민족 문화의 기반을 넓힘과 동시에 더욱 발전할 수 있는 터전을 닦았다.

(3) 민족적·자주적인 민족 문화의 발달

① 15세기 문화를 주도한 관학파 계열의 관료와 학자들은 성리학을 지도 이념으로 내세웠다. 그러나 성리학 이외의 학문과 사상이라도 중앙 집권 체제의 강화, 민생 안정, 부국강병에 도움이 되는 것은 어느 정도 받아들였다.
② 세종 때부터 성종 때까지는 유교 이념에 토대를 두고 과학 기술과 실용적 학문을 발달시켰다. 이로써 민족적이면서 자주적인 성격의 민족 문화가 크게 발전하였다.

2 교육 기관

(1) 배경

① 유교의 정치 이념화: 조선은 건국과 더불어 사회의 기강을 바로잡기 위하여 강력한 사상인 유교를 정치 이념으로 채택하였다.
② 유학의 생활 규범화: 조선 시대의 유학은 그 자체가 생활 규범화되어 모든 국민에게 도덕적 윤리관을 심어 주었을 뿐만 아니라 교육·사상 및 정신문화에도 큰 영향을 미쳤다.

(2) 교육 제도

① 국립 교육 기관

㉠ 성균관

- 고려의 교육 제도를 계승한 최고 교육 기관으로서, 입학 자격은 생원·진사를 원칙으로 하였다.
- 성적이 우수한 자는 문과(대과)의 초시를 면제해주었으며, 성균관 유생의 특권으로 권당(단식 투쟁), 공재(동맹 휴학)와 알성시 응시 등이 있었다.

사료 성균관

우리 태조께서 즉위하신 아무 해에 국학(國學)을 동북의 구석에 설립하였는데, 그 경영·설계와 규모·제도가 모두 마땅하게 되어 하나도 완전하지 않은 것이 없었다. 대략을 들면 남으로 묘(廟)를 만들고 묘의 좌우에 무(廡)를 두어 묘에는 선성(先聖)을 제사하고, 무에는 선사(先師)를 제사하는 것이 나라의 옛 전통이다. 동에 정록소(正錄所)를 만들고, 그 남으로 주방을 만들고, 또 그 남으로 식당을 만들고, 묘(廟)의 북쪽 양옆으로 장랑(長廊)을 만들고, 낭(廊)의 북쪽에 그 터를 돋우어 좌우로 협실을 두고, 중간은 청을 만들어 선생과 제자가 강학하는 장소를 만들었으니, 이를 명륜당(明倫堂)이라 이른다.

『동문선』

심화 성균관

❶ 고려

한국 최고의 학부 기관으로서 '성균'이라는 명칭을 처음 사용한 것은 고려 충선왕 때인 1298년으로, 그때까지의 최고 교육 기관인 국자감(國子監)의 명칭을 '성균감'으로 바꾸면서부터이다. 충선왕 복위 후(1308)에 성균관으로 개칭하였고, 공민왕 때 잠시 국자감으로 명칭이 바뀌었다가 1362년에 다시 성균관이라는 이름을 찾았다.

❷ 조선

조선 건국 이후 성균관이라는 명칭은 그대로 존속되어 1395년부터 새로운 도읍인 한양의 숭교방(崇敎坊) 지역에 대성전(大成殿: 공자 등 유학 성현들에 대해 제사 지내던 공간)과 동무(東廡)·서무(西廡), 명륜당(明倫堂, 강의실), 기숙사인 동재(東齋)·서재(西齋), 양현고(養賢庫), 도서관인 존경각(尊經閣) 등의 건물을 완성하면서 그 모습을 갖추기 시작하였다. 성균관은 태학(太學)으로도 불리었으며, '반궁(泮宮)'으로 지칭되기도 하였다.

❸ 특징

성균관에는 최고의 책임자로 정3품직인 대사성(大司成)을 두었으며, 그 아래에 좨주(祭酒)·악정(樂正)·직강(直講)·박사(博士)·학정(學正)·학록(學錄)·학유(學諭) 등의 관직을 두었다. 조선 시대의 교육 제도는 과거제와 긴밀히 연결되어서 생원시와 진사시에 합격한 유생(儒生)에게 우선적으로 성균관에 입학할 기회를 주었다(상재생). 다만 4부 학당 생도 가운데 승보시에 합격한 자나 공신의 자제로서 입학이 허가된 자가 성균관에 입학하는 경우도 있었다(하재생). 성균관 유생의 정원은 개국 초에는 150명이었으나, 세종 11년(1429)부터 200명으로 정착되었다.

㉡ 4부 학당(4학): 수도에 설치된 중등 교육 기관으로, 중학, 동학, 서학, 남학을 운영하였으며 정원은 각각 100명씩이었다. 또한 4학의 학생들이 성균관이 주최하는 승보시에 합격하면 소과 초시를 면제해 주었고, 성균관의 하재생(기재생)이 될 수 있었다.

■ **동무와 서무**

중국과 우리나라 현인(賢人, 존경받는 유학자)들의 위패가 봉안되어 있는 제사 공간이다.

■ **성균관 승보시**

승보시는 소과의 초시에 해당하는 것으로, 4부 학당의 유생 중 15세가 되어 성적이 우수한 자를 시험하여 성균관 기재에 입학시키는 제도이다. 여기에 합격하면 소과 복시에 응시할 자격을 주었다.

ⓒ 향교
- 부, 목, 군, 현에 각각 하나씩 설치되었으며, 지역의 인구에 따라 정원이 배정되었다.
- 원칙적으로 모든 양인 남자에게 입학이 허용되었고, 학비는 없었다.
- 향교의 교육을 위해 중앙에서 교수나 훈도가 파견되었다.
- 향교에서는 매년 자체적으로 정기 시험을 시행하였으며, 성적 우수자에게는 소과(생진과) 초시를 면제해 주어 회시(복시)에 응시할 수 있도록 하였다.

바로 확인문제

● 〈보기〉의 (가)에 대한 설명으로 가장 옳은 것은? 18. 서울시 7급

> **보기**
>
> "(가)를 역을 피하는 곳으로 삼거니와, 어쩌다 글을 아는 자가 있어도 도리어 (가)에 이름을 두는 것을 부끄럽게 여겨 온갖 방법으로 교묘히 피하므로, 훈도·교수가 되는 자가 초동(樵童)·목수(牧豎)의 나머지를 몰아다가 그 부족한 수를 채워 살아갈 길을 도모하고 있습니다." 『중종실록』

① 군현의 인구 비례로 정원을 배정하였다.
② 천민도 입학이 허가되었다.
③ 국가의 사액을 받으면 면세의 특권이 주어졌다.
④ 성적이 우수한 자는 문과 복시에 바로 응시할 수 있었다.

|정답해설| 제시된 사료에서 (향교에 파견되는) "훈도·교수"를 통해 (가)가 향교임을 알 수 있다. 향교의 입학 정원은 고을의 위상과 인구에 따라 차이가 났는데, 『경국대전』에서는 부(府)·대도호부(大都護府)·목(牧)의 경우는 90명, 도호부(都護府)는 70명, 군(郡)은 50명, 현(縣)은 30명의 학생을 수용하도록 하였다.

|오답해설|
② 천민은 입학이 불허되었다.
③ 사립 교육 기관인 서원은 국가의 사액을 받으면 면세의 특권이 주어졌다.
④ 성균관에서 성적이 우수한 자는 문과 복시에 바로 응시할 수 있었다.

|정답| ①

■ 향음주례(鄕飮酒禮)

향촌의 선비나 유생이 학덕과 연륜이 높은 이를 주된 손님으로 모시고 술을 마시며 잔치를 하는 의례(儀禮)의 하나이다. 어진 이를 존중하고 노인을 봉양하는 의미를 지닌다.

② 사립 교육 기관
- ㉠ 서원: 풍기 군수 주세붕이 세운 '백운동 서원(중종 38년, 1543)'이 그 시초이다.
  - 가을에 '향음주례(鄕飮酒禮)', 봄·가을에 '향사례'를 지냈으며, 인재를 모아 학문도 가르쳤다.
  - 서원은 이름난 선비나 공신을 숭배하고 그 덕행을 추모하며, 유생들이 한자리에 모여 학문을 닦고 연구함으로써 향촌 사회의 교화에 공헌하였다.
  - 국가에서는 서원의 설립을 장려하여 전국 각처에 많은 서원이 세워졌다.
- ㉡ 서당: 초등 교육을 담당한 사립 교육 기관으로서, 사학이나 향교에 입학하지 못한 선비와 평민의 자제들이 교육을 받았다. 교육을 받는 자들의 연령은 대개 8, 9세부터 15, 16세 정도에 이르렀다.
- ㉢ 한계: 이들은 계통적으로 연결되지 않고 각각 독립된 교육 기관이었다.

○ 교육 과정 단계(인문 교육)

| 서당 | → | 중앙 - 4부 학당 / 지방 - 향교 | → | 소과(생진과) 응시 | → | 성균관 | → | 대과 응시 |

3 훈민정음 창제

(1) 배경

① 우리나라는 일찍부터 한자를 써 오면서 '이두'나 '향찰'을 사용하였다.

② 고유 문자가 없어서 우리말을 자유롭게 표현할 수 없었기 때문에 일상적으로 쓰는 말에 맞으면서도 누구나 배우기 쉽고 쓰기 좋은 우리의 문자가 필요했다.

③ 한자음의 혼란을 줄이고 피지배층을 도덕적으로 교화해 양반 중심 사회를 원활하게 유지하기 위해서도 우리 문자의 창제가 요청되었다.

▲ 「훈민정음」

(2) 경과

① 창제 및 반포 : 세종은 훈민정음을 창제(1443)한 후 1446년에 반포하였다.

② 특징 : 한글은 누구나 쉽게 배우고 쓸 수 있으며, 자기의 의사를 마음대로 표현할 수 있을 뿐만 아니라 글자를 만드는 원리가 매우 과학적인 뛰어난 문자이다.

(3) 보급

① 간행

ㄱ 세종 때는 훈민정음을 보급하기 위해 정음청을 설치하였으며, 왕실 조상의 덕을 찬양하는 『용비어천가』(1447), 석가모니의 일생을 정리한 『석보상절』(1447), 부처님의 덕을 기리는 『월인천강지곡』(1449) 등을 편찬하였다.

ㄴ 세조 때에는 『월인석보』를 한글로 간행하기도 하였고(1459), 간경도감을 설치하였다 (1461).

② 번역과 편찬 : 불경·농서·윤리서·병서 등을 한글로 번역하거나 편찬하였다.

(4) 훈민정음 창제의 의의

① 민족의 고유 문자 : 민족 문화를 보존하고 발전하는 가장 좋은 도구 가운데 하나는 민족의 고유 문자이다.

② 문화 민족으로서의 긍지 : 우리 민족은 고유 문자인 한글을 가지게 됨으로써 일반 백성들도 문자 생활을 누릴 수 있게 되었고, 문화 민족으로서의 긍지와 자부심을 가지게 되었다.

③ 민족 문화의 발전 전기 마련 : 민족 문화의 기반을 확고하게 다졌을 뿐만 아니라 더욱 발전할 수 있는 전기를 마련하였다.

■ 『훈몽자회』

『훈몽자회』는 1527년(중종 22년) 최세진이 지은 한자 학습서이다. 책 앞머리에 한글에 대한 간략한 설명이 실려 있다.

> **사료** 훈민정음 창제의 배경과 반대 의견
>
> ❶ 우리나라의 말은 중국 말과는 근본적으로 달라 한자는 중국 말을 적기 위하여 만든 글자인데, 우리말을 한자를 빌려 적자니 여간 불편한 것이 아니다. 일반 백성들이 말을 글로 쓰려고 아무리 애를 써도 하고 싶은 말을 제대로 나타낼 수가 없으니 이 얼마나 안타까운 일인가! 내가 이 점을 몹시 가슴 아프게 생각하여 새로 스물여덟 자를 만들어서 누구든지 글을 쉽게 배워서 살기 편하게 하려 한다.　　　　　『훈민정음』 서문
>
> ❷ 집현전(集賢殿) 부제학 최만리 등이 상소하기를, "신(臣) 등이 엎드려 보옵건대 …… 우리 왕조는 조종(祖宗) 이래로부터 지성으로 대국(大國)을 섬겨 한결같이 중화(中華)의 제도를 지켜 왔는데, 지금 문자(文字)와 거제(車制)가 통일된 때를 당하여 언문(諺文)을 창작하는 것은 남의 이목(耳目)에 해괴(駭怪)합니다. …… 만일 이 소문이 중국에 들어가 혹 비난하는 자가 있게 되면 어찌 대국을 섬기고 중화를 사모(思慕)하는 데에 부끄럽지 않겠습니까?"　　　　　『세종실록』

● 다음 자료에 나타난 사상과 동일한 맥락에서 이해할 수 있는 것을 〈보기〉에서 모두 고르면?

> 사방 각국의 풍토가 다르고 성음 역시 이에 따라 다르게 마련이다. 중국 이외의 외국말은 성음만 있고 문자가 없으므로 중국의 문자를 빌려서 사용하고 있는데, 이것은 마치 둥근 구멍에 모난 자루를 끼워 맞추는 것과 같아 서로 맞지 않으니 어찌 잘 통하여 막힘이 없겠는가. 요는 모두 각각 그곳에 따라 편리하게 할 뿐 억지로 똑같게 할 수는 없는 것이다.

┌ 보기 ┐

ㄱ. 『향약집성방』   ㄴ. 『칠정산』   ㄷ. 『농상집요』   ㄹ. 『동의보감』

① ㄱ, ㄴ, ㄷ   ② ㄴ, ㄷ, ㄹ   ③ ㄱ, ㄴ, ㄹ   ④ ㄱ, ㄷ, ㄹ

| 정답해설 | 유네스코 지정 세계 기록 문화유산인 『훈민정음해례본』에서 발췌한 정인지의 후서이다. 지문의 요지는 우리의 것이라는 점에서 자주성을 강조하고 있다.

| 오답해설 |
ㄷ. 『농상집요』는 고려 말 이암이 소개 · 보급한 원(몽골)의 농서이다.

| 정답 | ③

4 역사서의 편찬*

(1) 시기별 특징

① 건국 초기: 왕조 개창의 정당화를 목적으로 『고려국사』(정도전), 『동국사략』(권근, 일명 『삼국사략』) 등을 편찬하였다.

② 15세기 중엽: 고려 시대의 역사를 자주적으로 정리하려는 노력이 대두되어 『고려사』(기전체), 『고려사절요』(편년체) 등을 편찬하였다.

ⓐ 『동국세년가』(세종 18년, 1436): 세종 때 권제 등이 단군 조선에서 고려 말까지의 역사를 노래 형식(영사체)으로 정리하였다.

ⓑ 『치평요람』(세종 27년, 1445): 정인지 등이 정치에 귀감이 될 만한 사실을 모아 엮은 책이다. 중국 주(周)나라부터 원(元)나라까지의 역사와 우리나라의 기자 조선부터 고려에 이르기까지의 역사를 정리하여 150권으로 완성하였다.

ⓒ 『고려사』(문종 1년, 1451): 고려 시대의 역사적 사실을 기전체(본기 제외)로 정리한 관찬 사서로서, 고려 시대 역사 연구의 기본 자료이다. 『고려사』는 조선 건국 합리화라는 정치적 목적과 아울러 이전 왕조인 고려의 무신정권 ~ 우왕 · 창왕까지의 폐정을 경계하는 목적(고려 말 사실의 의도적 왜곡)으로 편찬되었지만 사료 선택의 엄정성과 객관적인 서술 태도를 유지하고 있다.

ⓓ 『고려사절요』(문종 2년, 1452): 김종서 등이 왕명을 받고 춘추관(春秋館)의 이름으로 간행된 편년체 사서이다. 비록 『고려사』만큼 내용이 풍부하지는 못하지만 거기에 없는 사실들이 많이 수록되어 있고, 또 『고려사』에 누락된 연대가 밝혀져 있는 것도 있어 고려 시대의 역사서로 상호 보완적인 사료적 가치가 있다.

『고려사』, 『동국통감』, 『조선왕조실록』은 빈출되는 역사서이므로 잘 알아두어야 한다.

고조선부터 삼국 시대까지를 유교적 · 사대적 사관에 입각하여 서술한 편년체 역사서이다.

사료   『고려사』를 바치는 글(정인지)

이 역사를 편찬하면서 범례는 다 사마천(司馬遷)의 『사기(史記)』에 준하고, 기본 방향들은 다 직접 왕에게 물어서 결정했습니다. 본기(本紀)라는 이름을 피하고 세가(世家)라고 한 것은 대의명분의 중요성을 나타내기 위함이며, 신우와 신창을 세가에 넣지 않고 열전으로 내린 것은 그들이 참람하게 왕위를 도둑질한 사실을 엄히 논죄하려는 것입니다. 충신과 간신, 부정한 자와 공정한 사람들은 다 열전을 달리하여 서술했으며, 제도 문물은 각각 그 종류에 따라 분류해 놓았습니다. 왕들의 계통은 문란하지 않게 하였으며 사건들의 연대를 참고할 수 있게 하였습니다. 사적들은 될 수 있는 대로 상세하고 명확하게 하고, 누락된 것과 잘못된 것은 반드시 보충하고 바로잡도록 하였습니다.   『고려사』, 「진고려사전」

③ 15세기 말 : 『동국통감』, 『삼국사절요』(성종, 노사신) 등을 발간하였다. 특히, 서거정의 『동 국통감』(성종 16년, 1485)은 단군 조선부터 고려 말까지의 역사를 편년체로 기술한 최초 의 통사로, 단군을 우리 민족의 시조로 정립하였다는 점과 단군 조선부터 삼한까지의 역사 는 자료가 부족하여 '외기'에 수록했다는 점이 특징이다.

사료 『동국통감』 서문

일찍이 세조께서 "우리 동방에는 비록 여러 역사서가 있으나 장편으로 되어 귀감으로 삼을 만한 것이 없다." 라고 말씀하시고 관리들에게 명하여 편찬하게 하였지만 제대로 이루어지지 못하였습니다. 주상께서 그 뜻 을 이어받아 서거정 등에게 편찬을 명하였습니다. …… 삼가 삼국 이하 여러 역사서에서 뽑아내고 편년체를 취하여 사실을 기록하였습니다. 삼국이 함께 대치하였을 때는 '삼국기'라 칭하였고, 신라가 통합하였을 때는 '신라기'라 칭하였으며 고려 시대는 '고려기'라 칭하였고, 삼한 이상은 '외기(外記)'로 구분하였습니다. 이 책 을 지음에 명분과 인륜을 중시하고 절의를 숭상하여 난신을 성토하고 간사한 자를 비난하는 것을 더욱 엄격 히 하였습니다.

심화 15세기 단군에 대한 인식

새로운 왕조를 개창한 신진 사대부들은 민족 시조로서, 단군에 대한 숭배를 제도화하기 시작하였다.
이성계가 즉위한 다음 달 새 왕조의 제례 문제를 논의하면서 조박은 단군과 기자를 각각 '동방시수명지주(東 方始受命之主)'와 '시흥교화지군(始興敎化之君)'으로서 평양부에서 제사할 것을 건의하였다. 그리고 태종 12년(1412)에는 단군을 기자묘에 합사하도록 하였다. 정척은 세종 7년(1425)에 단군 사당을 따로 설치할 것 을 건의하였다. 그 후 세종 11년(1429) 단군 사당을 따로 짓고 동명왕을 합사하여 함께 제사 지냈다. 그리고 세종 12년(1430) 단군의 신위는 '조선후 단군(朝鮮侯檀君)'이던 것을 '조선 단군(朝鮮檀君)'으로 고쳐 '侯' 자 를 삭제하였다. 이로써 단군은 국가적인 공인 속에 개국 시조로 확정되기에 이르렀다. 한편 세조 2년(1456) '조선 단군 신주(朝鮮檀君神主)'를 '조선 시조 단군지위(朝鮮始祖檀君之位)'로, '후조선 시조 기자(後朝鮮始 祖箕子)'를 '후조선 시조 기자지위(後朝鮮始祖箕子之位)'로, '고구려 시조(高句麗始祖)'를 '고구려 시조 동명 왕지위(高句麗始祖東明王之位)'로 고쳐 정하였다.

④ 16세기 : 사림의 역사관이 반영된 박상의 『동국사략』 등이 편찬되었고, 기자(箕子)를 강조 한 역사서인 이이의 『기자실기』, 윤두수의 『기자지』 등이 편찬되었다.

사료 15세기와 16세기의 역사 인식

❶ 15세기의 자주적 역사 인식
신이 또 들으니, 기자 사당에는 제전(祭田 : 제사를 지내기 위한 토지)이 있고 단군을 위한 제전은 없기 때 문에 기자에게는 매달 초하루와 보름마다 제물을 올리되, 단군에게는 봄·가을만 제사한다 하옵니다. 현 재 단군 신위를 기자 사당에 배향하게 되어서 한 방에 함께 계신데, 홀로 단군에게 초하루·보름 제물을 올리지 아니한다는 것 또한 미안하지 않을까 합니다. 신의 생각에는 단군의 사당을 별도로 세우고, 신위 를 남향하도록 하여 제사를 받들면 거의 제사 의식에 합당할까 하옵니다.   『세종실록』

❷ 16세기의 존화주의적 역사 인식
우리 동방에도 백성이 있어 살아온 지 중국에 뒤지지 않은 것 같은데, 아직 예지(叡智)를 지닌 성신이 나 오시어 군사(君師)의 구실을 다하였다는 말을 듣지 못하였다. 물론 단군께서 제일 먼저 나시기는 하였으 나 문헌으로 상고할 수 없다. 삼가 생각하건대 기자(箕子)께서 우리 조선에 들어오시어 그 백성을 후하게 양육하고 힘써 가르쳐 주시어 머리를 틀어 얹는 오랑캐의 풍속을 변화시켜 문화가 융성하였던 제나라와 노나라 같은 나라로 만들어 주셨다.   이이, 『기자실기』

(2) 『조선왕조실록』

① 태조~철종 시기(25대)까지의 역사적 사실을 연대순으로 서술한 편년체 역사서이다.

② 태종 13년에 하륜 등에게 명하여 『태조실록』을 처음으로 편찬한 이래 역대 왕의 실록을 차례로 편찬하였다.

③ 왕의 사후 춘추관에 실록청을 만들어 편찬하였다.

④ 사초를 기준으로 『승정원일기』, 『의정부등록』, 『비변사등록』, 『일성록』, 『춘추관 시정기』, 상소문 등을 보조 자료로 하여 서술하였다.

⑤ 실록은 초초(初草) · 중초(中草) · 정초(正草) 3차례의 편찬을 통해 완성하였다. 완성 후 사관은 초초와 중초를 없애(세초) 기밀 누설을 막았다.

⑥ 원칙적으로 개수가 불가능하였으나 여러 번에 걸쳐 수정본을 발간하였으며, 실록이 완성되면 사고(史庫)에 넣어 보관하였다.

⑦ 처음 실록은 4대 사고(서울 춘추관, 충주, 성주, 전주)에 보관하였다. 그러나 임진왜란 때 모두 소실되고 전주 사고만 존속하여 이후 광해군 때 5대 사고로 재편하였다.

⑧ 1997년 유네스코 세계 기록 유산으로 등록되었다.

심화 사고의 정비

4대 사고(임란 이전)	5대 사고(임란 이후)	변동과 현재
춘추관 사고(1405) → 임진왜란 중 소실	춘추관 사고(1606)	이괄의 난(1624)으로 소실
충주 사고 (1404년 이전 설치) → 임진왜란 중 소실	오대산 사고(1606)	일본으로 이전되어 관동 대지진 때 소실(1923)된 후 남은 74책이 현존(성종 · 중종 · 선조실록 47책은 2006년 반환)
성주 사고(1439) → 임진왜란 중 소실	태백산 사고(1606)	부산 정부 기록 보존소에 보존
전주 사고(1439) → 묘향산으로 이전	마니산 사고(1606)	마니산 사고의 소실 → 정족산 사고 설치. 정족산 사고의 실록은 현재 서울대학교 규장각에 보관
	적상산 사고(1633, 묘향산 사고에서 이전 완료)	6 · 25 전쟁 중 북한으로 이전되어 김일성 대학에 보존

(3) 『국조보감』

① 방대한 『조선왕조실록』 내용에서 선왕의 치적 중 모범이 될 만한 사실을 발췌하여 요약한 편년체 역사서이다.

② 세조 때 처음 편찬한 이래 순종 시기까지 편찬하였다.

● 다음은 한 역사서 서문의 일부분이다. 이 역사서와 가장 유사한 서술 방식으로 기술된 역사서는?

15. 경찰직 3차

> 그에 관한 옛 기록은 표현이 거칠고 졸렬하며, 사건의 기록이 빠진 것이 있으므로, 이로써 군후(君后)의 착하고 악함, 신하의 충성됨과 사특함, 나랏일의 안전함과 위태로움, 백성의 다스려짐과 어지러움을 모두 펴서 드러내어 권하거나 징계할 수 없다. 그러므로 마땅히 재능과 학문과 식견을 겸비한 인재를 찾아 권위 있는 역사서를 완성하여 만대에 전하여 빛내기를 해와 별처럼 하고자 한다.

① 『동국통감』

② 『고려사』

③ 『고려사절요』

④ 『조선왕조실록』

| 정답해설 | 제시된 사료는 김부식이 대표적 기전체 역사서인 『삼국사기』를 고려 인종에게 바치면서 올린 「진삼국사기표」 중 일부이다. 『고려사』는 조선 문종 때 완성된 기전체 역사서이다.

| 오답해설 |
① 『동국통감』은 조선 성종 때 서거정이 편찬한 편년체 역사서이다.
③ 『고려사절요』는 조선 문종 때 편찬한 편년체 역사서이다.
④ 『조선왕조실록』은 왕의 사후 실록청에서 편찬한 편년체 역사서이다.

| 정답 | ②

● 조선 시대의 통치 기록에 대한 설명으로 옳지 않은 것은?

16. 지방직 7급

① 역대 국왕의 언행을 본보기로 삼기 위해 태종 때부터 『국조보감』을 편찬하였다.

② 춘추관은 관청별 업무 일지인 여러 관청의 등록(謄錄)을 모아 『시정기』를 정기적으로 편찬하였다.

③ 조선 초기부터 왕실 관련 행사나 국가적인 행사에 관한 기록이나 장면을 모은 의궤를 만들었다.

④ 승정원의 주서(注書)는 왕과 신하 간에 오고 간 문서와 국왕의 일과를 매일 기록하여 『승정원일기』를 작성하였다.

| 정답해설 | 『국조보감』은 세조 때부터 편찬하였다.

| 오답해설 |
② 춘추관에서는 여러 관청의 업무 일지(등록)를 모아 『시정기』를 간행하였다.
③ (조선 왕조) 의궤는 조선 초기부터 제작되었고, 왕실과 국가 행사의 내용을 글과 그림으로 기록하였다.
④ 승정원의 주서(注書)들은 왕과 관련된 내용을 매일 기록하여 『승정원일기』를 작성하였다.

| 정답 | ①

5 지도·지리서의 편찬

(1) 편찬 목적

조선 초기에는 중앙 집권과 국방의 강화를 위하여 지리지와 지도의 편찬에 힘썼다.

(2) 지도

① 15세기 초
  - ㉠ 「혼일강리역대국도지도」: 태종 때(1402) 이회 등이 제작한 세계 지도로, 현존하는 동양 최고(最古)의 세계 지도이다. 권근의 글에 의하면 중국에서 수입한 「성교광피도」와 「혼일강리도」를 기초로 하고, 우리나라와 일본의 지도를 합해서 제작하였다고 한다. 중국이 세계의 중심이라는 중화 사상을 반영하였으며, 지도의 작성은 이슬람 지도학의 영향을 받았다. 한편 유럽과 아프리카 대륙까지 묘사하였다는 점이 주목된다.
  - ㉡ 「팔도도」: 처음 만들어진 것은 태종 시기이지만 현재 전해지지 않는다. 한편 같은 이름의 「팔도도」는 세종 때 '정척'이 제작하였다.
  - ㉢ 「동국지도」
    - 세조 때 양성지 등이 왕명에 따라 실지 답사를 통하여 완성하였다(1463).
    - 특히 두만강과 압록강 부분이 자세하게 기록되어 이 지역에 대한 영토 의식을 확인할 수 있으며, 하천 및 산맥뿐만 아니라 인문 사항도 자세히 기록하고 있다.

② 16세기 : 「조선방역지도」(명종)
  - ㉠ 만주와 쓰시마섬을 표기하였고, 해안선이 현재와 일치할 정도로 정확한 지도이다.
  - ㉡ 「동국지도」 계통의 지도로 지도 상단에 제목이 있고, 하단에는 지도 제작에 관련된 사람들의 관등과 성명을 기록한 좌목(座目)이 있다.

▲ 「혼일강리역대국도지도」의 우리나라와 중국 부분(일본 류코큐 대학 소장)

▲ 「조선방역지도」
(국사 편찬 위원회 소장)

> **심화**　조선 초기의 지도
>
> 고려 시대에도 지도가 제작되었는데, 그중 고려 말 제작된 나흥유의 5도 양계도는 조선 태조 5년(1396)에 이첨이 그린 「삼국도(三國圖)」나 태종 2년(1402) 이회가 그린 「팔도도」의 바탕도가 되었을 것으로 보인다. 또한, 조선 건국 후 5도 양계에서 8도로 개편된 행정 구역을 반영하기 위하여 태종 때 본국지도가 두 차례 제작되었다(태종 2년, 태종 13년).

(3) 지리지와 견문록

① 『신찬팔도지리지』(세종, 1432): 세종 때 맹사성 등이 편찬한 인문 지리서로, 현존하지는 않는다.
② 『세종실록지리지』(단종): 정인지와 노사신 등이 편찬한 지리지로, 단군 신화를 수록했다.
③ 『동국여지승람』(성종, 1481)
  - ㉠ 성종 때 노사신과 양성지가 『팔도지리지』, 『세종실록지리지』를 참고하여 각 도의 연혁·풍속·인물·성씨 등을 기록한 인문 지리서이다.
  - ㉡ 민족 주체적 시각에서 우리 국토의 역사와 문화를 재정리하였으며, 단군 신화를 수록하였다.
  - ㉢ 중종 때 증보하여 『신증동국여지승람』으로 최종 완성하였으며, 현존하는 지리서이다.

④『해동제국기』(성종, 1471): 세종 때 서장관으로 일본으로 간 신숙주가 성종의 명을 받아 편찬한 책으로 일본의 역사, 지리 등을 상세하게 서술하였다.

⑤『표해록(漂海錄)』(성종, 1488): 최부(崔溥, 1454~1504)가 명에 표류되었을 때의 경험을 일기 형식으로 기록한 여행기이다.

단권화 MEMO

사료 『해동제국기』 서문

우리 주상 전하께서 신 신숙주에게 명하여 해동 여러 나라에 대한 조빙(朝聘)으로 왕래한 연고와 관곡(館穀)을 주어 예접(禮接)한 규례를 찬술하라 하시기에 신은 명을 받고 두려움을 이기지 못하여 삼가 옛 문헌을 상고하고 보고 들은 것을 참고하여 그 지세를 그려서 대략 세계(世係)의 본말과 풍토의 숭상하는 바를 서술하고, 우리나라에서 응접하던 절차까지 덧붙여서 편집하여 책을 만들어 올렸다. ……
삼가 보건대 동해의 가운데 자리 잡은 나라가 하나만이 아니나. 그중 일본이 가장 오래되고 또 크다. 그 지역이 흑룡강(黑龍江) 북쪽에서 비롯하여 우리 제주 남쪽에까지 이르고, 유구(琉球)와 더불어 서로 맞대어 그 지형이 매우 길다.

『동문선』

■『해동제국기』

세종 때 일본에 다녀온 신숙주가 성종의 명을 받아 쓴 일본 관련 서적이다.

심화 『해동제국기』

1443년(세종 25년) 서장관(書狀官)으로서 일본에 다녀온 신숙주가 왕명에 따라 편찬한 책이다. '해동제국'이란 일본의 본토·규슈 및 대마도·이키도[壹岐島]와 유구국(琉球國)을 총칭하는 말이다. 내용은 해동제국총도(海東諸國總圖)·일본의 본국도(本國圖)·서해도구주도(西海道九州圖)·이키도[壹岐島圖]·대마도도(對馬島圖)·유구국도(琉球國圖) 등 6매의 지도와 일본국기(日本國紀)·유구국기(琉球國紀)·조빙응접기(朝聘應接紀) 등이 실려 있다.

심화 조선 전기의 지리지

❶『신찬팔도지리지』

지리지 편찬은 세종 때부터 본격화되어 세종 14년(1432)에 『신찬팔도지리지』를 완성하였다. 이를 축소하여 『세종실록지리지』에 8권으로 삽입·수록하였다(단종 2년, 1454). 이 책은 군 단위로 60여 항목의 사항을 기록하고 있는데, 각 군의 연혁·인물·고적·토지·호구·성씨·군정 수(軍丁數)·물산 등이 상세히 소개되어 있어 지방 행정과 재정, 그리고 국방의 필요에서 편찬되었음을 보여 준다.

❷『동국여지승람』

• 성종 12년(1481) 노사신·서거정·양성지·강희맹 등에 의하여 50권으로 간행하였다. 이 책은 반포되지 않고 성종 17년(1486)에 김종직·최부 등 사림 관료들에 의하여 『신찬동국여지승람』 55권으로 개정·편찬되었다. 이후 중종 25년(1530) 이행 등에 의하여 『신증동국여지승람』 55권으로 재간행되어 오늘날 전하고 있다.

• 성격상의 차이점: 훈신들이 편찬한 『동국여지승람』은 우리나라를 '만리대국'으로 보는 입장에서 경제·국방에 관한 사항을 많이 수록하였으나, 사림(士林)이 개정·편찬한 것은 국토를 압록강 이남으로 한정한 기초 위에서 행정적 편람에 적합하도록 하였다. 즉, 전자가 부국강병을 목표로 한 지리지였다면, 후자는 국토의 현상 유지와 대내적인 정치 안정에 초점을 맞춘 지리지라 할 수 있다.

6 윤리·의례서와 법전의 편찬

(1) 윤리·의례서의 편찬

① 배경: 성리학이 조선 사회의 지배 사상으로 등장하게 되면서 유교적 질서를 확립하기 위하여 윤리와 의례에 관한 서적의 편찬 사업이 이루어졌다.

② 『삼강행실도』
- ㉠ 세종 때 설순 등이 편찬한 윤리서이다(1434).
- ㉡ 우리나라와 중국에서 모범이 될 만한 충신·효자·열녀를 선별하여 그들의 행적을 그림으로 그리고, 설명을 붙여 편찬하였다.

▲ 『삼강행실도』 언해본

> **사료** 『삼강행실도』 서문
>
> 인륜의 도는 진실로 삼강 밖에서 나오는 것이 없고, 천성의 참됨은 진실로 만대에 같은 것입니다. 마땅히 앞선 사람들의 행실에 대한 기록을 모아 오늘의 모범을 삼아야 할 것입니다. 그윽이 살펴보건대, 임금에게 충성하고 아버지에게 효도하고 남편에게 절개를 바치는 것은 하늘의 법칙에 근본을 둔 것입니다. 신하로서 이 것을 하고 아들로서 이것을 하며 아내로서 이것을 하는 것은 순종하는 땅의 도리에 근원을 둔 것입니다. …… 중국에서 우리나라에 이르기까지 동방 고금의 서적에 기록되어 있는 것을 모두 보았습니다. 그 가운데 효자·충신·열녀로 우뚝 높아서 기록으로 남길 만한 사람을 각각 110명씩 찾아내었습니다. 앞에는 그림으로 그리고 뒤에는 사실을 기록하였으며 모두 시를 붙였습니다.   「삼강행실도」

■ 『국조오례의』

제사 의식인 길례, 관례와 혼례 등의 가례, 사신 접대 의례인 빈례, 군사 의식에 해당하는 군례, 상례 의식인 흉례의 오례를 정리한 책이다.

③ 『국조오례의』: 성종 때에는 국가의 여러 행사에 필요한 의례를 정비하여 의례서인 『국조오례의』를 편찬하였다.

> **사료** 『국조오례의』의 서문
>
> 갑오년(성종 5년, 1474) 여름이 지나 비로소 능히 책이 완성되어 본뜨고 인쇄하여 장차 발행하고자 하였다. 이에 신이 가만히 살펴보건대, 예를 기술한 것이 3,300가지의 글이 있기는 하나 그 요점은 길·흉·군·빈·가(吉凶軍賓嘉)라고 말하는 5가지에 불과할 뿐이다. 제사로 말미암아 길례가 있고, 사상(死喪)으로 말미암아 흉례가 있으며, 대비와 방어로 말미암아 군례가 있고, 교제와 관혼의 중요함으로 말미암아 빈례와 가례가 있다. 예는 이 5가지만 갖추면 사람 도리의 처음과 끝이 구비되는 것이니, 천하 국가를 다스리고자 하는 자는 이를 버리면 할 수가 없다.   「국조오례의」

④ 16세기: 사림이 『소학』과 『주자가례』의 보급과 실천에 힘쓰면서 『이륜행실도』와 『동몽수지』 등을 간행하여 보급하였다.
- ㉠ 『이륜행실도』(중종 13년, 1518): 연장자와 연소자, 친구 사이에서 지켜야 할 윤리를 강조한 책이다.
- ㉡ 『동몽수지』(중종 12년, 1517년 목판본으로 간행): 송의 주자가 저술한 어린이가 지켜야 할 예절을 기록한 윤리서이다. 이 책은 목판본으로 간행되었다.
- ㉢ 『동몽선습』(중종 38년, 1543년 발간, 박세무): 삼강오륜의 윤리뿐만 아니라 중국과 우리나라의 역사를 간략히 서술한 책으로, 서당 교육에서 초보적인 교과서로 많이 읽혔다.

사료 『이륜행실도』 간행 및 반포를 청함

지금 국왕(중종)께서 풍속을 바꾸려는 데에 뜻이 있으므로 신은 지극하신 뜻을 받들어 완악한 풍속을 고치고자 합니다. …… 『이륜행실(二倫行實)』로 말하면 신(김안국)이 전에 승지가 되었을 때에 간행할 것을 청했습니다. 삼강이 중한 것은 아무리 어리석은 부부라도 모두 알고 있으나, 붕우·형제의 이륜에 이르러서는 평범한 사람들이 제대로 모르는 경우가 있습니다. 「중종실록」

심화 『소학』

주희의 제자(유자징)가 지은 책으로, 삼강오륜의 행동 규범을 설명하고, 뒷부분에는 『여씨향약』을 소개하였다. 이 책에는 일상생활의 사소한 범절을 비롯하여 수양을 위한 격언·충신·효자의 행적 등을 모았다. 우리나라에서는 대개 8세가 되면 유학 교육의 초보로서 이 책을 읽었다. 고종 때에는 박재형이 우리나라의 사례를 넣어 개정한 『해동소학』을 편찬(1884)하였다.

(2) 법전의 편찬

① 배경 : 조선은 유교적 통치 규범을 성문화하기 위한 법전의 편찬에 힘썼다.
② 건국 초기 : 정도전은 『조선경국전』과 『경제문감』을 편찬하였고, 조준은 『경제육전』을 편찬하였다.
③ 『경국대전(經國大典)』

▲ 『경국대전』

　　㉠ 세조 때부터 편찬하기 시작한 『경국대전』은 성종 때 완성·반포하였다.
　　㉡ 명의 『대명률』에 따라 이전·호전·예전·병전·형전·공전의 6전으로 구성된 조선의 기본 법전으로, 조선 후기까지 법률 체계의 골격을 이루었다.
　　㉢ 이 법전의 편찬은 조선 초기에 정비된 유교적 통치 질서와 문물 제도를 완성하였음을 의미한다.
　　㉣ 실제 내용은 소략하여 주로 『대명률』과 고려 이래의 관습법에 의거하여 법을 집행하였다.

○ 조선의 법전

책명	시기	인물	내용
『조선경국전』	태조 3년(1394)	정도전	조선 최초의 사찬 법전, 조례집
『경제문감』	태조 4년(1395)	정도전	정치 문물 초안서
『경제육전』	태조 6년(1397)	조준	조선 최초의 관찬 법전, 조례집
『속육전』	태종 13년(1413)	하륜	『경제육전』의 증보
『경국대전』	성종 16년(1485)	최항, 노사신	조선의 기본 법전
『속대전』	영조 22년(1746)	김재로	『경국대전』 시행 이후 공포된 교령과 조례 편찬
『대전통편』	정조 9년(1785)	김치인	대폭적인 수정·보완, 원·속·증으로 구분
『대전회통』	고종 2년(1865)	조두순, 이유원	조선 시대 마지막 종합 법전
『육전조례』	고종 4년(1867)	조두순	행정법규 사례집

사료 『경국대전』 서문

세조가 신하들에게 말씀하시기를, "법의 과목(科目)이 너무 번잡하고 앞뒤가 맞지 않았기 때문에 상세히 살펴 다듬어 자손만대의 성법(成法)을 만들고자 한다."라고 하셨다. …… 형전(刑典)과 호전(戶典)은 이미 반포되어 시행하고 있으나 나머지 네 법전은 미처 교정을 마치지 못했다. 이에 성상께서 세조의 뜻을 받들어 여섯 권의 법전을 완성하게 하여 중외에 반포하셨다.

바로 확인문제

● 〈보기〉의 ⊙에 해당하는 것은?   19. 10월 서울시 7급

┤ 보기 ├

왕께서 집현전 부제학 신(臣) 설순에게 명하여 편찬하는 일을 맡게 하였습니다. 이에 동방 고금의 서적에 기록되어 있는 것을 모두 열람하여 효자·충신·열녀로서 우뚝이 높아서 기술할 만한 자를 각각 1백 인을 찾아내었습니다. 그리하여 앞에는 형용을 그림으로 그리고, 뒤에는 사실을 기록하였으며, 모두 시를 붙였습니다. …… 편찬을 마치니, (⊙   )(이)라고 이름을 하사하시고, 주자소로 하여금 인쇄하여 길이 전하게 하였습니다.

① 『입학도설』   ② 『국조오례의』
③ 『소학』   ④ 『삼강행실도』

|정답해설| 『삼강행실도』(세종 16년, 1434)는 **설순** 등이 모범이 될 만한 충신, 효자, 열녀를 골라 그 행적을 **그림으로 그리고 설명**을 덧붙인 책이다. 이후 성종 때 한글로 번역하여 언해본을 만들었다(1481).

|정답| ④

● 밑줄 친 '이것'에 대한 설명으로 옳지 <u>않은</u> 것은?   19. 2월 서울시(사복직 포함) 9급

이것은 조선 시대 법령의 기본이 된 법전이다. 조선 건국 초의 법전인 『경제육전』의 원전과 속전, 그리고 그 뒤의 법령을 종합하여 만든 통치의 기본이 되는 통일 법전이다. …… 편제와 내용은 『경제육전』과 같이 6분 방식에 따랐고, 각 전마다 필요한 항목으로 분류하여 균정하였다.

① 성종 때 완성되었다.
② 조준이 편찬을 주도하였다.
③ 이, 호, 예, 병, 형, 공전으로 나뉘어 정리되었다.
④ 세조 때 만세불변의 법전을 만들기 위해 편찬을 시작하였다.

|정답해설| 밑줄 친 '이것'은 『경국대전』이다. 6전 체제로 정리된 『경국대전』은 세조 때 편찬하기 시작하여 성종 때 완성·반포(성종 16년, 1485)되었다. 조준은 고려 말~조선 초의 문신으로, 『경제육전』의 편찬을 주도하였다.

|정답| ②

02 성리학의 발달

1 성리학의 정착

(1) 사대부의 입장 차이

성리학은 고려 말의 개혁과 조선을 건국하는 데 사상적 기반을 제공하였으나, 이를 수용하고 이해하는 과정에서 신진 사대부들 간의 입장 차이가 나타났다.

(2) 관학파(훈구파)

① **15세기 정치 주도**: 15세기 조선 사회가 당면한 문제는 고려 시대부터 누적되어 온 대내외적인 모순을 극복하고, 왕조 교체에 따른 새로운 문물 제도를 정비하여 부국강병을 추진하는 것이었다.

② **정치적 성향**: 정도전·권근 등 관학파로 불리는 이들은 성리학에만 국한하지 않고 한·당 유학, 불교, 도교, 풍수지리 사상, 민간 신앙 등을 포용하여 시대적 과제를 해결하려고 하였으며, 특히 『주례』를 국가의 통치 이념으로 중요하게 여겼다.

(3) 사학파(사림파)

① **계승**: 고려 말 온건 개혁파로 조선의 건국에 참여하지 않고 재야로 물러난 길재(吉再) 등의 학문적 전통은 성종 때에 본격적으로 중앙 정계에 진출한 사림(士林)이 계승하였다.

② **정치적 성향**

　㉠ 형벌보다는 교화에 의한 통치를 강조하였다.

　㉡ 공신과 외척의 비리와 횡포를 성리학적 명분론에 입각하여 비판하였다.

　㉢ 당시의 사회 모순을 성리학적 이념과 제도의 실천으로 극복해 보려고 하였다.

◎ 관학파와 사학파의 비교

구분	관학파(官學派)	사학파(私學派)
인물	정도전 학통 계승	정몽주·길재 학통 계승
특징	• 집현전·성균관 출신 • 중앙 집권과 부국강병 추구 • 『주례(周禮)』에 따른 이념 중시 • 한·당 유학 존중 • 불교·도교·풍수지리 사상 등의 민간 의식 포용	• 성종 때 중앙 정계에 본격 진출 • 성리학적 명분론 중시 • 교화(教化)에 의한 통치 강조 • 『예기(禮記)』에 따른 이념 중시 • 향촌 자치 추구(향약·서원)

2 성리학의 융성*

(1) 철학의 조류

① **발달 배경**: 16세기 사림은 도덕성과 수신(修身)을 중시하였으며, 그것을 사회적으로 실천하는 가운데 인간 심성에 대하여 깊은 관심을 가졌다.

② **이기론의 선구자**

　㉠ 서경덕: 우주를 무한하고 영원한 기로 보는 태허(太虛)설을 제기하였다(중종 39년, 1544). 또한 이와 기 중 '기'만 중요하며 기는 영원불멸하면서 생명을 낳는다고 보았다(기일원론).

　㉡ 조식: 노장사상에 포용적이었으며, 학문의 실천성을 강조하였다. 또한 서리망국론을 제기하여 당시 서리의 폐단을 강력하게 비판하였고, 칼과 방울을 의(義)와 경(敬)의 상징으로 차고 다녔다.

　㉢ 이언적: 이(理)를 중심으로 자신의 이론을 전개하여 이후 주리론 정립에 영향을 주었다.

단권화 MEMO

■ 『주례(周禮)』
주의 제도를 기록한 유교 경전으로서, 중국 역대의 관제는 『주례』를 규범으로 삼은 것이 많고, 우리나라는 고려 예종 때 구인재(求仁齋)에서 주요 유교 경전으로 가르쳤다. 조선 세종 때에는 단행본으로 간행하여 일반에 보급하였다.

＊성리학의 융성
이황의 주리론과 이이의 주기론을 구분하여 이해하고, 두 사람의 주요 저서를 암기해야 한다.

(2) 성리학의 정착

성리학이 조선 사회에 확고하게 뿌리내리는 데 결정적인 기여를 한 인물은 이황과 이이였다.

① 이황(李滉, 1501~1570)

ⓐ 성향

- 주자의 이론에 조선의 현실을 반영시켜 나름대로의 체계를 세우려고 하였다.
- 그의 사상은 도덕적 행위의 근거로서 인간의 심성을 중시하고 근본적이며 이상주의적인 성격이 강하였다.
- 이기이원론: 이와 기는 서로 의존적이지만 서로 섞이지 않음을 주장하였다.
- 이기호발설: 이가 작용하여 기가 이에 따르기도 하고 기가 작용하여 이가 그 위에 타기도 한다고 주장하였다.
- 정지운의 『천명도설』 해석을 둘러싸고 기대승과 사단 칠정 논쟁을 시작하였다(명종 14년, 1559).

ⓑ 저서: 이황은 『주자서절요』, 『성학십도』, 『자성록』, 『송원이학통록(宋元理學通錄)』, 「심경후론(心經後論)」, 「무진육조소」(「무진봉사」, 선조 1년, 1568) 등을 저술하였다.

ⓒ 학파 형성: 김성일과 유성룡 등의 제자들이 영남학파(嶺南學派)를 형성하였다.

ⓓ 영향

- 임진왜란 이후 일본에 전해져 일본 성리학 발전에 영향을 미쳤다(일본에서는 이황을 '동방의 주자'로 부름).
- 16세기 정통 사림(正統士林)의 사상적 연원이 되었다.
- 19세기 개화기에 위정척사론(衛正斥邪論)에 영향을 주었다.

▲ 『성학십도』(이황)

> **심화**   4단 7정 논쟁
>
> 명종 14년(1559)부터 21년까지 7년 동안 지속된 논쟁의 발단은 다음과 같다.
>
> 정지운은 권근의 『입학도설』과 권채의 『작성도』의 영향을 받아 『천명도설』을 작성하였다. 정지운은 『천명도설』에서 '4단은 이(理)에서 발한 것이고 7정은 기(氣)에서 발한 것이다[四端發於理 七情發於氣]'라고 기술하였다. 이 글을 읽은 이황은 '4단은 이가 발한 것이고 7정은 기가 발한 것이다[四端理之發 七情氣之發]'라고 수정할 것을 요청하였다. 정지운도 이황의 견해를 받아들여 새로 『천명신도』를 작성하였다. 이때 기대승이 '이황의 논리'에 반박하면서 논쟁이 시작되었다.
>
> 먼저 이황은, 4단은 이가 발하여 기가 그것에 따르는 것이고, 7정은 기가 발하여 이가 그것에 타는 것이다 [四端理發而氣隨之 七情氣發而理乘之]라고 하여 '이기호발설'을 주장하였다. 이는 4단과 7정을 각각 이와 기에 분속(分屬)시키고 4단은 순선무악(純善無惡)한 것으로, 7정은 유선유악(有善有惡)한 것으로 본 것이다. 나아가 그는 이(理)가 발한다고 하여 이의 능동성·자발성을 강조하였다.
>
> 한편 기대승은, 4단은 7정에 포함되는 것이므로 양자를 구분해서 보는 것은 잘못이며 마찬가지로 이와 기도 서로 떨어져 존재하는 것이 아니므로 4단과 7정을 이와 기에 분속하는 것은 잘못이라고 주장하였다. 아울러 '천리(天理)의 발현이 제대로 되느냐'의 문제는 전적으로 기의 작용에 달려 있다고 하여 이의 자발성을 부정하였다.

② 이이(李珥, 1536~1584)
　　㉠ 성향
　　　　• 개혁적 성격: 이이는 이황에 비하여 상대적으로 '기(氣)'의 역할을 강조하여 현실적이
　　　　　며 개혁적인 성격을 가지고 있었다.
　　　　• 철학 체계 수립: 주기론의 입장에서 관념적 도덕 세계를 중요시하는 동시에 경험적
　　　　　현실 세계를 존중하는 새로운 철학 체계를 수립하였다.
　　　　• 일원론적 이기이원론(이기일원론): 주자와 이황의 이기이원론에 만족하지 않고, 한
　　　　　걸음 더 나아가 '일원론적 이기이원론'을 주장하였다.
　　　　• 기발이승일도설: 이는 스스로 활동하는 것이 아니라 기가 작용하는 원인이 될 뿐이므
　　　　　로, 기가 발하는 데 이가 올라탄다고 보았다.
　　　　• 이통기국설: '이'의 보편성과 '기'의 국한성을 강조하였다.
　　㉡ 변법경장론(變法更張論): 이이는 경세가로서 현실 문제의 개혁에 과감한 주장을 하였다.
　　㉢ 저서
　　　　• 『동호문답』, 『성학집요』, 『경연일기』, 『만언봉사』 등에서 16세기 조선 사회의 모순을
　　　　　극복하는 방안으로 통치 체제의 정비와 수취 제도의 개혁 등 다양한 개혁 방안을 제시
　　　　　하였다.
　　　　• 도학(道學, 성리학)의 입문서인 『격몽요결』을 저술하였다.
　　㉣ 학파 형성: 이이의 학통은 조헌, 김장생 등으로 이어져서 기호학파(畿湖學派)를 형성하
　　　　였다.
　　㉤ 영향: 북학파 실학 사상과 개화 사상에 영향을 주었고 동학 사상에도 영향을 주었다.

사료　이이의 『성학집요』

올해 초가을에 비로소 저는 책을 완성하여 그 이름을 『성학집요』라고 하였습니다. 이 책에는 임금이 공부해
야 할 내용과 방법, 정치하는 방법, 덕을 쌓아 실천하는 방법과 백성을 새롭게 하는 방법이 실려 있습니다.
또한 작은 것을 미루어 큰 것을 알게 하고 이것을 미루어 저것을 밝혔으니, 천하의 이치가 여기에서 벗어나
지 않을 것입니다. 따라서 이것은 저의 글이 아니라 성현의 글이옵니다.
　　『성학집요』

심화　『성학집요』

『성학집요』는 왕과 사대부를 위해 왕도 정치의 규범을 체계화한 성리학의 정치 이론서로, 『대학』을 기본적
지침으로 삼아 통설, 수기편(修己篇), 정가편(正家篇), 위정편(爲政篇), 성현도통장(聖賢道統章)으로 구성되
어 있다. 이이는 『대학연의』(『대학』을 성리학적 입장에서 풀이한 책)를 모범으로 하되 너무 내용이 많은 것을
비판하였으며, 현명한 신하가 성학(성리학)을 군주에게 가르쳐 기질을 변화시켜야 한다는 주장을 핵심으로
하여 『성학집요』를 저술하였다. 『성학집요』는 조선의 사상계에 널리 영향을 미쳤다.

○ 이황과 이이의 비교

이황 (李滉)	• 도덕적 행위의 근거로서 인간의 심성 중시 • 근본적·이상주의적 성격 • 일본 성리학 발전에 큰 영향, 19세기 위정척사 사상에 영향 • 주요 저서: 『주자서절요(朱子書節要)』, 『성학십도(聖學十圖)』, 『전습록변(傳習錄辨)』 등 　※ 『성학십도』: 선조 1년(1568)에 왕에게 올린 상소문으로서, 군왕(君王)의 도(道)에 관한 학문 　　의 요체(要諦)를 도식으로 설명하였다.

■ **이이－구도장원공(九度壯元公)**
명종 13년(1558) 별시(別試)에서 천
문·기상의 순행과 이변 등에 대해 논
한 천도책(天道策)을 지어 장원으로
급제하였으며, 명종 19년(1564)에 실
시된 대과(大科)에서 문과(文科)의 초
시(初試)·복시(覆試)·전시(殿試)에 모
두 장원으로 합격하여 삼장장원(三場
壯元)으로 불렸다. 생원시(生員試)·진
사시(進士試)를 포함하여 응시한 아홉
차례의 과거에 장원으로 합격하여 사
람들에게 '구도장원공(九度壯元公)'이
라고 불리기도 하였다.

이이 (李珥)	• 기(氣)의 역할 강조 • 현실적·개혁적 성격 → 변법경장론(變法更張論) • 통치 체제의 정비와 수취 제도의 개혁 등 다양한 개혁 방안 제시 • 주요 저서: 『동호문답(東湖問答)』, 『성학집요(聖學輯要)』, 『경연일기(經筵日記)』 등 ※『성학집요』: 사서(四書)와 6경(六經)에 있는 도(道)의 개략을 뽑아 간략하게 정리하여 선조 　에게 바친 책이다.

심화 이황과 이이의 사상

❶ 이황(李滉)의 주장
- "우주 만물의 근원이 되는 이(理)는 절대적으로 선한 것이고, 만물을 구성하는 기(氣)는 선과 악이 함께 섞여 있는 것이다. 이(理)는 존귀하고, 선악이 함께 내재한 기(氣)는 비천한 것이다."
- 이(理)와 기(氣)가 모두 운동성을 갖는다는 '이기호발설(理氣互發說)'을 주장하여 이기이원론(理氣二元論)을 정립하였다.
- 수양론(修養論)에서 경(敬)에 의한 궁리(窮理)의 방법을 통하여 참된 지(知)에 이를 수 있다고 하였다.

❷ 이이(李珥)의 주장
- "이(理)는 형체가 없고, 기(氣)는 형체가 있는 까닭에 이(理)는 두루 통하고, 기(氣)는 한정되고 국한된다."
- 이(理)와 기(氣)는 이미 두 가지 물건이 아니요, 또한 한 가지 물건도 아니다. 한 가지 물건이 아니기 때문에 하나이면서 둘이요, 두 가지 물건이 아니기 때문에 둘이면서 하나라고 하는 '일원론적 이기이원론'을 주장하였다.

❸ 이황의 『성학십도』와 이이의 『성학집요』의 차이점
　이황의 『성학십도』에서는 군주 스스로가 성학을 따를 것을 제시한 반면, 이이의 『성학집요』에서는 현명한 신하가 성학을 군주에게 가르쳐 그 기질을 변화시켜야 한다고 주장하였다.

심화 사림 문화의 영향

❶ 15세기 말부터 새로운 사회 세력으로 대두한 사림은 성리학의 이념에 충실한 사회를 건설하고자 노력하였다. 그들은 정몽주와 길재 계통의 학통을 계승하면서 의리와 도덕을 숭상하고 성리학의 이기론과 심성론의 탐구에 힘썼으며, 또한 예학을 발전시켰다.

❷ 법도가 정해지는 것과 기강이 대강 서게 되는 것은 일찍이 대신을 공경하고 그 정치를 맡기는 데 있지 않은 것이 없사옵니다. 임금도 혼자서 다스리지 못하고 반드시 대신에게 맡긴 뒤에 다스리는 도가 서게 됩니다. …… 전하께서 정말로 도를 밝히고 홀로 있는 때를 조심하는 것으로 마음을 다스리는 요점을 삼으시고, 그 도를 조정의 위에 세우시면 기강은 어렵게 세우지 않더라도 정해질 것입니다.　　　　　『정암집』

❸ 조선 초기에는 평양에 단군 사당을 건립하고 국가에서 제사하였으며, 중국 사신이 조선에 올 때 이곳에서 참배하게 하였다. 그러나 16세기의 사림들은 왕도주의를 내세우면서 단군보다 기자를 더욱 중시하고 기자에 대한 연구를 심화하였다. 이는 기자가 왕도의 창시자로서 도덕 정치를 폈다고 믿었기 때문이었다. 또한 사림들은 중국 중심의 세계관에 치우치는 경향을 지니고 있었다.

심화 양반 지배층의 시대 상황 인식이 문화에 끼친 영향

❶ 주화(主和) 두 글자가 신의 일평생에 허물이 될 줄 압니다. 그러나 신은 아직도 오늘날 화친하려는 일이 그르다고 생각하지 않습니다. …… 자기의 힘을 헤아리지 아니하고 경망하게 큰소리를 쳐서 오랑캐의 노여움을 사고 끝내 백성을 도탄에 빠뜨리며 종묘와 사직에 제사 지내지 못하게 된다면 그 허물이 이보다 클 수 있겠습니까.　　　　　『지천집』

❷ 화의가 나라를 망친 깃은 어제오늘의 일이 아닙니다. 옛날부터 그러하였으나 오늘닐처럼 심한 적은 없었습니다. 명은 우리나라에게는 부모의 나라입니다. (신하된 자로서) 부모의 원수와 형제의 의를 맺고 부모의 은혜를 저버릴 수 있겠습니까.

『인조실록』

● (가)와 (나)의 인물에 대한 설명으로 옳은 것은?   13. 지방직 9급

> (가) 주자의 이론에 조선의 현실을 반영하여 나름대로의 체계를 세우고자 하였다. 그의 사상은 도덕적 행위의 근거로서 인간 심성을 중시하고, 근본적이며 이상주의적인 성격이 강하였다. 대표적인 저서로 『성학십도』가 있다.
> (나) 현실적이며 개혁적인 성격을 가지고 있었다. 그는 『성학집요』 등을 저술하여 16세기 조선 사회의 모순을 극복하는 방안으로 통치 체제의 정비와 수취 제도의 개혁 등 다양한 개혁 방안을 제시하였다.

① (가)의 사상은 일본 성리학 발전에 영향을 끼쳤다.
② (가)는 도학의 입문서인 『격몽요결』을 저술하였다.
③ (나)는 왕에게 주청하여 소수 서원이라는 편액을 하사받았다.
④ (나)는 향촌 사회의 도덕적 질서를 안정시키기 위해 예안 향약을 만들었다.

| 정답해설 | (가) 이황, (나) 이이에 대한 설명이다. 이황의 주리론은 강항에 의해 일본으로 전해졌으며, 일본 성리학 발전에 영향을 미쳤다. 일본에서는 이황을 '동방의 주자'라고 하였다.

| 오답해설 |
② 『격몽요결』은 이이의 저서이다.
③ 이황의 건의에 의해 백운동 서원이 사액되어(편액을 하사받아) 소수 서원으로 개칭되었다.
④ 이황에 대한 설명이다.

| 정답 | ①

● 〈보기〉의 인물 ㉠에 대한 설명으로 가장 옳은 것은?   19. 2월 서울시 7급

> ─ 보기 ─
> 명나라 사신 왕경민이 "항상 기자가 동쪽으로 온 사적에 대해 알 수 없는 것이 한스럽다. 조선에 기록된 것이 있으면 보고 싶다."라고 하니, (㉠)이(가) 전에 본인이 저술한 『기자실기』를 주었다.

① 백운동 서원에 소수 서원이라는 편액을 하사받도록 하였다.
② 『성학집요』와 『격몽요결』 등을 집필하였다.
③ 유성룡, 김성일, 장현광 등 주로 영남학자들에게 그의 학설이 계승되었다.
④ 일평생 처사로 지내며 독창적인 유기 철학을 수립하였다.

| 정답해설 | 『기자실기』는 이이의 저서이다. 이이는 『성학집요』와 『격몽요결』 등을 저술하였다.

| 오답해설 |
① 이황은 중종 때 주세붕이 설립한 백운동 서원의 시액(賜額)을 건의하였다(사액 후 소수 서원으로 개칭).
③ 이황의 사상은 유성룡, 김성일 등 주로 영남학자들에게 영향을 주었다.
④ 서경덕은 일평생 처사로 지내며 독창적인 유기 철학(기일원론)을 수립하였다.

| 정답 | ②

03 불교와 민간 신앙

1 불교의 정비

성리학이 주도 이념이었던 조선 시대에는 불교가 크게 위축되었다.

(1) 초기

① 불교 정비책

    ㉠ 초기: 사원이 소유한 막대한 토지와 노비를 회수하여 집권 세력의 경제적 기반을 약화하는 정책을 지속적으로 추진하였다.

    ㉡ 태조: 도첩제(度牒制)를 강화하여 승려로의 출가를 제한하고, 사원의 건립을 억제하였다.

    ㉢ 태종: 전국에 242개의 사원만을 남기고, 나머지는 토지와 노비를 몰수하고 폐지하였다.

    ㉣ 세종: 교단을 정리하면서 선종과 교종 각각 18사씩 모두 36개의 절만 인정하였다.

    ㉤ 세조: 원각사에 10층 석탑을 세우고, '간경도감'을 설치하여 불교 경전을 한글로 번역·간행하고 보급하는 등 적극적인 불교 진흥책을 펴서 일시적으로 불교가 중흥되었다.

    ㉥ 성종: 도첩제를 폐지하였다. 성종 이후 사림들의 적극적인 비판으로 불교는 점차 왕실에서 멀어져 산간 불교로 바뀌었다.

사료   **연등회의 금지**

사헌부에 하교하기를, "4월 초8일을 부처의 탄생일이라고 하여 연등(燃燈)을 행한 지 이미 오래되었는데, 요즈음 간원(諫院)에서 폐단을 말하면서 혁파하기를 청하였다. 내 생각에 오래된 습속을 갑자기 쉽게 고칠 수 없으나 오직 이 습관만은 고치지 않을 수 없다. 지금부터 절[僧舍] 이외에 중앙과 지방에서 행해지는 연등은 일체 금하라." 하였다.
그리고 말하기를, "날짜가 이미 임박하였는데 어리석은 백성들이 혹 알지 못하여 금령(禁令)을 범하는 자가 있을 것이니, 오는 초8일에는 우선 서울 안에서만 금하고, 알지 못하여 범하는 자는 죄주지 말며, 외방(外方)은 내년부터 금하도록 하라." 하였다.   『세종실록』

② 불교의 명맥 유지: 사원에 대한 국가적 통제는 강하였으나 사람들의 신앙에 대한 욕구는 완전히 억제하지 못하여 왕실의 안녕을 기원하고 왕족의 명복을 비는 행사가 자주 시행되어 불교는 명맥을 유지하였다.

(2) 중기

① 명종: 문정 왕후의 지원 아래 일시적인 불교 회복 정책이 펼쳐진 결과 보우(普雨)를 중용하고 승과를 부활하였다.

② 16세기 후반: 서산 대사와 같은 고승이 배출되어 교리를 가다듬었다.

③ 임진왜란 당시: 승병들이 크게 활약함으로써 불교계의 위상을 새롭게 정립하였다.

(3) 결과

전반적으로 사원의 경제적 기반 축소와 우수한 인재들의 출가 기피는 불교의 사회적 위상을 크게 약화하는 결과를 가져왔다.

■『석보상절』

소헌 왕후의 명복을 빌기 위해 세종의 명으로 수양 대군이 1447년(세종 29년)에 간행한 부처의 일대기이다.

바로 확인문제

● 조선 시대 불교계의 동향을 바르게 서술한 것은?

① 조선 초기 성리학에 입각한 억불 정책으로 교세가 크게 위축되었으나, 사회적 위신은 약화되지 않았다.

② 민간에서는 여전히 불교를 신봉하였으나, 왕실과 궁중에서는 불교 신앙 행위 자체를 근절하였다.

③ 세종은 도첩제를 실시하여 출가를 신고제로 바꿈으로써 위축되었던 불교 교세를 어느 정도 만회시켜 주었다.

④ 세조는 간경도감을 설치하여 불경의 번역에 힘쓰는 등 적극적인 불교 진흥책을 시행하였으나 일시적인 효과에 그치고 말았다.

|오답해설|
① 불교의 사회적 위신도 약화되었다.
② 태조 때 내원당, 세종 때 내불당을 설치하는 등 왕실에서도 여전히 불교를 신앙하는 행위가 존재하였다.
③ 도첩제는 태조 때 배극렴의 건의로 시행된 승려 출가 허가 제도이다.
|정답| ④

2 도교와 민간 신앙

(1) 도교(道敎)

① 도교 역시 크게 위축되어 사원이 정리되고 행사도 줄어들었다.

② 제천 행사가 국가의 권위를 높이는 점이 인정되어 소격서(昭格署)를 설치하고 참성단에서 일월성신에 대하여 제사를 지내는 초제(醮祭)를 시행하였다.

③ 16세기 사림의 진출 이후 도교 행사가 사라져 갔으나 성리학의 공리적 면모를 반성하는 심성 중시 경향과 함께 도교나 불교 등 정신 수양에 도움을 주는 종교가 관심의 대상이 되었다.

(2) 풍수지리설, 도참 사상

① 풍수지리설과 도참 사상이 조선 초기 이래로 중요시되어 한양 천도에 반영되었다(계룡산 길지설, 무악 길지설, 한양 길지설 등).

② 양반 사대부의 묘지 선정에도 작용하여 산송(山訟) 문제가 사회적인 문제로 대두되었다.

■ 산송 문제
조선 중기 이후 나타나기 시작하였다. 유교적 관념이 강해지면서 부모에 대한 효도로서 묘지를 중시하였는데, 이것이 풍수지리와 연관되어 관심이 커지면서 산송 문제가 발생하였다. 18~19세기에는 산송이 소송의 주류를 이루었다.

심화 도교 사상

❶ 소격서(昭格署)
- 위치: 한성부 북부 진장방(鎭長坊, 현 삼청동)
- 도교신의 추모: 삼청전(三淸殿)에는 칠성(七星)·옥황(玉皇)·노군(老君)·천존(天尊)·제군(帝君)·염라(閻羅) 등
- 변화: 소격전(고려) → 소격서(1466) → 폐지[중종(1518), 조광조의 건의] → 임진왜란 이후 완전 폐지
- 마니산 참성단(塹星壇): 단군이 하늘에 제사를 올리기 위해 쌓은 제단, 인조 17년(1639)과 숙종 26년(1700)에 수리하였다는 기록이 있음.

❷ 초제(醮祭)
"목멱 신사(木覓神祠=國祀堂)가 남산 꼭대기에 있어 해마다 봄과 가을에 초제(醮祭)를 지낸다. 당(堂) 안에 화상(和尙)이 있는데, 속칭 신승(神僧) 무학 대사(無學大師)의 초상이라고 한다." 『한경지략』 사묘조

❸ 조선 후기에는 도교적 신앙이 변화된 형태로 '삼제군 신앙(三帝君信仰)'이 유행하였다.
- 삼제(三帝)의 의미: 관성제군[關聖帝君, 촉한(蜀漢)의 관우(關羽)·문창제군[文昌帝君, 당(唐)의 장아(張亞)]·부우제군[孚佑帝君, 당(唐)의 여순양(呂純陽)]의 삼성(三聖)을 의미한다.

단권화 MEMO

- 내용 : 관우는 지상지존(至上至尊)으로서 '삼계복마대성관성제군(三界伏魔大聖關聖帝君)'이라 하고, 장아는 과거(科擧)의 사부신(司部神)으로서 '사록직공거진군(司祿職貢擧眞君)'이라 하였으며, 여순양은 모든 소원을 성취시키는 '사생육도(四生六道)'라 하였다.

❹ "정월 열 나흗날 밤에 짚을 묶어 허수아비를 만드는데, 이를 처용(處容)이라 한다. 수직성(水直星)을 만난 사람은 밥을 종이에 싸서 밤중에 우물 속에 넣고 비는 풍속이 있다. 민속에서 가장 꺼리는 것이 처용직성(處容直星)이다."

유득공, 「경도잡지」

(3) 기타의 민간 신앙

① 민간 신앙 : 무격 신앙, 산신 신앙, 삼신 숭배, 촌락제 등은 백성들 사이에 깊이 자리 잡았다.
② 세시 풍속 : 계절에 따른 세시 풍속은 유교 이념과 융합되면서 조상 숭배 의식과 촌락의 안정을 기원하는 의식이 되었다.
③ 매장 방식의 변화 : 불교식으로 화장하던 풍습이 묘지(墓地)를 쓰는 것으로 바뀌면서 명당 선호 경향이 두드러졌다.

바로 확인문제

● 교사의 질문에 대한 학생의 답변으로 옳지 <u>않은</u> 것은?   한국사능력검정시험 고급 25회

이 문화 유산에 반영된 공통적인 사상에 대해서 발표해 볼까요?

① 불로장생과 현세의 구복을 추구하였습니다.
② 『시경』, 『서경』, 『역경』을 경전으로 삼고 있습니다.
③ 소격서가 주관하는 행사에 반영되어 있습니다.
④ 하늘에 제사를 지내는 초제와 관련이 있습니다.
⑤ 연개소문이 반대 세력을 견제하고자 장려하였습니다.

|정답해설| 왼쪽 사진은 백제 사람들의 도교적 이상 세계가 형상화된 백제 금동 대향로이며, 오른쪽 사진은 고구려 강서 대묘의 사신도 중 현무도이다. 사신(四神)은 청룡, 백호, 주작, 현무로서 각각 동·서·남·북쪽을 상징하는 방위신이다. 『시경』, 『서경』, 『역경』은 유교의 경전이다.

|오답해설|
① 도교는 불로장생과 현세의 구복을 추구한 종교였다.
③ 조선 시대의 도교 기관인 소격서에서 초제를 주관하였다.
④ 하늘에 제사를 지내는 도교 행사를 초제라고 하였다.
⑤ 고구려의 연개소문은 불교와 결탁한 왕실 및 귀족 세력을 억압하기 위해 도교를 장려하였다.

|정답| ②

---

04 과학 기술의 발달

1 천문·역법과 의학

(1) 조선 초기의 과학 기술

① 세종 : 조선 초기에는 과학 기술이 크게 발전하였는데, 특히 세종 때를 전후한 과학 기술은 우리나라 역사상 특이할 정도로 뛰어났다.

② 발달 배경 : 당시의 집권층은 부국강병과 민생 안정을 위하여 과학 기술이 중요하다고 인식하였다. 따라서 과학 기술은 국가적 지원을 받아 크게 발전하였다.
③ 수용 : 우리나라의 전통적 문화를 계승하면서 서역과 중국의 과학 기술을 수용하여 훌륭한 업적을 남겼다.

(2) 각종 기구의 제작과 천문학의 발전

① 천체 관측 기구 : 혼의와 간의를 제작하였다.
② 강우량과 시간 측정 기구 : 장영실·이천 등
　㉠ 강우량 측정 : 세계 최초로 측우기를 만들어(1441) 전국 각지의 강우량을 측정하였다.
　㉡ 시간 측정 기구 : 물시계인 '자격루'와 해시계인 '앙부일구' 등을 제작하였다. 특히 자격루는 노비 출신의 과학 기술자인 장영실이 제작한 것으로서, 정밀 기계 장치와 자동 시보 장치를 갖춘 뛰어난 물시계였다.
③ 인지의·규형(1466) : 세조 때에 토지 측량 기구인 인지의(印地儀)와 규형(窺衡)을 제작하여 토지 측량과 지도 제작에 활용하였다.
④ 천문도(天文圖) : 조선은 건국 초기부터 천문도를 만들었다.
　㉠ 태조 : 고구려의 천문도를 바탕으로 「천상열차분야지도」를 돌에 새겼다.
　㉡ 세종 : 새로운 천문도를 만들었는데, 이것은 현재 남아 있지 않다.

> **사료** 「천상열차분야지도」
>
> 예전에 평양성에 천문도 석각본(石刻本)이 있었다. 그것이 전란으로 강물 속에 가라앉아 버리고, 세월이 흘러 그 인본마저 매우 희귀해져 찾아볼 수 없었다. 그런데 태조가 즉위한 지 얼마 안 되어 그 천문도의 인본을 바친 사람이 있었다. 태조는 그것을 매우 귀중히 여겨 돌에 다시 새겨 두도록 서운관에 명하였다. 서운관에서는 그 연대가 오래되어 이미 성도에 오차가 생겼으므로 새로운 관측에 따라 오차를 고쳐서 새 천문도를 작성하도록 청했다.
> 　　　　　　　　　　　　　　　　　　　　　　　　　　　　　권근, 「양촌집」

(3) 역법(曆法) : 「칠정산」은 세종 때 이순지 등이 만든 역법서로서, 우리나라 역사상 최초로 서울을 기준으로 제작하였다.

> **사료** 「칠정산」
>
> 세종이 예문제학 정인지 등에게 명하여 「칠정산」 내·외편을 지었다. 처음에 고려 최성지가 충선왕을 따라 원나라에 들어가 수시력을 얻어 돌아와서 추보하여 사용하였다. 그러나 일월교식(일식과 월식이 같이 생기는 것)과 오행성이 움직이는 도수에 관해 곽수경의 산술을 알지 못하였다. 조선이 개국해서도 역법은 수시력을 그대로 썼다. 수시력에 일월교식 등이 빠졌으므로 임금이 정인지, 정초, 정흠지 등에게 명하여 추보하도록 하니 ……
> 　　　　　　　　　　　　　　　　　　　　　　　　　　　　　「연려실기술」

> **심화** 「칠정산」
>
> 우리 실정에 맞는 역법을 갖추려는 세종의 자주적인 의지와 노력에 힘입어 「칠정산」 내·외편이라는 역법이 탄생하였다. 「칠정산」은 세종 때 이순지와 김담이 우리나라 역대의 역법을 정리한 것을 기초로 원나라와 명나라의 역법을 참고하여 만든 것으로서, 내편(內篇)과 외편(外篇)으로 이루어졌다. 외편(세종 26년, 1444)은 서역(西域)의 회회력법(回回曆法)을 연구하여 해설한 책인 데 비해, 내편(세종 24년, 1442)은 원나라의 수시력(授時曆)을 이해하기 쉽게 해설한 책으로서, 서울을 기준으로 한 해와 달 그리고 행성들의 운행이 나타나 있다.

단권화 MEMO

■ **흠경각루(欽敬閣漏)**
흠경각루는 조선 시대 흠경각 내부에 설치하여 운영한 자동 물시계이다. 1438년 장영실이 제작하였으며, 정해진 시간에 시보 인형이 등장하여 시간을 알려 주었다.

■ **인지의와 규형**
기록에는 세조 12년에 땅의 원근을 측정하는 인지의와 규형을 제작하였다고 하여 양자가 별개인 것으로 나와 있다. 그러나 지금 그 실물이 전하지 않아 학자에 따라서는 인지의는 원근, 규형은 고저를 측정하는 것으로 보고 있다.
　　　　　　　　　　　　　변태섭

▲ 「천상열차분야지도」 각석
(국립 고궁 박물관)

■ **「칠정산(七政算)」**
해·달·화성·수성·목성·금성·토성 등 7개가 운동하는 천체의 위치를 계산하는 방법을 서술한 역법서이다.

(4) 의학(醫學)

15세기에는 조선 의·약학의 자주적 체계가 마련되어 민족 의학이 더욱 발전할 수 있게 되었다.

① 『향약제생집성방』: 조준, 김사형, 권중화, 김희선 등이 『삼화자향약방』, 『향약간이방』 등 여러 의서를 참고하고 국내의 경험방(처방전)을 가려 뽑아 완성하였다. 태조 7년(1398) 8월에 편찬하기 시작하여 이듬해(정종 원년) 5월에 완성하였다.

② 『향약채취월령』: 세종 10년(1428) 유효통, 노중례, 박윤덕 등이 왕명으로 편찬하기 시작하여 세종 13년(1431)에 완성하고 간행하였다. 우리나라 약초의 적절한 채취 시기를 월령으로 만든 책이다.

③ 『향약집성방』: 세종의 명으로 기존의 『향약제생집성방』을 확장하고 증보하여 편찬하였다(세종 15년, 1433). 우리 풍토에 맞는 약재와 치료 방법을 개발하고 정리한 내용을 담고 있다.

④ 『신주무원록』: 세종 20년(1438) 최치운 등이 원나라 왕여(王與)가 편찬한 『무원록(無冤錄)』에 주해를 더하고 음과 훈을 붙여 편찬한 의서(醫書)이다.

⑤ 『의방유취』: 당·송·원·명의 중국 의서와 국내 의서 153종을 망라하여 편찬한 동양 최대의 의학 백과사전이다(세종 27년, 1445).

사료 『향약집성방』 서문

우리나라 사람들이 경험하였던 처방을 취하여 분류해서 편찬한 다음 인쇄하여 발행하였다. 이로부터 약재를 구하기 쉽고 질병을 치료하기 쉽게 되어 사람들이 모두 편하게 여겼다. …… 우리 주상 전하(세종)께서 이에 특별히 유의하시어 의관을 골라 매양 사신을 따라 북경에 가서 『방서』를 널리 구하게 하였다. …… 세종 13년(1431) 가을 집현전 직제학 유효통, 전의 노중례, 부정 박윤덕에게 명하여 다시 향약방에 대해 여러 책에서 빠짐없이 찾아낸 다음 분류하고 증보하여 한 해가 지나 완성하였다. …… 합하여 85권으로 바치니 이름을 『향약집성방』이라 하였다.

『세종실록』

바로 확인문제

● 다음 서적을 편찬된 시기순으로 바르게 나열한 것은? 19. 지방직 9급

| ㄱ. 『의방유취』 | ㄴ. 『동의보감』 | ㄷ. 『향약구급방』 | ㄹ. 『향약집성방』 |

① ㄱ - ㄴ - ㄷ - ㄹ
② ㄱ - ㄷ - ㄴ - ㄹ
③ ㄷ - ㄱ - ㄹ - ㄴ
④ ㄷ - ㄹ - ㄱ - ㄴ

● 〈보기〉의 ㉠에 들어갈 책으로 가장 옳은 것은? 23. 서울시(자체 출제) 9급

보기

세종이 예문제학 정인지 등에 명하여 ____㉠____ 을/를 지었다. 처음에 고려 최성지가 충선왕을 따라 원나라에 들어가서 수시력을 얻어 돌아와서 추보하여 사용하였다. 그러나 일월교식(일식과 월식이 같이 생기는 것)과 오행성이 움직이는 도수에 관해 곽수경의 산술을 알지 못하였다. 조선이 개국해서도 역법은 수시력을 그대로 썼다. 수시력에 일월교식 등이 빠졌으므로 임금이 정인지·정초·정흠지 등에게 명하여 추보하도록 하니 ……

『연려실기술』

① 『향약채취월령』
② 『의방유취』
③ 『농사직설』
④ 『칠정산』 내·외편

|정답해설| 제시된 의서(醫書)의 순서는 다음과 같다.

ㄷ. 『향약구급방(鄕藥救急方)』: 고려 고종, 1236년

ㄹ. 『향약집성방(鄕藥集成方)』: 조선 세종, 1433년

ㄱ. 『의방유취(醫方類聚)』: 조선 세종, 1445년

ㄴ. 『동의보감(東醫寶鑑)』: 조선 광해군, 허준, 1610년 완성

|정답| ④

|정답해설| ㉠에 들어갈 책은 『칠정산』 내·외편으로, 우리 실정에 맞는 역법을 갖추려는 세종의 자주적인 의지와 노력에 힘입어 탄생하였다.

|오답해설|

① 『향약채취월령』은 세종 10년(1428) 유효통 등이 왕명으로 편찬하기 시작하여 세종 13년(1431)에 완성하였다. 우리나라 약초의 적절한 채취 시기를 월령으로 만든 책이다.

② 『의방유취』는 당·송·원·명의 중국 의서와 국내 의서 153종을 망라하여 편찬한 동양 최대의 의학 백과사전이다(세종 27년, 1445).

③ 세종 때 정초, 변효문 등이 편찬한 『농사직설』은 우리나라에서 편찬된 최초의 농서로서, 중국의 농업 기술을 수용하면서 우리 실정에 맞는 독자적인 농법을 정리하였다.

|정답| ④

2 활자 인쇄술과 제지술

(1) 활자와 인쇄 기술의 발달

① 배경 : 조선 초기에는 각종 서적의 편찬 사업이 활발하게 추진되면서 활자 인쇄술과 제지술이 발달하였다.

② 금속 활자의 개량 : 고려 시대에 발명되어 사용된 금속 활자는 조선 초기에 이르러 더욱 개량되었다.

　㉠ 태종 : 주자소를 설치하고 구리로 계미자를 주조하였다(1403).

　㉡ 세종 : 구리로 경자자(庚子字, 1420)·갑인자(甲寅字, 1434), 납으로 병진자(1436)를 주조하였다.

　㉢ 인쇄 기술의 발달 : 세종 때에는 인쇄 기술이 더욱 발전하였는데, 종전에는 밀랍으로 활자를 고정하는 방법을 사용하였으나, 밀랍 대신 식자판을 조립하는 방법을 창안하여 종전보다 두 배 정도의 인쇄 능률을 올리게 되었다.

> **심화** 조선 시대의 금속 활자
>
> **❶ 조선 전기**
>
> 　태종 3년(1403) 계미자가 주조된 이후 경자자(세종 2년, 1420), 갑인자(세종 16년, 1434), 병진자(세종 18년, 1436), 경오자(문종 즉위년, 1450), 을해자(세조 원년, 1455), 갑진자(성종 15년, 1484), 계축자(성종 24년, 1493), 계유자(선조 6년, 1573) 등이 제작되었다.
>
> **❷ 조선 후기**
>
> 　광해군 10년(1618)에는 무오자, 영조 48년(1772)에는 임진자가 주조되었다. 한편 정조 시기에는 정유자, 임인자(再鑄 한구자), 생생자, 정리자, 춘추강자 등을 주조하였다.

▲ 갑인자로 찍은 책
(『자치통감강목』)

(2) 제지술의 발달

① 활자 인쇄술과 더불어 제지술이 발달하여 종이의 생산량이 크게 늘어났다.

② 태종 15년(1415)에는 종이를 전문적으로 생산하는 '조지소(造紙所)'를 설치하였고, 세조 12년(1466)에 '조지서'로 명칭이 바뀌었다.

3 농서의 편찬과 농업 기술의 발달

조선 초기는 우리나라 농업 기술에서도 획기적 발전을 이룩한 시기였다. 우리나라 최초의 농서가 간행되고 농업 기술이 여러 방면에서 크게 발전하였다.

> **사료** 세종의 농사를 권장하는 글
>
> 나라는 백성을 근본으로 삼고 백성은 먹는 것으로 하늘을 삼는 것인데, 농사라는 것은 옷과 먹는 것의 근원으로 왕도(王道) 정치에서 먼저 힘써야 할 것이다. 오직 그것은 백성을 살리는 천명에 관계되는 까닭에 천하의 지극한 노고를 복무하게 되는 것이다. 위에 있는 사람이 성심으로 지도하여 거느리지 않는다면 어떻게 백성들로 하여금 부지런히 힘써서 농사에 종사하여 그 삶의 즐거움을 완수하게 할 수 있겠는가. …… 농서를 참조하여 시기에 앞서서 미리 조치하되 너무 이르게도 너무 늦게도 하지 말고, 다른 부역을 일으켜서 그들의 농사 시기를 빼앗을 수도 없는 것이니 각각 자신의 마음을 다하여 백성들이 근본(농사)에 힘쓰도록 인도하라. 밭에서 일하고 농사에 힘써서 위로는 어버이를 섬기고 아래로는 자녀를 길러서 나의 백성이 장수하게 되고 그리하여 우리나라의 근본이 견고하게 된다면 …… 시대는 평화롭고 해마다 풍년이 들어 함께 태평 시대의 즐거움을 누릴 것이다.
>
> 『세종실록』

(1) 농서의 편찬

① 『농사직설』

   ㉠ 세종 때 정초 등이 편찬한 『농사직설』은 우리나라에서 편찬된 최초의 농서로서, 중국의 농업 기술을 수용하면서 우리의 실정에 맞는 독자적인 농법을 정리하였다.

   ㉡ 씨앗의 저장법, 토질의 개량법, 모내기법(이앙법) 등 농민들이 실제 경험한 농사법을 종합하였다.

> **사료** 『농사직설』 서문
>
> 지금 우리 왕께서도 밝은 가르침을 계승하시고 다스리는 도리를 도모하시어 더욱 백성들의 일에 뜻을 두셨다. 여러 지방의 풍토가 같지 않아 심고 가꾸는 방법이 지방에 따라서 차이가 있기 때문에 옛글의 내용과 모두 같을 수가 없었다. 이에 각 도의 감사들에게 명령하시어, 주·현의 노농(老農)을 방문하여 그 땅에서 몸소 시험한 결과를 자세히 듣게 하시었다. 또 신 정초(鄭招)에게 명하시어 말의 순서를 보충케 하시고, 신 종부소윤 변효문(卞孝文) 등이 검토해 살피고 참고하게 하여, 그 중복된 것은 버리고 절실하고 중요한 것은 취해서 한 편의 책을 만들었다.

② 『금양잡록』: 성종 때 강희맹이 편찬한 농서로서, 금양(시흥) 지방을 중심으로 한 경기 지방의 농사법을 정리하였다.

> **심화** 『농사직설』과 『금양잡록』의 간행
>
> 농사 기술의 정비에서 특기할 만한 사실은 세종 11년(1429)에 『농사직설(農事直說)』의 간행이었다. 이는 우리나라의 풍토와 농법이 중국과 달라서 중국의 농서를 그대로 이용하기가 어려웠으므로 촌로들의 의견을 들어 우리 현실에 알맞은 농법을 개량하고 그것을 보급할 목적으로 편찬한 농서였다.
>
> 한편 성종 때에는 강희맹(姜希孟)이 금양(衿陽) 지방에서 직접 경험한 농법을 기록하여 『금양잡록(衿陽雜錄)』을 내놓았는데, 그 내용이 풍부하였으므로 『농사직설』과 합본하여 보급시켰다.   변태섭

③ 『양화소록』: 세조 때 강희안이 편찬한 저서로서, 꽃과 나무의 재배법과 이용법을 정리하였다.

④ 『농산축목서』: 세조 때 신숙주가 편찬한 농서로서, 농업과 목축에 관하여 서술하였다.

(2) 농업 기술의 발달

조선 초기에는 농업 기술이 발달하여 농업 생산력이 크게 증가하였다.

① 2년 3작과 이모작: 밭농사에서는 조·보리·콩의 2년 3작을 널리 시행하였고, 논농사에서는 남부 지방 일부에서 벼와 보리의 이모작을 실시하였다.

② 건사리와 물사리: 벼농사에서는 봄철에 비가 적은 기후 조건 때문에 마른 땅에 종자를 뿌려 일정한 정도 자란 다음에 물을 대주는 건사리[乾耕法]를 이용하였고, 무논에 종자를 직접 뿌리는 물사리[水耕法]도 행하여졌다.

③ 모내기법: 남부 지방에서는 고려 말에 이어 모내기법을 계속 실시하였다.

■ **시비법**
조선 초기에 가장 보편적으로 사용된 거름은 재·인분이었다.

④ 시비법: 밑거름과 덧거름을 주는 각종 시비법(施肥法)이 발달하여 해를 걸러서 휴경하지 않고 매년 농경지를 경작하였다. 이로써 고려 후기부터 진전되어 온 농경지의 상경화(常耕化) 현상을 확립하고 휴경(休耕) 제도가 거의 사라지게 되었다.

⑤ 가을갈이: 가을에 농작물을 수확한 후 빈 농지를 갈아엎어 다음 해의 농사를 준비하는 가을갈이의 농사법이 점차 보급되어 갔다.

(3) 의생활의 변화

① 목화의 재배: 조선 전기에는 목화 재배가 거의 전국적으로 확대되어 무명이 많이 생산되면서 백성들은 주로 무명옷을 입게 되었고, 무명은 화폐처럼 사용되었다.

② 기타: 삼과 모시의 재배도 성행하였으며 누에치기도 전국적으로 확산되고 양잠(養蠶)에 관한 농서도 편찬하였다.

바로 확인문제

● 밑줄 친 '왕'의 업적으로 옳은 것은?　　　　　　　　　　　　22. 지방직 9급

> 풍토에 따라 곡식을 심고 가꾸는 법이 다르니, 고을의 경험 많은 농부를 각 도의 감사가 방문하여 농사짓는 방법을 알아본 후 아뢰라고 왕께서 명령하셨다. 이어 왕께서 정초와 변효문 등을 시켜 감사가 아뢴 바 중에서 꼭 필요하고 중요한 것만을 뽑아 『농사직설』을 편찬하게 하셨다.

① 공법을 제정하였다.

② 한양으로 도읍을 옮겼다.

③ 『경국대전』을 완성하였다.

④ 조광조를 등용하여 개혁 정치를 실시하였다.

---

4 병서 편찬과 무기 제조

(1) 배경

조선 초기에는 국방력을 강화하려는 노력으로 많은 병서를 편찬하고 각종 무기의 제조 기술이 발달하였다.

(2) 병서의 편찬

① 진도(陣圖)와 『진법(陣法)』
　　㉠ 태조 때 정도전은 요동 정벌을 추진하면서 진도(陣圖)를 통하여 독특한 전술과 부대 편성 방법을 제시하였다.
　　㉡ 정도전의 『진법(陣法)』은 군대의 훈련과 국방에 대비하도록 역대의 병서를 참작·보충하여 시의에 맞도록 순서와 목차를 정하여 만든 책이다.

② 『총통등록』: 세종 때 화약 무기의 제작과 그 사용법을 정리하였다.

③ 『동국병감』: 문종 때 김종서의 주도하에 고조선에서 고려 말까지의 전쟁사를 체계적으로 정리·간행하였다.

④ 『진법(陣法)』과 『병장도설』: 문종 때 수양 대군이 군대 편제 및 지휘, 전투 대형, 군령 등에 관한 『진법』을 편찬하였고, 이후 수정 작업을 거쳐 성종 때 완성되었다(1492). 한편 영조의 지시로 복간하여 『병장도설』로 책명을 바꾸었다(영조 18년, 1742).

⑤ 『역대병요』: 단종 1년(1453) 정인지, 유효통, 이석형 등이 역대의 전쟁과 그것에 대한 선유(先儒)들의 평을 집대성한 병서이다.

|정답해설| 『농사직설』은 세종 때 편찬된 농서이다. 세종 때 공법(전분 6등법, 연분 9등법)을 제정하여, 1결당 최고 20두~최하 4두씩의 전세를 징수하였다.

|오답해설|
② 조선 개창 이후 태조 때 한양으로 천도하였으며, 정종 때 개경으로 천도하였다. 이후 태종 때 다시 한양으로 도읍을 옮겼다.
③ 성종 때 『경국대전』을 완성·반포하였다.
④ 중종은 조광조를 등용하여 개혁 정치를 실시하였다.

|정답| ①

▲ 화차 복원 모형
(전쟁 기념관 소장)

|정답해설| 세종 때 편찬된 대표적 농서는 『농사직설』이다. 『농가집성』은 효종 때 신속이 간행한 농서로 이앙법 보급에 기여하였다.

|정답| ①

(3) 무기의 제조

① 최해산의 활약: 화약 무기의 제조에는 최해산이 큰 활약을 하였다. 그는 최무선의 아들로서 태종 때 특채되어 화약 무기의 제조를 담당하였다. 그가 만든 화포는 사정거리가 최대 1,000보에 이르렀다.

② 화차: 태종 때 최해산이 처음 화차를 만들었다. 이후 문종이 고안한 화차는 신기전 100개를 꽂아 동시에 발사할 수 있었다.

③ 병선 제조 기술 발달: 태종 때에는 거북선(1413)을 만들었고, 작고 날쌘 싸움배인 비거도선을 제조하여 수군의 전투력을 크게 향상시켰다.

(4) 16세기 과학 기술의 침체

조선 초기(15세기)에는 과학 기술이 발달하여 국방력 강화 및 민생 안정에 이바지하였다. 그러나 16세기에 이르러 과학 기술을 경시하는 풍조가 생기면서 점차 침체되었다.

바로 확인문제

● **조선 시대 과학 기술의 발전에 대한 다음의 설명 중 옳지 않은 것은?**   14. 서울시 9급 변형

① 조선 초기 농업 기술의 발전 성과를 반영한 영농의 기본 지침서는 세종 대 편찬된 『농가집성』이었다.

② 세종 대 해와 달 그리고 별을 관측하기 위해 간의대(簡儀臺)라는 천문대를 운영하였다.

③ 세종 대 동양 의학에 관한 서적과 이론을 집대성한 의학 백과사전인 『의방유취』가 편찬되었다.

④ 문종 대 개발된 화차(火車)는 신기전이라는 화살 100개를 설치하고 심지에 불을 붙이는 일종의 로켓포였다.

---

05 문학과 예술

1 다양한 문학

(1) 조선 전기의 문학

① 특징

㉠ 조선 전기의 문학은 작자에 따라 내용과 형식에 큰 차이를 보였다. 즉, 작자가 조선 왕조의 건설에 참여한 관료 문인인지 고려에 충절을 지키려는 사대부였는지에 따라 달랐다.

㉡ 초기에는 격식을 존중하고 질서와 조화를 내세우는 경향의 문학이 중심이었으나, 점차 개인적 감정과 심성을 나타내려는 경향의 가사와 시조 등이 우세해져 갔다.

② 악장과 한문학

㉠ 조선을 세우는 데 앞장섰던 세력은 주로 악장과 한문학을 통하여 새 왕조의 탄생과 자신들의 업적을 찬양하는 한편, 우리 민족의 자주 의식을 드러냈다. 정인지 등이 지은 『용비어천가』와 작자가 분명치 않은 『월인천강지곡』이 대표적인 작품이다.

㉡ 서거정은 삼국 시대부터 조선 초기까지의 시와 산문 중에서 빼어난 것을 골라 『동문선』을 편찬하고 우리나라의 글에 대한 자주 의식을 나타냈다.

사료 서거정의 자주 의식

우리나라의 글은 송·원의 글도 아니고, 또한 한·당의 글도 아니며, 바로 우리나라의 글인 것입니다. 마땅히 중국 역대의 글과 나란히 천지 사이에 행하게 하여야 할 것입니다. 어찌 사라져 전함이 없게 하겠습니까? …… 저희는 높으신 위촉을 받자와 삼국 시대로부터 지금에 이르기까지의 사·부·시·문 등 여러 가지 문체를 수집하여 이 가운데 문장과 이치가 아주 바르고, 교화에 도움이 될 만한 것들을 취하여 분류하고 정리하였습니다.

『동문선』

③ 시조(時調)
　㉠ 경향: 고려 말부터 나타났던 시조는 조선 초기에 이르러 두 가지 경향을 보여 주는데, 한글의 창제로 더욱 발전하게 되어 우리나라 특유의 시가로 정형화되었다.
　㉡ 중앙 고급 관료들의 시조
　　• 주로 새 왕조의 건설을 찬양하거나 새 사회 건설의 희망과 정열을 토로한 것, 외적을 물리치면서 강토를 개척하는 진취적인 기상을 나타낸 것, 농경 생활의 즐거움이나 괴로움을 묘사한 것들이 많았다.
　　• 건국 초의 패기가 넘치는 시조로서 '김종서'와 '남이'의 작품이 유명하다.
　㉢ 재야 선비의 시조: 유교적 충절을 읊은 시조로서는 '길재'와 '원천석' 등의 작품이 손꼽힌다.

심화 조선 시대의 시조

조선의 대표적인 시가는 시조(時調)였다. 시조는 고려 후기에 생겨난 단가(短歌)가 더욱 발전하여 시조로서 정형화된 것이었는데 이는 가사와 함께 조선 시가 문학의 가장 대표적인 장르가 되었다. 시조는 하나의 정형을 지닌 평시조와 여러 수의 시조를 모은 연시조가 있었는데, 이 시조는 주로 상층인인 사대부에 의해 향유되었던 시가였다. 시조(時調)란 말은 시절가조(時節歌調)의 준말로 고조(古調)에 상대되는 뜻이 있다. 변태섭

④ 가사 문학: 시조의 한계를 극복하고 감정을 구체적으로 표현하려는 필요에서 나타났다.
⑤ 설화 문학
　㉠ 의의: 조선 초기 문학에서 빼놓을 수 없는 것이 일정한 격식 없이 보고 들은 이야기를 적은 설화 문학이다.
　㉡ 내용
　　• 관리들의 기이한 행적과 서민들의 풍속, 감정, 역사 의식을 담고 있다.
　　• 설화 문학에는 불의를 폭로하고 풍자하는 내용이 많아서 당시 서민 사회를 이해하려는 관리들의 자세와 노력을 엿볼 수 있다.
　㉢ 대표적인 작품: 서거정의 『필원잡기』, 성현의 『용재총화』, 강희맹의 『촌담해이』 등이 있다.
　㉣ 소설로의 발전
　　• 설화 문학은 김시습이 지은 「금오신화(金鰲新話)」와 같이 구전 설화에 허구적 요소를 가미하여 소설로 발전되기도 하였다.
　　• 「금오신화」는 평양, 개성, 경주 등 옛 도읍지를 배경으로 남녀 간의 사랑과 불의에 대한 비판 등 민중의 생활 감정과 역사 의식을 담고 있다.

■『용재총화』와 『필원잡기』(15세기 설화집)

성현의 『용재총화』는 고려부터 조선 성종까지의 민간 풍속이나 문물 제도·문화·역사·지리·학문·종교·문학·음악·서화 등 문화 전반을 소개하고 있다. 특히 일반 민중들의 다양한 설화를 담고 있기 때문에 민속학이나 구비 문학의 연구 자료로 큰 비중을 차지한다. 한편 서거정의 『필원잡기』는 역사서에 누락된 사실과 시중에 떠도는 한담(閑談)들을 기록하였다.

(2) 16세기의 문학

① 특징 : 16세기 사림이 정계의 주도권을 장악하자 사림 문학이 주류가 되었다. 사림 문학은 표현 형식보다는 흥취와 정신을 중요하게 여겼다. 이에 따라 한시와 시조, 가사 분야가 활기를 띠었다.

② 한시(漢詩) : 현실에 대한 비판 의식은 줄어들었으나 높은 격조를 지니고 있었다.

③ 시조(時調)

   ㉠ 성격 : 조선 초기의 경향에서 벗어나 순수한 인간 본연의 감정을 나타냈다.

   ㉡ 황진이 : 남녀 간의 애정과 이별의 정한을 읊었다.

   ㉢ 윤선도 : 「오우가(五友歌)」와 「어부사시사(漁父四時詞)」에서 자연을 벗하여 살아가는 여유롭고 자족적인 삶을 표현하였다.

④ 가사 문학(歌辭文學)

   ㉠ 새롭게 발전한 가사 문학에서는 송순·정철·박인로의 작품이 뛰어났다.

   ㉡ 정철은 「관동별곡」, 「사미인곡」, 「속미인곡」 같은 작품에서 풍부한 우리말의 어휘를 마음껏 구사하여 관동 지방의 아름다운 경치와 왕에 대한 충성심을 읊은 것으로 유명하다.

사료   가사와 시조

❶「관동별곡(關東別曲)」

강호에 병이 깊어 죽림에 누웠더니, 관동 팔백 리에 방면(관찰사)을 맡기시니, 어와 성은이야 갈수록 망극하다. 연추문 들이달아 경회 남문 바라보며, 하직하고 물러나니 옥절(옥으로 만든 신표)이 앞에 섰다. 평구역 말을 갈아 흑수로 돌아 드니, 섬강은 어디메오, 치악이 여기로다. 소양강 느린 물이 어디로 든단 말고 ……

정철, 「송강가사」

❷ 시조(時調)

동짓달 기나긴 밤을 한 허리를 베어 내어
춘풍 이불 아래 서리서리 넣었다가
어론님 오신 날 밤이어든 구비구비 펴리라

황진이, 「청구영언」

---

⑤ 방외인 문학(房外人文學) : 사림 문학의 테두리를 벗어난 문인으로는 어숙권과 임제가 있다.

   ㉠ 어숙권 : 서얼 출신으로 『패관잡기』를 지어 문벌 제도와 적서 차별의 폐단을 폭로하였다.

   ㉡ 임제 : 「화사」, 「원생몽유록」, 「서옥설」 등 풍자적이고 우의적인 시와 산문을 써서 당시 사회의 모순과 유학자들의 존화 의식을 비판하였다. 특히 「원생몽유록」은 생육신의 한 사람인 원호(元昊)를 주인공으로 쓴 소설이며, 사육신과 단종의 사후 생활을 그려 은연중에 세조를 비판하였다.

⑥ 여류 문인의 등장

   ㉠ 문학의 저변이 확대됨에 따라 여류 문인들도 많이 나왔다.

   ㉡ 신사임당은 시·글씨·그림에 두루 능하였고, 허난설헌은 한시로 유명하였다.

⑦ 민담(民譚)의 전승 : 민간에서는 재미있는 민담이 전승되었다.

⑧ 한문학의 침체 : 사림들이 경학(經學)에 치중하고 사장(詞章)을 경시하였기 때문에 한문학은 자연히 저조할 수밖에 없었다.

2 왕실과 양반의 건축

(1) 15세기의 건축

조선 초기에는 사원 위주의 고려 건축과는 달리 궁궐·관아·성문·학교 등이 건축의 중심이 되었다.

① 건축물의 특징
　㉠ 제한: 건물은 건물주의 신분에 따라 크기와 장식에 일정한 제한을 두었다.
　㉡ 목적: 국왕의 권위를 높이고 신분 질서를 유지하기 위해서였다.
② 대표적 건축물
　㉠ 궁궐과 성문
　　• 건국 초기에 도성을 건설하고 경복궁과 창덕궁, 그리고 창경궁을 세웠다.
　　• 지금까지 남아 있는 창경궁의 명정전과 창덕궁의 돈화문, 도성의 숭례문이 당시의 위엄스러운 모습을 간직하고 있다. 특히 창덕궁 돈화문은 우진각 지붕의 다포 양식 건물로 현존 최고(最古)의 궁궐 정문이다.
　　• 개성의 남대문과 평양의 보통문은 고려 시대 건축의 단정하고 우아한 모습을 지니면서 조선 시대 건축으로 발전해 나가는 모습을 보이고 있다.

단권화 MEMO

■ 건축물의 제한
양반은 최고 40칸, 양인은 최고 10칸으로 제한하였다.

▲ 보통문(평남 평양)

> **심화** 　조선 시대의 궁궐

❶ 경복궁
경복궁은 조선 왕조의 법궁(정궁: 가장 중심이 되는 궁궐)이다. 한양을 도읍으로 정한 후 1394년 공사를 시작하여 이듬해인 1395년에 완성하였다. '큰 복을 누리라.'는 뜻을 가진 '경복(景福)'이라는 이름은 정도전이 지은 것이다. 왕자의 난 등이 일어나면서 다시 개경으로 천도하는 등 조선 초기 혼란한 정치 상황 속에서 경복궁은 궁궐로서 그 역할을 제대로 못하다가 세종 때에 이르러 비로소 조선 왕조의 중심지 역할을 하게 되었다. 그러나 임진왜란 때 소실되었으며, 고종 때 흥선 대원군이 중건하여 현재에 이르고 있다.

❷ 창덕궁
창덕궁은 조선 제3대 태종 5년(1405) 경복궁의 이궁(離宮)으로 지어진 궁궐이다. 임진왜란 때 경복궁과 함께 소실된 것을 선조 40년(1607)에 중건하기 시작하여 광해군 5년(1613)에 공사가 끝났으나, 1623년의 인조반정 때 인정전을 제외한 대부분의 전각이 소실되었다가 인조 25년(1647)에 복구되었다. 이후에도 여러 번 화재가 발생하였다.
창덕궁은 1610년 광해군 때 정궁으로 사용한 후부터 1868년 고종이 경복궁을 중건할 때까지 258년 동안 역대 왕들이 정사를 보살펴 온 '법궁'이었다. 창덕궁 안에는 가장 오래된 궁궐 정문인 돈화문(우진각 지붕의 다포 양식), 신하들의 하례식이나 외국 사신의 접견 장소로 쓰이던 인정전, 국가의 정사를 논하던 선정전, 왕과 왕후 및 왕가 일족이 거처하는 희정당·대조전 등의 공간이 있다. 창덕궁의 역사에 대한 기록은 『조선왕조실록』, 『궁궐지』, 『창덕궁조영의궤』, 「동궐도」 등에 기록되어 있다. 특히 1830년경에 그린 「동궐도」(국보 제249호)는 창덕궁의 건물 배치와 건물 형태를 그림으로 전하고 있는데 궁궐사와 궁궐 건축을 연구하는 데 귀중한 자료이다.

❸ 창경궁
처음 이름은 수강궁(壽康宮)이며, 1418년 왕위에 오른 세종이 상왕인 태종을 모시기 위해 지은 궁궐이었다. 이후 성종 때 세조의 비 정희 왕후, 덕종의 비 소혜 왕후, 예종의 계비 안순 왕후를 모시기 위해 수강궁을 수리하여 창경궁으로 이름을 바꾸었다(1484년 완공).

❹ 경희궁
경희궁은 광해군 9년(1617)에 완성되었는데, 원래 경덕궁(慶德宮)으로 불렸다. 처음 창건 때는 유사시 왕이 본궁을 떠나 피난하는 이궁(離宮)으로 지어졌으나, 궁의 규모가 크고 여러 임금이 이 궁에서 정사를 보았기 때문에 서궐이라 하며 중요시하였다.

❺ 덕수궁

선조 때 월산 대군의 사저를 행궁으로 삼은 이후 정릉동 행궁으로 불리다가 광해군 때 경운궁이 되었다.
1907년 고종이 순종에게 양위한 뒤 이곳에 살면서 명칭이 덕수궁(德壽宮)으로 바뀌었다.

ⓒ 불교 관련 건축
  • 왕실의 비호를 받은 불교와 관련된 건축 중에서도 뛰어난 것이 적지 않다.
  • 무위사 극락전은 검박(儉朴)하고 단정한 특징을 지니고 있으며, 팔만대장경을 보관하고 있는 해인사의 장경판전은 당시의 과학과 기술을 집약한 것이다. 세조 때 고려의 경천사지 10층 석탑의 영향을 받아 대리석으로 만든 원각사지 10층 석탑은 이 시기 석탑의 대표작이다.
③ 정원(庭園) : 조선 시대 정원의 특색은 건물에 부속된 정원도 될 수 있는 대로 인공미를 가하지 않고 자연미를 그대로 살린 것이다. 특히 창덕궁과 창경궁의 후원이 대표적이다.

(2) 16세기의 건축

16세기에 들어와 사림의 진출과 함께 서원(書院)의 건축이 활발해졌다.

① 위치 : 서원은 산과 하천이 가까이 있어 자연의 이치를 탐구할 수 있는, 마을 부근의 한적한 곳에 위치하였다.
② 배치 : 교육 공간인 강당을 중심으로 사당과 기숙 시설인 동재와 서재를 갖추었다.
③ 특징 : 서원 건축은 가람 배치 양식과 주택 양식이 실용적으로 결합된 독특한 아름다움을 지녔다.
④ 대표적 서원 : 주위의 자연과 빼어난 조화를 이루고 있는 대표적인 서원으로는 경주의 옥산 서원과 안동의 도산 서원이 있다.

▲ 원각사지 10층 석탑(서울 종로)

▲ 도산 서원(경북 안동)

3 분청사기 · 백자와 공예

(1) 공예의 발달

① 특색 : 조선의 공예는 실용과 검소를 중요하게 여긴 기품을 반영하였고, 고려 시대와는 달리 사치품보다는 생활필수품이나 문방구 등에서 그 특색을 나타냈다.
② 재료 : 금 · 은 · 구슬과 같은 보석류를 별로 쓰지 않고, 나무 · 대 · 흙 · 왕골 등과 같은 흔한 재료를 많이 이용하였다.

(2) 자기(磁器)

대표적인 공예 분야는 자기였다. 궁중이나 관청에서는 금이나 은으로 만든 그릇 대신에 백자나 분청사기를 널리 사용하였다.

① 자기의 보급
  ㉠ 분청사기와 옹기 그릇은 전국의 '자기소'와 '도기소'에서 만들어져 관수용이나 민수용으로 보급되었다.
  ㉡ 경기도 광주의 '사옹원 분원(司饔院分院)'에서 생산하는 자기의 품질이 우수하였다.

② 분청사기(粉靑沙器)

　　㉠ 제작 : 청자에 백토의 분을 칠한 것으로서, 백색의 분과 안료로
　　　　무늬를 만들어 장식하였다.

　　㉡ 특징 : 분청사기는 안정된 그릇 모양과 소박하고 천진스러운 무
　　　　늬가 어우러져 정형화되지 않으면서 구김살 없는 우리의 멋을 잘
　　　　나타내고 있다.

　　㉢ 침체 : 16세기부터 세련된 백자(白磁)가 본격적으로 생산되면서
　　　　점차 그 생산이 줄어들었다.

▲ 분청사기 철화 어문 병

③ 순백자(純白磁)

　　㉠ 조선의 백자는 고려 백자의 전통을 잇고 명나라 백자의 영향을
　　　　받아 이전보다 질적인 발전을 이루었다.

　　㉡ 순백자는 청자보다 깨끗하고 담백하며 순백의 고상함을 풍겨서
　　　　선비들의 취향과 어울렸기 때문에 널리 이용하였다.

▲ 백자 달항아리

(3) 기타

① 목공예, 돗자리 공예 : 장롱과 문갑 같은 목공예 분야와 돗자리 공예 분야에서도 재료의 자
연미를 그대로 살린 기품 있는 작품들을 생산하였다.

② 화각 공예, 자개 공예 : 쇠뿔을 쪼개어 무늬를 새긴 화각 공예, 그리고 자개 공예도 유명하
였다.

③ 자수(刺繡)와 매듭 : 부녀자들의 섬세하고 부드러운 정취를 살린 뛰어난 작품들이 있다.

4 그림과 글씨

(1) 그림

① 15세기

　　㉠ 특징

　　　　• 15세기의 그림은 도화서(圖畫署)에 소속된 화원들의 그림과 관료이자 문인이었던 선
　　　　　비들의 그림으로 나눌 수 있고, 이들은 중국 역대 화풍을 선택적으로 수용하고 소화
　　　　　하여 우리의 독자적인 화풍을 개발하였다.

　　　　• 조선의 이런 그림은 일본 무로마치 시대의 미술에 많은 영향을 주었다.

　　㉡ 대표적 화가 : 이 시기의 가장 유명한 화가로서 안견과 강희안을 꼽을 수 있다.

　　　　• 안견 : 화원 출신으로 역대 화가들의 기법을 체득하여 독자적인 경지를 개척하였다.
　　　　　대표작인 「몽유도원도」는 자연스러운 현실 세계와 환상적인 이상 세계를 능숙하게 처
　　　　　리하고 대각선적인 운동감을 활용하여 구현한 걸작이다.

▲ 「몽유도원도」(안견)

단권화 MEMO

■ 「몽유도원도」
세종 29년(1447) 4월 20일, 안평 대군
이 박팽년과 함께 도원(桃源)을 거닐
었다는 간밤의 꿈을 안견에게 전하자,
사흘 뒤 가로 106.5cm, 세로 38.7cm
크기의 비단 위에 먹과 채색으로 꿈을
담아 안평 대군에게 바쳤다. 현재 일본
의 덴리[天理] 대학에 소장되어 있다.

- 강희안: 문인 화가로 시적 정서기 흐르는 낭민적인 그림을 많이 그렸다. 그의 대표작인 「고사관수도」는 선비가 수면을 바라보며 무념무상에 빠진 모습을 담고 있는데, 세부 묘사는 대담하게 생략하고 간결하고 과감한 필치로 인물의 내면세계를 느낄 수 있게 표현하였다.
- 최경: 도화서 화원으로 인물화의 대가였다. 대표작으로 「채희귀한도」를 남겼다.

▲ 「고사관수도」(강희안)

② 16세기
  ㉠ 특징
  - 15세기의 전통을 토대로 다양한 화풍이 발달하였다. 강한 필치의 산수화를 이어가기도 하고 선비들의 정신세계를 사군자(四君子)로 표현하기도 하였다.
  - 이 시기의 그림들은 자연 속에서 서정적인 아름다움을 찾고 개성 있는 화풍을 가지려는 경향도 있었다.
  ㉡ 대표적 화가
  - 이상좌: 노비 출신으로 화원에 발탁되어 색다른 분위기의 그림으로 명성을 떨쳤다. 그의 대표작인 「송하보월도」는 바위틈에 뿌리를 박고 모진 비바람을 이겨 내고 있는 늙은 소나무를 통하여 강인한 정신과 굳센 기개를 표현한 것이었다.
  - 이암: 동물들의 모습을 사랑스럽게 그렸다.
  - 신사임당: 풀과 벌레를 소박하고 섬세하게 그려 여성의 심정을 잘 나타냈다.
  - 김시: 문인화가인 김시는 「한림제설도」, 「동자견려도」 등의 작품이 유명하다.
  - 삼절(三絕): '황집중'은 포도, '이정'은 대나무, '어몽룡'은 매화를 잘 그렸는데, 이들은 고매한 정신세계를 생동감 있게 표현한 것으로 유명하였다.

▲ 「송하보월도」(이상좌)

▲ 「초충도(수박과 들쥐)」(신사임당)

▲ 「풍죽도」(이정)

(2) 서예(書藝)

① 양반의 필수 교양: 서예는 양반이라면 누구나 터득해야 할 필수 교양이었기 때문에 뛰어난 서예가들이 많이 나타났고, 독자적인 서체를 개발한 사람도 많았다.

② 안평 대군: 당대 예술계를 이끌었던 안평 대군은 송설체를 따르면서 수려하고 활달한 기풍을 살린 독자적인 글씨를 썼다.

③ 양사언: 초서(草書)에 능하였다.

④ 한호: 왕희지체에 우리 고유의 예술성을 가미하여 단정하면서 건실한 석봉체를 이루었다. 또한 명에 보내는 외교 문서를 써서 중국에도 이름이 알려졌고, 그가 쓴 천자문(千字文)은 널리 보급되어 일반인들도 석봉체를 많이 따라 쓰게 되었다.

▲ 안평 대군의 글씨
(「몽유도원도」 서문)

▲ 한호의 글씨(석봉 천지문)

5 음악과 무용

(1) 음악(音樂)

① 궁중 음악

　㉠ 의의: 조선 시대에는 음악을 백성의 교화 수단으로 여겼고, 국가의 각종 의례와 밀접히 관련되었기 때문에 중요시하였다.

　㉡ 세종

　　• 박연(朴堧)에게 악기를 개량하거나 만들게 하였다.

　　• 스스로 '여민락' 등 악곡을 짓고, 소리의 장단과 높낮이를 표현할 수 있는 정간보를 창안하였다.

　　• 악곡과 악보를 정리하게 하고 '아악'을 체계화함으로써 '아악'이 궁중 음악으로 발전하게 하였다.

② 『악학궤범(樂學軌範)』: 성종 때 성현은 『악학궤범』을 편찬하였다. 이 책은 음악의 원리와 역사, 악기, 무용, 의상 및 소도구까지 망라하여 정리하고 있어 전통 음악을 유지하고 발전시키는 데 큰 도움을 주었다.

③ 민간 음악: 16세기 중엽 이후에는 민간에서도 당악과 향악을 속악으로 발달시켜 가사, 시조, 가곡 등 우리말로 된 노래들을 연주하는 음악이나 민요에 활용하였다.

사료　음악의 기능

악(樂)은 하늘이 내서 사람에게 보낸 것이니 허(虛)에서 나와 자연히 이루어진 것이다. 이 때문에 사람 마음을 움직이고 맥박을 뛰게 하여 정신을 막힘없이 흐르게 한다. …… 다른 소리를 합하여 하나로 하는 것은 임금이 위에서 어떻게 이끄느냐에 달려 있다. 바르게 이끄는 것과 거짓되게 이끄는 것에 따라 커다란 차이가 나며, 풍속이 번영하고 쇠퇴하는 것도 모두 여기에 달려 있다. 따라서 악이야말로 백성을 다스리고 교화하는 큰 문이라고 할 수 있다.

『악학궤범』

단권화 MEMO

■ **음악의 발달**

시문의 발달은 양반 사대부의 취향과 결부되어 음악의 발달을 가져오게 하였다. 음악은 원래 예와 악으로써 정치를 행한다는 유교 정치의 이념에서 대단히 중시되었으므로, 조선 왕조는 음악을 관장하는 기관으로 장악서(掌樂署)를 설치하고 악기의 개량, 악공의 훈련, 악률·악곡의 정리 등에 깊은 관심을 기울였다.　　변태섭

(2) 무용과 연극

① 궁중과 관청의 의례에서는 음악과 함께 춤이 따랐다. 이들 춤은 행사에 따라 매우 다양하였는데, 처용무처럼 전통 춤을 우아하게 변용시킨 것도 있었다.

② 민간에서는 농악무, 무당춤, 승무 등 전통 춤을 계승하고 발전시켰으며 산대놀이라는 탈춤과 인형극인 꼭두각시놀이도 유행하였다.

바로 확인문제

● (가)~(라) 시기에 있었던 사실로 옳은 것만을 〈보기〉에서 고른 것은? 21. 경찰직 1차

세종 즉위		문종 즉위		성종 즉위		중종 즉위		명종 즉위
↓		↓		↓		↓		↓
	(가)		(나)		(다)		(라)	

| 보기 |
┌─────────────────────────────┐
ㄱ. (가) – 계미자 주조
ㄴ. (나) – 『고려사절요』 편찬
ㄷ. (다) – 도첩제 폐지
ㄹ. (라) – 소수 서원 사액
└─────────────────────────────┘

① ㄱ, ㄴ　　　　② ㄱ, ㄹ　　　　③ ㄴ, ㄷ　　　　④ ㄷ, ㄹ

|정답해설| ㄴ. 문종 때 『고려사절요』
가 편찬되었다(1452).
ㄷ. 성종 때 도첩제를 폐지하였다
(1492, 승려의 출가 금지).

|오답해설|
ㄱ. 태종 때 주자소를 설치하고 계미
자를 주조하였다.
ㄹ. 중종 때 주세붕이 세운 백운동 서
원은 **명종** 때 이황의 건의로 사액
되어 소수 서원이 되었다.

|정답| ③

● 조선 전기 음악에 대한 설명으로 옳은 것은? 13. 경찰 간부

① 조선 전기에는 통례원에서 음악을 관장하였다.
② 세조는 정간보(井間譜)라는 새로운 악보를 창안하였다.
③ 세종 때에 박연 등이 『악학궤범(樂學軌範)』을 편찬하였다.
④ 성현(成俔)은 연주법과 악곡을 합친 합자보(合字譜)를 만들었다.

|정답해설| 성현은 중국의 『사림광기
(事林廣記)』와 『대성악보(大晟樂譜)』
등을 참고하여 합자보를 만들었다.

|오답해설|
① 통례원(通禮院)은 의식 및 의례를
진행하는 관청이었다. 음악은 장악
서(장악원)에서 관장하였다.
② 정간보의 창안은 세종 시기에 해당
한다.
③ 성종 때 성현 등이 당시의 음악을
정리하여 『악학궤범』을 편찬하였다.

|정답| ④

○ 15세기, 16세기의 문화 비교

구분	15세기	16세기
문학	• 전반 : 격식 존중, 질서와 조화 강조 • 후반 : 개인적 감정과 심성 표출 우세 • 자주적 성격 : 『용비어천가』, 『동문선』 • 시조 : 패기(김종서, 남이), 충절(길재, 원천석) • 설화 문학 : 『필원잡기』, 『용재총화』	• 사림 문학 : 흥취와 정신 중시, 시조(時調)와 가사 문학 발달(『관동별곡』) • 사림 문학 탈피 : 『패관잡기』(어숙권), 풍자적·우의적인 시와 산문(임제) • 여류 문인의 등장 : 신사임당, 허난설헌, 황진이
건축	• 궁궐·관아·성문·학교 건축 중심 • 건물의 크기와 장식의 제한(신분 질서 유지)	서원 건축 : 가람 배치 및 주택 양식, 자연과 조화
공예	• 분청사기, 옹기(甕器) 그릇 • 실용과 검소를 중시하는 기풍, 생활필수품이나 문방구 중심	백자(白磁) : 담백하고 고상한 멋
회화	• 중국 화풍(畫風)의 선택적 수용 • 「몽유도원도」, 「고사관수도」	• 사군자·산수화의 유행 • 「초충도(草蟲圖)」, 「묵죽도(墨竹圖)」

부록

01 한국의 유네스코 지정 유산

1 한국의 유네스코 지정 유산

(1) 유네스코 지정 유산이란?

유네스코(UNESCO)에서는 인류가 함께 보존해야 할 가치가 있는 귀중한 유산을 세계 유산, 무형 유산, 기록 유산의 세 가지로 나누어 '세계 유산 일람표'에 등록하여 보호하고 있다.

(2) 세계 유산

세계 유산은 자연재해나 전쟁 등으로 위험에 처한 유산의 보호 및 복구 활동 등을 통하여 인류의 문화유산 및 자연 유산을 지키기 위해 지정하고 있다. 세계 유산은 '문화유산'과 '자연 유산' 그리고 문화와 자연의 특성을 모두 가진 '복합 유산'으로 분류하며, 유적이나 자연물을 그 대상으로 한다.

(3) 세계 기록 유산

세계 기록 유산은 세계적 가치가 있는 귀중한 기록물을 가장 적절한 기술을 통해 보존할 수 있도록 지원하기 위하여 2년마다 지정하고 있다. 이는 기록 유산의 중요성에 대한 인식과 보존의 필요성을 증진하고, 가능한 많은 사람이 기록 유산에 접근할 수 있도록 하기 위한 것이다.

(4) 인류 무형 문화유산

인류 무형 문화유산의 정식 명칭은 '인류 구전 및 무형 유산 걸작'이다. 무형 문화유산은 소멸 위기에 처해 있는 가치 있고 독창적인 구전 및 무형 유산을 선정하여 보호하기 위한 것이다.

2 세계 유산

• 고창·화순·강화의 고인돌 유적	• 경주 역사 유적 지구	• 불국사·석굴암
• 해인사 장경판전	• 종묘	• 창덕궁
• 제주 화산섬과 용암 동굴	• 수원 화성	• 조선 왕릉
• 하회·양동 마을	• 남한산성	• 백제 역사 유적 지구
• 산사, 한국의 산지승원	• 한국의 서원	• 한국의 갯벌
• 가야 고분군		

(1) 고창·화순·강화의 고인돌 유적(2000년 등재)

우리나라에는 전국적으로 약 3만여 기에 가까운 고인돌이 분포하고 있는 것으로 알려져 있다. 2000년 12월에 세계 유산으로 등록된 고창·화순·강화 고인돌 유적에는 많은 고인돌이 밀집되어 있을 뿐만 아니라, 다양한 형식의 고인돌이 발견되고 있다.

고창 고인돌 유적	• 전라북도 고창군은 우리나라에서 가장 큰 고인돌 군집을 이루고 있는 지역이다. • 무게 10톤 미만에서 300톤에 이르는 다양한 크기의 고인돌이 분포하고 있으며, 탁자식·바둑판식 등 다양한 방식의 고인돌이 분포하고 있다.
화순 고인돌 유적	전라남도 화순군에는 효산리와 대신리 일대에 500여 기의 고인돌이 집중 분포하고 있으며, 고인돌의 축조 과정을 보여 주는 채석장도 발견되었다.
강화 고인돌 유적	인천광역시 강화군 부근리, 삼거리, 오상리 등의 지역에 고려산 기슭을 따라 150여 기의 고인돌이 분포하고 있다. 이곳에는 길이 6.4m, 높이 2.5m의 우리나라 최대의 탁자식 고인돌이 있다.

▲ 강화 고인돌

(2) 경주 역사 유적 지구(2000년 등재)

2000년 12월에 유네스코 세계 유산으로 지정된 경주 역사 유적 지구에는 신라 천 년의 역사와 문화를 한눈에 파악할 수 있는 다양한 유산이 산재해 있다.

남산 지구	경주 남산은 야외 박물관이라고 할 만큼 온 산이 불교 문화재로 뒤덮여 있으며 이곳에는 미륵곡 석불 좌상, 경주 배동 석조여래 삼존입상(배리 석불 입상) 등 많은 불교 유적과 나정(蘿井), 포석정(鮑石亭) 등이 있다.
월성 지구	월성 지역에는 신라 왕궁이 자리하고 있던 월성(月城), 신라 김씨 왕조의 시조인 김알지가 태어난 계림(鷄林), 천문 시설인 첨성대(瞻星臺) 등이 있다.
대릉원 지구	대릉원 지역에는 황남리 고분군, 노동리 고분군, 노서리 고분군 등 신라 왕, 왕비, 귀족 등의 무덤이 모여 있다. 이곳에서는 신라 문화를 대표하는 금관을 비롯하여 천마도, 유리잔, 각종 토기 등 귀중한 유물들이 출토되었다.
황룡사 지구	황룡사 지역에는 황룡사지와 분황사가 있다. 황룡사는 고려 시기 몽골의 침입으로 소실되었으나, 발굴을 통해 4만여 점의 유물이 출토되었다.
산성 지구	산성 지역에는 서기 400년 이전에 쌓은 것으로 추정되는 명활산성이 있다.

▲ 포석정

(3) 불국사·석굴암(1995년 등재)

불국사	• 토함산 서쪽 중턱의 경사진 곳에 자리한 불국사는 신라인이 그린 이상적인 피안(彼岸)의 세계를 지상에 옮겨 놓은 것이다. • 불국사는 크게 두 개의 구역으로 나뉘어져 있는데 그 하나는 대웅전을 중심으로 청운교, 백운교, 자하문, 다보탑과 불국사 3층 석탑(석가탑) 등이 있는 구역이고, 다른 하나는 극락전을 중심으로 칠보교, 연화교, 안양문 등이 있는 구역이다. • 불국사 3층 석탑은 각 부분과 전체가 비례와 균형을 이루어 간결하고 조화로운 멋이 있으며, 다보탑은 정사각형 기단 위에 여러 가지 정교하게 다듬은 석재를 목재 건축처럼 짜 맞추었는데, 화려하고 독창적인 표현법은 예술성이 매우 뛰어난 것으로 평가되고 있다.
석굴암	• 석굴암은 토함산 언덕의 암벽에 터를 닦고, 그 터 위에 화강암으로 조립하여 만든 인공 석굴의 종교 건축물이며 직사각형으로 된 전실이 있고, 좁은 통로를 지나면 천장이 돔(dome) 양식으로 된 원형의 주실이 있다. • 석굴암에는 총 40구에 달하는 조각상이 좌우 대칭의 법칙에 따라 조화롭게 배치되어 있고, 석굴암의 구조와 석굴 내부의 모든 부분은 정확하고 체계적인 수학적 수치와 기하학적 비례에 따라 설계되었다.

▲ 불국사

▲ 석굴암 본존불

(4) 해인사 장경판전(1995년 등재)

① 세계 유일의 대장경판 보관 건물로, 이 판전에는 팔만대장경이라고 부르는 81,258장의 대장경판이 보관되어 있다. 장경판전은 이와 같은 대장경판을 보존하기 위해 간결한 방식으로 건축하여 판전으로서 필요한 기능만을 충족시켰다. 조선 초기 전통적인 목조 건축 양식으로 건물 자체의 아름다움은 물론 건물 내 적당한 환기와 온도, 습도 조절 등의 기능을 자연적으로 해결할 수 있도록 설계되어 있다. 장경판전은 대장경의 부식을 방지하고 온전하게 보관하기 위해 자연 환경을 최대한 이용한 보존 과학의 소산물로 높이 평가되고 있다.

② 해인사 장경판전은 국보 제52호로 지정·관리되고 있으며, 1995년 12월에 유네스코 세계 유산으로 등록되었다.

▲ 해인사 장경판전

(5) 종묘(1995년 등재)

① 종묘(宗廟)는 조선 왕조 역대 왕과 왕비의 신주를 모신 조선 왕조의 사당으로서, 조선 시대의 가장 장엄한 건축물 중의 하나이다.

② 종묘는 정면이 매우 길고 수평선이 강조된 독특한 형식의 건물로서, 종묘 제도의 발생지인 중국에서도 유례를 찾아볼 수 없는 건축물이다. 종묘는 의례 공간의 위계 질서를 반영하여 정전(正殿)과 영녕전(永寧殿)의 기단과 처마, 지붕의 높이, 기둥의 굵기를 그 위계에 따라 달리하였다.

③ 조선 시대에는 정전에서 매년 각 계절과 섣달에 대제를 지냈고, 영녕전에서는 매년 봄, 가을에 제향일을 따로 정하여 제례를 지냈다. 제사를 지낼 때 연주하는 기악과 노래, 무용을 포함하는 종묘 제례악이 거행되고 있다.

④ 종묘는 사적 제125호로 지정·보존되고 있으며, 1995년 12월에 유네스코 세계 유산으로 등록되었다.

▲ 종묘

(6) 창덕궁(1997년 등재)

① 창덕궁(昌德宮)은 조선 태종 5년(1405) 경복궁의 이궁(離宮)으로 지어진 궁궐이다. 하지만 창덕궁은 임진왜란 때 경복궁이 소실된 후 1868년 고종이 경복궁을 중건할 때까지 258년 동안 역대 국왕이 정사를 보살피는 본궁(本宮)이었다.

② 창덕궁 안에는 가장 오래된 궁궐 정문인 돈화문(敦化門), 신하들이 하례식이나 외국 사신의 접견 장소로 쓰이던 인정전(仁政殿), 국가의 정사를 논하던 선정전(宣政殿) 등의 공적인 공간이 있으며, 왕과 왕후가 거하는 희정당(熙政堂), 대조전(大造殿) 등과 산책할 수 있는 넓은 공간의 후원(後苑) 등 사적 공간이 있다. 정전(正殿) 공간의 건축은 왕의 권위를 상징하여 높게 하였고, 침전 건축은 정전보다 낮고 간결하며, 위락 공간인 후원에는 자연 지형을 위압하지 않도록 작은 정자각을 많이 세웠다.

▲ 창덕궁 인정전

③ 창덕궁은 자연스런 산세에 따라 자연 지형을 크게 변형시키지 않고 산세에 의지하여 건물이 자연의 수림 속에 포근히 자리를 잡도록 배치하였다. 또 왕들의 휴식처로 사용되던 창덕궁 후원은 300년이 넘은 거목과 연못, 정자 등 조원(造苑) 시설이 자연과 조화를 이루도록 하였다. 창덕궁은 조선 시대의 전통 건축으로 자연 경관을 배경으로 한 건축과 조경이 잘 조화를 이루고 있다.

④ 창덕궁은 사적 제122호로 지정·관리되고 있으며, 1997년 12월에 유네스코 세계 유산으로 등록되었다.

(7) 제주 화산섬과 용암 동굴(2007년 등재)

제주 화산섬과 용암 동굴은 2007년 6월 유네스코 세계 유산 위원회 제31차 총회에서 세계 자연 유산으로 선정되었다. 제주 화산섬과 용암 동굴은 한라산 천연 보호 구역, 성산 일출봉, 거문 오름 용암 동굴계 등 제주도에서 가장 보존 가치가 뛰어난 곳들이다.

한라산 천연 보호 구역	한라산 일대의 해발 800m 이상 되는 고산 지대로 생태계가 잘 보존된 지역을 지칭한다. 이 지역은 지형과 지질이 특이하고, 동식물의 생태계 또한 다양하여 보호 가치가 높은 곳으로 평가되고 있다.
성산 일출봉	• 서귀포시 성산읍에 위치한 봉우리로서, 10만 년 전 수심이 낮은 바다에서 수중 화산 폭발로 형성된 전형적인 응회환(凝灰環: Tuffring)이다. • 일출봉은 용암이 물에 섞여 폭발하며 고운 화산재로 부서져 분화구 둘레에 원뿔형으로 쌓여 경관이 매우 독특한 모습이다. 그 모습이 마치 거대한 성과 같아 성산(城山)이란 이름이 붙었다. 해돋이가 유명하여 일출봉으로 불리기도 한다.
거문 오름 용암 동굴계	• 제주도 용암굴은 세계적으로 특이하게 석회 동굴의 성질도 함께 가지고 있다. 마그마가 지나간 뒤 형성된 용암굴 안으로 석회 성분이 들어와 종유석 등이 만들어졌다. • 세계 유산에 포함된 5개 동굴(벵뒤굴, 만장굴, 김녕굴, 용천 동굴, 당처물 동굴) 중 용천 동굴과 당처물 동굴이 이런 특성이 도드라진다.

(8) 수원 화성(1997년 등재)

① 수원 화성(華城)은 조선 제22대 임금인 정조가 아버지 사도(장헌) 세자의 무덤을 화성으로 옮기면서 팔달산 아래 축성한 것이다. 수원 화성은 평지 산성으로 군사적 기능과 상업적 기능을 함께 가지고 있으며, 과학적·실용적인 구조로 축성되었다. 성벽은 바깥쪽만 쌓아올리고 안쪽은 자연 지세를 이용하여 흙을 돋우어 메우는 방법으로 만들었다. 또 수원 화성은 실학 사상의 영향을 받아 다양한 축성 방법을 활용하여 만들었다.

② 축성 후 1801년에 발간된 『화성성역의궤』에는 축성 계획, 제도, 법식뿐만 아니라 동원된 인력 등이 자세히 기록되어 있어 역사적 가치가 큰 것으로 평가되고 있다.

③ 수원 화성은 사적 제3호로 지정·관리되고 있으며, 1997년 12월에 유네스코 세계 유산으로 등록되었다.

(9) 조선 왕릉(2009년 등재)

조선 시대의 능과 원으로서 총 53기가 존재하며, 대다수는 서울 근교에 위치한다. 유교의 예법을 충실히 구현하여 공간 및 구조물을 배치하였다. 북한 지역에는 태조 왕비인 신의 왕후의 제릉과 정종의 후릉 2기가 남아 있으나 등재되지 않았고, 남한의 왕릉 중에 연산군 묘와 광해군 묘도 제외되었다(총 40기 등재).

(10) 하회·양동 마을(2010년 등재)

① 하회 마을은 풍산 류씨의 집성촌으로 양반 주거 문화의 원형을 그대로 보존하고 있다. 또한 풍수지리적 경관을 잘 보여 주고 있으며, 하회 별신굿이 민간 전승 놀이로서 유명하다.

② 양동 마을은 월성 손씨와 여강 이씨에 의해 형성된 집성촌이며, 씨족 마을의 대표적인 구성 요소인 종택, 살림집, 정사와 정자, 서원과 사당 등이 남아 있다.

(11) 남한산성(2014년 등재)

① 남한산성은 경기도 광주시·성남시·하남시에 걸쳐 있는 산성이다. 삼국 시대부터 백제와 신라의 군사적 요충지였으며, 조선 시대의 행궁과 사찰 등 산성 마을의 형태가 역사적 기록과 함께 남아 있다. 특히 병자호란 때 인조가 청나라에 저항한 곳으로 알려져 있다.

② 2014년 6월에 세계 유산으로 등록되었다.

⑫ 백제 역사 유적 지구(2015년 등재)

공주 공산성(웅진 시대 백제의 도성), 무령왕릉과 왕릉원, 부여 관북리 유적과 부소산성(사비 시대 수도의 방어성), 부여 정림사지, 부여 왕릉원, 부여 나성, 익산 왕궁리 유적, 익산 미륵사지 등이 포함되었다.

공산성	공산성은 백제가 웅진에 수도를 두었던 475년부터 부여로 천도하는 538년까지 63년 동안 왕성이 자리하였던 곳으로, 공주시 금성동, 산성동에 걸쳐 있는 20만m² 규모의 산성이다. 총 길이 2,660m의 성체 대부분은 석성 구간인데, 처음에는 토성을 쌓았지만 나중에 여러 차례 고쳐 쌓으면서 석성으로 변화되었으며, 내·외성으로 구분되는 토성의 외성은 백제 시대에 쌓았던 것으로 원형을 잘 유지하고 있다.
무령왕릉과 왕릉원	무령왕릉과 왕릉원은 웅진 시대 백제 왕실의 무덤들이다. 무령왕릉은 백제 왕릉 중 유일하게 주인공이 밝혀진 왕릉이다.
부여 관북리 유적과 부소산성	부여 관북리 유적은 650m² 규모의 대형 건물 터와 상수도 시설, 목곽고와 석실고 등 저장 시설, 연못, 건물 터와 공방 시설 등이 발견되며 왕성의 터로 추정되는 곳이다. 부소산성은 평상시 왕궁의 후원으로서, 위급할 때에는 방어 시설로 이용한 사비 백제 왕궁의 배후 산성이다.
정림사지	사비 백제기 수도의 가장 중심에 위치한 사찰의 터로, 발굴을 통해 중문과 금당 터, 강당 터, 승방 터, 화랑지 등이 확인되었다. 정림사지 중앙부의 정림사지 오층 석탑(국보 제9호)은 옛 백제의 화려한 문화와 예술, 뛰어난 석조 건축 기법을 확인할 수 있는 문화재이다.
부여 왕릉원	부여 왕릉원은 모두 7기로 이루어져 있다.
부여 나성	부여 나성은 사비의 동·북쪽을 방어하기 위해 구축한 외곽 성으로, 현재도 부여읍을 감싸며 원래의 모습을 잘 간직하고 있다.
익산 왕궁리 유적	백제 왕실이 수도 사비의 취약점을 보완하기 위해 만든 별궁 유적이다.
익산 미륵사지	익산시 금마면 미륵산 아래 넓은 평지에 펼쳐진 사찰 터로 동아시아 최대 규모를 자랑하고 있다.

⑬ 산사, 한국의 산지승원(2018년 등재)

① 산사(山寺)는 한국 불교의 개방성을 대표하면서 승가 공동체의 신앙·수행·일상생활의 중심지였다.
② 2018년 6월 유네스코 자문 기구인 세계 유산 위원회는 '산사(山寺), 한국의 산지승원' 7곳을 등재 확정하였다. 해당 사찰은 영주 부석사, 양산 통도사, 안동 봉정사, 보은 법주사, 공주 마곡사, 순천 선암사, 해남 대흥사이다.

⑭ 한국의 서원(2019년 등재)

소수 서원(경북 영주), 도산 서원(경북 안동), 병산 서원(경북 안동), 옥산 서원(경북 경주), 도동 서원(대구 달성), 남계 서원(경남 함양), 필암 서원(전남 장성), 무성 서원(전북 정읍), 돈암 서원(충남 논산) 등 9개 서원이 등재되었다.

⑮ 한국의 갯벌(2021년 등재)

서천갯벌(충남 서천), 고창갯벌(전북 고창), 신안갯벌(전남 신안), 보성-순천갯벌(전남 보성, 순천) 4곳의 갯벌이 유네스코 자연 유산으로 등재되었다.

⑯ 가야 고분군(2023년 등재)

① 한반도에 존재했던 고대 문명 '가야'를 대표하는 7개 고분군으로 이루어진 연속 유산으로, 전북 남원 유곡리와 두락리 고분군, 경북 고령 지산동 고분군, 경남 김해 대성동 고분군, 경남 함안 말이산 고분군, 경남 창녕 교동과 송현동 고분군, 경남 고성 송학동 고분군, 경남 합천 옥전 고분군이 포함되었다.
② 가야 고분군은 "주변국과 자율적이고, 수평적인 독특한 체계를 유지하며 동아시아 고대 문명의 다양성을 보여 주는 중요한 증거가 된다는 점에서 '탁월한 보편적 가치'(Outstanding Universal Value)가 인정된다."라는 평가를 받았다.

3 세계 기록 유산

- 『훈민정음』
- 『승정원일기』
- 『동의보감』
- 『난중일기』
- KBS 특별 생방송 '이산가족을 찾습니다' 기록물
- 조선 통신사 기록물

- 『조선왕조실록』
- 팔만대장경
- 『일성록』
- 새마을 운동 기록물
- 조선 왕실 어보와 어책
- 4·19 혁명 기록물

- 『직지심체요절』
- 『조선왕조의궤』
- 5·18 민주화 운동 기록물
- 한국의 유교책판
- 국채 보상 운동 기록물
- 동학 농민 혁명 기록물

(1) 『훈민정음』(1997년 등재)

① '훈민정음(訓民正音)'이란 '백성을 가르치는 올바른 소리'라는 뜻이다. 조선 제4대 임금인 세종은 당시 사용되던 한자가 우리 말과 구조가 다르기 때문에 많은 백성이 사용할 수 없는 현실을 안타까워하여 세종 25년(1443)에 우리말의 표기에 적합한 문자 체계를 완성하고 '훈민정음'이라 하였다.

② 집현전 학사들이 세종의 명을 받아 새로운 문자에 대해 설명한 한문 해설서를 발간하였는데, 이 책의 이름이 『훈민정음』 또는 『훈민정음 해례본』이다. 여기에는 훈민정음 창제의 목적을 밝힌 서문과 글자의 음가 및 운용법이 기술되어 있다.

③ 『훈민정음』은 국보 제70호로 지정되어 있으며, 1997년 10월에 유네스코 기록 유산으로 등록되었다.

(2) 『조선왕조실록』(1997년 등재)

① 『조선왕조실록(朝鮮王朝實錄)』은 조선 왕조의 시조인 태조부터 철종까지 25대 472년간 (1392~1863)의 역사를 편년체(編年體)로 기록한 책으로, 총 1,893권 888책으로 되어 있다. 『조선왕조실록』은 조선 시대의 정치, 외교, 군사, 제도, 법률 등 각 방면의 역사적 사실을 망라하고 있어 세계적으로 유례가 없는 귀중한 역사 기록물이다. 『조선왕조실록』은 그 역사 기술에서 진실성과 신빙성이 매우 높다는 점에서 의의가 크다.

▲ 『조선왕조실록』

② 『조선왕조실록』은 사초(史草)를 기본으로 하여 만들어지는데, 사초는 사관이 국가의 모든 회의에 참가하여 왕과 신하들이 국사를 논의·처리하는 것을 사실대로 기록한 것이다. 이러한 사초는 기록의 진실성을 확보하기 위해 사관 외에는 왕이라도 함부로 열람할 수 없도록 하였다.

③ 『조선왕조실록』은 정족산본 1,181책, 태백산본은 848책, 오대산본 27책, 기타 21책 등 총 2,077책이 국보 제151호로 지정되어 있으며, 1997년 10월에 유네스코 기록 유산으로 등록되었다.

(3) 『직지심체요절』(2001년 등재)

① 『직지심체요절(直指心體要節)』은 고려 공민왕 21년(1372)에 백운 화상이 저술한 '백운 화상초록불조직지심체요절(白雲和尙抄錄佛祖直指心體要節)'을 청주 흥덕사에서 1377년 7월에 금속 활자로 인쇄한 것이다.

② 이는 독일의 구텐베르크보다 70여 년이나 앞선 것으로, 1972년 '세계 도서의 해'에 출품되어 세계 최고(最古)의 금속 활자본으로 공인되었다.

③ 금속 활자를 이용한 인쇄술은 목판에 글자를 새기는 방식에 비해 훨씬 편리하고 신속하게 책을 생산할 수 있다. 이 책은 이러한 가치를 인정받아, 2001년 9월에 유네스코 기록 유산으로 등록되었다.

▲ 『직지심체요절』

(4) 『승정원일기』(2001년 등재)

▲ 『승정원일기』

① 『승정원일기(承政院日記)』는 조선 시대 승정원(承政院: 조선 정종 때에 창설된 왕명 출납 기관) 에서 있었던 일들을 기록한 책이다. 『승정원일기』는 『조선왕조실록』을 편찬할 때 기본 자료로 이용하였으며, 원본이 1부밖에 없는 귀중한 자료이다.

② 『승정원일기』는 세계 최대의 연대 기록물(총 3,243책, 글자 수 2억 4,250자)이며, 당시의 정치, 경제, 국방, 사회, 문화 등 생생한 역사를 기록하였다는 점에서 가치가 크다.

③ 국보 제303호로 지정되어 있으며, 세계 최대의 1차 사료로서 가치를 인정받아 2001년 9월에 유네스코 기록 유산으로 등록되었다. 현재 국사 편찬 위원회에서 데이터 베이스를 구축하고 있다.

(5) 팔만대장경(2007년 등재)

① 2007년 6월 유네스코 제8차 세계 기록 유산 국제 자문 위원회는 팔만대장경(八萬大藏經)을 세계 기록 유산으로 공식 등재하였다. 공식 등재 명칭은 합천 해인사 소장의 '고려대장경판 및 제경판(諸經板)'이다. 팔만대장경(고려대장경)과 함께 해인사가 보관하고 있는 모든 경판의 가치를 인정한 것이다.

② 국보 제32호로 고려 고종 23년(1236)에 강화도에서 시작하여 1251년 9월에 81,258장으로 완성되었다. 이 사업은 대장도감(大藏都監)에서 주관하여, 제주도·완도·거제도 등에서 나는 자작나무를 재료로 사용하였는데, 부패와 틀어짐을 방지하기 위해 먼저 나무를 바닷물에 절인 다음 그늘에서 충분히 말려 사용하였다.

③ 팔만대장경은 조선 초기까지 강화도 선원사(禪源寺)에 보관되었으나, 태조 7년(1398)에 해인사로 옮겼다고 하는 학설이 현재 가장 유력하다. 『조선왕조실록(朝鮮王朝實錄)』에 의하면 "이때 2,000명의 군인들이 호송하고, 5교 양종의 승려들이 독경(讀經)하였다."라고 하였다.

(6) 『조선왕조의궤』(2007년 등재)

① 『조선왕조의궤(朝鮮王朝儀軌)』란 조선 왕조의 국가 의식인 길례(吉禮: 제사), 가례(嘉禮: 혼례), 빈례(賓禮: 사신 영접), 군례(軍禮: 군사 훈련 및 사열), 흉례(凶禮: 장례) 등을 기록한 것으로서, 2007년 6월 유네스코 제8차 세계 기록 유산 국제 자문 위원회에서 세계 기록 유산으로 공식 등재(규장각 소장 546종 2,940책, 한국학 중앙 연구원 장서각 소장 287종 490책)하였다.

② 의궤(儀軌)는 세계적으로 조선 왕조에서만 나타나는 기록 문화의 정수로, 행사의 진행 과정을 날짜 순으로 자세하게 적고, 행사에 참여한 사람들의 명단을 장인(匠人)에 이르기까지 일일이 기록하였으며, 행사에 들인 비용과 재료 등을 세밀하게 기록하고, 의식에 쓰인 주요 도구와 주요 행사 장면을 아름다운 채색으로 그려 놓아 시각적 효과와 현장성이 뛰어나다. 18세기 김홍도는 정부 기록화를 많이 그렸는데, 그중 정조의 「시흥환어행렬도」는 매우 아름답다.

(7) 『동의보감』(2009년 등재)

광해군 때 허준에 의해 저술되었으며, 동아시아 의학을 종합하여 간행한 서적이다. 『동의보감』의 세계 기록 유산 등재는 의학 서적으로서는 최초였다.

(8) 『일성록』(2011년 등재)

정조가 세손 시절부터 쓰기 시작한 기록으로, 후대 왕들도 1910년까지 일기 형식으로 쓴 책이다. 국왕 스스로 수양을 위해 편찬하였으며, 그 내용과 형식의 독창성을 인정받아 등재되었다.

(9) 5·18 민주화 운동 기록물(2011년 등재)

5·18 민주화 운동과 관련된 일련의 문건 및 사진, 영상 자료들이다. 5·18 민주화 운동의 세계사적 중요성을 인정받아 등재되었다.

(10) 『난중일기』(2013년 등재)

① 임진왜란 때 충무공 이순신이 진중(陣中)에서 쓴 일기로, 임진왜란이 일어난 1592년부터 전쟁이 끝난 1598년까지의 일을 간

결하고 명료하게 기록하였다.

② 국보 제76호로 현재 현충사에 보관되어 있으며 2013년 6월 유네스코 세계 기록 유산으로 등재되었다.

⑪ 새마을 운동 기록물(2013년 등재)

① 1970년대 박정희 대통령의 제창으로 시작된 범국민적 운동으로 생활 환경 개선과 소득 증대를 도모한 지역 사회 개발 운동이다. 새마을 운동 기록물은 이 과정에서 생산된 대통령의 연설물, 결재 문서, 교재, 관련 사진과 영상 등의 자료를 총칭한다.

② 2013년 유네스코 세계 기록 유산으로 등재되었다.

⑫ 한국의 유교책판(2015년 등재)

① 조선 시대(1392 ~ 1910)에 718종의 서책을 간행하기 위해 판각한 책판으로, 305개 문중과 서원에서 기탁한 총 64,226장으로 되어 있으며 현재는 한국 국학 진흥원에서 보존·관리하고 있다. 유교책판은 시공을 초월하여 책을 통하여 후학(後學)이 선학(先學)의 사상을 탐구하고 전승하며 소통하는 '텍스트 커뮤니케이션(text communication)'의 원형이다.

② 수록 내용은 문학을 비롯하여 정치, 경제, 철학, 대인 관계 등 실로 다양한 분야를 다루고 있다. 그러나 이렇게 다양한 분야를 다루고 있음에도 궁극적으로는 유교의 인륜 공동체(人倫共同體) 실현이라는 주제를 담고 있는 것이 공통적인 특징이다.

③ 각각의 책판들은 단 한 질만 제작되어 오늘날까지 전해지고 있는 '유일한 원본'이다. 활자본과 달리 판목에 직접 새긴 목판본으로서 후대에 새로 제작된 번각복(飜刻本)도 거의 없는 것으로서 대체 불가능한 유산이다.

⑬ KBS 특별 생방송 '이산가족을 찾습니다' 기록물(2015년 등재)

KBS가 1983년 6월 30일 밤 10시 15분부터 11월 14일 새벽 4시까지 방송 기간 138일, 방송 시간 453시간 45분 동안 생방송한 비디오 녹화 원본 테이프 463개, 담당 프로듀서 업무 수첩, 이산가족이 직접 작성한 신청서, 일일 방송 진행표, 큐시트, 기념 음반, 사진 등 20,522건의 기록물을 총칭한다. 이 기록물은 대한민국의 비극적인 냉전 상황과 전쟁의 참상을 고스란히 담고 있다. 혈육들이 재회하여 얼싸안고 울부짖는 장면은 이산가족의 아픔을 치유해 주었고, 남북 이산가족 최초 상봉(1985. 9.)의 촉매제 역할을 하며 한반도 긴장 완화에 기여하였다.

⑭ 조선 왕실 어보와 어책(2017년 등재)

① 조선 왕실 어보와 어책은 금·은·옥에 '아름다운' 명칭을 새긴 어보, 오색 비단에 책임을 다할 것을 훈계하고 깨우쳐주는 글을 쓴 교명, 옥이나 대나무에 책봉하거나 아름다운 명칭을 수여하는 글을 새긴 옥책과 죽책, 금동 판에 책봉하는 내용을 새긴 금책 등이다.

② 이런 책보(册寶)는 조선조 건국 초부터 근대까지 570여 년 동안 지속적으로 제작되고 봉헌되었으며 이러한 사례는 한국이 유일무이하다. 조선 왕조의 왕위는 세습이었다. 국왕의 자리를 이을 아들이나 손자(또는 왕실의 승계자) 등은 국본(國本)으로서 왕위에 오르기 전에 왕세자나 왕세손에 책봉되는 전례(典禮)를 거쳐야 하였다. 어보와 어책은 일차적으로 이와 같은 봉작(封爵) 전례의 예물로 제작하였고 여기에는 통치자로서 알아야 할 덕목을 함축적으로 표현한 문구가 들어 있다.

③ 왕세자나 왕세손에 책봉되면 그 징표로 국왕에게서 옥인(玉印), 죽책(竹册), 교명(敎命)을 받음으로써 왕권의 계승자로서 정통성을 인정받았다. 이들이 혼인한 경우에는 이들의 빈(嬪)도 같은 과정을 거쳤다. 왕세자나 왕세손이 국왕에 즉위하면, 왕비도 금보(金寶), 옥책(玉册), 교명(敎命)을 받았다. 왕과 왕비가 죽은 뒤에 묘호(廟號)와 시호(諡號)가 정해지면 시보(諡寶)와 시책(諡册)을 받았다. 왕과 왕비가 일생에 걸쳐 받은 책보는 신주와 함께 종묘에 봉안되었다. 살아서는 왕조의 영속성을 상징하고 죽어서도 죽은 자의 권위를 보장하는 신물이었다.

④ 책보는 의례용으로 제작되었지만, 거기에 쓰인 보문과 문구의 내용, 작자, 문장의 형식, 글씨체, 재료와 장식물 등은 매우 다양하여 당대의 정치, 경제, 사회, 문화, 예술 등의 시대적 변천상을 반영하고 있기 때문에 한국의 책보만이 지닐 수 있는 매우 독특한 세계 기록 유산으로서의 가치는 지대하다.

⑤ 왕조의 영원한 지속성을 상징하는 어보와 그것을 주석한 어책은 현재의 왕에게는 정통성을, 사후에는 권위를 보장하는 신성성을 부여함으로써 성물(聖物)로 숭배되었다. 이런 면에서 볼 때 책보는 왕실의 정치적 안정성을 확립하는 데 크게 기여하였음을 알 수 있다. 이것은 인류 문화사에서 볼 때 매우 독특한 문화 양상을 표출하였다는 점에서 그 가치가 매우 높은 기록 문화유산이라 할 수 있다.

⒂ 국채 보상 운동 기록물(2017년 등재)

① 국채 보상 운동 기록물은 국가가 진 빚을 국민이 갚기 위해 1907년부터 1910년까지 일어난 국채 보상 운동의 전 과정을 보여주는 기록물이다.

② 19세기 말부터 제국주의 열강들은 아시아, 아프리카, 아메리카 등 모든 대륙에서 식민지적 팽창을 하면서 대부분의 피식민지 국가에 엄청난 규모의 빚을 지우고 그것을 빌미로 지배력을 강화하는 방식을 동원하였다. 한국도 마찬가지로 일본의 외채로 망국의 위기에 처해 있었다. 남성은 술과 담배를 끊고, 여성은 반지와 비녀를 내어놓았고, 기생과 걸인, 심지어 도적까지도 의연금을 내는 등 전 국민의 약 25%가 이 운동에 자발적으로 참여하였다. 한국 사람들은 전 국민적 기부 운동을 통해 국가가 진 외채를 갚음으로써 국민으로서의 책임을 다하려 하였다.

③ 한국의 국채 보상 운동은 1907년 네덜란드 헤이그에서 열린 '제2차 만국 평화 회의'에서 한국의 국채 보상 운동을 알림으로써 전 세계에 알려지게 되어, 외채로 시달리는 다른 피식민지국에 큰 자극이 되었다. 그 후 중국(1909), 멕시코(1938), 베트남(1945) 등 제국주의 침략을 받은 여러 국가에서도 한국과 거의 유사한 방식으로 국채 보상 운동이 연이어 일어났다. 다만 한국의 국채 보상 운동은 이후에 일어난 운동과 비교하여 시기적으로 가장 앞섰으며 가장 긴 기간 동안 전 국민이 참여하는 국민적 기부 운동이었다는 점과 당시의 역사적 기록물이 온전히 보존되어 있다는 점에서도 역사적 가치가 크다.

④ 그로부터 90년 후 1997년 동아시아 외환 위기가 발생하였을 당시, 한국에는 '금 모으기 운동'이라고 하는 제2의 국채 보상 운동이 일어났다. 당시 국가 부도의 위기 상황에서 한국 국민은 집에 보관하던 금반지를 기부하는 국민적 운동을 전개함으로써 국채 보상 운동을 재현하였다. 나아가 한국의 금 모으기 운동이 타이, 몽골로 파급되어 외환 위기를 조기에 극복하는 데 크게 기여하였고, 2008년 미국발(發) 유럽 금융 위기로 경제 위기에 직면한 그리스, 스페인, 포르투갈과 이탈리아에서도 경제 회복 모델로 주목받았다.

⒃ 조선 통신사 기록물(2017년 등재)

① 조선 통신사에 관한 기록은 1607년부터 1811년까지, 일본 에도 막부의 초청으로 12회에 걸쳐 조선국에서 일본국으로 파견되었던 외교 사절단에 관한 자료를 총칭하는 것이다.

② 조선 통신사는 16세기 말 일본의 도요토미 히데요시가 조선을 침략한 이후, 단절된 국교를 회복하고, 양국의 평화적인 관계 구축 및 유지에 크게 공헌하였다. 조선 통신사에 관한 기록은 외교 기록, 여정 기록, 문화 교류의 기록으로 구성된 종합 자산이다.

③ 비참한 전쟁을 경험한 양국이 평화로운 시대를 구축하고 유지해 가는 방법과 지혜가 응축되어 있으며, '성신교린(誠信交隣)'을 공통의 교류 이념으로 대등한 입장에서 상대를 존중하는 상호 간의 교류가 구현되어 있다. 그 결과, 양국은 물론 동아시아 지역에도 정치적 안정이 이루어졌고, 안정적인 교역 루트도 확보할 수 있었다.

⒄ 4.19 혁명 기록물(2023년 등재)

4·19 혁명 기록물은 1960년 대한민국에서 발발한 학생 주도의 민주화 운동에 대한 광범위한 자료이다. 1960년 2월 28일 대구에서 열린 학생 집회에서 시작해 대다수 국민에게로 확산하여 3·15 부정 선거에 반대하기 위해 1960년 4월 19일에 열린 대규모 시위까지의 기록물로서, 이승만 대통령(1948~1960)의 퇴진을 이끈 혁명의 배경과 진행 과정을 다루고 있다. 제3세계에서 최초로 성공한 비폭력 시민 혁명인 동시에 유럽의 1968년 혁명, 미국의 반전 운동, 일본의 안보 투쟁 등 1960년대 세계 학생 운동에 영향을 미친 기록 유산으로서 세계사적 중요성을 인정받았다.

⒅ 동학 농민 혁명 기록물(2023년 등재)

동학 농민 혁명 기록물은 1894~1895년 일어난 동학 농민 혁명과 관련된 기록물이다. 동학 농민 혁명은 부패한 지도층과 외세의 침략에 저항하며 평등하고 공정한 사회를 건설하기 위해 민중이 봉기한 사건이다. 한국이 번영된 민주주의로 나아가는 발판이 되었으며, 국외의 반제국주의, 민족주의, 근대주의 운동에 영향을 주었다.

동학 농민 운동 과정에서 농민군은 전라도 각 고을 관아에 치안과 행정을 담당하는 '집강소'를 설치하는 성과를 거두었는데, 이는 19세기 당시 전 세계에서 유사한 사례를 찾기 힘든 신선한 민주주의 실험으로 평가된다. 동학 농민 혁명 기록물은 조선 백성들이 주체가 되어 자유, 평등, 인권의 보편적 가치를 지향했던 기억의 저장소로서 세계사적 중요성을 인정받았다.

4 인류 무형 문화유산

• 종묘 제례 및 종묘 제례악	• 판소리	• 강릉 단오제	• 강강술래
• 남사당 놀이	• 영산재	• 제주 칠머리당 영등굿	• 처용무
• 가곡	• 대목장	• 매사냥	• 택견
• 줄타기	• 한산 모시 짜기	• 아리랑	• 김장 문화
• 농악	• 줄다리기	• 제주 해녀 문화	• 씨름
• 연등회	• 한국의 탈춤		

(1) 종묘 제례 및 종묘 제례악(2001년 등재)

① 종묘 제례(宗廟祭禮)는 종묘에서 행하는 제향(祭享) 의식이다. 종묘 제례는 유교 절차에 따라 거행되는 왕실 의례로서, 종묘라는 건축 공간에서 진행된다. 종묘 제례악(宗廟祭禮樂)은 종묘에서 제사를 지낼 때 의식을 장엄하게 치르기 위하여 연주하는 기악(器樂), 노래[歌], 춤[舞]을 말한다. 종묘 제례악은 위대한 국가를 세우고 발전시킨 왕의 덕을 찬양하는 내용의 보태평과 정대업이 연주되며 춤이 곁들여진다.

② 종묘 제례와 종묘 제례악은 중요 무형 문화재 제56호와 제1호로 지정되어 보존·전승되고 있으며, 2001년 5월 유네스코 무형 유산으로 선정되었다.

(2) 판소리(2003년 등재)

① 판소리는 한 명의 소리꾼이 고수(북치는 사람)의 장단에 맞추어 소리(창), 아니리(말), 발림(몸짓)을 섞어 가며 구연(口演)하는 일종의 솔로 오페라이다.

② 판소리는 초기에 열두 마당이 있었지만, 「춘향가」, 「심청가」, 「수궁가」, 「흥보가」, 「적벽가」가 다듬어져 판소리 다섯 마당으로 정착되었다. 판소리는 서민의 삶의 현실을 생생하게 드러내고, 새로운 사회와 시대에 대한 희망을 표현하기도 하였다.

③ 판소리는 우리 문화의 정수로 그 독창성과 우수성을 세계적으로 인정받아 2003년 11월 유네스코 무형 유산으로 선정되었다.

(3) 강릉 단오제(2005년 등재)

① 단오는 음력 5월 5일로 '높은 날' 또는 '신날'이라는 뜻의 '수릿날'이라고 부르는 날이다. 강릉 단오제는 수릿날의 전통을 계승한 축제이다. 모심기가 끝난 뒤에 한바탕 놀면서 쉬는 명절로서, 농경 사회 풍농 기원제의 성격을 지닌다. 1,000여 년의 역사를 가지고 있는 강릉 단오제는 한국의 대표적 전통 신앙인 유교, 무속, 불교, 도교를 배경으로 한 다양한 의례와 공연이 전해지고 있다. 또 강릉 단오제에는 단오굿, 가면극, 농악, 농요 등 예술성이 뛰어난 다양한 무형 문화유산과 함께 그네뛰기, 창포머리 감기, 수리취떡 먹기 등 독창적인 풍속이 함께 전승되고 있다.

② 중요 무형 문화재 제13호로 지정·보존되고 있는 강릉 단오제는 2005년 11월 유네스코 무형 유산으로 선정되었다.

(4) 강강술래(2009년 등재)

임진왜란 당시 이순신의 전술에서 유래되었다는 설이 있다. 주로 한가윗날 밤에 여성들에 의해 이루어졌던 집단 놀이이다.

(5) 남사당 놀이(2009년 등재)

남사당 놀이는 조선 후기 사회적으로 천대받던 서민들로 이루어진 유랑 예능 집단이다. 이들은 양반 및 사회에 대한 비판을 예술을 통해 담아냈다.

(6) 영산재(2009년 등재)

불교에서 행해지는 의식으로서, 죽은 사람의 영혼이 극락왕생하기를 기원하는 의식이다.

(7) 제주 칠머리당 영등굿(2009년 등재)

제주도에서 행해져 오는 특유의 굿으로, '영등신(영등할망)'을 맞이하여 해녀와 어부의 안전, 마을의 평안, 풍어 등을 기원하였다.

(8) 처용무(2009년 등재)

통일 신라 시대에 기원하는 처용 설화를 바탕으로 한 춤이다. 처용의 가면을 쓰고 춤을 추며, 악귀를 쫓는다는 의미를 지녔다.

(9) 가곡(2010년 등재)

관현악의 반주에 맞추어 시조를 부르는 음악으로, 판소리 등과는 구별되는 상류 사회의 문화이다.

(10) 대목장(2010년 등재)

문짝이나 난간 등의 사소한 목공을 맡는 소목장과는 달리 대목장은 궁궐이나 사찰 등의 목조 건축 일을 하는 장인을 가리킨다. 대목장은 건축과 관련된 전 과정을 책임졌다.

(11) 매사냥(2010년 등재)

매를 사용한 사냥 방식으로 아시아 지역으로부터 확산되었다. 매사냥의 유네스코 무형 유산 등록은 11개국이 공동으로 참여하여 등재되었다.

(12) 택견(2011년 등재)

택견은 흡사 춤과 같은 동작으로 상대방을 차거나 넘어뜨리는 기술을 특징으로 하는 한국의 전통 무예이다. 택견의 등재는 무술로서의 가치뿐만 아니라 모든 사람이 즐길 수 있는 운동으로, 일반 대중의 건강을 향상시키는 등 공동체 내 무형 문화유산으로서의 가치가 함께 인정되었음을 의미한다.

(13) 줄타기(2011년 등재)

줄타기는 한국의 전통 공연 예술로, 줄타기 기술에 중점을 두고 있는 세계 다른 나라의 줄타기와는 달리 음악이 함께 연주되며 줄을 타는 광대와 땅에 있는 어릿광대 사이에 대화가 오가는 것이 특징이다.

(14) 한산 모시 짜기(2011년 등재)

한산 모시 짜기는 충남 한산 지역의 여성들을 중심으로 전승되고 있는 옷감을 짜는 전통 기술로, 500여 명의 지역 주민이 모시 짜기 활동에 참여하고 있는 등 공동체 결속을 강화하는 중요한 사회·문화적 기능을 수행하는 점에서 그 가치를 인정받았다.

(15) 아리랑(2012년 등재)

우리나라의 대표적인 민요로, '아리랑' 또는 '아라리' 등과 유사한 구절이 후렴에 들어있는 민요를 총칭한다. 지방에 따라 가사와 곡조가 조금씩 다르고, 여러 세대에 걸쳐 구전으로 전승되어 민중들의 희노애락을 담았다.

(16) 김장 문화(2013년 등재)

2013년 12월 유네스코는 김장 문화가 한국인들에게 나눔과 결속을 촉진하고, 정체성과 소속감을 제공하는 유산인 점에 주목하였다. 자연 재료를 창의적으로 이용하는 식습관을 가진 국내외 다양한 공동체들 간의 대화를 촉진하여 무형 유산의 가시성을 높이는 데 기여하였다고 평가하며 유네스코 무형 유산으로 등재하였다.

(17) 농악(2014년 등재)

농악은 한국 사회에서 마을 공동체의 화합과 마을 주민의 안녕을 기원하기 위해 행해지는 대표적인 민속 예술이다. 또한 꽹과리, 징, 장구, 북, 소고 등 타악기를 합주하면서 행진하거나 춤을 추며 연극을 펼치기도 하는 기예가 함께하는 종합 예술이다. 농악은 2014년 11월 27일 유네스코 인류 무형 유산으로 등재되었다.

⒅ 줄다리기(2015년 등재)

줄다리기는 한 해의 풍년과 공동체 구성원 간의 단합을 위하여 벼농사 문화권에서 널리 행해지는 놀이이다. 우리나라에서는 예로부터 주로 대보름날 행하여졌으며 지역별로 단옷날, 한가위, 2월 초하룻날 행해지기도 하였다.

⒆ 제주 해녀 문화(2016년 등재)

2016년 11월 유네스코 무형 문화유산에 등재된 제주 해녀 문화는 '제주도 해녀가 지닌 기술 및 문화'를 총칭한다. 그 내용은 '바닷속에 들어가서 해산물을 채취하는 것', '공동체 의식을 강화하며 안전과 풍어를 기원하는 주술 의식인 잠수굿', '물질(해산물 채취 작업)을 나가는 배 위에서 부르는 노동요인 해녀 노래' 등으로 구성된다. 등재 당시 무형 문화유산 위원회는 제주 해녀 문화가 제주도의 독특한 문화적 정체성을 상징하고 자연과 공존하는 지속 가능한 어업이라는 점, 공동체를 통해 문화가 전승된다는 점 등을 높게 평가하였다. 제주 해녀는 어촌계 및 해녀회 등의 공동체를 구성하여 그 문화를 전승해 오고 있다. 특히 유교 문화가 강한 우리나라에서 제주 해녀는, 드물게 주도적인 경제 주체로 활약한 여성이기도 하다.

⒇ 씨름, 한국의 전통 레슬링(2018년 11월, 남북의 공동 신청으로 등재)

씨름은 한국 전역에서 널리 향유되는 대중적인 놀이이다. 씨름은 두 명의 선수가 허리에 천으로 된 띠를 찬 상태에서 서로의 허리띠를 잡고 상대를 바닥에 넘어뜨리기 위해 다양한 기술을 사용하는 레슬링의 일종이다. 씨름은 마을에 있는 모래밭 어디에서나 이루어지며 어린 아이부터 노인까지 모든 연령대의 공동체 구성원이 참여할 수 있고 전통 명절, 장이 서는 날, 축제 등 다양한 시기에 진행되었다. 지역마다 지역 특성에 맞는 씨름의 방식을 가지고 있으나, 공동체의 연대와 협력을 강화하는 씨름의 사회적 기능은 공통적이다.

㉑ 연등회, 한국의 등(燈) 축제(2020년 등재)

매년 음력 4월 8일(부처님 오신 날) 전후 연등회가 개최된다. 원래 연등회는 석가모니의 탄생을 기념하기 위한 종교 의식이었으나, 현재는 남녀노소 누구나 참여할 수 있는 대표적인 봄 축제가 되었다. 사찰이나 거리를 장식하는 연등은 대나무 또는 철사 틀에 전통 종이를 덮어 만든다. 민중들은 자신과 가족들뿐만 아니라 이웃과 온 나라의 행운을 빌며 자신이 만든 연등을 들고 이 축제에 참여할 수 있다. 연등은 부처님의 지혜를 통해 개인과 공동체, 사회 전체의 마음을 깨우치는 상징이기도 하다. 연등회의 주요한 행사는 석가모니의 탄생을 기념하는 의식으로 아기 부처의 모습을 목욕시키는 것으로 시작된다. 이 의식에는 연등을 든 참가자들의 행렬이 뒤따른다. 행렬을 마친 참가자들은 전통 놀이 등을 함께 하면서 축제를 즐긴다.

㉒ 한국의 탈춤(2022년 등재)

탈춤은 춤·노래·연극을 아우르는 종합 예술이다. 권력과 사회에 대해 신랄한 풍자를 가하는 것은 물론, 관객과 환호와 야유를 주고받는 소통의 예술이다. 탈춤은 지역에 따라 '산대놀이', '들놀음(야류)', '오광대' 등으로 불렸다.

> - 국가 지정 13개: 양주별산대놀이, 통영오광대, 고성오광대, 강릉관노가면극, 북청사자놀음, 봉산탈춤, 동래야류, 강령탈춤, 수영야류, 송파산대놀이, 은율탈춤, 하회별신굿탈놀이, 가산오광대
> - 시·도 지정 5개: 속초사자놀이, 퇴계원산대놀이, 진주오광대, 김해오광대, 예천청단놀음

5 유네스코 지정 생물권 보전 지역(9곳)

> - 설악산(1982)
> - 광릉숲(2010)
> - 연천 임진강(2019)
> - 제주도(2002)
> - 전북 고창(2013)
> - 강원 생태평화(2019)
> - 신안 다도해(2009)
> - 전남 순천(2018)
> - 완도(2021)

* 괄호 안의 연도는 유네스코 생물권 보전 지역 지정 연도

* 2024년 5월 기준

02 역대 왕계표

1 고구려

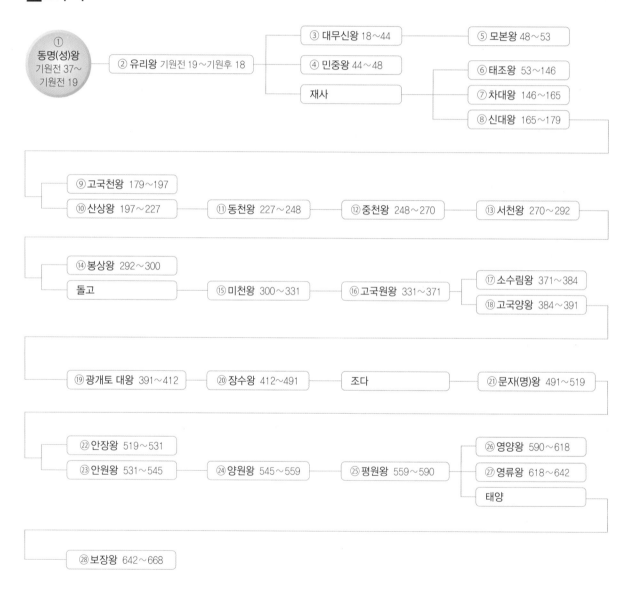

2 백제

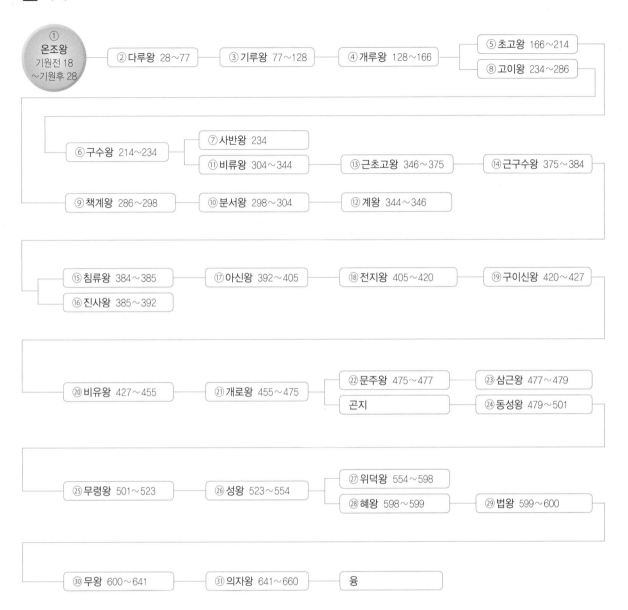

① 온조왕 기원전 18 ~기원후 28 ─ ② 다루왕 28~77 ─ ③ 기루왕 77~128 ─ ④ 개루왕 128~166 ─┬ ⑤ 초고왕 166~214
                                                                                        └ ⑧ 고이왕 234~286

─┬ ⑥ 구수왕 214~234 ─┬ ⑦ 사반왕 234
 │   └ ⑪ 비류왕 304~344 ─ ⑬ 근초고왕 346~375 ─ ⑭ 근구수왕 375~384
 └ ⑨ 책계왕 286~298 ─ ⑩ 분서왕 298~304 ─ ⑫ 계왕 344~346

─┬ ⑮ 침류왕 384~385 ─ ⑰ 아신왕 392~405 ─ ⑱ 전지왕 405~420 ─ ⑲ 구이신왕 420~427
 └ ⑯ 진사왕 385~392

─ ⑳ 비유왕 427~455 ─ ㉑ 개로왕 455~475 ─┬ ㉒ 문주왕 475~477 ─ ㉓ 삼근왕 477~479
                                        └ 곤지 ─ ㉔ 동성왕 479~501

─ ㉕ 무령왕 501~523 ─ ㉖ 성왕 523~554 ─┬ ㉗ 위덕왕 554~598
                                       └ ㉘ 혜왕 598~599 ─ ㉙ 법왕 599~600

─ ㉚ 무왕 600~641 ─ ㉛ 의자왕 641~660 ─ 융

3 신라

〈박씨〉 7왕

① 혁거세 기원전 57~기원후 4 — ② 남해 4~24 — ③ 유리 24~57 — ⑤ 파사 80~112 — ⑥ 지마 112~134 / ⑦ 일성 134~154 — ⑧ 아달라 154~184

〈석씨〉 8왕

④ 탈해 57~80 — (구추) — ⑨ 벌휴 184~196 — (골정) — ⑪ 조분 230~247 / ⑫ 첨해 247~261 / (이매) — ⑩ 나해 196~230 / ⑭ 유례 284~298 / (걸숙) — ⑮ 기림 298~310 / (우로) — ⑯ 흘해 310~356

〈김씨〉 37왕

구도 (김알지 5세손) — ⑬ 미추 262~284 / (말구) — ⑰ 내물 356~402 — ⑲ 눌지 417~458 — ⑳ 자비 458~479 / (습보) / 대서지(김알지 후예) — ⑱ 실성 402~417

㉑ 소지 479~500 / ㉒ 지증왕 500~514 — ㉓ 법흥왕 514~540 / 입종 — ㉔ 진흥왕 540~576

동륜 — ㉖ 진평왕 579~632 — ㉗ 선덕 여왕 632~647 / 국반 — ㉘ 진덕 여왕 647~654 / ㉕ 진지왕 576~579 — 용춘(문흥왕) — ㉙ 무열왕 654~661

㉚ 문무왕 661~681 — ㉛ 신문왕 681~692 — ㉜ 효소왕 692~702 / ㉝ 성덕왕 702~737 ▶

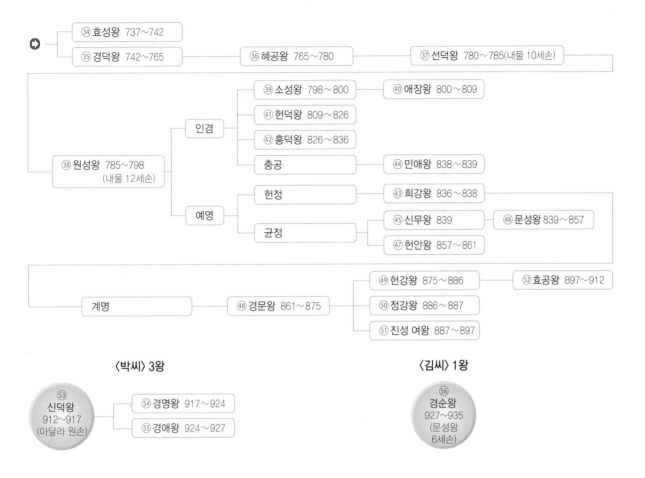

③④ 효성왕 737~742

③⑤ 경덕왕 742~765 ── ③⑥ 혜공왕 765~780 ── ③⑦ 선덕왕 780~785(내물 10세손)

③⑧ 원성왕 785~798
(내물 12세손)

인겸
- ③⑨ 소성왕 798~800 ── ④⑩ 애장왕 800~809
- ④① 헌덕왕 809~826
- ④② 흥덕왕 826~836
- 충공 ── ④④ 민애왕 838~839

예영
- 헌정 ── ④③ 희강왕 836~838
- 균정
  - ④⑤ 신무왕 839 ── ④⑥ 문성왕 839~857
  - ④⑦ 헌안왕 857~861

계명 ── ④⑧ 경문왕 861~875
- ④⑨ 헌강왕 875~886 ── ⑤② 효공왕 897~912
- ⑤⓪ 정강왕 886~887
- ⑤① 진성 여왕 887~897

〈박씨〉 3왕

⑤③ 신덕왕 912~917 (아달라 원손)
- ⑤④ 경명왕 917~924
- ⑤⑤ 경애왕 924~927

〈김씨〉 1왕

⑤⑥ 경순왕 927~935 (문성왕 6세손)

4 발해

① 고왕 698~719

② 무왕 719~737 ── ③ 문왕 737~793

굉림 ── ⑤ 성왕 793~794

⑥ 강왕 794~809
- ⑦ 정왕 809~812
- ⑧ 희왕 812~817
- ⑨ 간왕 817~818

④ 폐왕 원의 793

야발 ── ⑩ 선왕 818~830 ── 신덕

⑪ 대이진 830~857

⑫ 대건황 857~871 ── ⑬ 대현석 872~894 ── ⑭ 대위해 894~906 ── ⑮ 대인선 906~926

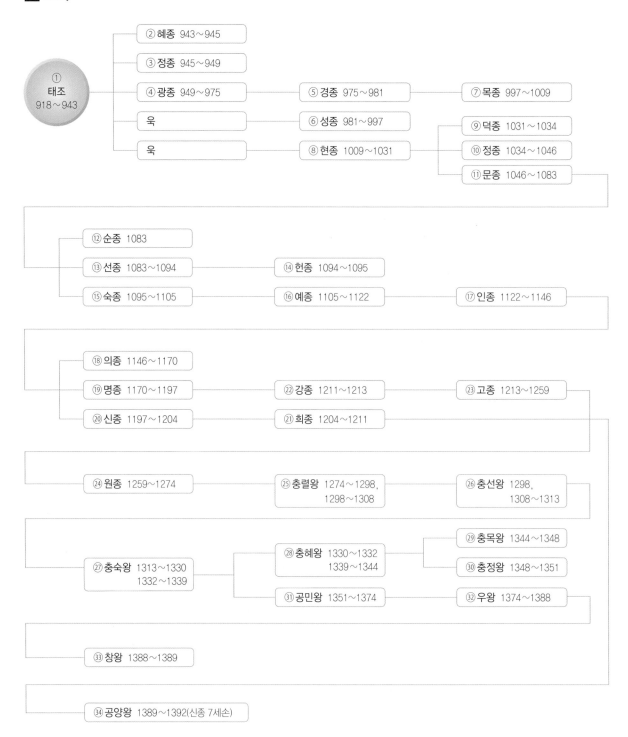

6 조선

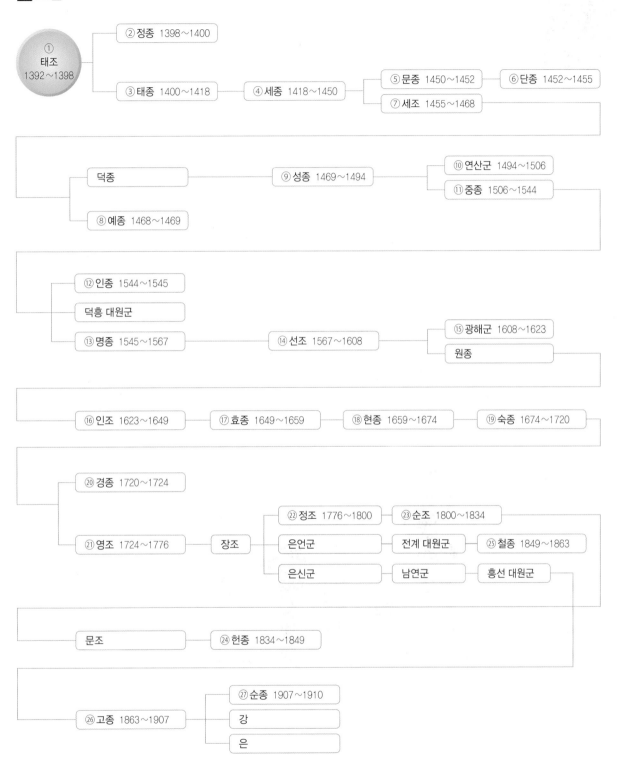

② 정종 1398~1400

①
태조
1392~1398

③ 태종 1400~1418 ── ④ 세종 1418~1450 ── ⑤ 문종 1450~1452 ── ⑥ 단종 1452~1455

⑦ 세조 1455~1468

덕종 ── ⑨ 성종 1469~1494 ── ⑩ 연산군 1494~1506

⑪ 중종 1506~1544

⑧ 예종 1468~1469

⑫ 인종 1544~1545

덕흥 대원군

⑬ 명종 1545~1567 ── ⑭ 선조 1567~1608 ── ⑮ 광해군 1608~1623

원종

⑯ 인조 1623~1649 ── ⑰ 효종 1649~1659 ── ⑱ 현종 1659~1674 ── ⑲ 숙종 1674~1720

⑳ 경종 1720~1724

㉒ 정조 1776~1800 ── ㉓ 순조 1800~1834

㉑ 영조 1724~1776 ── 장조 ── 은언군 ── 전계 대원군 ── ㉕ 철종 1849~1863

은신군 ── 남연군 ── 흥선 대원군

문조 ── ㉔ 헌종 1834~1849

㉗ 순종 1907~1910

㉖ 고종 1863~1907 ── 강

은

에듀윌이
너를
지지할게

ENERGY

내가 꿈을 이루면
난 다시 누군가의 꿈이 된다.

개념 적용문제

I 우리 역사의 기원과 형성

교수님 코멘트 ▶ 선사 시대는 주요 유물과 유적을 기억해야 한다. 고조선은 단군 조선과 위만 조선 시대로 구분하여 이해하고, 초기 국가의 풍습과 제도는 꼭 사료와 함께 암기하도록 하자.

한국사의 바른 이해

01

다음은 랑케의 주장이다. 이와 같은 견해로 옳은 것은?

> 역사가는 자기 자신을 죽이고 과거가 본래 어떠한 상태에 있었는가를 밝히는 것을 그의 지상 과제로 삼아야 하며, 이때 오직 역사적 사실들로 하여금 이야기하게 해야 한다.

① 역사서는 역사가의 주관에 의해서 쓰여진다.
② 과거의 사실은 역사가의 세계관에 의해 생명을 부여받는다.
③ 역사가는 있었던 사실을 그대로 기록해야 한다.
④ 역사적 사실은 역사가에 의해 재구성될 수 있다.

02

다음에서 공통적으로 주장하는 역사 인식의 태도와 가장 가까운 것은?

> (가) 과거에 있었던 수많은 사건들, 이것이 중요한 역사적 사실이 되려면 역사가의 취사·선택·해석이 있어야 한다.
> (나) 사마천이 쓴 사론을 반고가 비판하였으며, 사마광의 사론을 후세 사람들이 비판하였다. 김부식이 『삼국사기』에서 썼던 사론을 권근이 『동국사략』에서 비판하였다. 또한, 권근의 사론 속에도 잘못된 것이 있다.

① 역사가의 임무는 사실을 정확히 기록하는 데 있다.
② 모든 역사적 사실은 진실을 담고 있다.
③ 역사란 과거 사실의 집합체이다.
④ 역사가는 당시의 시대적 배경을 이해하고 역사를 서술해야 한다.

03

19. 경찰직 1차

다음 내용에 대한 설명으로 틀린 것은?

> 역사가와 역사적 사실은 상호 불가분의 관계이다. 사실을 갖추지 못한 역사가는 뿌리가 없기 때문에 열매를 맺을 수 없다. 반면에 역사가가 없다면 사실은 생명이 없는 무의미한 존재일 뿐이다. 역사란 무엇일까? 이 질문에 대한 나의 궁극적인 답변은 다음과 같다. 역사는 역사가와 사실이 끊임없이 겪는 상호 작용의 과정이며, 이는 현재와 과거의 끊임없는 대화인 셈이다.

① 사실로서의 역사를 강조하는 실증주의적 역사관을 잘 드러내고 있다.
② 역사는 사실과 기록이라는 두 가지 측면으로 구성되어 있다.
③ 카(E. H. Carr)가 쓴 『역사란 무엇인가?』에 나오는 문구이다.
④ 역사가의 주관적인 해석 과정은 객관적인 과거 사실만큼이나 역사를 형성하는 데 중요하다.

04

한국사의 특수성을 보여 주는 사례로 적절하지 않은 것은?

① 중국에서 받아들인 청자 기법에 나전 칠기 기법을 응용하여 상감 청자를 만들어 냈다.
② 초기 철기 시대의 유적지에서 세형 동검과 잔무늬 거울, 거푸집 등을 발견하였다.
③ 고인돌 등의 유적을 통해 청동기 시대에 들어와 계급이 분화되었음을 알 수 있다.
④ 국가에 대한 충성과 부모에 대한 효를 중시하고, 두레·계·향도와 같은 공동체 조직이 발달하였다.

05

다음 글에서 주장하는 내용과 가장 가까운 것은?

> 역사를 공부하는 목적은, 과거의 사실을 바르게 인식하는 것은 물론 문제 해결의 능력을 키워 현재의 삶에 효과적으로 대처하려는 데에 있다. 지금까지 우리는 역사적 변화에 관심을 가지고 무엇이, 언제, 어디에서, 누구에 의해, 어떻게 변해 왔는지를 중심 주제로 학습해 왔다. 한국사에 대해 어느 정도 지식을 지닌 우리는 비슷한 시기의 동·서양 역사의 여러 사실을 횡적으로 연관시켜 이해하며, 종적으로 변화하는 역사의 모습을 발전적으로 인식함으로써 역사적 사고력을 한 단계 높일 수 있어야 한다. 따라서 역사 학습은 과거 사실의 단순한 이해로 끝나는 것이 아니라, 현대를 살아가는 우리에게 도움이 되는 것이어야 한다. 이런 점에서 역사를 '현재와 과거의 대화'라고 규정하기도 한다.

① 역사 학습은 과거 사실의 이해와 역사적 사고력의 신장에 기여한다.

② 역사 이해의 기준은 현재이므로, 현재의 목적에 따라 과거의 사실을 이용하면 된다.

③ 역사를 공부하는 궁극적인 목적은 있는 과거 그대로의 사실을 아는 것이다.

④ 세계사적 보편성보다는 한국사적 특수성을 강조하는 사관이 필요하다.

01 ③

결정적 문제 사실로서의 역사와 기록으로서의 역사의 특징은 꼭 파악해 두자!

제시된 자료는 랑케의 역사 인식이다. 그는 ③ 객관적 역사 사실에 충실할 것을 주장하였다. 이러한 역사 연구 방법론을 실증주의라 하며, '사실로서의 역사'에 해당한다.

| 오답해설 |

①②④ '기록으로서의 역사'이다.

02 ④

제시된 자료는 역사가의 주관적 판단과 해석을 통해 역사가 서술됨을 보여 준다(기록으로서의 역사). ④ 역사가는 당시의 시대적 배경을 이해하고 역사서의 편찬 배경과 역사가의 사관 등을 검토하여 역사를 서술해야 한다.

| 오답해설 |

①②③ 사실로서의 역사와 관련된 지문이다.

03 ①

제시된 내용은 카(E. H. Carr)의 『역사란 무엇인가?』 중 일부이다. ① 카는 과거 사실에 대한 역사가의 주관적 가치 판단을 강조하였다. 즉, 기록으로서의 역사를 강조하였다.

04 ③

우리나라는 국가에 대한 충성과 부모에 대한 효를 중시하고, 두레·계·향도와 같은 공동체 조직이 발달하는 등의 특수성이 있다. ③ 세계사적 보편성에 해당한다.

| 오답해설 |

①②④ 한국사의 특수성을 보여 주는 사례이다.

05 ①

제시된 글은 ① 역사 학습의 목적이 과거의 사실을 올바르게 이해하고, 역사적 사고력을 기르는 것이라고 주장하고 있다. 역사적 사고력이란 역사가가 역사를 연구하면서 사고하는 능력 혹은 역사를 공부하는 사람들이 역사적 사실을 통해 비판력을 기르는 것을 의미한다.

06

다음 글을 읽고 구석기 시대를 전기, 중기, 후기로 구별하는 기준을 고르면?

우리나라에 구석기인들이 살기 시작한 것은 약 70만 년 전부터이다. 구석기 시대는 전기, 중기, 후기의 세 시기로 나누어지는데, 전기에는 한 개의 큰 석기를 가지고 여러 용도에 썼으나, 중기에는 큰 몸돌에서 떼어 낸 격지들을 가지고 잔손질을 하여 석기를 만들었으므로 크기는 작아지고 한 개의 석기가 하나의 쓰임새를 가지게 되었다. 후기에 와서는 쐐기 등을 대고 같은 형태의 여러 개의 돌날 격지를 만드는 데까지 발달하였다.

① 석기를 다듬는 수법
② 친족 공동체의 규모
③ 사회의 불평등 정도
④ 식량을 획득하는 방법의 차이

08

〈보기〉의 유적들이 등장한 시대의 사회상에 대한 설명으로 가장 옳은 것은?

┤ 보기 ├
• 서울 암사동 유적
• 제주 고산리 유적
• 양양 오산리 유적
• 부산 동삼동 유적

① 움집을 청산하고 지상 가옥에서 거주하기 시작하였다.
② 벼농사를 위하여 각종 수리 시설이 축조되었다.
③ 조개무지(패총)를 많이 남겼다.
④ 마을을 보호하기 위한 방어 시설이 발전하였다.

07

(가) 시기의 생활상에 대한 설명으로 옳은 것은?

1935년 두만강 가의 함경북도 종성군 동관진에서 한반도 최초로 (가) 시대 유물인 석기와 골각기 등이 발견되었다. 발견 당시 일본에서는 (가) 시대 유물이 출토되지 않은 상황이었다.

① 반달 돌칼을 이용하여 벼를 수확하였다.
② 넓적한 돌 갈판에 옥수수를 갈아서 먹었다.
③ 사냥이나 물고기잡이 등을 통해 식량을 얻었다.
④ 영혼 숭배 사상이 있어 사람이 죽으면 흙 그릇 안에 매장하였다.

09

〈보기〉의 유물들이 발견되는 시대에 대한 설명으로 가장 옳은 것은?

┤ 보기 ├
• 이른 민무늬 토기
• 덧무늬 토기
• 눌러찍기무늬 토기
• 빗살무늬 토기

① 세형 동검, 잔무늬 거울 등을 사용하였다.
② 고인돌과 돌널무덤을 사용하였다.
③ 공주 석장리 유적과 청원 두루봉 동굴 유적이 대표적인 유적지이다.
④ 갈돌과 갈판 등 간석기를 사용하였다.

10

밑줄 친 '이 시기'에 해당하는 사실로 옳은 것은?

> 이 시기에는 반달 돌칼 등 다양한 간석기가 사용되었고 민무
> 늬 토기를 비롯한 토기의 종류도 다양해졌으며, 고인돌과 돌
> 널무덤이 만들어졌다.

① 목을 길게 단 미송리식 토기가 사용되었다.
② 용호동 유적에서 불 땐 자리가 확인되었다.
③ 주로 동굴이나 강가의 막집에 거주하였다.
④ 농경과 목축이 시작되었다.

11

우리나라 초기 철기 시대의 상황으로 가장 옳지 <u>않은</u> 것은?

① 지배층의 무덤으로 고인돌이 축조되기 시작하였다.
② 청동기 문화도 더욱 발달하여 잔무늬 거울 등이 제작되
  었다.
③ 민무늬 토기 외에 덧띠 토기, 검은 간 토기 등이 사용되
  었다.
④ 중국으로부터 철기와 함께 명도전, 반량전 등이 유입되
  었다.

12

선사 시대의 생활상과 문화에 대한 설명으로 가장 적절하지 <u>않은</u> 것은?

① 후기 구석기 시대에는 슴베찌르개가 제작되었다.
② 동삼동 패총에서는 조개껍데기 가면이 출토되어 신석기
  시대 사람들의 예술 활동을 알려 준다.
③ 신석기 시대에는 조, 피, 수수 등이 재배되었고 벼농사
  가 본격적으로 이루어졌다.
④ 청동기 시대에는 고인돌이 등장하고 미송리식 토기가
  사용되었다.

---

06 ①

① 구석기 시대는 석기를 다듬는 수법에 따라 전기, 중기, 후기로 구분한다.

07 ③

함경북도 종성군 동관진 유적은 한반도 최초로 발견된 구석기 시대 유적이다. ③ 구석기 시대 사람들은 이동 생활을 하면서 사냥이나 물고기잡이 등을 통해 식량을 얻었다.

| 오답해설 |
① 청동기 시대 사람들은 반달 돌칼을 이용하여 벼를 수확하였다.
② 신석기 시대 사람들은 돌 갈판을 사용하여 곡식의 껍질을 벗기거나 가루로 만들었다. 옥수수는 조선 후기에 들어 왔다.
④ 신석기 시대에는 영혼 숭배 사상이 출현하여, 사람이 죽으면 흙 그릇 안에 매장하였다.

08 ③

서울 암사동 유적, 제주 고산리 유적(현존 가장 오래된 신석기 시대 유적지), 양양 오산리 유적, 부산 동삼동 유적은 대표적인 신석기 시대 유적지이다. ③ 신석기 시대 유적지는 강가나 바닷가에 있어 조개무지(패총)가 많이 발견된다.

| 오답해설 |
① 철기 시대부터는 움집을 청산하고, 지상 가옥에서 거주하기 시작하였다.
② 철기 시대에는 벼농사를 위한 각종 수리 시설이 축조되었다.
④ 청동기 시대부터는 환호, 목책 등 마을을 보호하기 위한 방어 시설이 발전하였다.

09 ④

제시된 유물들은 신석기 시대의 토기들이다. ④ 신석기 시대에는 갈돌과 갈판 등 간석기를 사용하였다.

| 오답해설 |
① 세형 동검, 잔무늬 거울 등은 초기 철기 시대의 유물이다.
② 고인돌과 돌널무덤은 청동기 시대의 대표적 무덤이다.
③ 공주 석장리 유적과 청원 두루봉 동굴 유적은 구석기 시대의 대표적 유적이다.

10 ①

| 결정적 문제 | **청동기 시대의 주요 유물을 기억해 두자!**
밑줄 친 '이 시기'는 청동기 시대이다. ① 청동기 시대에는 목을 길게 단 미송리식 토기를 사용하였다.

| 오답해설 |
②③ 구석기 시대, ④ 신석기 시대에 해당한다.

11 ①

① 고인돌의 축조는 청동기 시대에 해당한다.

12 ③

③ 신석기 시대에는 조, 피, 수수, 기장 등 잡곡이 재배되었으나, 벼농사가 본격적으로 이루어지지는 않았다. 청동기 시대에 일부 저습지에서 벼농사가 시작되었다.

| 정답 | **06** ① **07** ③ **08** ③ **09** ④ **10** ① **11** ① **12** ③

13

단군에 대한 인식을 설명한 것으로 옳지 않은 것은?

① 이승휴의 『제왕운기』에서는 우리 역사를 단군부터 서술하였다.
② 홍만종의 『동국역대총목』은 단군 정통론의 입장에서 기술하였다.
③ 이규보의 「동명왕편」은 단군의 건국 과정을 다루고 있다.
④ 「기미독립선언서」에는 '조선 건국 4252년'으로 연도를 표기하였다.

14

다음 국가에 대해 적절한 것만을 〈보기〉에서 모두 고른 것은?

> 대개 사람을 죽인 자는 즉시 죽이고, 남에게 상처를 입힌 자는 곡식으로 갚는다. 도둑질을 한 자는 노비로 삼는다. 용서를 받고자 하는 자는 한 사람마다 50만 전을 내게 한다. 비록 용서를 받아 보통 백성이 되어도 이를 수치스럽게 여겨 결혼을 하고자 해도 짝을 구할 수 없었다.

┤ 보기 ├

ㄱ. 비파형 동검과 고인돌이 출토된 지역의 분포를 통해 해당 국가의 문화 범위를 알 수 있다.
ㄴ. 『삼국사기』와 『동국통감』에 해당 국가 기록이 남아 있다.
ㄷ. 『한서 지리지』에 해당 국가의 법 일부가 기록되어 남아 있다.
ㄹ. 해당 국가에는 마가, 우가, 저가, 구가가 존재했다.
ㅁ. 중국 한나라의 무제에 의해 해당 국가가 멸망하였다.

① ㄱ, ㄴ, ㄷ 　　② ㄱ, ㄷ, ㅁ
③ ㄴ, ㄷ, ㅁ 　　④ ㄷ, ㄹ, ㅁ

15

다음 역사적 사건을 발생한 순서대로 가장 적절하게 나열한 것은?

> ㄱ. 우거왕이 살해되고, 왕검성이 함락되었다.
> ㄴ. 위만이 고조선의 준왕을 축출하고 스스로 왕이 되었다.
> ㄷ. 한(漢)은 고조선 영토에 네 개의 군현을 설치하였다.
> ㄹ. 예(濊)의 남려가 28만여 명의 주민을 이끌고 한(漢)에 투항하였다.
> ㅁ. 고조선이 군대를 보내 요동도위 섭하를 살해하였다.

① ㄴ－ㄱ－ㅁ－ㄹ－ㄷ
② ㄴ－ㄹ－ㅁ－ㄱ－ㄷ
③ ㄴ－ㅁ－ㄹ－ㄱ－ㄷ
④ ㅁ－ㄴ－ㄷ－ㄱ－ㄹ

16

다음 자료와 관련된 나라에 대한 설명으로 가장 옳지 <u>않은</u> 것은?

> • 풍속에 장마와 가뭄이 연이어 오곡이 익지 않을 때, 그때마다 왕에게 허물을 돌려 '왕을 마땅히 바꾸어야 한다.'라거나 혹은 '왕은 마땅히 죽어야 한다.'라고 하였다.
> • 정월에 지내는 제천 행사는 국중 대회로 날마다 마시고 먹고 노래하고 춤추는데 그 이름은 영고라 한다.
>
> 『삼국지』 위서 동이전

① 쑹화강 유역의 평야 지대에서 성장하였다.
② 왕 아래 가축의 이름을 딴 여러 가(加)들이 있었다.
③ 왕이 죽으면 노비 등을 함께 묻는 순장의 풍습이 있었다.
④ 국력이 쇠퇴하여 광개토 대왕 때 고구려에 완전히 병합되었다.

정답&해설

13 ③

③ 이규보의 「동명왕편」은 고구려의 시조인 동명왕(주몽)에 관해 쓴 '장편 서사시'이다.

|오답해설|

① 이승휴의 「제왕운기」에서는 우리 역사를 단군부터 서술하였고, 고구려·부여·삼한·옥저·예맥과 이 나라들을 통합한 삼국은 모두 단군의 후예라고 보았다. 또한 요동 동쪽을 중국과 다른 세계로 인식하고, 우리 민족 문화의 독자성을 강조하였다.
② 홍만종의 「동국역대총목」은 우리 역사의 시원을 단군으로 규정하고, 단군 – 기자 – 마한 – 통일 신라를 정통 국가로 보았다.
④ 「기미독립선언서」에는 단기(檀紀, 기원전 2333년)를 기준으로 하여 '조선 건국 4252년(기원전 2333 + 1919 = 4252)'으로 연도를 표기하였다.

14 ②

제시된 사료는 ㄷ. 「한서 지리지」에 수록된 고조선의 8조법(범금 8조) 중 일부이다.
ㄱ. 비파형 동검, 고인돌이 출토된 지역의 분포를 통해 청동기 시대 고조선의 문화 범위를 확인할 수 있다.
ㅁ. 고조선은 중국 한 무제에 의해 기원전 108년 멸망하였다.

|오답해설|

ㄴ. 「동국통감」에는 고조선에 관한 기록이 남아 있으나, 「삼국사기」에는 수록되어 있지 않다.
ㄹ. 마가, 우가, 저가, 구가 등이 존재한 나라는 부여이다.

15 ②

제시된 사건의 순서는 다음과 같다. ㄴ. 위만이 고조선의 준왕을 축출하고 스스로 왕이 되었다(위만 조선의 성립, 기원전 194). → ㄹ. 예(濊)의 군장 '남려'가 우거왕을 배신하고, 그가 지배하던 28만여 명의 주민과 함께 요동군에 투항하였다. 이에 한나라 무제는 요동 지방에 창해군을 설치하였다(기원전 128). → ㅁ. 조선비왕 장을 죽인 섭하가 고조선과 가까운 요동군의 동부도위(東部都尉)로 부임하자 고조선은 그를 기습하여 살해함으로써 응징하였다. 이 사건은 한나라의 군대가 고조선에 출병하는 발단이 되었다(기원전 109). → ㄱ. 한의 침략으로 우거왕이 살해되고 왕검성이 함락되었다(기원전 108). → ㄷ. 고조선이 멸망한 후 한은 고조선 영토에 네 개의 군현(낙랑, 진번, 임둔, 현도)을 설치하였다.

16 ④

제시된 사료에서 제천 행사 '영고'를 통해 관련된 나라가 부여임을 알 수 있다. ④ 부여는 고구려 문자왕 때 고구려에 완전히 병합되었다(494).

|오답해설|

① 부여는 쑹화강 유역의 평야 지대에서 성장하였다.
② 부여에는 왕 아래 가축의 이름을 딴 마가, 우가, 구가, 저가 등 여러 가(加)들이 있었는데, 이들은 각각 독자적 행정 구역인 사출도를 다스렸다.
③ 부여에는 왕이 죽으면 노비 등을 함께 묻는 순장의 풍습이 있었다.

|정답| **13 ③ 14 ② 15 ② 16 ④**

17

(가)와 (나)의 풍습을 가진 국가에 대한 설명으로 옳은 것은?

> (가) 은력(殷曆) 정월에 지내는 제천 행사는 국중(國中) 대회로 날마다 먹고 마시며 노래하고 춤추는데, 그 이름을 영고라 한다.
>
> (나) 사람이 죽으면 누구나 가매장하여 형체만 덮이도록 했다가 가죽과 살이 썩으면 뼈를 취하여 곽 가운데 넣는다.

① (가) – 대군왕(大君王)은 없고 대대로 읍락에 장수(長帥)가 있었다.

② (가) – 도둑질을 하면 12배를 배상하게 하였다.

③ (나) – 서옥제라는 풍속이 있었다.

④ (나) – 책화라는 풍속이 있었다.

18

다음 사료와 관련된 나라에 대한 설명 중 옳지 <u>않은</u> 것은?

> 구릉과 넓은 못이 많아서 동이 지역 가운데서 가장 넓고 평탄한 곳이다. 토질은 오곡을 가꾸기에는 알맞지만 과일은 생산되지 않았다. 사람들 체격이 매우 크고 성품이 강직 용맹하며, 근엄하고 후덕하여 다른 나라를 노략질하지 않았다. …… 형이 죽으면 형수를 아내로 삼는 것은 흉노의 풍속과 같았다.
>
> 형벌이 엄하고 각박하여 사람을 죽인 사람은 사형에 처하고, 가족은 노비로 삼는다. 도둑질을 하면 물건 값의 12배를 변상하게 하였다. 남녀 간에 음란한 짓을 한 사람이나 질투하는 부인은 모두 죽였다. 투기하는 것을 더욱 미워하여, 투기하는 사람을 죽이고 그 시체를 나라의 남산 위에 버려서 썩게 한다.
>
> 『삼국지』 위서 동이전

① 선비족의 침략을 받아 위축을 거듭하다가, 고구려 문자왕 시기에 멸망하였다.

② 사출도와 왕이 직접 통치하는 중앙을 합쳐 5부를 이루었다.

③ 중국 은나라 역법인 은력(殷曆)을 사용하였다.

④ 특산물로는 맥궁이 생산되었다.

19

다음과 같은 혼인 풍습이 있었던 나라의 사회상으로 옳지 <u>않은</u> 것은?

> 혼인하는 풍속을 보면, 구두로 정해지면 신부 집에서 본채 뒤에 작은 별채를 짓는데, 이를 서옥(婿屋)이라 한다. 해가 저물 무렵, 신랑이 신부 집 문 밖에 와서 이름을 밝히고 꿇어앉아 절하며 안에 들어가 신부와 잘 수 있도록 요청한다. 이렇게 두세 번 청하면 신부의 부모가 별채에 들어가 자도록 허락한다. …… 자식을 낳아 장성하면 신부를 데리고 자기 집으로 간다.
>
> 『삼국지』 위서 동이전

① 건국 시조인 주몽과 그 어머니 유화 부인을 조상신으로 섬겨 제사를 지냈다.

② 남의 부족의 영역을 침범하면 소나 말 등으로 변상하는 책화라는 풍습이 있었다.

③ 왕 아래에 상가, 고추가 등의 대가들이 있었으며, 각기 사자, 조의, 선인 등 관리를 거느렸다.

④ 10월에 동맹이라는 제천 행사를 치르고, 아울러 왕과 신하들이 국동대혈에 모여 함께 제사를 지냈다.

20

밑줄 친 '이 나라'에서 볼 수 있는 모습으로 적절한 것은?

> <u>이 나라</u>는 대군왕이 없으며, 읍락에는 각각 대를 잇는 장수(長帥)가 있다. …… 이 나라의 토질은 비옥하며, 산을 등지고 바다를 향해 있어 오곡이 잘 자라며 농사짓기에 적합하다. 사람들의 성질은 질박하고, 정직하며 굳세고 용감하다. 소나 말이 적고, 창을 잘 다루며 보전(步戰)을 잘한다. 음식, 주거, 의복, 예절은 고구려와 흡사하다. 그들은 장사를 지낼 적에는 큰 나무 곽(槨)을 만드는데 길이가 십여 장(丈)이나 되며 한쪽 머리를 열어 놓아 문을 만든다.
>
> 『삼국지』 위서 동이전

① 민며느리를 받아들이는 읍군

② 위만에게 한나라의 침입을 알리는 장군

③ 5월에 씨를 뿌리고 하늘에 제사를 지내는 천군

④ 국가의 중요한 일을 논의하고 있는 마가와 우가

21

〈보기〉의 밑줄 친 '이 나라'에 대한 설명으로 가장 옳은 것은?

┌─ 보기 ┐

이 나라에서는 해마다 10월이면 하늘에 제사를 지내는데, 주야로 술을 마시며 노래를 부르고 춤추니 이를 무천이라 한다. 또 호랑이를 신으로 여겨 제사 지낸다.

└─────┘

① 마가, 우가, 저가 등 관직을 두었다.
② 철이 많이 생산되어 왜, 낙랑 등에 수출하였다.
③ 소노부를 비롯한 5부가 정치적 자치력을 갖고 있었다.
④ 다른 읍락을 함부로 침범하면 노비, 소 등으로 변상하는 책화가 있었다.

22

아래의 풍속을 지닌 나라의 사회상에 대한 설명으로 옳지 않은 것은?

┌─────┐

귀신을 믿기 때문에 국읍에 각각 한 사람씩 세워 천신의 제사를 주관하게 하는데, 이를 천군이라 부른다. 또 여러 나라에는 각각 별읍이 있으니, 소도라 한다. 거기에 큰 나무를 세우고 방울과 북을 매달아 놓고 귀신을 섬긴다.

『삼국지』 위서 동이전

└─────┘

① 지배자 중에서 세력이 큰 것은 신지, 작은 것은 읍차 등으로 불렸다.
② 해마다 씨를 뿌리고 난 뒤인 5월과 곡식을 거두어들이는 10월에 계절제를 열어 하늘에 제사를 지냈다.
③ 혼인을 정한 뒤 신랑은 신부 집 뒤꼍에 조그만 집을 짓고, 함께 살다가 돌아오는 풍속이 있었다.
④ 제사장의 존재에서 고대 신앙의 변화와 제정의 분리를 엿볼 수 있다.

정답&해설

17 ②

(가) 부여, (나) 옥저에 대한 설명이다. ② 부여에서는 도둑질을 하면 12배를 배상하게 하였다(1책 12법).

| 오답해설 |
① 옥저에는 대군왕(大君王)은 없고 대대로 읍락에 장수(長帥)가 있었다.
③ 고구려에는 서옥제라는 혼인 풍속이 있었다.
④ 동예에는 책화라는 풍속이 있었다.

18 ④

결정적 문제 ▶ 초기 국가 문제는 사료와 함께 출제된다. 『삼국지』 위서 동이전 사료는 나라별로 반드시 읽어 두자!

제시된 자료는 부여에 관한 내용이다. ④ 맥궁은 고구려의 특산물이다.

19 ②

서옥제의 혼인 풍습이 있었던 나라는 고구려이다. ② 책화는 동예의 풍습이다.

| 오답해설 |
① 고구려에서는 건국 시조인 주몽과 그 어머니 유화 부인을 조상신으로 섬겨 제사를 지냈다.
③ 연맹 왕국 단계의 고구려에서는 왕 아래 상가, 고추가 등의 대가들이 있었으며, 각기 사자, 조의, 선인 등 관리를 거느렸다.
④ 고구려에서는 매년 10월에 동맹이라는 제천 행사를 치르고, 아울러 왕과 신하들이 국동대혈에 모여 함께 제사를 지냈다.

20 ①

밑줄 친 '이 나라'는 옥저이다. ① 옥저에는 혼인 풍속으로 민며느리제가 있었다.

| 오답해설 |
② 위만은 기원전 194년에 고조선의 왕으로 즉위하였다.
③ 천군은 삼한의 제사장이다.
④ 마가와 우가는 부여의 관직명이다.

21 ④

제시된 사료의 "무천"을 통해 밑줄 친 '이 나라'가 동예임을 알 수 있다. ④ 동예에서는 다른 부족의 영역을 침범하면 노비나 소, 말로 배상하는 책화라는 풍습이 있었다.

| 오답해설 |
① 부여, ② 삼한 중 변한, ③ 고구려에 대한 설명이다.

22 ③

제시된 사료는 삼한에 대한 내용이다. ③ 서옥제는 고구려의 혼인 풍습이다.

| 정답 | 17 ② 18 ④ 19 ② 20 ① 21 ④ 22 ③

23

ㄱ～ㄹ에 대한 설명이 바르게 연결된 것은?

> ㄱ. 농경이 발달하였고, 어물과 소금 등 해산물이 풍부하였다.
> ㄴ. 도둑질을 하면 물건 값의 12배를 변상하게 하였다.
> ㄷ. 산과 내마다 각기 구분이 있어서 함부로 들어가지 못하였다.
> ㄹ. 국읍에 각각 한 사람씩 세워 천신의 제사를 주관하게 하였다.

① ㄱ – 10월에 동맹이라는 제천 행사를 실시하였다.
② ㄴ – 형이 죽으면 형수를 아내로 삼는 풍습이 있었다.
③ ㄷ – 족내혼과 함께 민며느리제라는 혼인 풍속이 있었다.
④ ㄹ – 상가, 고추가 등이 제가 회의를 열어 국가 대사를 결정하였다.

24

다음 자료와 관련된 설명으로 옳지 않은 것은?

> (가) 산과 하천을 경계로 구역을 정하여 함부로 들어갈 수 없다. ㉠ 읍락이 서로 침범하면 노비와 소, 말을 내도록 하였다. …… 대군장이 없고 예부터 후, 읍군, 삼로가 ㉡ 하호를 다스렸다.
> (나) 사람이 죽으면 가매장한 후 뼈를 추려 가족 공동 무덤을 만들었다. …… 큰 나라 사이에서 시달리다가 마침내 고구려에게 복속되었다. 고구려는 ㉢ 이 나라 사람 가운데 세력이 큰 사람을 사자(使者)로 삼아 다스리게 하고, 고구려의 ㉣ 대가(大加)로 하여금 조세 수취를 책임지도록 하였다.
>
> 「삼국지」 위서 동이전

① ㉠ – 각 읍락의 독자성이 강했음을 보여 준다.
② ㉡ – 중소 군장의 지배를 받는 최하층 천민이었다.
③ ㉢ – 고구려는 정복지를 통치할 때 그곳의 토착 지배층을 이용하였다.
④ ㉣ – 제가 회의의 구성원으로서 자기 휘하의 관리를 거느렸다.

23 ②

ㄱ. 옥저, ㄴ. 부여·고구려, ㄷ. 동예, ㄹ. 삼한에 대한 설명이다. ② 형사취수제는 부여와 고구려의 혼인 풍습이었다.

| 오답해설 |
① 동맹은 고구려의 제천 행사이다.
③ 동예는 족외혼을 엄격히 지켰다. 한편 민며느리제는 옥저의 혼인 풍속이다.
④ 고구려에서는 상가, 고추가 등이 제가 회의를 열어 국가 중대사를 결정하였다.

24 ②

(가) 동예, (나) 옥저에 대한 자료이다. ② 하호는 신분상 자유민에 해당된다.

II 고대의 우리 역사

교수님 코멘트 ▶ 삼국 시대 및 남북국 시대 주요 왕들의 업적은 빈출 주제이니 확실히 익혀야 한다. 경제 및 사회에서는 민정 문서, 장보고, 골품제, 화랑도를 중점적으로 학습해야 한다. 문화에서는 자장, 원광, 원효, 의상의 사상과 업적을 암기하고 각 국가별 고분과 벽화도 기억해야 한다.

고대의 정치

01

18. 경찰직 1차

다음 빈칸에 들어갈 단어가 바르게 짝지어진 것은?

삼국 중에서 가장 먼저 국가 체제를 정비한 것은 고구려였다. 졸본성에서 [(가)]으로 도읍을 옮긴 고구려는 1세기 후반 태조왕 때에 이르러 정복 활동을 활발히 전개하였다. 이러한 정복 활동 과정에서 커진 군사력과 경제력을 토대로 왕권이 안정되어 왕위가 독점적으로 세습되었고, 통합된 여러 집단은 5부 체제로 발전하였다.

이후 2세기 후반 [(나)] 때에는 부족적인 전통을 지녀 온 5부가 행정적 성격의 5부로 개편되었다. 이후 왕위 계승도 형제 상속에서 부자 상속으로 바뀌었으며, 족장들이 중앙 귀족으로 편입되는 등 왕권 강화와 중앙 집권화가 더욱 진전되었다.

백제는 기원후 1세기 중엽에 마한을 공격하고, 3세기 중엽 [(다)] 때에는 위(魏) 지배하의 낙랑군과 대방군 그리고 말갈족을 북으로 밀어내면서 영토를 넓히고, 국가 체제를 새롭게 정비했다. 즉, 중앙에 6개의 좌평(佐平)을 두어 업무를 분장시키고, 16품의 관등제와 백관의 공복(公服)을 제정하여 지방 족장들을 차등 있게 중앙 관료로 흡수함으로써 정비된 고대 왕국의 모습을 갖추었다.

신라가 세습 왕권을 확립하고 지금의 경상북도 일대를 장악하게 된 것은 4세기 후반의 [(라)] 때부터이다. 이때부터 3성 교대가 끝나고 김씨가 세습적인 왕권을 확립하고 군장의 칭호도 이사금에서 마립간으로 바꾸었다. 부족 집단인 6촌도 이 무렵 행정적인 6부로 개편되었다.

① (가) 국내성, (나) 고국천왕, (다) 고이왕, (라) 지증왕
② (가) 평양성, (나) 고국원왕, (다) 근초고왕, (라) 내물왕
③ (가) 국내성, (나) 고국천왕, (다) 고이왕, (라) 내물왕
④ (가) 평양성, (나) 고국원왕, (다) 근초고왕, (라) 지증왕

정답&해설

01 ③

③ (가) 국내성, (나) 고국천왕, (다) 고이왕, (라) 내물왕(내물 마립간)이다. 고구려는 유리왕 때 졸본성(오녀산성)에서 (가) 국내성으로 천도하였다. 또한 2세기 후반 (나) 고국천왕 때 부족적인 전통을 지녀온 5부가 행정적 성격의 5부로 개편되었다. 백제는 3세기 중엽 (다) 고이왕 때 낙랑군과 대방군, 말갈족을 북으로 밀어내고 국가 체계를 정비하였다(6좌평, 16관등, 공복제 마련). 한편 신라는 4세기 후반 (라) 내물왕(내물 마립간) 때 박·석·김 3성이 교대로 왕위를 계승하던 것이 끝나고, 김씨가 왕위를 독점하였다.

| 정답 | **01** ③

02

밑줄 친 '왕' 때의 사실로 옳은 것은?

> • 왕 재위 2년에 전진 국왕 부견이 사신과 승려 순도를 보내며 불상과 경문을 전해 왔다. (이에 우리) 왕께서 사신을 보내 사례하며 토산물을 보냈다.
> • 왕 재위 5년에 비로소 초문사를 창건하고 순도를 머물게 하였다. 또 이불란사를 창건하고 아도를 머물게 하였다. 이것이 해동 불법(佛法)의 시작이었다.
>
> 『삼국사기』

① 역사서인 『신집』을 편찬하였다.
② 진휼 제도로 진대법을 도입하였다.
③ 유학 교육 기관인 태학을 설치하였다.
④ 왜에 종이와 먹의 제작 방법을 전해 주었다.

03

밑줄 그은 '태왕'에 대한 설명으로 옳은 것은?

> 태왕의 유일한 목적은 북방의 강성한 선비를 정벌하여 지금의 봉천, 직예 등의 땅을 차지하는 것이었다. …… 중국 역사상 일대 효웅(梟雄)들이 모두 그 기세가 꺾이어 할 수 없이 수천 리의 토지를 고구려에 넘겨줌으로써, 태왕이 그 시호와 같이 토지를 광개(廣開)함에 이르렀다.
>
> 『조선상고사』

① 태학을 설립하여 인재를 양성하였다.
② 영락이라는 독자적인 연호를 사용하였다.
③ 전진의 순도를 통해 불교를 수용하였다.
④ 당의 침입에 대비하여 천리장성을 쌓았다.
⑤ 평양으로 천도하여 남진 정책을 본격화하였다.

04

다음 밑줄 친 고구려 왕의 재위 기간에 발생한 사건으로 옳지 않은 것을 〈보기〉에서 모두 고른 것은?

> 고구려 왕 거련(巨連)이 군사 3만 명을 거느리고 와서 한성을 포위하였다. 임금이 성문을 닫고 나가 싸우지 못하였다. …… 임금은 상황이 어렵게 되자 어찌할 바를 모르다가 기병 수십 명을 거느리고 성문을 나가 서쪽으로 달아났는데, 고구려 병사가 추격하여 임금을 살해하였다.

┤ 보기 ├

ㄱ. 후연을 격파하여 요동 지역을 확보했다.
ㄴ. 도읍지를 국내성에서 평양으로 옮겼다.
ㄷ. 부여를 복속하여 고구려 최대 영토를 확보했다.
ㄹ. 영락이라는 독자적인 연호를 사용했다.

① ㄱ, ㄴ, ㄷ   ② ㄱ, ㄴ, ㄹ
③ ㄱ, ㄷ, ㄹ   ④ ㄴ, ㄷ, ㄹ

05

밑줄 친 '이 왕'에 대한 설명으로 옳은 것은?

> 백제 개로왕은 장기와 바둑을 좋아하였는데, 도림이 고하기를 "제가 젊어서부터 바둑을 배워 꽤 묘한 수를 알게 되었으니 개로왕께 알려드리기를 원합니다."라고 하였다. …… 개로왕이 (도림의 말을 듣고) 나라 사람을 징발하여 흙을 쪄서 성(城)을 쌓고 그 안에는 궁실, 누각, 정자를 지으니 모두가 웅장하고 화려하였다. 이로 말미암아 창고가 비고 백성이 곤궁하니, 나라의 위태로움이 알을 쌓아 놓은 것보다 더 심하게 되었다. 그제야 도림이 도망을 쳐 와서 그 실정을 고하니 이 왕이 기뻐하며 백제를 치려고 장수에게 군사를 나누어 주었다.
>
> 『삼국사기』

① 평양으로 도읍을 천도하였다.
② 진대법을 처음으로 시행하였다.
③ 낙랑군을 점령하고 한 군현 세력을 몰아내었다.
④ 신라에 침입한 왜군을 낙동강 유역에서 물리쳤다.

06

고구려와 관련된 〈보기〉의 사건을 시간순으로 바르게 나열한 것은?

┤ 보기 ├

ㄱ. 평양 천도
ㄴ. 관구검과의 전쟁
ㄷ. 고국원왕의 전사
ㄹ. 광개토 대왕릉비 건립

① ㄷ－ㄱ－ㄹ－ㄴ
② ㄱ－ㄷ－ㄴ－ㄹ
③ ㄴ－ㄷ－ㄹ－ㄱ
④ ㄹ－ㄴ－ㄱ－ㄷ

07

(가)~(다)는 고구려의 발전 과정을 시기순으로 나열한 것이다. (나)에 들어갈 내용으로 옳은 것만을 〈보기〉에서 모두 고른 것은?

(가) 낙랑군을 차지하여 한반도로 진출하는 발판을 마련하였다.
(나) _____
(다) 평양으로 도읍을 옮기고, 백제의 수도인 한성을 함락하였다.

┤ 보기 ├

ㄱ. 태학을 설립하였다.
ㄴ. 진대법을 도입하였다.
ㄷ. 천리장성을 축조하였다.
ㄹ. 신라를 도와 왜를 격퇴하였다.

① ㄱ, ㄴ   ② ㄱ, ㄹ
③ ㄴ, ㄷ   ④ ㄷ, ㄹ

정답&해설

02 ③

고구려에는 소수림왕 시기에 전진의 순도를 통해 불교가 전래되었다(372). ③ 소수림왕은 불교 수용 외에도 태학(유학 교육 기관)을 설립하였고, 율령을 반포하였다.

| 오답해설 |
① 영양왕 때 이문진은 역사서인 『신집』을 편찬하였다.
② 고국천왕 때 진휼 제도로 진대법을 도입하였다.
④ 영양왕 때 승려 담징은 왜에 종이와 먹의 제작 방법을 전해 주었다.

03 ②

제시된 사료의 "광개"를 통해 밑줄 친 '태왕'이 광개토 대왕임을 알 수 있다. ② 광개토 대왕은 중국의 연호가 아닌 '영락'이라는 독자적인 연호를 사용하였다.

| 오답해설 |
① 소수림왕 시기에 태학(국립 유학 교육 기관)을 설립하였다(372).
③ 소수림왕 시기에 전진의 순도를 통해 불교를 수용하였다(372).
④ 7세기에 연개소문이 주도하여 천리장성을 쌓았다(영류왕 ~ 보장왕, 631~647).
⑤ 장수왕은 평양 천도를 통해 남진 정책을 본격화하였다(427).

04 ③

제시된 내용 중 "한성을 포위", "고구려 병사가 임금을 살해" 등을 통해 장수왕 때 백제의 수도인 한성을 함락시키고 개로왕을 살해한 내용임을 확인할 수 있다(475). 따라서 밑줄 친 '고구려 왕 거련'은 장수왕이다.
ㄱ. 광개토 대왕은 후연을 격파하여 요동 지역을 확보했다.
ㄷ. 문자왕은 부여를 복속하여 고구려 최대 영토를 확보했다.
ㄹ. 광개토 대왕 때 영락이라는 독자적인 연호를 사용했다.

| 오답해설 |
ㄴ. 장수왕은 도읍지를 국내성에서 평양으로 옮겼다.

05 ①

제시된 내용 중 "개로왕", "백제를 치려고"를 통해 밑줄 친 '이 왕'이 장수왕임을 알 수 있다. 장수왕의 남하 정책으로 475년 백제의 수도인 한성이 함락되고 개로왕(부여경)이 전사하였다. ① 장수왕은 남하 정책을 추진하기 위해 427년에 국내성에서 평양으로 천도하였다.

| 오답해설 |
② 고국천왕, ③ 미천왕, ④ 광개토 대왕에 대한 설명이다.

06 ③

제시된 사건의 순서는 다음과 같다. ㄴ. 위(魏)의 장군 관구검의 침략(3세기 동천왕, 관구검기공비에는 244년, 『삼국사기』에는 246년으로 기록되어 있다) → ㄷ. 백제 근초고왕의 평양성 공격 과정에서 고국원왕 전사(371) → ㄹ. 광개토 대왕릉비 건립(장수왕, 414) → ㄱ. 장수왕의 평양 천도(427)

07 ②

(가) 낙랑군을 축출한 시기는 4세기 초 미천왕 때이다(313). (다) 장수왕 시기에 평양으로 도읍을 옮기고(427), 백제의 수도인 한성을 함락시켰다(475).
ㄱ. 태학을 설립한 시기는 4세기 후반 소수림왕 때이다(372).
ㄹ. 광개토 대왕은 신라를 도와 왜를 격퇴하였다(400).

| 오답해설 |
ㄴ. 진대법이 도입된 시기는 2세기 후반 고국천왕 때이다(194).
ㄷ. 천리장성 축조는 7세기 영류왕 때 시작되어 보장왕 때 완공되었다(631~647).

| 정답 |　02 ③　　03 ②　　04 ③　　05 ①　　06 ③　　07 ②

백제의 여러 왕들에 대한 설명으로 가장 적절하지 않은 것은?

① 침류왕 때 동진에서 온 마라난타를 통해 불교가 전래되었다.

② 근초고왕 때 부자 상속에 의한 왕위 계승이 시작되었다.

③ 고이왕 때 국가 체제를 정비하며 6좌평 16관등제의 골격을 마련하였다.

④ 성왕 때 대외 진출이 쉬운 웅진으로 천도하고, 국호를 남부여로 고치며 중흥을 꾀하였다.

다음은 삼국의 항쟁에 대한 기록이다. 밑줄 친 국가에서 이 전쟁 이후에 벌어진 사실로 가장 적절한 것은?

> 영락 6년에 왕이 몸소 수군을 이끌고 백잔을 토벌했다. 우리 군사가 …… 어느덧 백잔의 도성에 근접했다. 백잔이 항복하지 않고 군사를 동원하여 덤비자 왕은 노하여 아리수를 건너 백잔성으로 진격시켰다. …… 백잔의 군주는 남녀 1천 명과 세포(細布) 1천 필을 바치고 왕 앞에 무릎을 꿇고 맹세하였다. "지금부터 이후로 영원히 노객이 되겠습니다."

① 고구려의 평양성을 공격하여 고국원왕을 전사하게 하였다.

② 동진에서 온 마라난타에 의해 불교가 전래되었다.

③ 고구려의 남하 정책에 대항하여 신라의 눌지왕과 동맹을 체결하였다.

④ 박사 고흥이 『서기』를 편찬하였다.

〈보기〉는 백제 어느 왕 대의 사실이다. 백제의 이 왕과 대립하였던 고구려의 왕은?

┤ 보기 ├

> 겨울 11월에 왕이 돌아가셨다. 옛 기록[古記]에 다음과 같이 전한다. "백제는 나라를 연 이래 문자로 일을 기록한 적이 없는데 이때에 이르러 박사(博士) 고흥(高興)을 얻어 『서기(書記)』를 갖추게 되었다."

① 동천왕   ② 장수왕

③ 문자명왕   ④ 고국원왕

11

〈보기〉에서 백제의 발전 과정을 순서대로 바르게 나열한 것은?

┤ 보기 ├

> ㄱ. 6좌평제와 16관등제 및 백관의 공복을 제정하였다.
> ㄴ. 고구려의 평양성을 공격하였다.
> ㄷ. 지방에 22담로를 설치하였다.
> ㄹ. 불교를 받아들여 통치 이념을 정비하였다.

① ㄱ－ㄴ－ㄷ－ㄹ

② ㄱ－ㄴ－ㄹ－ㄷ

③ ㄴ－ㄹ－ㄷ－ㄱ

④ ㄹ－ㄴ－ㄷ－ㄱ

12

19. 10월 서울시 7급

〈보기〉의 밑줄 친 왕에 대한 설명으로 가장 옳은 것은?

┤ 보기 ├

영동대장군 백제 **사마왕**은 나이가 62세 되는 계묘년 5월 임진일인 7일에 돌아가셨다. 을사년 8월 갑신일인 12일에 안장하여 대묘에 올려 뫼시며 기록하기를 이와 같이 한다.

① 북위에 사신을 보내 고구려를 공격해 줄 것을 요청하였다.

② 신라와 결혼 동맹을 맺어 이벌찬 비지의 딸을 왕비로 맞이하였다.

③ 22부의 중앙 관청을 두고 수도와 지방을 5부와 5방으로 정비하였다.

④ 양나라에 사신을 보내 여러 차례 고구려를 격파했다는 서신을 전했다.

13

16. 국가직 7급 변형

밑줄 친 '대왕'이 재위하던 시기의 사실로 옳은 것은?

우리 왕후께서는 좌평 사택적덕의 따님으로 …… 기해년 정월 29일에 사리를 받들어 맞이하셨다. 원하오니, 우리 **대왕**의 수명을 산악과 같이 견고하게 하시고 치세는 천지와 함께 영구하게 하소서.

① 미륵사를 건립하였다.

② 22담로에 왕족을 보냈다.

③ 박사 고흥이 『서기』를 편찬하였다.

④ 노리사치계가 왜에 불상과 불경을 전하였다.

---

08 ④

④ 백제가 웅진으로 천도한 것은 문주왕 때이며(475), 성왕 때 사비로 천도하고 국호를 남부여로 고쳤다(538).

| 오답해설 |

① 침류왕 때 동진의 마라난타를 통해 불교가 전래되었다(384).

② 4세기 중엽 근초고왕 때 부자 상속에 의한 왕위 계승을 시작하였다.

③ 3세기 고이왕 때 6좌평 제도와 16관등 제도를 정비하였다.

09 ④

백제 근초고왕 때 박사 고흥이 역사서 『서기』를 편찬하였다(375). ④ 371년 백제 근초고왕은 평양성을 공격하여 고구려 고국원왕을 전사시켰다. 따라서 백제 근초고왕(재위 346~375)과 대립하였던 고구려 왕은 고국원왕(재위 331~371)이다.

10 ③

제시된 사료는 396년(광개토 대왕 6년, 영락 6년) 고구려가 백제의 아신왕에게 항복을 받는 내용으로, 밑줄 친 '백잔'은 백제이다. ③ 고구려의 남하 정책에 대항하여 백제 비유왕과 신라 눌지왕(눌지 마립간)이 나제 동맹을 체결한 것은 433년이다.

| 오답해설 |

① 백제 근초고왕 때 고구려의 평양성을 공격하여 고국원왕을 전사시켰다(371).

② 백제 침류왕 때 동진의 마라난타가 불교를 전하였다(384).

④ 백제 근초고왕 때 박사 고흥이 역사서인 『서기』를 편찬하였다(375).

11 ②

제시된 사실의 순서는 다음과 같다. ㄱ. 6좌평제와 16관등제 및 백관의 공복을 제정하였다(고이왕, 260). → ㄴ. 고구려의 평양성을 공격하였다(근초고왕, 371). → ㄹ. 불교를 받아들여 통치 이념을 정비하였다(침류왕, 384). → ㄷ. 지방에 22담로를 설치하였다(무령왕, 6세기 초).

12 ④

밑줄 친 '사마왕'은 백제의 무령왕이다. ④ 무령왕은 양나라에 사신을 보내 여러 차례 고구려를 격파했다는 서신을 전했다.

| 오답해설 |

① 개로왕, ② 동성왕(신라와의 혼인 동맹, 493), ③ 성왕에 대한 설명이다.

13 ①

제시된 사료는 미륵사지 석탑에서 발견된 금제 사리 봉안기의 내용이다. 2009년 1월 미륵사지 석탑에서 금제 사리 봉안기, 금동 사리외호 등을 포함한 사리장엄구가 발견되었다. 이 중 '사리 봉안기'는 백제 왕후 사택 씨가 재물을 시주하여 가람을 창건하면서 왕실의 안녕을 기원하는 내용을 담고 있으며, "기해년(己亥年, 639) 정월 29일"이라는 문구를 통해 미륵사를 창건한 왕이 '무왕'임을 알 수 있는 귀중한 유물이다. ① 미륵사는 무왕 때 건립되었다.

| 오답해설 |

② 6세기 초 무령왕 때 22개 담로에 왕족을 책임자로 파견하였다.

③ 4세기 근초고왕 때 박사 고흥이 『서기』를 편찬하였다(375).

④ 6세기 성왕 때 노리사치계가 왜에 불상과 불경을 전하였다.

| 정답 | **08** ④ **09** ④ **10** ③ **11** ② **12** ④ **13** ①

14

밑줄 친 (   )의 재위 기간에 있었던 사실로 옳은 것은?

> (___) 9년 3월에 사방(四方)의 우역(郵驛)을 비로소 설치하고, 담당 관리에게 명하여 관도(官道)를 수리하게 하였다.
>
> 『삼국사기』

① 처음으로 수도에 시장을 열어 사방의 물자를 유통시켰다.
② 중앙 관서를 22부로 정비하고 수도를 5부로 편제하였다.
③ 우산국으로 불리던 울릉도를 정복하여 영토로 편입하였다.
④ 9주와 5소경을 설치하여 지방 행정을 새롭게 정비하였다.

15

다음 사건이 있었던 시기의 신라 국왕에 대한 설명으로 옳은 것은?

> 이찬 이사부가 하슬라주 군주가 되어, '우산국 사람이 우매하고 사나워서 위엄으로 복종시키기는 어려우니 계책을 써서 굴복시키는 것이 좋겠다.'라고 생각하였다. 이에 나무로 사자 모형을 많이 만들어 배에 나누어 싣고 우산국 해안에 이르러, 속임수로 통고하기를 "만약에 너희가 항복하지 않는다면 곧바로 이 맹수들을 풀어 너희를 짓밟아 죽이겠다."라고 하였다. 그 나라 사람이 두려워 즉시 항복하였다.

① 독서삼품과를 실시하였다.
② 국호를 '신라'로 확정하였다.
③ 관료전을 지급하고 녹읍을 폐지하였다.
④ 장문휴를 보내 당의 등주를 공격하였다.

16

밑줄 친 '국왕'에 대한 설명으로 옳은 것은?

> 국왕은 병부를 설치하여 직접 병권을 장악하였고, 건원이라는 독자적인 연호를 사용하였다. 또한 영토 확장에 힘을 기울여 금관가야를 정복하였다.

① 자장의 권유로 황룡사 9층탑을 건립하였다.
② 율령을 공포하고, 백관의 공복을 제정하였다.
③ 청소년 조직인 화랑도를 국가적인 조직으로 개편하였다.
④ 원광에게 수나라에 군사를 청하는 걸사표를 짓게 하였다.

17

밑줄 친 '왕'의 재위 시기에 세워지지 않은 비석은?

> 이찬 이사부가 왕에게 "나라의 역사라는 것은 임금과 신하들의 선악을 기록하여, 좋고 나쁜 것을 만대 후손들에게 보여주는 것입니다. 이를 책으로 편찬해 놓지 않는다면 후손들이 무엇을 보겠습니까?"라고 말하였다. 왕이 깊이 동감하고 대아찬 거칠부 등에게 명하여 선비들을 널리 모아 그들로 하여금 역사를 편찬하게 하였다.

① 창녕비
② 북한산비
③ 단양 적성비
④ 영일 냉수리비

18

다음 사료에 해당하는 비석은 무엇인가?

이때에 이곳 출신의 야이차(也爾次)에게 교(敎)하시기를
…… 중에 옳은 일을 하는 데 힘을 쓰다가 죽게 되었으므로
이 까닭으로 이후 그의 처(妻)인 삼(三) …… 에게는 …… 이
(利)를 허(許)하였다. 교(敎)하기를 이후로부터 나라 가운데
에 야이차와 같이 옳은 일을 하여 힘을 쓰고 다른 사람으로
하여금 일하게 한다면 만약 그가 아들을 낳건 딸을 낳건 나
이가 적건 (많건) 대를 이어 포상하리라.

① 북한산비
② 황초령비
③ 마운령비
④ 단양 적성비

19

20. 국가직 9급

(가) 인물에 대한 설명으로 옳은 것은?

김춘추가 당나라에 들어가 군사 20만을 요청해 얻고 돌아와
서 　(가)　 을/를 보며 말하기를, "죽고 사는 것이 하늘의
뜻에 달렸는데, 살아 돌아와 다시 공과 만나게 되니 얼마나
다행한 일입니까?"라고 하였다. 이에 　(가)　 이/가 대답하
기를, "저는 나라의 위엄과 신령함에 의지하여 두 차례 백제
와 크게 싸워 20성을 빼앗고 3만여 명을 죽이거나 사로잡았
습니다. 그리고 품석 부부의 유골이 고향으로 되돌아왔으니
천행입니다."라고 하였다.

『삼국사기』

① 황산벌에서 백제군을 물리쳤다.
② 화랑이 지켜야 할 세속 오계를 제시하였다.
③ 진덕 여왕의 뒤를 이어 신라왕으로 즉위하였다.
④ 당에서 숙위 활동을 하다가 부대총관이 되어 신라로 돌
아왔다.

---

14 ①

우역을 처음 설치한 것은 소지 마립간 시기이다. ① 소지 마립간 때 처음으로 수도
에 시장을 개설하였다.

|오답해설|
② 백제 성왕은 중앙 관서를 22부로 정비하고, 수도를 5부, 지방을 5방으로 편제하
였다.
③ 신라 지증왕 때 우산국(현재의 울릉도)을 정복하여 영토로 편입하였다.
④ 통일 신라 신문왕 때 전국을 9주 5소경으로 새롭게 정비하였다.

15 ②

제시된 사료는 신라 지증왕 때 이사부가 우산국(현재의 울릉도)을 정벌한 내용이다
(512). ② 지증왕 때 국호를 '신라'로 확정하고 '왕'의 호칭을 사용하였다.

|오답해설|
① 원성왕 때 독서삼품과(788)를 실시하였으나 관료 임용 제도로 정착되지는 못하
였다.
③ 신문왕은 관료전을 지급하고 녹읍을 폐지하였다.
④ 발해 무왕은 장문휴를 보내 당의 등주를 공격하였다.

16 ②

병부 설치, 독자적 연호인 건원 사용, 금관가야 정복은 모두 법흥왕의 업적이다. ②
법흥왕은 율령을 공포하고 백관의 공복을 제정하였다.

|오답해설|
① 선덕 여왕, ③ 진흥왕, ④ 진평왕의 업적이다.

17 ④

제시된 자료에서 "거칠부"와 "역사를 편찬하게 하였다."는 내용을 통해서 진흥왕
시기 거칠부가 편찬한 『국사』에 관한 것임을 알 수 있다. ④ 영일 냉수리비(포항 냉
수리 신라비)는 지증왕 대 영일 지방에 살았던 '절거리'라는 인물의 재산 분쟁에 관
한 기록을 담고 있다. 신라를 사라로 기록한 것과 6부 유력자들이 왕으로 표기된
것이 특징이다.

18 ④

제시된 사료는 ④ 단양 적성비의 내용 중 일부이다. 단양 적성비는 신라 진흥왕 시
기인 551년에 세워졌으며 당시 신라에 충성한 적성 주민 야이차의 공훈을 표창함
과 동시에, 신라에 충성을 바치는 사람에게는 포상을 내리겠다는 국가 시책이 담겨
있다.

19 ①

제시된 사료는 나당 연합을 성공시키고 돌아온 김춘추와 (가) 김유신의 대화이다.
① 김유신은 황산벌에서 백제군(계백의 결사대)을 물리쳤다(660).

|오답해설|
② 세속 오계를 제시한 인물은 원광이다.
③ 진덕 여왕을 이어 왕위에 오른 인물은 김춘추(무열왕)이다.
④ 김춘추의 둘째 아들인 김인문은 당의 부대총관으로 백제 원정에 종군하였다.

| 정답 | 14 ①　　15 ②　　16 ②　　17 ④　　18 ④　　19 ①

20

삼국 시대 금석문 자료에 대한 설명으로 옳지 <u>않은</u> 것은?

① 호우총에서 출토된 청동 호우의 존재를 통해 신라와 고구려 관계를 살펴볼 수 있다.

② 사택지적비를 통해 당시 백제가 도가(道家)에 대한 이해를 하고 있었음을 알 수 있다.

③ 울진 봉평리 신라비를 통해 신라가 동해안의 북쪽 방면으로 세력을 확장하였음을 알 수 있다.

④ 충주 고구려비(중원 고구려비)를 통해 신라가 고구려에게 자신을 '동이(東夷)'라고 낮추어 표현했음을 알 수 있다.

21

(가)~(라)에 해당하는 사실로 옳지 <u>않은</u> 것은?

	(가)		(나)		(다)		(라)	
낙랑군 축출		광개토 대왕릉비 건립		살수 대첩 승리		안시성 전투 승리		고구려 멸망

① (가) – 백제 침류왕이 불교를 받아들였다.

② (나) – 고구려 영양왕이 요서 지방을 선제공격하였다.

③ (다) – 백제가 신라 대야성을 공격하여 함락시켰다.

④ (라) – 신라가 매소성에서 당군을 격파하였다.

22

㉠~㉣ 시기에 있었던 역사적 사실로 옳은 것은?

475년		532년		612년		654년		668년
	㉠		㉡		㉢		㉣	
백제 웅진 천도		금관가야 멸망		살수 대첩		무열왕 즉위		고구려 멸망

① ㉠ – 고구려가 도읍을 평양으로 옮겼다.

② ㉡ – 백제가 역사서인 『서기』를 편찬하였다.

③ ㉢ – 황룡사 9층탑이 건립되었다.

④ ㉣ – 상대등 비담이 반란을 일으켰다.

23

다음에 제시된 역사적 사건들을 시간 순서대로 바르게 나열한 것은?

> ㄱ. 백제가 고구려를 침략하여 고국원왕을 살해하였다.
> ㄴ. 이사부가 우산국을 정벌하였다.
> ㄷ. 고구려에서 영락이라는 연호가 최초로 사용되었다.
> ㄹ. 백제의 왕이 신라 귀족의 딸과 결혼하여 신라와 동맹을 체결하였다.
> ㅁ. 고구려에서 율령이 반포되었다.

① ㄱ – ㅁ – ㄷ – ㄹ – ㄴ

② ㄱ – ㅁ – ㄹ – ㄷ – ㄴ

③ ㅁ – ㄱ – ㄷ – ㄴ – ㄹ

④ ㅁ – ㄱ – ㄴ – ㄷ – ㄹ

24

〈보기〉에서 밑줄 친 '이 나라'에 대한 설명으로 가장 옳은 것은?

> ┤ 보기 ├
>
> 천지가 개벽한 뒤로 이곳에는 아직 나라가 없고 또한 왕과 신하도 없었다. 단지 아홉 추장이 각기 백성을 거느리고 농사를 지으며 살았다. …… 아홉 추장과 사람들이 노래하고 춤추면서 하늘을 보니 얼마 뒤 자주색 줄이 하늘로부터 내려와서 땅에 닿았다. 줄 끝을 찾아보니 붉은 보자기에 금빛 상자가 싸여 있었다. 상자를 열어 보니 황금색 알 여섯 개가 있었다. …… 열 사흘째 날 아침에 다시 모여 상자를 열어 보니 여섯 알이 어린아이가 되어 있었다. 용모가 뛰어나고 바로 앉았다. 아이들이 나날이 자라 십수 일이 지나니 키가 9척이나 되었다. 얼굴은 한고조, 눈썹은 당의 요임금, 눈동자는 우의 순임금과 같았다. 그달 보름에 맏이를 왕위에 추대하였는데, 그가 곧 <u>이 나라</u>의 왕이다.
>
> 『삼국유사』

① 중국 동진으로부터 불교를 받아들여 왕실의 권위를 높였다.

② 재상을 뽑을 때 정사암에 후보 이름을 써서 넣은 상자를 봉해두었다.

③ 큰일이 있을 때에는 반드시 화백 제도를 통해 여러 사람의 의견을 따랐다.

④ 철기를 만들 때 사용하는 덩이쇠를 화폐와 같은 교환 수단으로 이용하기도 하였다.

25

밑줄 친 '이 나라'에 대한 설명으로 옳지 <u>않은</u> 것은?

> 시조는 이진아시왕이다. 그로부터 도설지왕까지 대략 16대
> 520년이다. 최치원이 지은 『석이정전』을 살펴보면, 가야산
> 신 정견모주가 천신 이비가지에게 감응되어 <u>이 나라</u> 왕 뇌질
> 주일과 금관국왕 뇌질청예 두 사람을 낳았는데, 뇌질주일은
> 곧 이진아시왕의 별칭이고 뇌질청예는 수로왕의 별칭이라고
> 한다.
> 『신증동국여지승람』

① 5세기 후반부터 급성장해 가야의 주도 세력이 되었다.
② 고령의 지산동 고분군을 대표적 문화유산으로 남겼다.
③ 시조는 아유타국에서 온 공주와 혼인을 하였다고 전한다.
④ 전성기에는 지금의 전라북도 일부 지역까지 세력을 확
　장하였다.

정답&해설

20 ④

④ 충주 고구려비에서는 고구려가 신라를 '동이'라고 낮추어 표현하였다.

21 ④

(가) 낙랑군 축출(313)~광개토 대왕릉비 건립(414)
(나) 광개토 대왕릉비 건립(414)~살수 대첩 승리(612)
(다) 살수 대첩 승리(612)~안시성 전투 승리(645)
(라) 안시성 전투 승리(645)~고구려 멸망(668)
④ 신라가 매소성에서 당군을 격파한 것은 675년이다.

| 오답해설 |
① 백제 침류왕이 불교를 수용한 것은 384년이다.
② 고구려 영양왕 때 수의 요서 지방을 선제공격한 것은 598년이다.
③ 백제 의자왕 때 신라의 대야성을 공격하여 함락시킨 것은 642년이다.

22 ③

③ 자장의 건의로 선덕 여왕 때 황룡사 9층 목탑을 건립하였다(645).

| 오답해설 |
① 고구려는 장수왕 때 평양으로 천도하였다(427).
② 근초고왕 때 고흥이 『서기』를 편찬하였다(375).
④ 선덕 여왕 때 상대등 비담이 난을 일으켰다(647). 이를 진압한 인물이 김춘추와
　김유신이다.

23 ①

제시된 사건의 순서는 다음과 같다. ㄱ. 4세기 근초고왕 시기(371) → ㅁ. 4세기 소
수림왕 시기(373) → ㄷ. 4세기 말~5세기 초 광개토 대왕 시기 → ㄹ. 5세기 말 동
성왕과 소지왕(소지 마립간)의 결혼 동맹 체결(493) → ㄴ. 6세기 지증왕 시기(512)

24 ④

제시된 사료는 금관가야의 건국 시조인 (김)수로왕 설화이다. ④ 금관가야에서는
철이 많이 생산되어 덩이쇠를 화폐와 같은 교환 수단으로 이용하기도 하였다.

| 오답해설 |
① 백제는 침류왕 때 동진의 마라난타로부터 불교를 받아들여 왕실의 권위를 높였
　다(384).
② 정사암 회의는 백제의 귀족 회의체이다.
③ 화백 회의는 신라의 귀족 회의체이다.

25 ③

밑줄 친 '이 나라'는 대가야이다. ③ 금관가야의 시조 김수로왕은 인도 아유타국에
서 온 공주(허황옥)와 혼인하였다고 전해진다.

| 오답해설 |
① 고령에 기반을 둔 대가야는 5세기 후반부터 급성장하여 가야의 주도 세력이 되
　었다(후기 가야 연맹의 맹주로 성장).
② 고령 지산동 고분군은 대가야의 대표적 문화유산으로 남아 있다.
④ 대가야는 현재의 전라북도 지역인 남원, 장수 등까지 세력을 확대하기도 하였다.

| 정답 | 　**20** ④　**21** ④　**22** ③　**23** ①　**24** ④　**25** ③

삼국 통일 과정에서 나타난 사건을 순서대로 바르게 나열한 것은?

> (가) 나당 연합군이 평양성을 함락시켰다.
> (나) 신라가 매소성에서 당군을 크게 물리쳤다.
> (다) 계백의 저항에도 불구하고 사비성이 함락되었다.
> (라) 백제·왜 연합군이 나당 연합군과 백강에서 전투를 벌였다.

① (나) – (가) – (다) – (라)
② (나) – (다) – (가) – (라)
③ (다) – (라) – (가) – (나)
④ (라) – (다) – (가) – (나)

다음 내용과 관련된 전쟁에 대한 설명으로 가장 적절하지 않은 것은?

> 을지문덕이 장수 우중문에게 보낸 시이다. "신비로운 계책은 하늘의 이치를 헤아리고 / 기묘한 꾀는 땅의 이치를 꿰뚫는 구나. / 싸움에서 이긴 공이 이미 높으니 / 족한 줄 알고 그만하기를 바라노라."

① 6세기 후반 남북조로 분열되었던 중국을 통일한 수나라가 고구려에게 굴복을 요구하였다.
② 고구려는 천리장성을 쌓아 이에 대비하였다.
③ 고구려가 요서 지방을 먼저 공격하였다.
④ 수는 4차례에 걸쳐 고구려를 침략하였으나 실패하였다.

삼국 시대 정치 제도에 대한 설명으로 가장 옳은 것은?

① 신라 화백 회의는 만장일치 원칙이며 회의의 의장은 상좌평이다.
② 백제는 관품 구별에 따라 자·단·비·녹색의 공복을 입었다.
③ 신라는 진덕 여왕 대 집사부와 창부를 통합해 정무 기관인 품주를 설치하였다.
④ 국상, 대대로, 막리지 등은 고구려에서 재상의 직위를 지칭한다.

신라의 관등 제도에 대한 설명으로 가장 적절하지 않은 것은?

① 6세기 초 법흥왕 때 완성되었다.
② 왕경인에 대한 경위(京位) 17관등과 지방인에 대한 외위(外位) 11관등으로 구성되었다.
③ 6두품은 아찬(阿湌)까지, 5두품은 대사(大舍)까지 승진의 한계가 정해져 있다.
④ 삼국 통일을 전후한 시기에 이르면 6두품 이하에 속한 사람들에게 중위(重位) 제도라는 일종의 특진의 길을 개방하기도 하였다.

30

다음 (가)에서 이루어진 합의 제도를 시행한 국가의 통치 체제로 옳은 것은?

> 호암사에는 ___(가)___ (이)라는 바위가 있다. 나라에서 장차 재상을 뽑을 때에 후보 3, 4명의 이름을 써서 상자에 넣고 봉해 바위 위에 두었다가 얼마 후에 가지고 와서 열어 보고 그 이름 위에 도장이 찍혀 있는 사람을 재상으로 삼았다.
>
> 『삼국유사』

> ㄱ. 중앙 정치는 대대로를 비롯하여 10여 등급의 관리들이 나누어 맡았다.
> ㄴ. 중앙 관청을 22개로 확대하고 수도는 5부, 지방은 5방으로 정비하였다.
> ㄷ. 16품의 관등제를 시행하고, 품계에 따라 옷의 색을 구별하여 입도록 하였다.
> ㄹ. 지방 행정 조직을 9주 5소경 체제로 정비하였다.
> ㅁ. 중앙에 3성 6부를 두고, 정당성을 관장하는 대내상이 국정을 총괄하도록 하였다.

① ㄱ, ㄴ
② ㄴ, ㄷ
③ ㄷ, ㄹ
④ ㄹ, ㅁ

31

다음의 ( ) 안에 들어갈 용어를 순서대로 옳게 나열한 것은?

> 삼국의 지방 행정 조직은 그대로 군사 조직이기도 하였으므로 각 지방의 지방관은 곧 군대의 지휘관이었다. 백제의 ( )은/는 각각 700~1,200명의 군사를 거느렸고, 신라의 ( )은/는 주 단위로 설치한 부대인 정을 거느렸다.

① 욕살-방령
② 방령-욕살
③ 방령-군주
④ 군주-방령

---

26 ③

결정적 문제 ▶ 삼국 통일 과정에서 나타난 역사적 사건을 순서대로 나열하는 문제는 자주 출제되므로 주요 사건을 순서대로 알아두어야 한다.

제시된 사건의 순서는 다음과 같다. (다) 백제 멸망(660) → (라) 백강 전투(663) → (가) 고구려 멸망(668) → (나) 매소성 전투(675)

27 ②

제시된 사료는 『삼국사기』에 기록된 을지문덕이 수나라 장군 우중문에게 보낸 시 (與隋將于仲文詩)로, 고구려와 수의 전쟁(여수 전쟁)에 관한 내용이다. ② 수나라가 멸망한 이후 이연의 당나라가 중국을 통일하였고(618), 당 태종(이세민)이 고구려를 압박하였다. 이에 고구려는 영류왕 때 당의 침입에 대비하여 부여성에서 비사성에 이르는 천리장성을 쌓기 시작하여 보장왕 때 완성하였다(631~647).

|오답해설|
① 6세기 후반 수나라가 남북조 시대의 혼란을 극복하고 통일 국가를 수립하였다 (589). 이후 수나라는 고구려에 굴복을 강요하였고 신라(진평왕)는 수나라와 국교 관계를 맺었다.
③ 고구려의 영양왕은 말갈 병력을 동원하여 수나라의 요서 지방을 선제공격하였다(598).
④ 수나라는 4차례의 대규모 공격을 감행하였으나 결국 실패하였다(대표적 전투: 살수 대첩, 612).

28 ④

④ 고구려에서는 수상을 국상, 대대로, 막리지 등으로 지칭하였다.

|오답해설|
① 신라의 귀족 회의체인 화백 회의는 만장일치로 의사를 결정하였으며, 회의의 의장은 상대등이었다.
② 백제는 관품 구별에 따라 자·비·청색의 공복을 입었다.
③ 신라는 진덕 여왕 때 품주를 집사부와 창부로 분리하였다.

29 ③

③ 5두품은 10관등인 대나마, 4두품은 12관등 대사까지 승진할 수 있었다.

30 ②

(가)는 백제의 귀족 회의체인 정사암(회의)이다. ㄴ. 백제 성왕 시기에 중앙 관청을 22개로 확대하고, 수도는 5부, 지방은 5방 체제로 정비하였다. ㄷ. 백제 고이왕 때 16관등 제도를 시행하고, 자색·비색·청색의 관복을 관등에 따라 입도록 하였다.

|오답해설|
ㄱ. 고구려는 대대로를 비롯한 10여 등급의 관리들이 중앙 정치를 나누어 맡았다.
ㄹ. 통일 신라 시대에는 지방 행정 조직을 9주 5소경 체제로 정비하였다.
ㅁ. 발해는 중앙에 3성 6부를 두고, 정당성의 수장(首長)인 대내상이 국정을 총괄하도록 하였다.

31 ③

③ 백제의 지방 장관인 방령, 신라의 지방 장관인 군주는 행정 및 군사 지휘권을 행사하였다.

|정답| **26** ③　**27** ②　**28** ④　**29** ③　**30** ②　**31** ③

다음은 어느 역사서의 일부분이다. 밑줄 친 인물의 왕위 재위 기간에 일어난 사실로 가장 적절한 것은?

> "신의 나라가 대국을 섬긴 지 여러 해가 되었습니다. 그러나 백제는 강성하고 교활하여 침략을 일삼아 왔습니다. …… 만약 폐하께서 군사를 보내 그 흉악한 무리들을 없애지 않는다면 우리나라 백성은 모두 포로가 될 것입니다. 육로와 수로를 거쳐 섬기러 오는 일도 다시는 기대할 수 없을 것입니다." 태종이 크게 동감하고 군사를 보낼 것을 허락하였다.

① 갈문왕 제도가 사실상 폐지되고 상대등의 권한이 약화되었다.
② 비담과 염종 등 귀족 세력의 반란이 일어났다.
③ 독자적인 연호를 폐지하고 당 고종의 연호를 사용하였다.
④ 자장의 건의로 황룡사 9층 목탑이 축조되었다.

33

다음 교서를 내린 왕에 대한 설명으로 가장 적절한 것은?

> 반란의 괴수 흠돌과 흥원, 진공 등은 그들의 재능이 훌륭하여 지위가 올라간 것이 아니며, 관직도 실로 은전에 힘입었다. 그런데도 의롭지 못한 행동으로 관료를 능멸하고 상하를 기만하였으며, 흉악하고 사악한 자들을 끌어모아 거사 일을 정하여 반란을 일으키려 하였다. …… 이제 요사한 무리가 진압되어 근심이 없어졌으니 병사들을 속히 돌려보내고, 사방에 포고하여 이 뜻을 알도록 하라.

① 이사부를 보내 우산국을 복속하였다.
② 관리 선발을 위하여 독서삼품과를 실시하였다.
③ 관리에게 관료전을 지급하고 녹읍을 폐지하였다.
④ 건원이라는 연호를 사용하여 국가의 위상을 높였다.

다음 시가가 만들어진 국왕 대의 사실로 옳은 것은?

> 임금은 아버지요 신하는 사랑하실 어머니시라.
> 백성을 어리석은 아이라 여기시니, 백성이 그 사랑을 알리라.
> 꾸물거리며 사는 물생들에게, 이를 먹여 다스리네.
> 이 땅을 버리고 어디로 가랴, 나라 안이 유지됨을 아리이다.
> 아아! 임금답게 신하답게 백성답게 할지면, 나라 안이 태평하리라.
>
> 「안민가」

① 9주의 명칭을 중국식으로 바꾸었다.
② 귀족들의 경제적 기반인 녹읍을 폐지하였다.
③ 최초로 진골 출신이 왕이 되어 왕권을 강화하였다.
④ 최치원이 국왕에게 10여 조의 시무책을 건의하였다.

35

다음 시기에 나타난 역사적 사실을 〈보기〉에서 모두 고르면?

> • 지방에서 세금을 바치지 않아 국고가 비고, 나라 살림이 어려웠다. 왕이 독촉하자, 도적이 벌떼처럼 일어났다. 이 때 원종과 애노 등이 사벌주에서 반란을 일으켰다.
> • 나라 안에 농민들의 봉기가 일어나지 않은 곳이 없으며, 굶어 죽은 시체와 전쟁으로 죽은 해골이 들판에 별처럼 흩어져 있다.

┤ 보기 ├

ㄱ. 6두품 세력이 지방 호족과의 연결을 도모하였다.
ㄴ. 백제의 성왕으로부터 한강 하류 지역을 빼앗았다.
ㄷ. 문무 관리들에게 관료전을 지급하고, 녹읍을 폐지하였다.
ㄹ. 집사부 시중의 권한은 약화되고, 상대등의 세력이 커졌다.
ㅁ. 근거지에 성을 쌓고, 스스로 성주 혹은 장군이라 칭하는 자들이 등장하였다.

① ㄱ, ㄴ, ㄹ
② ㄱ, ㄹ, ㅁ
③ ㄴ, ㄷ, ㄹ
④ ㄴ, ㄹ, ㅁ

32 ①

제시된 사료는 진덕 여왕 2년(648), 당에 간 김춘추가 당 태종에게 백제를 정벌할 군사를 청하는 내용으로 나당 연합의 결성을 나타낸다. 따라서 밑줄 친 '신'은 김춘추(이후 무열왕)이다. ① 무열왕 때 갈문왕 제도가 사실상 폐지되고 상대등의 권한이 약화되었다.

| 오답해설 |

②④ 선덕 여왕(재위 632~647) 때 자장의 건의로 황룡사 9층 목탑이 건립되었고(645), 비담과 염종 등 귀족 세력의 반란이 일어났다(647).
③ 진덕 여왕(재위 647~654)은 즉위 직후부터 사용하던 독자적 연호인 태화(太和)를 폐지하고, 당나라 고종의 연호였던 영휘(永徽)를 사용하기 시작하였다(650).

33 ③

결정적 문제 ▶ 신문왕의 왕권 전제화 정책은 빈출 주제이다. 특히 관료전을 지급하고 녹읍을 폐지한 것은 꼭 기억해 두자!

제시된 사료는 통일 신라 신문왕 시기에 일어난 김흠돌의 난과 관련된 것이다. 신문왕은 김흠돌의 모반 사건을 진압하고, '왕권 전제화 정책'을 추진하였다. ③ 신문왕은 관리에게 관료전을 지급하고 녹읍을 폐지하였다.

| 오답해설 |

① 6세기 초 지증왕 때 이사부를 보내 우산국(현재의 울릉도)을 정복하였다.
② 신라 하대 원성왕 때 유학 실력에 따라 관리를 등용하기 위해 국학 내에 독서삼품과를 설치하였다. 그러나 진골 귀족들의 반발로 실패하였다.
④ 법흥왕은 '건원'이라는 연호를 사용(536)하여 신라가 중국과 대등한 국가임을 과시하였다.

34 ①

제시된 「안민가」는 통일 신라 경덕왕 때 충담(忠談, 충담사)이 지은 향가이다. ① 경덕왕은 9주의 명칭을 중국식으로 바꾸었다.

| 오답해설 |

② 신문왕은 귀족들의 경제적 기반인 녹읍을 폐지하였다.
③ 최초의 진골 출신 왕은 태종 무열왕이다.
④ 최치원은 당에서 귀국하여 진성 여왕에게 10여 조의 시무책을 건의하였다.

35 ②

제시된 자료는 신라 하대의 상황을 보여 준다. 신라 하대에는 전제 왕권이 몰락하고, 왕위 쟁탈전이 치열하게 전개되었다. 이에 왕권이 약화되어 귀족 중심의 정치가 운영되면서 ㄹ. 집사부 시중보다는 상대등의 권력이 더욱 커졌다. 사회가 혼란한 가운데 ㅁ. 지방에서는 호족들이 스스로를 성주나 장군이라 칭하고, 반독립적 경향을 보였다. 또한 귀족들의 수탈과 빈번한 자연재해로 살기 어려워진 농민들은 토지를 잃고 노비가 되거나, 초적이 되기도 하였다(대표적: 원종과 애노의 난). 한편 ㄱ. 골품 제도에 의해 자신들의 뜻을 펼칠 수 없었던 6두품 세력은 지방 호족과 연결되어 사회 개혁을 추구하였다.

| 오답해설 |

ㄴ. 삼국 통일 이전 6세기 진흥왕 시기, ㄷ. 신라 중대 신문왕 시기이다.

| 정답 | **32** ① **33** ③ **34** ① **35** ②

36

밑줄 친 '왕'의 재위 기간에 있었던 사실로 옳은 것은?

> 나라 안의 여러 군현에서 공부(貢賦)를 바치지 않으니 창고가 비어 버리고 나라의 쓰임이 궁핍해졌다. 왕이 사신을 보내어 독촉하자, 이로 말미암아 곳곳에서 도적이 벌떼처럼 일어났다. 이때 원종과 애노 등이 사벌주에 웅거하여 반란을 일으켰다.

① 발해가 멸망하였다.
② 국학을 설치하였다.
③ 최치원이 시무책 10여 조를 건의하였다.
④ 장보고의 건의에 따라 청해진이 설치되었다.

37

다음은 통일 신라의 연표이다. (가)~(라) 시기의 상황을 바르게 설명한 것은?

676		681		768		822		889
	(가)		(나)		(다)		(라)	
삼국 통일		김흠돌의 난		96각간의 난		김헌창의 난		원종과 애노의 난

① (가) - 인재 양성을 위해 독서삼품과를 시행하였다.
② (나) - 녹읍을 폐지하였다가 귀족들의 반발로 복구하였다.
③ (다) - 장보고가 청해진을 개설하고 왕위 계승전에 참여하였다.
④ (라) - 내물왕계 진골 귀족들에 의해 왕위가 계승되기 시작하였다.

38

통일 신라의 지방 행정 조직에 대한 설명으로 옳지 않은 것은?

① 신문왕 대에 9주 5소경 체제로 정비하였다.
② 주(州)에는 지방 감찰관으로 보이는 외사정이 배치되었다.
③ 5소경을 전략적 요충지에 두고, 도독이 행정을 관할토록 하였다.
④ 촌주가 관할하는 촌 이외에, 향·부곡이라는 행정 구역도 있었다.

39

다음 (　　　)에 해당하는 인물에 대한 설명으로 옳은 것은?

> 현종(玄宗) 개원(開元) 7년에 (　　　)이/가 죽었다. …… 아들이 왕위에 올라 영토를 크게 개척하니 동북의 모든 오랑캐가 겁을 먹고 그를 섬겼으며, 또 사사로이 연호를 인안(仁安)으로 고쳤다.
>
> 「신당서」, 「열전」, 북적, 발해

① 5경 15부 62주의 지방 행정 체계를 확립하였다.
② 장수 장문휴(張文休)를 시켜 등주를 공격하였다.
③ 3성 6부의 중앙 관제와 지방 행정 조직을 정비하였다.
④ 당의 군대를 천문령에서 물리치고 동모산에서 건국하였다.

40

다음 내용과 가장 관계가 없는 것은?

> • 727년 발해 무왕은 일본에 보낸 외교 문서에 "발해는 고구려의 옛 영토를 회복하고, 부여 이래의 오랜 전통을 이어받았다."라고 쓰고 있다.
> • 758년 발해 문왕은 일본에 보낸 또 다른 외교 문서에 자신을 직접 '고려 국왕 대흠무'라고 쓰고 있다.
> • 최치원은 한 편지에서 "옛날 당나라가 고구려를 쳐 없앴는데, 그 고구려가 지금 발해가 되었다."라고 쓰고 있다.

① 발해의 치미(지붕 꼭대기에 올려놓은 장식물)
② 정효 공주의 묘에서 나타나는 벽돌무덤의 양식
③ 굴식 돌방무덤의 모줄임 천장 구조
④ 절터에서 발견된 불상의 양식이나 돌사자상

41

〈보기〉의 밑줄 친 인물의 재위 기간에 있었던 사실로 가장 옳은 것은?

┤ 보기 ├

무예가 대장 장문휴를 파견하여 해적을 거느리고 등주를 치니, 당 현종은 급히 문예를 파견하여 유주의 군사를 동원시켜 이를 공격하는 한편, 태복경 김사란을 사신으로 신라에 보내어 군사를 독촉하여 발해의 남부를 치게 하였다. 마침 날씨가 매우 추운 데다 눈이 한 길이나 쌓여서 군사들이 태반이나 얼어 죽으니, 공을 거두지 못하고 돌아왔다.

① 당이 발해왕을 발해국왕으로 승격하여 책봉했다.
② 발해가 일본에 사신을 파견하여 국교를 맺었다.
③ 전륜성왕을 자처하고 황상, 황후 등의 용어를 사용하였다.
④ 동경에서 상경으로 천도하고 중흥(中興)이라는 연호를 채택하였다.

42

다음 설명에 해당하는 발해 왕의 재위 기간에 통일 신라에서 일어난 상황으로 옳은 것은?

• 대흥이란 독자적인 연호를 사용하였다.
• 수도를 중경 → 상경 → 동경으로 옮겼다.
• 일본에 보낸 외교 문서에 천손(하늘의 자손)이라 표현하였다.
• 당과 친선 관계를 맺으며 당의 문물을 도입하여 체제를 정비하였다.

① 녹읍 폐지
② 청해진 설치
③『삼대목』편찬
④ 독서삼품과 설치

---

36 ③

제시된 사료는 진성 여왕 때 일어난 원종과 애노의 난(889)을 보여 준다. ③ 최치원이 시무책 10여 조를 건의한 것은 진성 여왕(재위 887~897) 때이다.

|오답해설|
① 발해는 926년에 멸망하였는데, 이 시기 신라의 왕은 경애왕이었다.
② 신문왕 때 교육 기관인 국학을 설치하였다(682).
④ 흥덕왕 때 장보고가 완도 지역에 청해진을 설치하였다(828).

37 ②

② 녹읍은 신문왕 9년(689)에 폐지되었다가 경덕왕 16년(757)에 부활하였다.

|오답해설|
① 독서삼품과는 신라 하대 원성왕 시기인 788년에 시행되었다.
③ 장보고는 흥덕왕 때 완도에 청해진을 설치하였으며(828), 민애왕을 죽이고 신무왕 즉위(839)에 기여하였다.
④ 내물계가 왕위를 계승한 것은 780년 선덕왕 즉위 이후이다.

38 ③

③ 소경을 관할하는 직책은 사신이다. 도독은 주의 책임자였다.

39 ④

"인안"은 무왕 때의 연호이며, 무왕은 괄호 안의 인물 '대조영(고왕)'의 장남이다. ④ 대조영은 천문령 전투에서 당의 군대를 물리치고, 동모산에서 진(震, 이후의 발해)을 건국하였다.

|오답해설|
① 선왕, ② 무왕, ③ 문왕의 업적에 해당한다.

40 ②

제시된 자료는 발해의 고구려 계승에 대한 내용이다. ② 당 문화의 영향을 받은 것으로는 3성 6부의 정치 제도, 국립 대학인 주자감 설치, 정효 공주의 묘에서 나타나는 벽돌무덤 양식, 상경의 구조 및 상경 용천부의 주작대로 등이 있다.

41 ②

제시된 자료의 "무예", "장문휴의 등주 공격"을 통해 밑줄 친 인물이 무왕(대무예)임을 알 수 있다. ② 발해는 무왕 때 일본과 국교를 체결하였다.

|오답해설|
①③ 발해국왕으로 승격, 전륜성왕 자처, 황상·황후 등의 용어를 사용한 것은 문왕(대흠무)이다.
④ 성왕(대화여, 5대 왕, 재위 793~794)은 동경에서 상경으로 천도하고 중흥(中興)이라는 연호를 사용하였다.

42 ④

제시된 자료는 발해 문왕 시기(재위 737~793)의 업적이다. ④ 통일 신라 원성왕 시기에 해당하는 독서삼품과 설치(788)는 발해의 문왕 재위 기간에 해당한다.

|오답해설|
① 신문왕 때 녹읍이 폐지되었다(689).
② 흥덕왕 때 장보고의 건의로 청해진이 설치되었다(828).
③ 진성 여왕 때 각간 위홍과 대구 화상이 향가집인『삼대목』을 편찬하였다(888).

| 정답 | 36 ③ 37 ② 38 ③ 39 ④ 40 ② 41 ② 42 ④

43

다음은 발해의 중앙 정치 기구이다. ㉠~㉢에 대한 설명으로 옳은 것은?

> ㉠ 중정대
> ㉡ 정당성
> ㉢ 주자감

① ㉠ 아래 6부를 3부씩 나누어 통제하였다.
② ㉠은 발해의 최고 관부로 수상은 대내상이었다.
③ ㉡은 관리들을 감찰하는 기관이었다.
④ ㉢은 중앙의 최고 교육 기관이었다.

44

19. 10월 서울시 7급

〈보기〉에 해당하는 국가의 정치 제도에 대한 설명으로 가장 옳지 않은 것은?

> ┤ 보기 ├
>
> 임금은 스스로 황상을 표방하고 독자적인 연호를 가지고 있었으며 5경 15부 62주의 행정 체제를 갖추고 있었고 율령에 해당하는 정령에 따라 정치를 운영하였다.

① 감찰 기관으로는 중정대, 재정 기관으로는 사장시가 있었다.
② 6부의 이름은 충·인·의·예·지·신 등 유교의 덕목을 따서 만들었다.
③ 부에는 도독, 주에는 자사, 현에는 현승을 두었다.
④ 정령을 제정하고 정책을 집행하는 기관을 중대성이라 불렀다.

고대의 경제

45

20. 경찰직 1차

한국 고대 국가의 경제에 대한 설명 중 가장 적절하지 <u>않은</u> 것은?

① 삼국 시대에는 개인 소유의 토지가 사실상 존재했으며 일반 백성은 이를 경작하거나 남의 토지를 빌려 경작하기도 했다.
② 통일 신라에는 녹비법, 퇴비법 등의 시비법이 발달하고 윤작법이 보급되어 생산력이 증가하였다.
③ 삼국 시대에는 점차 국가 체제가 정비되면서 관청을 두고 여기에 수공업자를 배정하여 무기나 비단 등 필요한 물품을 생산하였다.
④ 삼국 통일 후 인구 증가와 상품 생산의 확대에 따라 경주에 서시와 남시가 설치되었다.

46

15. 국가직 7급

일본 정창원(正倉院)에서 발견된 신라 민정(촌락) 문서에 대한 설명으로 옳지 <u>않은</u> 것은?

① 호구와는 달리 전답 면적의 증감은 기록되어 있지 않다.
② 인구는 남녀를 망라하여 연령에 따라 6등급으로 나누었다.
③ 촌락을 단위로 소와 말의 수 및 뽕나무, 잣나무, 호두나무의 수까지 기록하였다.
④ 서원경 부근 4개 촌락의 주민 이름, 성별, 나이와 노비의 수를 구체적으로 기재하였다.

47

19. 국가직 9급

(가) 시기의 경제 상황에 대한 설명으로 옳은 것은?

① 백성에게 정전을 처음으로 지급하였다.
② 시장을 감독하는 관청인 동시전을 신설하였다.
③ 백성의 구휼을 위하여 진대법을 제정하였다.
④ 청주(菁州)의 거로현을 국학생의 녹읍으로 삼았다.

48

〈보기〉의 ㉠ 인물에 대한 설명으로 가장 옳은 것은?

┌─ 보기 ┤
6월 27일에 사람들이 말하기를, ___㉠___ 의 교역선 2척이 단산
포(旦山浦)에 도착했다고 한다. …… 28일 당의 천자가 보내
는 사신들이 이곳으로 와 만나보았다. …… 밤에 ___㉠___ 의 견
대당매물사(遣大唐賣物使)인 최훈(崔暈) 병마사(兵馬使)가
찾아와서 위문하였다.
『입당구법순례행기』
└──────────────────────────────────────┘

① 『화랑세기』를 저술하였다.
② 당의 등주를 공격하였다.
③ 적산법화원을 건립하였다.
④ 웅천주를 근거지로 반란을 일으켰다.

49

다음 발해에 대한 설명으로 옳은 것을 모두 고르면?

┌──────────────────────────────────────┐
ㄱ. 국호는 처음에는 진국, 당나라 책봉을 받은 뒤에는 발해
라고 했고, 고구려 계승국을 표방하여 고려로 부르기도
했다.
ㄴ. 계획도시인 상경의 유적과 유물은 발해의 문화를 잘 보
여 준다.
ㄷ. 타구와 격구 놀이가 당을 통해 들어와 널리 유행했다.
ㄹ. 귀하게 여기는 것에는 태백산의 토끼, 남해부의 곤포(다
시마), 책성부의 된장, 솔빈부의 말, 위성의 철, 미타호
의 붕어 등이 있다.
└──────────────────────────────────────┘

① ㄱ, ㄴ
② ㄱ, ㄴ, ㄷ
③ ㄱ, ㄴ, ㄹ
④ ㄱ, ㄴ, ㄷ, ㄹ

---

43 ④

④ ⓒ 주자감은 발해의 최고 교육 기관이다.

| 오답해설 |

①② ⓒ 정당성에 대한 설명이다. 정당성은 국정을 총괄하는 최고 기구로 대내상이
수상의 역할을 담당하였다. 산하에 좌·우사정을 두어 각 3부를 통솔하였다.
③ ㉠ 중정대에 대한 설명이다.

44 ④

④ 정령을 제정하고 정책을 집행하는 기관은 정당성이다. 중대성은 국왕의 명령을
하달하는 역할을 담당하였다.

| 오답해설 |

① 사장시(司藏寺)는 발해 7시 중 하나로, 재화(財貨)의 보관 및 무역 활동을 담당하
는 재정 기관이었다.

45 ②

② 녹비법, 퇴비법 등의 시비법이 발달하고 2년 3작의 윤작법이 점차 보급되어 생
산력이 증가한 시기는 고려 시대이다.

46 ④

결정적 문제 ▶ 민정 문서(신라 장적 문서)는 경제편에서 가장 자주 출제된다. 철저히
분석하자!
민정 문서(신라 장적 문서)에 기록된 4개 촌 문서에는 촌명(村名), 촌역(村域: 지역
의 영역), 연(烟: 호), 구(口: 사람), 우마(牛馬), 토지, 수목, 호구의 감소, 우마의 감소,
수목의 감소 순으로 일정하게 기재되어 있다. 그러나 ④ 민정 문서에 주민의 이름
은 기록되지 않았다.

47 ①

9주 5소경이 설치된 것은 7세기 말 신문왕 시기이며, 대공의 난(768)은 혜공왕 때
일어난 사건이다. 따라서 (가) 시기는 신라 중대이다. ① 성덕왕 때 백성에게 정전을
처음으로 지급하였다(722).

| 오답해설 |

② 지증왕 때 시장을 감독하는 관청인 동시전을 신설하였다(509).
③ 고구려 고국천왕 때 백성의 구휼을 위하여 진대법을 제정하였다(194).
④ 신라 소성왕 때 청주의 거로현을 국학생의 녹읍으로 삼았다(799).

48 ③

견(대)당매물사를 통해, ㉠이 장보고임을 알 수 있다. ③ 장보고는 산동반도 적산 지
방에 적산법화원(赤山法華院)을 건립하였다.

| 오답해설 |

① 김대문은 『화랑세기』를 저술하였으나, 현재 전하지 않는다.
② 발해 무왕 때, 장문휴는 당의 등주를 공격하였다.
④ 822년(헌덕왕 14년) 3월 신라 웅천주(熊川州: 지금의 충청남도 공주)의 도독(都
督)이었던 김헌창은 신라 조정에 항거해 새로운 정부를 수립하고 국호를 '장안
(長安)', 연호를 '경운(慶雲)'이라 하였다.

49 ④

제시된 내용들은 모두 발해와 관련된 설명이다.

| 정답 | **43** ④ **44** ④ **45** ② **46** ④ **47** ① **48** ③ **49** ④

50

다음 사료와 가장 유사한 조직으로 볼 수 있는 것은?

> 사람들이 공부하기를 좋아하여 시골 벽촌의 가난한 집에 이르기까지 열심히 공부하였다. 큰 길가에는 커다란 집을 지어 경당이라 하고, 청소년들이 들어가 경서를 읽고 활쏘기를 연습하였다.

① 향도
② 화백 회의
③ 잡색군
④ 화랑도

51

다음 글의 밑줄 친 '이 조직'에 대한 설명으로 옳지 않은 것은?

> 이 조직은 원시 사회의 청소년 집단에서 기원하였다. 이 조직은 귀족 자제 중에서 선발된 화랑을 지도자로 삼고 귀족은 물론 평민까지 망라한 많은 낭도들이 그를 따랐다. 신라의 청소년들은 이 조직 내에서의 활동을 통해 전통적 사회 규범을 배웠다.

① 원광은 이 조직의 청소년들에게 세속 5계를 가르쳤다.
② 계층 간의 대립과 갈등을 조절·완화하는 구실을 하였다.
③ 귀족들은 이 조직을 통하여 국왕을 폐위시키는 등 왕권을 견제하였다.
④ 신라 진흥왕 때 국가적 차원에서 활동을 장려하고 조직을 확대하였다.

52

밑줄 친 '두 사람'이 살았던 나라의 교육 문화에 대한 설명으로 적절하지 않은 것은?

> 임신년 6월 16일에 두 사람이 함께 맹세하여 쓴다. 지금부터 3년 후에 충도(忠道)를 지키고 허물이 없게 할 것을 하늘 앞에 맹세한다. 만일 이 서약을 어기면 하늘에 큰 죄를 짓는 것이라고 맹세한다. 또한 신미년 7월 22일에 크게 맹세한 바 있다. 곧 『시경(詩經)』, 『상서(尙書)』, 『예기(禮記)』, 『춘추전(春秋傳)』을 3년 안에 차례로 습득하겠다고 하였다.

① 유교 경전을 통하여 유학을 공부하였다.
② 경당에서 유교와 활쏘기 등 무예를 배웠다.
③ 원광 법사가 제정한 세속 5계의 윤리를 배웠다.
④ 화랑도에 소속되어 산천을 돌아다니며 심신을 연마하기도 하였다.

53

<보기>의 밑줄 친 ㉠에 관한 설명으로 옳은 것은?

> ┤ 보기 ├
> 신라에서는 사람을 등용하는 데에 ㉠ 을/를 따진다. [때문에] 진실로 그 족속이 아니면, 비록 큰 재주와 뛰어난 공이 있더라도 넘을 수가 없다. 나는 원컨대, 서쪽 중국으로 가서 세상에서 보기 드문 지략을 떨쳐서 특별한 공을 세워 스스로 영광스러운 관직에 올라 고관대작의 옷을 갖추어 입고 칼을 차고서 천자의 곁에 출입하면 만족하겠다.

① 통일 신라기에 성립하였다.
② 국학이 설립되면서 폐지되었다.
③ 진골은 대아찬 이상의 고위 관등만 받을 수 있었다.
④ 혈통에 따른 신분제로서 승진의 상한선을 결정했다.

54

다음 〈보기〉의 출신에 대한 설명으로 가장 적절하지 <u>않은</u> 것은?

┤ 보기 ├

* 관등 승진의 상한선은 아찬까지였다.
* 이 골품에 해당하는 자는 비색 공복(公服)은 입을 수 있었으나, 자색 공복(公服)은 입을 수 없었다.

① 주로 중앙 관청의 우두머리나 지방 장관직을 담당하였다.
② 신라 말기에 이 출신이었던 일부 당(唐) 유학생은 신라 골품제 사회를 비판하면서 새로운 정치 이념을 제시하였다.
③ 신라 중대에는 왕의 정치적 조언자로 활동하였다.
④ 강수, 설총, 최치원이 이 골품에 해당하는 자들이었다.

정답&해설

50 ④

제시된 사료는 고구려의 지방 교육 기관인 경당에 관한 내용으로, 경당에서는 한학(漢學 : 文)과 무술[武]을 교육하였다. ④ 경당과 가장 비슷한 것은 신라의 화랑도이다.

51 ③

결정적 문제 ▶ 화랑도의 특징과 세속 5계의 내용은 꼭 암기하자!
밑줄 친 '이 조직'은 화랑도이다. ③ 화백 회의에 대한 설명이다.

52 ②

제시된 사료는 신라의 비석인 임신서기석의 내용으로, 밑줄 친 '두 사람'은 신라인으로 볼 수 있다. ② 경당은 고구려의 지방 교육 기관으로, 한학(漢學)뿐만 아니라 무술 교육을 병행하였다.

53 ④

㉠은 골품제이다. ④ 골품제는 혈통에 따른 신분제로서 관등 승진의 상한선을 결정하였다(예: 6두품은 17관등 중 6관등 아찬이 관등 상한선).

|오답해설|
① 골품제는 법흥왕 때 정비되었다.
② 골품제는 신라가 멸망할 때까지 존속하였다.
③ 진골은 5관등 대아찬 이상의 관등을 비롯한 모든 관등에 오를 수 있었다.

54 ①

제시된 자료는 6두품에 대한 설명이다. 6두품은 관등 승진의 상한선이 6관등 아찬이었으며, 자색의 공복은 입을 수 없었다. ① 중앙 관청의 우두머리나 지방 장관은 진골이 독점하였다.

| 정답 | 50 ④ 51 ③ 52 ② 53 ④ 54 ①

55

19. 지방직 9급

밑줄 친 '그'에 대한 설명으로 옳은 것은?

그는 중국 유학을 마치고 귀국한 다음, 국왕에게 황룡사에 9 층탑을 세울 것을 건의했다. 그가 9층탑 건립을 건의한 데에 는 주변 나라의 침입을 막고자 하는 호국 정신이 담겨 있다.

① 일심(一心) 사상을 주장하여 불교 교리의 대립을 극복하 고자 하였다.

② 통일 이후의 사회 갈등을 통합으로 이끄는 화엄 사상을 강조하였다.

③ 대국통으로 있으면서 계율을 지키는 일에 힘을 보탰다.

④ 화랑이 지켜야 할 세속 5계를 지었다.

56

19. 지방직 7급

㉠, ㉡ 승려의 활동으로 옳은 것은?

• 왕이 수(隋)에 군사를 청하는 글을 요청하자, ㉠ 은/는 "자기가 살기 위해 남을 멸망시키는 것은 승려가 할 일이 아니나, 제가 대왕의 땅에 살면서 수초(水草)를 먹고 있사 오니 명령을 따르겠습니다."라고 하였다.

• 왕이 왕성을 짓고자 하여 ㉡ 에게 의견을 묻자, "비록 들판의 초가집에 살아도 바른 도를 행하면 복업이 길어질 것이요, 그렇지 않으면 사람을 수고롭게 하여 애써 성(城)을 만들지라도 역시 이익이 없을 것입니다."라고 하였다.

「삼국사기」

① ㉠ – 왕에게 건의하여 황룡사 9층탑을 세웠다.

② ㉠ – 화랑이 지켜야 할 세속 5계를 만들었다.

③ ㉡ – 저잣거리에서「무애가」를 부르면서 대중을 교화하 였다.

④ ㉡ – 당에 유학하여 유식론을 독자적으로 발전시켰다.

57

15. 국가직 9급

신라 승려 ㉠과 ㉡에 대한 설명으로 옳지 않은 것은?

(㉠)은/는 불교 서적을 폭넓게 이해하고, 일심(一心) 사상 을 바탕으로 여러 종파의 사상적 대립을 조화시키며, 분파 의식을 극복하려고 노력하였다. 한편 (㉡)은/는 모든 존재 가 상호 의존적인 관계에 있으면서 서로 조화를 이룬다는 화 엄 사상을 정립하고, 교단을 형성하여 많은 제자를 양성하 였다.

① ㉠은 미륵 신앙을 전파하며 불교 대중화의 길을 열었다.

② ㉠은「무애가」라는 노래를 유포하며 일반 백성을 교화하 였다.

③ ㉡은 관음 신앙과 함께 아미타 신앙을 화엄 교단의 주요 신앙으로 삼았다.

④ ㉡은 국왕이 큰 공사를 일으켜 도성을 새로이 정비하려 할 때 백성을 위해 이를 만류하였다.

58

다음 자료의 밑줄 친 '그'에 대한 설명으로 옳은 것을 〈보기〉 에서 고르면?

그는 이미 계율을 범하고 설총을 낳은 후로는 속인의 옷으로 바꾸어 입고, 스스로 소성거사라고 일컬었다. 우연히 광대들 이 쓰는 이상하게 생긴 큰 박을 얻었다. 그는 그 모양대로 도구를 만들어 '무애호(걸림이 없는 박)'라 하며 노래를 짓고 세상에 퍼뜨렸다. '무애'라는 말은『화엄경』의 '모든 것에 걸림이 없는 사람이라야 곧바로 삶과 죽음에서 벗어난다.'라 는 글귀를 딴 것이다.

그는 이것을 가지고 많은 촌락에서 노래하고 춤추며 교화하 고 읊으면서 돌아다녔다. 이에 가난하고 몽매한 무리들까지 도 모두 부처의 이름을 알게 되었고, '나무아미타불'을 부르 게 되었다. 그의 교화가 그만큼 컸던 것이다.

「삼국유사」

┤ 보기 ├

ㄱ. 불교의 사상적 이해 기준을 확립하였다.

ㄴ. 중국, 인도의 선진 문화를 도입하려 하였다.

ㄷ. 다른 종파들과의 사상적 대립을 조화시켰다.

ㄹ. 국왕과 귀족 간의 대립을 완화시키려 하였다.

① ㄱ, ㄴ   ② ㄱ, ㄷ

③ ㄱ, ㄹ   ④ ㄴ, ㄷ

59 15. 지방직 9급

다음에서 설명하는 인물의 업적으로 옳은 것은?

> 성은 김씨이다. 29세에 황복사에서 머리를 깎고 승려가 되었다. 얼마 후 중국으로 가서 부처의 교화를 보고자 하여 원효(元曉)와 함께 구도의 길을 떠났다. …… 처음 양주에 머무를 때 주장(州將) 유지인이 초청하여 그를 관아에 머물게 하고 성대하게 대접하였다. 얼마 후 종남산 지상사에 가서 지엄(智儼)을 뵈었다.
>
> 『삼국유사』

① 『화엄일승법계도』를 저술하여 화엄 사상을 정리하였다.
② 중국에서 풍수지리설을 들여와 지세의 중요성을 일깨웠다.
③ 『십문화쟁론』을 지어 종파 간의 대립을 해소하고자 하였다.
④ 인도와 중앙아시아 지역을 여행하고 돌아와 『왕오천축국전』을 저술하였다.

---

55 ③

선덕 여왕에게 황룡사 9층 목탑을 세우도록 건의한 인물은 자장이다. ③ 자장은 선덕 여왕 때 대국통으로 있으면서 계율을 지키는 일에 힘을 보탰다(신라 계율종 개창).

|오답해설|
① 원효는 일심 사상과 화쟁 사상을 주장하여 불교 교리의 대립을 극복하고자 하였다.
② 의상은 통일 이후의 사회 갈등을 통합으로 이끄는 화엄 사상을 강조하였다. 의상의 화엄 사상은 왕권 전제화에 기여했다고 평가된다.
④ 원광은 화랑도의 계율인 세속 5계를 만들었고, 진평왕의 요청으로 걸사표(수나라에 고구려 공격을 요청하는 글)를 작성하였다.

56 ②

㉠ 원광, ㉡ 의상이다. ② 원광은 화랑도의 계율인 세속 5계를 만들었다.

|오답해설|
① 자장은 선덕 여왕에게 건의하여 황룡사 9층탑을 세웠다.
③ 원효는 저잣거리에서 「무애가」를 부르면서 대중을 교화하였다.
④ 원측은 당에 유학하여 유식론을 독자적으로 발전시켰다.

57 ①

결정적 문제 ▶ 원효와 의상의 업적이 비교되어 출제되니 기억하자!
㉠ 원효, ㉡ 의상이다. ① 원효는 아미타 신앙(정토종)을 전파하여 불교 대중화에 기여하였다.

|오답해설|
② 원효는 「무애가」라는 노래를 유포하며 일반 백성들을 교화하였다. 무애란 『화엄경』의 '일체무애인'에서 유래한 말로서, 원효가 파계한 후 스스로 소성거사(小性居士)라 일컬으며 이 노래를 지어 부르면서 방방곡곡을 돌아다녔다고 한다.
③ 의상은 현세 구복적인 관음 신앙과 함께 아미타 신앙을 화엄 교단의 주요 신앙으로 삼았다.
④ 의상은 문무왕이 큰 공사를 일으켜 도성을 새로이 정비하려 할 때 백성을 위해 이를 만류하였다.

58 ②

제시된 자료는 원효에 대한 설명이다. 원효는 『금강삼매경론』, 『대승기신론소』, 『십문화쟁론』 등의 저서에서 ㄱ. 불교의 사상적 이해 기준을 확립하였으며, ㄷ. 화쟁 사상을 주장하여 여러 종파를 통합하고자 하였다. 또한 정토종을 보급하여 불교의 대중화·생활화에 노력하였다.

59 ①

제시된 사료에서 "원효와 함께 구도의 길을 떠났다."는 부분을 통해 의상에 대한 내용임을 확인할 수 있다. ① 의상은 『화엄일승법계도』를 저술하여 화엄 사상을 정리하였고, 부석사·낙산사 등의 사찰 건립을 주도하였다.

|오답해설|
② 도선, ③ 원효, ④ 혜초에 대한 설명이다.

|정답| 55 ③ 56 ② 57 ① 58 ② 59 ①

60

다음 (가), (나) 승려에 대한 설명으로 옳은 것은?

> (가) 중국 유학에서 돌아와 부석사를 비롯한 여러 사원을 건립하였으며, 문무왕이 경주에 성곽을 쌓으려 할 때 만류한 일화로 유명하다.
> (나) 진골 귀족 출신으로 대국통을 역임하였으며, 선덕 여왕에게 황룡사 9층탑의 건립을 건의하였다.

① (가)는 모든 것이 한마음에서 나온다는 일심 사상을 제시하였다.
② (가)는 『화엄일승법계도』를 만들었다.
③ (나)는 『왕오천축국전』이라는 여행기를 남겼다.
④ (나)는 이론과 실천을 같이 강조하는 교관겸수를 제시하였다.

61

다음 사실들이 신라 하대에 미친 공통적인 영향을 바르게 추론한 것은?

> • 스스로 사색하여 진리를 깨닫는 것을 중시하는 불교 사상이 크게 융성하였다.
> • 지배층의 사치에 반발하는 은둔적인 경향이 나타나 도교와 노장 사상이 널리 퍼졌다.
> • 인문 지리적·예언적인 도참 신앙이 결부된 풍수지리설이 유행하였다.

① 신라 왕실과 중앙 정부의 권위를 크게 약화시켰다.
② 불교계를 자극하여 불교 문화 발전의 계기가 되었다.
③ 귀족 중심의 문화보다 서민 중심의 문화가 발달하였다.
④ 왕실과 귀족을 중심으로 조형 미술이 크게 발달하였다.

62

통일 신라의 유교 교육과 관련된 내용으로 옳지 않은 것은?

① 신문왕 때 유교 교육 기관으로 국학을 세웠다.
② 12등급에 해당하는 대사 이하의 하급 귀족 자제에게 국학의 입학 자격을 주었다.
③ 성덕왕 때 국학을 태학감으로 고치고 『논어』와 『효경』을 필수 과목으로 가르쳤다.
④ 원성왕 때 유교 경전의 이해 수준에 따라 관리를 등용하는 독서삼품과를 실시하였다.

63

다음과 관련된 인물에 대한 설명 중 가장 옳지 않은 것은?

> 이 나라에 현묘한 도가 있어 이를 풍류라 하였다. 이 교의 기원은 선사(仙史)에 자세히 실려 있거니와 실로 이는 3교를 포함한 것으로 모든 민중을 교화하였다. 즉, 집안에서는 효도하고 밖에서는 나라에 충성을 다하니 이것은 노나라 사구의 취지이다. 모든 일을 거리낌없이 처리하고 말하지 않고 실행하는 것은 주나라 주사의 종지였으며, 모든 악한 일을 하지 않고 선만 행하는 것은 축건태자의 교화 그대로이다.

① 당에서 과거에 급제하여 여러 요직에서 벼슬하다가 당 희종 때 황소의 난이 일어나자 이를 토벌하는 격문을 지어 명성을 떨쳤다.
② 894년 시무책(時務策) 10여 조를 진성 여왕에게 올려 개혁을 요구하고 아찬의 벼슬에 올랐다.
③ 『계원필경』, 『제왕연대력』을 저술하였다.
④ 발해에 대하여 고구려 후예들이 건국한 것으로 이해하고 매우 우호적인 입장을 가졌다.

64

다음 인물들에 대한 설명으로 가장 적절한 것은?

① 강수는 외교 문서를 잘 지은 문장가로 유명하며 불교를 세외교(世外敎)라고 비판하였다.

② 진골 출신의 설총은 이두를 정리하여 한문 교육에 공헌하였고 신문왕에게 「화왕계」라는 글을 바쳤다.

③ 김대문은 신라의 대표적인 문장가로 『한산기』, 『계림잡전』, 『사륙집』, 『고승전』 등을 저술하였다.

④ 최치원은 당의 빈공과에 급제하고 문장가로 이름을 떨친 뒤 귀국하여 성덕왕에게 개혁안 10여 조를 건의하였다.

65

다음은 발해 정효 공주 묘지명 내용의 일부이다. 이와 관련된 사실 중 가장 옳지 <u>않은</u> 것은?

> 공주는 우리 대흥보력효감금륜성법대왕(大興寶曆孝感金輪聖法大王)의 넷째 딸이다. …… 아아, 공주는 대흥(大興) 56년(792) 여름 6월 9일 임진일(壬辰日)에 궁 밖에서 사망하니, 나이는 36세였다. 이에 시호를 정효 공주(貞孝公主)라 하였다. 이해 겨울 11월 28일 기묘일(己卯日)에 염곡(染谷)의 서쪽 언덕에 배장하였으니, 이것은 예의에 맞는 것이다. 황상(皇上)은 조회를 파하고 크게 슬퍼하여, 정침(正寢)에 들어가 자지 않고 음악도 중지시켰다.

① 정효 공주는 발해 제3대 문왕(文王)의 넷째 딸이다.

② 문왕은 불교를 배척하고 도교의 이상적 제왕인 전륜성왕(轉輪聖王)을 자처하였다.

③ 이 무덤은 중국 용두산(龍頭山) 고분군에서 발굴되었다.

④ 이 무덤은 벽돌로 쌓았으며 벽화가 발견되었다.

정답&해설

60 ②

(가) 의상, (나) 자장이다. ② 의상은 『화엄일승법계도』를 통해 화엄 사상의 핵심을 제시하였다.

| 오답해설 |

① 원효는 모든 것이 한마음에서 나온다는 일심 사상을 제시하였다.

③ 혜초는 인도와 중앙아시아 여러 나라를 다녀온 후 『왕오천축국전』이라는 여행기를 남겼다.

④ 고려 시대의 승려인 의천은 이론과 실천을 같이 강조하는 교관겸수를 제시하였다.

61 ①

① 선종, 도교, 풍수지리설은 신라 하대 왕실과 중앙 정부의 권위를 약화시키는 사상적 배경으로 작용하였다.

62 ③

국학은 신문왕 때 유학 교육을 위해 설립되었다. 이후 ③ 경덕왕 때 태학감으로 개칭하였다가, 혜공왕 때 국학으로 환원하였다. 박사와 조교를 두어 9년간 3분과로 나누어 『논어』, 『효경』을 필수 과목으로, 5경과 『문선』 등을 선택 과목으로 가르쳤다. 입학 자격은 15~30세의 대사(12관등) 이하 귀족 자제만을 대상으로 하였다.

63 ④

결정적 문제 설총, 강수, 최치원 등 6두품 출신 유학자들의 업적을 기억해 두자!

제시된 사료는 최치원의 「난랑비 서문」이다. ④ 최치원은 발해를 고구려의 후예들이 건국한 것으로 이해하고 있었으나, 그의 저술인 「사불허북국거상표(謝不許北國居上表)」 등에서 발해인에 대한 강한 적개심을 확인할 수 있다.

| 오답해설 |

최치원의 호는 고운이며, 6두품 출신으로 당나라에 유학하였다. ① 빈공과(당나라에서 치르던 외국인 대상 과거 시험)에 합격하였고, 「토황소격문」 등을 지었다. 이후 ② 신라로 귀국하여 진성 여왕에게 시무책(개혁안) 10여 조를 제시하고, 아찬에 올랐으나 개혁안을 실행하지는 못하였다. 관직에서 물러난 후에는 각 지역을 유랑하며 은둔 생활을 하였다. 최치원은 이후 고려 현종 때 내사령에 증직되고, 문창후로 봉해지며, 문묘에 배향되었다. ③ 대표적인 저서로는 『계원필경』과 『제왕연대력』 등이 있다.

64 ①

① 강수는 「답설인귀서」, 「청방인문표」 등 외교 문서를 잘 지은 문장가로 유명하며, 불교를 세외교(世外敎: 세상과 동떨어진 종교)라고 비판하였다.

| 오답해설 |

② 설총은 6두품 출신 유학자이다.

③ 『한산기』, 『계림잡전』, 『고승전』은 김대문의 저서가 맞지만, 『사륙집』은 최치원의 저서이다.

④ 최치원은 귀국한 후 진성 여왕에게 시무책(개혁안) 10여 조를 건의하였다.

65 ②

② 문왕은 불교를 통해 왕권을 강화하고자 하였으며, 스스로를 불교적 성왕(전륜성왕)으로 칭하였다.

| 정답 | 60 ② 61 ① 62 ③ 63 ④ 64 ① 65 ②

66

〈보기〉에서 발해 문화가 고구려를 계승하였음을 보여 주는 문화유산을 모두 고른 것은?

┤ 보기 ├

ㄱ. 온돌 장치
ㄴ. 벽돌무덤
ㄷ. 굴식 돌방무덤
ㄹ. 주작대로

① ㄱ, ㄴ
② ㄱ, ㄷ
③ ㄴ, ㄹ
④ ㄷ, ㄹ

67

다음 자료에 공통으로 나타난 사상과 관련된 유물로 가장 적절한 것은?

- 천존상과 도사들을 고구려에 보내어 『도덕경』을 강론하니 왕과 도사와 일반 사람들로서 참관한 자가 수천 명이었다.
- 백제 장군 막고해는 고구려군을 쫓아가는 태자에게, "일찍이 듣건대 무릇 만족할 줄 알면 욕되지 않고 멈출 줄 알면 위태롭지 않습니다."라고 하였다.
- 나라에 현묘한 도가 있으니 풍류라 한다. …… 무위(無爲)의 일에 처하여 불언(不言)의 가르침을 행함은 주나라 주사(柱史)의 뜻이다.

①
②
③
④

68

다음과 같은 사상과 관련된 서술로 옳은 것을 〈보기〉에서 모두 고르면?

도선과 왕건의 부친이 함께 산에 올라 산수의 맥을 살펴보았다. 도선이 위로 천문(天文)을 보고 아래로 시운(時運)을 짚어 보고 말하기를 "이 땅의 맥이 북서쪽 백두산으로부터 수(水)와 목(木)의 줄기가 되어 내려와서 마두명당(馬頭明堂)이 되었습니다. 마땅히 수(水)의 큰 숫자를 따라서 36칸으로 집을 지으면 하늘과 땅의 큰 수에 응할 것입니다. 만일 이 비결대로 하면 반드시 성자(聖者)가 태어날 것이니, 마땅히 이름을 왕건(王建)이라고 하소서." 하고 편지 한 통을 몰래 봉해 주었다. 그 겉봉에 '도선이 삼가 글월을 받들어 백 번 절하고, 미래 삼한을 통합할 임금 대원군자(大原君子)님께 드립니다.'라고 썼다.

「고려사」

┤ 보기 ├

ㄱ. 신라 말기 도선에 의해 중국에서 도입하였다.
ㄴ. 환경을 인간에게 유리하게 바꿀 수 있다는 주장이다.
ㄷ. 경주 외의 다른 지방의 중요성을 인식하게 만들었다.
ㄹ. 전 국토의 균형적인 개발을 추진하는 이론적 배경이 되었다.

① ㄱ, ㄴ
② ㄱ, ㄷ
③ ㄱ, ㄹ
④ ㄴ, ㄷ

69

다음 밑줄 친 '이 무덤'에 대한 설명으로 가장 적절한 것은?

이 무덤은 '동방의 피라미드'라고도 불린다. 무덤 바닥 한 변의 길이는 31.5m이고, 밑면적은 960m², 높이는 12.40m로 매우 큰 규모다. 화강암 표면을 정성껏 가공한 후 일정한 크기로 잘라 7단의 피라미드형으로 쌓았는데, 기단의 둘레에는 너비 4m의 돌을 깔았다.

① 구조상 도굴이 어려워 많은 부장품이 출토되었다.
② 봉토 주위의 둘레돌에 12지 신상이 조각되어 있다.
③ 초기 한성 시기의 백제 무덤과 유사한 구조를 보인다.
④ 당시 사람들의 생활 모습을 묘사한 벽화가 남겨져 있다.

70

다음 기행문의 ㉠에서 출토한 유물로 적절한 것은?

> 며칠 전 나는 공주 시내에 있는 유적지를 둘러보았다. 가장 인상에 남는 곳은 송산리 고분군이었다. 그곳에는 ㉠ 이/가 자리 잡고 있었으며, 전시관도 마련되어 있었다. ㉠ 은/는 연도(羨道)와 현실(玄室)을 아치형으로 조성한 벽돌무덤이다. 이 무덤에서 금송(金松)으로 만든 왕과 왕비의 관(棺)을 비롯하여 많은 부장품을 출토하였다. 중국 남조 양나라나 왜와의 교류를 짐작케 하는 무덤이다.

① 무덤 안에 있는 여러 옷차림의 토우
② 무덤 안에 놓여 있는 왕과 왕비의 지석
③ 무덤 안의 네 벽면을 장식한 사신도 벽화
④ 무덤 주위를 둘러싼 돌에 새겨진 12지 신상

71

우리나라 유네스코 세계 유산에 대한 설명으로 옳지 <u>않은</u> 것은?

① 미륵사지에는 목탑 양식의 석탑이 있다.
② 정림사지에는 백제의 5층 석탑이 남아 있다.
③ 능산리 고분군에는 계단식 돌무지무덤이 있다.
④ 무령왕릉에는 무덤 주인공을 알려 주는 지석이 있었다.

정답&해설

66 ②

발해 문화가 고구려를 계승하였음을 보여 주는 문화유산은 ㄱ. 온돌 장치, ㄷ. 굴식 돌방무덤이다.

|오답해설|
ㄴ. 벽돌무덤과 ㄹ. 주작대로는 당의 문화적 영향을 받았다.

67 ③

『도덕경』, "안분지족(安分知足)의 마음가짐", "풍류도 중 무위(無爲)의 자세" 등은 모두 도교와 관련이 있다. 삼국에서는 도교가 산천 숭배나 신선 사상과 결합하여 귀족 사회를 중심으로 환영을 받았다. 고구려 고분에 그려진 사신도(③ 강서대묘 사신도 중 '현무도')는 도교의 방위신을 그린 것으로서, 죽은 자의 사후 세계를 지켜 주리라는 믿음을 표현하고 있다.

|오답해설|
① 금관총 금관, ② 금동 미륵보살 반가 사유상, ④ 호우명 그릇이다.

68 ②

|오답해설|
ㄴ. 풍수지리설은 환경에 의해 인간의 삶이 결정된다는 환경 결정론적 입장이다.
ㄹ. 전 국토의 균형적 개발은 현대 경제에서 나오는 개념이다.

69 ③

밑줄 친 '이 무덤'은 고구려 장군총이다. ③ 장군총은 돌무지무덤에 해당하며(벽화는 없는 구조), 이러한 무덤 양식은 백제 한성 시대 무덤(대표적: 석촌동 고분)에 영향을 주었다.

70 ②

㉠ 무령왕릉은 1971년에 송산리 고분군의 배수로 공사 중에 우연히 발견되었는데, 다른 무덤과 달리 완전한 형태로 남아 있었다. 무령왕릉은 중국 남조의 영향을 받아 벽돌무덤으로 축조되었고, ② 무덤의 주인공이 무령왕과 왕비임을 알리는 지석이 발견되어 연대를 확실히 알 수 있었다. 또한, 왕과 왕비의 장신구와 금관 장식, 귀고리, 팔찌 등 3,000여 점의 부장품이 출토되어 백제 미술의 귀족적 특성(화려하고 세련된 문화)을 확인할 수 있다.

71 ③

③ 부여 능산리 고분군(부여 왕릉원)은 굴식 돌방무덤으로 규모는 작지만 축조 기술이 세련된 특징이 있다. 백제 한성 시대의 서울 석촌동 고분군이 대표적인 계단식 돌무지무덤에 해당한다.

|정답| **66** ② **67** ③ **68** ② **69** ③ **70** ② **71** ③

72

22. 계리직 9급

삼국 시대 고분 중 벽화가 남아 있는 것을 모두 고른 것은?

ㄱ. 호우총	ㄴ. 쌍영총
ㄷ. 무용총	ㄹ. 각저총
ㅁ. 천마총	

① ㄱ, ㄴ, ㅁ   ② ㄱ, ㄷ, ㄹ

③ ㄴ, ㄷ, ㄹ   ④ ㄷ, ㄹ, ㅁ

73

다음 기행문을 쓴 사람이 답사 현장에서 보았을 유물로 가장 적절한 것은?

> 며칠 전 나는 경주 시내 중심부에 있는 신라 시대 유적지를 둘러보았다. 가장 인상에 남는 곳은 대릉원이었다. 그곳의 안쪽 깊숙이에는 유명한 천마총이 자리 잡고 있었다. 천마총은 나무로 된 큰 상자에 시신을 안치한 널과 많은 부장품을 집어넣고, 나무 상자 위로 두껍게 돌을 쌓았으며, 그 위로 다시 많은 양의 흙을 덮은 복잡한 구조였다. 천마총 내부에는 전시관도 마련되어 있어서 출토된 유물들을 잘 살펴볼 수 있었다.

① 무덤 앞쪽에 서 있는 피장자의 비석

② 무덤 속 시신 머리 부분에서 출토된 금관

③ 무덤 안의 네 벽면을 장식한 사신도 벽화

④ 무덤 주위를 둘러싼 돌에 새겨진 12지 신상

74

20. 경찰직 1차

고대 국가의 문화에 대한 설명으로 가장 적절하지 <u>않은</u> 것은?

① 고구려에는 초기에 돌무지무덤[積石塚]이 유행했는데, 이른 시기의 것들은 단순한 돌무지였지만 점차 기단을 만들고 피라미드 형태로 정교하게 돌을 쌓아 올렸다.

② 고구려의 고분 벽화는 초기에는 생활상을 표현한 그림이 많았지만, 후기로 갈수록 추상화되었다.

③ 무령왕릉과 송산리 6호분은 중국 남조의 영향을 받은 벽돌무덤[塼築墳]이다.

④ 신라의 돌무지덧널무덤[積石木槨墳]은 고구려와 백제의 영향을 받았다. 황남대총, 호우총을 그 사례로 들 수 있다.

75

08. 국가직 7급

삼국 시대 비석의 건립 순서를 바르게 배열한 것은?

ㄱ. 단양 적성비
ㄴ. 사택지적비
ㄷ. 광개토 대왕릉비
ㄹ. 울진 봉평리 신라비

① ㄴ - ㄷ - ㄱ - ㄹ

② ㄷ - ㄱ - ㄴ - ㄹ

③ ㄷ - ㄹ - ㄱ - ㄴ

④ ㄹ - ㄱ - ㄷ - ㄴ

76

역사 편찬에 관한 설명으로 가장 적절하지 <u>않은</u> 것은?

① 고구려에서는 일찍부터 『유기』가 편찬되었으며, 영양왕 때 이문진이 이를 간추려 『신집』 5권을 편찬하였다.
② 백제에서는 근초고왕 때 고흥이 『서기』를 편찬하였다.
③ 신라에서는 진흥왕 때 거칠부가 『국사』를 편찬하였다.
④ 삼국 통일 이후 김대문은 『화랑세기』, 『고승전』, 『제왕연대력』을 편찬하였다.

77

(가)~(마)가 제작된 시기의 순서대로 바르게 묶은 것은?

(가)   (나)   (다)

(라)   (마)

① (가) – (나) – (다) – (라) – (마)
② (나) – (가) – (다) – (라) – (마)
③ (가) – (나) – (마) – (다) – (라)
④ (나) – (가) – (다) – (마) – (라)

정답&해설

72 ③

ㄴ. 쌍영총 – 기마 인물도 및 사신도. ㄷ. 무용총 – 무용도·수렵도. ㄹ. 각저총 – 씨름도 등의 벽화가 확인된다.

| 오답해설 |

ㄱ. 호우총과 ㅁ. 천마총은 돌무지덧널무덤으로, 돌무지덧널무덤은 벽화를 그릴 수 없는 구조이다.

73 ②

② 천마총은 돌무지덧널무덤 형태로, 천마도, 기마인물도, 금관 등의 부장품이 출토되었다.

74 ④

④ 통일 이전 신라의 돌무지덧널무덤은 고구려와 백제의 영향을 받지 않은 독자적 형태의 무덤이다.

75 ③

ㄷ. 5세기 고구려 장수왕 → ㄹ. 6세기 전반 신라 법흥왕 → ㄱ. 6세기 중반 신라 진흥왕 → ㄴ. 7세기 백제 의자왕

76 ④

④ 신라 진골 출신인 김대문은 『계림잡전』, 『고승전』, 『화랑세기』, 『한산기』, 『악본』 등을 저술하여 신라 문화를 주체적으로 인식하였다. 그의 저서는 현재 전하지 않으나 『삼국사기』에 인용 자료로 수록되어 있다. 한편 『제왕연대력』은 최치원의 저서이다.

| 보충설명 | 삼국의 역사 편찬

국가	역사책	시기	저자
고구려	『유기』 100권	국초	미상
	『신집』 5권	영양왕(600)	이문진
백제	『서기』	근초고왕(375)	고흥
신라	『국사』	진흥왕(545)	거칠부

77 ④

(나) 미륵사지 석탑(7세기, 백제 무왕) → (가) 신라 중대 불국사 3층 석탑(석가탑) → (다) 신라 하대 쌍봉사 철감선사 승탑 → (마) 월정사 8각 9층 석탑(송의 영향을 받은 고려 전기 석탑) → (라) 경천사 10층 석탑(원의 영향을 받은 고려 후기 석탑)

| 정답 | **72** ③   **73** ②   **74** ④   **75** ③   **76** ④   **77** ④

78

16. 서울시 7급

발해에 대한 설명으로 옳은 것을 〈보기〉에서 모두 고르면?

┌─ 보기 ─────────────────────────────────┐
│ ㄱ. 발해의 영광탑은 고구려의 영향을 받은 석탑이다.   │
│ ㄴ. 교역을 목적으로 하는 대규모 사절단을 일본에 파견하   │
│   였다.   │
│ ㄷ. 유학 교육을 목적으로 주자감을 설치하고 귀족 자제들에 │
│   게 유학을 가르쳤다.   │
│ ㄹ. 전체 인구 구성 가운데 옛 고구려 계통 사람들이 가장   │
│   큰 비중을 차지하였다.   │
└──┘

① ㄱ, ㄴ   ② ㄱ, ㄹ

③ ㄴ, ㄷ   ④ ㄷ, ㄹ

79

17. 서울시 7급

다음은 역사적 사실을 순서대로 나열한 것이다. 다음 (가)와 (나)에 들어갈 역사적 사실로 옳지 않은 것은?

백제의 고흥이 『서기』를 편찬하였다.
(가)
신라의 거칠부가 『국사』를 편찬하였다.
(나)
성덕 대왕 신종이 완성되었다.

① (가) 충주 고구려비가 세워졌다.

② (가) 황룡사 9층 목탑이 건축되었다.

③ (나) 이문진이 『신집』 5권을 편찬하였다.

④ (나) 김대성이 석굴암을 지었다.

80

12. 지방직 7급

다음은 『삼국사기』에서 신라의 역사를 세 시기로 구분한 것이다. (가)~(다) 시기에 있었던 사실로서 옳은 것을 〈보기〉에서 모두 고르면?

⊢박혁거세 진덕 여왕 ⊣	⊢선덕왕 경순왕 ⊣	
(가)	(나)	(다)

┌─ 보기 ─────────────────────────────────┐
│ ㄱ. (가) – 황룡사 9층 목탑을 세웠다.   │
│ ㄴ. (나) – 천체를 관측하기 위해 첨성대를 세웠다.   │
│ ㄷ. (나) – 감은사지 3층 석탑을 축조하였다.   │
│ ㄹ. (다) – 봉덕사종이라고도 하는 성덕 대왕 신종을 제작하 │
│   였다.   │
└──┘

① ㄱ, ㄴ   ② ㄱ, ㄷ

③ ㄴ, ㄷ   ④ ㄷ, ㄹ

81

15. 경찰직 1차

우리나라가 일본에 전파한 문화에 대한 설명으로 가장 적절하지 않은 것은?

① 왕인은 일본에 건너가 『천자문』과 『논어』를 전하고 가르쳤다.

② 혜자는 일본 쇼토쿠 태자의 스승이 되었다.

③ 원효, 강수, 설총이 발전시킨 불교와 유교 문화는 일본 아스카 문화의 성립에 기여하였다.

④ 노리사치계는 일본에 불경과 불상을 전하였다.

82

백제가 일본에 전파한 문화에 대한 설명으로 옳지 않은 것은?

① 고안무가 유학을 전해 주었다.
② 노리사치계가 불교를 전해 주었다.
③ 혜관이 일본 삼론종의 시조가 되었다.
④ 아직기가 일본 태자에게 한자를 가르쳤다.

정답&해설

78 ③

|오답해설|
ㄱ. 발해의 영광탑은 중국의 영향을 받은 전탑(벽돌 탑)이다.
ㄹ. 발해 인구의 다수는 말갈족이었으며, 소수의 고구려 계통 사람들이 지배층을 형성하였다.

79 ②

고흥의 『서기』 편찬(근초고왕, 375) → (가) → 거칠부의 『국사』 편찬(진흥왕, 545) → (나) → 성덕 대왕 신종의 완성(혜공왕, 771)
② 황룡사 9층 목탑은 7세기 선덕 여왕 때(645) 건축되었다.

|오답해설|
① 충주(중원) 고구려비는 5세기 장수왕, ③ 이문진의 『신집』은 영양왕(600) 때이다.
④ 석굴암은 경덕왕 때 짓기 시작하여, 혜공왕 때 완공하였다(751 ~ 774).

80 ②

(가) 상대, (나) 중대, (다) 하대에 해당한다. ㄱ. 상대 – 선덕 여왕, ㄷ. 중대 – 신문왕

|오답해설|
ㄴ. 상대 – 선덕 여왕, ㄹ. 중대 – 혜공왕 때 완성

81 ③

③ 삼국 시대의 문화가 일본에 전해져 아스카 문화 형성에 기여하였으며, 통일 신라의 불교 및 유교 문화는 하쿠호 문화 형성에 영향을 주었다.

82 ③

③ 고구려의 승려 혜관은 일본에 삼론종을 전파하여 일본 삼론종의 시조가 되었다.

|오답해설|
① 『일본서기』에 백제 무령왕 때 고안무가 한학(유학)을 전해 주었다는 기록이 있다.
② 성왕 때 노리사치계는 일본에 불교를 전해 주었다.
④ 근초고왕 때 아직기는 일본에 한자를 전해 주었다.

|정답| **78** ③ **79** ② **80** ② **81** ③ **82** ③

III 중세의 우리 역사

교수님 코멘트 ▶ 이 영역에서는 태조·광종·성종의 업적, 묘청의 서경 천도 운동, 무신정권(최충헌, 최우), 북방 민족의 침략, 공민왕의 개혁 정치 등이 빈출된다. 경제에서는 전시과 제도, 사회에서는 고려 시대 여성의 지위, 문화에서는 의천·지눌의 불교 통합 운동, 『삼국사기』, 『동명왕편』, 『삼국유사』, 『제왕운기』 등을 반드시 암기하여야 한다.

중세의 정치

01
22. 계리직 9급

후삼국 통일 과정에 있었던 사건의 순서를 옳게 나열한 것은?

> ㄱ. 완산주에 도읍을 정하고 후백제를 건국하였다.
> ㄴ. 국호를 태봉, 연호를 수덕만세로 정하였다.
> ㄷ. 금성이 함락되고 경애왕이 사망하였다.
> ㄹ. 왕건이 궁예를 몰아내고 즉위하였다.

① ㄱ - ㄴ - ㄷ - ㄹ
② ㄱ - ㄴ - ㄹ - ㄷ
③ ㄴ - ㄱ - ㄹ - ㄷ
④ ㄴ - ㄱ - ㄷ - ㄹ

02
21. 서울시(자체 출제) 9급

〈보기〉의 (가) 인물에 대한 설명으로 가장 옳은 것은?

> ┤ 보기 ├
> • 태조는 정예 기병 5천 명을 거느리고 공산(公山) 아래에서 (가) 을/를 맞아서 크게 싸웠다. 태조의 장수 김락과 신숭겸은 죽고 모든 군사가 패하였으며, 태조는 겨우 죽음을 면하였다.
> • (가) 이/가 크게 군사를 일으켜 고창군(古昌郡)의 병산 아래에 가서 태조와 싸웠으나 이기지 못하였다. 전사자가 8천여 명이었다.

① 오월에 사신을 보내 교류하였다.
② 송악에서 철원으로 도읍을 옮겼다.
③ 기훤, 양길의 휘하에서 세력을 키웠다.
④ 예성강을 중심으로 성장한 해상 세력이다.

03

밑줄 친 '이곳'에 대한 설명으로 옳지 않은 것은?

> **훈요 10조**
> 5조　나는 삼한 산천 신령의 도움을 받아 왕업을 이루었다. <u>이곳</u>은 수덕(水德)이 순조로워 우리나라 지맥의 근본이 되니 만대 왕업의 땅이다. 마땅히 계절마다 가서 1년에 100일 이상 머물러 안녕을 이루어야 할 것이다.

① 남진 정책을 펴던 장수왕 때에 고구려의 도읍이 되었다.
② 임진왜란 때 조명 연합군에 의해 일본군으로부터 탈환되었다.
③ 조선 후기에 청나라와 대외 무역을 전개한 만상의 근거지였다.
④ 흥선 대원군이 집권한 시기에 제너럴셔먼호 사건이 발생하였다.

04

〈보기〉의 밑줄 친 '내'가 시행한 정책으로 가장 옳지 <u>않은</u> 것은?

┤ 보기 ├

지난날 신라의 정치가 쇠하여 도적들이 다투어 일어나고 백성들은 난리 통에 그들의 폭골(曝骨)이 들판에 널렸다. 전임금이 온갖 혼란을 평정하고 국가 기초를 닦았으나 말년에 와서는 무고한 백성들에게 피해를 끼쳤고 국가가 멸망하였다. 내가 그 위기를 이어 새 나라를 창건하였는데 백성들에게 고된 노동을 시켜 힘들게 하는 것이 어찌 원하던 일이겠는가? 다만 모든 일을 시작하는 때라 일이 부득이하여 그런 것이다. …… 관리로서 나라의 녹봉을 먹는 너희들은 마땅히 백성들을 자식과 같이 사랑하는 나의 뜻을 충분히 헤아려 자기의 녹읍(祿邑) 백성들을 사랑해야 할 것이다.

① 대외적으로 남중국의 오월, 일본 등과 활발히 교류하며 국교를 맺었다.

② 발해 왕자 대광현이 망명하자 왕계라는 이름을 내려 주었다.

③ 『정계』, 『계백료서』 등을 통해 관리가 지켜야 할 규범을 제시하였다.

④ 평양을 서경으로 승격시키고 중시하였다.

---

01 ②

제시된 사건의 순서는 다음과 같다. ㄱ. 견훤의 후백제 건국(900) → ㄴ. 궁예는 911년 국호를 '태봉', 연호를 '수덕만세'로 정함. → ㄹ. 왕건의 고려 건국(918) → ㄷ. 견훤은 927년 금성을 함락하고, 경애왕을 처형함.

02 ①

(가)는 견훤이다. 견훤은 927년 공산 전투에서는 고려에 승리하였으나, 930년 고창(안동) 전투에서는 고려에 패배하였다. ① 후백제의 견훤은 오월, 후당 등에 사신을 보내 교류하였다.

|오답해설|

② 궁예는 송악에서 철원으로 도읍을 옮겼다(905).

③ 궁예는 기훤, 양길의 휘하에서 세력을 키운 후 후고구려를 건국하였다(901).

④ 태조 왕건은 예성강을 중심으로 성장한 해상 세력 출신이었다.

03 ③

제시된 자료에서 밑줄 친 '이곳'은 서경(평양)이다. 태조 왕건은 옛 고구려의 도읍이었던 서경을 중시하였고, 이곳을 북진 정책의 기지로 삼았다. ③ 조선 후기 청나라와 대외 무역을 전개한 만상의 근거지는 의주이다.

|오답해설|

① 고구려 장수왕은 남하 정책을 추진하는 과정에서 평양으로 천도하였다.

② 평양은 임진왜란 때 일본군에 의해 함락되었으나, 이후 조명 연합군에 의해 탈환되었다.

④ 흥선 대원군의 섭정 시기인 1866년에 평양에서 제너럴셔먼호 사건이 일어났다.

|보충설명| 훈요 10조의 핵심 내용

1조	대업은 제불 호위에 의하여야 하므로, 사원을 보호·감독할 것
2조	사원의 창설은 도선의 설에 따라 함부로 짓지 말 것
3조	왕위 계승은 적자·적손을 원칙으로 하되 마땅하지 아니할 때는 형제 상속도 가능하다.
4조	거란과 같은 야만국의 풍속을 본받지 말 것
5조	서경은 길지이니 순유(巡留)하여 안녕을 이루게 할 것
6조	연등과 팔관은 주신(主神)을 함부로 가감하지 말 것
7조	간언을 받아들이고 참언을 물리칠 것이며, 부역을 고르게 하여 민심을 얻을 것
8조	차령과 금강 이남의 인물은 조정에 등용하지 말 것
9조	관리의 녹은 그 직무에 따라 제정하되 함부로 증감하지 말 것
10조	경사를 널리 읽어 옛일을 거울로 삼을 것

04 ①

제시된 사료는 고려 태조가 예산진에서 내린 조서 중 일부이다. ① 후백제의 견훤은 남중국의 오월, 일본 등과 국교를 맺고 활발히 교류하였다.

|정답| 01 ② 02 ① 03 ③ 04 ①

05

밑줄 친 '이곳'에서 일어난 일로 옳은 것은?

> 고려 정종 때 이곳으로 천도 계획을 세웠으나 실현되지 못했고, 문종 때 이곳 주위에 서경기 4도를 두었다.

① 이곳에서 현존 세계 최고의 『직지심체요절』이 간행되었다.
② 지눌이 이곳을 중심으로 수선사 결사 운동을 전개하였다.
③ 조위총이 정중부 등의 타도를 위해 이곳에서 반란을 일으켰다.
④ 강조가 군사를 이끌고 이곳으로 들어와 김치양 일파를 제거하였다.

다음 밑줄 친 '왕'에 대한 설명으로 옳은 것은?

> 왕의 이름은 소(昭)다. 치세 초반에는 신하에게 예를 갖추어 대우하고 송사를 처리하는 데 현명하였다. 빈민을 구휼하고, 유학을 중히 여기며, 노비를 조사하여 풀어 주었다. 밤낮으로 부지런하여 거의 태평의 정치를 이루었다. 중반 이후로는 신하를 많이 죽이고, 불법(佛法)을 지나치게 좋아하며 절도가 없이 사치스러웠다.
> 『고려사절요』

① 쌍기의 건의로 과거제를 실시하였다.
② 12목을 설치하고 지방관을 파견하였다.
③ 호족을 견제하기 위해 사심관과 기인 제도를 마련하였다.
④ 승려인 신돈을 등용하여 전민변정도감을 설치하였다.

07

밑줄 친 '왕'의 업적으로 옳은 것은?

> 왕이 노비를 상세히 조사하여 옳고 그름을 밝히도록 명령하였다. 이 때문에 주인을 배반하는 노비들을 도저히 억누를 수 없었으므로, 주인을 업신여기는 풍속이 크게 유행하였다. 사람들이 다 수치스럽게 여기고 원망하였다. 왕비도 간절히 말렸지만 받아들이지 않았다.
> 『고려사절요』

① 구제도감을 설치하였다.
② 문신월과법을 실시하였다.
③ 백관의 공복을 제정하였다.
④ 삼한통보, 해동중보 등을 주조하였다.

08

최승로가 역대 왕을 평가한 '5조 정적평'의 내용으로 가장 적절하지 않은 것은?

① 태조는 통일을 이룬 이래로 정사에 부지런하였다.
② 혜종은 예를 갖추어 사부를 높이지 않았지만 빈객(賓客)과 관료들을 잘 대우해, 처음 즉위하였을 때 여러 사람이 기뻐하였다.
③ 광종은 밤마다 사람들을 접견하고 혹은 날마다 손님을 초대하는 것을 즐거움으로 삼아 정사를 게을리하였다.
④ 경종은 거짓과 참[邪正]의 구분이 없어서, 임금이 내리는 상과 벌이 균일하지 않았다.

05 ③

밑줄 친 '이곳'은 서경(현재의 평양)이다. 고려 3대 왕인 정종 때 서경으로 천도 계획을 세웠으나 실행되지 못했고, 문종(11대) 때 서경 주변에 서경기(西京畿) 4도를 설정하였다(1062). ③ 서경 유수 조위총은 정중부 등의 타도를 외치며 서경에서 반란을 일으켰다(조위총의 난, 1174).

| 오답해설 |
① 청주 흥덕사에서 현존 세계 최고(最古)의 금속 활자본인 『직지심체요절』이 간행되었다.
② 지눌은 현재의 순천 송광사를 중심으로 수선사 결사 운동을 전개하였다.
④ 서북면 도순검사(西北面都巡檢使) 강조는 개경으로 쳐들어와 김치양 일파를 제거하였다. 또한 목종을 폐위하고, 현종을 옹립하였다(강조의 정변, 1009).

06 ①

왕의 이름이 "소(昭)"이며, "빈민 구휼(제위보)", "노비를 조사하여 풀어 주었다(노비안검법)."는 내용을 통해 밑줄 친 '왕'이 광종임을 알 수 있다. ① 광종은 쌍기의 건의로 과거제를 실시하였다.

| 오답해설 |
② 성종, ③ 태조, ④ 공민왕의 업적이다.

07 ③

제시된 사료에서 "노비를 상세히 조사하여 옳고 그름을 밝히도록 명령하였다."는 내용을 통해 밑줄 친 '왕'이 광종임을 알 수 있다. ③ 광종 때 백관의 4색 공복(자색, 단색, 비색, 녹색)을 제정하였다.

| 오답해설 |
① 예종 때 구제도감을 설치하였다.
② 성종 때 문신월과법을 실시하였다.
④ 숙종 때 주전도감을 설치하여 삼한통보, 해동중보 등을 주조하였다.

08 ②

② 5조 정적평에는 "혜종은 예를 갖추어 사부를 높였으며, 빈객과 관료들을 잘 대우해 처음 즉위할 때는 여러 사람이 기뻐하였다."라고 기술되어 있다.

| 오답해설 |
① "태조는 후한 덕과 넓은 도량으로 후삼국을 통일하였고, 절약과 검소함을 숭상하여 궁궐이나 의복에 도를 넘지 않았다. 또한 통일을 이룬 이래로 정사에 부지런했다."라고 기록되어 있다.
③ "광종은 왕위에 오른 후 8년간은 정치를 잘 하였으나, 쌍기가 귀화한 후 인사가 문란해졌다."라고 평가되어 있다. 또한 "밤마다 사람을 접견하고 날마다 손님을 초대하는 것을 즐거움으로 삼아 정사를 게을리하였다."라고 기록되어 있다.
④ "경종은 자질은 뛰어났지만 경험이 적어, 권신(權臣)에게 정권을 맡겨 정치가 어지러워졌으며, 거짓과 참의 구분이 없어서 상과 벌이 균등하지 않았다."라고 평가되어 있다.

| 정답 | **05** ③ **06** ① **07** ③ **08** ②

09

다음 건의를 받아들인 왕이 실시한 정책으로 옳은 것은?

> 임금이 백성을 다스릴 때 집집마다 가서 날마다 그들을 살펴보는 것이 아닙니다. 그래서 수령을 나누어 파견하여, (현지에) 가서 백성의 이해(利害)를 살피게 하는 것입니다.
> 우리 태조께서도 통일한 뒤에 외관(外官)을 두고자 하셨으나, 대개 (건국) 초창기였기 때문에 일이 번잡하여 미처 그럴 겨를이 없었습니다. 이제 제가 살펴보건대, 지방 토호들이 늘 공무를 빙자하여 백성들을 침해하며 포악하게 굴어, 백성들이 명령을 견뎌내지 못합니다. 외관을 두시기 바랍니다.

① 서경 천도를 추진하였다.
② 5도 양계의 지방 제도를 확립하였다.
③ 지방 교육을 위해 경학 박사를 파견하였다.
④ 유교 이념과는 별도로 연등회·팔관회 행사를 장려하였다.

10

〈보기〉의 밑줄 친 인물이 왕으로 즉위하여 활동하던 기간에 있었던 사실로 가장 옳은 것은?

> ─ 보기 ├
> 개경으로 돌아온 강조(康兆)는 김치양 일파를 제거함과 동시에 국왕마저 폐한 후 살해하였다. 이 같은 소용돌이 속에서 대량원군이 임금으로 즉위하였다.

① 부모의 명복을 빌기 위해 현화사(玄化寺)를 창건했다.
② 거란의 침입에 대비하기 위하여 광군 30만을 조직했다.
③ 강동 6주의 땅을 고려 영토로 편입시켰다.
④ 재조대장경의 각판 사업에 착수했다.

11

다음 글의 밑줄 친 내용에 해당하는 사례로 적절한 것은?

> 그는 고려 시대의 성군이었습니다. 그의 통치 기간 중에 고려의 여러 문물제도가 완비되고 학문이 발달하였으며 사회가 안정되었던 것이지요. 중앙에서는 내사문하성을 중서문하성으로 고쳐 부르게 되었고, 6부의 상서 위에 판사를 두고 2품 이상의 재상들이 이를 겸임하도록 하여 국정의 논의와 행정의 실무를 맡도록 한 '6부 판사제'를 본격적으로 시행하였지요. 지방 제도로는 개성부가 복구되어 수도인 개성 주위의 경기를 통치하게 되었습니다. 이러한 정치 제도의 정비를 바탕으로 다양한 제도의 정비도 이루어졌습니다.

① 사심관 제도를 실시하여 지방의 호족 세력을 통제하였다.
② 국방력 강화를 위해 전국적인 군사 조직인 광군을 편성하였다.
③ 5품 이상의 고위 관료들을 대상으로 공음 전시법을 제정하였다.
④ 관료들의 관품과 인품을 동시에 고려한 전시과 체제를 마련하였다.

12

괄호 안에 들어갈 고려 시대의 정치 기구에 대한 설명으로 옳은 것은?

> 국초에 (   )을/를 설치하여 시중·평장사·참지정사·정당문학·지문하성사로 판사(判事)를 삼고, 판추밀 이하로 사(使)를 삼아 일이 있을 때 모였으므로 합좌(合坐)라는 이름이 붙게 되었다. 그런데 한 해에 한 번 모이기도 하고 여러 해 동안 모이지 않기도 하였다. 『역옹패설』

① 군사 기밀과 왕명 전달을 담당하였다.
② 화폐와 곡식의 출납, 회계의 일을 맡았다.
③ 정치의 잘잘못을 논하고 관리의 비리를 감찰하였다.
④ 양계의 축성 및 군사 훈련 등 국방 문제를 논의하였다.

13

다음과 같은 업무를 수행한 고려의 정치 기구에 대한 설명으로 옳지 <u>않은</u> 것은?

- 국자감의 학부별 입학 자격, 교육 과정, 수업 연한 및 학생 정원 등을 규정한 학칙을 상세히 제정하였다.
- 첨사부(동궁 사무를 관장하던 관청)에 지급할 공해전의 규모, 소속 관원을 보조할 수행원의 정원 배정 등 첨사부 운영에 필요한 여러 가지 시행 규정을 정하였다.

① 고려의 독자적 기구이다.
② 법령의 개폐에 동의하는 서경권을 행사하였다.
③ 최고위직인 사(使)는 수상이 맡았다.
④ 재추 합좌로 운영되었다.

14

17. 국가직 7급 추가

(가)~(라)에 대한 설명으로 옳은 것은?

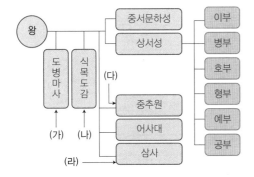

① (가)는 법제, 격식을 다루었으며, (나)는 고려 후기에 도당으로 불렸다.
② (가)와 (나)는 고려의 독자적인 기구이며, 중서문하성의 재신과 (다)의 추신이 합좌하였다.
③ (다)는 왕명 출납과 군기의 업무를 맡았고, (라)는 백관을 규찰하고 탄핵하였다.
④ (다)와 (라)는 당제를 모방하여 설치하였고, 주요 사안을 6부와 협의하여 결정하였다.

정답&해설

09 ③

결정적 문제 고려 초기 왕들(태조, 광종, 성종)의 업적은 빈출 주제이다!

제시된 사료는 최승로의 시무 28조 중 일부이다. 고려 성종은 최승로의 시무 28조를 받아들여 유교를 정치 이념화하였고, 12목을 설치하여 지방관을 파견하였다. ③ 성종은 국자감을 정비하고 지방 교육을 위해 경학 박사와 의학 박사를 파견하였다.

|오답해설|
① 정종 때 서경 천도를 계획하였으며, 인종 때 묘청 등이 서경 천도를 주장하였다.
② 5도 양계의 지방 제도를 확립한 시기는 현종 때이다.
④ 성종 시기에는 연등회와 팔관회가 축소·폐지되었다.

10 ①

강조의 정변으로 목종이 폐위되고 현종이 옹립되었다. 따라서 밑줄 친 '대량원군'은 현종이다. ① 현종은 부모의 명복을 빌기 위하여 현화사를 창건했다(1018년으로 추정).

|오답해설|
② 정종(3대), ③ 성종, ④ 고종 대에 해당한다.

11 ③

제시된 자료는 문종 시기에 해당된다. ③ 문종은 성종 시기의 내사문하성을 중서문하성으로 개편하고 공음 전시법을 제정하였다.

|오답해설|
① 태조, ② 정종, ④ 경종 시기에 해당한다.

12 ④

괄호 안에 들어갈 기구는 '도병마사'이다. ④ 도병마사는 국방 문제를 논의하는 기구로 운영되었으나, 원 간섭 시기인 충렬왕 때 '도평의사사'로 개편되면서 국방뿐만 아니라 인사, 행정 등을 관할하는 최고 정무 기구로 성장하였다.

|오답해설|
① 군사 기밀과 왕명 전달을 담당하였던 기구는 중추원이다.
② 고려 시대 삼사는 화폐와 곡식의 출납, 회계의 일을 담당하였다.
③ 어사대는 정치의 잘잘못을 논하고, 관리의 비리를 감찰하였다.

13 ②

제시된 자료는 식목도감에 대한 설명이다. ② 대간(중서문하성의 낭사, 어사대)에 대한 설명이다.

14 ②

② 도병마사와 식목도감은 고려의 독자적 기구였으며, 중서문하성의 재신과 중추원의 추밀(추신)이 합좌하였다(재추 합좌 기구).

|오답해설|
① (나) 식목도감은 법제·격식을 다루었으며, (가) 도병마사는 고려 후기 충렬왕 때 도평의사사로 개편되어 도당으로 불렸다.
③ (다) 중추원은 왕명 출납과 군기의 업무를 담당하였다. (라) 삼사는 곡식이나 화폐 출납을 담당하던 회계 기구이다.
④ (다) 중추원과 (라) 삼사는 송의 제도를 모방하여 설치하였다.

|정답| **09** ③ **10** ① **11** ③ **12** ④ **13** ② **14** ②

15

고려 시대 지방 제도에 대한 설명으로 가장 적절하지 <u>않은</u> 것은?

① 5도에는 안찰사가 파견되었으며 도내의 지방을 순찰하였다.

② 북방의 국경 지대에는 동계·북계의 양계를 설치하여 병마사를 파견하였다.

③ 전국의 주민을 직접적으로 지배하기 위하여 모든 군·현에 수령을 파견하였다.

④ 조세나 공물의 징수와 노역 징발 등 실제적인 행정 사무는 향리가 담당하였다.

16

고려의 지방 제도에 대한 설명으로 옳은 것을 〈보기〉에서 모두 고른 것은?

┌─ 보기 ├─

ㄱ. 양계 지역은 계수관이 관할하였다.

ㄴ. 수령이 파견된 주현보다 수령이 파견되지 않은 속현의 수가 많았다.

ㄷ. 성종 때 12목이 설치되었다.

ㄹ. 향·소·부곡 등의 특수 행정 조직이 있었다.

① ㄱ, ㄴ, ㄷ ② ㄱ, ㄴ, ㄹ

③ ㄱ, ㄷ, ㄹ ④ ㄴ, ㄷ, ㄹ

17

다음과 같은 군사 제도를 두었던 나라에 대한 설명으로 옳은 것은?

> 중앙에는 응양군과 용호군, 그리고 좌우위, 신호위, 흥위위, 금오위, 천우위, 감문위 등을 두어 국왕 호위, 수도 경비, 국경 방어, 경찰, 의장, 궁성과 도성문 수비 등의 역할을 수행하게 하였다.

① 장군들로 구성된 장군방, 상장군·대장군들로 구성된 중방이라는 합좌 기관이 있었다.

② 중앙군으로 10위를 두고 그 밑에 지방군이 있었다.

③ 다섯 군단으로 구성된 중앙군이 있었고 지방의 육군은 진관 체제로 편성하였다.

④ 포수·사수·살수의 삼수로 나누어 훈련시켜 군사의 전문적 기능을 높였다.

18

고려 시대 과거제와 관련한 설명으로 가장 옳지 <u>않은</u> 것은?

① 광종 때 쌍기의 건의로 실시되었다.

② 무인을 선발하는 무과도 초기부터 정기적으로 실시되었다.

③ 문학적인 재능을 시험하는 제술업이 중요시되었다.

④ 잡업에는 의약을 주관하는 의업, 풍수지리를 주관하는 지리업 등이 있었다.

19

고려 시대 음서에 대한 설명으로 옳은 것만을 모두 고르면?

> ㄱ. 공신의 후손을 위한 음서도 있었다.
> ㄴ. 음서 출신자는 5품 이상의 고위 관직에 오를 수 없었다.
> ㄷ. 10세 미만이 음직을 받은 사례도 있었다.
> ㄹ. 왕의 즉위와 같은 특별한 시기에만 주어졌다.

① ㄱ, ㄷ
② ㄱ, ㄴ
③ ㄴ, ㄹ
④ ㄷ, ㄹ

---

15 ③

③ 고려 시대까지는 전국 모든 지역에 지방관을 파견하지 못했다. 모든 군·현에 수령(지방관)이 파견된 것은 조선 태종 때부터이다.

16 ④

| 오답해설 |
ㄱ. 양계 지역은 군사 책임자인 병마사가 관할하였다.

| 보충설명 | **고려의 지방 제도**

> • 5도
> – 일반 행정 구역인 5도에는 안찰사가 파견되어 각 지역을 순찰하였다.
> – 도 아래에는 주·부·군·현과 특수 행정 구역인 향·부곡·소 등이 있었다.
> – 수령이 파견되는 주현보다 파견되지 않는 속현이 더 많았다.
> • 양계(동계, 북계)
> – 북방의 국경 지대에는 양계를 설치하여 군사 책임자인 병마사를 파견하였다.
> – 국방상의 요충지에는 진을 설치하였다.
> • 각 지역의 향리는 조세, 공물 징수와 노동력 징발 등 행정 실무를 담당하였다.

17 ①

제시된 자료는 고려 시대 중앙군인 2군 6위에 대한 설명이다. ① 고려 시대 무신들은 장군방(장군 참여)과 중방(상장군과 대장군 참여)에서 군사 문제를 협의하였다.

| 오답해설 |
② 발해는 중앙군으로 10위를 두었다.
③ 조선 초기 중앙군은 5위, 지방군은 지역 단위의 방어 체제인 진관 체제로 편제되었다.
④ 삼수병(포수, 사수, 살수)은 임진왜란 중에 설치된 훈련도감의 핵심 전력이었다.

18 ②

② 고려 시대 무과는 공양왕 때 처음 실시되었으므로, 초기부터 정기적으로 실시되었다는 내용은 옳지 않다.

19 ①

ㄱ. 고려 시대 음서는 왕실의 후예, 공신의 후손 및 5품 이상의 고위 관료의 자손에게 부여되었던 특권이다. 음서의 혜택을 받는 사람(수음자)들은 대부분 15세 전후에 음서의 혜택을 받았으며, 적게는 ㄷ. 10세 미만에 음직을 받는 경우도 있었다.

| 오답해설 |
ㄴ. 고려 시대 음서 출신자들은 한품제(限品制)의 제약이 없었기 때문에 5품 이상의 고위 관직에 오를 수 있었다.
ㄹ. 고려 시대 음서 중 5품 이상 문무 관리의 자손을 대상으로 시행된 음서는 연중 어느 때나 제수되었으며, 이외에 국왕의 즉위 및 태후·태자의 책봉과 같은 국가의 경사가 있었을 때 부정기적으로 시행하였다.

| 정답 | **15** ③ **16** ④ **17** ① **18** ② **19** ①

20

밑줄 친 '그'에 대한 설명으로 옳은 것은?

> 그는 스스로 국공(國公)에 올라 왕태자와 동등한 예우를 받았으며 자신의 생일을 인수절(仁壽節)이라 칭하였다. 그는 남의 토지를 빼앗고 공공연히 뇌물을 받아 집에는 썩는 고기가 항상 수만 근이나 되었다.

① 그가 일으킨 난을 경계(庚癸)의 난이라고도 한다.
② 아들을 출가시켜 현화사 불교 세력과 강력한 유대 관계를 맺고 있었다.
③ 금의 군신 관계 요구에 반대하며 금 정벌론을 주장하였다.
④ 문벌 귀족들의 세력을 억누르기 위해 지덕쇠왕설을 내세워 서경 천도를 주장하였다.

다음은 『고려사』에 나타난 고려 중기 두 세력의 대표적 인물의 주장이다. 이들에 대한 설명으로 옳은 것을 〈보기〉에서 고르면?

> (가) 제가 보건대 서경 임원역의 땅은 풍수지리를 하는 사람들이 말하는 아주 좋은 땅입니다. 만약 이곳에 궁궐을 짓고 전하께서 옮겨 앉으시면 천하를 다스릴 수 있습니다. 또한 금나라가 선물을 바치고 스스로 항복할 것이고 주변의 36 나라가 모두 머리를 조아릴 것입니다.
> (나) 금년 여름 서경 대화궁에 30여 개소나 벼락이 떨어졌습니다. 서경이 만일 좋은 땅이라면 하늘이 이렇게 하였을 리 없습니다. 또 서경은 아직 추수가 끝나지 않았습니다. 지금 거동하시면 농작물을 짓밟을 것이니 이는 백성을 사랑하고 물건을 아끼는 뜻과 어긋납니다.

┤ 보기 ├
ㄱ. (가) 국호를 대위, 연호를 천개로 정하고 반란을 일으켰다.
ㄴ. (가) 칭제 건원과 요나라 정벌을 주장하였다.
ㄷ. (나) 개경 중심의 문벌 귀족 세력의 대표였다.
ㄹ. (나) 편년체 역사서인 『삼국사기』를 편찬하였다.

① ㄱ, ㄷ
② ㄱ, ㄴ, ㄷ
③ ㄱ, ㄷ, ㄹ
④ ㄱ, ㄴ, ㄷ, ㄹ

22

다음에 밑줄 친 인물 (가)에 대한 설명으로 가장 적절한 것은?

> __(가)__ 은/는 임금을 폐하고 세우는 것을 자기 마음대로 하였으며, 항상 조정 안에 있으면서 자기 부하들과 함께 가만히 정안(政案, 관리들의 근무 성적을 매긴 것)을 가지고 벼슬을 내릴 후보자로 자기 당파에 속하는 자를 추천하는 문안을 작성하고, 승선이라는 벼슬아치에게 주어 임금께 아뢰게 하면 임금이 어쩔 수 없이 그대로 쫓았다. 그리하여 __(가)__ 의 아들 이(훗날의 우), 손자 항, 항의 아들 의의 4대가 정권을 잡아 그런 관행이 일반화되었다.
>
> 이제현, 『역옹패설』

① 진강후라는 벼슬을 받고, 흥녕부라는 기구를 설치하였다.
② 예종과 인종 때 왕실과 혼인 관계를 맺어 외척으로서의 지위를 이용하여 정권을 장악하였다.
③ 자기 집에 정방을 설치하여 인사권을 장악하였다.
④ 몽골 침략으로 소실된 초조대장경을 대신하여 재조대장경(팔만대장경)을 조판하였다.

23

(가) 인물에 대한 설명으로 옳은 것은?

> 신종 원년 사노비 만적 등이 북산에서 땔나무를 하다가 공사
> 의 노비들을 모아 모의하기를, "우리가 성안에서 봉기하여
> 먼저 ___(가)___ 등을 죽인다. 이어서 각각 자신의 주인을 죽
> 이고 천적(賤籍)을 불태워 삼한에서 천민을 없게 하자. 그러
> 면 공경장상이라도 우리가 모두 할 수 있을 것이다."라고 하
> 였다.

① 정방을 설치하여 인사권을 장악하였다.
② 치안 유지를 위해 야별초를 설립하였다.
③ 이의방을 제거하고 권력을 장악하였다.
④ 봉사 십조를 올려 사회 개혁안을 제시하였다.

20 ②

밑줄 친 '그'는 이자겸이다. ② 이자겸은 아들인 의장(義莊)을 출가시켜 현화사 불교
세력과 강력한 유대 관계를 맺었다. 이에 이자겸의 난 때 현화사 승려 300여 명이
동원되기도 하였다.

|오답해설|
① 경계의 난은 1170년 무신정변(경인년), 1173년 김보당의 난(계사년)을 의미
한다.
③ 이자겸은 금의 군신 관계 요구를 받아들였다.
④ 묘청은 문벌 귀족들의 세력을 억누르기 위해, 지덕쇠왕설을 내세워 서경 천도를
주장하였다.

21 ①

(가) 묘청, (나) 김부식의 주장이다. ㄱ. (가) 묘청은 서경 천도에 실패하자, 1135년
서경에서 반란을 일으켰다. 이때 국호를 대위, 연호를 천개, 군대 이름을 천견충의
군으로 하였다. ㄷ. (나) 김부식은 당시 개경 중심의 문벌 귀족을 대표하는 인물이
었다.

|오답해설|
ㄴ. (가) 묘청은 칭제 건원과 금국 정벌을 주장하였다.
ㄹ. (나) 김부식이 편찬한 『삼국사기』는 기전체 역사서이다.

22 ①

결정적 문제 무신정권에 대한 문제도 자주 출제된다. 특히 권력자와 권력 기구를
연결하여 기억해 두자!

사료 내용 중 "아들 이(우), 손자 항, 항의 아들 의"를 통해 (가)가 최충헌임을 알 수
있다. ① 최충헌은 이의민을 제거하고 권력을 잡은 후 희종 2년(1206)에 진강후(晉
康侯)로 봉해졌으며, 흥녕부(興寧府, 뒤에 진강부로 개칭)를 세움으로써 권력 기반
을 공고히 하였다.

|오답해설|
② 이자겸, ③ 최우에 해당한다.
④ 팔만대장경은 최우 때 조판을 시작하여 최항 시기에 완성하였다.

23 ④

제시된 내용은 최충헌의 노비인 만적이 일으킨 난에 대한 사료로, (가)는 최충헌이
다. ④ 최충헌은 이의민을 제거하고 권력을 잡은 후, 명종에게 봉사 10조라는 사회
개혁안을 제시하였다.

|오답해설|
①② 정방과 야별초는 최우가 설치하였다.
③ 정중부는 이의방을 제거하고 권력을 장악하였다.

|정답| **20** ② **21** ① **22** ① **23** ④

24

다음의 시(詩)를 지은 작자가 생존했던 시기에 있었던 사실로 옳은 것은?

> 오랑캐들이 아무리 완악하다지만 어떻게 이 물을 뛰어 건너랴.
> 저들도 건널 수 없음을 알기에 와서 진 치고 시위만 하네.
> ……
> 저들도 마땅히 저절로 물러가리니 나라가 어찌 갑자기 끝나겠는가.
>
> 『동국이상국집』

① 별무반을 조직하여 여진을 정벌하였다.
② 거란이 보낸 사신을 유배 보냈다.
③ 고려 국왕이 나주로 피난했다.
④ 경찰 업무를 수행하는 야별초를 만들었다.

26

㉠과 ㉡이 일으킨 사건의 공통점으로 옳은 것은?

- 동북면 병마사 간의대부 (㉠)이/가 동계에서 군사를 일으켜 전(前)왕을 복위시키고자 하였다. 동북면 지병마사 한안국이 군사를 일으켜 이에 호응하여 장순석 등으로 하여금 거제에 이르러 전왕을 받들어 계림에서 거처하게 하였다.
- (㉡)이/가 동계·북계의 여러 성에 격문을 돌려 말하길, "소문에 따르면 개경의 중방에서 '북계의 여러 성들을 토벌해야 한다.'며 군사를 동원했다고 하니, 우리가 어찌 가만히 앉아서 그냥 죽을 수 있겠는가? 각자 군사와 말을 소집해 빨리 서경으로 달려가야 한다."라고 하였다. 이에 절령 이북의 40여 성들이 호응했다.

① 이자겸이 주도하였다.
② 서경 천도를 주장하였다.
③ 무신정권을 타도하려고 하였다.
④ 고구려 부흥을 기치로 내세웠다.

25

밑줄 친 '왕'의 재위 기간에 있었던 일로 옳지 <u>않은</u> 것은?

> <u>왕</u> 24년 봄에 전라도 지휘사 김경손이 초적 이연년을 쳐서 평정하였다. 이때 이연년 형제가 원율·담양 등 여러 고을의 무뢰배들을 불러 모아 해양(海陽) 등의 주현을 공격하여 함락시켰다.

① 왕실의 원찰인 묘련사가 창건되었다.
② 백련 결사가 조직되어 백련 결사문이 발표되었다.
③ 각훈이 왕명에 따라 『해동고승전』을 편찬하였다.
④ 수기의 주도 아래 대장경의 편집·교정이 이루어졌다.

27

다음 사건을 발생한 순서대로 바르게 나열한 것은?

> ㄱ. 망이·망소이의 난
> ㄴ. 김사미의 난
> ㄷ. 전주 관노의 난
> ㄹ. 만적의 난
> ㅁ. 이연년 형제의 난

① ㄱ - ㄷ - ㄴ - ㄹ - ㅁ
② ㄱ - ㄴ - ㄷ - ㅁ - ㄹ
③ ㄷ - ㄱ - ㄴ - ㄹ - ㅁ
④ ㄷ - ㄱ - ㄴ - ㅁ - ㄹ

28

(가)~(다)는 고려 시대 대외 관계와 관련된 자료이다. 이를 시기순으로 바르게 나열한 것은?

> (가) 윤관이 "신이 여진에게 패한 이유는 여진군은 기병인데 우리는 보병이라 대적할 수 없었기 때문입니다."라고 아뢰었다.
>
> (나) 서희가 소손녕에게 "우리나라는 고구려의 옛 땅이오. 그러므로 국호를 고려라 하고 평양에 도읍하였으니, 만일 영토의 경계로 따진다면, 그대 나라의 동경이 모두 우리 경내에 있거늘 어찌 침식이라 하리요."라고 주장하였다.
>
> (다) 유승단이 "성곽을 버리며 종사를 버리고, 바다 가운데 있는 섬에 숨어 엎드려 구차히 세월을 보내면서, 변두리의 백성으로 하여금 장정은 칼날과 화살 끝에 다 없어지게 하고, 노약자들은 노예가 되게 함은 국가를 위한 좋은 계책이 아닙니다."라고 반대하였다.

① (가) – (나) – (다)
② (나) – (가) – (다)
③ (나) – (다) – (가)
④ (다) – (나) – (가)

24 ④

제시된 사료는 무신정권 시대에 살았던 이규보의 『동국이상국집』 중 일부이다. ④ 야별초는 최우 집권 시기에 설치되었고, 처음에는 나라 안의 도적을 막는 역할을 담당하였다(경찰 업무). 이후 야별초는 좌별초와 우별초로 분리되었고, 신의군(몽골의 포로가 되었다가 돌아온 사람들을 중심으로 설립)과 함께 삼별초를 구성하였다.

| 오답해설 |
① 숙종 때 별무반이 조직되었고, 예종 때 별무반을 통해 여진족을 정벌하였다(9성 축조).
② 고려 태조는 거란이 보낸 사신들을 유배하였고, 선물로 보낸 낙타를 만부교 아래에 묶어 굶겨 죽였다(만부교 사건).
③ 거란의 2차 침략 당시 현종은 나주로 피난했다.

25 ①

제시된 내용은 1237년(고종 24년) 전라도 담양에서 일어난 이연년 형제의 난이다. 따라서 고종 재위 시기(23대. 재위 1213~1259)에 해당하지 않는 사실을 고르는 문제이다. ① 묘련사는 1284년(충렬왕 10년)에 왕실의 원찰(願刹)로 창건되었다.

| 오답해설 |
② 1216년(고종 3년)에 요세는 강진 만덕사에서 백련(사) 결사를 조직하였다.
③ 각훈은 고종의 명령에 따라 『해동고승전』을 편찬하였다(고종 2년. 1215).
④ 1236년(고종 23년)에 최우는 대장도감(大藏都監)을 설치하고, '수기' 스님을 총 책임자로 임명하여 재조대장경을 조판하였다(1251, 고종 38년 완성. 최항 집권 시기).

26 ③

첫 번째 제시문은 동북면 병마사였던 김보당이 의종 복위를 위해 일으킨 난(김보당의 난)이며, 두 번째 제시문은 서경 유수 조위총의 난에 대한 내용이다. ③ 두 변란은 고려 무신집권기에 무신정권을 타도하려 했다는 공통점이 있다.

| 오답해설 |
① 고려 전기 최대의 문벌 귀족이자 왕실 외척이었던 이자겸은 척준경과 함께 난을 일으켰다(이자겸의 난. 1126). 이후 인종에게 설득당한 척준경의 배신으로 이자겸은 제거되었다.
② 묘청은 서경으로의 천도를 주장하였으나, 실패하자 난을 일으켰다(1135).
④ 무신정권 시기 최광수는 고구려 부흥을 기치로 내걸고 난을 일으켰다(1217).

27 ①

제시된 사건은 모두 무신정권 시기에 일어난 하층민의 봉기로, 순서대로 나열하면 다음과 같다. ㄱ. 망이·망소이의 난(1176) → ㄷ. 전주 관노의 난(1182) → ㄴ. 김사미의 난(1193) → ㄹ. 만적의 난(1198) → ㅁ. 이연년 형제의 난(1237)

28 ②

(나) 고려 초 거란의 1차 침략 때 서희의 외교 담판 → (가) 고려 중기 윤관이 여진족 정벌을 위한 별무반 설치를 건의하는 내용 → (다) 고려 후기 몽골 침략 시기 강화도 천도를 반대하는 유승단의 주장(사료의 내용 중 "바다 가운데 있는 섬에 숨어"가 결정적 힌트)

29

(가), (나) 사이의 시기에 있었던 사실로 가장 옳은 것은?

> (가) 거란의 군사가 귀주를 지나니 강감찬 등이 동쪽 들에서 맞아 싸웠는데, …… 죽은 적의 시체가 들판을 덮고 사로잡은 군사와 말, 낙타, 갑옷, 투구, 병기는 이루 다 헤아릴 수가 없었다.
>
> (나) 여진의 추장들은 땅을 돌려달라고 떼를 쓰면서 해마다 와서 분쟁을 벌였다. …… 이에 왕은 신하들을 모아 의논한 후에 그들의 요구에 따라 9성을 돌려주었다.

① 발해가 멸망하였다.
② 별무반이 편성되었다.
③ 쌍성총관부가 폐지되었다.
④ 묘청이 서경 천도 운동을 벌였다.

30

다음 자료에서 설명하는 민족과 관련된 역사적 사건으로 옳은 것은?

> 본래 말갈족의 유종(遺種)으로 수나라와 당나라 때에는 고구려에 병탄되었다가 후에는 숲속이나 물가에 부락을 형성하고 여기저기에 산재하여 전체가 통일되지 못하였다. 그중 정주와 삭주 지방 근처에 사는 자들이 간혹 고려 측에 귀순하여 복종하다가도 때로는 배반하곤 하였다. 영가(盈歌)와 오아속(烏雅束)이 계속하여 추장이 되어 자못 군중의 지지를 받게 되자 점차 그 기세가 횡포해지기 시작하였다. 「고려사」

① 귀주 대첩
② 처인성 전투
③ 철령위 설치
④ 별무반 편성

31

몽골 침입 시기에 발생한 사건 중 옳은 것만을 모두 고르면?

> ㄱ. 망이·망소이, 만적 등이 봉기하였다.
> ㄴ. 강화도 천도에 대해 삼별초가 반대하였다.
> ㄷ. 황룡사 구층 목탑과 초조대장경이 불에 탔다.
> ㄹ. 김윤후와 처인 부곡민들이 몽골 장수 살리타 군대를 물리쳤다.
> ㅁ. 부처의 힘으로 몽골군을 물리치기 위해 팔만대장경을 조판하였다.

① ㄱ, ㄴ
② ㄱ, ㅁ
③ ㄴ, ㄷ, ㄹ
④ ㄷ, ㄹ, ㅁ

32

㉠~㉣에 들어갈 알맞은 말을 순서대로 바르게 나열한 것은?

> 처음에 최우(崔瑀)가 나라 안에 도적이 많은 것을 근심해 용감한 병사를 모아 매일 밤 순행하며 폭행을 막게 했으므로 이를 (㉠)(이)라 하였다. 그러나 도적이 각 도에서 일어남에 이르러 별초를 나눠 보내 잡게 하였다. 그 군사가 너무 많아져 드디어 나누어 (㉡)(으)로 삼았다. 또 나라 사람들이 몽골로부터 도망하여 온 자는 일부로 삼아 (㉢)(이)라 불렀으니 이것이 (㉣)이다.

① 신의군 - 좌우별초 - 야별초 - 삼별초
② 좌우별초 - 신의군 - 삼별초 - 야별초
③ 야별초 - 좌우별초 - 신의군 - 삼별초
④ 삼별초 - 야별초 - 좌우별초 - 신의군

33

다음은 원의 세조가 고려에 약속한 내용의 일부이다. 이 약속 이후에 일어난 사실로 옳지 <u>않은</u> 것은?

> • 옷과 머리에 쓰는 관은 고려의 풍속을 유지하고 바꿀 필요가 없다.
> • 압록강 둔전과 군대는 가을에 철수한다.
> • 몽골에 자원해 머문 사람들은 조사하여 모두 돌려보낸다.

① 정동행성을 설치하였다.
② 2차 여몽 연합군은 일본 원정에 실패하였다.
③ 쌍성총관부를 설치하였다.
④ 사림원을 설치하였다.

34

원 간섭기 고려의 국가 체제에 대한 설명으로 가장 옳은 것은?

① 고려 전체가 몽골의 직할지로 편입되었다.
② 정동행성의 승상은 몽골의 다루가치가 전담하였다.
③ 관제 격하의 일환으로 중서문하성과 상서성은 첨의부로 통합되었다.
④ 대막리지가 집정 대신으로서 국정을 총괄하였다.

정답&해설

29 ②

결정적 문제 고려 시대 대외 관계는 거란 – 여진 – 몽골 – 홍건적 – 왜구 순서였음을 기억하자!

(가) 거란의 3차 침입(1018)에 해당하는 강감찬의 귀주 대첩(1019)이며, (나) 예종 때 윤관이 개척한 동북 9성을 여진에게 돌려준 내용이다(1109). ② 숙종 시기에 윤관의 건의에 따라 여진 정벌을 위한 별무반이 편성되었다(1104).

|오답해설|
① 발해는 926년에 멸망하였다.
③ 쌍성총관부는 공민왕 5년(1356)에 유인우 등이 수복하였다.
④ 묘청의 서경 천도 운동은 1135년의 사실이다.

30 ④

제시된 자료는 여진족에 대한 설명이다. ④ 별무반은 여진 정벌을 위해 고려 숙종 9년(1104)에 조직되었다.

|오답해설|
① 거란, ② 몽골, ③ 명과 관련된 사실이다.

31 ④

|오답해설|
ㄱ. 망이·망소이의 난(1176, 정중부 집권 시기), 만적의 난(1198, 최충헌 집권 시기)은 모두 몽골 침입(1차 침입, 1231) 이전의 사실이다.
ㄴ. 삼별초는 원종의 개경 환도령(1270)에 반대하면서 항몽 투쟁을 시작하였다.

32 ③

㉠ 최우 정권의 치안을 담당한 것은 <u>야별초</u>이다.
㉡ 야별초는 <u>좌우별초</u>로 분리되었다.
㉢ 몽골군 포로 출신으로 <u>신의군</u>을 조직하였다.
㉣ 좌별초와 우별초 및 신의군을 <u>삼별초</u>라고 지칭하였다.

33 ③

제시된 사료는 몽골(원)과 고려의 강화 조약(1270)에 해당한다. ③ 1258년 몽골과의 전쟁 당시 조휘, 탁청 등이 철령 이북의 땅을 몽골에 바쳤다. 이후 몽골은 이곳에 쌍성총관부를 설치하였다.

34 ③

③ 원 간섭 시기에는 기존의 관제가 격하되어 중서문하성과 상서성은 첨의부로 통합되었고, 6부는 4사 체제로 개편되었다.

|오답해설|
① 몽골의 간섭을 받았지만, 고려는 독립국의 지위를 유지하였다.
② 정동행성의 승상은 고려의 왕이 겸임하였다.
④ 대막리지는 고구려 말기의 집정 대신이었다.

| 정답 | 29 ② 30 ④ 31 ④ 32 ③ 33 ③ 34 ③

35

밑줄 친 '그'에 대한 설명으로 옳은 것은?

> 그는 즉위하여 정방을 폐지하고 사림원을 설치하는 등의 관제 개혁을 추진하는 한편, 권세가들의 농장을 견제하고 소금 전매제를 실시하여 국가 재정을 확충하고자 하였다.

① 만권당을 통해 고려와 원나라 학자들의 문화 교류에 힘썼다.
② 도병마사를 도평의사사로 개편하여 국정을 총괄하게 하였다.
③ 철령 이북의 영토 귀속 문제를 계기로 요동 정벌을 단행하였다.
④ 기철을 비롯한 부원 세력을 숙청하고 자주적 반원 개혁을 추진하였다.

36

(가) 시기의 사실로 옳지 않은 것은?

무신정권 몰락
⇩
(가)
⇩
공민왕 즉위

① 만권당이 만들어졌다.
② 정동행성이 설치되었다.
③ 쌍성총관부가 수복되었다.
④ 『제왕운기』가 저술되었다.

37

고려 후기 공민왕 재위 때에 있었던 사실로 가장 적절하지 않은 것은?

① 홍건적이 침입해 와서 왕이 복주까지 피난하기도 하였다.
② 신돈을 등용하였으며, 전민변정도감을 설치하여 권문세족의 권력을 약화시켰다.
③ 박위로 하여금 쓰시마섬을 정벌케 하였다.
④ 왕을 시해하려는 흥왕사의 변이 발생하였다.

38

다음 지도와 같이 영토 수복이 이루어진 왕 대에 일어난 사실은?

① 과전법의 시행
② 철령위의 설치
③ 이승휴의 『제왕운기』 편찬
④ 전민변정도감의 설치

39

20. 지방직 9급

다음 사건 이후에 일어난 일로 옳은 것은?

> 개경을 떠나 피난 중인 왕이 안성현을 안성군으로 승격시켰다. 홍건적이 양광도를 침입하자 수원은 항복하였는데, 작은 고을인 안성만이 홀로 싸워 승리함으로써 홍건적이 남쪽으로 내려오지 못하게 하였기 때문이다.

① 화약 무기를 사용해 진포 해전에서 승리하였다.
② 처인성 전투에서 적의 장수 살리타를 사살하였다.
③ 기철 일파를 제거하고 쌍성총관부의 관할 지역을 수복하였다.
④ 적의 침략을 물리치기 위한 염원에서 팔만대장경을 만들었다.

정답&해설

35 ①

제시된 내용 중 "사림원 설치", "소금 전매제 실시" 등을 통해 밑줄 친 '그'가 충선왕임을 알 수 있다. ① 충선왕은 상왕으로 물러난 후 연경(지금의 베이징)에 학술 연구 기관인 만권당을 세워 고려(대표적 인물 – 이제현)와 원나라 학자들(대표적 인물 – 조맹부) 간의 문화 교류에 힘썼다.

|오답해설|
② 충렬왕 때 도병마사가 도평의사사로 개편되면서 국정을 총괄하였다.
③ 우왕 때 명은 '철령 이북의 영토'를 직접 지배하기 위해 철령위를 설치하고자 하였다. 이에 최영이 중심이 되어 요동 정벌을 단행하였으나, 이성계의 위화도 회군(1388)으로 실패하였다.
④ 공민왕은 기철을 비롯한 부원 세력(친원 세력 – 권문세족)을 숙청하고 자주적 반원 개혁을 추진하였다.

36 ③

무신정권 몰락(1270, 원종의 개경 환도) → (가) 원 간섭기 → 공민왕의 즉위이다.
③ 쌍성총관부의 수복은 1356년(공민왕 5년)에 이루어졌다.

|오답해설|
① 충선왕은 상왕으로 물러난 후 원의 수도에 만권당을 설립하였다(1314, 충숙왕 1년).
② 정동행성은 일본 원정을 위해 설치되었다(1280, 충렬왕 6년).
④ 1287년(충렬왕 13년)에 이승휴의 『제왕운기』가 편찬되었다.

37 ③

③ 박위의 쓰시마섬 정벌은 창왕 때의 일이다.

|오답해설|
① 고려 말 공민왕 때 홍건적이 2차례 침략하였다. 특히 공민왕 10년(1361) 2차 침입 때는 홍건적이 개경까지 침략하여 공민왕이 복주(안동)까지 피난하였으나, 이방실·정세운·최영·이성계 등이 격퇴하였다.
② 공민왕은 신돈을 등용하여 전민변정도감을 통해 권문세족을 약화시키려 하였으나 실패하였다.
④ 공민왕이 홍건적의 2차 침입 때 복주로 피난간 후 개경으로 돌아와 흥왕사에 머물렀는데, 이때 김용이 공민왕을 시해하려 하였다(흥왕사의 변, 1363).

38 ④

지도에서 표시된 지역은 공민왕 때 원으로부터 수복한 쌍성총관부 관할 지역이다.
④ 공민왕은 신돈을 등용하고, 전민변정도감을 설치하여 권문세족의 영향력을 약화시키려 하였다.

|오답해설|
① 공양왕 시기에 해당한다.
② 우왕 때 명나라가 철령 이북 지역에 철령위 설치를 시도하였다.
③ 충렬왕 시기에 해당한다.

39 ①

제시된 자료는 공민왕 때인 1361년에 발생한 홍건적의 2차 침략에 대한 내용이다.
① 진포 대첩은 우왕 때인 1380년에 발생하였다.

|오답해설|
② 김윤후의 처인성 전투는 몽골의 2차 침략으로 인해 일어났다(고종 19년, 1232).
③ 공민왕은 1356년(공민왕 5년)에 기철 일파를 제거하고, 쌍성총관부 관할 지역을 무력으로 수복하였다.
④ 몽골 침략 시기에 팔만대장경(재조대장경)을 조판하였다.

|정답| **35** ① **36** ③ **37** ③ **38** ④ **39** ①

40

다음의 밑줄 친 ㉠과 관련된 설명으로 가장 옳지 않은 것은?

> 원의 간섭을 받으면서 그에 의존한 고려의 왕권은 이전 시기에 비하여 상대적으로 안정되었고 ㉠ 중앙 지배층도 개편되었다. …… 그들은 왕의 측근 세력과 함께 권력을 잡아 농장을 확대하고 양민을 억압하여 노비로 삼는 등 사회 모순을 격화시켰다.

① ㉠은 가문의 권위보다는 현실적인 관직을 통하여 정치 권력을 행사하였다.

② 공민왕은 ㉠의 경제력을 약화시키기 위해 전민변정도감을 설치하였다.

③ ㉠은 사원 세력의 대표인 신돈과 연대하여 신진 사대부에 대항하였다.

④ ㉠에는 종래의 문벌 귀족 가문, 무신정권기에 등장한 가문, 원과의 관계에서 성장한 가문 등이 포함되었다.

41

위화도 회군 이후에 있었던 사실로 옳지 않은 것은?

① 과전법이 실시되었다.

② 정몽주가 살해되었다.

③ 한양으로 도읍을 이전하였다.

④ 황산 대첩에서 왜구를 토벌하였다.

중세의 경제

42

(가) 토지 제도에 대한 설명으로 옳은 것은?

> 비로소 직관(職官)·산관(散官) 각 품(品)의 ⎡(가)⎤ 을/를 제정하였는데, 관품의 높고 낮은 것은 논하지 않고 다만 인품만 가지고 그 등급을 결정하였다.
> 『고려사』

① 4색 공복을 기준으로 문반, 무반, 잡업으로 나누어 지급 결수를 정하였다.

② 산관이 지급 대상에서 제외되었으며 무반의 차별 대우가 개선되었다.

③ 전임 관료와 현임 관료를 대상으로 경기 지방에 한하여 지급하였다.

④ 고려의 건국 과정에서 충성도와 공로에 따라 차등 지급되었다.

43

전시과 제도의 변천 과정을 나타낸 것이다. (가) 제도에 대한 〈보기〉의 설명으로 옳은 것만을 모두 고르면?

| 시정 전시과
(경종 1년, 976) | → | 개정 전시과
(목종 1년, 998) | → | (가)
(문종 30년, 1076) |

┌ 보기 ┐
ㄱ. 4색 공복을 기준으로 등급을 나누었다.
ㄴ. 산직(散職)이 전시의 지급 대상에서 배제되었다.
ㄷ. 등급별 전시의 지급 액수가 전보다 감소하였다.
ㄹ. 무반과 일반 군인에 대한 대우가 전반적으로 향상되었다.

① ㄱ, ㄴ 　　　　② ㄷ, ㄹ

③ ㄱ, ㄴ, ㄷ 　　④ ㄴ, ㄷ, ㄹ

44

〈보기〉의 고려 토지 제도 (가)~(라) 각각에 대한 설명으로 가장 옳지 <u>않은</u> 것은?

┤ 보기 ├

(가) 조신(朝臣)이나 군사들의 관계(官階)를 따지지 않고 그 사람의 성품, 행동의 선악(善惡), 공로의 크고 작음을 보고 차등 있게 역분전을 지급하였다.

(나) 경종 원년 11월에 비로소 직관(職官), 산관(散官)의 각 품(品)의 전시과를 제정하였다.

(다) 목종 원년 12월에 양반 및 군인들의 전시과를 개정하였다.

(라) 문종 30년에 양반 전시과를 다시 개정하였다.

① (가) – 후삼국 통일 전쟁에 공이 있는 사람들에게 지급하였다.

② (나) – 인품을 반영하여 토지를 지급하였다.

③ (다) – 실직이 없는 산관은 토지 지급 대상에서 제외되었다.

④ (라) – 현직 관리에게만 토지가 지급되고, 문·무관의 차별이 거의 사라졌다.

45

고려 시대 토지 제도에 대한 설명이다. ㉠, ㉡에 들어갈 말이 바르게 짝지어진 것은?

5품 이상 관리의 자손이 공음전시를 받을 수 있었던 것에 대응하여 6품 이하 관리의 자손에게는 (㉠)을 지급하였다. 그리고 자손이 없는 하급 관리와 군인 유가족에게는 (㉡)을 지급하여 생활 대책을 마련해 주었다.

	㉠	㉡
①	휼양전	한인전
②	군인전	수신전
③	구분전	한인전
④	한인전	구분전

---

40 ③

밑줄 친 '중앙 지배층'은 권문세족이다. ③ 공민왕은 권문세족과 관련 없는 신돈을 등용하고 전민변정도감을 설치하여 그들의 세력을 약화시키려고 하였다.

41 ④

④ 황산 대첩은 1380년(우왕 6년), 이성계 등이 전라도 지리산 부근 황산(荒山)에서 왜구를 격퇴한 전투이다.

|오답해설|

위화도 회군(1388) 이후 이성계 등은 최영을 제거하고, 우왕을 폐위하였다. 우왕의 아들 창왕도 폐가입진[廢假立眞: 가짜 왕을 폐하고, 진짜 임금을 세우다]을 명분으로 폐위하고 공양왕을 옹립하였다. 한편 ① 조준 등 혁명파 신진 사대부는 전제 개혁을 통해 과전법을 공포(1391)하였다. ② 이방원은 온건파 신진 사대부인 정몽주를 제거(1392)하였고, 공양왕의 양위를 받아 이성계가 새로운 왕으로 즉위하였다(조선 왕조의 개창). 이후 ③ 이성계(태조)는 1394년 한양으로 도읍을 옮겼다.

42 ①

(가)는 경종 때 제정된 시정 전시과이다. ① 시정 전시과는 4색 공복 및 인품을 기준으로 문반, 무반, 잡업으로 나누어 지급 결수를 정하였다.

|오답해설|

② 경정 전시과, ③ 과전법, ④ 역분전에 대한 설명이다.

|보충설명| **역분전과 시정 전시과**

- 역분전
  태조 23년(940)에 처음으로 역분전(役分田) 제도를 설정하였는데, 삼한을 통합할 때 조정의 관료와 군사에게 그 관계(官階)의 높고 낮음을 논하지 않고 그 사람의 성품과 행동의 착하고 악함과 공로가 크고 작은가를 참작하여 차등 있게 주었다.

- 시정 전시과
  경종 원년(976) 11월에 비로소 직관(職官)·산관(散官)의 각 품(品)의 전시과를 제정하였는데 관품(官品)의 높고 낮은 것은 논하지 않고 다만 인품(人品)만 가지고 전시과의 등급을 결정하였다.

43 ④

|결정적 문제| 전시과 제도의 변천 과정과 특징은 빈출 주제이니 알아 두자!

(가)는 경정 전시과이다. 경정 전시과에서는 ㄴ. 산직을 배제하고, 현직만 전시의 지급 대상이 되었으며, ㄷ. 등급별 전시의 지급 액수는 이전보다 감소하였다. 한편 ㄹ. 무반과 일반 군인에 대한 대우가 개정 전시과에 비해 전반적으로 상승하였다.

|오답해설|

ㄱ. 4색 공복(광종 때 마련)과 인품을 기준으로 시정 전시과를 운영하였다.

44 ③

③ 개정 전시과가 적용되던 시기에는 산관(散官)에게도 토지가 지급되었다.

45 ④

|결정적 문제| 토지의 종류와 지급 대상을 연결해서 기억해 두자!

㉠ 6품 이하 하급 관리의 자손 중 아직 관직에 진출하지 못한 사람에게는 한인전을 지급하였고, ㉡ 자손이 없는 하급 관리와 군인 유가족에게는 구분전을 지급하여 생활 대책을 마련해 주었다.

|정답| 40 ③ 41 ④ 42 ① 43 ④ 44 ③ 45 ④

46

고려 시대의 상공업에 대한 설명으로 옳은 것만을 모두 고르면?

> ㄱ. 고려 초기 개경, 서경 등에 시전을 두었다.
> ㄴ. 주전도감을 설치하여 해동통보를 주조하였다.
> ㄷ. 충선왕 때에 각염법을 실시하였다.
> ㄹ. 사원과 소(所)에서 수공업 물품을 제작하였다.

① ㄱ, ㄴ
② ㄱ, ㄹ
③ ㄴ, ㄷ, ㄹ
④ ㄱ, ㄴ, ㄷ, ㄹ

다음에서 설명하는 화폐가 사용된 시기의 경제 상황으로 옳은 것은?

> 초기에는 은 1근으로 우리나라 지형을 본떠 만들었는데 그 가치는 포목 100필에 해당하는 고액이었다. 주로 외국과의 교역에 사용되었으며 후에 은의 조달이 힘들어지고 동을 혼합한 위조가 성행하자, 크기를 축소한 소은병을 만들었다.

① 이앙법이 전국적으로 보급되었다.
② 책, 차 등을 파는 관영 상점을 두었다.
③ 동시전이 설치되어 시장을 감독하였다.
④ 청해진이 설치되어 무역권을 장악하였다.

48

〈보기〉 자료의 정책을 시행한 국왕이 발행한 화폐로 가장 옳은 것은?

> ┤ 보기 ├
> 주전도감에서 아뢰기를, "나라 사람들이 비로소 전폐(錢幣) 사용의 이로움을 알아 편리하게 되었으니 바라건대 종묘에 고하소서."라고 하였다. 이해에 또한 은병을 사용하여 화폐로 삼았는데, 그 제도는 은 1근으로 만들고, 형상은 우리나라 지형으로 하였으며, 속칭 활구라고 하였다.

① 건원중보
② 상평통보
③ 조선통보
④ 해동통보

고려 시대의 조운 제도에 대한 설명으로 옳지 <u>않은</u> 것은?

① 양계에서는 조세를 현지 경비로 사용하였다.
② 조창에서 개경까지의 운반은 조창민이 담당했다.
③ 조운량이 증가하자 주교사 소속의 배를 이용했다.
④ 조운 기간은 일반적으로 2월부터 5월이었다.

고려는 국내 상업이 안정적으로 발전하면서 대외 무역 활동도 활발해졌다. 이에 대한 설명으로 옳지 <u>않은</u> 것은?

① 예성강 입구의 벽란도는 국제 무역항으로 번성하였으며, 송나라 상인뿐만 아니라 아라비아 상인까지 왕래하였다.
② 서해안의 해로를 통해 송나라로 종이, 인삼 등 수공업품과 토산물을 수출하는 한편, 왕실과 귀족의 수요품을 수입하였다.
③ 고려와의 무역을 추구했던 일본은 11세기 후반부터 수은, 황을 가지고 와서 식량, 인삼, 서적과 바꾸어갔다.
④ 북방의 거란과 여진에게는 은, 모피, 말을 수출하고, 고려는 농기구, 곡식을 수입하였다.

중세의 사회

51

다음은 고려 시대 지배 세력의 변천을 나타낸 것이다. 빈칸 (가)에 들어갈 세력이 사회를 주도할 당시의 사실로 옳은 것은?

호족	(가)	무신	권문세족

① 선종을 중심으로 선종과 교종이 통합되었다.
② 원나라 문화의 영향을 받아 경천사지 10층 석탑이 만들어졌다.
③ 최충의 9재 학당을 비롯한 사학 12도가 융성하고 관학이 위축되었다.
④ 도평의사사가 최고 통치 기구의 역할을 하여 귀족 연합적인 정치가 행해졌다.

46 ④

ㄱ. 개경에 시전이 설치되었고, 서경에도 시전과 유사한 상점이 설치되었다.
ㄴ. 숙종 때 주전도감을 설치하여 해동통보 등 동전을 주조하였다.
ㄷ. 충선왕 때 각염법을 실시하여 소금의 전매제를 시행하였다.
ㄹ. 고려 시대에는 사원 수공업과 소(所) 수공업이 이루어졌다.

47 ②

제시된 자료는 고려 숙종 때 주전도감에서 제작된 은병(활구)에 대한 내용이다. ② 고려 시대 개경·서경·동경 등 대도시에는 서적점·약점과 술·차 등을 파는 주점 및 다점(茶店) 등 관영 상점을 두기도 하였다.

| 오답해설 |
① 이앙법의 전국적 보급은 조선 후기에 해당한다.
③ 신라 지증왕 때 동시전을 설치하여 시장의 불법적 상행위를 감독하였다(509).
④ 청해진은 신라 하대 흥덕왕 때 장보고가 건의하여 설치되었다(828).

48 ④

제시된 자료에서 "주전도감", "활구(은병)"를 통해 고려 숙종 때임을 알 수 있다.
④ 숙종 때 주전도감에서 해동통보가 발행되었다.

| 오답해설 |
① 건원중보는 고려 성종 때 발행한 화폐이다.
② 상평통보는 조선 인조 때 처음 발행되었고, 숙종 때 다시 발행되어 전국적으로 유통되었다.
③ 조선통보는 세종 때 발행된 동전(銅錢)이다.

49 ③

③ 주교사는 1789년 조선 정조 때 준천사의 산하 관서로 만들어졌으며, 선박·교량 관리 및 호남·호서 지방의 조운(漕運)에 관한 사무를 담당하였다. 특히 정조의 화성 행차 때에 한강에 배다리를 설치하는 일을 맡았다.

| 오답해설 |
① 양계(동계, 북계)에서는 조세를 현지의 경비로 사용하였다(잉류 지역).
② 각 지역의 조창에서 개경의 경창으로 운송하는 일은 조창민이 담당하였다.
④ 조운 기간은 일반적으로 2월부터 5월까지였다. 지방에서 징수된 조세를 11월 초부터 다음 해 1월까지 각 지방의 조창에 모았다. 이후 2월부터 시작해서 가까운 곳은 4월, 먼 곳은 5월까지 경창으로 수송을 마치도록 규정하였다.

50 ④

④ 은·모피·말은 거란과 여진으로부터 수입하였던 품목이며, 농기구·곡식은 고려가 수출하였던 품목이다.

51 ③

(가)에 들어갈 지배 세력은 '문벌 귀족'이다. ③ '해동공자' 최충은 문벌 귀족이 권력을 독점하던 문종 대의 대표적 인물로, 그가 세운 9재 학당과 사학 12도의 발달로 관학 교육이 위축되었다.

| 오답해설 |
① 선종을 중심으로 교종을 통합한 조계종은 무신정권 시기에 성장하였다.
②④ 원 간섭 시기의 모습으로, 당시 지배 세력은 권문세족이다.

| 정답 | 46 ④   47 ②   48 ④   49 ③   50 ④   51 ③

52

다음 자료에 나타나고 있는 지배층에 대한 설명으로 가장 적절한 것은?

> 이제부터 종친의 경우에는 마땅히 여러 대를 내려오면서 재상을 지낸 집안의 딸을 취하여 부인을 삼을 것이며 재상의 아들은 종실의 딸과 혼인함을 허락한다. 그러나 만일 그 집안이 한미하다면 반드시 그렇게 할 필요는 없다. …… 철원 최씨, 해주 최씨, 공암 허씨, 평강 채씨, 청주 이씨, 당성 홍씨, 황려 민씨, 횡천 조씨, 파평 윤씨, 평양 조씨는 다 여러 대의 공신이요, 재상의 친족으로서 대대로 혼인할 만하다.
>
> 「고려사」

① 5품 이상의 고위 관료들이 주류를 형성하였고 음서나 공음전의 혜택을 받는 특권층이었다.
② 교정도감이라는 독자적인 정치 기구를 만들고 막대한 사병을 조직하여 무력 기반으로 삼았다.
③ 첨의부의 재신이나 밀직사의 추신이 되어 도평의사사에서 합좌하여 국정을 보았다.
④ 가문이 한미하고 지방의 향리 출신이 많았으며, 과거를 통하여 중앙의 관리로 진출하였다.

53

무신정권에 의하여 문벌 귀족 정치가 붕괴된 이후에 사대부라고 불리는 새로운 정치 세력이 등장하였다. 사대부 세력의 성장에 대한 설명으로 옳지 않은 것은?

① 이들은 대부분 지방의 향리 자제들로, 무신집권기 이래 과거를 통하여 중앙 관리로 진출하였다.
② 사대부의 대표적 인물인 이규보는 원에 설립된 만권당에서 원의 학자들과 교류하였다.
③ 충선왕 대에 사대부와 함께 여러 가지 폐단을 시정하기 위한 개혁이 시도되었으나, 원의 간섭으로 제대로 추진되지 못하였다.
④ 공민왕이 반원 자주 정책을 추진하는 과정에서 신진 사대부들의 등장을 억제하고 있던 정방을 폐지하였다.

54

다음 〈보기〉의 (　　)에 들어갈 낱말을 바르게 나열한 것은?

> ┤ 보기 ├
> 고려의 지배층과 피지배층 사이에는 중류층이 자리 잡고 있었다. 중앙 관청의 말단 서리인 (㉠), 궁중 실무 관리인 (㉡), 직업 군인으로 하급 장교인 (㉢) 등이 있었다.

	㉠	㉡	㉢
①	잡류	역리	군반
②	남반	군반	역리
③	잡류	남반	군반
④	남반	군반	잡류

55

㉠, ㉡의 거주민에 대한 설명으로 옳은 것은?

> • 이제 살펴보건대, 신라가 주·군을 설치할 때 그 전정(田丁), 호구(戶口)가 현의 규모가 되지 못하는 곳에는 　㉠　, 　㉡　을/를 두어 소재지의 읍에 속하게 하였다.
> 「신증동국여지승람」
> • 지난 왕조 때 5도와 양계에 있던 역과 진에서 역을 부담한 사람과 　㉡　의 사람은 모두 고려 태조 때의 명령을 거역한 사람이므로, 고려는 이들에게 천하고 힘든 일을 맡게 했다.
> 「태조실록」

① 향리층의 지배를 받았다.
② 관직의 진출에 제한을 받지 않았다.
③ 백정이라고 불렸으며 조·용·조를 면제받았다.
④ 개인의 소유물로 인정되어 매매나 증여, 상속의 대상이 되었다.

56

다음 사료를 통해 알 수 있는 내용으로 적절하지 <u>않은</u> 것은?

> 평량은 평장사 김영관의 노비로 경기도 양주에 살며 농사에 힘써 부유하게 되었다. 권세가 있는 자들에게 뇌물을 바쳐 천인에서 벗어나 양민이 되어 산원동정(散員同正)의 벼슬을 얻었다. 그 처는 소감(少監) 왕원지의 노비였는데, 원지가 사고로 죽자 이제 그 주인이 없어졌으므로 양민으로 행세할 수 있음을 다행으로 여겼다.
>
> 「고려사」

① 평량은 사노비였다.
② 외거 노비는 독립된 경제생활을 영위했다.
③ 남자 노비의 경제적 가치가 여자보다 높았다.
④ 노비 중 일부는 양민이 되어 관직을 받는 경우도 있었다.

57

고려 시대의 가족 제도에 대한 설명으로 옳은 것을 모두 고르면?

> ㄱ. 아들이 없을 경우 제사를 받들기 위하여 양자를 들였다.
> ㄴ. 태어난 차례대로 호적에 기재하여 남녀 차별을 하지 않았다.
> ㄷ. 부모 유산은 제사를 담당하는 큰아들을 우대하여 분배되었다.
> ㄹ. 공을 세운 사람의 부모는 물론 장인, 장모도 함께 상을 받았다.
> ㅁ. 사위가 처가의 호적에 입적하는 것을 법으로 금지하였다.

① ㄱ, ㄷ
② ㄴ, ㄹ
③ ㄷ, ㅁ
④ ㄱ, ㄷ, ㄹ

---

52 ③

결정적 문제 권문세족은 도평의사사, 첨의부, 밀직사, 정동행성 이문소 등을 통해 권력을 행사했음을 기억하자!

제시된 자료는 충선왕의 즉위 교서 중 일부인 재상지종에 대한 사료이다. 언급된 가문들은 왕실과 통혼할 수 있던 당시의 명문가로서 권문세족에 해당한다. ③ 권문세족은 도평의사사, 첨의부, 밀직사, 정동행성 이문소 등을 통해 권력을 행사하였다.

|오답해설|
① 문벌 귀족, ② 무신정권 시기의 무신, ④ 신진 사대부에 대한 설명이다.

53 ②

② 이규보는 무신정권 시기의 대표적인 문신이다. 만권당을 통해 원의 학자(대표적 인물 – 조맹부)와 교류한 인물은 '이제현'이다. 이제현은 성리학적 사관이 반영된 「사략」을 저술하였다.

54 ③

고려 시대 중류층은 ㉠ 중앙 관청의 말단 서리인 잡류, ㉡ 궁중 실무 관리인 남반, ㉢ 직업 군인으로 하급 장교인 군반 등이 있었다.

55 ①

㉠은 향(鄕), ㉡은 부곡(部曲)이다. ① 향, 부곡 거주민들은 그 지역 향리층의 지배를 받았다.

56 ③

사료에 따르면, 평량은 평장사 김영관의 사노비이자 외거 노비로 농사에 힘써 양민이 되었고 벼슬을 얻었다. 제시된 자료를 통해서는 알 수 없는 내용이지만, 일반적으로 ③ 아이를 낳을 수 있는 여자 노비의 가치가 더 높았다.

57 ②

|오답해설|
ㄱ. 아들이 없을 경우 딸이 제사를 지냈다.
ㄷ. 유산은 균분 상속하였다.
ㅁ. 사위가 처가의 호적에 입적하는 경우가 적지 않았다.

|정답| **52** ③　**53** ②　**54** ③　**55** ①　**56** ③　**57** ②

58

다음 자료의 (가)에 대한 설명으로 옳은 것은?

『미수기언』에 이르기를 "삼척에 매향안(埋香岸)이 있는데, '충선왕 2년(1310)에 향나무 2백50그루를 묻었다.'고 하였다. …… 여기에서 (가) (이)라는 이름이 시작되었는데, 후에 이들이 상여를 메었다."고 하였다. …… 이들이 모일 때 승려와 속인이 마구 섞여 무리를 이루었다고 하니 (가) 의 시초는 불교로부터 이루어진 것이다.

『성호사설』

ㄱ. 이들은 수선사 결사 운동을 전개하였다.
ㄴ. 향촌의 풍속 교화를 위해 향안을 작성하였다.
ㄷ. 불상·석탑 건립과 같은 불사(佛事)에 주도적으로 참여하였다.
ㄹ. 향음주례를 주관하여 결속을 강화하였다.
ㅁ. 이 조직에서 상여를 메는 사람인 상두꾼이 유래하였다.

① ㄱ, ㄷ
② ㄴ, ㄹ
③ ㄷ, ㄹ
④ ㄷ, ㅁ

59

고려의 형률 제도에 대한 설명으로 옳은 것은?

① 주로 당나라의 것을 끌어다 썼으며, 때에 따라 고려의 실정에 맞는 율문도 만들었다.
② 행정과 사법이 명확하게 분리·독립되어 있었다.
③ 실형주의(實刑主義)보다는 배상제(賠償制)를 우위에 두고 있었다.
④ 기본적으로 태형(笞刑), 장형(杖刑), 도형(徒刑), 유형(流刑)의 4형 체계를 가지고 있었다.

고려 시대 사회 모습에 대한 설명으로 가장 적절하지 않은 것은?

① 개경, 서경 및 각 12목에는 상평창을 두어 물가의 안정을 꾀하였다.
② 향도는 고려 후기에 이르러 자신들의 이익을 위하여 조직되는 향도에서 점차 신앙적인 향도로 변모되었다.
③ 기금을 마련한 뒤 이자로 빈민을 구제하는 제위보가 설치되었다.
④ 귀양형을 받은 사람이 부모상을 당하였을 때에는 유형지에 도착하기 전에 7일간의 휴가를 주어 부모상을 치를 수 있도록 하였다.

61

고려 시대 국가 운영을 위하여 시행한 사회 정책에 대한 설명으로 가장 적절하지 않은 것은?

① 고려는 개경과 서경 및 12목에 상평창을 설치하여 물가를 조절하였다.
② 고려는 흉년 등 어려운 때에 백성을 구제하기 위해 의창을 만들어 봄에 곡식을 빌려 주고 가을에 갚게 하였다.
③ 대비원은 환자를 진료하고 갈 곳이 없는 어려운 사람들을 돌보아 주었다.
④ 혜민서는 유랑자를 수용하고 구휼하였다.

---

58 ④

(가)는 '향도'이다. 고려 시대 향촌 공동체인 향도는 원래 불교 신앙 공동체로 출발하였다. 향도는 미륵을 만나 구원을 받고자 하는 염원에서 향나무를 땅에 묻는 매향을 행하기도 하였다. 또한 ㄷ. 대규모 인력이 동원되는 불상, 석탑, 사원 축조 등에 주도적 역할을 하였으며, 후기에는 마을 노역, 혼례, 상·장례, 마을 제사 등 공동체 생활을 주도하는 농민 조직으로 발전하였다. ㅁ. 상두꾼이 여기서 유래하였다.

| 오답해설 |
ㄱ. 수선사 결사 운동은 지눌을 중심으로 한 불교 개혁 운동이다.
ㄴ. 향안은 조선 시대에 지방에 거주하는 사족의 명단을 말한다.
ㄹ. 향음주례는 조선 시대 향촌에서 학덕과 연륜이 높은 이를 주된 손님으로 모시고 술을 마시고 잔치를 하는 의례로서, 어진 이를 존중하고 노인을 봉양하는 의미를 가진다.

59 ①

① 고려의 형법은 당률을 참작한 71개조의 법률이 시행되었다.

| 오답해설 |
② 고려·조선 시대에는 행정과 사법이 명확하게 분리되지 않았다. 1894년 제2차 갑오개혁 때 행정권과 사법권이 분리되었다.
③ 고려 시대에는 실형주의를 강조하였다.
④ 기본적으로 태형·장형·도형·유형·사형의 5종 체계를 가지고 있었으며, 지배 계급만을 대상으로 적용된 귀향형도 있었다.

| 보충설명 | 고려 시대 형벌의 집행

> • 중죄: 반역죄·불효죄 등 사람의 기본 도리를 어길 경우 중죄로 다스렸다.
> • 상중(喪中)의 휴가: 귀양형을 받은 사람이 부모상을 당하였을 때는 유형지에 도착하기 전에 7일간의 휴가를 주어 부모상을 치를 수 있도록 하였다.
> • 집행의 유예: 70세 이상의 노부모를 두고 봉양할 가족이 없는 경우는 형벌 집행을 보류하기도 하였다.
> • 형벌의 종류: 태·장·도·유·사의 5종을 시행하였다.
>   − 태(笞): 볼기를 치는 매질
>   − 장(杖): 곤장형
>   − 도(徒): 징역형
>   − 유(流): 멀리 유배를 보내는 형
>   − 사(死): 사형(교수형과 참수형)
>   − 귀향형: 일정한 신분층 이상이 죄를 지었을 때 자신의 본관지로 돌아가게 한 형벌이었다. 이것은 거주지 제한과 더불어 중앙의 특권적 신분층으로부터 분리시킨다는 의미가 있었다.

60 ②

② 향도는 불교 신앙 공동체에서 시작되어 점차 농민 공동체로 변화하였다.

61 ④

④ 혜민서는 조선 시대에 서민 환자의 구제와 약재 판매를 담당했던 기구이다. 참고로 태조 1년(1392) 혜민고국, 태종 14년(1414) 혜민국, 세조 12년(1466) 혜민서로 명칭이 변화되었다.

| 정답 | **58** ④   **59** ①   **60** ②   **61** ④

62

다음 자료와 관련된 역사적 사실로 가장 옳은 것은?

> 예종 4년 국자감에 7재를 두어, 주역(周易)을 공부하는 곳을 여택, 상서(尙書)를 공부하는 곳을 대빙, …… 춘추(春秋)를 공부하는 곳을 양정, 무학(武學)을 공부하는 곳을 강예라 하였다. 대학에서 최민용 등 70인과 무학에서 한자순 등 8인을 시험 쳐 뽑아, 나누어 여기서 공부하도록 하였다.

① 장학 재단으로 양현고를 두었다.
② 공자 사당인 문묘를 설립하였다.
③ 현량과를 통해 관리를 선발하였다.
④ 독서에 기준하여 3등급으로 나누었다.

63

밑줄 친 '그'에 대한 설명으로 옳은 것은?

> 그는 송악산 아래의 자하동에 학당을 마련하여 낙성(樂聖), 대중(大中), 성명(誠明), 경업(敬業), 조도(造道), 솔성(率性), 진덕(進德), 대화(大和), 대빙(待聘) 등의 9재(齋)로 나누고 각각 전문 강좌를 개설토록 하였다. 그리하여 당시 과거 보려는 자제들은 반드시 먼저 그의 학도로 입학하여 공부하는 것이 상례로 되었다.

① 9경과 3사를 중심으로 교육하였다.
② 유교적 합리주의 사관에 기초하여 『삼국사기』를 편찬하였다.
③ 유교 사상을 치국의 근본으로 삼아 시무 28조의 개혁안을 올렸다.
④ 『소학』과 『주자가례』를 중시하고 권문세족과 불교의 폐단을 비판하였다.

64

(가)와 (나)에 들어갈 역사서에 대한 설명으로 옳은 것은?

> - [(가)]은/는 현존하는 우리나라의 가장 오래된 역사서로 고려 인종 때 편찬되었다. 본기 28권, 연표 3권, 지 9권, 열전 10권 등 총 50권으로 구성되어 있다.
> - [(나)]은/는 충렬왕 때 한 승려가 일정한 역사 서술 체계에 구애받지 않고 자유로운 형식으로 저술한 역사서이다. 총 5권으로 구성되었으며, 민간 설화와 불교에 관한 내용들이 많이 수록되어 있다.

① (가) – 고조선의 역사를 중시하였다.
② (가) – 고구려 계승 의식을 강조하였다.
③ (나) – 민족적 자주 의식을 고양하였다.
④ (나) – 도덕적 합리주의를 표방하였다.

65

다음 내용의 역사서에 대한 설명으로 옳은 것은?

> 왕께서는 "우리나라 사람들은 유교 경전과 중국 역사에 대해서는 자세히 말하는 사람이 있으나 우리나라의 사실에 이르러서는 잘 알지 못하니 매우 유감이다. 중국 역사서에 우리 삼국의 열전이 있지만 상세하게 실리지 않았다. 또한, 삼국의 고기(古記)는 문체가 거칠고 졸렬하며 빠진 부분이 많으므로, 이런 까닭에 임금의 선과 악, 신하의 충과 사악, 국가의 안위 등에 관한 것을 다 드러내어 그로써 후세에 권계(勸戒)를 보이지 못했다. 마땅히 일관된 역사를 완성하고, 만대에 물려주어 해와 별처럼 빛나도록 해야 하겠다."라고 하셨습니다.

① 불교를 중심으로 신화와 설화를 정리하였다.
② 유교적인 합리주의 사관에 따라 기전체로 서술되었다.
③ 단군 조선을 우리 역사의 시작으로 본 통사이다.
④ 진흥왕의 명을 받아 거칠부가 편찬하였다.

---

62 ①

제시된 사료는 고려 예종 때 국자감에 7재를 세워 관학을 진흥시키고자 했다는 내용이다. ① 양현고는 고려 시대 국자감의 장학 재단으로, 관학 진흥 정책에 해당한다.

|오답해설|
② 우리나라 문묘의 시작은 통일 신라 성덕왕 때 당나라에서 공자와 10철, 72제자의 화상(畵像)을 가지고 돌아와 왕명에 의해 국학에 두면서 비롯되었다. 고려 시대에는 충렬왕 때 국학에 대성전을 설치하면서 문묘를 설치하였다.
③ 현량과는 조선 중종 때 조광조의 건의로 시행된 일종의 천거 제도이다.
④ 신라 하대 원성왕의 독서삼품과에 대한 설명이다.

63 ①

제시된 자료는 고려 중기 최충이 세운 9재 학당에 대한 설명이다. ① 9재 학당에서는 9경과 3사를 가르쳐 과거 시험을 대비하게 하였다.

|오답해설|
② 김부식은 유교적 합리주의 사관에 기초하여 『삼국사기』를 편찬하였다(1145).
③ 최승로는 성종에게 시무 28조의 개혁안을 올렸다. 그 결과 유교 사상이 치국의 이념으로 정착되었다(유교의 정치 이념화).
④ 고려 말 신진 사대부는 『소학』과 『주자가례』를 중시하고 권문세족과 불교의 폐단을 비판하였다.

64 ③

결정적 문제 『삼국사기』와 『삼국유사』의 비교 문제는 빈출 주제이니 암기하자!
(가) 고려 인종 시기 김부식 등이 편찬한 『삼국사기』이며, (나) 충렬왕 때 일연이 편찬한 『삼국유사』이다. ③ 『삼국유사』는 「동명왕편」(이규보), 『해동고승전』(각훈), 『제왕운기』(이승휴)와 함께 고려 후기 민족적 자주 의식을 표방한 역사서로 평가된다.

|오답해설|
① 『삼국사기』는 삼국(통일 신라 시대 포함)의 역사만을 서술 대상으로 하였다.
② 『삼국사기』는 신라 계승 의식을 반영하였다는 평가를 받는다.
④ 도덕적 합리주의 표방은 유교적 사관이 반영된 역사서의 특징이며, 제시된 역사서 중에는 『삼국사기』가 해당된다.

65 ②

제시된 사료는 김부식이 『삼국사기』를 인종에게 바치면서 올린 「진삼국사기표」이다(인종 23년, 1145). ② 『삼국사기』는 유교적인 합리주의 사관에 따라 기전체로 서술되었다.

|오답해설|
① 『삼국유사』는 불교를 중심으로 신화와 설화를 정리한 사서이다.
③ 서거정의 『동국통감』은 단군 조선을 우리 역사의 시작으로 본 통사이다.
④ 진흥왕의 명을 받아 거칠부가 『국사』를 편찬하였다(545).

|정답| 62 ① 63 ① 64 ③ 65 ②

66

다음 글을 쓴 인물에 대한 설명으로 옳은 것은?

> 세상에서 동명왕의 신이(神異)한 일을 많이 말한다. …… 지난 계축년 4월에 『구삼국사』를 얻어 동명왕본기를 보니 그 신기한 사적이 세상에서 얘기하는 것보다 더하였다. 그러나 처음에는 믿지 못하고 귀신이나 환상이라고만 생각하였는데, 두세 번 반복하여 읽어서 점점 그 근원에 들어가니 환상이 아닌 성스러움이며, 귀신이 아닌 신성한 이야기였다.

① 사실의 기록보다 평가를 강조한 강목체 사서를 편찬하였다.
② 단군부터 고려 충렬왕 때까지의 역사를 서사시로 기록하였다.
③ 단군 신화와 전설 등 민간에서 전승되는 자료를 광범위하게 수록하였다.
④ 김부식의 『삼국사기』에 동명왕의 신이한 사적이 생략되어 있다고 평가하였다.

67

(가)~(다)는 고려 시대 역사서의 내용이다. 이들 역사서를 바르게 배열한 것은?

> (가) 지금의 학사 대부가 중국 역사에 대하여는 자세히 알고 있으나, 우리나라 역사에 대하여는 도리어 아득하고 그 시말(始末)을 알지 못하니 매우 한탄스러운 일이다.
>
> (나) 요동에 별천지가 있으니, 중국과는 확연히 구분되도다. 큰 파도가 출렁거리며 삼면을 둘러쌌는데, 북녘에는 대륙이 있어 가늘게 이어졌도다. 가운데에 사방 천 리 땅, 여기가 조선(朝鮮)이니, 강산의 형승은 천하에 이름이 있다.
>
> (다) 『구삼국사』를 얻어 보니 그 신이한 사적이 세상에서 이야기하는 것보다 더하였다. 그러나 역시 처음에는 그것을 믿지 못하고 귀환(鬼幻)스럽다고 생각하였다. 여러 번 탐독 음미하여 차차 그 근원에 들어가니 환(幻)이 아니고 성(聖)이며, 귀(鬼)가 아니고 신(神)이었다.

	(가)	(나)	(다)
①	『삼국사기』	『제왕운기』	「동명왕편」
②	『삼국사기』	「동명왕편」	『제왕운기』
③	「동명왕편」	『삼국사기』	『제왕운기』
④	「동명왕편」	『제왕운기』	『삼국사기』

68

밑줄 친 '이 책'에 대한 설명으로 가장 옳은 것은?

> 이 책은 보각국사 일연의 저서로 왕력(王歷)·기이(紀異)·흥법(興法)·탑상(塔像)·의해(義解)·신주(神呪)·감통(感通)·피은(避隱)·효선(孝善) 등 9편목으로 구성되어 있다. 여러 고대 국가의 역사, 불교 수용 과정, 탑과 불상, 고승들의 전기, 효도와 선행 이야기 등 불교사와 관련된 일화를 중심으로 서술한 것이 특징이다.

① 기전체 형식으로 서술되었다.
② 현존하는 가장 오래된 역사서이다.
③ 단군의 건국 이야기가 수록되었다.
④ 대의명분을 중시하는 성리학적 사관을 반영하였다.

69

밑줄 친 '이 책'에 대한 설명으로 옳은 것은?

> 신(臣)이 이 책을 편수하여 바치는 것은 …… 중국은 반고부터 금국에 이르기까지, 동국은 단군으로부터 본조(本朝)에 이르기까지 처음 일어나게 된 근원을 간책에서 다 찾아보아 같고 다른 것을 비교하여 요점을 취하고 읊조림에 따라 장을 이루었습니다.

① 성리학적 유교 사관이 반영되어 대의명분을 강조하였다.
② 국왕, 훈신, 사림이 서로 합의하여 통사 체계를 구성하였다.
③ 원 간섭기에 중국과 구별되는 우리 역사의 독자성을 강조하였다.
④ 왕명으로 단군 조선에서 고려 말까지의 역사를 노래 형식으로 정리하였다.

23. 서울시(자체 출제) 9급

〈보기〉의 인물이 활동하던 시기에 해당하는 설명으로 가장 옳은 것은?

┤ 보기 ├

- 새로 창건한 귀법사의 주지가 되었다.
- 불교 대중화에 관심이 있어 「보현십원가」를 지었다.
- 화엄학에 대한 주석서를 쓰는 등 화엄 교학을 정비하였다.

① 강조를 토벌한다는 명분으로 거란이 침략하였다.
② 대장경에 대한 주석서인 교장을 간행하였다.
③ 중국에 승려들을 보내 법안종을 수용하였다.
④ 현화사를 창건하였다.

66 ④

제시된 사료는 이규보의 「동명왕편」(명종 23년, 1193)이다. 이규보는 고구려 건국 설화를 민족 자주적 입장에서 5언시로 표현하였다(일종의 영웅 서사시). ④ 「동명왕편」에서는 동명왕의 신이한 사적이 「삼국사기」에 생략되어 있음을 비판하고, 고구려 건국 설화를 원형대로 서술하였다.

|오답해설|

① 평가를 강조한 강목체 사서의 대표적 사례는 안정복의 「동사강목」이다.

② 이승휴의 「제왕운기」는 단군부터 고려 충렬왕까지의 역사를 서사시로 기록하고 있다. 또한 중국 신화 시대부터 원의 성장까지의 중국사도 서사시로 서술하였다.

③ 일연의 「삼국유사」는 단군 신화를 수록하였고, 민간에서 전승되는 자료(민간 설화)를 광범위하게 수록하였다.

67 ①

(가) 「삼국사기」, (나) 「제왕운기」, (다) 「동명왕편」이다.

68 ③

밑줄 친 '이 책'은 「삼국유사」이다. ③ 충렬왕 때 일연이 편찬한 「삼국유사」는 단군의 건국 이야기(단군 신화)를 수록하고 있다.

|오답해설|

① 기전체로 서술된 대표적인 역사서는 김부식의 「삼국사기」이다.

② 우리나라에서 현존하는 가장 오래된 역사서는 「삼국사기」이다.

④ 이제현의 「사략」에는 대의명분을 중시하는 성리학적 사관이 반영되어 있다.

69 ③

제시된 내용 중 "중국"의 역사와 "동국(우리 민족)"의 역사를 모두 다루었다는 내용과 "읊조림에 따라"를 통해 밑줄 친 '이 책'이 충렬왕 때 이승휴가 서사시 형식으로 편찬한 「제왕운기」임을 알 수 있다. ③ 「제왕운기」는 원 간섭기에 중국과 구별되는 우리 역사의 독자성을 강조한 역사서이다("요동에는 별천지가 있으니, 중국과는 확연하게 구분되도다.").

|오답해설|

① 이제현의 「사략」은 성리학적 유교 사관이 반영되어 대의명분, 의리, 정통을 강조하였다.

② 조선 성종 때 편찬된 「동국통감」은 국왕, 훈신, 사림의 역사의식이 모두 반영되었다고 평가된다.

④ 조선 세종 때 권제 등이 편찬한 「동국세년가」는 단군 조선에서 고려 말까지의 역사를 노래 형식(영사체)으로 정리한 역사서이다.

70 ③

균여는 광종 때 창건된 귀법사의 주지를 맡았으며, 화엄 교학을 정비하였다. 또한 「보현십원가」를 지어 불교의 대중화에 이바지하였다. ③ 광종 때 승려 혜거는 중국에서 수용한 법안종을 중심으로 선종을 통합하고자 하였다.

|오답해설|

① 거란(요)은 강조의 정변을 빌미로 고려를 침략(거란의 2차 침략, 현종 1, 1010)하였다.

② 의천은 흥왕사에 교장도감을 설치(선종 3년, 1086)하고, 주석서인 교장(속장경)을 간행하였다.

④ 현화사는 고려 현종 때 창건된 것으로 알려졌다.

| 정답 | 66 ④ 67 ① 68 ③ 69 ③ 70 ③

71

다음과 같은 사상을 주장한 승려에 대한 설명으로 옳은 것을 〈보기〉에서 고르면?

> 교종을 공부하는 사람은 내적인 것을 버리고 외적인 것만 추구하려는 경향이 강하고, 반면에 선종을 공부하는 사람은 외부의 대상을 잊고 내적으로만 깨달으려는 경향이 강하다. 이는 모두 양극단에 치우친 것이므로, 양자를 골고루 갖추어 [內外兼全] 모두 조화를 이루어야 한다.

┤ 보기 ├

ㄱ. 이론과 실천의 양면을 강조하고 교관겸수를 제창하였다.
ㄴ. 흥왕사에 교장도감을 두어 속장경을 간행하였다.
ㄷ. 화엄종의 입장에서 선종을 통합하기 위해 해동 천태종을 창시하였다.
ㄹ. 천태종의 기본 교리를 정리한 『천태사교의』라는 명저를 저술하였다.
ㅁ. 백련사를 중심으로 신앙 결사 운동을 추진하였다.

① ㄱ, ㄴ, ㄷ
② ㄱ, ㄷ, ㄹ
③ ㄱ, ㄷ, ㅁ
④ ㄴ, ㄷ, ㄹ

72

14. 지방직 9급

밑줄 친 '나'에 대한 설명으로 옳지 <u>않은</u> 것은?

> <u>나</u>는 도(道)를 구하는 데 뜻을 두어 덕이 높은 스승을 두루 찾아다녔다. 그러다가 진수대법사 문하에서 교관(敎觀)을 대강 배웠다. 법사께서는 강의하다가 쉬는 시간에도 늘 "관(觀)도 배우지 않을 수 없고, 경(經)도 배우지 않을 수 없다."라고 제자들에게 훈시하였다. 내가 교관에 마음을 다 쏟는 까닭은 이 말에 깊이 감복하였기 때문이다.

① 해동 천태종을 창시하였다.
② 이론과 실천의 양면을 강조하였다.
③ 교종의 입장에서 선종을 통합하였다.
④ 정혜쌍수로 대표되는 결사 운동을 일으켰다.

73

12. 지방직 7급

다음과 같은 주장이 제기된 시기의 사회 현상으로 가장 적절한 것은?

> 지금의 불교계를 보면 아침저녁으로 행하는 일들이 비록 부처의 법에 의지하였다고 하나, 자신을 내세우고 이익을 구하는 데 열중하며 세속의 일에 골몰한다. 도덕을 닦지 않고 옷과 밥만 허비하니, 비록 출가하였다고 하나 무슨 덕이 있겠는가? …… 마땅히 명예와 이익을 버리고 산림에 은둔하여 항상 선(禪)을 익히고 지혜를 고르는 데 힘쓰면서 예불하고 경전을 읽으며 힘들여 일하는 것에 이르기까지 각자 맡은 바 임무에 따라 경영하도록 하자.

① 변발, 호복, 조혼 등의 풍습이 유행하였다.
② 가묘를 세워서 제사하는 예제가 확산되었다.
③ 지방에서는 호족이라 불리는 새로운 세력이 성장하였다.
④ 김사미·효심의 봉기를 비롯한 농민과 천민의 봉기가 자주 일어났다.

74

19. 지방직 9급

다음 ㉠~㉣에 들어갈 인물을 바르게 연결한 것은?

- (㉠)는/은 『신편제종교장총록』을 편찬하였다.
- (㉡)는/은 원의 불교인 임제종을 들여와서 전파시켰다.
- (㉢)는/은 강진에 백련사를 결사하여 법화 신앙을 내세웠다.
- (㉣)는/은 『목우자수심결』을 지어 마음을 닦고자 하였다.

	㉠	㉡	㉢	㉣
①	수기	보우	요세	지눌
②	의천	각훈	요세	수기
③	의천	보우	요세	지눌
④	의천	요세	각훈	수기

75

다음은 고려 불교의 중요한 교리와 사건을 정리한 것이다. 시대순으로 가장 적절하게 나열한 것은?

> ㄱ. 선종을 중심에 두고 교종의 화엄 사상을 흡수하여 교선 통합을 추구하였다.
> ㄴ. 새로이 중국에서 들어온 임제종이 불교계의 새로운 주류로 떠올랐다.
> ㄷ. 제관과 의통이 남중국에 가서 천태학을 전하였다.
> ㄹ. 법상종과 선종의 여러 종파의 대립을 극복하기 위해 해동 천태종을 창시하였다.
> ㅁ. 몽골과의 전쟁 중에 부처님의 힘으로 국난을 극복하고자 재조대장경을 간행하였다.

① ㄱ - ㄴ - ㄷ - ㄹ - ㅁ
② ㄱ - ㄷ - ㄹ - ㅁ - ㄴ
③ ㄷ - ㄹ - ㄱ - ㅁ - ㄴ
④ ㄷ - ㅁ - ㄹ - ㄴ - ㄱ

76

다음 글에 나타나는 사상과 관련된 것을 〈보기〉에서 바르게 고른 것은?

> 모든 사원은 다 도선이 산수의 순(順)하고 역(逆)한 것을 점쳐서 창건한 것이다. 도선이 말하기를 "내가 점쳐서 정한 이외에 함부로 절을 더 창건하면 지덕을 손상하게 하여 왕업이 길지 못할 것이다." 하였으니, 짐은 후세의 국왕·공후·후비·조신들이 각각 원당이라 일컫고 혹 더 창건한다면 크게 우환이 될 것이라 생각한다. 신라 말엽에 절과 탑을 다투어 짓더니, 지덕을 손상하게 하여 망하기에 이르렀으니 어찌 경계하지 아니할 수가 있겠는가?

┤ 보기 ├

> ㄱ. 만적의 봉기
> ㄴ. 서경 천도 운동
> ㄷ. 이자겸의 난
> ㄹ. 남경 길지설

① ㄱ, ㄴ   ② ㄱ, ㄷ
③ ㄴ, ㄷ   ④ ㄴ, ㄹ

정답&해설

71 ①

[결정적 문제] 의천과 지눌, 천태종과 조계종의 특징을 비교하는 문제가 빈출되니 알아 두자!

제시된 자료는 의천의 내외겸전에 관한 설명이다.

| 오답해설 |

ㄹ. 『천태사교의』는 제관의 저서이다. 『천태사교의주』가 의천의 저서이다.

ㅁ. 요세에 대한 설명이다.

72 ④

제시된 사료에서 "교관에 마음을 다 쏟는다."는 내용은 교관겸수를 의미하며, 이를 통해 밑줄 친 '나'가 의천임을 알 수 있다. ④ 정혜쌍수 주장은 지눌의 수선사 결사와 관련된다.

73 ④

제시된 사료는 고려 무신정권 시기 지눌의 『권수정혜결사문』(1190)이다. ④ 무신정권 시기에는 김사미·효심의 봉기 등 민란이 자주 일어났다.

| 오답해설 |

① 원 간섭기에 대한 설명이다.

② 고려 말 성리학 도입으로 가묘를 세우기 시작하였고, 조선 후기 『주자가례』의 제례(祭禮, 제사 예법)가 일반 백성에게도 확대되었다.

③ 신라 하대에 대한 설명이다.

74 ③

㉠ 의천은 교장(속장경)의 목록인 『신편제종교장총록』을 편찬하였다.

㉡ 보우는 원에서 선종 종파인 임제종을 들여와서 불교를 개혁하고자 하였다.

㉢ 요세는 강진에서 백련사 결사를 개창하고, 법화 신앙을 내세웠다.

㉣ 지눌은 『목우자수심결』을 지어 선(禪) 수행의 요체가 될 핵심 내용을 정리하였다.

75 ③

ㄷ. 제관과 의통이 남중국에 가서 천태학을 전한 것은 광종 때이다. → ㄹ. 의천이 교종(화엄종)을 중심으로 법상종과 선종을 모두 통합하여 해동 천태종을 창시한 것은 숙종 때이다. → ㄱ. 최씨 무신집권 시기 조계종을 창시한 지눌에 대한 설명이다. → ㅁ. 재조대장경(팔만대장경)은 고종 23년(1236)부터 38년(1251)까지 간행되었다(최우~ 최항 집권 시대). → ㄴ. 보우가 원나라에서 임제종을 도입한 것은 충목왕 때이다.

76 ④

[결정적 문제] 풍수지리 사상과 관련된 내용은 꼭 기억해 두자!

제시된 자료는 태조 왕건의 훈요 10조 중 제2조에 나오는 풍수지리설에 대한 내용이다. ㄴ. 서경 천도 운동과 ㄹ. 남경 길지설은 풍수지리 사상이 사상적 배경으로 작용하였다.

| 오답해설 |

ㄱ. 만적의 난은 최충헌 집권 시기 신분 해방과 정권 탈취를 목표로 한 천민의 난이다.

ㄷ. 이자겸의 난은 고려 문벌 귀족 사회의 모순이 야기한 사건이다.

| 정답 | **71** ①   **72** ④   **73** ④   **74** ③   **75** ③   **76** ④

77

다음과 같은 성격을 가진 고려의 국가 행사는?

> 부처님의 붙들어 주심에 보답하고 산신령님의 도와주심을 갚으려고 특별히 관청에 명하여 사찰을 창건하였습니다. 이에 천호(天護)로써 산의 이름을 삼고 개태(開泰)로써 절의 이름을 삼았습니다.
>
> 「신증동국여지승람」

① 초제   ② 연등회

③ 산천제   ④ 팔관회

78

17. 국가직 9급 추가

밑줄 친 '왕'의 정책으로 옳지 <u>않은</u> 것은?

> 대관(大觀) 경인년에 천자께서 저 먼 변방에서 신묘한 도(道)를 듣고자 함을 돌보시어 신사(信使)를 보내시고 우류(羽流) 2인을 딸려 보내어 교법에 통달한 자를 골라 훈도하게 하였다. <u>왕</u>은 신앙이 돈독하여 정화(政和) 연간에 비로소 복원관(福源觀)을 세워 도가 높은 참된 도사 10여 인을 받들었다. 그러나 그 도사들은 낮에는 재궁(齋宮)에 있다가 밤에는 집으로 돌아가고는 하였다. 그래서 후에 간관이 지적·비판하여 다소간 법으로 금하는 조치를 취하게 되었다. 간혹 듣기로는, 왕이 나라를 다스렸을 때는 늘 도가의 도록을 보급하는 데 뜻을 두어 기어코 도교로 호교(胡敎)를 바꿔 버릴 생각을 하고 있었으나 그 뜻을 이루지 못해 무엇인가를 기다리는 것이 있는 듯하였다고 한다.
>
> 「고려도경」

① 우봉·파평 등의 지역에 감무관을 파견하였다.

② 국학 7재를 설치하여 관학을 진흥하였다.

③ 김위제의 건의로 남경 건설을 추진하였다.

④ 윤관을 원수로 하여 여진 정벌을 단행하였다.

79

18. 지방직 9급

고려에서 행한 국가 제사에 대한 설명으로 옳지 <u>않은</u> 것은?

① 태조 때에 환구단(圜丘壇)에서 풍년을 기원하는 제사를 올렸다.

② 성종 때에 사직(社稷)을 세워 지신과 오곡 신에게 제사를 지냈다.

③ 숙종 때에 기자(箕子) 사당을 세워 국가에서 제사하였다.

④ 예종 때에 도관(道觀)인 복원궁을 세워 초제를 올렸다.

80

다음은 대장경 조판에 관한 내용이다. 이 대장경과 관련 있는 인물은?

> 역대로 전해 내려온 '대장경판'이 모두 오랑캐 군사의 불사른 바 되었으나, 나라에 변고가 많아 다시 만들 여가가 없었다. 이에 진양공(晉陽公) 최이(최우)가 도감(都監)을 따로 세우고, 사재(私財)를 기울여 판(板)을 새겨 거의 절반이나 완성하게 하였다.

① 의천   ② 지눌

③ 균여   ④ 수기

81

⊙에 대한 설명으로 옳은 것은?

> 평장사 최윤의 등 17명의 신하에게 명하여 고금의 서로 다른 예문을 모아 참작하고 절충하여 50권의 책을 만들고 (⊙)이/라 이름하였다.
>
> 『동국이상국집』

① 교서관에서 갑인자로 인쇄되었다.
② 금속 활자로 인쇄한 판본이 남아 있다.
③ 최씨 집권기에 활자본 28부를 간행하였다.
④ 현재 프랑스 국립 도서관에서 소장하고 있다.

82

밑줄 친 '이 기구'가 설치된 왕 대에 있었던 사실로 옳은 것은?

> 조정은 중국의 화약 제조 기술을 터득하여 이 기구를 두고, 대장군포를 비롯한 20여 종의 화기를 생산하였으며, 화약과 화포를 제작하였다.

① 복원궁을 건립하여 도교를 부흥시켰다.
② 흥덕사에서 『직지심체요절』을 간행하였다.
③ 교장도감을 설치하여 속장경을 간행하였다.
④ 시무 28조를 수용하여 유교 정치를 구현하였다.

---

77 ④

④ 팔관회는 토착 신앙, 도교, 불교 신앙이 융합된 행사로 개경과 서경에서 한 차례씩 개최하였다. 이때 왕은 관료, 외국 사신들에게 하례와 함께 선물을 받았다.

78 ③

제시된 자료는 고려 예종 때의 도교와 관련된 내용이다. ③ 숙종 때 김위제의 건의로 남경개창도감을 설치하고, 남경(현재의 서울) 건설을 추진하였다.

|오답해설|
① 예종은 1106년 지방에 감무를 파견하였으며, ② 국학 7재를 설치하여 관학을 진흥하였다. 또한 ④ 윤관의 별무반(설치는 숙종 때)을 통해 여진족을 정벌하여 동북 9성을 축조하였다.

79 ①

① 고려 성종 2년(983) 정월에 환구단(원구단)에서 풍년 기원제를 드렸다는 기록이 있고, 조선 초에 제천 의례가 억제되자 폐지되었다. 이후 조선 세조 2년(1456)에 일시적으로 제도화하여 1457년에 환구단을 설치하고 제사를 올렸다. 그러나 세조 10년(1464)에 실시된 제사를 마지막으로 환구단에서의 제사는 중단되었다. 환구단이 다시 설치된 것은 1897년 고종이 황제로 즉위하면서부터이다.

|오답해설|
② 성종 때는 사직(社稷)을 세워 토지 신(神)과 오곡(곡식)의 신(神)에게 제사를 지냈다.
③ 숙종 때 평양에 기자 사당을 설치하여 기자를 '교화의 군주'로 숭상하였다.
④ 예종 때 최초의 도교 사원인 복원궁(福源宮＝福源觀)을 건립하고, 초제를 지냈다.

80 ④

④ 최우는 재조대장경(팔만대장경) 판각에 대한 실무 책임자로 교종 승려인 수기(화엄종 승통)를 임명하였다.

81 ③

제시된 사료가 『동국이상국집』이라는 점, "고금의 서로 다른 예문"을 모아 간행되었다는 점을 통해 ⊙이 『상정고금예문』임을 알 수 있다. ③ 『동국이상국집』에 1234년(최우 집권 시기) 금속 활자로 『상정고금예문』 28부를 간행하였다는 기록이 있으나, 현재 전하지는 않는다.

|오답해설|
① 갑인자는 조선 세종 때 만들어진 금속 활자이다.
② 『상정고금예문』은 현재 남아 있지 않다.
④ 현재 프랑스 국립 도서관에서 소장하고 있는 우리나라 유물은 『직지심체요절』이 대표적이다.

82 ②

밑줄 친 '이 기구'는 고려 우왕 때(1377) 최무선의 건의로 설치된 화통도감이다. ② 『직지심체요절』은 1372년 백운 화상(경한)이 '선(禪)' 요체를 정리한 것을 그의 제자들이 청주 흥덕사에서 금속 활자로 간행한 것이다(우왕, 1377).

|오답해설|
① 고려 예종 때 도교 사원인 복원궁을 건립하였다.
③ 교장도감은 의천의 요청으로 선종 3년(1086) 흥왕사에 설치되었으며, 의천은 이곳에서 속장경(교장)을 간행하였다(숙종 때 완성).
④ 고려 성종은 최승로의 시무 28조를 수용하여 유교 정치를 구현하였다.

| 정답 |　**77** ④　**78** ③　**79** ①　**80** ④　**81** ③　**82** ②

83

『직지심체요절』에 대한 설명으로 옳지 않은 것은?

① 보조 국사 지눌이 부처와 유명한 승려들이 남긴 말 중 승려로서 마음에 새겨야 할 내용을 가려 뽑아 만들었다.
② 1377년 청주 흥덕사에서 금속 활자로 찍었으며, 현재는 하권만 전해 온다.
③ 19세기 말 콜랭 드 프랑시가 수집하여 프랑스로 건너갔으며, 이를 경매로 구입한 앙리 베베르의 유언에 따라 프랑스 국립 도서관에 기증되었다.
④ 박병선 박사에 의해 『직지심체요절』이 구텐베르크의 『42행 성서』보다 70여 년 앞서 간행되었음이 밝혀졌다.

84

㉠과 ㉡에 해당하는 건축물에 대한 설명으로 옳은 것은?

> 공포를 기둥 위에만 배치하는 (㉠) 양식은 고려 시대의 일반적 건축 양식이었다. 공포를 기둥과 기둥 사이에도 배치하는 (㉡) 양식 건물은 고려 후기에 등장하지만 조선 시대에 널리 유행하였다.

① ㉠ - 부석사 무량수전은 간결한 맞배지붕 형태이다.
② ㉠ - 팔작지붕인 봉정사 극락전은 장엄하고 화려하다.
③ ㉡ - 수덕사 대웅전은 백제계 사찰의 전통을 이었다.
④ ㉡ - 맞배지붕의 성불사 응진전이 이에 해당한다.

85

(가) 왕 대에 볼 수 없었던 조형물은?

> 대리석으로 만든 10층 석탑으로 원래는 경천사에 세워졌다. 이후 원위치에서 불법 반출되어 일본으로 건너갔다가 반환되는 우여곡절을 겪기도 했다. 이 석탑은 표면에 새겨진 명문에 의하여 ___(가)___ 왕대에 건립된 것으로 알려져 있다.

① 불국사 다보탑
② 원각사 10층 석탑
③ 법천사 지광 국사 탑
④ 관촉사 석조 미륵보살 입상

86

밑줄 친 '이 시기'에 있었던 사실로 옳은 것은?

> 이 시기의 불교 조각은 지역에 따라 다양하게 제작되었다. 처음에는 하남 하사창동의 철조 석가여래 좌상과 같은 대형 철불이 많이 제작되었다. 또한 덩치가 큰 석불이 유행하였는데, 논산 관촉사 석조 미륵보살 입상이 대표적이다. 이 불상은 큰 규모에 비해 조형미는 다소 떨어지지만, 소박한 지방 문화의 모습을 잘 보여 준다.

① 성골 출신의 국왕이 재위하였다.
② 지방 세력으로 호족이 존재하였다.
③ 풍양 조씨 등 특정 가문이 정권을 장악하였다.
④ 성리학에 투철한 사림 세력이 정국을 주도하였다.

87

다음 일이 있었던 시대의 문화에 대한 설명으로 가장 적절하지 않은 것은?

> 박유가 왕에게 글을 올려 말하기를 "…… 청컨대 여러 신하, 관료들로 하여금 여러 처를 두게 하되, 품계에 따라 그 수를 줄이도록 하여 보통 사람에 이르러서는 1인 1첩을 둘 수 있도록 하며 여러 처에게서 낳은 자식들도 역시 본가가 낳은 아들처럼 벼슬을 할 수 있게 하기를 원합니다."라고 하였다. …… 당시 재상들 가운데 그 부인을 무서워하는 자들이 있었기 때문에 그 건의는 결국 실행되지 못하였다.

① 단아하고 균형 잡힌 석등이 꾸준히 만들어졌으며 법주사 쌍사자 석등이 대표적인 작품이다.
② 다포 양식 건물이 등장하여 지붕을 웅장하게 얹거나 건물을 화려하게 꾸밀 때 쓰였다.
③ 자기 제작에 상감 기법이 개발되어 무늬를 내는 데 활용되었으나 원 간섭기 이후에는 퇴조하였다.
④ 이 시대에는 불화가 많이 그려졌는데 혜허의 「관음보살도」가 유명하다.

---

83 ①

① 『직지심체요절』은 경한(백운 화상)이 편찬한 책이다.

| 보충설명 | 고려 시대 금속 활자본

- 『상정고금예문』: 최우 집권기에 28부 인쇄(1234, 현존하지 않음)했다는 기록이 『동국이상국집』에 남아 있다.
- 『직지심체요절』: 세계 최고(最古)의 금속 활자본으로 공인
  - 고려 말 고승 경한이 여러 부처와 조사의 게송, 법어, 설법 등에서 선의 요체에 관한 내용을 뽑아 엮은 책이다.
  - 경한이 입적한 3년 후인 우왕 3년(1377)에 청주 흥덕사에서 금속 활자로 조판되었다.
  - 상하 2권 중 현존하는 것은 하권 1책으로 현재 프랑스 국립 도서관에 소장되어 있다. 2001년 세계 기록 유산으로 지정되었다.

84 ④

㉠ 주심포 양식. ㉡ 다포 양식이다. ④ 맞배지붕의 성불사 응진전은 고려 후기 대표적인 다포 양식 건물이다.

| 오답해설 |
① 주심포 양식 건물인 부석사 무량수전은 팔작지붕의 형태이다.
② 주심포 양식 건물인 봉정사 극락전은 맞배지붕의 형태이다.
③ 맞배지붕의 주심포 양식 건물인 수덕사 대웅전은 백제의 양식이 반영된 건축물이다.

85 ②

경천사지 10층 석탑은 원 간섭기인인 충목왕(재위 1344~1348) 때 세워졌다. 따라서 (가)는 충목왕이며, 통일 신라 시대에 세워진 불국사 다보탑, 고려 초에 건립된 (968년으로 추정) 관촉사 석조 미륵보살 입상, 법천사 지광 국사 탑(11세기, 1070~1085년 건립 추정)은 충목왕 재위 시기에 볼 수 있었다. ② 원각사 10층 석탑은 조선 세조 때 건립되었다.

86 ②

하남 하사창동 철조 석가여래 좌상, 논산 관촉사 석조미륵보살 입상 등은 고려 전기를 대표하는 불상이다. ② 고려 초기에는 지방 세력인 호족이 존재하였다.

| 오답해설 |
① 신라 진덕 여왕까지는 성골 출신들이 왕위를 계승하였다.
③ 조선 후기 세도 정치 시기(순조 ~ 철종)에는 안동 김씨, 풍양 조씨 등 특정 가문이 권력을 장악하였다.
④ 선조 즉위 이후 성리학에 투철한 사림들이 권력을 독점하였다.

87 ①

제시된 사료는 고려 원 간섭 시대인 충렬왕 때의 역사적 내용이다. ① 법주사 쌍사자 석등은 통일 신라 시대(8세기 추정)에 제작되었다.

| 정답 | 83 ①   84 ④   85 ②   86 ②   87 ①

88

〈보기〉에서 고려 시대 회화 작품을 모두 고른 것은?

┌─ 보기 ─────────────────────────┐
│ ㄱ.「고사관수도」   │
│ ㄴ. 부석사 조사당 벽화   │
│ ㄷ.「예성강도」   │
│ ㄹ.「송하보월도」   │
└──────────────────────────────┘

① ㄱ, ㄷ   ② ㄱ, ㄹ
③ ㄴ, ㄷ   ④ ㄴ, ㄹ

89

다음 (가)에 대한 설명으로 옳지 않은 것은?

┌──────────────────────────────┐
│ 예전에 성종이 ┌─(가)─┐ 시행에 따르는 잡기가 정도(正道)에 │
│ 어긋나는 데다가 번거롭고 요란스럽다 하여 이를 모두 폐지 │
│ 하였다. …… 이것을 폐지한 지가 거의 30년이나 되었는데, │
│ 이때에 와서 정당문학 최항이 청하여 이를 부활시켰다. │
└──────────────────────────────┘

① 훈요 10조에서 시행할 것을 강조하였다.
② 토속 신에게 제사를 지냈다.
③ 정월 보름에 개최되었다.
④ 국제 교류의 장이었다.

90

고려 시대의 문화에 대한 설명으로 옳지 않은 것은?

① 개성의 만월대 궁궐터는 경사진 면에 축대를 높이 쌓고 계단식으로 건물을 배치하고 있어 웅장하게 보였을 것이다.
② 영주의 부석사 무량수전은 주심포 양식과 배흘림 기둥이 잘 어우러진 건축물이다.
③ 상감 기법을 도자기 제작에 응용해서 만들어진 상감 청자는 무늬를 다양하고 화려하게 넣을 수 있었기 때문에 청자의 새로운 경지를 열었다.
④ 대리석으로 만든 원각사지 10층 석탑은 이 시기의 중요한 건축물이다.

정답&해설

88 ③

ㄴ. 부석사 조사당 벽화는 12~13세기 작품으로 추정된다.
ㄷ.「예성강도」는 이령이 1124년(인종 2년)에 사신 이자덕을 따라 북송에 갔다가 북송 휘종의 요청으로 그린 그림으로 현재 전하지는 않는다.

|오답해설|
ㄱ.「고사관수도」는 15세기 강희안의 작품이다.
ㄹ.「송하보월도」는 15세기 말~16세기 초 이상좌의 작품이다.

89 ③

(가)는 팔관회이다. ③ 팔관회는 서경(10월 15일), 개경(11월 15일)에서 두 차례 개최되었다. 정월 보름에 개최된 것은 연등회이다.

90 ④

④ 고려 시대에는 대리석으로 경천사지 10층 석탑을 제작하였다. 원각사지 10층 석탑은 조선 세조 때 건축되었다.

|정답| 88 ③   89 ③   90 ④

IV 근세의 우리 역사

교수님 코멘트 ▶ 태종·세종·세조·성종의 업적, 사화, 붕당의 형성, 임진왜란의 전개 과정은 빈출 주제이므로 확실히 익혀야 한다. 문화 영역에서는 『동국통감』, 『조선왕조실록』 등 역사서와 이황, 이이의 성리학을 필수적으로 암기하여야 한다.

근세의 정치

01

16. 서울시 9급

고려 말에서 조선 초에 있었던 요동 정벌 운동을 설명한 것으로 옳지 않은 것은?

① 우왕 때 최영은 명이 철령위 설치를 통고하자, 요동을 공격할 계획을 세웠다.
② 태조 이성계는 요동 정벌을 추진하였고, 정도전과 남은은 군사 훈련을 강화하였다.
③ 명은 정도전을 '조선의 화근'이라며 명으로 압송할 것을 요구하였다.
④ 이방원은 태조의 요동 정벌 운동을 적극 지지하였다.

02

17. 지방직 9급

조선 시대 도성 한양에 대한 설명으로 옳지 않은 것은?

① 경복궁 근정전의 이름은 정도전이 지었다.
② 경복궁의 동쪽에 사직이, 서쪽에 종묘가 각각 배치되었다.
③ 유교 사상인 인·의·예·지 덕목을 담아 도성 4대문의 이름을 지었다.
④ 도성 밖 10리 안에는 개인의 무덤을 쓰거나 벌채를 하지 못하도록 규제하였다.

정답&해설

01 ④

④ 이방원은 태조의 요동 정벌 운동을 반대하였고, 정도전과 대립하였다.

|오답해설|

① 우왕 시기에는 '친원 정책'을 표방하였기 때문에 명의 감정을 자극하였다. 우왕 14년(1388) 명은 쌍성총관부가 있던 지역에 철령위를 설치하여 명의 영토에 편입시키려 하였다. 이에 고려와 명이 대립하였고, 최영은 요동 정벌을 추진하였다.
② 태조 이성계는 정도전, 남은 등과 함께 요동 정벌을 추진하였다.
③ 명은 하정사의 표문(명에 보내는 국서) 내용이 불손하다고 트집 잡아, 정도전의 압송을 요구하였다(표전문제). 이러한 명의 태도에 격분한 정도전과 남은은 태조의 호응을 받아 군량미를 비축하고 병력을 증강하여 『진도』 강습을 강화하는 등 일련의 요동 정벌을 계획하였다.

02 ②

② 경복궁의 동쪽에는 종묘(역대 왕과 왕비의 신주를 모시는 공간), 서쪽에는 사직(토지와 곡식의 신에게 제사 지내는 곳)을 배치하였다.

| 정답 | **01** ④ **02** ②

03

밑줄 친 '그'에 대한 설명으로 옳지 <u>않은</u> 것은?

> <u>그</u>와 남은이 임금을 뵈옵고 요동을 공격하기를 요청하였고, 그리하여 급하게 『진도(陣圖)』를 익히게 하였다. 이보다 먼저 좌정승 조준이 휴가를 받아 집에 있을 때, <u>그</u>와 남은이 조준을 방문하여, "요동을 공격하는 일은 지금 이미 결정되었으니 공(公)은 다시 말하지 마십시오."라고 말하였다.

① 만권당에서 원의 학자들과 교류하였다.
② 맹자의 역성혁명론을 조선 건국에 적용하였다.
③ 한양 도성의 성문과 궁궐 등의 이름을 지었다.
④ 『경제문감』을 저술하여 재상 중심의 정치를 주장하였다.

04

밑줄 친 '그'에 대한 설명으로 옳은 것을 〈보기〉에서 모두 고른 것은?

> 참찬문하부사 하륜 등이 청하였다. "정몽주의 난에 만일 <u>그</u>가 없었다면, 큰일이 거의 이루어지지 못하였을 것이고, 정도전의 난에 만일 <u>그</u>가 없었다면, 또한 어찌 오늘이 있었겠습니까? …… 청하건대, <u>그</u>를 세워 세자를 삼으소서." 임금이 말하기를, "경 등의 말이 옳다." 하고, 드디어 도승지에게 명하여 도당에 전지하였다. "…… 나의 동복(同腹)아우인 <u>그</u>는 개국하는 초에 큰 공로가 있었고, 또 우리 형제 4, 5인이 성명(性命)을 보전한 것이 모두 <u>그</u>의 공이었다. 이제 명하여 세자를 삼고, 또 내외의 여러 군사를 도독하게 한다."

─ 보기 ─

ㄱ. 영정법을 도입하였다.
ㄴ. 호패법을 시행하였다.
ㄷ. 『경국대전』을 편찬하였다.
ㄹ. 6조 직계제를 실시하였다.

① ㄱ, ㄴ   ② ㄱ, ㄷ
③ ㄴ, ㄹ   ④ ㄷ, ㄹ

05

세종 재위 기간에 있었던 사실만을 모두 고른 것은?

> ㄱ. 왜구의 소굴인 쓰시마섬을 정벌하였다.
> ㄴ. 삼포에 대한 조선 정부의 통제가 강화되자, 삼포 왜란이 일어났다.
> ㄷ. 김종서를 함경도 관찰사로 임명하여 두만강 유역에 6진을 개척하였다.
> ㄹ. 압록강 방면에 여진족의 침입이 잦아지자, 최윤덕을 파견하여 그들을 토벌하였다.
> ㅁ. 쓰시마 도주(島主)와 계해약조를 맺어 연간 50척의 세견선을 파견할 수 있게 하였다.

① ㄱ, ㄴ   ② ㄱ, ㄷ, ㄹ
③ ㄱ, ㄷ, ㄹ, ㅁ   ④ ㄴ, ㄷ, ㄹ, ㅁ

06

다음 내용들이 일어난 왕 대의 사실과 가장 관련이 <u>적은</u> 것은?

> 이 시기 국왕은 6조를 직접 장악하면서 국정을 운영하였으며, 친위병을 강화하고 군권 관장에 유념하였다. 또한 공신을 발탁하여 의정부, 6조, 승정원과 고위 군직에 포진시켰다. 특히 재위 4년에 별시위가 3,000명에서 5,000명으로, 6년에 내금위가 100명에서 200명으로 늘어났다. 아울러 재위 12년에는 도절제사 이하 진관 책임자의 명칭을 개정하였으며, 지방의 군사 지휘 체계는 도관찰사를 정점으로 병마절도사의 지휘를 받는 육군과 수군절도사의 지휘를 받는 수군으로 정립되었다.

① 길주 지방의 토호 세력이었던 이시애의 난이 이 시기에 발생하였다.
② 사병의 혁파와 함께 도평의사사가 의정부로 고쳐졌고, 중추원은 삼군부가 되면서 삼군부의 관원은 삼군부에만 근무하고 의정부에는 합좌하지 못하게 되었다.
③ 지방 재정과 군자의 부족을 보충하기 위해 각종 둔전이 증설 또는 신설되었으며, 특히 역둔전이 평안도에 설치되었고, 전국 관둔전의 면적이 종전의 두 배로 늘어났다.
④ 이 시기에 국왕은 『국조보감』과 『동국통감』 편찬을 지시하였다.

07

다음은 조선의 정치 운영과 관련된 자료들이다. (가), (나)에서 각각 밑줄 친 제도에 대한 설명으로 옳은 것을 〈보기〉에서 모두 고르면?

> (가) 6조 직계제를 시행한 이후 일의 크고 작음이나 가볍고 무거움이 없이 모두 6조에 붙여져 의정부와 관련을 맺지 않고, 의정부의 관여 사항은 오직 사형수를 논결하는 일뿐이므로 옛날부터의 재상을 임명한 뜻에 어긋난다. …… <u>6조는 각기 모든 직무를 먼저 의정부에 품의하고, 의정부는 가부를 헤아린 연후에 왕에게 아뢰어 (왕의) 전지를 받아 6조에 내려보내어 시행한다.</u>
>
> (나) 상왕이 어려서 무릇 조치하는 바는 모두 대신에게 맡겨 논의를 시행하였다. 지금 내가 명을 받아 왕통을 계승하여 군국 서무를 아울러 모두 처리하며 조종의 옛 제도를 모두 복구한다. <u>지금부터 형조의 사형수를 제외한 모든 서무는 6조가 각각 그 직무를 담당하여 직계한다.</u>

─ 보기 ─

ㄱ. (가)는 왕권과 신권의 조화를 추구하였다.
ㄴ. (가)는 세종 때 채택되었다.
ㄷ. 조선의 유교적 통치 이념과 일치하는 것은 (나)이다.
ㄹ. (가)는 훈구 세력, (나)는 사림 세력의 정치적 입장과 일치한다.

① ㄱ, ㄴ   ② ㄱ, ㄷ
③ ㄴ, ㄷ   ④ ㄴ, ㄹ

03 ①

제시된 사료는 조선 태조 때 정도전과 남은이 요동 정벌을 추진하던 상황을 보여 준다. ① 충선왕이 상왕으로 물러난 후 설립한 '만권당'에서 조맹부 등 원의 학자들과 교류한 대표적 인물은 이제현이다.

|오답해설|
② 정도전은 맹자의 역성혁명론을 조선 건국에 적용하였다.
③ 정도전은 한양 도성의 성문 및 경복궁 등 궁궐 이름을 지었다.
④ 정도전은 조선 최초의 사찬 법전인 『조선경국전』을 편찬하였으며, 『경제문감』을 저술하여 재상 중심의 정치를 주장하였다.

04 ③

제시된 사료 중 "정몽주의 난을 진압하고 세자가 되었다."라는 내용을 통해 밑줄 친 '그'가 태종임을 알 수 있다.
ㄴ.ㄹ. 태종은 호패법을 시행하였고 6조 직계제를 실시하여 왕권을 강화하였다.

|오답해설|
ㄱ. 영정법은 인조 때 도입된 전세 제도이다.
ㄷ. 『경국대전』은 성종 때 편찬되었다.

05 ③

|오답해설|
ㄴ. 삼포 왜란은 중종 5년(1510)에 발생하였다.

06 ②

제시된 자료에서 "6조를 직접 장악", "진관"이라는 용어를 볼 수 있다. 따라서 이 시기 국왕은 세조이다. ② 사병의 혁파, 도평의사사의 의정부로의 개칭 등은 정종 때의 역사적 사실이다.

07 ①

(가) 의정부 서사제, (나) 6조 직계제와 관련된 내용이다.

|오답해설|
ㄷ. 유교적 통치 이념과 일치하는 것은 (가) 의정부 서사제이다.
ㄹ. (가) 의정부 서사제는 왕도 정치를 지향하는 사림의 정치적 입장과 일치한다. 한편 (나) 6조 직계제는 부국강병을 위한 왕권 강화를 인정했던 훈구 세력의 정치적 입장과 일치한다.

|정답| **03** ① **04** ③ **05** ③ **06** ② **07** ①

다음은 조선 건국 후 법령을 집대성한 『경국대전』 서문의 일부이다. 이를 반포한 국왕에 대한 설명으로 옳지 <u>않은</u> 것은?

> 천지가 광대하여 만물이 덮여 있고 실려 있지 않은 것이 없으며, 사시의 운행으로 만물이 생육되지 않은 것이 없으며, 성인이 제도를 만드심에 만물이 기쁘게 보이지 않은 것이 없으니, 진실로 성인이 제도를 만드심은 천지·사시와 같은 것이다.

① 직전제 실시 이후 심해진 관리들의 수탈을 방지하기 위하여 관수 관급제를 시행하였다.
② 법전 편찬에 심혈을 기울여 『조선경국전』, 『경제육전』 등도 간행하였다.
③ 왕권을 안정시키고 사림 정치의 기반을 조성하였다.
④ 성균관에 존경각을 짓고 서적을 소장하게 하였다.

09

(가)에 들어갈 기구로 옳은 것은?

> • 무릇 관직을 받은 자의 고신(임명장)은 5품 이하일 때는 ____(가)____ 과/와 사간원의 서경(署經)을 고려하여 발급한다.
> • ____(가)____ 는/은 시정(時政)을 논하고, 모든 관원을 규찰하며, 풍속을 바르게 하는 등의 일을 맡는다.
>
> 『경국대전』

① 사헌부
② 교서관
③ 승문원
④ 승정원

〈보기〉와 같은 역할을 담당한 조선 시대 정치 기구에 대한 설명으로 가장 옳지 <u>않은</u> 것은?

─ 보기 ├

> • 궁중의 서적과 문서를 관리하고, 국왕의 자문에 응하며, 경연(經筵)을 주관하였다.
> • 매일 아침 신하들이 임금에게 정사를 보고하던 상참(常參) 등에 참여하여 국정에 대한 의견을 제출하였다.

① 옥당이라고 불리기도 하였다.
② 사간원·사헌부와 함께 삼사를 구성하였다.
③ 외교 문서와 사초를 작성하였다.
④ 소속 관원은 청요직이라 하여 선망의 대상이었다.

11

다음은 조선 시대의 어떤 관리들에 대한 자료이다. 이 관리들에 대한 설명으로 옳지 <u>않은</u> 것은?

> 대관은 마땅히 위엄과 명망이 우선되어야 하고 탄핵은 뒤에 하여야 한다. 왜냐하면 위엄과 명망이 있는 자는 비록 종일토록 말하지 않더라도 사람들이 스스로 두려워 복종할 것이요, 이것이 없는 자는 날마다 수많은 글을 올린다 하더라도 사람들은 더욱 두려워하지 않기 때문이다. …… 천하의 득실과 백성들을 이해하고 사직의 모든 일을 간섭하고 일정한 직책에 매이지 않는 것은 재상만이 행할 수 있으며 간관만이 말할 수 있을 뿐이니, 간관의 지위는 비록 낮지만 재상과 대등하다.

① 이 관리들은 국왕의 전제권을 견제하는 임무를 맡았다.
② 이 관리들의 활동은 사림의 정치적 성장과 밀접한 관련이 있었다.
③ 이 관리들은 공론을 수렴하는 과정에서 왕권의 강화를 뒷받침하였다.
④ 고려 시대에는 중서문하성의 낭사와 어사대의 관원이 이 관리들과 유사한 기능을 수행하였다.

12

다음 내용을 통하여 조선의 지방 행정을 바르게 추론한 것을 〈보기〉에서 고르면?

- 조선 시대에는 전국 약 330여 개의 모든 군현에 수령을 파견하였으며, 특수 행정 구역이었던 향·부곡·소를 일반 군현으로 승격시켰다.
- 전국 8도에는 관찰사가 임명되었는데, 이들은 관할 지역을 순찰하며 수령의 비행을 견제하였고, 후기에는 감영에 머물면서 도내의 행정을 총괄하였다.
- 향리는 수령의 행정 실무를 보좌하는 세습적인 아전으로 격하되었다.
- 각 지방 출신의 중앙 관리로 구성된 경재소를 통하여 해당 지방 유향소를 통제하였고, 자기 고향 및 연고지에 부임하지 못하게 하는 상피제 등을 실시하였다.

┤ 보기 ├

ㄱ. 전국의 주민을 국가가 직접 지배하게 되었다.
ㄴ. 향촌 사회는 향리 세력을 중심으로 운영되었다.
ㄷ. 조선의 관찰사는 고려의 안찰사에 비해 그 권한이 약했다.
ㄹ. 향촌 자치를 허용하면서도 중앙 집권을 효율적으로 강화하였다.

① ㄱ, ㄴ
② ㄱ, ㄹ
③ ㄴ, ㄷ
④ ㄴ, ㄹ

13

다음 글의 (가)에 들어갈 기구에 대한 설명으로 옳은 것은?

지금까지 고을에서 백성을 예속(禮俗)으로 이끈 사람이 몇이나 되는가. 수령은 장부 처리에 바빠서 그럴 틈이 없었고, 선비들은 풍속을 교화시킬 방법은 있었으나, 지위가 없어서 사람들이 따르지 않았다. 이제 우리 전하께서 전에 폐지되었던 ____(가)____를(을) 다시 두게 하셨으니, 나이와 덕망이 높은 자를 추대하여 좌수(座首)라고 일컫고, 그다음을 별감(別監)이라고 일컬었다.

① 신앙을 기반으로 한 공동체의 성격을 가지고 있었다.
② 수령을 보좌하고 향리를 감찰하였다.
③ 선현에 대한 제사와 교육을 담당하였다.
④ 중종 때 조광조에 의해 최초로 보급되었다.

정답&해설

08 ②

『경국대전』을 반포한 왕은 조선 성종이다. ② 『조선경국전』(1394)은 조선 태조 때 정도전이 편찬한 사찬 법전이며, 『경제육전』(1397)은 조선 태조 때 조준이 편찬한 조선 최초의 공식 법전이다.

09 ①

① '사헌부'와 사간원의 관리들은 서경(조선 시대 5품 이하 관료에 대한 인사 검증)의 권한이 있었다. '사헌부'는 시정(時政)을 논하고 관리를 감찰하며 풍속의 교정을 담당하던 관청이다.

10 ③

자료의 내용은 홍문관에 대한 설명이다. ③ 외교 문서를 담당하던 관청은 승문원이며, 사초는 예문관 사관(한림)이 작성하였다.

11 ③

대간은 사헌부(대관)와 사간원(간관)을 통칭하는 말로, 간쟁·봉박·서경의 권한이 있었다. ③ 대간은 왕권 견제의 역할을 담당하였다.

12 ②

ㄱ. 조선 시대에는 전국 군현에 지방관을 파견함으로써 국가가 전국을 직접 지배할 수 있었다. 이에 도의 수장인 관찰사의 권한이 고려 시대 안찰사보다 강해졌다.
ㄹ. 조선 시대에는 경재소 등을 통해 재지 사족 중심의 향촌 사회를 효과적으로 통제할 수 있었다.

13 ②

(가)는 향촌 자치 단체인 유향소에 해당한다. 유향소는 태종 때 폐지된 것을 세종 시기에 다시 세웠으며(1428), 이때는 경재소로 하여금 유향소를 관할하게 하였다. 그러나 세조 말 수령과 결탁하여 백성을 괴롭힌다는 이유로 폐지되었다가 성종 시기에 다시 부활하였다. ② 유향소는 재지 사족들의 향촌 자치 기구로, 좌수·별감을 중심으로 수령을 보좌하고 향리를 감찰하였다.

| 오답해설 |
① 향도, ③ 서원, ④ 향약에 대한 설명이다.

14

〈보기〉의 제도가 처음 시행된 시기의 군사 제도에 대한 설명으로 가장 옳은 것은?

┤ 보기 ├

경성과 지방의 군사에 보인을 지급하는 데 차등이 있다. 장기 복무하는 환관도 2보를 지급한다. 장정 2인을 1보로 하고, 갑사에게는 2보를 지급한다. 기병, 수군은 1보 1정을 준다. 보병, 봉수군은 1보를 준다. 보인으로서 취재에 합격하면 군사가 될 수 있다.

① 중앙군을 5군영으로 편성하였다.
② 2군 6위가 중앙과 국경을 수비하였다.
③ 지방군은 진관 체제를 바탕으로 조직되었다.
④ 양반부터 노비까지 모두 속오군에 편입시켰다.

15

(가), (나)에 들어갈 지방군 체제에 대한 설명으로 옳은 것을 〈보기〉에서 고르면?

조선 전기에 실시된 │ (가) │ 체제는 많은 외적의 침입에 효과가 없었다. 이에 16세기 후반에 이르러 │ (나) │ 체제가 수립되었으나 임진왜란 중에 큰 효과를 거두지 못하자 │ (가) │ 체제로 복구하였다.

┤ 보기 ├

ㄱ. 유사시 필요한 방어처에 각 지역의 병력을 동원하여 중앙에서 파견되는 장수가 지휘하는 체제
ㄴ. 좌군, 우군, 초군으로 구성되어 진에 주둔하며 국경 수비를 전담하는 체제
ㄷ. 위로는 양반으로부터 아래로는 노비에 이르기까지 편제되어, 평상시에는 생업에 종사하면서 향촌 사회를 지키다가 적이 침입해오면 전투에 동원하는 체제
ㄹ. 지역 단위 방위 체제로 각 도에 한두 개의 병영을 두어 병사가 관할 지역 군대를 장악하고, 병영 밑에 몇 개의 거진을 설치하며 거진의 수령이 그 지역 군대를 통제하는 체제

① (가) ― ㄱ, (나) ― ㄴ
② (가) ― ㄱ, (나) ― ㄹ
③ (가) ― ㄷ, (나) ― ㄱ
④ (가) ― ㄹ, (나) ― ㄱ

16

고려와 조선 시대 과거제에 대한 설명으로 옳은 것을 모두 고른 것은?

ㄱ. 고려 시대에는 제술업이 명경업보다 중시되어 그 합격자를 중용하였다.
ㄴ. 고려 시대 국자감시는 국자감의 학생만을 대상으로 치르는 시험이었다.
ㄷ. 조선 시대에 잡과에 합격한 기술관은 해당 관청에서 최고 정3품까지 승진할 수 있었다.
ㄹ. 조선 시대의 음서 대상도 고려 시대와 동일하여 음서를 통하여 고위 관리까지 진출하였다.

① ㄱ, ㄷ   ② ㄱ, ㄹ
③ ㄴ, ㄷ   ④ ㄷ, ㄹ

17

밑줄 친 '이 시험'에 대한 옳은 설명을 〈보기〉에서 고른 것은?

모름지기 과거 시험인데 어찌 차이를 둘 수 있겠는가? 천문을 관측하고, 지리를 연구하여 밝히며, 임금의 약을 조제하고, 법률을 판단하며, 외국어를 잘하는 사람을 선발하는 이 시험을 소홀히 해서는 안 된다. 내일 초시를 시행한다고 하는데, 해당 관청에서는 엄히 공정하게 하여 문제가 없게 하라.

『조선왕조실록』

┤ 보기 ├

ㄱ. 3년마다 실시하며 분야별로 정해진 인원이 있었다.
ㄴ. 양인 이상이면 별다른 제한 없이 응시할 수 있었다.
ㄷ. 하급 실무직에 임명하기 위한 특별 채용 시험이었다.
ㄹ. 초시 합격자는 도별 인구 비례에 따라 선발하였다.

① ㄱ, ㄴ   ② ㄱ, ㄷ
③ ㄴ, ㄷ   ④ ㄷ, ㄹ

18

다음에서 설명하고 있는 정치 세력에 의해 추진되었던 정책을 〈보기〉에서 모두 고르면?

- 16세기 초에 훈구파의 권력 독점에 따른 문제점을 해소하려고 하였다.
- 삼사의 언관직에 주로 근무하면서 자신들의 의견을 공론이라고 표방하였다.
- 요순 시대와 같은 이상 사회의 구현과 도학 정치의 실현을 내세웠다.

┤ 보기 ├

- ㄱ. 현량과 실시
- ㄴ. 소격서 폐지
- ㄷ. 『국조오례의』 편찬
- ㄹ. 『소학』 교육 장려

① ㄱ, ㄴ   ② ㄱ, ㄷ
③ ㄷ, ㄹ   ④ ㄱ, ㄴ, ㄹ

14 ③

제시된 사료는 세조 때 실시된 '보법'이다. ③ 세조 때 지방군은 진관 체제(지역 단위의 방어 체제)로 조직되었다.

|오답해설|

① 5군영은 선조 때 훈련도감 설치를 시작으로, 숙종 때 금위영이 창설되면서 완성되었다.

② 2군 6위는 고려 시대의 중앙군이다.

④ 임진왜란 중 속오군을 편성(선조 27년, 1594)하여 양반부터 노비까지 속오군에 편입시켰다.

15 ④

(가) 세조 때 실시된 진관 체제이며, (나) 16세기 지방군 제도인 제승방략 체제이다.

ㄹ. 진관 체제는 지역 단위 방위 체제로 각 도에 한두 개의 병영을 설치하고 병사(병마절도사)가 관할 지역의 군대를 지휘하는 체제이다. 또한 병영 밑에는 몇 개의 거진을 설치하여 거진의 수령이 그 지역의 군대를 통솔하였다.

ㄱ. 제승방략 체제는 유사시 필요한 방어 지역에 각 지역의 병력을 동원하여 중앙에서 파견되는 장수가 지휘하는 체제였다.

|오답해설|

ㄴ. 고려 시대 주진군은 좌군·우군·초군으로 구성된 상비군으로, 평상시에는 둔전병으로 국경의 수비를 전담하였다.

ㄷ. 임진왜란 중 정비된 속오군은 양반부터 노비에 이르기까지 편제되었다. 평상시에는 생업에 종사하면서 향촌 사회를 지키다가 적이 침입해 오면 전투에 동원되었다.

16 ①

|오답해설|

ㄴ. 고려 시대 국자감시는 (일종의) 예부시의 예비고사이며, 응시 신분은 양인에 한정되고, 그중에서도 상층 향리의 자손이나 문·무관 자제 이상의 신분에만 부여되었다. 지방의 계수관시에서 선발된 향공과 중앙의 국자감생, 사학의 12도생이 응시할 수 있었다.

ㄹ. 조선 시대 음서의 대상(2품 이상)은 고려(5품 이상)에 비해 적용 범위가 줄어들었으며, 특히 음서 출신은 고위 관직으로 진출하기 어려웠다.

17 ①

밑줄 친 '이 시험'은 잡과이다.

ㄱ. 잡과는 3년마다 치러졌으며 분야별로 정원이 있었다. 역과(漢學, 蒙學, 倭學, 女眞學 등 어학, 19명), 율과(법률, 9명), 의과(의학, 9명), 음양과(천문, 지리학, 9명)로 이루어졌으며, 초시와 복시만 시행하였다. 초시는 교육을 담당하는 해당 관청이 주관하였고(역과 – 사역원, 율과 – 형조, 의과 – 전의감, 음양과 – 관상감), 복시는 해당 관청과 예조가 합동 주관하였다. 잡과에 최종 합격하면 백패를 주었다.

ㄴ. 조선 시대에는 양인 이상이면 과거에 응시가 가능하였으나 현실적으로 어려움이 많았다.

|오답해설|

ㄷ. 취재. ㄹ. 문과(소과, 대과)에 해당하는 설명이다.

18 ④

제시된 자료는 사림에 관한 설명이다.

|오답해설|

ㄷ. 『국조오례의』는 성종 시기 관학파에 의해서 만들어졌다.

|정답| 14 ③   15 ④   16 ①   17 ①   18 ④

19

다음 사건과 관련 있는 내용으로 가장 옳은 것은?

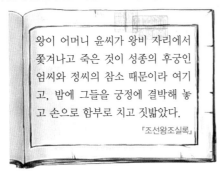

> 왕이 어머니 윤씨가 왕비 자리에서 쫓겨나고 죽은 것이 성종의 후궁인 엄씨와 정씨의 참소 때문이라 여기고, 밤에 그들을 궁정에 결박해 놓고 손으로 함부로 치고 짓밟았다.
>
> 『조선왕조실록』

① 수양 대군이 단종을 내쫓고 왕위에 올랐다.
② 조광조를 비롯한 많은 사람이 피해를 입었다.
③ 연산군이 훈구파들을 제거하고 권력을 강화하였다.
④ 이조 전랑의 임명 문제를 둘러싸고 사림 간 대립이 일어났다.

21

밑줄 친 '사건'의 명칭은?

> 중종에 의해 등용된 조광조는 현량과를 통해 사림을 대거 등용하였다. 그는 3사의 언관직을 통해 개혁을 추진해 나갔고, 위훈삭제를 주장하기도 하였다. 이러한 움직임은 반발을 불러일으켰으며, 중종도 급진적인 개혁 조치에 부담을 느껴 조광조 등을 제거하였다. 이 사건으로 사림은 큰 피해를 입었다.

① 갑자사화
② 기묘사화
③ 무오사화
④ 을사사화

20

밑줄 친 '국왕'의 재위 기간에 있었던 일로 옳은 것은?

> 지금 국왕께서 풍속을 바꾸려는 데에 뜻이 있으므로 신은 지극하신 뜻을 받들어 완악한 풍속을 고치고자 합니다. …… 『이륜행실(二倫行實)』로 말하면 신이 전에 승지가 되었을 때에 간행할 것을 청했습니다. 삼강이 중한 것은 아무리 어리석은 부부라도 모두 알고 있으나, 붕우·형제의 이륜에 이르러서는 평범한 사람들이 제대로 모르는 경우가 있습니다.

① 주세붕이 백운동 서원을 세웠다.
② 김시습이 『금오신화』를 저술하였다.
③ 『국조오례의』가 편찬되고 『동국여지승람』이 만들어졌다.
④ 문화와 제도를 유교식으로 갖추기 위해 집현전을 창설하였다.

22

다음 사건이 일어난 왕의 재위 기간에 대한 설명으로 옳은 것은?

> 임꺽정은 양주 백정으로, 성품이 교활하고 날래고 용맹스러웠다. 그 무리 수십 명이 함께 다 날래고 빨랐는데, 도적이 되어 민가를 불사르고 소와 말을 빼앗고, 만약 항거하면 몹시 잔혹하게 사람을 죽였다. 경기도와 황해도의 아전과 백성들이 임꺽정 무리와 은밀히 결탁하여, 관에서 잡으려 하면 번번이 먼저 알려주었다.

① 동인과 서인의 붕당이 형성되었다.
② 문정 왕후가 수렴청정하며 불교를 옹호하였다.
③ 삼포에서 4~5천 명의 일본인이 난을 일으켰다.
④ 조광조가 내수사 장리의 폐지, 소격서 폐지 등을 주장하였다.

23

다음 사건을 일어난 순서대로 나열한 것으로 옳은 것은?

> ㄱ. 김종직의 무덤을 파헤쳐 시신을 참수하였다.
> ㄴ. 조광조가 능주로 귀양 가서 사약을 받고 죽었다.
> ㄷ. 명종을 해치려 했다는 이유로 윤임 일파가 몰락하였다.
> ㄹ. 연산군은 생모 윤씨의 폐비 사건에 관여한 사림을 몰아냈다.

① ㄱ - ㄴ - ㄷ - ㄹ
② ㄱ - ㄹ - ㄴ - ㄷ
③ ㄴ - ㄱ - ㄷ - ㄹ
④ ㄴ - ㄷ - ㄹ - ㄱ
⑤ ㄷ - ㄴ - ㄱ - ㄹ

24

다음 중 ㉠과 ㉡에 대한 설명으로 가장 적절한 것은?

> 이조 전랑 임명을 둘러싼 대립으로 두 파의 갈등이 표면화되어 김효원 등 신진 관료는 ㉠ , 심의겸을 중심으로 한 기성 관료는 ㉡ 이라 하여 분당(分黨)이 생기게 되었다.

① 붕당(朋黨)은 학파의 대립과도 밀접한 관계가 있는데, ㉠에는 대체로 이이와 성혼 계통이 많다.
② ㉡에는 광해군을 세자로 책봉하기를 건의한 정철에 대한 입장 차이로 남인과 북인의 대립이 생겼다.
③ 훈구 세력의 비리를 비판하는 데 엄격했던 ㉠의 생리는 도덕적 신념을 중시한 주리파와 일치하였다.
④ ㉠은 인조반정을 주도하였다.

19 ③

제시된 사료는 연산군의 생모인 폐비 윤씨 사사(賜死) 사건과 관련된 내용이다. ③ 연산군은 갑자사화(연산군 10년, 1504)를 일으켜 (사건과 관련된) 훈구파와 사림파를 제거하였다.

| 오답해설 |
① 수양 대군은 단종을 내쫓고 왕위에 올랐다(세조 즉위).
② 기묘사화(중종 14년, 1519)에서는 조광조를 비롯한 많은 사림이 피해를 입었다.
④ 선조 때 이조 전랑 문제를 둘러싸고, 사림이 동인과 서인으로 분열되었다.

20 ①

제시된 사료는 16세기 중종 때 김안국이 『이륜행실도』(1518)의 간행·반포를 청하는 내용이다. 『이륜행실도』는 연장자와 연소자, 친구 사이에서 지켜야 할 윤리를 강조한 책이다. ① 중종 때 풍기 군수 주세붕이 백운동 서원을 세웠다(1543). 백운동 서원은 안향을 봉사(제사)를 모심하였고, 명종 때 이황의 건의로 사액되어 소수 서원으로 개칭되었다.

| 오답해설 |
② 김시습의 『금오신화』는 15세기(세조 ~ 성종)에 저술된 최초의 한문 소설집이다.
③ 『국조오례의』와 『동국여지승람』은 15세기 성종 때 편찬되었다.
④ 세종은 집현전을 통해 조선의 문화와 제도를 유교적으로 만들고자 하였다.

21 ②

② 조광조의 급진적 개혁 정책은 1519년(중종 14년) 기묘사화의 원인이 되었다.

22 ②

임꺽정의 난은 명종 때의 사실이다. ② 명종이 12살에 즉위하자, 문정 왕후(명종의 어머니)가 수렴청정을 하였고 '보우'를 등용하는 등 불교를 숭상하였다.

| 오답해설 |
① 선조 때 동인과 서인의 붕당이 형성되었다.
③ 중종 때인 1510년(중종 5년)에 삼포(부산포·내이포·염포)에서 4 ~ 5천 명의 일본인이 난을 일으켰다(삼포 왜란).
④ 중종 때 조광조는 내수사 장리(고리대)의 폐지, 도교 기구인 소격서 폐지 등을 주장하였다.

23 ②

제시된 사건을 순서대로 나열하면 ㄱ. 무오사화(연산군, 1498) → ㄹ. 갑자사화(연산군, 1504) → ㄴ. 기묘사화(중종, 1519) → ㄷ. 을사사화(명종, 1545)의 순이다.

24 ③

결정적 문제 붕당은 사림의 내부 분열로 형성되었고, 정파적 성격과 학파적 성격을 동시에 가졌음을 알아두자!

㉠ 동인, ㉡ 서인이다. ③ 동인은 이황과 서경덕, 조식의 학통을 계승한 사람들로, 선조 때 척신 정치의 잔재를 청산할 목적에서 등용된 신진 사림이다. 이들은 비리 척결에 엄격하였는데, 특히 이황 계열의 학자들은 도덕과 경(敬)의 실천을 강조하였다.

| 오답해설 |
① 이이와 성혼 계통의 학자들은 서인을 형성하였다.
② 광해군의 세자 책봉 문제로 일어난 건저의 사건을 통해 권력을 잡은 동인은 서인에 대한 입장 차이로 강경파인 북인과 온건파인 남인으로 분당되었다.
④ 1623년 광해군을 몰아내고 인조반정을 주도한 세력은 서인이었다.

| 정답 | **19** ③ **20** ① **21** ② **22** ② **23** ② **24** ③

25

밑줄 친 '갈등'에 대한 설명으로 옳지 <u>않은</u> 것은?

> 이성계는 즉위 직후 명에 사신을 보내어 조선의 건국을 알리고, 자신의 즉위를 승인해 줄 것과 국호의 제정을 명에 요청하였다. 이것은 명으로부터 승인을 받아 국내의 정치 상황을 안정시키기 위함이었다. 그러나 이후 조선은 명과 외교적 <u>갈등</u>을 빚었다.

① 조선으로 넘어온 여진인의 송환을 명이 요구함으로써 생긴 갈등
② 조선이 명에 보낸 외교 문서에 무례한 표현이 있다는 명의 주장에 따른 갈등
③ 이성계가 이인임의 아들이었다는 중국 측 기록을 둘러싼 갈등
④ 조선의 조공에 대한 명 황제가 내린 회사품의 양과 가치가 지나치게 적은 데 따른 갈등

27

임진왜란 시기에 벌어진 다음 사건들을 시간순으로 바르게 배열한 것은?

> 가. 왜적들은 세 개로 부대를 나누어 번갈아가며 쳐들어왔으나 모두 패하고 달아났다. 때마침 날이 저물자 왜적들은 서울로 돌아갔다. 권율은 군사들로 하여금 왜적의 시체를 나뭇가지에 걸어놓아 그 맺혔던 한을 풀었다.
> 나. 왜적이 복병을 설치하여 우리 군사의 후방을 포위하였으므로 우리 군사가 크게 패하였다. 삼도순변사 신립은 포위를 뚫고 달천의 월탄가에 이르러, "전하를 뵈올 면목이 없다." 하고 빠져 죽었다.
> 다. 벽파정 뒤에 명량이 있는데, 숫자가 적은 수군으로서는 명량을 등지고 진을 칠 수 없었다. 이에 여러 장수들을 불러 모아 말하기를, "반드시 죽고자 하면 살고 살려고 하면 죽는다."고 하였다.

① 가 – 나 – 다
② 가 – 다 – 나
③ 나 – 가 – 다
④ 나 – 다 – 가

26

조선 전기 일본과의 관계에 대한 설명으로 옳지 <u>않은</u> 것은?

① 계해약조 – 세견선 100척, 세사미두 400석으로 교역을 제한하였다.
② 임신약조 – 세견선 25척, 세사미두 100석으로 교역을 제한하였다.
③ 정미약조 – 사량진 왜변 이후 중단되었던 일본과의 교역이 다시 허용되었다.
④ 을묘왜변 – 이 사건을 계기로 비변사가 상설 기구화되었다.

28

임진왜란의 전개 과정에 대한 설명으로 옳지 <u>않은</u> 것은?

① 휴전 협상이 진행되는 동안 조선은 훈련도감을 설치해 군대의 편제를 바꾸었다.
② 조선군은 명나라 지원군과 연합하여 일본군에게 뺏긴 평양성을 탈환하였다.
③ 전세가 불리해지고 도요토미 히데요시가 죽자 일본군이 철수함으로써 전란이 끝났다.
④ 첨사 정발은 부산포에서, 도순변사 신립은 상주에서 일본군과 맞서 싸웠지만 패배하였다.

29

다음 전투가 일어난 시기를 〈보기〉의 (가)~(라)에서 바르게 고른 것은?

이여송이 휘하의 병사들을 거느리고 말을 몰아 급히 진격하였다. 왜적은 벽제관 부근에서 거짓으로 패하는 척하면서 명군을 진흙 수렁으로 유인하였다. 명군이 함부로 전진하다가 여기에 빠지자 왜적들이 갑자기 달려들어 명군을 마구 척살하였다. 겨우 죽음을 면한 이여송은 나머지 부하들을 이끌고 파주, 개성을 거쳐 평양으로 후퇴하였다.

『연려실기술』, 선조조 고사본말

보기

신립이 탄금대 전투에서 패하고 자결하다.

⇩ (가)

이순신이 이끄는 조선군이 한산도 해상에서
일본군을 크게 이기다.

⇩ (나)

김시민 휘하의 조선 군인과 백성들이 진주성에서
일본군의 침입을 막아내다.

⇩ (다)

권율이 지휘하는 조선군이 행주산성에서
일본군을 물리치다.

⇩ (라)

원균이 칠천량 부근에서 전사하다.

① (가) ② (나)
③ (다) ④ (라)

정답&해설

25 ④

④ 조선과 명 사이에서는 조공 문제로 인한 갈등이 나타나지 않았다.

| 오답해설 |

조선을 건국한 이성계는 명에 대해 사대(事大) 정책을 추진함으로서 신진 사대부의 지지를 끌어냈다. 그러나 건국 초기 ① 조선에 의탁한 여진인에 대한 명의 송환 요구에 의해 갈등이 일어났다. 또 ② 조선의 외교 문서에 무례한 표현이 있다며 명이 표전문 사건을 일으켰으며, ③ 종계변무(宗系辨誣, 『대명회전』에 조선 태조가 이인임의 아들로 잘못 기록된 것을 수정해 달라는 요청) 등의 문제가 야기되었다. 태종이 즉위한 이후에는 양국 간의 관계가 회복되었다.

26 ①

① 계해약조(1443)에서는 세견선 50척, 세사미두 200석으로 교역을 제한하였다.

27 ③

제시된 자료를 일어난 순서대로 배열하면 나. 신립의 '충주 탄금대 전투(1592. 4.)' → 가. 권율의 '행주 대첩(1593. 2.)' → 다. 이순신의 '명량 대첩(1597. 9.)' 순이다.

28 ④

④ 신립은 충주 탄금대 전투에서 일본군에게 패배하였다. 상주 전투에서 패배한 인물은 이일이다.

| 오답해설 |

① 명(심유경)과 일본(고니시 유키나가) 사이에서 휴전 협상이 진행되는 동안 조선은 훈련도감을 설치(1593)하여 군대의 편제를 바꾸었다.
② 임진왜란 중 조ㆍ명 연합군은 일본군에게 빼앗긴 평양성을 탈환하였다(1593. 1.).
③ 도요토미 히데요시가 죽은 후 일본군이 철수함으로써 전란이 끝났다(1598).

29 ③

③ 제시된 내용은 명과 일본군의 '벽제관 전투'(1593. 1. 27.)이므로, 〈보기〉 중 김시민의 진주 대첩(1592. 10.)와 권율의 행주 대첩(1593. 2.) 사이에 해당한다.

근세의 경제

30

17. 지방직 7급

다음 자료 이후에 나타난 사실로 옳은 것은?

> 대사헌 조준이 글을 올려 아뢰기를 " …… 근년에는 (토지
> 를) 겸병하는 일이 더욱 심해져 간사하고 흉악한 무리의 토
> 지가 주(州)에 걸치고 군(郡)을 포괄하며, 산천을 경계로 삼
> 을 정도입니다. 1무(畝)의 주인이 5, 6명이나 되고 1년에 조
> 세를 받는 횟수가 8, 9차에 이릅니다. 위로는 어분전(御分
> 田)부터 종실·공신·조정·문무관의 토지, 외역·진·역·원·
> 관의 토지와 백성들이 여러 대 동안 심은 뽕나무와 지은 집
> 에 이르기까지 모두 빼앗아 차지하니 호소할 곳 없는 불쌍한
> 백성들이 사방으로 흩어져 떠돌아다닙니다."

① 전시과를 공포하여 전제 개혁을 단행하였다.

② 전제 개혁으로 신진 사대부들은 심각한 타격을 받았다.

③ 이성계에 반대하는 신하들에게는 토지를 분배하지 않았다.

④ 과전 지급 지역은 경기에 한정되었고, 지급 대상은 전
직, 현직 관리였다.

31

(가)~(다)에 대한 설명으로 옳지 않은 것은?

> (가) 경기는 전국의 근원이니 마땅히 과전을 실시하여 사대
> 부를 우대한다. 서울에 살면서 왕실을 호위하는 자는
> 현직과 산직을 막론하고 등급에 따라 토지를 받는다.
> 땅을 받은 자가 죽은 뒤 그의 아내에게 자식이 있고 절
> 개를 지키면 남편의 과전 전부를 물려받고, 자식이 없
> 어 수절한 자는 절반을 물려받는다. 부모가 모두 사망
> 하고 자식이 어리면 마땅히 부양해 주어야 하므로 아버
> 지의 과전 전부를 물려받는다. 「고려사」
>
> (나) 얼마 전에 내리신 전지를 받들었는데, "직전(職田)의 조
> 세를 어떤 이는 백성들로 하여금 스스로 경창에 바치게
> 한 후에 관에서 나누어 주는 것이 좋겠다고 하고, 어떤
> 이는 경창에 바치는 것이나 지주에게 바치는 것이나 민
> 폐는 다를 바 없으니 그전대로 하는 것이 좋겠다고 하는
> 데, 이 두 가지 가운데 어떤 것이 백성들에게 좋겠는
> 가?"라고 하셨습니다. 신이 여러 고을의 백성들에게 물
> 었더니 모두 경창에 스스로 바치고자 합니다. 「성종실록」
>
> (다) 과전은 사대부를 기르는 것입니다. 장차 직전을 두려고
> 한다는데, 조정의 신하는 직전을 받게 되지만 벼슬에서
> 물러난 신하와 공경대부(公卿大夫)의 자손들은 장차
> 1결의 토지도 가질 수 없게 되니, 이는 대대로 국록을
> 주는 뜻에 어긋나는 듯 합니다. 「세조실록」

① (가)에서 전직 관리에게 토지를 지급한 것은 권문세족의
반발을 무마하기 위한 것이었다.

② (나)는 수조권을 남용하여 농민으로부터 과다하게 수취
하는 일을 막고자 실시되었다.

③ (다)는 수신전과 휼양전을 몰수하여 수조권의 실질적 세
습을 인정하지 않았다.

④ (가) → (나) → (다)의 순으로 실시되었다.

32

조선 시대 과전법 제도에 대한 설명으로 옳지 <u>않은</u> 것을 ㉠~㉤ 중에서 모두 고른 것은?

> 과전은 ㉠ 18등급으로 나누어 경기 지방의 전지와 시지를 지급하였는데, 이때 관리들에게 준 토지는 ㉡ 소유권을 지급한 것이다. 이 토지를 ㉢ 받은 자가 죽거나 반역을 하면 국가에 반납하도록 정해져 있었다. ㉣ 공신전은 세습을 할 수 없었으나, 죽은 관료의 가족에 대해서는 생계를 유지할 수 있도록 하기 위하여 받았던 토지 중 일부를 ㉤ 수신전, 휼양전 등으로 다시 지급하여 세습이 가능하도록 하였다.

① ㉠, ㉡

② ㉠, ㉡, ㉢

③ ㉠, ㉡, ㉣

④ ㉢, ㉤

33

다음은 세종 때 마련된 조세 제도와 관련된 사료이다. 이에 대한 설명으로 옳지 <u>않은</u> 것은?

> (가) 매년 9월 보름 이전에 수령이 그해의 농사 형편을 살펴 등급을 정한다. 관찰사가 심의·보고하면 의정부와 6조가 함께 의논하여 다시 임금에게 보고한 다음 조세를 거둔다. 상상년(上上年)은 20두, 상하년(上下年)은 16두, 중상년(中上年)은 14두 …… 하하년(下下年)은 4두로 정한다.
>
> (나) 모든 토지는 6등급으로 나누며, 20년마다 측량을 다시하여 대장을 만들어, 호조와 본도 및 본읍에 보관한다. 1등전은 주척으로 4자 7치 7푼 5리, 2등전은 5자 1치 7푼 9리, …… 6등전은 9자 5치 5푼의 자로 잰다.

① 토지의 비옥도에 따라 길이가 다른 자를 사용하여 토지를 측량하였다.

② 그해의 풍흉 정도에 따라 납부하는 조세의 양이 달라졌다.

③ 수확량의 10분의 1을 내는 종래의 세액에 비하여 농민의 부담이 줄었다.

④ 이 제도는 소작 농민의 소작료 부담을 줄이려는 취지에서 실시되었다.

정답&해설

30 ④

제시된 사료는 위화도 회군(1388) 이후 (급진파 신진 사대부인) '조준'의 토지 개혁 상소문 중 일부이다. 조준의 토지 개혁안이 바로 적용되지는 않았으나 1391년 과전법 공포를 통해 적용되었다. ④ 과전법에서 과전 지급 지역은 원칙적으로 경기 지역에 한정되었고, 전·현직 관리 모두를 대상으로 하였다.

31 ④

④ (가) 과전법(고려 공양왕) → (다) 직전법(세조) → (나) 관수 관급제(성종) 순으로 실시되었다.

32 ③

㉠ 과전법에서는 전지만을 지급하였다.
㉡ 과전법에서의 토지 지급은 수조권만을 지급한 것이다.
㉣ 공신전은 세습 가능한 토지이다.

33 ④

(가)는 연분 9등법, (나)는 전분 6등법으로, 세종 때 마련한 공법에 대한 문제이다. ④ 세종 시기 공법 체제는 토지에 부과되는 세금 제도로, 토지세는 지주가 부담하는 게 원칙이다. 따라서 소작인의 소작료 부담을 줄이는 내용과는 상관없다.

34

다음 자료를 토대로 방납에 대해 설명한 것 중 옳은 것은?

> 조식이 상소를 올렸다. "지금처럼 서리가 나라를 마음대로 하는 것은 들어보지 못하였습니다. 지방 토산물의 공납을 일체 막아서 공납을 바칠 때 본래 값의 1백 배가 되지 않으면 받지도 않습니다. 백성들이 이기지 못하여 세금을 못 내고 도망하는 자가 줄을 이었으니 어찌 주·현 백성의 공납을 간사한 아전들이 나누어 갖게 되리라고 생각이나 하였으며, 전하께서 이들이 방납한 물자에 의지하게 되리라 생각이나 하였겠습니까?"
>
> 「선조실록」

① 지방의 서리들은 방납제를 거부하였다.
② 방납은 백성들의 부담을 줄여 주는 조치였다.
③ 정부는 토산물 납부 문제를 시정하고자 방납을 적극 장려하였다.
④ 토산물 납부 과정에서 방납의 폐단이 나타났다.

35

18. 경찰직 2차

조선 시대 수취 체제에 대한 설명으로 가장 적절하지 <u>않은</u> 것은?

① 공법은 토지 결수에 따라 지방의 토산물을 거두는 수취 제도였다.
② 전세는 과전법에 있어서 수확량의 10분의 1로 되어 있었으나, 세종 때에는 토지 비옥도와 풍흉의 정도에 따라 전분 6등법과 연분 9등법을 실시하여 차등 있게 부과하였다.
③ 국가는 재정의 토대가 되는 수취 체제를 운영하기 위해 토지 대장인 양안과 인구 대장인 호적을 작성하였다. 이는 전세, 역 등을 백성에게 부과하는 근거가 되었다.
④ 역에는 교대로 번상해야 하는 군역과 1년에 일정한 기간 노동에 종사해야 하는 요역이 있었다.

36

조선 시대 조운 제도에 대한 설명으로 옳지 <u>않은</u> 것은?

① 수납한 조세를 한양의 경창으로 이송하는 제도이다.
② 서울까지는 주로 선박을 이용하여 운송하였다.
③ 해운이 불편한 함경도 지방은 육로를 따라 이송하였다.
④ 강가나 바닷가에는 조창이 있어 조세를 보관하였다.

37

14. 국가직 9급

밑줄 친 '이 농서'가 처음 편찬된 시기의 문화에 대한 설명으로 옳은 것은?

> 「농상집요」는 중국 화북 지방의 농사 경험을 정리한 것으로서, 기후와 토질이 다른 조선에는 도움이 될 수 없었다. 이에 농사 경험이 풍부한 각 도의 농민들에게 물어서 조선의 실정에 맞는 농법을 소개한 이 농서를 편찬하였다.

① 현실 세계와 이상 세계를 표현한 「몽유도원도」가 그려졌다.
② 선종의 입장에서 교종을 통합한 조계종이 성립되었다.
③ 윤휴는 주자의 사상과 다른 모습을 보여 사문난적으로 몰렸다.
④ 진경 산수화와 풍속화가 유행하였다.

38

12. 지방직 9급

조선 시대 시전에 대한 설명으로 옳은 것은?

① 신해통공으로 육의전의 금난전권이 폐지되었다.
② 경시서를 두어 시전과 지방의 장시를 통제하였다.
③ 시전은 보부상을 관장하여 독점 판매의 혜택을 오래 누렸다.
④ 국역의 형태로 궁중과 관청에 필요한 물품을 조달할 의무가 있었다.

39

다음과 같은 수공업 체제와 관련된 설명으로 옳지 <u>않은</u> 것은?

> 전문적인 기술자를 공장안에 등록시켜 서울과 지방의 각급 관청에 소속하게 하고, 부역에 의하여 필요한 물품을 제작·공급하게 하였다.

① 관장들은 부역 기간 이외에는 사적으로 물건을 만들어 팔 수 있었다.
② 관장은 자신의 책임량을 초과한 생산품은 세금만 내고 판매할 수 있었다.
③ 관장은 국가 기관에 소속된 관원으로서, 국가로부터 토지와 품계를 받았다.
④ 이러한 수공업 형태는 16세기 부역제가 해이해지면서 쇠퇴하기 시작하였다.

정답&해설

34 ④

④ 공납 제도는 현물을 납부하는 제도로, 납부 과정에서 관청 서리들이 공물을 대신 내고 과도한 대가를 챙기는 방납의 폐단이 나타났다.

35 ①

① 세종 때 마련된 공법은 토지세 제도이다. 지방의 토산물을 거두는 수취 제도는 공납이다.

|오답해설|
② 전세(토지세)는 조선 건국 직후에 1결당 30두(수확량의 1/10)를 징수하였다. 세종 때 공법(비옥도에 따른 전분 6등법과 풍흉의 정도에 따른 연분 9등법)이 실시되어 최고 20두에서 최하 4두까지 차등 과세하였다.
③ 조선 시대에는 토지 대장인 양안(20년마다 작성)과 인구 대장인 호적(3년마다 작성)을 작성하여 전세(토지세), 공납, 역 등을 부과하는 자료로 활용하였다.
④ 역(役)은 16세 이상 60세 미만의 정남(丁男)에게 부과되었으며, 군역과 요역으로 나뉘어져 있다. 특히 요역은 경작하는 토지 8결마다 한 사람을 차출하여 1년 중 6일 이내로 동원하도록 규정되었다.

36 ③

③ 함경도와 평안도는 잉류 지역이었기 때문에 거둔 세금은 자체적인 경비 충당(사신 접대비, 군사비)으로 활용하였다.

37 ①

밑줄 친 '이 농서'는 15세기 세종 때 편찬된 『농사직설』이다. 『농사직설』은 우리 실정에 맞는 농법을 최초로 수록한 농서라는 점에서 의미가 있다. ① 안견이 그린 『몽유도원도』는 15세기 세종 때 제작된 작품이다.

|오답해설|
② 고려 무신정권기, ③④ 조선 후기에 해당한다.

38 ④

④ 시전은 국가나 왕실에 필요한 물품을 조달하는 대신 특정 물품에 대한 독점 판매권을 가졌다.

|오답해설|
① 신해통공(1791)으로 육의전을 제외한 시전 상인들의 금난전권을 폐지하였다.
② 경시서는 시전 상인들의 불법적 상행위를 관리·감독하였다(지방 장시는 아님).
③ 시전 상인들이 보부상을 관장하지는 않았다.

39 ③

조선 전기에는 관영 수공업이 중심이었다. ③ 관청에 등록된 장인들은 근무하는 동안 식비 정도만 지급받았고 자신의 책임량을 초과한 생산품은 세금을 내고 판매하기도 하였다.

| 정답 |　**34** ④　**35** ①　**36** ③　**37** ①　**38** ④　**39** ③

근세의 사회

조선 전기 사회 모습에 대한 설명으로 가장 적절하지 않은 것은?

① 중앙과 지방에 있는 관청의 서리와 향리 및 기술관은 직역을 세습하고, 같은 신분 안에서 혼인하였으며, 관청에서 가까운 곳에 거주하였다.
② 밭농사는 조, 보리, 콩의 2년 3작이 널리 행해졌으며, 일부 남부 지방에서는 모내기가 보급되어 벼와 보리의 이모작이 가능해 생산량을 증가시킬 수 있었다.
③ 양반 첩에게서 태어난 서얼은 중서라고도 불리었으며, 이들은 문과 응시에 제한이 없었다.
④ 관습법으로 사회 질서를 유지한 고려 시대와 달리, 『경국대전』과 『대명률』로 대표되는 법전에 의해 형벌과 민사에 관한 사항을 규율하였으며, 이 중에서 형벌에 관한 사항은 대부분 『대명률』의 적용을 받았다.

밑줄 친 '공(公)'이 속한 신분 계층에 대한 설명으로 옳은 것은?

> 공(公)은 열일곱에 사역원(司譯院) 한학과(漢學科)에 합격하여, 틈이 나면 성현(聖賢)의 책을 부지런히 연구하여 쉬는 날이 없었다. 경전과 백가에 두루 통달하여 드디어 세상에 이름이 났다. …… 공은 평생 고문을 좋아하였다.   『완암집』

① 조선 초기 – 개시 무역에 종사하여 많은 부를 축적하였다.
② 조선 중기 – 서원 건립을 주도하고 성현들의 제사를 받들었다.
③ 조선 후기 – 소청 운동을 통해 신분 상승 운동을 전개하였다.
④ 개항 전후 – 외세 침략에 맞서 위정척사 운동을 주도하였다.

조선 시대 노비 제도 및 노비의 역할에 대한 설명으로 가장 옳은 것은?

① 조선 시대 노비의 자식들은 대대로 노비 신분이 세습되었으나, 일정 기간 국역(國役)에 종사하면 양인으로 신분이 상승하는 게 일반적이었다.
② 조선 시대 사노비는 주인이 마음대로 매매·양도·상속할 수 있었을 뿐 아니라, 주인이 사노비를 함부로 죽이거나 사형(私刑)을 가하는 게 법으로 허용되었다.
③ 사노비는 주인의 집에서 거주하는 솔거 노비와 주인과 떨어져 거주하는 외거 노비가 있었는데, 그 수는 솔거 노비가 절대 다수였다.
④ 외거하는 사노비는 주인으로부터 사경지(私耕地)를 받아 그 수확을 자신이 차지하여 재산을 축적하기도 하였다.

다음에서 설명하고 있는 조선 시대 호적에 대한 내용으로 적절한 것을 〈보기〉에서 모두 고른 것은?

> 국가는 재정의 토대가 되는 수취 체제를 운영하기 위해 토지 대장인 양안과 인구 대장인 호적을 작성하였다. 이를 근거로 전세, 공납, 역을 백성에게 부과하였다.

┤ 보기 ├

ㄱ. 호적은 3년에 한 번씩 관청에서 호주의 신고를 받아 작성하였다.
ㄴ. 호적에 관료였던 양반은 관직과 품계를 기록하고 관직에 몸담지 않은 양반은 유학이라고 기록하였다.
ㄷ. 호적에는 호의 소재지, 호주의 직역과 성명, 호주와 처의 연령, 본관과 4조(부, 조부, 증조부, 외조부) 등을 적었다.
ㄹ. 호적에 평민은 보병이나 기병 등 군역을 기록하였으며, 노비는 이름을 기록하였다.

① ㄱ   ② ㄱ, ㄴ
③ ㄱ, ㄴ, ㄷ   ④ ㄱ, ㄴ, ㄷ, ㄹ

44

17 국가직(사복직 포함) 9급

다음 제도를 시행한 목적에 해당하는 것만을 〈보기〉에서 모두 고르면?

- 무릇 민호(民戶)는 그 이웃과 더불어 모으되, 가족 숫자의 다과(多寡)와 재산의 빈부에 관계없이 다섯 집마다 한 통(統)을 만들고, 통 안에 한 사람을 골라서 통수(統帥)로 삼아 통 안의 일을 맡게 한다.
- 1리(里)마다 5통 이상에서 10통까지는 소리(小里)를 삼고, …… 리(里) 안에서 또 이정(里正)을 임명한다.

『비변사등록』

┤ 보기 ├
ㄱ. 농민들의 도망과 이탈 방지
ㄴ. 부세와 군역의 안정적인 확보
ㄷ. 재지 사족 중심의 향촌 자치 활성화
ㄹ. 향권을 둘러싼 구향과 신향 간의 향전 억제

① ㄱ, ㄴ   ② ㄱ, ㄹ
③ ㄴ, ㄷ   ④ ㄷ, ㄹ

---

40 ③

③ 양반 첩에게서 태어난 서얼은 중서로 불리었으며, 이들은 문과 응시가 법적으로 금지되었다.

|보충설명| **조선 시대 서얼의 관직 진출**

> 조선 시대 서얼은 중인과 같은 신분적 처우를 받았으므로 '중서(中庶)'라고도 불리었다. 이들은 문과에 응시하는 것이 법적으로 금지되었다. 태종 15년(1415)에 한품서용(정3품 당하관이 관직 승진의 상한선)의 규정을 마련하여 서얼차대(庶孽差待)를 실시하였으며, 『경국대전』에 서얼의 문과 응시 금지 및 한품서용을 법제화하였다(서얼금고법).

41 ③

결정적 문제 ▶ 기술직 관료 등 중인과 서얼의 공통점 및 차이점을 파악해 두자!

제시된 사료의 밑줄 친 '공(公)'은 사역원 한학과에 합격한 것으로 보아 중인 신분인 역관에 해당한다. ③ 중인들은 조선 후기 서얼들의 신분 상승 운동에 자극을 받아 철종 때 대규모 소청 운동을 추진하였으나 실패하였다.

42 ④

|오답해설|
① 노비는 군역과 같은 국역을 부여받지 못했다.
② 노비라 하더라도 노비에 대한 사형(私刑: 사적 형벌)은 법으로 금지되어 있었다.
③ 사노비 중 솔거 노비보다 외거 노비가 다수였다.

43 ④

ㄱ.ㄴ.ㄷ.ㄹ. 모두 조선 시대의 호적 작성 원칙에 해당한다.

|보충설명| **호적**

> 호적은 3년에 한 번 호주가 호구단자(戶口單子)를 관청에 제출하면 각 고을의 향리(鄕吏) 등 실무자들이 호적을 작성하였다. 호적은 같은 내용을 여러 부 작성하여 지방 관청, 해당 도(道), 호조 등에서 관리하였다(한양 사람들의 호적은 한성부, 호조에서 보관).
> 호적에 기재되는 사항은 주소, 호주 본인의 직역, 성명, 연령, 사조(四祖: 부, 조부, 증조부, 외조부), 처의 성씨와 연령 및 사조(四祖), 솔거 자녀의 성명과 연령, 노비 및 고공(雇工, 머슴)의 성명과 연령 등이었다.
> 한편 관료였던 양반은 직역에 관직과 품계를 기록하고, 관직에 몸담지 않은 양반은 유학(幼學)이라고 기록하였다. 또한 평민은 보병이나 기병 등 군역을 기록하였으며, 노비는 이름을 기록하였다.

44 ①

제시된 사료는 오가작통제에 대한 내용이다. 조선은 전국을 8도로 정비하여 모든 지역(부·목·군·현)에 지방관을 파견하고, 군현 아래 면리제와 오가작통제를 실시하여 농민들을 통제하였다. 이는 ㄱ. 농민의 도망과 이탈을 방지하여 ㄴ. 부세와 군역을 안정적으로 확보하기 위함이었다.

|오답해설|
ㄷ. 유향소 혹은 향약의 기능이다.
ㄹ. 향촌 주도권(향권)을 둘러싼 구향과 신향 간의 향전 억제는 국가의 농민 통제와 직접적 관련이 없다.

|정답| 40 ③   41 ③   42 ④   43 ④   44 ①

45

다음 족보가 편찬된 시기의 사회상으로 가장 적절한 것은?

> 우리나라는 자고로 종법이 없고 보첩(譜牒)도 없어서 비록 거가대족(巨家大族)이라도 가승(家乘)이 전혀 없어서 겨우 몇 대를 전할 뿐이므로 고조나 증조의 이름도 호(號)도 기억하지 못하는 이가 있다.
> 『안동 권씨 성화보』 서문

① 윤회봉사·외손봉사 등이 행해졌다.
② 아들을 먼저 기록하고 딸을 그다음에 기록하였다.
③ 자손이 없으면 무후(無後)라 하고 양자를 널리 맞아들였다.
④ 남자는 대개 결혼 후에 바로 친가에서 거주하였다.

46

(가) 교육 기관에 대한 설명으로 옳은 것은?

> 주세붕이 비로소 ___(가)___ 을/를 창건할 적에 세상에서 자못 의심했으나, 그의 뜻은 더욱 독실해져 무리들의 비웃음을 무릅쓰고 비방을 극복하여 전례 없던 장한 일을 이루었습니다. …… 최충, 우탁, 정몽주, 길재, 김종직, 김굉필 같은 이가 살던 곳에 ___(가)___ 을/를 건립하게 될 것입니다. 『퇴계집』

① 지방의 군현에 있던 유일한 관학이다.
② 선비와 평민의 자제에게 『천자문』 등을 가르쳤다.
③ 성적 우수자는 문과의 초시를 면제해 주었다.
④ 학문 연구와 선현의 제사를 위해 설립된 사설 교육 기관이다.

47

조선 시대 향약에 대한 설명으로 옳지 <u>않은</u> 것은?

① 상민에게 유교의 예속을 침투시켜 백성을 교화시키기 위해 만들었다.
② 토호와 향반 등 지방 유력자들이 주민들을 위협하고 수탈하는 배경이 되었다.
③ 향촌의 질서 유지와 치안을 담당하는 향촌 자치 기구의 성격도 가지고 있었다.
④ 향약은 훈구파가 농민에 대한 통제를 강화하여 자신의 지위를 견고히 하려고 만들었다.

근세의 문화

48

다음 자료의 ㉠~㉣에 대해 바르게 설명한 것을 〈보기〉에서 모두 고르면?

> 조선 초기에는 과학 기술이 크게 발전하였다. 세종 때를 전후한 이 시기의 과학 기술은 우리나라 역사상 특기할 정도로 뛰어난 것이었다. ㉠ 당시의 집권층은 ㉡ 부국강병과 민생 안정을 위하여 과학 기술이 중요하다고 인식하였다. 이러한 여건 속에서 과학 기술은 국가적 지원을 받아 크게 발전할 수 있었다. 또 ㉢ 우리나라의 전통적 문화를 계승하면서 ㉣ 서역과 중국의 과학 기술을 수용하여 훌륭한 업적을 남겼다.

> ┤ 보기 ├
> (가) ㉠ – 경학에 치중하여 사장을 경시하는 면을 보였다.
> (나) ㉡ – 화약 무기의 제작 방법을 정리한 『총통등록』을 편찬하였다.
> (다) ㉢ – 『천상열차분야지도』를 돌에 새겼다.
> (라) ㉣ – 『향약집성방』과 『의방유취』를 간행하였다.

① (가), (나)   ② (가), (다)
③ (나), (다)   ④ (다), (라)

49

조선 초기 향교에 대한 설명으로 옳지 <u>않은</u> 것은?

① 원칙적으로 모든 양인 남자에게 입학이 허용되었고 학비는 없었다.
② 모든 군현에 향교를 두기로 하고 군현의 규모에 따라 정원을 정하였다.
③ 매년 자체적으로 정기 시험을 치러 성적 우수자에게는 성균관 입학 자격이 주어졌다.
④ 학업 중 군역이 면제되었으나 성적 미달로 자격이 박탈될 경우 군역을 지도록 하였다.

50 15. 국가직 7급

괄호 안에 들어갈 역사책에 대한 설명으로 옳은 것은?

> 동양에서는 역사학이 정책을 입안하는 데 이론적 근거와 참
> 고 자료를 마련하기 위하여 연구되었다. 동양에서는 역사학
> 의 제1차적인 목적을 귀감에서 찾는다. 그러기에 대부분의
> 역사책은 '거울 감(鑑)' 자를 쓴다. 우리나라에서는 서거정이
> 편찬한 (   ), 중국에서는 사마광의 『자치통감』, 주희의
> 『통감강목』, 원추의 『통감기사본말』 등이 그 대표적인 예이다.

① 성리학적 가치관으로 고려 역사를 정리한 기전체 사서
이다.

② 단군 조선에서 고려 말까지의 역사를 노래 형식으로 정
리하였다.

③ 단군 조선에서 삼한까지의 역사를 외기(外紀)로 구분하
여 서술하였다.

④ 역대 국왕의 사적(事績) 가운데 후세의 귀감이 될 만한
내용만을 뽑아 편년체로 편찬하였다.

정답&해설

45 ①

『안동 권씨 성화보』는 15세기 안동 권씨의 족보로, 현존 최고(最古)의 족보이다.
① 15세기, 즉 조선 전기에는 윤회봉사, 외손봉사 등이 행해졌다.

| 오답해설 |
②③④ 조선 후기에 해당된다.

46 ④

제시된 사료에서 "주세붕"을 통해 (가)가 서원임을 알 수 있다. 주세붕은 안향을 배
향하기 위해 우리나라 최초의 서원인 백운동 서원을 세웠다. ④ 서원은 성리학 연
구와 선현의 제사를 위해 설립된 사립 교육 기관이었다.

| 오답해설 |
① 향교에 대한 설명이다. 향교는 부·목·군·현에 각각 하나씩 설치되었으며, 지역
의 인구에 따라 정원이 배정되었다. 향교의 교육을 위해 중앙에서 교수나 훈도
가 파견되었다.
② 초등 교육 기관인 서당에서는 선비와 평민의 자제에게 『천자문』 등을 가르쳤다.
③ 성균관의 성적 우수자는 문과의 초시를 면제받았다.

47 ④

④ 훈구파를 사림파로 바꾸어야 한다.

48 ③

| 오답해설 |
(가) 당시의 집권층은 관학(훈구) 세력으로, 사장을 중시하였다.
(라) 『향약집성방』은 자주적 의서에 해당한다.

49 ③

향교는 부·목·군·현에 각각 하나씩 설치되었으며, 군현의 규모에 따라 정원이 배
정되었다. 또한 향교의 교육을 위해 중앙에서 교수나 훈도가 파견되었다. 한편 향교
의 입학은 원칙적으로 모든 양인 남자에게 허용되었고, 학비는 없었다. ③ 향교에서
는 매년 자체적으로 정기 시험을 치러 성적 우수자에게는 소과(생진과) 초시를 면
제하여 회시(복시)에 응시할 수 있도록 하였다.

50 ③

결정적 문제 ▶ 조선 전기 역사서 중 『고려사』, 『동국통감』은 빈출 주제이다!

괄호 안에 들어갈 역사서는 서거정이 편찬한 『동국통감』이다. 서거정은 성종의 명
을 받아 단군 조선부터 고려 말까지의 역사를 엮은 『동국통감』을 편찬하였다. ③
『동국통감』은 편년체 사서인데, 단군 조선에서 삼한까지는 자료 부족으로 외기(外
紀)로 따로 분류하여 책머리에 다루었다.

| 오답해설 |
① 성리학적 가치관으로 고려 시대 역사를 정리한 기전체 사서는 『고려사』이다.
② 세종 때 권제 등이 편찬한 『동국세년가』는 단군 조선에서 고려 말까지의 역사를
노래 형식으로 정리한 사서이다.
④ 역대 국왕의 사적 가운데 후세의 귀감이 될 만한 내용만을 뽑아 편년체로 정리
한 사서는 『국조보감』이다.

| 정답 | 45 ①   46 ④   47 ④   48 ③   49 ③   50 ③

51

다음 역사서에 대한 설명으로 옳은 것은?

> 삼가 삼국 이하의 여러 역사를 뽑고 중국사를 채집하였으며, 편년체를 취하여 사실을 기록하였습니다. 또한 범례는 모두 『자치통감』에 의거하고 『자치통감강목』의 첨삭한 취지에 따라 중요한 것을 보존하는 데 힘썼습니다. 삼국이 병립하였을 때는 삼국기(三國紀), 신라가 통일하였을 때는 신라기, 고려 때는 고려기, 삼한(三韓) 이전은 외기(外紀)라 하였습니다. 1,400년 동안 국가의 흥망과 임금의 잘잘못을 비롯하여 정치의 성쇠를 모두 거짓없이 기록하였습니다.

① 세가, 지, 열전 등으로 구성되었다.
② 서거정에 의해 통사 형식으로 편찬되었다.
③ 서사시 형태로 고구려 계승 의식이 반영되었다.
④ 『고려사절요』의 편찬 체제를 정하는 데 영향을 주었다.
⑤ 불교사를 중심으로 고대의 민간 설화 등을 수록하였다.

52

다음 역사서에 대한 설명으로 가장 적절한 것은?

> 일찍이 세조께서, "우리 동방에는 비록 여러 역사서가 있으나, 장편으로 되어 귀감으로 삼을 만한 것이 없다."라고 말씀하시고, 관리들에게 명하여 편찬하게 하셨지만, 제대로 이루어지지 못하였습니다. 주상께서 그 뜻을 이어받아 서거정 등에게 편찬을 명하였습니다. …… 이 책을 지음에 명분과 인륜을 중시하고 절의를 숭상하여, 난신을 성토하고 간사한 자를 비난하는 것을 더욱 엄격히 하였습니다.

① 고조선부터 고려 말까지 역사를 정리하였다.
② 세가, 지, 열전 등으로 구성되었다.
③ 고대사 연구의 시야를 만주 지방까지 확대하여 한반도 중심의 협소한 사관을 극복하는 데 힘썼다.
④ 중국 및 일본의 자료를 참고하여 민족사 인식의 폭을 넓히는 데 이바지하였다.

53

㉠과 ㉡ 사이의 시기에 있었던 사실로 가장 적절하지 않은 것은?

> ㉠ 지리서의 편찬이 추진되어 『신찬팔도지리지』를 편찬하였다.
> ㉡ 조선 전기를 대표하는 『동국지도』를 완성하였다.

① 고조선부터 고려 말까지 역사를 정리한 『동국통감』을 간행하였다.
② 고려의 역사를 자주적 입장에서 정리한 『고려사절요』를 편찬하였다.
③ 역대의 전쟁을 체계적으로 정리한 『동국병감』을 편찬하였다.
④ 우리 풍토에 알맞은 약재와 치료 방법을 개발하여 정리한 『향약집성방』을 편찬하였다.

54

밑줄 친 '성상(聖上)' 대에 편찬된 서적에 대한 설명으로 옳은 것은?

> 세조가 신하들에게 말씀하시기를, "법의 과목(科目)이 너무 번잡하고 앞뒤가 맞지 않았기 때문에 상세히 살펴 다듬어 자손만대의 성법(成法)을 만들고자 한다."라고 하셨다. 『형전(刑典)』과 『호전(戶典)』은 이미 반포되어 시행하고 있으나 나머지 네 법전은 미처 교정을 마치지 못했다. 이에 성상(聖上)께서 세조의 뜻을 받들어 여섯 권의 법전을 완성하게 하여 중외에 반포하셨다.

① 『동국병감』은 고조선에서 고려 말까지의 전쟁을 정리한 병서이다.
② 『동몽선습』은 중국과 우리나라의 역사를 담은 아동 교육서이다.
③ 『삼강행실도』는 모범적인 효자·충신·열녀를 다룬 윤리서이다.
④ 『국조오례의』는 국가의 여러 행사에 필요한 의례를 정비한 의례서이다.

55

밑줄 친 '이 사람'에 대한 설명으로 옳은 것은?

> 이 사람은 1501년에 출생하여 1572년에 타계한 경상 우도를 대표하는 유학자이다. 그의 학문 사상 지표는 경(敬)과 의(義)이다. 마음이 밝은 것을 경(敬)이라 하고 밖으로 과단성 있는 것을 의(義)라고 하였다. 이러한 그의 주장은 바로 경으로써 마음을 곧게 하여 수양하는 기본으로 삼고 의로써 외부 생활을 처리하여 나간다는 생활 철학을 표방한 것이었다.

① 문인들이 주로 북인이 되었다.
② 이황과 사단칠정 논쟁을 벌였다.
③『동호문답』,『만언봉사』등을 저술하였다.
④ 일본의 성리학 발전에 큰 영향을 끼쳤다.

51 ②

제시문은『동국통감』의 서문이다. ②『동국통감』은 성종 때 서거정 등이 편찬한 편년체 역사서(1485)로, 민족의 자주성을 높이기 위하여 고조선부터 고려까지의 역사를 통사의 형태로 편찬하였다.

|오답해설|
① 세가, 지, 열전은 기전체의 요소이며, 조선 시대 역사서로는『고려사』가 대표적이다.
③ 서사시 형태로 고구려 계승 의식이 반영된 역사서는 이규보의『동명왕편』이다.
④『고려사절요』는 문종 때 완성된 편년체 역사서로,『고려사』를 요약·정리한 것이다.
⑤『삼국유사』는 불교사를 중심으로 고대의 민간 설화 등을 수록하였다.

52 ①

①성종 때 서거정 등이 편찬한『동국통감』은 고조선부터 고려 말까지의 통사이다.

|오답해설|
② 기전체 사서인『고려사』에 대한 설명이다.
③ 조선 후기 역사서인 이종휘의『동사』, 유득공의『발해고』에 대한 설명이다.
④ 조선 후기 역사서인 한치윤의『해동역사』에 대한 설명이다.

53 ①

㉠『신찬팔도지리지』는 세종 때인 1432년에 편찬되었고, ㉡『동국지도』는 양성지, 정척 등이 1463년(세조 9년)에 완성하였다. ① 『동국통감』은 서거정 등이 1485년(성종 16년)에 간행하였다.

|오답해설|
②③『고려사절요』(1452),『동국병감』은 문종 때 편찬되었다.
④『향약집성방』(1433)은 세종 때 편찬되었다.

54 ④

밑줄 친 '성상(聖上)'은『경국대전』을 완성·반포한 성종이다. ④ 성종 시기에『국조오례의』가 편찬되었다.

|오답해설|
①『동국병감』은 문종 때 편찬되었다.
②『동몽선습』은 중종 때 박세무가 편찬한 아동 교육서이다.
③『삼강행실도』는 세종 때 설순 등이 편찬하였다.

55 ①

제시된 자료에서 "경(敬)", "의(義)" 등을 통해 밑줄 친 '이 사람'이 조식임을 알 수 있다. ① 조식의 문인들은 처음에 동인에 속하였다가, 이후 북인이 되었다.

|오답해설|
② 이황과 사단칠정 논쟁을 벌인 인물은 기대승이다.
③ 이이는『동호문답』,『만언봉사』등을 저술하였다.
④ 임진왜란 이후 이황의 주리 성리학이 강항을 통해 일본으로 전해졌으며, 당시 일본 성리학자들은 이황을 '동방의 주자'라고 불렀다(일본 성리학 발전에 큰 영향을 줌).

|정답| **51** ② **52** ① **53** ① **54** ④ **55** ①

56

밑줄 친 '이 사람'에 대한 설명으로 옳은 것은?

> 이 사람은 34세에 문과에 급제하여 관직 생활을 시작하였지만, 곧 모친상을 당하여 3년간 상복을 입었다. 삼년상이 끝나고 관직에 복귀하였으나, 을사사화 등으로 조정이 어지러워지자 이내 관직 생활의 뜻을 접고, 1546년 40대 중반의 나이에 향리로 퇴거하여 학문 연구에 전념하였다. 이후 경상도 풍기 군수로 있으면서 주세붕이 창설한 백운동 서원에 대한 사액을 청원하여 실현을 보게 되었으니, 이것이 조선 왕조 최초의 사액 서원인 '소수 서원'이다.

① 서리망국론을 부르짖으며 당시 서리의 폐단을 강력하게 비판하였다.
② 아홉 차례의 과거 시험에 모두 장원하여 '구도장원공'이라는 별칭을 얻었다.
③ 주희의 성리설을 받아들였으며, 이기 철학에서 이(理)의 절대성을 주장하였다.
④ 우주 자연은 기(氣)로 구성되어 있으며, 기는 영원불멸하면서 생명을 낳는다고 보았다.

57

밑줄 친 '저'에 대한 설명으로 옳은 것은?

> 올해 초가을에 비로소 저는 책을 완성하여 그 이름을 『성학집요』라고 하였습니다. 이 책에는 임금이 공부해야 할 내용과 방법, 정치하는 방법, 덕을 쌓아 실천하는 방법과 백성을 새롭게 하는 방법이 실려 있습니다. 또한 작은 것을 미루어 큰 것을 알게 하고 이것을 미루어 저것을 밝혔으니, 천하의 이치가 여기에서 벗어나지 않을 것입니다. 따라서 이것은 저의 글이 아니라 성현의 글이옵니다.

① 예안향약을 만들었다.
② 『동호문답』을 저술하였다.
③ 백운동 서원을 건립하였다.
④ 왕자의 난 때 죽임을 당했다.

58

(가), (나) 학자에 대한 설명으로 옳은 것은?

> (가) 여러 성리학자들의 도식과 설명 가운데 중요한 것을 고르고 일부는 자신이 작성하여 책으로 엮어 왕에게 바쳤다. 여기서 그는 군주 스스로가 성학(聖學)을 따를 것을 제시하였다.
> (나) 치도(治道)의 근원이 『대학』에 있다고 보고, 그 요지에 해당하는 것을 경전과 사서에서 골라 책을 엮어 왕에게 바쳤다. 여기서 그는 현명한 신하가 군주에게 성학(聖學)을 가르쳐 그 기질을 변화시켜야 한다고 주장하였다.

① (가)는 통치 체제 정비와 수취 제도 개혁에 대한 방안을 제시하였다.
② (가)의 사상은 (나)의 사상에 비해 근본적이며 이상주의적인 성격이 강하였다.
③ (나)는 양명학과 노장사상을 수용하는 등 성리학 이해에 탄력성을 보였다.
④ (나)의 사상은 임진왜란 이후 일본에 전해져 일본 성리학 발전에 큰 영향을 끼쳤다.

59

조선의 법전 편찬 순서가 바르게 연결된 것은?

> ㄱ. 『조선경국전』
> ㄴ. 『육전조례』
> ㄷ. 『대전통편』
> ㄹ. 『경국대전』

① ㄱ - ㄴ - ㄷ - ㄹ
② ㄷ - ㄱ - ㄹ - ㄴ
③ ㄱ - ㄹ - ㄷ - ㄴ
④ ㄹ - ㄱ - ㄴ - ㄷ

60

밑줄 친 '이것'이 제작된 시기의 문화에 대한 설명으로 옳은 것은?

> 이것을 혜정교와 종묘 앞에 처음으로 설치하여 해 그림자를 관측하였다. 집현전 직제학 김돈이 명을 짓기를, '…… 구리를 부어서 그릇을 만들었는데, 모양이 가마솥과 같다. 지름에는 둥근 송곳을 설치하여 북에서 남으로 마주 대하게 했고, 움푹 파인 곳에서 (선이) 휘어서 돌게 했으며, 점을 깨알같이 찍었는데, 그 속에 도(度)를 새겨서 반주천(半周天)을 그렸다. …… 길가에 설치한 것은 보는 사람이 모이기 때문이다. 이로부터 백성도 이것을 만들 줄 알게 되었다.'라고 하였다.

① 의학 백과사전인 『의방유취』를 편찬하였다.
② 100리 척을 사용한 「동국지도」를 제작하였다.
③ 상감법을 개발하여 자기 제작에 활용하였다.
④ 역대 문물을 정리한 『동국문헌비고』를 편찬하였다.

61

경복궁에 대한 설명으로 옳지 **않은** 것은?

① 조선 왕조의 수도를 한양으로 정한 후 1394년 공사를 시작해 이듬해인 1395년 창건하였다.
② '경복(景福)'은 '큰 복을 누리라'는 뜻으로 정도전이 지은 것이다.
③ 현재 경복궁은 광화문 – 근정전 – 사정전 – 강녕전 등의 중심 건물이 직선으로 배치되어 있다.
④ 경복궁 동쪽에는 건춘문, 서쪽은 영추문, 남쪽은 신무문, 북쪽에는 광화문이 배치되어 있다.

56 ③

결정적 문제 이황과 이이의 학문적 지향과 주요 저서들을 기억해 두자!
이황은 백운동 서원에 대하여 사액(국가의 지원을 받음)을 청원하였고, 그 결과 조선 왕조 최초의 사액 서원인 '소수 서원'이 세워졌다. 따라서 밑줄 친 '이 사람'은 '이황'이다. ③ 이황은 주희(주자)의 학설을 받아들였으며, 이기 철학에서 이(理)의 절대성을 주장하였다.

| 오답해설 |
① 조식은 서리망국론을 제기하여 당시 서리의 폐단을 강력하게 비판하였다.
② 이이는 아홉 차례의 과거 시험에 모두 장원하여 '구도장원공(九度壯元公)'이라는 별칭을 얻었다.
④ 서경덕은 우주 자연은 기(氣)로 구성되어 있으며, 기는 영원불멸하면서 생명을 낳는다고 보았다.

57 ②

『성학집요』를 저술한 인물은 율곡 이이이다. ② 이이는 『동호문답』에서 대공수미법을 제시하였다.

| 오답해설 |
① 이황이 예안향약을 만들었다. 예안은 현재의 안동에 해당한다.
③ 중종 때 풍기 군수 주세붕은 백운동 서원을 건립하였다(최초의 서원).
④ 제1차 왕자의 난 때 정도전, 남은 등이 죽임을 당했다.

58 ②

(가) 이황의 『성학십도』, (나) 이이의 『성학집요』이다. ② 이황의 사상이 이이의 사상에 비해 근본적이고 이상적인 면이 있었다.

59 ③

ㄱ. 『조선경국전』(1394) → ㄹ. 『경국대전』(1476년 완성, 1485년 간행) → ㄷ. 『대전통편』(1785) → ㄴ. 『육전조례』(1867년 간행)

| 보충설명 | **조선 초의 법전**

> • 『조선경국전』(태조, 정도전): 고려 말 ~ 조선 초의 조례를 정리한 최초의 사찬 법전이다.
> • 『경제육전』(태조, 조준): 고려 말 ~ 조선 초까지의 조례를 정리한 법전으로, 이두와 방언이 섞여 있다. 태종 때 하륜이 증보하여 『원육전』으로 편찬되었다.

60 ①

밑줄 친 '이것'은 15세기 세종 때 만들어진 해시계(앙부일구)이다. ① 『의방유취』는 세종 때 당·송·원·명의 중국 의서와 국내 의서 153종을 망라하여 편찬한 동양 최대의 의학 백과사전이다(세종 27년, 1445).

| 오답해설 |
② 정상기의 「동국지도」(영조)에 대한 설명이다.
③ 상감법은 고려 무신정변 전후 시기에 개발되었다.
④ 『동국문헌비고』는 영조 때 홍봉한 등이 왕명에 따라 중국의 『문헌통고』를 참고하여 편찬한 백과사전이다.

61 ④

④ 광화문은 경복궁의 남문이며, 신무문은 북문이다. 참고로 사정전은 임금이 정사를 돌보던 곳이며, 강녕전은 왕의 침전(寢殿, 침실이 있는 건물)이다.

| 정답 | **56** ③ **57** ② **58** ② **59** ③ **60** ① **61** ④

62

다음과 같은 특징이 있는 건축에 대한 설명으로 옳은 것은?

> - 교육 공간인 강당을 중심으로 사당과 기숙 시설인 동재와 서재를 갖추었다.
> - 가람 배치 양식과 주택 양식이 실용적으로 결합된 독특한 아름다움을 지녔다.

① 왕실의 지원을 받은 불교 건축물이다.
② 주로 자연의 이치를 탐구할 수 있는 마을 부근의 한적한 곳에 있었다.
③ 불교의 사회적 지위 향상과 양반 지주층의 경제적 성장을 반영하였다.
④ 부농과 상공인의 지원을 받았기 때문에 장식성이 강하다.

63

14. 서울시 9급

조선 시대 과학 기술의 발전에 대한 다음의 설명 중 옳지 않은 것은?

① 조선 초기 농업 기술의 발전 성과를 반영한 영농의 기본 지침서는 세종 대 편찬된 『농가집성』이었다.
② 세종 대 해와 달, 그리고 별을 관측하기 위해 간의대(簡儀臺)라는 천문대를 운영하였다.
③ 세종 대 동양 의학에 관한 서적과 이론을 집대성한 의학 백과사전인 『의방유취』가 편찬되었다.
④ 문종 대 개발된 화차(火車)는 신기전이라는 화살 100개를 설치하고 심지에 불을 붙이는 일종의 로켓포였다.
⑤ 조선 초기 140여 명의 인쇄공이 소속된 최대 인쇄소는 교서관이었다.

64

16. 지방직 9급

밑줄 친 '왕'의 재위 기간에 있었던 사실로 옳지 <u>않은</u> 것은?

> <u>왕</u>이 이순지, 김담 등에게 명하여 중국의 선명력, 수시력 등의 역법을 참조하여 새로운 역법을 만들게 하였다. 이 역법은 내편과 외편으로 구성되었다. 내편은 수시력의 원리와 방법을 해설한 것이며, 외편은 회회력(이슬람력)을 해설·편찬한 것이다.

① 천체 관측 기구인 혼의, 간의 등을 제작하였다.
② 경기 지역의 농사 경험을 토대로 『금양잡록』을 편찬하였다.
③ 경자자(庚子字), 갑인자(甲寅字) 등 금속 활자를 주조하였다.
④ 우리 풍토에 맞는 약재와 치료법을 정리한 『향약집성방』을 편찬하였다.

65

20. 국가직 9급

조선 전기 문화에 대한 설명으로 옳은 것은?

① 『어우야담』을 비롯한 야담·잡기류가 성행하였다.
② 유서(類書)로 불리는 백과사전이 널리 편찬되었다.
③ 『동문선』이 편찬되어 우리 문학의 독자성을 강조하였다.
④ 중인층을 중심으로 시사가 결성되어 문학 활동을 벌였다.

66

다음은 『조선왕조실록』에 기록된 내용이다. ㉠ 왕과 ㉡ 왕 시기에 일어난 사건으로 가장 적절하지 않은 것은?

> • 의정부의 서사를 나누어 6조에 귀속시켰다. …… 처음에 왕은 의정부 권한의 막중함을 염려하여 이를 혁파할 생각이 있었지만, 신중하게 여겨 서두르지 않았는데 이 시기에 이르러 단행하였다. 의정부가 관장한 것은 사대문서와 중죄수의 심의뿐이었다. — 『㉠ 실록』 —
> • 장사꾼이 의복 등속을 판매하며, 심지어는 신·갓끈·빗·바늘·분(粉) 같은 물품을 가지고 백성에게 교묘하게 말하여 미리 그 값을 정하고 주었다가 가을이 되면 그 값을 독촉해서 받는다. — 『㉡ 실록』 —

① 『농사직설』과 같은 농업 서적을 간행하였다.
② 저화, 조선통보 등을 발행하였다.
③ 4군 6진을 개척하였다.
④ 별자리를 그린 「천상열차분야지도」를 제작하였다.

67

사림의 문화를 반영한 16~17세기 그림에 해당하지 않는 것은?

① 이정의 「풍죽도」
② 심사정의 「초충도」
③ 어몽룡의 「월매도」
④ 황집중의 「묵포도도」

---

62 ②

지문의 내용은 사람들이 선현의 제사와 성리학 연구 등을 위해서 설립한 서원에 대한 설명이다. ② 서원은 주로 자연의 이치를 탐구할 수 있는 마을 부근의 한적한 곳에 있었다.

|오답해설|
① 무위사 극락전, 해인사 장경판전 등 15세기 불교 건축에 대한 설명이다.
③ 17세기 사원 건축의 특징으로 금산사 미륵전, 화엄사 각황전, 법주사 팔상전 등이 대표적이다.
④ 18세기 사원 건축의 특징으로 논산 쌍계사, 부안 개암사, 안성 석남사 등이 대표적이다.

63 ①

① 세종 때 편찬된 대표적 농서는 『농사직설』이다. 『농가집성』은 효종 때 신속이 간행한 농서로 이앙법 보급에 기여하였다.

64 ②

제시된 자료는 세종 때 편찬한 『칠정산』 내·외편에 대한 내용이다. ② 강희맹의 『금양잡록』은 성종 때 편찬한 농서이다.

|오답해설|
① 세종 때 천체 관측 기구인 혼의, 간의 등을 제작하였다.
③ 세종 때 경자자(庚子字), 갑인자(甲寅字) 등 금속 활자가 주조되었다.
④ 세종 때 우리 풍토에 맞는 약재와 치료법을 정리한 『향약집성방』을 편찬하였다.

65 ③

③ 15세기 성종 때 서거정 등이 『동문선』을 편찬하여 우리 문학의 독자성을 강조하였다.

|오답해설|
① 『어우야담』은 광해군 때 유몽인이 야사 등 설화를 엮어 편찬한 설화집이다.
②④ 백과사전[類書]이 널리 편찬되고, 중인층을 중심으로 시사가 결성된 시기는 조선 후기이다.

66 ④

㉠ 태종 때의 6조 직계제, ㉡ 세종 때의 상업 활동과 관련된 사료이다. ④ 「천상열차분야지도」는 태조 때 돌에 새긴 천문도이다(태조 4년, 1395).

|오답해설|
① 세종 때 정초, 변효문 등이 『농사직설』을 간행하였다.
② 태종 때 사섬서에서 지폐인 저화를 발행하였고, 세종 때 조선통보를 발행하였다.
③ 세종 때 4군 6진을 개척하여 압록강과 두만강을 경계로 하는 오늘날과 같은 국경선을 확정하였다.

67 ②

이정(1554~1626), 어몽룡(1566~미상), 황집중(1533~미상)은 16~17세기의 화가로서, 당시 '3절'이라 불렸다. 한편 ② 심사정(1707~1769)은 18세기 문인화가이다.

|정답| 62 ② 63 ① 64 ② 65 ③ 66 ④ 67 ②

다음 내용에 해당하는 그림으로 옳은 것은?

이 그림은 현실 세계와 이상 세계를 조화롭게 구현한 걸작으로 평가받고 있다. 또한 안평 대군의 발문(跋文)과 시문 이외에 당시 문사들의 찬시가 실려 있는 것으로 유명하다. 원본은 일본 덴리 대학에 소장되어 있다.

①  ②

③  ④

⑤

68 ⑤

제시된 설명에 해당하는 그림은 안견의 「몽유도원도」(1447)이다. ⑤ 「몽유도원도」는 안평 대군이 꿈에서 본 도원(桃源)을 안견에게 그리게 한 작품으로, 현실 세계와 이상 세계를 조화롭게 구현한 걸작으로 평가된다. 현재 일본 덴리[天理] 대학에 소장되어 있다.

|오답해설|
① 진경 산수화를 개척한 정선의 「인왕제색도」이다.
② 강세황의 「영통동구도」이다.
③ 19세기 중엽 전기(田琦)의 「매화초옥도」이다.
④ 김홍도의 「옥순봉도」이다.

에듀윌이
너를
지지할게

ENERGY

내가 꿈을 이루면
나는 누군가의 꿈이 된다.

– 이도준

편저자　**신형철**

■약력

성균관대학교 역사교육과 수석 졸업

고려대학교 일반대학원 한국사학과 졸업

성균관대학교 일반대학원 사학과 박사 수료(한국사 전공)

현) 에듀윌 공무원 한국사 대표 교수

2025 에듀윌 9급공무원 기본서 한국사: 선사~근세

발 행 일	2024년 5월 30일 초판
편 저 자	신형철
펴 낸 이	양형남
펴 낸 곳	(주)에듀윌
등록번호	제25100–2002–000052호
주 소	08378 서울특별시 구로구 디지털로34길 55
	코오롱싸이언스밸리 2차 3층

* 이 책의 무단 인용 · 전재 · 복제를 금합니다.

www.eduwill.net

대표전화 1600-6700

여러분의 작은 소리
에듀윌은 크게 듣겠습니다.

본 교재에 대한 여러분의 목소리를 들려주세요.
공부하시면서 어려웠던 점, 궁금한 점,
칭찬하고 싶은 점, 개선할 점, 어떤 것이라도 좋습니다.

에듀윌은 여러분께서 나누어 주신 의견을
통해 끊임없이 발전하고 있습니다.

에듀윌 도서몰 book.eduwill.net
• 부가학습자료 및 정오표: 에듀윌 도서몰 → 도서자료실
• 교재 문의: 에듀윌 도서몰 → 문의하기 → 교재(내용, 출간) / 주문 및 배송

에듀윌에서 꿈을 이룬
합격생들의 진짜 합격스토리

에듀윌 강의·교재·학습시스템의 우수성을
합격으로 입증하였습니다!

에듀윌만의 탄탄한 커리큘럼 덕분에 공시 3관왕 달성

김○은 국가직 9급 일반행정직 최종 합격

혼자서 공부하다 보면 지금쯤 뭘 해야 하는지, 내가 잘하고 있는지 걱정이 될 때가 있는데 에듀윌 커리큘럼
은 정말 잘 짜여 있어 고민할 필요 없이 그대로 따라가면 되는 시스템이었습니다. 커리큘럼이 기본이론-심
화이론-단원별 문제풀이-기출 문제풀이-파이널로 풍부하게 구성되어 인강만으로도 국가직, 지방직, 군무
원 3개 직렬에 충분히 합격할 수 있었습니다. 혼자 공부하다 보면 내 위치를 스스로 가늠하기 어려운데, 매
달 제공되는 에듀윌 모의고사를 통해서 제 수준이 어느 정도인지 파악할 수 있어서 좋았습니다.

에듀윌 교수님들의 열정적인 강의는 업계 최고 수준!

신○은 국가직 9급 일반행정직 최종 합격

에듀윌 교수님들의 강의가 열정적이어서 좋았습니다. 타사의 유명 행정법 강사분의 강의를 잠깐 들은 적이
있었는데, 그분이 기대만큼 좋지 못해서 열정적인 강의의 에듀윌로 돌아온 적이 있습니다. 그리고 수험생들
은 금전적으로 좀 어려움이 있을 수밖에 없는데 에듀윌이 타사보다는 가격 대비 강의가 매우 뛰어나다고 생
각합니다. 에듀윌 모의고사도 좋았습니다. 내가 맞혔는데 남들이 틀린 문제나 남들은 맞혔는데 내가 틀린
문제를 분석해줘서 저의 취약점을 알게 되고, 공부 방법에 변화를 줄 수 있는 계기를 마련해 줍니다. 에듀윌
의 꼼꼼한 모의고사 시스템 덕분에 효율적인 공부를 할 수 있었습니다.

초시생도 빠르게 합격할 수 있는 에듀윌 공무원 커리큘럼

김○경 지방직 9급 사회복지직 최종 합격

에듀윌 공무원 커리큘럼은 기본 강의, 심화 강의, 문제풀이 강의가 참 적절하게 배분이 잘 되어 있었어요. 그
리고 제가 공무원 시험에 대해서 하나도 몰랐는데 커리큘럼을 따라만 갔는데 바로 시험을 치를 수 있는 실
력이 만들어진다는 것이 너무 신기한 경험이었습니다. 에듀윌 공무원 교재도 너무 좋았습니다. 기본서가 충
실하게 만들어져 있어서 기본서만 봐도 기초를 쌓을 수 있었습니다. 그리고 기출문제집이나 동형 문제집도
문제 분량이 굉장히 많았어요. 가령, 기출문제집의 경우 작년에 7개년 기출문제집이라서 올해도 7개년 기출
문제집인줄 알았는데 올해는 8개년 기출문제로 확장되었더라고요. 이러한 꼼꼼한 교재 구성 덕분에 40대
에 공부를 다시 시작했음에도 빠르게 합격할 수 있었어요.

다음 합격의 주인공은 당신입니다!

더 많은
합격스토리

합격자 수 2,100% 수직 상승!
매년 놀라운 성장

에듀윌 공무원은 '합격자 수'라는 확실한 결과로 증명하며
지금도 기록을 만들어 가고 있습니다.

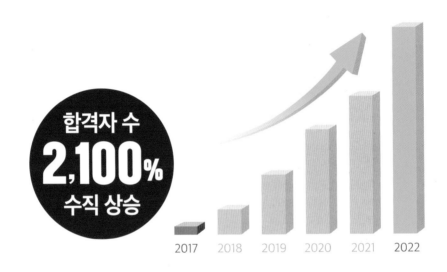

합격자 수
2,100%
수직 상승

2017 2018 2019 2020 2021 2022

합격자 수를 폭발적으로 증가시킨 합격패스

합격 시 수강료 100% 환급	+	합격할 때까지 평생 수강	+	교재비 부담 DOWN 에듀캐시 지원

※ 환급내용은 상품페이지 참고. 상품은 변경될 수 있음.

상품
페이지

* 2017/2022 에듀윌 공무원 과정 최종 환급자 수 기준

에듀윌 직영학원에서
합격을 수강하세요

언제나 전문 학습 매니저와 상담이 가능한 안내데스크

고품질 영상 및 음향 장비를 갖춘 최고의 강의실

재충전을 위한 카페 분위기의 아늑한 휴게실

에듀윌의 상징 노란색의 환한 학원 입구

에듀윌 직영학원 대표전화

공인중개사 학원 02)815-0600	공무원 학원 02)6328-0600	편입 학원 02)6419-0600
주택관리사 학원 02)815-3388	소방 학원 02)6337-0600	세무사·회계사 학원 02)6010-0600
전기기사 학원 02)6268-1400	부동산아카데미 02)6736-0600	

공무원학원
바로가기

꿈을 현실로 만드는 에듀윌

DREAM

공무원 교육
- 선호도 1위, 신뢰도 1위! 브랜드만족도 1위!
- 합격자 수 2,100% 폭등시킨 독한 커리큘럼

자격증 교육
- 8년간 아무도 깨지 못한 기록 합격자 수 1위
- 가장 많은 합격자를 배출한 최고의 합격 시스템

직영학원
- 직영학원 수 1위
- 표준화된 커리큘럼과 호텔급 시설 자랑하는 전국 21개 학원

종합출판
- 온라인서점 베스트셀러 1위!
- 출제위원급 전문 교수진이 직접 집필한 합격 교재

어학 교육
- 토익 베스트셀러 1위
- 토익 동영상 강의 무료 제공
- 업계 최초 '토익 공식' 추천 AI 앱 서비스

콘텐츠 제휴 · B2B 교육
- 고객 맞춤형 위탁 교육 서비스 제공
- 기업, 기관, 대학 등 각 단체에 최적화된 고객 맞춤형 교육 및 제휴 서비스

부동산 아카데미
- 부동산 실무 교육 1위!
- 상위 1% 고소득 창업/취업 비법
- 부동산 실전 재테크 성공 비법

학점은행제
- 99%의 과목이수율
- 16년 연속 교육부 평가 인정 기관 선정

대학 편입
- 편입 교육 1위!
- 업계 유일 500% 환급 상품 서비스

국비무료 교육
- '5년우수훈련기관' 선정
- K-디지털, 산대특 등 특화 훈련과정
- 원격국비교육원 오픈

에듀윌 교육서비스 **공무원 교육** 9급공무원/7급공무원/소방공무원/계리직공무원/기술직공무원/군무원 **자격증 교육** 공인중개사/주택관리사/감정평가사/노무사/전기기사/경비지도사/검정고시/소방설비기사/소방시설관리사/사회복지사1급/건축기사/토목기사/직업상담사/전기기능사/산업안전기사/위험물산업기사/위험물기능사/유통관리사/물류관리사/행정사/한국사능력검정/한경TESAT/매경TEST/KBS한국어능력시험·실용글쓰기/IT자격증/국제무역사/무역영어 **어학 교육** 토익 교재/토익 동영상 강의/인공지능 토익 앱 **세무/회계** 회계사/세무사/전산세무회계/ERP정보관리사/재경관리사 **대학 편입** 편입 교재/편입 영어·수학/경찰대/의치대/편입 컨설팅·면접 **직영학원** 공무원학원/소방학원/공인중개사 학원/주택관리사 학원/전기기사학원/세무사 회계사 학원/편입학원 **종합출판** 공무원·자격증 수험교재 및 단행본 **학점은행제** 교육부 평가인정기관 원격평생교육원(사회복지사2급/경영학/CPA)/교육부 평가인정기관 원격 사회교육원(사회복지사2급/심리학) **콘텐츠 제휴·B2B 교육** 교육 콘텐츠 제휴/기업 맞춤 자격증 교육/대학 취업역량 강화 교육 **부동산 아카데미** 부동산 창업CEO/부동산 경매 마스터/부동산 컨설팅 **국비무료 교육 (국비교육원)** 전기기능사/전기(산업)기사/소방설비(산업)기사/IT(빅데이터/자바프로그램/파이썬)/게임그래픽/3D프린터/실내건축디자인/웹퍼블리셔/그래픽디자인/영상편집(유튜브)디자인/온라인 쇼핑몰광고 및 제작(쿠팡, 스마트스토어)/전산세무회계/컴퓨터활용능력/ITQ/GTQ/직업상담사

교육문의 **1600-6700** www.eduwill.net

•2022 소비자가 선택한 최고의 브랜드 공무원·자격증 교육 1위 (조선일보) •2023 대한민국 브랜드만족도 공무원·자격증·취업·학원·편입·부동산 실무 교육 1위 (한경비즈니스) •2017/2022 에듀윌 공무원 과정 최종 환급자 수 기준 •2023년 성인 자격증, 공무원 직영학원 기준 •YES24 공인중개사 부문, 2024 공인중개사 오시훈 키워드 암기장 부동산공법 (2024년 4월 월별 베스트) 그 외 다수 교보문고 취업/수험서 부문, 2020 에듀윌 농협은행 6급 NCS 직무능력평가+실전모의고사 4회 (2020년 1월 27일~2월 5일, 인터넷 주간 베스트) 그 외 다수 YES24 컴퓨터활용능력 부문, 2024 컴퓨터활용능력 1급 필기 초단기끝장(2023년 10월 3~4주 주별 베스트) 그 외 다수 인터파크 자격서/수험서 부문, 에듀윌 한국사능력검정시험 2주끝장 심화 (1, 2, 3급)(2020년 6~8월 월간 베스트) 그 외 다수 •YES24 국어 외국어사전 영어 토익/TOEIC 기출문제/모의고사 분야 베스트셀러 1위 (에듀윌 토익 READING RC 4주끝장 리딩 종합서, 2022년 9월 4주 주별 베스트) •에듀윌 토익 교재 입문~실전 인강 무료 제공 (2022년 최신 강좌 기준/109강) •2023년 종강반 중 모든 평가항목 정상 참여자 기준, 99% (평생교육원, 사회교육원 기준) •2008년~2023년까지 약 220만 누적수강학점으로 과목 운영 (평생교육원 기준) •A사, B사 최대 200% 환급 서비스 (2022년 6월 기준) •에듀윌 국비교육원 구로센터 고용노동부 지정 "5년우수훈련기관" 선정 (2023~2027) •KRI 한국기록원 2016, 2017, 2019년 공인중개사 최다 합격자 배출 공식 인증 (2024년 현재까지 업계 최고 기록)